① 재판실무자료

사례·서식 2022년 第八版

사해행위 취소소송의 실무

公平 法務法人
著 辯護士 鄭翼君

법률정보센터

서 문

 인류의 문화가 발전하고, 사회적 분업이 복잡하여질수록 다른 사람의 협력에 의존하는 정도가 높아진다. 특히 현대 사회에서는 다른 사람의 협력 없이 홀로 생활하여 간다는 것은 불가능하다. 이와 같은 타인의 협력을 법률적 관점에서 그것을 권리로서 확보하여 사회생활의 안정성과 경제생활의 확대를 도모하기 위한 권리가 채권이다.
이와 같은 특징으로 재산법에서의 2대 분야인 물권법과 채권법 중, 채권법의 영역이 상대적으로 나날이 확대되는 추세에 있다.

 채권은 채권자가 채무자에 대하여 특정의 행위나 급여를 청구할 수 있는 권리이다. 이와 같은 채권 확보를 위하여, 상대방에게 그 채권의 이행을 독촉하기도 하고, 상대방이 이행하지 아니할 때 판결을 받아(즉 채무명의를 받아) 상대방 재산에 강제집행을 하기도 한다.
채권이라는 추상적이고 실체법적인 권리는, 일반인들에게 강제집행이라는 제도를 통하여 비로소 채권의 실체적 만족을 얻게 된다.

 그러나 우리 주위에서는 "누구누구에게 받을 돈이 있는데 못 받고 있다.". "부실 채권" 등등의 이야기들을 많이 한다. 이는 결국 채권은 있지만 상대방 재산이 없기 때문에 궁극적으로 돈을 받지 못하고 있다는 취지이다. 이에 대하여 우리 민법은 그에 대응하는 제도로서 채권자취소권과 채권자대위권이라는 제도를 두고 있다.
모든 채권은 불이행시 결국은 금전채권으로서 변화한다.(금전에 의한 손해배상 등)
이와 같은 금전 채권에 대하여는 채무자의 일반 재산의 환가하여 그로써 변제를 충당하므로 채권의 실질적 가치는 채무자의 일반 재산의 다소에 의하여 결정된다.
즉 채무자 재산이 채권의 최후의 거점이라고 할 수 있다.

현실에서 채무자는 채권자의 채권집행에 대비하여 채무자의 권리실행을 게을리하여 동인의 재산을 감소하거나 제3자와 공모하여 고의로 재산의 감소를 꾀하는 경우가 자주 있다.
그러한 경우에 채권자는 본안 재판을 하여 판결을 받고도 실제적으로 채권만족을 얻지 못하고 있다.
이에 대하여 소극적으로 채무자의 책임재산을 유지케하는 제도가 채권자대위권이며, 적극적으로 채무자의 재산감소행위를 취소시켜 채무자의 책임재산으로 회복시키는 제도가 채권자취소권 제도이다.

본 서는 채권자취소권 제도에 관한 내용이다.
채권자취소권 제도는 채무자가 채권자의 채권집행을 곤란하게 하기 위하여 채무자의 재산을 감소, 은닉하게 하는 채무자의 사해행위(채권자를 해하는 법률행위)를 취소하는 것이다.
여기에서 채권자취소 소송을 실무상 사해행위 취소 소송이라고 부른다.
이러한 점에서 본 서에서 그 제목도 사해행위 취소 소송으로 제목을 부여하였다.
이와 같은 취소 소송은 과거에도 있었으나 IMF등을 겪으면서 급증하는 추세에 있는 것 같다.
그에 다라 대법원 판례도 다수 집적되어 있으며, 또한 사해행위 취소 소송은 양 당사자간이 아닌, 채권자, 채무자, 제3자의 3자 이상의 관계라는 점에서 그 법적 성실을 어떻게 볼 것이냐에 대하여도 많은 논의가 있다.
그리고 그 소송 진행에 있어서 그 서면 작성을 어떻게 하여야 할 것인가에 대하여도 난점이 있다.
현실에서 채무자의 채무면탈, 은닉, 채무자 동인 권리 실행 나태 등의 현상이 빈번하게 발생함에 따라 사해행위 취소 소송이 하급심, 대법원에도 기하급수적으로 늘어나고 있다. 그러나 이에 대하여 본격적으로 다루어지고 있는 특히 사해행위 취소 소송을 제기하려 할 때 참고할 만한 문헌이 전무한 실정이다.

본 서는 그와 같은 사정을 감안하여 사해행위 취소 소송에 대하여 최근까지 나온 대법원 판례와 이론을 정리하였으며, 채무자의 법률행위에 대하여 어느 경우에 사해행위가 되는지, 또한 그와 같은 사해행위에는 어떠한 종류가 있는지를 체계적으로 살펴보았다. 또한 책 뒤쪽에는 사해행위 취소 소송을 제기할 때 소장을 여러 경우의 수를 상정하여, 현실에서 발생한 사건의 자료를 원용하여 정리하였다.

실무자들이 사해행위 취소 소송(채권자 취소 소송) 제기가 가능한 지 여부 및 제기할 때 어느 경우에 해당되는 지, 그리고 그 서식은 어떠한 지를 참고하는데, 본 서가 유용한 자료가 될 것이라고 생각한다.

아무쪼록 실무자들의 사해행위 취소관련 어려운 점들을 본 서가 도움이 되었으면 하는 바람이며, 본 서의 미흡한 점은 독자 여러분의 지속적인 고언과 관심에 다라 보완할 것을 약속합니다.
끝으로 본서에 인용되어진 내용은 결코 저자 홀로만의 지적 산물은 아닙니다.
이전에 쓰여진 논문, 대법원 판례, 실제 소송에서 활용된 소장 등 많은 분들의 노작을 활용하였습니다.
그리고 본 서는 법률정보센타 안재회대표이사님의 권유와 자료수집 도움이 없었다면 결코 출간되지 못하였을 것입니다. 깊은 감사를 드립니다.

저자 鄭翼君 씀

主要 參考資料

- 주석민법 채권총칙(1), (2),　　　　　한국사법행정학회(2000).
- 민법주해[Ⅸ] 채권(2),　　　　　　　박영사(1997).
- 주석민사집행법 제2판 [Ⅱ], [Ⅳ], [Ⅵ],　한국사법행정학회(2007).
- 윤경, 민사집행(부동산경매)의 실무,　　육법사(2008).
- 이시윤, 신민사집행법(제5판),　　　　박영사(2009).
- 이우재, 민사집행법에 따른 배당의 제문제, 진원사(2008).
- 민사집행법해설,　　　　　　　　　　법원행정처(2002).
- 법원실무제요 민사집행[Ⅰ], [Ⅳ],　　법원행정처(2003).
- 재판자료 제117집 민사집행법 실무연구Ⅱ, 법원도서관(2009).
- 대법원판례해설 제44호,　　　　　　법원도서관(2004).
- 대법원판례해설 제57호,　　　　　　법원도서관(2006. 7.).
- 사법연수원 논문집 제5집,　　　　　사법연수원(2008. 1.).
- 사법논집 32집,　　　　　　　　　　법원도서관(2001).
- 판례연구 11집,　　　　　　　　　　부산판례연구회(2000).
- 판례연구 18집,　　　　　　　　　　부산판례연구회(2007. 2.).

법령약어표

가등기담보등에관한법률 ………………………………… 가담법
공탁사무처리규칙 ………………………………………… 공탁규칙
민사소송법 ………………………………………………… 민소
민사소송규칙 ……………………………………………… 민소규
민사소송등인지법 ………………………………………… 인지법
민사소송등인지규칙 ……………………………………… 인지규칙
민사집행법 ………………………………………………… 민집
민사집행규칙 ……………………………………………… 민집규
법원보관금취급규칙 ……………………………………… 법보규
법원조직법 ………………………………………………… 법조법
부동산등기법 ……………………………………………… 부등법
비송사건절차법 …………………………………………… 비송절차법
소액사건심판법 …………………………………………… 소액
입목에관한법률 …………………………………………… 입목법
집합건물의소유및관리에관한법률 ……………………… 집합건물법
형사소송법 ………………………………………………… 형소

목 차

제1장 채권자취소권

제1절 사해행위의 성부

1. **채권자 취소권의 요건** ·· 3
   - 가. 개요 ·· 3
   - 나. 객관적 요건(사해행위) ··· 4
     - (1) 채권자를 해하는 법률행위존재(사해행위의 존재) ········· 4
   - [사례 1] 무자력 판정시기 ··· 5
     - (2) 피보전채권 ··· 7
     - (3) 장래의 채권 ··· 9
       - (가) 손해배상채권 ··· 9
       - (나) 구상채권 ·· 10
     - (4) 채무자의 법률행위가 재산권을 목적으로 하는 것일 것 ········ 10
   - 다. 주관적 요건(사해의 의사) ·· 11
     - (1) 채무자의 악의 ·· 11
     - (2) 수익자, 전득자의 악의 ··· 11
   - [사례 2] 수익자의 악의추정 ·· 11

2. **사해행위 취소청구** ·· 12
   - 가. 개요 ··· 12
   - [사례 3] 사해행위의 취소와 원상회복을 청구하는 경우 ········ 13
   - 나. 사해행위 취소 부분 ·· 13
     - (1) 채권자 취소권의 발생 ·· 13

2 목 차

    (2) 구체적 사례 ·· 13
      (가) 취소 ··· 13
      (나) 책임재산보전 ··· 14
      (다) 피보전채권 성립시기 ··· 14

[사례 4] 특정물 채권 보전을 위한 채권자 취소권행사 부정 ··············· 15
[사례 5] 신용카드 대금채권의 피보전채권성 부인 ································· 15

      (라) 피보전채권이 우선변제권으로 담보되어 있는 경우 ······· 16

[사례 6] 담보범위내 채권자 취소권행사 부정 ··· 16
[사례 7] ① 담보초과금액에 한하여 취소권 행사 인정, ② 사해행위 기준시기
    (처분행위 당시), ③ 가액배상 경우(담보저당권 이전 후 발생 경우) ··· 17

      (마) 피보전채권에 연대보증인이 있는 경우 ···························· 20

[사례 8] 연대보증인의 사해행위성 부정(피보전채권 우선 변제권 담보된 경우) ········ 20

      (바) 채권자 취소권의 인적대상 ··· 20

[사례 9] 채권자 취소권은 수익자나 전득자 상대 제기 ························· 21

      (사) 사해신탁과 채권자취소권과의 관계 ··························· 21
      (아) 사해행위 기준시기 ··· 22

[사례 10] 부동산 평가 사해행위 당시 시가 기준 ··································· 22

      (자) 사해의사의 의미 ··· 23

[사례 11] 채무자의 사해의사 판단요소 ··· 24

      (차) 사해행위 성부 ··· 24

[사례 12] 통모 매각하여 채권자중 1인 만족 경우 ································· 25
[사례 13] 연대보증인 있는 경우 동인 기준 사해의사 판단 ················· 25
[사례 14] 유일부동산 매각시 채무자 사해의사 추정 ····························· 26
[사례 15] 채무자의 변제 사해행위 부정 ··· 27

[사례 16] 채무초과 상태 대물변제 경우 ··· 28
[사례 17] 채무초과 상태담보 제공행위 ··· 29
    (3) 가능한 공격방어 방법 ·· 30
      (가) 제척기간 ·· 30
[사례 18] 제척기간 준수 직권조사 ·· 31
[사례 19] 제척기간의 가산점 ·· 31
[사례 20] 제척기간 준수의 효력범위 ··· 33
[사례 21] 제척기간 준수의 효력 ·· 33
      (나) 수익자, 전득자의 선의 항변 ·································· 34
[사례 22] 수익자 선의 입증 책임 ·· 34
      (다) 채무자의 자력회복 항변 ·· 34
      (라) 피보전채권의 시효소멸 여부 ·································· 34
    (4) 피보전채권 범위 ·· 35
      (가) 취소범위 ·· 35
[사례 23] 토지와 건물 가액이 피보전 채권액 초과 경우 ············ 35
      (나) 피보전채권액 산정시기 ·· 36
[사례 24] 피담보채권의 범위 ·· 36

3. 채권자 취소권에 관한 해설 ·· 37
 가. 채권자 취소권의 주관적 요건인 사해의사의 의미 ················· 37
  (1) 사실관계 ·· 37
  (2) 원심 ·· 37
  (3) 대법원 ·· 38
 나. 채무자가 일부의 채권자와 통모하여 다른 채권자를 해할
   의사로 변제 내지 채권양도를 하였는지 여부에 대한
   증명책임의 소재(주장자) 및 그 판단기준 ······························ 38

4 목 차

- (1) 해설 ·· 38
  - (가) 사실관계 ··· 38
  - (나) 원심 ··· 39
  - (다) 대법원 ··· 39
- (2) 관련판례 ··· 40
  - (가) 채무자가 유일한 재산을 매각하여 소비하기 쉬운 금전으로 바꾸거나 무상으로 이전하여 주는 경우, 사해행위의 성립 여부(적극) 및 사해의사의 추정여부(적극) ··· 40
  - (나) 채무자가 유일한 재산을 매각하여 소비하기 쉬운 금전으로 바꾼 경우라도 사해행위가 성립되지 않은 예외인 경우 ··································· 41
  - (다) 본래의 급부에 대신하여 다른 급부를 하였더라도 상당한 가격으로 평가되었을 때는 사해행위 부정 ········· 41
  - (라) 채무자가 채무초과 상태에서 채권자 중의 1인과 통모하여 그에게 부동산을 매도하고 매매대금채권을 그 채권자의 채권과 상계한 경우 사해행위 성립여부 ··· 42
  - (마) 채무초과 상태의 채무자가 유일한 부동산을 특정 채권자에게 대물변제로 양도한 것이 사해행위가 되는지 여부 ···································· 43
  - (바) 채무본지에 따른 변제행위가 사해행위가 되는지 여부 · 44
  - (사) 채무자가 유일한 재산인 부동산을 신탁한 경우, 사해행위에 속한다. ··· 44
  - (아) 채권자가 채무자 소유의 부동산에 대한 가압류결정을 받기 하루 전에 채무자가 처와 합의이혼하고 유일한 재산인 위 부동산을 처에게 위자료 등 명목으로 무상 양도한 경우 채권자에 대한 사해행위가 된다. ················· 45
  - (자) 통정허위표시에 따른 법률행위가 채권자취소권의 대상이 된다. ··· 45

다. 사해행위 당시 아직 성립되지 아니한 채권이 예외적으로
   채권자취소권의 피보전채권이 되기 위한 요건 ·················· 45
   (1) 해설 ··· 46
      (가) 사실관계 ··· 46
      (나) 원심 ·· 46
      (다) 대법원 판결요지 ··· 46
   (2) 관련판례 ··· 47
      (가) 이중양도된 경우, 특정물 소유권이전등기청구권을
           보전하기 위하여 채권자취소권을 행사할 수 있는지
           여부 ·· 47
      (나) 특정물채권(등기청구권)의 보전을 위한 채권자
           취소권의 행사 부정 ··· 47
      (다) 특정물을 이중매매한 경우, 사해 행위를 주장할 수
           있는지 여부(소극) ·· 48
라. 사해행위 당시 성립하지 않은 채권이 예외적으로 채권자
   취소권의 피보전채권이 되기 위한 요건으로서 "채권성립의
   기초가 되는 법률관계"의 범위 ··· 48
   (1) 해설 ··· 48
      (가) 사실관계 ··· 48
      (나) 원심 ·· 48
      (다) 대법원 판결요지 ··· 49
   (2) 관련판례 ··· 50
      (가) 신용카드의 체결만으로 채권자취소권의 행사를 위한
           '채권성립의 기초가 되는 법률관계'가 있다고 할 수
           있는지 여부 ··· 50
마. 가등기에 기하여 본등기가 경료된 경우, 사해행위 요건의
   구비 여부의 판단 기준 시기(= 가등기의 원인된 법률 행위시) ········· 50
   (1) 해설 ··· 50
      (가) 사실관계 ··· 50

            (나) 원심 ·· 51
            (다) 대법원 판결요지 ·· 51
        (2) 관련판례 ··· 51
            (가) 채권자취소를 구하는 가등기의 원인되는 법률행위가
                 취소채권자의 채권보다 앞서 발생한 경우에는 그
                 가등기는 채권자취소권의 대상이 될 수 없다 ················ 51
    바. 소유권이전 등기청구권 보전을 위한 가등기가 사해행위로서
        이루어진 경우 원상회복 방법 ··· 52
        (1) 사실관계 ··· 52
        (2) 원심 ·· 52
        (3) 대법원 ·· 52
        (4) 대법원판결요지 ·· 53
    사. 수익자의 악의에 대한 입증책임 ·· 53
        (1) 해설 ·· 53
            (가) 사실관계 ·· 53
            (나) 원심 ·· 53
            (다) 대법원 ·· 54
            (라) 대법원 판결요지 ·· 54
        (2) 관련판례 ··· 54
            (가) 사해행위취소소송에 있어서 수익자 또는 전득자
                 자신에게 선의라는 사실을 입증할 책임이 있다. ············ 54
            (나) 채권자가 전득자를 상대로 사해행위취소소송을
                 제기한 경우, 그 취소의 효과 및 취소대상이 되는
                 사해행위의 범위 ·· 55
    아. 특정 채권자에 대한 담보제공행위가 사해행위에
        속하기 위한 요건 ··· 56
        (1) 사실관계 ··· 56
        (2) 원심 ·· 56
        (3) 대법원 판결요지 ·· 56

자. 특정 채권자의 채무변제를 위한 약속어음 발행행위의
　　사해행위에 속하는지 여부 ·································· 57
　　(1) 사실관계 ·· 57
　　(2) 원심 ·· 57
　　(3) 대법원 ·· 57
　　(4) 대법원 판결요지 ·· 58
차. 유치권 포기대신, 그 담보를 위해 수급인이 지정하는 자에게
　　소유권 이전등기를 하게한 것은 사해행위 아니다. ············ 58
　　(1) 사실관계 ·· 58
　　(2) 원심 ·· 59
　　(3) 대법원 판결요지 ·· 59
카. 채무자의 약속어음발행으로 인해 채무초과상태에 이르거나
　　이미 채무초과상태에 있는 것을 심화시키는 상태가 초래되면
　　사해행위가 성립할 수 있는지 여부(적극) ·············· 60
　　(1) 사실관계 ·· 60
　　(2) 원심 ·· 60
　　(3) 대법원 ·· 61
　　(4) 대법원 판결요지 ·· 61
타. 채무의 전액에 대하여 채권자에게 우선변제권이 확보된 경우,
　　연대보증인의 재산처분행위가 사해행위에 속하지 않는다. ········ 62
　　(1) 해설 ·· 62
　　　　(가) 사실관계 ·· 62
　　　　(나) 원심 ·· 63
　　　　(다) 대법원 ·· 63
　　　　(라) 대법원 판결요지 ·· 64
　　(2) 관련판례 ·· 65
파. 채무자의 무자력 판단에 기초가 되는 부동산의 평가 기준 ········ 65
　　(1) 사실관계 ·· 65
　　(2) 원심 ·· 65

(3) 대법원 판결요지 ································· 66
하. 채무자의 무자력 여부를 판단함에 있어서 부동산이나 채권
　 등이 적극재산으로 산정될 수 있기 위한 요건 ················· 67
　(1) 사실관계 ·· 67
　(2) 원심 ··· 67
　(3) 대법원 ··· 67
　(4) 대법원 판결요지 ································· 68
거. 자금난으로 사업을 계속 추진하기 어려운 상황에 처한
　 채무자가 자금을 융통하여 사업을 계속 추진하는 것이
　 채무변제력을 갖게 되는 최선의 방법이라고 생각하고
　 자금을 융통하기 위해서 부득이 부동산을 특정 채권자에게
　 담보로 제공하고 그로부터 신규자금을 추가로 융통받은
　 경우, 채무자의 담보권설정행위가 사해행위에 속하지 않는다. ····· 68
　(1) 해설 ·· 68
　　(가) 사실관계 ···································· 68
　　(나) 원심 ·· 69
　　(다) 대법원 ······································ 69
　　(라) 대법원 판결요지 ······························ 69
　(2) 관련판례 ·· 70
　　(가) 채무자의 사해의사의 유무를 판단함에 있어
　　　　사해행위라고 주장되는 행위 이후의 채무자의
　　　　변제 노력과 채권자의 태도 등을 간접사실로
　　　　삼을 수 있는지 여부 ························· 70
너. 채무초과 상태에서 사업의 계속에 필요한 물품을 공급받기
　 위한 방법으로 기존 물품대금채무 및 장래 발생할 물품대금
　 채무를 담보하기 위해서 근저당권을 설정하여 준 행위가
　 사해행위에 속하지 않는다고 한 사례 ························ 70
　(1) 사실관계 ·· 70
　(2) 원심 ··· 71

(3) 대법원 ··· 71
　　　(4) 대법원 판결요지 ··· 71
　더. 무효의 등기, 사해행위 불성립 사례 ······················ 72
　　(1) 해설 ·· 72
　　　(가) 사실관계 ·· 72
　　　(나) 원심 ·· 72
　　　(다) 대법원 ·· 72
　　　(라) 대법원 판결요지 ·· 73
　　(2) 관련판례 ·· 73
　　　(가) 조합체가 합유등기를 하지 아니하고 조합원들
　　　　　명의로 각 지분에 관하여 공유등기를 한 경우
　　　　　사해행위 성립여부 ······································· 73

제2절　채권자취소권의 행사방법

1. 행사의 방법 ··· 75
2. 채권자취소권의 행사범위 ·· 76
[사례 1] 동일인의 소유인 토지와 건물의 처분행위를 채권자 취소권에
　　　　의하여 취소하는 경우 ·· 77
[사례 2] 저당권이 설정되어 있는 부동산이 사해행위로 이전된 경우 ······· 77
[사례 3] 채무자가 양도한 목적물에 담보권이 설정되어 있는 경우 ········ 78
3. 채권자취소권 행사의 효과 ······································ 78
4. 해설 ·· 79
　가. 사해위취소청구소송의 피고적격 ― 수행익자, 전득자 ······· 79
　　(1) 사실관계 ·· 79
　　(2) 원심 ··· 79
　　(3) 대법원판결요지 ·· 80

나. 사해행위취소 청구는 법원에 소 제기하는
　　방법으로만 할 수 있다. ·· 80
　　(1) 해설 ·· 80
　　　　(가) 사실관계 ·· 80
　　　　(나) 원심 ·· 80
　　　　(다) 대법원 판결요지 ·· 80
　　(2) 관련판례 ·· 81
다. 사해행위의 목적물이 동산이고 현물반환이 가능한 경우,
　　채권자가 직접 자기에게 그 목적물의 인도를 청구할 수 있다. · 81
　　(1) 사실관계 ·· 81
　　(2) 원심 ·· 81
　　(3) 대법원 판결요지 ·· 81
라. 사해행위 취소소송에 있어서 취소 목적 부동산의 등기
　　명의를 수익자로부터 채무자 앞으로 복귀시키고자 하는
　　경우, 수익자를 상대로 채무자 앞으로 직접 소유권이전
　　등기절차의 이행을 청구할 수 있다. ·· 82
　　(1) 사실관계 ·· 82
　　(2) 원심 ·· 82
　　(3) 대법원 판결요지 ·· 82
마. 소유권이전행위가 사해행위에 속하는 경우 수익자가 다른
　　원인으로 이전등기를 받을 수 있는 경우에도 사해행위인
　　소유권이전행위를 취소하여야 한다. ·· 83
　　(1) 사실관계 ·· 83
　　(2) 원심 ·· 83
　　(3) 대법원 판결요지 ·· 83
바. 각 채권자가 동시 또는 이시에 채권자취소 및 원상회복소송을
　　제기한 경우 이들 소송이 중복제소에 속하는지 여부(소극) ········ 84
　　(1) 사실관계 ·· 84
　　(2) 원심 ·· 84

            (3) 대법원 ·· 84
            (4) 대법원 판결요지 ·· 84

제3절 사해행위 취소의 범위와 원상회복의 방법

1. 채권자 취소권의 법적성질 ·· 86
    가. 법적 성질 ··· 86
        (1) 구 민법하에서의 학설·판례 ·· 86
        (2) 현행민법하에서의 학설·판례 ·· 86
2. 상대적무효와 원상회복의 방법 ·· 89
    가. 원물반환의 원칙 ··· 89
        (1) 의 의 ··· 89
[사례 1] 채권자의 사해행위취소 및 원상회복청구 ···························· 89
[사례 2] 저당권이 설정되어 있는 부동산이 사해행위로 이전된 경우 ················ 92
[사례 3] 변제액을 공제 ·· 93
        (2) 예외적 가액배상의 허용 ·· 93
[사례 4] 부동산의 가액에서 저당권의 피담보채무액을 공제한 잔액의 한도 ····· 94
[사례 5] 당해 채무액이 그 부동산의 가액 및 채권최고액을 초과하는 경우 ····· 95
    나. 가액배상의 방법과 범위 ··· 97
        (1) 채권자의 피보전채권액 ·· 97
        (2) 목적물의 공동담보가액 ·· 98
[사례 6] 부동산의 원상회복방법 ·· 98
[사례 7] 부동산에 대한 매매계약이 원상회복으로 가액배상을 명하는 경우 ··· 109
[사례 8] 저당권이 설정되어 있는 부동산이 사해행위로 이전된 경우 ············ 109
[사례 9] 저당권이 설정되어 있는 부동산에 관하여 사해행위가
         이루어진 경우 ·· 110

            (3) 근저당권설정행위의 일부만이 사해행위에 해당하는
                경우 원상회복방법 ··· 110
            (4) 가액배상판결에 기한 강제집행절차에서 배당에 참가
                할 수 있는 채권자 ··· 111
                (가) 채무자에 대한 일반채권자 ··· 111
            (5) 채권자취소소송의 중복제기 ··· 111
            (6) 수익자·전득자의 이익 ··· 111
    [사례 10] 근저당권이 설정되어 있는 부동산을 증여한 행위가
              사해행위에 해당하는 경우 ··· 111
    3. 사해행위의 대상 ·· 112
        가. 의의 ·· 112
        나. 사해행위의 개념의 징표 ·· 112
            (1) 채무자가 행한 법률행위 ··· 112
            (2) 법률행위 ··· 113
                (가) 법률행위의 종류 ··· 113
                (나) 법률행위 ··· 113
        다. 소송행위 ·· 114
            (1) 학설 ··· 114
            (2) 판례 ··· 114
            (3) 검토 ··· 115
        라. 재산권을 목적으로 한 법률행위 ·· 115
            (1) 재산권의 내용 ··· 115
            (2) 신분법상의 행위 ··· 116
    [사례 11] 재산분할청구 상당정도 벗어난 경우 한하여 채권자 취소 대상 ········ 117
    [사례 12] 상속재산분할협의 상당정도 과소 경우 사해행위취소권 행사 대상 ·· 117
        마. 채권자를 해하는 법률행위 ·· 118

4. 해설 · 118
가. 사해행위 취소소송의 효력 · 118
(1) 해설 · 118
(가) 사실관계 · 118
(나) 원심 · 119
(다) 대법원 · 119
(라) 대법원 판결요지 · 119
(2) 관련판례 · 119
(가) 수익자의 배당요구 여부 · 119
(나) 수익자의 상계주장 여부 · 120
나. 불가분목적물의 사해행위 취소의 범위 · 121
(1) 해설 · 121
(가) 사실관계 · 121
(나) 원심 · 121
(다) 대법원판결요지 · 121
(2) 관련판례 · 122
다. 저당권 말소의 경우 사해행위 취소의 범위와 방법 · · · · · · · · · · · · · · 122
(1) 해설 · 122
(가) 사실관계 · 122
(나) 원심 · 123
(다) 대법원 · 123
(라) 대법원 판결요지 · 123
(2) 관련판례 · 124
(가) 대위변제시 원상회복 방법 · 124
(나) 공동저당 부동산 중 일부 양도경우 · 124
(다) 저당말소된 부동산의 가액산정시기 · 125
(라) 원물반환청구취지에 가액배상 포함해석 · · · · · · · · · · · · · · · · · · 125
라. 가압류해제 부동산의 원상회복 방법과 범위 · 125

　　　　(1) 해설 ·· 125
　　　　　(가) 사실관계 ·· 125
　　　　　(나) 원심 ·· 126
　　　　　(다) 대법원 판결요지 ·· 126
　마. 가액배상과 임차보증금과의 관계 ·· 127
　　　　(1) 해설 ·· 127
　　　　　(가) 사실관계 ·· 127
　　　　　(나) 원심 ·· 127
　　　　　(다) 대법원 판결요지 ·· 127
　　　　(2) 관련판례 ·· 128
　　　　　(가) 사해행위 후 저당권 취득시 가액 배상범위 ············ 128
　　　　　(나) 신탁부동산 매도 후 대위 변제 경우 ······················· 128
　바. 수익자에게 배당표는 확정되었으나 배당금이 지급되지
　　　아니한 경우 ·· 130
　　　　(1) 해설 ·· 130
　　　　　(가) 사실관계 ·· 130
　　　　　(나) 원심 ·· 130
　　　　　(다) 대법원 ·· 130
　　　　　(라) 대법원 판결요지 ·· 131
　　　　(2) 관련판례 ·· 131
　　　　　(가) 수익자의 채권에 대하여 금전채권을
　　　　　　　 집행 공탁한 경우 ·· 131
　사. 배당시 가처분 결정에 따라 금액 공탁된 경우 ························· 132
　　　　(1) 해설 ·· 132
　　　　　(가) 사실관계 ·· 132
　　　　　(나) 원심 ·· 133
　　　　　(다) 대법원 판결요지 ·· 133
　　　　(2) 관련판례 ·· 134
　　　　　(가) 경매로 인하여 수익자 배당금 수령 경우 ··············· 134

                (나) 저당권 등기 말소 후 저당권 설정 계약
                    취소의 이익여부 ·· 135
        아. 가액 배상의 요건인 '원물 반환이 불가능하거나 현저히
            곤란한 경우'의 의미 ··· 135
            (1) 해설 ·· 135
                (가) 사실관계 ·· 135
                (나) 원심 ·· 136
                (다) 대법원 ·· 136
                (라) 대법원 판결요지 ·· 136
                (마) 등기상 이해관계 있는 제3자 ······························ 138
                (바) 등기상 이해관계 있는 제3자에 관한 등기선례 ········· 138
        자. 상속재산분할 협의시 상속포기 경우 ······························· 140
            (1) 해설 ·· 140
                (가) 사실관계 ·· 140
                (나) 원심 ·· 140
                (다) 대법원 ·· 140
                (라) 대법원 판결요지 ·· 140
        차. 이혼에 의한 재산분할과 위자료 ····································· 141
            (1) 판시사항 ·· 141
            (2) 이유 ·· 141

제4절 제소기간

1. 제척기간 ··· 144
    가. 개요 ··· 144
    나. 제척기간의 기산점 ··· 144
        (1) 법률규정 ··· 144
        (2) 채권자취소권의 요건과 제척기간의 기산점 ····················· 144

[사례 1] 취소원인을 안 날의 의미 ·· 145
[사례 2] 채권담보 부족은 안 날로부터 가산 ··· 145
[사례 3] 취소원인을 안 날로부터 1년 이내 제기의 의미 ···························· 146
　　　　(3) 제척기간 진행시 수익자 또는 전득자의 악의를
　　　　　　알아야 하는지 여부 ·· 147
　　　　(4) 제척기간과 채무자의 사해의사가 추정되는 경우 ···················· 147
[사례 4] 대물 변제 제공행위 ··· 148
[사례 5] 연대보증인의 부동산 매도 경우 ··· 148
[사례 6] 제3자이의·사해행위취소 ·· 149
[사례 7] 유일 부동산 매각 경우 ··· 149
　　　　(5) 제척기간의 가산점은 채권자 취소권의 객관적·주관적
　　　　　　요건을 안 날로부터 진행 ·· 150
2. 해설 ··· 151
　가. 취소원인을 안 날 ·· 151
　　(1) 해설 ··· 151
　　　(가) 사실관계 ··· 151
　　　(나) 원심 ··· 152
　　　(다) 대법원 ··· 152
　　　(라) 대법원판결요지 ··· 152
　　(2) 관련판례 ··· 153
　　　(가) 제소기간의 가산점 ··· 153
　　　(나) 유일 부동산 매도와 취소원인을 안 날의 의미 ············· 153
　　　(다) 소멸시효의 가산점 ··· 154
　나. 원상회복 청구가 제척기간 도과한 경우 ······································· 154
　　(1) 해설 ··· 154
　　　(가) 사실관계 ··· 154

        (나) 원심 ·· 155
        (다) 대법원 판결요지 ··································· 155
    다. 피보전 채권의 추가나 교환 경우 ····················· 155
       (1) 사실관계 ··· 155
       (2) 원심 ·· 155
       (3) 대법원 ·· 156
       (4) 대법원 판결요지 ································ 156

제5절 기타

1. 본안전 항변 ··· 157
  가. 관할위반의 항변 ·· 157
       (1) 판시사항 ··· 157
       (2) 이유 ·· 157
  나. 제척기간 도과 ··· 158
    A. 취소원인을 안 날의 의미 ························· 158
       (1) 판시사항 ··· 158
       (2) 이유 ·· 159
          (가) 원심의 판단 ····································· 159
          (나) 대법원의 판단 ·································· 160
    B. 소송물과 제척기간 ···································· 162
       (1) 판시사항 ··· 162
       (2) 이유 ·· 162
    C. 대위행사와 제척기간 ································· 163
       (1) 판시사항 ··· 163
       (2) 이유 ·· 164
  다. 권리보호의 이익 ·· 164
       (1) 판시사항 ··· 164

　　　　(2) 이유 ·· 165
　　라. 중복소송의 경우 ··· 166
2. 해설 ··· 167
　　가. 의무이행지 ·· 167
　　(1) 사실관계 ·· 167
　　(2) 원심 ··· 167
　　(3) 대법원 결정요지 ·· 167
3. 사해행위취소와 혼합공탁 ··· 168
　　가. 사례 및 방법 ··· 168
　　나. 혼합공탁방법 ··· 169

제2장　실무사례

제1절　기본사례

1. 기본사례 ··· 173
2. 청구취지 검토 ·· 173
　　가. 가액배상의 범위 ·· 176
3. 청구원인 검토 ·· 176
　　가. 요건사실 ·· 176
　　나. 피보전채권의 발생원인 사실 ··································· 177
　　다. 채무자의 사해행위 ·· 177
　　라. 사해행위의 태양 ·· 178
　　마. 채무자의 사해의사 ·· 180
4. 답변서 등 검토 ·· 180

가. 본안전 항변 ·· 180
나. 주요항변 ·· 180
다. 제척기간 도과 항변 ·· 180
라. 원고의 피보전채권 소멸 항변 ······················· 181
마. 선의 항변 ·· 181
바. 채무자의 자력회복 항변 ································ 182

제2절 채권가압류 집행 후 채무자와 제3채무자가 변경된 경우

1. 가압류지명채권의 지급 금지 ··························· 183

[판례 1] 전부금 ·· 183

[판례 2] 제3자이의 ·· 184

  가. 채권압류 결정의 주문례 ································ 185
  나. 채권가압류 결정의 주문례 ···························· 185
  다. 채권본압류로 이전하는 결정의 주문례 ······· 186

[판례 3] 구상금 ·· 186

2. 채권가압류 집행 후 채무자의 변경 ················ 187

  가. 채무자 변경의 원인 ······································· 187

[판례 4] 청구이의 ·· 187

[판례 5] 부당이득금 ·· 188

  나. 가압류의 개별상대적 효력에 의한 제한 ····· 189

[판례 6] 채권양수금 ·· 189

[판례 7] 청구이의 ·· 190

[판례 8] 퇴직금 ·· 191

다. 제3채무자의 권리 ··· 191

[판례 9] 채권압류및전부명령 ·· 191

3. 채권가압류 집행 후 제3채무자의 변경 ·················· 192
가. 제3채무자 변경의 원인 ·· 192
나. 법률규정 ·· 193

[판례 10] 전세금반환 ·· 193

[판례 11] 구상금 ·· 193

다. 판례 ·· 196

4. 판례 연구 ·· 196

[판례 12] 추심금 ·· 196

[판례 13] 추상금 ·· 198

[판례 14] 전부금 ·· 199

[판례 15] 전부금 ·· 200

[판례 16] 전세금반환 ·· 200

5. 개별 당사자의 기타 권리의무관계 ·························· 200
가. 가압류채권자 ··· 200
  (1) 사해행위취소권 ·· 200
  (2) 부동산가압류 ·· 200

6. 채권자취소권에 기한 가처분 ··································· 201
가. 지명채권이 양도되어 제3자에 대하여 채권자가
   양수인을 상대로 그 피양수채권에 대한 처분금지
   가처분을 발령받은 경우 ····································· 201

[판례 17] 파산배당금교부청구권 ···································· 201

나. 채권자가 수익자를 상대로 그 목적부동산에 대한
　　　 처분금지가처분을 발령받은 경우 ·································· 201
　[판례 18] 사해신탁취소등 ··· 201
　　다. 근저당권자에게 배당하기로 한 배당금에 대하여
　　　 그 근저당권설정계약이 사해행위로 취소된 경우 ················· 202
　[판례 19] 부당이득반환 ··· 202

제3절　사해행위취소소송을 제기한 다수의 채권자

1. 중복제소에 해당하는지 여부 ·· 203
　　가. 별소로 제기된 소송 ·· 203
　　나. 공동소송 또는 병합심리 중인 소송 ···································· 203
　　　　(1) 재판실무 ·· 203
　[판례　1] 구상금등 ··· 204
　[판례　2] 구상금등 ··· 204

2. 기판력의 문제 ·· 217
　　가. 주관적 범위 ·· 217
　　나. 객관적 범위 ·· 218
　　　　(1) 원물반환과 가액배상의 관계 ·· 218
　[판례　3] 사해행위취소 ··· 218
　[판례　4] 사해행위취소 ··· 219
　　다. 배당액의 산정기준 ··· 220
　[판례　5] 공탁금출급확인 ·· 220

제4절 채권자취소권과 부인권

1. 행사주체와 행사요건 ··· 223
    가. 행사주체 ·· 223
    나. 행사요건 ·· 223
        (1) 담보권의 임의적 실행행위와 부인권 ······································· 223
[판례 1] 부인권행사 ·· 223
[판례 2] 출자지분확인청구 ·· 224
[판례 3] 부인의소 ·· 226
[판례 4] 정리채권확정 ·· 227
[판례 5] 부인의소 ·· 228
        (2) 행위의 상당성을 사해행위 판단기준 ······································· 228
[판례 6] 사해행위취소 ·· 228
[판례 7] 사해행위취소 ·· 233
[판례 8] 근저당권말소 ·· 233
[판례 9] 보증채무이행등 ·· 234
[판례 10] 부인의소 ·· 235
[판례 11] 사해행위취소등 ·· 235
    다. 판례의 동향 ·· 235
        (1) 변제 내지 기존 채무 ·· 235
[판례 12] 약속어음금 ·· 235
[판례 13] 명의신탁해지에기한소유권이전등기·사해행위취소 ···················· 236
[판례 14] 사해행위취소 ·· 237

[판례 15] 부당이득금 ·· 239
[판례 16] 근저당권설정계약부인등 ··· 244
[판례 17] 선급금반환 ··· 245
      (2) 대물변제 ··· 246
[판례 18] 사해행위취소등 ··· 246
[판례 19] 사해행위취소 ·· 247
[판례 20] 사해행위취소등 ··· 248
[판례 21] 사해행위취소 ·· 249
[판례 22] 사해행위취소등 ··· 249
      (3) 담보의 제공 ·· 250
[판례 23] 구상금등 ·· 250
[판례 24] 사해행위취소 ·· 250
[판례 25] 구상금등 ·· 251
[판례 26] 구상금 ·· 251

2. 적용대상과 행사방법 ·· 252

   가. 채권자취소권과 부인권의 대상 ·· 252
      (1) 담보권실행이 채권자취소 내지 부인의 대상이
         되는지 여부 ·· 253
[판례 27] 구상금등 ·· 253
[판례 28] 사해행위취소 ·· 253
      (2) 담보권실행이 채무자회생법 제104조의 집행행위에
         해당하는지 여부 ·· 253
[판례 29] 출자지분확인청구 ·· 254

　　　　나. 행사방법 ·· 256
3. 행사효과 ··· 256
　　　　가. 부인권 행사의 효과 ·· 256
　　　　　　(1) 원상회복 ··· 256
[판례 30] 질권확인 ··· 257
　　　　　　(2) 회생·파산절차가 종결 ·· 258
[판례 31] 정리채권에대한부인 ·· 259
[판례 32] 정리채권에대한부인의소 ··· 260
[판례 33] 부인등 ·· 261
[판례 34] 담보권실행행위부인등 ··· 264
　　　　나. 사해행위취소권 행사의 효과 ··· 264
　　　　　　(1) 채권자취소권의 법적 성질 ······································ 264
[판례 35] 배당이의 ··· 265
[판례 36] 배당이의 ··· 265
[판례 37] 배당이의 ··· 266
[판례 38] 제3자이의 ··· 267
[판례 39] 소유권이전등기말소회복등기 ··· 267
　　　　　　(2) 원상회복의 방법 ·· 267
[판례 40] 사해행위취소 ·· 267
[판례 41] 사해행위취소 ·· 274
[판례 42] 대여금등 ··· 276
[판례 43] 손해배상(기) ··· 279
[판례 44] 사해행위취소 ·· 280
[판례 45] 공사대금등 ··· 281

제5절 명의신탁 부동산의 처분이 명의신탁자의 채권자에 대한 관계에서 사해행위가 성립여부

Ⅰ. 사해행위취소등 ·· 283

1. 사실관계 ··· 283
2. 하급심의 판단 ··· 283
   가. 제1심의 판단: 청구인용 ··· 283
   나. 원심의 판단: 사해행위취소청구 부분 각하, 원상회복청구
       부분 기각 ··· 284
3. 판결요지 ··· 284
4. 상고이유 ··· 285
5. 대법원의 판단: 파기환송 ··· 285
   가. 양자 간 명의신탁 ··· 285
      (1) 양자 간 명의신탁의 법리 ·· 285
         (가) 명의신탁약정 및 물권변동의 효력 ························ 286

[판례 1] 토지소유권이전등기 ··· 286
[판례 2] 지분소유권이전등기절차이행 ································· 287
[판례 3] 소유권이전등기 ··· 288
[판례 4] 손해배상(기) ··· 290
         (나) 수탁자가 신탁부동산을 처분한 경우 ····················· 296
[판례 5] 제3자이의 ··· 296
[판례 6] 구상금등 ··· 301
         (다) 명의수탁자의 배임행위에 적극가담하여 제3자
              명의의 등기가 이루어진 경우 ································ 304

[판례 7] 건물철거등·소유권이전등기 ··· 304

[판례 8] 구상금등 ··· 305

[판례 9] 사기·횡령 ··· 306

[판례 10] 횡령 ·· 306

Ⅱ. 구상금등 ··· 307

1. 사실관계 ·· 307
2. 판결요지 ·· 308
3. 판례 ·· 308

가. 명의신탁약정이 유효한 경우⇒사해행위 불성립 ················· 308

[판례 1] 사해행위취소 ·· 308

[판례 2] 소유권이전등기말소등 ·· 308

[판례 3] 구상금등 ··· 309

나. 양자 간 명의신탁 또는 3자 간 등기명의신탁⇒
사해행위 불성립 ·· 312

[판례 4] 구상금등 ··· 312

[판례 5] 사해행위취소 ·· 315

[판례 6] 사해행위취소 ·· 318

[판례 7] 구상금등 ··· 318

[판례 8] 대여금등 ··· 321

다. 계약명의신탁(매도인 선의)⇒사해행위 성립 ······················· 323

[판례 9] 사해행위취소 ·· 323

[판례 10] 소유권이전등기등 ·· 324

4. 명의신탁약정을 사해행위로 취소하는 방안 ·················· 324
　　가. 판결요지 ·· 324
　　나. 사실관계 ·· 324
　　다. 원고의 청구원인 ·· 325
　　라. 원심의 판단 ·· 325
　　마. 대법원의 판단: 상고기각 ·································· 325
　　바. 양자 간 명의신탁: '명의신탁자가 법률행위 ········ 326
　　　　(1) 취소대상인 법률행위의 특정 ······················ 326

[판례 11] 사해행위취소 ·· 326

[판례 12] 사해행위취소 ·· 328

[판례 13] 근저당권설정등기등·사해행위취소 ················· 335

[판례 14] 사해행위취소·사해행위취소등 ························ 336

[판례 15] 사해행위취소등 ·· 337

[판례 15] 소유권이전등기등 ·· 339

[판례 16] 소유권이전등기 ·· 343

[판례 17] 소유권이전청구권가등기말소청구의소 ············· 344

[판례 18] 소유권이전등기 ·· 345

[판례 19] 전부금 ·· 345

[판례 20] 사해행위취소 ·· 346

[판례 21] 유치권부존재확인 ·· 347

[판례 22] 강제집행면탈 ·· 348

제6절 사해행위취소 소송에서 취소의 효과가 미치는 범위·전득자의 악의 판단에 의한 수익자의 법률행위

Ⅰ. 구상금등 ··· 350

1. 참조조문 ··· 350
민법 ··· 350
2. 사안의 개요 ··· 350
3. 소송의 경과 ··· 351
   가. 제1심 ··· 351
      (1) 청구내용 ·· 351
      (2) 판결요지 ·· 351
   나. 원심 ·· 351
      (1) 판결요지 ·· 351
4. 상고이유의 요지 ··· 352
      (1) 통설과 판례의 태도 ····································· 352
[판례 1] 사해행위취소등 ··· 352
[판례 2] 배당이의 ··· 353
[판례 3] 파산배당금교부청구권 ································· 354
[판례 4] 사해행위취소 ·· 359
[판례 5] 부동산경락허가결정 ····································· 360
      (2) 사해행위취소의 원상회복 방법: 전득자(피고 회사)
         만을 상대로 근저당권설정등기와 가등기를 말소
         하여야 하는지 여부 ······································· 360

                (가) 판례의 태도 ·· 360
    [판례 6] 근저당권설정등기말소 ·· 360
    [판례 7] 가등기말소등 ··· 360
    [판례 8] 원인무효에의한근저당권설정등기말소등 ························ 361
    [판례 9] 채무부존재확인등 ·· 362
    [판례 10] 근저당권말소 ··· 362

제7절 사해행위취소판결의 효력이 미치는 범위

1. 판례의 검토 ··· 364
    [판례 1] 배당이의 ·· 364
    [판례 2] 제3자이의 ·· 364
    [판례 3] 소유권이전등기말소등기절차승낙 ································· 365
    [판례 4] 사해행위취소 ··· 365
    [판례 5] 배당이의 ·· 366
    [판례 6] 구상금등 ·· 366
    [판례 7] 배당이의 ·· 367
    [판례 8] 배당이의 ·· 368
    [판례 9] 배당이의 ·· 369
2. 판례이론의 상대효 ·· 376
    [판례 10] 배당이의 ·· 376
    [판례 11] 배당이의 ·· 377
3. 양도담보와 관련하여서는 양도담보권이 설정된 경우 ················ 378

4. 희생절차개시 결정 이후 소송제기된 경우 ·················· 378
    가. 채권자대위소송 ··· 378
[판례 12] 부당이득금 ··· 378
    나. 채권자취소소송 ··· 379
        (1) 채무자에 대하여 회생절차가 개시된 경우 ················ 379
[판례 13] 사해행위취소등 ·· 379
        (2) 수익자 또는 전득자에 대하여 회생절차가 개시된 경우 ······ 380
[판례 14] 구상금등 ·· 380
5. 회생절차개시결정 당시 이미 소송이 계속중인 경우 ·················· 381
    가. 청구취지 ··· 381
    나. 채권자취소소송 ··· 381
        (1) 소송의 중단 및 수계 ·· 381
[판례 15] 근저당권말소 ·· 381
[판례 16] 사해행위취소 ·· 382
    다. 채권자대위소송, 주주대표소송 ·································· 382

제8절 채권자취소소송에서의 소의 이익

Ⅰ. 사해행위취소 ·· 383

1. 참조조문 ·· 383
2. 판결요지 ·· 383
3. 사안의 개요 ·· 384
    (1) 계약이 해지로 소멸된 후 사해행위취소 청구의
        가부(원칙적 소극) ··· 385

[판례 1] 사해신탁취소등 ·· 385
[판례 2] 구상금등 ·· 386

　　　(2) 저당권이 설정되어있는 부동산을 양도한 경우
　　　　 사해행위의 성립 ·· 386

[판례 3] 근저당권설정등기말소 ··· 386
[판례 4] 사해행위취소등 ·· 387
[판례 5] 사해행위취소 ·· 388
[판례 6] 사해행위취소등 ·· 388
[판례 7] 사해행위취소등 ·· 388

　　　(3) 이 사건 근저당권설정계약이 사해행위로 취소되는지
　　　　 여부에 따라 관련 사건(매매계약이 사해행위에 해당하는지가
　　　　 쟁점)의 결론에 영향을 미치는지 여부 ································ 389
　　　　 (가) 사해행위취소의 효력 ·· 389

[판례 8] 소유권이전등기말소회복등기 ·· 389
[판례 9] 제3자이의 ·· 389
[판례 10] 소유권이전등기말소회복등기 ·· 390
[판례 11] 배당이의 ·· 390

　　　　 (나) 대법원판례에 의하면 사해행위의 취소로
　　　　 책임재산이 소급적으로 회복 ······································· 390

[판례 12] 파산배당금교부청구권 ··· 391
[판례 13] 대여금 ·· 391

　　　　 (다) 상대적 무효설의 "제3자"의 범위 ······························· 393

[판례 14] 배당이의 ·· 393
[판례 15] 배당이의 ·· 394

제9절 채권자취소소송에 있어서 원물반환과 가액배상

1. 서론 ··· 396

    [판례 1] 소유권이전등기말소회복등기 ··· 396

    [판례 2] 사해행위취소등 ··· 396

        가. 원물반환과 잉여금의 귀속문제 ·· 397

            (1) 판례의 입장 ··· 397

    [판례 3] 배당이의 ·· 397

        나. 가액배상의 의미 ·· 398

    [판례 4] 사해행위취소등 ··· 398

    [판례 5] 소유권말소등기 ··· 398

    [판례 6] 사해행위취소 ·· 399

    [판례 7] 사해행위취소 ·· 400

    [판례 8] 사해행위취소 ·· 401

    [판례 9] 사해행위취소등 ··· 402

        다. 가액배상의 상대방 ·· 402

            (1) 판례의 입장 ··· 402

    [판례 10] 배당금 ··· 402

    [판례 11] 사해행위취소등 ··· 403

    [판례 12] 보증금반환등 ··· 405

        라. 취소채권자의 우선만족 허용의 문제 ·· 405

            (1) 판례의 입장 ··· 405

    [판례 13] 배당금 ··· 405

마. 수익자가 채무자에 대한 채권자 중의 1인이었던
　　　　　경우의 법률관계 ·· 406
　　　　　(1) 판례의 입장 ·· 406
[판례 14] 사해행위취소등 ·· 406
　　　바. 수익자의 고유채권자가 압류·가압류를 한 경우 ···················· 408
　　　　　(1) 채무자의 부동산을 매수한 수익자의 고유채권자가
　　　　　　　가압류에 기해 강제경매를 한 경우 ······························ 408
[판례 15] 제3자이의 ··· 408
　　　　　(2) 채무자의 부동산을 매수한 수익자의 고유채권자가
　　　　　　　체납압류를 하였거나 가압류를 한 경우 ······················ 408
[판례 16] 배당이의 ··· 408
　　　　　(3) 수익자의 고유채권자가 수익자가 사해행위로 취득한
　　　　　　　근저당권에 배당된 배당금을 가압류한 경우 ················ 410
[판례 17] 배당이의 ··· 410
2. 사해행위취소와 배당이의의 소 ·· 411
　　　가. 배당요구종기와 사해행위취소 ··· 411
[판례 18] 부당이득금반환 ··· 411
[판례 19] 부당이득금반환 ··· 411
[판례 20] 부당이득금 ·· 412
[판례 21] 배당이의 ··· 413
[판례 22] 부당이득금반환 ··· 414
　　　나. 배당이의소송과 사해행위취소 ··· 415
[판례 23] 부당이득반환 ··· 415
[판례 24] 배당이의 ··· 415

[판례 25] 배당이의 ·· 416
[판례 26] 사해행위취소등 ·· 417
[판례 27] 보증금반환등 ·· 419
[판례 28] 손해배상(기) ·· 420
[판례 29] 구상금등 ·· 422
[판례 30] 배당이의 ·· 423
[판례 31] 소유권이전등기 ·· 424
[판례 32] 소유권이전등기 ·· 424
[판례 33] 배당이의 ·· 425
[판례 34] 부당이득금반환 ·· 426

3. 사해행위취소와 배당절차의 종료 ·· 428
    가. 사해행위취소의 효력을 받는 채권자의 범위 ······························· 428
        (1) 판례의 입장 ·· 428
[판례 35] 배당이의 ·· 428
    나. 수익자에게 배당금이 지급되기 전후의 법률관계 ······················· 428
[판례 36] 구상금등 ·· 428
[판례 37] 배당이의 ·· 429
[판례 38] 구상금등 ·· 430
[판례 39] 사해행위취소등 ·· 431
[판례 40] 구상금등 ·· 433
[판례 41] 구상금등 ·· 435
[판례 42] 배당이의 ·· 436
[판례 43] 예탁금반환 ·· 437

[판례 44] 배당이의 ·· 437

[판례 45] 부당이득금반환 ·· 438

[판례 46] 배당이의 ·· 439

[판례 47] 구상금등 ·· 441

[판례 48] 부당이득반환 ·· 442

[판례 49] 부당이득금 ·· 443

[판례 50] 구상금등 ·· 443

[판례 51] 대여금 ·· 443

[판례 52] 파산배당금교부청구권 ··· 444

[판례 53] 배당이의 ·· 444

[판례 54] 사해행위에 기한 가등기가 전득자에게 이전되어 본등기가 된 경우,
수익자에 대한 사해행위 취소 및 가액배상청구의 가부 ················· 445

[판례 55] 사해행위취소 ·· 446

[판례 56] 사해행위취소 ·· 448

4. 가등기 원인행위의 사해행위성과 원상회복 방법 ························ 448

[판례 57] 가등기말소등 ·· 448

[판례 58] 사해행위취소등 ·· 449

[판례 59] 사해행위취소 ·· 450

[판례 60] 사해행위취소 ·· 451

5. 가등기가 전득자에게 이전되어 본등기가 된 경우,
   수익자에 대한 사해행위 취소 및 가액배상청구의 가부 ············· 452

[판례 61] 소유권이전등기 ·· 452

[판례 62] 등기공무원처분에대한이의신청기각결정에대한재항고 ·················· 452

제10절 재산분할청구권 보전을 위한 사해행위취소권

1. 피보전채권으로서 재산분할청구권 ································ 454

    가. 재산분할청구권 ·· 454

    나. 재산분할청구권이 특정물채권인 경우 ······················ 454

[판례 1] 소유권이전등기말소등 ·· 454

[판례 2] 소유권이전등기말소등 ·· 455

[판례 3] 소유권이전등기 ·· 455

2. 사해행위의 존재 ·· 456

    가. 재산권을 목적으로 한 법률행위 ································ 456

[판례 4] 사해행위취소 ·· 456

[판례 5] 사해행위취소 ·· 457

    나. 상대방 배우자의 무자력의 발생 ································ 458

        (1) 무자력의 판단 및 기준시점 ································ 458

3. 채무자 또는 수익자의 악의 ·· 458

    가. 채무자의 악의 ·· 458

    나. 수익자 또는 전득자의 악의 ······································ 458

[판례 6] 소유권이전등기말소등 ·· 458

[판례 7] 구상금등 ·· 459

[판례 8] 근저당권말소 ·· 460

4. 재판상 행사 ·· 461

    가. 일반적 기준 ·· 461

[판례 9] 이혼및재산분할 ·· 461
　나. 사해행위취소권의 행사기간 ·· 461
[판례 10] 대여금등 ·· 462
　다. 가정법원의 관할 ·· 464

제3장　사해행위관련사건

◆ 서　설 ·· 467
[표서식] 사해행위취소 쟁점정리 ·· 468
　[서식　1] 사해행위취소등 청구의 소(매매계약 취소) ················· 470
　[서식　2] 사행행위등취소청구의 소장(채무초과, 부동산매매) ···· 475
　[서식　3] 사해행위취소청구의 소장(가장매매) ··························· 483
　[서식　4] 사해행위취소청구의 소장(수표금청구채권의 양도) ····· 485
　[서식　5] 사해행위취소청구의 소장 (장래발생할 채권의 예견에 따라
　　　　　　　행한 허위표시에 의한 가장매매) ····· 488
　[서식　6] 사해행위등취소청구의 소장 (채무초과 상태에서의
　　　　　　　부동산의 매매) ························· 493
　[서식　7] 사해행위취소 등 청구의 소 (매매계약 취소) ············· 497
　[서식　8] 사해행위취소 등 청구의 소 (매매계약 취소) ············· 500
　[서식　9] 사해행위취소 등 청구의 소 (매매계약 취소) ············· 505
　[서식 10] 사해행위취소 등 청구의 소 (매매계약 취소) ············· 510
　[서식 11] 사해행위취소 등 청구의 소 (근저당설정계약 취소) ··· 515
　[서식 12] 사해행위취소 등 청구의 소 (매매계약 취소) ············· 519
　[서식 13] 사해행위취소 등 청구의 소 (매매계약 취소) ············· 526
　[서식 14] 사해행위취소 등 청구의 소 (증여계약 취소) ············· 534

[서식 15] 구상금 등 청구의 소 (근저당설정계약 취소) ················· 539
[서식 16] 사해행위 취소 등 청구의 소 (증여계약 취소) ··············· 550
[서식 17] 사해행위 취소 등 청구의 소 (매매계약 취소) ··············· 560
[서식 18] 사해행위취소등청구의 소 (매매계약 취소) ················· 569
[서식 19] 사해행위취소청구의 소장 ································ 576
[서식 20] 사해행위 취소 (특허권·실용신안권 지위) ················· 590
[서식 21] 상고이유서 ·· 597
[서식 22] 추가상고이유서 ·· 599

제4장 사해행위 관련예규

제1절 관련 예규

[예규 1] 가처분의 피보전권리와 본안소송의 소송물인 권리가 다른 경우라도
등기관은 본안소송이 그 가처분에 기한 것이라고 판단할 수 있는지
여부(적극) ·· 605
[예규 2] 가처분의 피보전권리가 사해행위취소로 인한 근저당권말소등기
청구권인 경우, 가처분권자의 승낙 등이 없이 근저당권설정계약
해지를 원인으로 하여 근저당권말소등기신청을 할 수 있는지
여부(소극) ·· 606
[예규 3] 가처분의 피보전권리가 사해행위취소로 인한 소유권이전등기 말소
청구권인 경우, 가처분 대상인 소유권이전등기의 말소청구시
가처분권자의 승낙 필요 여부(변경) ··························· 607
[예규 4] 가처분의 피보전권리가 사해행위취소로 인한 근저당권설정등기
말소청구권인 경우, 근저당권 포기를 원인으로 하는 근저당권설정
등기 말소등기신청 ··· 608
[예규 5] 갑 명의의 가등기에 대하여 채권자를 을과 병으로 하고 피보전권리를
가등기의 말소등기청구권으로 하는 가처분등기가 경료된 후 을이 갑을

상대로 한 가등기말소청구소송에서 갑이 청구를 인낙한 경우, 을이
위 인낙조서에 의하여 가등기를 말소하는 방법 ·················· 609
[예규 6] 국세징수법상의 사해행위취소에 관한 세무서장의 당사자능력 ············ 610
[예규 7] 말소대상인 소유권이전등기에 터 잡아 경료된 가처분등기를 말소하지
않고 그대로 둔 채 소유권이전등기만을 말소한 경우, 등기관이 직권
으로 말소회복등기를 하여야 하는지 여부(적극) ························· 611
[예규 8] 사해행위취소청구권을 피보전권리로 하는 근저당권처분금지가처분
등기가 경료된 경우 본안승소판결에 의한 근저당권설정등기의 말소
등기와 당해 가처분등기의 직권말소 여부(적극) ·························· 612
[예규 9] 소유권보존등기말소청구권을 피보전권리로 하는 가처분등기 후
소유권이전등기절차의 이행을 명하는 승소확정판결을 받은 경우
가처분권리자가 가처분 이후에 경료된 등기의 말소를 신청할 수
있는지 여부(적극) ·· 613
[예규 10] 소유권이전등기 이후에 근저당권설정등기가 경료된 경우, 근저당권
자는 소유권이전등기의 말소에 관하여 등기상 이해관계 있는 제3자
인지 여부 및 소유권이전등기 말소 절차 ··························· 614
[예규 11] 촉탁착오로 인한 예고등기의 말소 ··························· 615

제2절 선 례

1. 등기상 이해관계 있는 제3자 ··························· 616
2. 등기상 이해관계 있는 제3자에 관한 등기선례 ··························· 616

[선례 1] 판결에 의하여 소유권이전등기의 말소 신청을 할 때 말소대상인
소유권이전등기에 터잡은 제3자의 권리에 관한 등기가 있는 경우,
그 제3자의 승낙서 등을 첨부정보로 제공해야 하는지 여부(적극) ······ 616
[선례 2] 말소대상인 소유권이전등기에 터 잡아 경료된 가처분등기를 말소하지
않고 그대로 둔 채 소유권이전등기만을 말소한 경우, 등기관이 직권
으로 말소회복등기를 하여야 하는지 여부(적극) ························· 617

[선례 3] 소유권이전등기 이후에 근저당권설정등기가 경료된 경우, 근저당권자는 소유권이전등기의 말소에 관하여 등기상 이해관계 있는 제3자인지 여부 및 소유권이전등기 말소 절차 ······················ 618

[선례 4] 사해행위취소에 따른 원상회복청구권을 피보전권리로 한 채권처분금지가처분결정이 제3채무자에게 송달된 경우 공탁 방법 등 ············· 619

[선례 5] 가등기에 기한 본등기 경료 후 가등기 말소를 명한 판결로 가등기 및 본등기 말소 가부 ··· 619

[선례 6] 채권자대위소송의 판결에 기하여 제3의 채권자가 채무자를 대위하여 등기신청을 할 수 있는지 여부 ··· 620

[예규 1] 부대청구가 있는 금전지급청구소송에 있어서의 소송목적의 값 산정요령 ·· 621

[예규 2] 사건관리방식에 관한 예규 ··· 623

❖ 민사소송규칙 ··· 634

❖ 사항색인 ··· 685

❖ 판례색인 ··· 703

제 1 장

채권자취소권

제1절 사해행위의 성부
제2절 채권자취소권의 행사방법
제3절 사해행위 취소의 범위와
       원상회복의 방법
제4절 제소기간
제5절 기타

제1장 채권자취소권

제1절 사해행위의 성부

1. 채권자 취소권의 요건

가. 개요

(1) 사해행위취소소송이라함은, 채권의 공동담보인 채무자의 일반재산이 채무자의 법률행위에 의하여 부당하게 감소됨으로써 채무자의 변제능력이 부족하게 되는 경우에 그 법률행위를 취소하고 채무자로부터 일탈된 재산의 회복을 구하는 소송이다. 채권자 취소권은 모든 채권자를 위해서 채무자의 재산을 확보함으로써 채권의 만족을 위한 기반을 다지는 책임재산 보전제도이다. 책임재산의 보장은 강제집행을 위한 채권 만족의 전제조건이다. 예를 들면, 가령 채무자가 자기 재산을 함부로 타인에게 증여하거나, 제3자가 채무자에게 채무를 부담하고 있는데 채무자가 방만하게 이를 면제해 준 경우 채권자는 채무자의 증여나 채무면제를 취소하고 채무자의 재산으로부터 일탈한 재산을 회복해 옴으로써 채무자의 재산의 감소를 방지할 수 있다.

(2) 일반적으로 채권자취소권을 행사하기 위해서는, 객관적 요건으로 ①채무자가 법률행위를 하였고, ②그것이 채권자를 해하여야 하며, 주관적 요건으로 ③채무자가 채권자를 해하는 것을 알았어야 하고(사해의사), ④상대방(수익자 또는 전득자)이 채권자를 해하는 것을 알고 있어야 한다. 그리고 통설과 판례에 의하면, 취소채권자는 위 요건 중 ①내지③요건을 주장·입증하면 족하고, ④의 요건은 상대방이 항변으로서 선의를 주장·입증하여야 한다.

나. 객관적 요건(사해행위)

  (1) 채권자를 해하는 법률행위존재(사해행위의 존재)

    (가) 채권 취소권의 대상이 되는 사해행위는 첫째 채무자가 행한 법률행위이고 둘째 재산을 처분하는 행위로서 이로 인해 채무자의 재산감소를 초래하여야 한다.

    (나) 채권자를 해한다 함은 채무자의 재산처분행위로 그의 재산이 감소하여 모든 채권자의 채권을 변제할 수 없게 되는 것으로 채무자의 부채의 총액이 자산의 총액을 넘게 되어 채무자가 채무초과 또는 무자력하게 되는 것을 말한다. (예를 들어 채무부담행위로의 허위의 근저당권 설정 행위, 재산감소행위로서의 증여 원인 등으로 허위의 매도행위 등)따라서 채무자의 재산적 법률행위라 하더라도 그 행위 당시의 채무 총액에 비하여 총재산에 감소를 초래하지 않은 행위는 사행행위라 할 수 없다.(80다1403호/82.5.25.)

    한편, 취소채권자의 채권이 정지조건부채권이라 하더라도 장래에 정지조건이 성취되기 어려울 것으로 보이는 등 특별한 사정이 없는 한 이를 피보전채권으로 하여 채권자취소권을 행사할 수 있다(대법원 2011. 12. 8. 선고 2011다55542 판결).

    (다) 채무자의 무자력에 관한 문제

    채권자 취소권은 채무자가 무자력 상태에 있을 때에 그 행사가 허용된다. 채권자를 해롭게 한다는 것을 채무자의 재산 처분의 결과 그의 채권자들을 만족시킬 만한 재산이 부족되는 상황을 말한다.

      ① 자력 평가 기준

        채무자자력의 산정으로 채무자의 자산(재산)은 채무자의

신용 등도 평가, 포함해서 산정하여야 하며 채무자의 재산 위에 담보권이 설정된 경우에는 그 금액을 부채 및 자산(재산)에서 차감하여 채무자의 자력의 유무를 산정한다.

② 자력 산정의 시기

채무자가 수 개의 재산감소행위를 한 때에는 각 행위에 관하여 그 당시에 그 행위로 무 자력이 생겼는가의 여부를 산정하여야 한다.

[사례 1] 무자력 판정시기

채무자의 무자력 여부는 사해행위 당시를 기준으로 판단해야 하는 것이므로 채무자의 적극 재산에 포함되는 부동산이 사해행위가 있은 후에 경매 절차에서 경락된 경우에 그 부동산의 평가는 경락된 가액을 기준으로 할 것이 아니라 사해행위 당시의 시가를 기준으로 하여야 할 것이며, 부동산에 대하여 정당한 절차에 따라 산출된 감정 평가액은 특별한 사정이 없는 한 그 시가를 반영하는 것으로 보아도 좋을 것이다.(2000다69026 / 2001. 4. 27)

③ 구체적 사례

i) 일부 채권자에 대한 변제 및 대물변제

변제 및 대물변제로 기 발생된 채무에 대하여 일부의 채권자에게 변제는 원칙적으로 사해행위가 되지 않는 것으로 채무의 변제는 재산의 감소와 함께 부채의 감소까지 이루어져 종국적으로 채무자의 자력에 증감이 없기 때문이다.

(67다75호/67.4.25.)또한 대물변제 역시 변제에서의 이유와 같은 이유로 상당한 가격 또는 채권액으로 행하여진 때에는 사행행위가 되지 않겠으나 채권

액 이상의 가치 있는 것으로서 하는 대물변제는 사해행위가 됨은 물론이고(97다57320호/98.5.12.)특정 채권자와 통모하여 취소채권자를 해할 의사로 대물변제(변제 포함)를 함으로서 채권자의 일반담보를 감소케 하는 것도 사해행위가 된다 하겠다.

ii) 저당권 설정행위

물적담보의 공여로 기 발생된 채무에 대하여 일부의 채권자를 위하여 저당권의 설정 공여하는 것은 담보채권자에게 우선변제권을 주는 것이므로(다른 채권자의 공동담보를 감소)사해행위가 된다고 판례는 보고 있으나(86다카83호/86.9.23.)학설상에는 변제, 대물변제의 연장선상에서 사해행위가 되지 않는다고 볼 수도 있으며 다만 다른 채권자와 통모하여 이루어진 담보제공행위는 사해행위에 해당된다 하겠다.(2000다43352호)

그리고 채권자의 채권이 사해행위 이전에 성립되어 있는 이상 그 채권이 양도된 경우에도 그 양수인은 채권자취소권을 행사할 수 있고, 이 경우 채권양도의 대항요건을 사해행위 이후에 갖추었더라도 채권양수인이 채권자취소권을 행사하는 데 아무런 장애사유가 될 수 없다(대법원 2006. 6. 29. 선고 2004다5822 판결).

iii) 연대 보증인이 되는 행위

인적담보의 부담으로 채무자가 새로이 연대채무를 부담한 때에는 다른 연대채무자에게 자산이 있어도 연대보증인의 검색의 항변권이 없어 채권자의 이행의 청구를 거부하지 못하므로 채권자취소권의 대상이 된다고 보겠다.

iv) 재산매각행위

부동산 기타의 재산의 매각으로 상당한 대가로 부동산 기타의 재산을 매각하는 것은 사해행위가 되지 않는다고 학설은 보고 있으나 판례(66다1535호/66.10.4.)는 그 매각이 일부 채권자에 대한 정당한 변제에 충당하기 위하여 상당한 가격으로 이루어졌다는 특별한 사정이 없는 한 재산을 매각하여 소비하기 쉬운 금전으로 바꾸는 행위는 원칙적으로 사해행위에 해당한다고 보고 있으며 또 하나의 판례(97다54420호/98.4.14., 99다2515호/99.4.9.)는 다시 한 번 확인하고 있다. 또한 채무자 재산을 무상 또는 부당한 염가로 감소케 하는 것이 사해행위가 됨은 물론이다.

v) 일부채권자와 통모한 경우

채무자가 채무가 재산을 초과하는 상태에서 채권자 중 한 사람과 통모하여 그 채권자만 우선적으로 채권의 만족을 얻도록 할 의도로 채무자 소유의 부동산을 그 채권자에게 매각하고 위 매매대금 채권과 그 채권자의 채무자에 대한 채권을 상계하는 약정을 하였다면 가사 매매가격이 상당한 가격이거나 상당한 가격을 초과한다고 할지라도 채무자의 매각행위는 다른 채권자를 해할 의사로 한 법률행위에 해당한다고 하여 사해행위에 포함됨을 밝히고 있다.(94다2961 / 94. 6. 14.)

(2) 피보전채권

(가) 피보전채권 요건은 취소 채권자의 채권이 언제 성립하여야 하는 문제이다. 취소채권자의 채권은 사해행위가 있기 전에 발생한 것이어야 하며 반드시 그 지급기일이 도래

하고 있어야 하는 것은 아니다.

(나) 채권자 취소권은 채무자에게 채무를 변제 할 수 있는 자력이 있다고 신뢰하고 거래한 채권자를 보호하기 위해 존재하는 것이므로 이미 재산권을 목적으로 하는 법률행위로 무 자력 상태가 초래하고 난 다음에 채권이 성립한 채권자는 채권자취소권을 행사 할 수 없는 것이다.

(다) 채무자가 한 법률행위에는 계약행위 뿐만 아니라 단독행위, 사실행위(채무의 승인)도 포함하며 판례(97다50985호/98.2.27.)는 허위표시(가장매매 등)도 여기에의 법률행위에 해당한다고 보고 있다.

(라) 조세채권

채권자취소권에 의하여 보호될 수 있는 채권은 원칙적으로 사해행위라고 볼 수 있는 행위가 행하여지기 전에 발생된 것임을 요하지만 그 사해행위 당시에 이미 채권 성립의 기초가 되는 법률관계가 발생되어 있고, 가까운 장래에 그 법률관계에 터잡아 채권이 성립되리라는 점에 대한 고도의 개연성이 있으며, 실제로 가까운 장래에 그 개연성이 현실화되어 채권이 성립된 경우에는 그 채권도 채권자취소권의 피보전채권이 될 수 있다(대법원 2009.11.12. 선고 2009다53437 판결).

(마) 연대보증채권

이른바 대환으로서 이루어진 신규대출의 법적 성질이 준소비대차가 아닌 경개로 인정되어 신규대출에 따른 채무가 종전 대출에 따른 채무와 법적 동일성이 없다고 하더라도, 그 대환 전의 종전 대출채무의 연대보증인이었다가 대환 후의 신규 대출채무에 대하여도 연대보증인이 된 자의 재산처분행위가 사해행위인지 여부를 판단함에 있어서, 신규대출에 따른 연대보증채권이 사해행위취소권의 피보전채권이 될 수 있다고 한 사례(대법원 2002. 3. 29. 선고 2001다81870 판결).

(3) 장래의 채권

　(가) 손해배상채권

- 채권자와 사이에 체결한 공사계약을 이행하는 과정에 있었던 경우, 가까운 장래에 공사대금 반환채권이 성립될 고도의 개연성이 있었다고 볼 수 없으므로, 채권자는 공사대금 반환채권을 피보전채권으로 하여 채무자와 제3자 사이의 증여계약이 사해행위임을 이유로 그 취소를 구할 수 없다고 본 사례(대법원 1997. 5. 23. 선고 96다38612 판결).

- 채권자취소권에 의하여 보호될 수 있는 채권은 원칙적으로 사해행위라고 볼 수 있는 행위가 행하여지기 전에 발생된 것임을 요하지만 그 사해행위 당시에 이미 채권 성립의 기초가 되는 법률관계가 발생되어 있고 가까운 장래에 그 법률관계에 터잡아 채권이 성립되리라는 점에 대한 고도의 개연성이 있으며, 실제로 가까운 장래에 그 개연성이 현실화되어 채권이 성립된 경우에는 그 채권도 채권자취소권의 피보전채권이 될 수 있다(대법원 2005. 8. 19. 선고 2004다53173 판결). 사해행위 당시 아직 조세채권이 성립하지 않았으나, 그 전에 조세채무자가 실질적 대표자로 있는 회사에서 가공원가를 계상하였고 과세관청이 위 가공원가를 조세채무자에 대한 인정상여로 소득처분하여 종합소득세 부과처분을 하였다. 실제 그 개연성이 현실화되어 채권이 성립하였으므로 위 조세채권은 채권자취소권의 피보전채권이 될 수 있다(대법원 2001. 3. 23. 선고 2000다37821 판결)[1]

---

1) 재산분할청구권(민법 제839조의3) 보전을 위한 채권자취소권 참조(부부의 일방이 다른 일

신용카드대금을 연체하게 된 경우 그 신용카드대금채권은 사해행위 이후에 발생한 채권에 불과하여 사해행위의 피보전채권이 될 수 없다(대법원 2004. 11. 12. 선고 2004다4055 판결).

(나) 구상채권

- 채무자가 보증인의 보증하에 은행으로부터 대출을 받음에 있어 채무자의 보증인에 대한 구상채무에 대하여 연대보증한 자가 연대보증 후 소유 부동산을 제3자에게 증여한 사안에서, 증여계약 당시 채무자가 당해 대출금을 당초 변제기까지 변제하지 못하고 변제기를 연장하였을 뿐만 아니라 그 외에도 원금을 변제하지 못하고 있는 대출금이 많이 있었고, 거래처의 부도로 인하여 막대한 손해를 보고 있었던 점 등 증여계약 당시의 채무자의 재정 상태에 비추어 볼 때 채권자취소권의 피보전채권인 구상채권의 성립의 개연성이 있었다고 인정한 사례(대법원 1997. 10. 28. 선고 97다34334 판결).

- 사행성 여부가 문제되는 재산처분행위 당시 채권 성립의 기초가 되는 법률관계가 발생되어 있었더라도 단순히 채무자의 소극재산이 적극재산을 초과하고 있었다거나 별건의 보증채무와 관련하여 채무변제 독촉을 받고 있었다는 사정만으로는 가까운 장래에 그 법률관계에 기하여 채권이 발생하리라는 점에 대한 고도의 개연성이 없다고 본 사례(대법원 2006. 9. 28. 선고 2005다8286,8293 판결)

(4) 채무자의 법률행위가 재산권을 목적으로 하는 것일 것

재산권을 처분하는 행위(매매, 증여, 대물변제, 담보권의 설정 등)이어야 하며 채무자가 타인의 증여의 청약에 대해 이를 거절하

방의 재산분할청구권 행사를 해함을 알면서도 재산권을 목적으로 하는 법률행위를 한 때에는 다른 일방은 제406조 제1항을 준용하여 그 취소 및 원상회복을 가정법원에 청구할 수 있다.)

제1절 사해행위의 성부 11

거나 상속포기 하는 것처럼 간접적으로는 재산상의 이익에 영향을 미치는 법률행위이더라도 채무자의 자유의사에 맡겨야 하는 경우에는 취소의 대상이 되지 않는다.

다. 주관적 요건(사해의 의사)

(1) 채무자의 악의

(가) 채무자가 사해행위의 당시에 그것에 의하여 채권자를 행하게 됨을 알고 있었어야 하며 이때 채무자의 사해의 인식은 일반적으로 채권자를 해한다는 것(채무자 공동담보에 부족이 생긴다는 것 97다57320호/98.5.12., 97다54420호/98.4.14., 99다2515호/99.4.9.)이며 또한 사해행위 당시에(사해행위 성립당시)인식하고 있어야 한다.(사해행위가 있는 후에 채무자가 인식하게 되어도 채권자 취소권은 성립되지 않음)

(나) 채무자의 악의의 입증책임은 채권자에게 있는 바(95다51908호/97.5.23.)실무상 입증방법으로 채무자의 자산상태, 처분행위의 대가, 처분상대방 등으로 사해행위 당시에 채무자의 채무가 재산보다 많았다는 것을 채권명세표 등으로 할 수 있을 것이다.

(다) 채권자취소권은 허위로 소유자 명의를 이전시켜 놓거나 채무가 없음에도 있는 것처럼 하여 근저당권을 설정하였을 때 행사 할 수 있다.(99다2515호/97다57320호)

(2) 수익자, 전득자의 악의

(가) 채무자의 사해행위로 인하여 수익자 또는 전득자는 그 행위 또는 전득의 당시에 채권자를 해하게 됨을 알고 있었어야 한다.

[사례 2] 수익자의 악의추정

채무자의 제3자에 대한 담보 제공 행위가 객관적으로 사해행위에 해당하는 경우 수익자의 악의는 추정되는 것이므로 수익자가 그 법률행위 당시 선의였다는 입증을 하지 못하는 한 채권자는 그에 따른 법률행위를 취소하고 원상회복을 청구 할 수 있다(2006.4.14 2006다5710).

(나) 사해행위인지 여부가 문제되는 법률행위가 대리인에 의하여 행하여진 경우에는 수익자나 전득자의 악의 여부는 대리인을 표준으로 결정한다(2006. 9. 8. 선고 2006다22661 판결).

(다) 수익자, 전득자가 악의가 없다는 선의에 관한 입증책임은 수익자, 전득자 에게 있다.(68다2022호/69.1.28., 97다54420호/98.4.14., 95다51908호/97.5.23., 66다1535호/66.10.4.)

(라) 여기에서 선의의 개념은 예를 들어 채무자와 이해관계가 전혀 없는 제3자가 시가에 상당하는 가격으로 부동산을 매수 하였거나 현재 및 장래에 발생하는 채무를 담보하기 위하여 근저당권을 설정 받는 경우에는 특별한 사정이 없는 한 선의로 볼 수 있으나 과거에 기 발생한 채권을 담보하기 위해 담보를 제공 받거나 증여 등을 제공받은 경우 등은 악의로 볼 수 있겠다.

2. 사해행위 취소청구

가. 개요

통상 사해행위취소소송은 사해행위의 취소라는 형성의 소와 원상회복이라는 이행의 소가 병합된 형태로 제기된다. 그러나 사해행위의 취소만을 먼저 청구한 다음 원상회복을 나중에 청구할 수도 있고, 사해행위 후에 아직 이행되지 않을 때, 또는 사해행위의 취소만으로도 일탈된 책임재산의 반환이라는 목적을 달성할 수도 있는 것이므로 여기서는 사해행위취소부분과 원상회복부분을 분리하

[사례 3] 사해행위의 취소와 원상회복을 청구하는 경우

[1] 채권자가 민법 제406조 제1항에 따라 사해행위의 취소만을 먼저 청구한 다음 원상회복을 나중에 청구할 수 있다.

[2] 채권자가 민법 제406조 제1항에 따라 사해행위의 취소와 원상회복을 청구하는 경우 사해행위 취소 청구가 민법 제406조 제2항에 정하여진 기간 안에 제기되었다면 원상회복의 청구는 그 기간이 지난 뒤에도 할 수 있다.(대법원 2001. 9. 4. 선고 2001다14108 판결)

나. 사해행위 취소 부분

(1) 채권자 취소권의 발생

요건사실	피보전채권의 발생 + 채무자의 사해행위 + 채무자의 사해의사

(2) 구체적 사례

(가) 취소

채권자 취소권을 행사하여 일탈재산의 원상회복을 청구하기 위해서는 먼저 그 재산의 일탈원인이 된 법률행위의 취소를 소구해야 한다. 취소 및 원상회복은 채권자의 채권의 범위에 관해서만 허용된다. 취소소송의 피고는 사해행위로 인하여 이익을 받은 수익자 또는 전득자이며, 채무자를 상대로 그 소송을 제기할 수는 없다.

일탈재산의 회복청구는 원칙적으로 사해행위에 의해 채무자로부터 수익자에게 소유권이전이 행해진 이후에 가능하다. 매매계약이 체결되었을 뿐 아직 목적물의 소유권이 이전되지 않은 때에는 매매계약을 취소하는 것으로 충분하며 원상회복청구는 할 여지가 없다.

(나) 책임재산보전

채권자취소권은 채무자가 채권자를 해함을 알면서 일반재산을 감소시키는 행위를 한 경우에 그 행위를 취소하여 채무자의 재산을 원상회복시킴으로써 모든 채권자를 위하여 채무자의 책임재산을 보전하는 권리이므로, 사해행위취소소송에서의 피보전채권은 금전채권이나 종류채권임을 요하고, 소유권이전등기 청구권과 같은 특정물채권을 피보전채권으로 삼을 수는 없다(대법원 1996. 9. 20. 선고 95다1965 판결).

(다) 피보전채권 성립시기

사해행위로 인하여 사해행위 이후에 권리를 취득한 채권자를 해친다고 할 수 없으므로 취소채권자의 성질상 당연한 요건이다(대법원 1995. 2. 10. 94다2534 판결). 따라서 가등기의 원인되는 법률행위가 취소채권자의 채권보다 앞서 발생한 경우 그 가등기는 원칙적으로 채권자취소권의 대상이 될 수 없다(대법원 2002. 4. 12. 선고 2000다43352 판결). 나아가 가등기에 기하여 본등기가 경료된 경우에도 가등기의 원인인 법률행위와 본등기의 원인인 법률행위가 명백히 다른 것이 아닌 한, 사해행위 요건의 구비 여부는 가등기의 원인된 법률행위 당시를 기준으로 하여 판단하여야 한다(대법원2002. 4. 12. 선고 2000다43352 판결). 다만 예외적으로 ⅰ) 그 사해행위 당시에 이미 채권성립의 기초가 되는 법률관계가 발생되어 있고, ⅱ) 가까운 장래에 그 법률관계에 터잡아 채권이 성립되리라는 점에 대한 고도의 개연성이 있으며, ⅲ) 실제로 가까운 장래에 그 개연성이 현실화되어 채권이 성립된 경우에는 그 채권도 채권자취소권의 피보전채권이 될 수 있으므로 (대법원 2004. 11. 12. 선고 2004다 40955 판결), 이에 관한 일련의 사정을 입증함으로써 위 요건을 대신할 수 있다.

제1절 사해행위의 성부 15

[사례 4] 특정물 채권 보전을 위한 채권자 취소권행사 부정

1. 채권자 취소권은 채무자가 채권자를 해함을 알면서 자기의 일반재산을 감소시키는 행위를 한 경우에 그 행위를 취소하여 채무자의 재산을 원상회복시킴으로써 모든 채권자를 위하여 채무자의 책임재산을 보전하는 권리로서, 특정물 채권을 보전하기 위하여 행사하는 것은 허용되지 않는다.
2. 사해행위로 인하여 사해행위 이후에 권리를 취득한 채권자를 해친다고 할 수 없으므로 성질상 당연한 요건이다.
3. 2중 매매를 사회질서에 반하는 법률행위로서 무효라고 하기 위하여서는 양수인이 2중 양도 사실을 알았다는 사실만으로서는 부족하고 양도인의 배임행위에 적극 가담하여 그 양도가 이루어져야 한다(대법원 1995. 2. 10. 선고 94다2534).

[사례 5] 신용카드 대금채권의 피보전채권성 부인

1. 채권자취소권에 의하여 보호될 수 있는 채권은 원칙적으로 사해행위라고 볼 수 있는 행위가 행하여지기 전에 발생된 것임을 요하지만, 그 사해행위 당시에 이미 채권 성립의 기초가 되는 법률관계가 발생되어 있고, 가까운 장래에 그 법률관계에 터잡아 채권이 성립되리라는 점에 대한 고도의 개연성이 있으며, 실제로 가까운 장래에 그 개연성이 현실화되어 채권이 성립된 경우에는, 그 채권도 채권자취소권의 피보전채권이 될 수 있다.
2. 신용카드가입계약은 신용카드의 발행 및 관리, 신용카드의 이용과 관련된 대금의 결제에 관한 기본적 사항을 포함하고 있기는 하나 그에 기하여 신용카드업자의 채권이 바로 성립되는 것은 아니고, 신용카드를 발행받은 신용카드회원이 신용카드를 사용하여 매출채권을 신용카드가맹점이 신용카드업자에게 양도하거나, 신용카드업자로부터 자금의 융통을 받는 별개의 법률관계에 의하여 비로소 채권이 성립하는 것이므로,

단순히 신용카드가입계약만을 가리켜 여기에서 말하는 '채권성립의 기초가 되는 법률관계'에 해당한다고 할 수는 없다.

3. 채무자가 채권자와 신용카드 가입계약을 체결하고 신용카드를 발급받았으나 자신의 유일한 부동산을 매도한 후에 비로소 신용카드를 사용하기 시작하여 신용카드대금을 연체하게 된 경우, 그 신용카드대금채권은 사해행위 이후에 발생한 채권에 불과하여 사해행위의 피보전채권이 될 수 없다고 한 사례(대법원 2004. 11. 12. 선고 2004다40955)

(라) 피보전채권이 우선변제권으로 담보되어 있는 경우

채권자의 채권에 대하여 물상담보권 등 우선변제권이 확보되어 있다면 그 범위 내에서는 채무자의 재산처분행위가 있다 하더라도 채권자를 해하지 아니하므로 사해행위가 성립되지 아니하고, 당해 채무액이 담보부동산의 가액 및 채권최고액을 초과하는 경우 그 담보물로부터 우선변제받을 액을 공제한 나머지 채권액에 대하여만 채권자취소권이 인정된다. 담보물이 제3자 소유인 경우에도 공제하여야 한다(대법원 2002. 4. 12. 선고 2000다63912). 이 경우 피보전채권의 존재와 그 범위는 채권자취소권 행사의 한 요건에 해당되므로 피고에게 담보부동산의 가액이 채권액을 초과하여 그 채권이 담보부동산으로 우선변제권이 확보되어 있다는 사실에 대한 주장·입증책임이 있는 것이 아니라, 채권자취소권을 행사하는 원고가 그 담보권의 존재에도 불구하고 자신이 주장하는 피보전채권이 그 우선변제권 범위 밖에 있다는 점을 주장·입증하여야 한다(대법원 2002. 11. 8. 선고 2002다41589 판결).

[사례 6] 담보범위내 채권자 취소권행사 부정

1. 주 채무자 또는 제3자 소유의 부동산에 대하여 채권자 앞으

로 근저당권이 설정되어 채권자에게 우선변제권이 확보되어 있다면 그 범위 내에서는 채무자의 재산처분행위는 채권자를 해하지 아니하므로 그 담보물로부터 우선변제받을 액을 공제한 나머지 채권액에 대하여만 채권자취소권이 인정된다.
2. 채권자가 채권자취소권을 행사할 때에는 원칙적으로 자신의 채권액을 초과하여 취소권을 행사할 수 없고, 이 때 채권자의 채권액에는 사해행위 이후 사실심 변론종결시까지 발생한 이자나 지연손해금이 포함된다.
3. 저당권이 설정되어 있는 부동산이 사해행위로 이전된 경우에 그 사해행위는 부동산의 가액에서 저당권의 피담보채권액을 공제한 잔액의 범위 내에서만 성립한다고 보아야 하므로, 사해행위 후 변제 등에 의하여 저당권설정등기가 말소된 경우 그 부동산의 가액에서 저당권의 피담보채무액을 공제한 잔액의 한도에서 사해행위를 취소하고 그 가액의 배상을 구할 수 있을 뿐이고, 이러한 법리는 그 부동산이 양도담보의 목적으로 이전된 경우에도 마찬가지라고 보아야 한다(대법원 2002. 4. 12. 선고 2000다63912). 대법원 2002. 11. 8. 선고 2002다41589 판결【사해행위취소】

[사례 7] ① 담보초과금액에 한하여 취소권 행사 인정, ② 사해행위 기준시기(처분행위 당시), ③ 가액배상 경우
(담보저당권 이전 후 발생 경우)

1. 주채무자 또는 제3자 소유의 부동산에 대하여 채권자 앞으로 근저당권이 설정되어 있고, 그 부동산의 가액 및 채권최고액이 당해 채무액을 초과하여 채무 전액에 대하여 채권자에게 우선변제권이 확보되어 있다면, 그 범위 내에서는 채무자의 재산처분행위는 채권자를 해하지 아니하므로 연대보증인이 비록 유일한 재산을 처분하는 법률행위를 하더라도 채권자에 대하여 사해행위가 성립되지 않는다고 보아야 할 것

이고, 당해 채무액이 그 부동산의 가액 및 채권최고액을 초과하는 경우에는 그 담보물로부터 우선변제받을 액을 공제한 나머지 채권액에 대하여만 채권자취소권이 인정된다고 할 것이며, 피보전채권의 존재와 그 범위는 채권자취소권 행사의 한 요건에 해당된다고 할 것이므로 이 경우 채권자취소권을 행사하는 채권자로서는 그 담보권의 존재에도 불구하고 자신이 주장하는 피보전채권이 그 우선변제권 범위 밖에 있다는 점을 주장·입증하여야 한다.

2. 채무자의 재산처분행위가 사해행위가 되는지 여부는 처분행위 당시를 기준으로 판단하여야 하므로 담보로 제공된 부동산이 사해성 여부가 문제되는 재산처분행위가 있은 후에 임의경매 등 절차에서 환가가 진행된 경우에는 그 재산처분행위의 사해성 등 특별한 사정이 없는 한 사후에 환가된 가액을 기준으로 할 것이 아니라 사해성 여부가 문제되는 재산처분행위 당시의 시가를 기준으로 하여야 한다.

3. 채권자 취소권에 있어서 피보전채권액이 물상담보인 근저당권의 채권최고액을 초과하여 그 초과하는 부분에 관한 채권자취소권의 행사가 가능하다고 한 사례.

4. 채권자의 채권원리금이 그 우선변제권에 의하여 전액 담보되지 아니하는 경우에는 변제충당의 법리를 유추적용하여 사해행위 시점에서는 이자채권이 원금채권에 우선하여 우선변제권에 의하여 담보되고 있다고 볼 것이므로 담보되지 아니하는 부분 가운데에는 원금에 해당하는 금원이 포함되어 남아 있게 될 것이고, 따라서 채권자가 채권자취소권을 행사할 수 있는 범위는 그 이후 담보권의 실행 등으로 소멸한 부분을 제외하고 난 다음 실제로 남은 미회수 원리금 전부가 아니라 사해행위 당시 채권최고액 및 담보부동산의 가액을 초과하는 부분에 해당하는 채무원리금 및 그 중 원금 부분에 대한 사실심 변론종결시점까지 발생한 지연이자 상당

의 금원이 이에 해당한다.

5. 저당권이 설정되어 있는 부동산이 사해행위로 이전된 경우에 그 사해행위는 부동산의 가액에서 저당권의 피담보채권액을 공제한 잔액의 범위 내에서만 성립한다고 보아야 하므로, 사해행위 후 변제 등에 의하여 저당권설정등기가 말소된 경우 그 부동산의 가액에서 저당권의 피담보채무액을 공제한 잔액의 한도에서 사해행위를 취소하고 그 가액의 배상을 구할 수 있을 뿐이다.

6. 어느 시점에서 사해행위에 해당하는 법률행위가 있었는가를 따짐에 있어서는 당사자 사이의 이해관계에 미치는 중대한 영향을 고려하여 신중하게 이를 판정하여야 할 것이고, 사해행위에 해당하는 법률행위가 언제 있었는가는 실제로 그러한 사해행위가 이루어진 날을 표준으로 판정할 것이되, 다른 특별한 사정이 없는 한 처분문서에 기초한 것으로 보이는 등기부상 등기원인일자를 중심으로 그러한 사해행위가 실제로 이루어졌는지 여부를 판정할 수밖에 없을 것이다.

7. 저당권이 설정되어 있는 부동산이 사해행위로 이전된 후 그 저당권설정등기가 말소되어 그 부동산의 피담보채무액을 공제한 잔액의 한도에서 사해행위를 취소하고 그 가액의 배상을 구하는 경우, 그 부동산이 사해행위로 이전된 후 피담보채무 전액이 소멸된 이상 특별한 사정이 없는 한 그 피담보채무의 소멸의 원인이 무엇인지, 소멸의 원인 중에 변제도 포함되어 있는 경우라면 변제에 있어서의 실제 자금의 출연주체가 누구인지 여부는 더 나아가 따질 여지도 없다고 할 것이며, 사해행위인 계약 전부의 취소와 부동산 자체의 반환을 구하는 청구취지 속에는 위와 같이 일부취소를 하여야 할 경우 그 일부취소와 가액배상을 구하는 취지도 포함되어 있다고 볼 수 있으므로 청구취지의 변경이 없더라도 바로 가액반환을 명할 수 있다(대법원 2002. 11. 8. 선고 2002다41589,

同旨 2002. 4. 12. 선고 2000다63912)

(마) 피보전채권에 연대보증인이 있는 경우

채권자의 채권에 보증인, 연대채무자 등 인적 담보가 붙어 있더라도 채권자에게 반드시 우선변제가 보장되는 것이 아니므로 이들의 자력을 고려하여 채무초과상태를 입증할 필요가 없으며(윤경, "사해행위취소소송에서 물적 담보를 가진 채권자의 피보전채권의 범위", 대법원 판례해설 제40호(2002년 상반기), 106면 참조), 연대보증인의 법률행위가 취소대상일 경우 주채무자의 일반적인 자력 또한 고려할 필요가 없다(대법원 2003. 7. 8. 선고 2003다13246 판결).

만일 주채무자 소유의 부동산이 채권자 앞으로 근저당권이 설정되어 있고 그 부동산의 가액 및 채권최고액이 당해 채무액을 초과하여 채무 전액에 대하여 채권자에게 우선변제권이 확보되어 있다면, 연대보증인이 자신의 유일한 재산을 처분하더라도 사해행위에 해당되지 아니한다(대법원 2000. 12. 8. 선고 2000다21017 판결).

[사례 8] 연대보증인의 사해행위성 부정(피보전채권 우선 변제권 담보된 경우)

주 채무자 또는 제3자 소유의 부동산에 대하여 채권자 앞으로 근저당권이 설정되어 있고, 그 부동산의 가액 및 채권최고액이 당해 채무액을 초과하여 채무 전액에 대하여 채권자에게 우선변제권이 확보되어 있다면, 연대보증인이 비록 유일한 재산을 처분하는 법률행위를 하더라도 채권자에 대하여 사해행위가 성립되지 않는다고 보아야 한다(대법원 2000. 12. 8. 선고 2000다21017).

(바) 채권자 취소권의 인적대상

채권자 취소권의 대상이 되는 사해행위는 채무자가 수익자와 사이에서 한 법률 행위여야 하고, 수익자나 전득자가 한 법률행위는 채권자취소권의 대상이 되지 아니한다(따라서 수익자와 전득자 사이의 법률행위는 취소를 구하는 소는 소의 이익이 없어 부적법하다. 한편 사해행위취소소송은 수익자나 전득자를 상대로 하여야 하는 것이므로 (대법원 1991. 8. 13. 선고 91다13717 판결). 채무자를 상대로 한 소는 당사자적격이 없어 부적법하다).

[사례 9] 채권자 취소권은 수익자나 전득자 상대 제기

채권자가 채권자취소권을 행사하려면 사해행위로 인하여 이익을 받은 자나 전득한 자를 상대로 그 법률행위의 취소를 청구하는 소송을 제기하여야 되는 것으로서, 채무자를 상대로 그 소송을 제기할 수는 없다(대법원 1991. 8. 13. 선고 91다13717 판결).

(사) 사해신탁과 채권자취소권과의 관계

판례는 신탁설정행위가 채권자취소권의 대상이 되는 경우에, 채권자는 신탁취소권을 행사하는 외에 채권자취소권을 행사할 수도 있다고 한다(대법원 2003. 12. 12. 선고 2001다57884 판결).

양자의 요건은 신탁취소권은 수탁자가 선의라도 신탁을 취소할 수 있지만 신탁수익자가 선의이면 신탁을 취소할 수 없다(악의 신탁수익자에 대하여 수익권의 양도를 구할 수 있다). 그리고 채권자취소권은 수탁자가 선의이면 신탁을 취소할 수 없지만, 수탁자가 악의라면 신탁수익자가 선의라도 수탁자에 대하여는 신탁을 취소할 수 있다.

신탁법상(법 제75조 제1항)의 특수한 제도로서, 채권자취소권이나 신탁취소권과는 그 요건이 다른 별개의 제도이지만, 신탁수익자(채권자취소권의 채권자에 해당함)를 해하는 수탁자(채권자취소권의 채무자에 해당함)의 행위를 취소할 수 있는 제도라는 점에서 유사하다.

(아) 사해행위 기준시기

채무자의 재산처분행위가 사해행위가 되는지 여부 즉 그로 인하여 채무자의 총재산의 감소가 초래되어 채권의 공동담보에 부족이 생기게 되는지 여부는 처분행위 당시를 기준으로 판단하여야 하므로, 채무자의 총 재산이나 채권의 담보로 제공된 담보물의 가액은 가액의 하락이 예상되는 등 특별한 사정이 없는 한 재산처분행위 당시의 시가를 주장·입증하여야 한다(대법원 2001. 4. 27. 선고 2000다69026 판결, 2002. 11. 8. 선고 2002다1589 판결). 이 경우 사해행위에 해당하는 법률행위가 언제 있었는가는 실제로 그러한 사해행위가 이루어진 날을 기준으로 판정할 것이되, 특별한 사정이 없는 한 처분문서에 기초한 것으로 보이는 등기부상 등기원인일자를 중심으로 주장하면 된다(위 2002다41589 판결). 가등기에 기하여 본등기가 경료된 경우 가등기의 원인인 법률행위와 본등기의 원인인 법률행위 당시가 기준이 된다(대법원 2001. 7. 27. 선고 2000다73377 판결).

채무자의 재산처분행위가 사해행위가 되는지 여부, 즉 그로 인하여 채무자의 총 재산의 감소가 초래되어 채권의 공동담보에 부족이 생기게 되는지 여부는 처분행위 당시를 기준으로 판단하여야 하며, 설령 재산처분행위가 정지조건부인 경우라 하더라도 마찬가지이다(대법원 2013. 5. 28. 선고 2013다8564 판결).

[사례 10] 부동산 평가 사해행위 당시 시가 기준

1. 채무자의 재산처분행위가 사해행위가 되기 위해서는 그 행위로 말미암아 채무자의 총재산의 감소가 초래되어 채권의 공동담보에 부족이 생기게 되어야 하는 것, 즉 채무자의 소극재산이 적극재산보다 많아져야 하는 것인바, 채무자가 연속하여 수 개의 재산처분행위를 한 경우에는, 그 행위들을

하나의 행위로 봐야 할 특별한 사정이 없는 한, 일련의 행위를 일괄하여 그 전체의 사행성 여부를 판단할 것이 아니라 각 행위마다 그로 인하여 무자력이 초래되었는지 여부에 따라 사행성 여부를 판단하여야 한다.
2. 채무자의 무자력 여부는 사해행위 당시를 기준으로 판단하여야 하는 것이므로 채무자의 적극재산에 포함되는 부동산이 사해행위가 있은 후에 경매절차에서 경락된 경우에 그 부동산의 평가는 경락된 가액을 기준으로 할 것이 아니라 사해행위 당시의 시가를 기준으로 하여야 할 것이며, 부동산에 대하여 정당한 절차에 따라 산출된 감정평가액은 특별한 사정이 없는 한 그 시가를 반영하는 것으로 보아도 좋을 것이다(대법원 2001. 4. 27. 선고 2000다69026).

(자) 사해의사의 의미

채무자의 사해의사란 채무자의 재산처분행위에 의하여 채권의 공동담보에 부족이 생기거나 이미 부족상태에 있는 공동담보가 더욱 부족하게 됨으로써 채권자의 채권을 완전하게 만족시킬 수 없게 된다는 사실을 인식하는 것을 의미하며, 판단기준시는 행위 당시이다, 다만 사해행위라고 주장되는 행위 이후의 채무자의 변제 노력과 채권자의 태도등도 행위 당시의 사해의사 유무를 판단함에 있어 다른 사정과 더불어 간접사실로 삼을 수도 있다(대법원 2003. 12. 12. 선고 2001다57884 판결).

채무자가 유일한 계산인 부동산을 매각하여 소비하기 쉬운 금전으로 바꾸는 행위는 원칙적으로 사해행위에 해당하고, 이와 동시에 채무자의 사해의사까지 사실상 추정된다(이로 인하여 입증책임이 전환되는 것은 아니므로 이 추정을 복멸시키는 사실을 입증하는 것은 간접반증에 해당한다).

[사례 11] 채무자의 사해의사 판단요소

1. 채무자의 사해의사를 판단함에 있어 사해행위 당시의 사정을 기준으로 하여야 할 것임은 물론이나, 사해행위라고 주장되는 행위 이후의 채무자의 변제 노력과 채권자의 태도 등도 사해의사의 유무를 판단함에 있어 다른 사정과 더불어 간접사실로 삼을 수도 있다.

2. 채무자가 토지에 집합건물을 지어 분양하는 사업을 추진하던 중 이미 일부가 분양되었는데도 공정을 45.8%의 상태에서 자금난으로 공사를 계속할 수 없게 되자 건축을 계속 추진하여 건물을 완공하는 것이 이미 분양받은 채권자들을 포함하여 채권자들의 피해를 줄이고 자신도 채무변제력을 회복하는 최선의 방법이라고 생각하고, 사업을 계속하기 위한 방법으로 신탁업법상의 신탁회사와 사이에 신탁계약을 체결한 것으로 자금난으로 공사를 계속할 수 없었던 채무자로서는 최대한의 변제력을 확보하는 최선의 방법이었고 또한 공사를 완공하기 위한 부득이한 조치였다고 판단되므로 사해행위에 해당하지 않는다고 한 사례(대법원 2003. 12. 12. 선고 2001다57884 판결).

(차) 사해행위 성부

① 염가·통모매각, 유일 부동산 매각시 사행행위 인정

사해행위 유형에 따라 구체적으로 살펴보면, 먼저 매각의 경우 염가의 매각은 당연히 사해행위가 되나 적정가격에 위한 매각은 원칙적으로 사해행위가 되지 않는다. 다만, 채무자가 채권자 중 한 사람과 통모하여 그 채권자만 우선적으로 채권의 만족을 얻도록 할 의도로 매각한 사실을 입증(대법원 1995. 6. 30. 선고94다14582 판결)(매매대금의 일부와 기존채권을 상계하는 등 실제로 매각대금을 한푼도 지급받지 않은 사례임).), 매각의 대상이 유일한 재산인 부동산인 사실을 입증하면(채무자가 자기의 유일한 재산인 부동산을 매각하여 소비하기 쉬운 금전으로 바꾸는 행위) 특별한 사정이 없는 한 항상 채권자에 대하여 사해행위가 된다(대법원 1998. 4. 14. 선고 97다54420 판결, 1999. 4. 9. 선고 99다2515 판결, 2001. 4. 24. 선고 2000다41875 판결).)매각가격의 적정성 여부에 상관없이 사해행위에 해당하게 된다.

[사례 12] 통모 매각하여 채권자중 1인 만족 경우

채무자가 이미 채무초과에 빠져 있는 상태에서 채권자 중 한 사람과 통모하여 그 채권자만 우선적으로 채권의 만족을 얻도록 할 의도로 채무자 소유의 중요한 재산인 공장 건물만 우선적으로 채권의 만족을 얻도록 할 의도로 채무자 소유의 중요한 재산인 공장 건물과 대지를 그 채권자에게 매각하되, 현실로는 매매대금을 한푼도 지급받지 아니한 채 그 대금 중 일부는 채권자의 기존의 채권과 상계하고 그 대지를 담보로 한 은행융자금 채무를 채권자가 인수하며 나머지 대금은 채무자가 그 공장 건물을 채권자로부터 다시 임차하여 계속 사용하는데 따른 임차보증금으로 대체하기로 약정하였다면, 비록 그 채무자가 영업을 계속하여 경제적 갱생을 도모할 의도였다거나 그 매매가격이 시가에 상당한 가격이라고 할지라도 채무자의 매각행위는 다른 채권자를 해할 의사로 한 법률행위에 해당한다고 한 원심 판단을 수긍한 사례(대법원 1995. 6. 30. 선고 94 다, 14582 판결)

[사례 13] 연대보증인 있는 경우 동인 기준 사해의사 판단

연대보증인에게 부동산의 매도행위 당시 사해의 의사가 있었는지 여부는 연대보증인이 자신의 자산상태가 채권자에 대한 연대보증채무를 담보하는 데 부족이 생기게 되리라는 것을 인식하였는가 하는 점에 의하여 판단하여야 하고, 연대보증인이 주채무자의 자산상태가 채무를 담보하는 데 부족이 생기게 되리라는 것까지 인식하였어야만 사해의 의사를 인정할 수 있는 것은 아니다(대법원 1998. 4. 14. 선고 97다54420 판결).

[사례 14] 유일부동산 매각시 채무자 사해의사 추정

1. 채무자가 자기의 유일한 재산인 부동산을 매각하여 소비하기 쉬운 금전으로 바꾸거나 타인에게 무상으로 이전하여 주는 행위는 특별한 사정이 없는 한 채권자에 대하여 사해행위가 된다고 볼 것이므로 채무자의 사해의 의사는 추정되는 것이고, 이를 매수하거나 이전 받은 자가 악의가 없었다는 입증책임은 수익자에게 있다.

2. 법인 직원의 업무상 불성실한 사적이 비록 법인 대표자와 공동으로 이루어진 것이라고 하더라도 법인 대표자가 법인 직원에게 업무상 불성실한 사적이 있어 그로 말미암아 신원보증인의 책임을 야기할 염려가 있음을 알았다면 바로 법인이 그러한 사실을 안것이라고 할 것이지만, 구 신용협동조합법(1998. 1. 13. 법률 제5506호로 전문 개정되기전의 것) 제23조와 제23조의 3의 각 규정에 비추어 보면 신용협동조합의 전무는 조합의 대표자나 임원이 아니라 간부직원에 불과하다고 할 것이므로, 조합의 전무가 자신에게 업무상 불성실한 사적이 있어 그로 말미암아 신원보증인의 책임을 야기할 염려가 있음을 알았다고 하더라도 바로 조합이 그러한 사실을 알았던 것이라고 볼 수는 없고, 따라서 조합이 위 사실을 신원보증인에게 통지하지 않았다는 것을 신원보증책임의 면제사유로 삼을 수 없다(대법원 2001. 4. 24. 선고 2000다41875 판결).

② 채무자의 변제행위

채무자의 행위가 변제일 경우 채무자가 특정채권자에게 채무내용에 따른 변제를 함으로써 다른 채권자의 공동담보가 감소하는 결과가 되는 경우에도 원칙적으로 사해행위가 되는 것이 아니므로(대법원 2001. 4. 10. 선고 2000다66034 판결), 채무자의 변제행위를 취소대상으로 삼기 위해서는 채무자가 일부 채권자와 통모하여 다른 채권자를 해할 의사를 가지고 변제하였거나(2000다66034 판결), (대법원 2003. 6. 24. 선고 2003다1205 판결), (변제에 갈음하여 다른 금전채권을 양도한 경우임), 변제기 미도래의 채권을 변제하였다는 등과 같은 특별한 사정을 주장·입증하여야 한다.

[사례 15] 채무자의 변제 사해행위 부정
채권자가 채무의 변제를 구하는 것은 그의 당연한 권리행사로서 다른 채권자가 존재한다는 이유로 이것이 방해받아서는 아니되고 채무자도 채무의 본지에 따라 채무를 이행할 의무를 부담하고 있어 다른 채권자가 있다는 이유로 그 채무이행을 거절하지는 못하므로, 채무자가 채무초과의 상태에서 특정채권자에게 채무의 본지에 따른 변제를 함으로써 다른 채권자의 공동담보가 감소하는 결과가 되는 경우에도, 그 변제는 채무자가 특히 일부의 채권자와 통모하여 달리 채권자를 해할 의사를 가지고 변제를 한 경우가 아닌 한 원칙적으로 사해행위가 되는 것은 아니라고 할 것인바, 기존 금전채무의 변제에 갈음하여 다른 금전채권을 양도하는 경우에도 이와 마찬가지이다(대법원 2003. 6. 24. 선고 2003다1205 판결).

③ 채무자의 대물변제행위

대물 변제도 변제와 마찬가지로 적정가격으로 평가되었을 경우는 원칙적으로 사해행위가 성립하지 아니하므로(대법원 1962. 11. 15. 선고 62다634 판결), 저가로 평가하여 대물변제한 사실을 입증하지 않으면 사해행위가 성립하지 않는다. 다만, 채무초과상태에서 유일한 재산인 부동산을 특정채권자에게 대물변제로 제공한 경우 판례는 평가의 적정성과 상관 없이 다른 채권자에 대한 관계에서 사해행위가 된다는 입장을 취소하고 있다 (대법원 1996. 10. 29. 선고 96다23207 판결).

[사례 16] 채무초과 상태 대물변제 경우
채무자의 재산이 채무의 전부를 변제하기에 부족한 경우에 채무자가 그의 유일한 재산인 부동산을 어느 특정 채권자에게 대물변제로 제공하여 소유권이전등기를 경료하였다면 그 채권자는 다른 채권자에 우선하여 채권의 만족을 얻는 반면 그 범위 내에서 공동담보가 감소됨에 따라 다른 채권자는 종전보다 더 불리한 지위에 놓이게 되므로 이는 곧 다른 채권자의 이익을 해하는 것이라고 보아야 하고, 따라서 이미 채무초과의 상태에 빠져 있는 채무자가 그의 유일한 재산인 부동산을 채권자들 가운데 어느 한 사람에게 대물변제로 제공하는 행위는 다른 특별한 사정이 없는 한 다른 채권자들에 대한 관계에서 사해행위가 된다.(대법원 1996. 10. 29. 선고 96다23207 판결)

④ 채무자 담보제공행위

채무자가 특정채권자에게 담보를 제공하는 것은 원칙적으로 사해행위가 되지 아니하나 담보 제공 당시 이미 채무초과상태에 있었다면 특별한 사정이 없는 한 사해행위가 성립한다는 것이 판례이므로(대법원 2000. 4. 25. 선고 99다55656 판결, 2002. 4. 12. 선고 2000다43352 판결, 2001다19134 판결, 2002. 3. 29. 선고 2000다25842 판결), 담보제공행위를 취소대상으로 삼기 위해서는 당시 채무자의 채무초과사실까지 주장·입증하여야 한다.
주택임대차보호법상 소액보증금 최우선변제권은 임차목적 주택에 대하여 저당권에 의하여 담보된 채권, 조세 등에 우선하여 변제받을 수 있는 일종의 법정담보

제1절 사해행위의 성부 29

물권을 부여한 것이므로, 채무자가 채무초과상태에서 채무자 소유의 유일한 주택에 대하여 위 법조 소정의 임차권을 설정해 준 행위는 채무초과상태에서의 담보제공행위로서 채무자의 총재산의 감소를 초래하는 행위가 되는 것이고, 따라서 그 임차권설정행위는 사해행위취소의 대상이 된다(대법원 2005. 5. 13. 선고 2003다50771 판결).

[사례 17] 채무초과 상태담보 제공행위

1. 어느 특정 채권자에 대한 담보제공행위가 사해행위가 되기 위하여는 채무자가 이미 채무초과 상태에 있을 것과 그 채권자에게만 다른 채권자에 비하여 우선변제를 받을 수 있도록 하여 다른 일반 채권자의 공동담보를 감소시키는 결과를 초래할 것을 그 요건으로 하므로, 채무자의 담보제공행위가 사해행위가 되는지 여부를 판단하기 위하여는 채무자의 재산상태를 심리하여 채무초과 여부를 밝혀 보아야 한다.

2. 기업이 거래금융기관으로부터 부도처리를 받은 경우에는 이미 채무초과의 상태에 이르렀을 가능성이 많다고 할 것이나, 당좌부도는 어음, 수표 등이 지급거절됨에 따라 어음교환소로부터 당좌거래정지처분을 받는 것으로서 이는 기업의 유동성자금이 부족하여 발생되는 것이고, 당좌거래정지처분과 기업의 채무초과 상태가 반드시 일치하는 것은 아니므로 기업이 당좌부도가 났다는 사실로부터 기업의 채무초과 상태를 추인할 수는 없다.

3. 채권자가 채권 담보를 위하여 채무자로부터 백지근저당권설정계약서 등을 교부받을 당시에는 채무초과 상태가 아니었으나 이를 보충할 당시에는 채무초과 상태에 있었던 경우, 백지근저당권설정계약서를 보충한 날 근저당권설정계약이 체결되었다고 보아야 한다는 이유로 사해행위에 해당한다고

한 사례(대법원 2000. 4. 25. 99다55656 판결, 同旨 : 2002. 4. 12. 선고 2000다43352 판결).

(3) 가능한 공격방어 방법

(가) 제척기간

채권자취소권은 채권자가 취소원인을 안 날로부터 1년, 법률행위가 있는 날로부터 5년 내에 행사하여야 한다(민법 406조 2항).

'취소원인을 안 날'이라 함은 채무자가 채권자를 해함을 알면서 사해행위를 한 사실을 알게 된 날을 의미하므로, 단순히 채무자가 법률행위를 한 사실을 아는 것만으로는 부족하고, 그 법률행위가 일반채권자를 해하는 행위라는 사실 및 채무자에게 사해의사가 있었던 사실을 알 것까지 요한다. 채무자가 유일한 재산인부동산을 매각하여 소비하기 쉬운 금전으로 바꾸는 경우에는 채무자의 사해의사가 추정되므로, 채권자가 그 매각사실을 알았다면 특별한 사정이 없는 한 채무자의 사해의사도 알았다고 봄이 상당하다(대법원 2000. 9. 29. 선고 2000다3262 판결)

가등기의 등기원인인 법률행위가 있은 날이 언제인지와 관계없이 본등기가 마쳐진 날로부터 사해행위 취소의 소의 제척기간이 진행된다고 볼 수는 없다(대법원 2006. 12. 21. 선고 2004다24960 판결)[2]

① 제척기간의 입증책임

채권자취소권의 행사기간은 제척기간으로서 그 준수는 직권조사사항인 소송요건에 해당한다. 따라서 피고의 제척기간 도과주장은 본안전 항변사항인 소송요건에

---

[2] 채권자가 가등기의 원인행위가 사해행위임을 안 때부터 1년 내에 가등기의 원인행위에 대하여 취소의 소를 제기하였다면, 본등기의 원인행위에 대한 취소청구는 그 원인행위에 대한 제척기간이 경과한 후에 제기하였더라도 적법하다.

해당한다. 따라서, 피고의 제척기간 도과주장은 본안전 항변에 해당하고, 원고 또는 피고가 제척기간의 준수사실 또는 도과사실에 대하여 입증책임을 지는 것은 아니다. 다만, 법원에 현출된 모든 소송자료를 통하여 살펴보았을 때 그 기간이 도과되었다고 의심할 만한 사정이 발견되지 않는 경우 법원이 직권으로 추가적인 증거조사를 하여 기간 준수 여부를 확인하여야 할 의무는 없으므로(대법원 2002. 7. 26. 선고 2001다73138, 73145 판결), 피고로서는 제척기간이 도과되었다고 의심할 만한 사정에 관한 자료를 제출할 사실상의 부담을 진다고 할 수 있다.

[사례 18] 제척기간 준수 직권조사

1. 사해행위취소의 소는 법률행위 있은 날로부터 5년내에 제기하여야 하고, 이는 제소기간이므로 법원은 그 기간의 준수 여부에 관하여 직권으로 조사하여 그기간이 도과된 후에 제기된 사해행위취소의 소는 부적합한 것으로 각하하여야 하므로 그 기간 준수 여부에 대하여 의심이 있는 경우에는 법원이 필요한 정도에 따라 직권으로 증거조사를 할 수 있으나, 법원에 현출된 모든 소송자료를 통하여 살펴보았을 때 그 기간이 도과되었다고 의심할만한 사정이 발견되지 않는 경우까지 법원이 직권으로 추가적인 증거조사를 하여 기간 준수 여부를 확인하여야 할 의무는 없다.
2. 사해행위취소의 소에 있어 제소기간의 기준이 되는 '법률행위 있는 날'이라 함은 사해행위에 해당하는 법률행위가 실제로 이루어진 날을 의미한다(대법원 2002. 7. 26. 선고 2001다73138, 73145 판결).

[사례 19] 제척기간의 가산점

1. 채권자취소권 행사에 있어서 제척기간의 기산점인 채권자가

'취소원인을 안 날'이라 함은 채권자가 채권자취소권의 요건을 안 날, 즉 채무자가 채권자를 해함을 알면서 사해행위를 하였다는 사실을 알게 된 날을 의미한다.
2. 채권자취소권 행사에 있어서 채권자가 취소원인을 알았다고 하기 위하여서는 단순히 채무자가 재산의 처분행위를 하였다는 사실을 아는 것만으로는 부족하고 구체적인 사해행위의 존재를 알고 나아가 채무자에게 사해의 의사가 있었다는 사실까지 알 것을 요하나, 나아가 채권자가 수익자나 전득자의 악의까지 알아야 하는 것은 아니다.
3. 이미 채무초과의 상태에 빠져 있는 채무자가 그의 유일한 재산인 부동산을 채권자들 가운데 어느 한 사람에게 대물변제로 제공하는 행위는 다른 특별한 사정이 없는 한 다른 채권자들에 대한 관계에서 사해행위가 되고, 특히 채무자가 자기의 유일한 재산인 부동산을 매각하여 소비하기 쉬운 금전으로 바꾸는 행위는 특별한 사정이 없는 한 채권자에 대하여 사해행위가 되어 채무자의 사해의 의사가 추정되는 것이므로, 이와 같이 채무자가 유일한 재산인 부동산을 처분하였다는 사실을 채권자가 알았다면 특별한 사정이 없는 한 채무자의 사해의사도 채권자가 알았다고 봄이 상당하다.(대법원 2000. 9. 29. 선고 2000다3262 판결)

② 판단기준

채권자가 사해행위취소소송 중에 피보전채권을 추가, 변경하는 것은 공격방어방법에 관한 주장을 변경하는 것일 뿐, 소송물 또는 청구 자체를 변경하는 소의 변경은 아니므로, 제척기간 완성 여부는 어디까지나 제소 당시를 기준으로 판단하여야 한다(대법원 2003. 5. 27. 선고 2001다13532 판결).

③ 범위

제1절 사해행위의 성부 33

사해행위의 취소만을 청구한 다음 원상회복을 나중에 청구하는 경우에는 사해행위 취소청구가 제척기간 내에 제기되었다면 원상회복청구는 그 기간이 지난 후에도 할 수 있다(대법원 2001. 9. 4. 선고 2001다14108 판결).

[사례 20] 제척기간 준수의 효력범위

1. 채권자가 민법 제406조 제1항에 따라 사해행위의 취소와 원상회복을 청구하는 경우 취소만을 먼저 청구한 다음 원상회복을 나중에 청구 할 수 있다.
2. 채권자가 민법 제406조 제1항에 따라 사해행위의 취소와 원상회복을 청구하는 경우 사해행위 취소 청구가 민법 제406조 제2항에 정하여진 기간 안에 제기되었다면 원상회복의 청구는 그 기간이 지난 뒤에도 할 수 있다.(대법원 2001. 9. 4. 선고 2001다14108 판결)

[사례 21] 제척기간 준수의 효력

공동저당권이 설정된 수 개의 부동산에 관한 일괄 매매행위가 사해행위에 해당함을 이유로 그 매매계약의 전부 취소 및 그 원상회복으로서 각 소유권이전등기의 말소를 구하다가 사해행위 이후 저당권이 소멸된 사정을 감안하여 법률상 이러한 경우 원상회복이 허용되는 범위 내의 가액배상을 구하는 것으로 청구취지를 변경하면서 그에 맞추어 사해행위취소의 청구취지를 변경한 데에 불과한 경우에는 하나의 매매계약으로서의 당해 사해행위의 취소를 구하는 소 제기의 효과는 그대로 유지되고 있다고 봄이 상당하다 할 것이므로 비록 취소소송의 제척기간이 경과한 후에 당초의 청구취지 변경이 잘못 되었음을 이유로 다시 위 매매계약의 전부취소 및 소유권 이전 등기의 말소를 구하는 것으로 청구취지를 변경한다 해도 최초 소 제기시에 발생한 제척기간 준수의 효과에는 영향이 없다고 한 사례(2005. 5. 27. 선고 2004다67806 판결).

(나) 수익자, 전득자의 선의 항변

수익자 또는 전득자는 자신이 선의, 즉 채무자의 행위가 일반채권자를 해한다는 것을 알지 못한 사실을 주장, 입증하며 항변할 수 있다(대법원 1997. 5. 23. 선고 95다51908 판결), 이 때 그 선의 여부의 판단시기는 수익자에 있어서는 채무자와의 법률행위 당시이고, 전득자에 있어서는 전득 당시이므로, 그 후 사해사실을 알게 되었더라도 채권자 취소권은 성립되지 아니한다.

[사례 22] 수익자 선의 입증 책임
사해행위취소소송에 있어서 채무자의 악의의 점에 대하여는 그 취소를 주장하는 채권자에게 입증책임이 있으나 수익자 또는 전득자 자신에게 선의라는 사실을 입증할 책임이 있다(대법원 1997. 5. 23. 선고 95나51908 판결).

(다) 채무자의 자력회복 항변

처분행위 당시에는 채권자를 해하는 것이었더라도 그 후 채무자가 자력을 회복하거나 채무가 감소하여 사실심 변론종결시에는 채권자를 해하지 않게 된 때에는 채권자취소권이 소멸하므로 (민법주해 Ⅸ, 823면), 이러한 사정변경사실은 유효한 항변사유가 된다.

(라) 피보전채권의 시효소멸 여부

수익자 또는 전득자가 피보전채권이 시효소멸되었다는 항변을 할 수 있는지 여부에 관하여는 사해행위의 취소가 채권의 효력이 예외적으로 제3자에게도 미치는 경우일 뿐만 아니라 그 채권의 존부에 직접적인 이해관계를 가진다는 이유로 이를 긍정하는 입장과 채무자가 그 채무를 이행할 의사가 있는 경우에조차 수익자 또는 전득자에 의하여 채권을 소멸시키는 것은 불합리하다는 이유로 이를 부정하는 입장이 대립하고 있다. 어느 입장에 의하더라도 채무자에 대한 이행소송과 수익자 등에 대한 사해행위취소소송의 결과가 불일치하는 상황이 발생할 수 있으므로 가급적 양소송을 병합함이 바람직하다(민법주해IX, 838면).

(4) 피보전채권 범위

(가) 취소범위

취소의 범위는 책임재산의 보전을 위하여 필요하고 충분한 범위 내로 한정되므로, 원칙적으로 취소채권자의 피보전채권액을 초과하여 취소권을 행사할 수 없다.

① 사해행위의 목적물이 복수인 경우 사해행위 전부를 취소하지 않더라도 채권자의 채권을 보전하는 데에 지장이 없다면 피보전채권액 범위 내의 목적물을 특정하여 그에 관한 처분행위만을 취소하여야 하며, 목적물이 가분인 경우에는 피보전채권액 범위 내로 취소가 제한된다.

② 채권자는 목적물이 불가분인 사실을 주장 입증함으로써 자신의 채권액을 넘어서 불가분한 목적물 전체에 대하여 취소권을 행사할 수 있다. 이 경우 목적물의 불가분성은 반드시 물리적 또는 법률적인 것이 아니라 사회경제적 단일성과 거래의 실정을 고려하여 결정되는 것이므로, 소유자가 동일한 대지와 그 지상건물을 사해행위취소소송에 있어서 불가분의 관계에 있다고 보아야 할 것이다.

[사례 23] 토지와 건물 가액이 피보전 채권액 초과 경우

동일인의 소유인 토지와 건물의 처분행위를 채권자취소권에 의하여 취소하는 경우 그 중 대지의 가격이 채권자의 채권액보다 다액이라 하더라도 대지와 건물중 일방만을 취소하게 되면 건물의 소유자와 대지의 소유자가 다르게 되어 가격과 효용을 현

저히 감소시킬 것이므로 전부를 취소함이 상당하다(1975. 2. 25. 선고 74다2114 판결).

(나) 피보전채권액 산정시기

새로 발생한 채권액은 포함되지 아니하나, 사해행위 이후 변론종결시까지 발행한 이자나 지연손해금은 원본채권에서 파생된 채권으로서 채권액에 포함된다.

[사례 24] 피담보채권의 범위

1. 주채무자 또는 제3자 소유의 부동산에 대하여 채권자 앞으로 근저당권이 설정되어 채권자에게 우선변제권이 확보되어 있다면 그 범위 내에서는 채무자의 재산처분행위는 채권자를 해하지 아니하므로 그 담보물로부터 우선변제받을 액을 공제한 나머지 채권액에 대하여만 채권자 취소권이 인정된다.
2. 채권자가 채권자취소권을 행사할 때에는 원칙적으로 자신의 채권액을 초과하여 취소권을 행사할 수 없고, 이때 채권자의 채권액에는 사해행위 이후 사실심 변론종결시까지 발생한 이자나 지연손해금이 포함된다.
3. 저당권이 설정되어 있는 부동산이 사해행위로 이전된 경우에 그 사해행위는 부동산의 가액에서 저당권의 피담보채권액을 공제한 잔액의 한도에서 사해행위를 취소하고 그 가액의 배상을 구할 수 있을 뿐이고, 이러한 법리는 그 부동산이 양도담보의 목적으로 이전된 경우에도 마찬가지라고 보아야 한다(2002. 4. 12. 선고 2000다63912 판결).

(다) 원고가 다른 채권자의 채권액까지 포함하여 취소권을 행사하기 위해서는 다른 채권자가 배당요구를 할 것이 명백한 사실(대법원 1997. 9. 9. 선고 97다10864 판결)을 입증하면 된다. 또 앞서 본 바와 같이 취소채권자의 채권액 중 일부에 대하여 우선변제권이 확보되어 있는 경우에는 우선변제권

제1절 사해행위의 성부 37

범위 밖에 있는 채권액만이 취소권 행사의 범위를 정하는 기준이 된다.

다. 원상회복부분사해행위 취소소송을 제기함이 없이 원상회복만을 청구한 겨우 원상회복의 전제가 되는 사해행위의 취소가 없는 이상 원상회복청구권이 인정되지 아니하고, 채권자취소소송은 원칙적으로 형성의 소와 이행의 소가 결합된 형태로서 그 소송물도 2개라고 할 것인데, 형성청구부분인 사해행위의 취소를 소(통설·판례)구하지 않았다 하여 이행청구부분의 소를 각하하는 것은 타당하지 않으므로 이 경우 기각하여야 한다는것이 다수견해이다{최영남, "채권자취소권행사의 방법, 범위 및 원상회복의 방법", "재판실무연구 1999(2000. 1.), 294면 참조}.

3. 채권자 취소권에 관한 해설

가. 채권자 취소권의 주관적 요건인 사해의사의 의미

(1) 사실관계

원고가 1994. 10. 31. 피고 소유의 A회사 주식 전부 매수, 매수일 기준으로 그 이전에 발생한 제세공과금은 피고가 부담하기로 특약 ― A회사가 1990. 1.경 회사소유 부동산을 처분하고, 같은 해 4.경 부동산을 매입한 일이 있는데, 파주市가 1996. 7. 23. 지방세 세무조사실시 계획통보를 하고, 같은 해 10. 25. 등록세 등 200만원을 부과, 같은 해 12. 30. 법인세 5,000만원을 부과, 원고가 이를 대납하고 피고에게 납부독촉 ― 한편 피고는 1996. 9. 4. 그의 처 피고1에게 피고의 유일한 재산인 이 사건 아파트를 증여 이전 ― 원고가 피고1 상대 사해행위취소, 말소청구. 이에 피고1은 명의신탁을 해지하여 이전한 것이라고 항변.

(2) 원심

파주시의 지방세 세무조사와 과세 예고통지 등으로 말미암아 원고가 피고에게 탈·누락된 지방세의 해결을 독촉하고 있었기 때문에 가까운 장래에 이 사건 주식매매계약에 기하여 탈·누락 지방세액 상당의 채무가 성립되리라는 점에 대한 고도의 개연성이 있었던 상황에서 피고가 그의 유일한 재산인 이 사건 아파트를 그의 처인 피고1에게 증여하고 그 소유권이전등기까지 경료하여 준 행위는 채권자를 해하게 됨을 알고서 한 사해행위에 해당한다고 판단.

(3) 대법원

대법원은 피고가 증여 당시 지방세 부과는 예견할 수 있었으나 법인세부과는 원·피고 예견할 수 없었다는 이유로 파기환송.

채권자취소권의 주관적 요건인 채무자가 채권자를 해함을 안다는 이른바 채무자의 악의, 즉 사해의사는 채무자의 재산처분행위에 따라서 그 재산이 감소되어 채권의 공동담보에 부족이 생기거나 이미 부족 상태에 있는 공동담보가 한층 더 부족하게 됨으로써 채권자의 채권을 완전하게 만족시킬 수 없게 된다는 사실을 인식하는 것을 의미하고, 채무자의 재산이 채무의 전부를 변제하기에 부족한 경우에 채무자가 그의 유일한 재산인 부동산을 무상 양도하거나 일부 채권자에게 대물변제로 제공하였다면 특별한 사정이 없는 한 이러한 행위는 사해행위가 된다.(1999. 11. 12. 선고 99다29916 판결)

나. 채무자가 일부의 채권자와 통모하여 다른 채권자를 해할 의사로 변제 내지 채권양도를 하였는지 여부에 대한 증명책임의 소재(주장자) 및 그 판단기준

(1) 해설

(가) 사실관계

甲(회사)는 피고소유의 부동산에 금2억5,000만원의 근저당

권을 설정, 이를 이용하여 금2억원을 대출받았으나 대출금 채무를 변제하지 못하자 2001. 3. 5.까지 위 근저당권을 해제하여주지 못하면, 甲소유의 동산과 외상채권 등을 모두 피고에게 양도하기로 약정― 당시 피고가 금1억5,000만원을 대위변제하는 등 甲에 대하여 9억8,000만원의 구상금채권과 대여금채권을 가지고 있다. ―甲은 위 약정에 따라 이 이 사건 채권을 피고에게 양도 후 부도―甲이 이 사건 채권을 양도할 당시 적극재산으로 제고물품, 화사사무실과 임대보증금반환채권, 20여억원에 달하는 외상채권이 있었고, 소극재산으로 원고 등에 20억원 이상의 채무가 있었으나, 영업을 계속하고 있어서, 甲의 재무상황을 모르는 피고로서는 甲이 부도나리라고 쉽게 예상할 수 없었다. 원고는 이 사건 채권양도는 다른 채권자를 해하는 사해행위에 해당한다고 주장,

(나) 원심

원심은 피고가 甲의 대표이사인 乙의 처남인 관계에 있다 하더라도 甲이 채무의 변제에 갈음하여 한 채권양도는 채무자인 甲이 피고와 통모하여 다른 채권자를 해할 의사를 가지고 한 사해행위로 보기 어렵다고 판단.

(다) 대법원

대법원 판결요지는 채권자가 채무의 변제를 구하는 것은 그의 당연한 권리행사로서 다른 채권자가 존재한다는 이유로 이것이 방해받아서는 아니 되고, 채무자도 채무의 본지에 따라 채무를 이행할 의무를 부담하고 있어 다른 채권자가 있다는 이유로 그 채무이행을 거절하지는 못하므로, 채무자가 채무초과의 상태에서 특정채권자에게 채무의 본지에 따른 변제를 함으로써 다른 채권자의 공동담보가 감소하는 결과가 되는 경우에도 그 변제는 채무자가 특히

일부의 채권자와 통모하여 다른 채권자를 해할 의사를 가지고 변제를 한 경우가 아닌 한 원칙적으로 사해행위가 되는 것은 아니며, 이는 기존 금전채무의 변제에 갈음하여 다른 금전채권을 양도하는 경우에도 마찬가지이다.

채무자가 특히 일부의 채권자와 통모하여 다른 채권자를 해할 의사를 가지고 변제 내지 채권양도를 하였는지 여부는 사해행위임을 주장하는 사람이 입증하여야 할 것인데, 이는 수익자의 채무자에 대한 채권이 실제로 존재하는지 여부, 수익자가 채무자로부터 변제 내지 채권양도를 받은 액수 및 양도받은 채권 중 실제로 추심한 액수, 채무자와 수익자와의 관계, 채무자의 변제능력 및 이에 대한 수익자의 인식, 변제 내지 채권양도 전후의 수익자의 행위, 그 당시의 채무자 및 수익자의 사정 및 변제 내지 채권양도의 경위 등 제반 사정을 종합적으로 참작하여 판단하여야 한다(대법원 2004. 5. 28. 선고 2003다60822 판결).

(2) 관련판례

(가) 채무자가 유일한 재산을 매각하여 소비하기 쉬운 금전으로 바꾸거나 무상으로 이전하여 주는 경우, 사해행위의 성립 여부(적극) 및 사해의사의 추정여부(적극)

채무자가 자기의 유일한 재산인 부동산을 매각하여 소비하기 쉬운 금전으로 바꾸거나 타인에게 무상으로 이전하여 주는 행위는 특별한 사정이 없는 한 채권자에 대하여 사해행위가 된다고 볼 것이므로 채무자의 사해의 의사는 추정되는 것이고, 이를 매수하거나 이전 받은 자가 악의가 없었다는 입증책임은 수익자에게 있다.―甲의 처삼촌인 乙이 원고에 대하여 35년기간으로 정하여 甲의 신원보증 후 그의 유일한 부동산을 그의 처와 아들에게 각 증여, 이전 등기를 마친 사안에서, 乙이 이 사건 증여계약을 체결할 무렵에 자신이 원고에 대한 신원보증책임이 있음을 알았다는 증거가 없다는 이유로, 이 사건 증여계약은 채무자인 乙이 채권자인 원고를 해하게 되는 것을 알고 한 사해행위라는 원고의 주장을 배척한 사례(대법원 2001. 4. 24. 선고 2000다41875 판결).

같은 취지(1998. 4. 14. 97다54420, 사해행위, 파기환송), 채무자가 유일한 재산을 매각하여 소비하기 쉬운 금전으로 바꾼 경우로서 甲이 그 액수의 많고 적음에 관계없이 원고에 대한 연대보증채무가 성립되어 있는 상태에서 그의 유일한 재산인 이 사건 부동산을 친형인 피고에게 매각함으로써 무자력이 된 사안에서, 특별한 사정이 없는 한 그와 같은 매도행위는 원고에 대하여 사해행위가 되고, 이 경우 甲의 사해의 의사는 추정된다고 본 사례.

(나) 채무자가 유일한 재산을 매각하여 소비하기 쉬운 금전으로 바꾼 경우라도 사해행위가 성립되지 않은 예외인 경우

채무자가 자기의 유일한 재산인 부동산을 매각하여 소비하기 쉬운 금전으로 바꾸는 행위로 그 매각이 일부 채권자에 대한 정당한 변제에 충당하기 위하여 상당한 매각으로 이루어졌다던가 하는 특별한 사정이 없는 한 항상 채권자에 대하여 사해행위가 된다. ― 甲이 신원보증채무가 발생한 뒤에 자신의 유일한 재산을 乙에게 대물변제 한 사안에서 상당한 가격으로 이루어졌다는 특별한 사정이 없어 사해행위가 성립된다고 본 사례(대법원 1966. 10. 4. 선고 66다1535 판결)

(다) 본래의 급부에 대신하여 다른 급부를 하였더라도 상당한 가격으로 평가되었을 때는 사해행위 부정

채무자가 기존채무를 변제하는 것은 채무자의 총재산에 증감을 가져오는 것은 아니며, 채권자 평등의 원칙도 채무

자의 사이에 따른 자유스러운 변제까지를 제한하는 것은 아니므로, 이와 같은 변제로, 딴 채권자에 대한 변제자력이 없게 되었다고 하더라도, 채무자가 채권자를 해할것을 알고한 법률행위 즉 사해행위가 성립된다고는 볼수 없다. ─피고1은 원고등 여러채권자들로부터 채무변제청구를 받자 동생인 피고2에 대한 채무600만원을 변제하기 위해 선박을 710만원에 매도이전, 600만원을 상계, 나머지 110만원원은 피고1의 채무를 인수변제한 사안에서, 피고1이 이 선박을 매도함으로써 채권자의 일반담보를 감소케한 것으로 사해행위가 성립한다는 원고의 주장을 배척한 사례(대법원 1967. 4. 25. 선고 67다75 판결)

같은 취지(1962. 11. 15, 62다634 사해행위취소, 상고기각)─기존채무를 소멸시키기 위한 방법으로 대물변제가 있었고 그것이 상당한 가격으로 된 것이라면 채권자취소권의 대상이 될 수 없다.─甲이 피고의 아버지 乙에게 부담하고 있는 채무 중 일부의 대물변제로 甲 소유부동산을 상당한 가격으로 乙에게 양도, 이를 피고가 이전한 사안에서, 대물변제 또한 기존채무인 본래의 급부 의무있음으로 인하여 그것을 소멸시키기 위한 방법으로 이루어지는 것인 이상 상당한 가격으로 된 대물변제라면 채무자의 재산에 증감이 없고 공동담보인 재산에 증감이 없다고 본 사례.

(라) 채무자가 채무초과 상태에서 채권자 중의 1인과 통모하여 그에게 부동산을 매도하고 매매대금채권을 그 채권자의 채권과 상계한 경우 사해행위 성립여부

채무자가 채무가 재산을 초과하는 상태에서 채권자 중 한 사람과 통모하여, 그 채권자만 우선적으로 채권의 만족을 얻도록 할 의도로, 채무자 소유의 부동산을 그 채권자에게 매각하고 위 매매대금채권과 그 채권자의 채무자에 대한

채권을 상계하는 약정을 하였다면, 가사 매매가격이 상당한 가격이거나 상당한 가격을 초과한다고 할지라도, 채무자의 매각행위는 다른 채권자를 해할 의사로 한 법률행위에 해당한다. ― 甲이 채권자들의 강제집행을 면탈할 목적으로 허위채무를 가장하여 동생인 피고에게 이 사건 부동산을 매도이전, 그 대금을 상계처리한 사안에서 피고가 甲에 대하여 실제 채권이 있었고, 이 사건 부동산이 시가가 그 채권액에 미치지 못하였다고 하더라도 甲의 채권자들 중 1인인 피고에게 이 사건 부동산 매도행위로 그 범위내에서 공동담보 감소되어 다른 채권자들은 종래보다 더 불리한 지위에 서게되어 다른 채권자의 이익을 해하는 것으로 이 경우 유일한 재산이 아니더라도 사해행위가 성립된다고 본 사례(대법원 1994. 6. 14. 선고 94다2961 판결)

(마) 채무초과 상태의 채무자가 유일한 부동산을 특정 채권자에게 대물변제로 양도한 것이 사해행위가 되는지 여부

이미 채무초과의 상태에 빠져 있는 채무자가 그의 유일한 재산인 부동산을 채권자들 가운데 어느 한 사람에게 대물변제로 제공하는 행위는 다른 특별한 사정이 없는 한 다른 채권자들에 대한 관계에서 사해행위가 된다. ― 甲이 원고에게 1억원, 乙에게 4억원, 丙에게 2억원의 채무를 부담한 상태에서 부도, 甲의 乙에 대한 채무 4억원에 연대보증 한 피고가 4억원의 연대채무를 인수하고, 甲의 유일한 재산인 싯가 3억원의 부동산을 대물변제 받은 사안에서, 피고가 채무인수에 대한 대가로 이 사건 각 부동산을 양도받아 그 채무인수금을 변제하였다 하더라도, 위 양도 당시 甲의 재산이 채무총액에 훨씬 못미칠 뿐만 아니라 사실상 유일한 재산이라 할 수 있는 이 사건 부동산을 피고에게 대물변제 한 것은 원고에 대한 사해행위가 성립된다

고 본 사례(대법원 1996. 10. 29. 96다23207 판결)

(바) 채무본지에 따른 변제행위가 사해행위가 되는지 여부

채권자가 채무의 변제를 구하는 것은 그의 당연한 권리행사로서 다른 채권자가 존재한다는 이유로 이것이 방해받아서는 아니되고 채무자도 채무의 본지에 따라 채무를 이행할 의무를 부담하고 있어 다른 채권자가 있는 경우라도 그 채무이행을 거절하지는 못하므로, 채무자가 채무초과의 상태에서 특정채권자에게 채무의 본지에 따른 변제를 함으로써 다른 채권자의 공동담보가 감소하는 결과가 되는 경우에도 이 같은 변제는 채무자가 특히 일부의 채권자와 통모하여 다른 채권자를 해할 의사를 가지고 변제를 한 경우를 제외하고는 원칙적으로 사해행위가 되는 것은 아니라고 할 것이다.―피고가 남편이 대표이사로 있는 甲회사에 여러차례 걸쳐 금4억5,000만원을 대여, 甲회사의 자금사정이 악화된 후 40%를 변제받고, 그 일부를 다시 대여한 사안에서, 채권자인 피고와 통모하여 다른 채권자를 해할 의사를 가지고 한 사해행위라고 단정할 수 없다고 본 사례(대법원 2001. 4. 10. 선고 2000다66034 판결)

(사) 채무자가 유일한 재산인 부동산을 신탁한 경우, 사해행위에 속한다.

채무자가 채무를 변제하지 아니한 채 그의 유일한 재산인 부동산에 대하여 제3자와 사이에 신탁계약을 체결하고 그 제3자 명의로 소유권이전등기를 경료한 경우, 그 신탁계약은 채권자를 해함을 알고서 한 사해행위라고 봄이 상당하다. ―피고1은 A대지에 지하3층, 지상8층 건물신축공사, 공사대금을 지급하기 위해 원고로부터 7억3,900만원을 차용 후 부도 ― 피고1은 위 채무의 담보를 위해서 위 건물 3, 4층을 임대보증금 7억3,900만원으로 하는 임대차계약체

결, 임대부분을 제3자에게 분양하는 경우, 그 분양대금에서 우선 변제키로 특약으로 신탁회사인 피고2에게 명의신탁한 것은 채권자인 원고를 해함을 알고서 한 사해행위라고 본 사례(대법원 1999. 9. 7. 선고 98다41490 판결).

(아) 채권자가 채무자 소유의 부동산에 대한 가압류결정을 받기 하루 전에 채무자가 처와 합의이혼하고 유일한 재산인 위 부동산을 처에게 위자료 등 명목으로 무상 양도한 경우 채권자에 대한 사해행위가 된다.

채권자가 채무자를 상대로 손해배상채권을 보전하기 위해서 그 소유의 부동산에 대하여 가압류결정을 받기 하루 전에 채무자가 합의이혼을 하고 처에 대한 위자료 및 자녀의 양육비조로 그의 유일한 재산인 위 부동산을 처에게 무상 양도 하였다면 그 양도경위에 비추어 채무자는 그 양여행위로써 자신이 무자력에 빠지게 되어 채권자를 해한다는 사실을 알고 있었다고 보이므로 위 양여행위는 채권자에 대한 사해행위가 된다. — 원고가 손해배상채권을 보전하기 위해 부동산 가압류를 신청하기 하루전에 甲이 처 피고와 합의이혼하고 위자료와 자녀의 양육비로 유일한 재산이 부동산을 피고에게 무상양도 한 것이 사해행위가 성립된다고 본 사례(대법원 1990. 11. 23. 선고 90 다 24762 판결).

(자) 통정허위표시에 따른 법률행위가 채권자취소권의 대상이 된다.

채무자의 법률행위가 통정허위표시인 경우에도 채권자취소권의 대상이 되고, 한편 채권자취소권의 대상으로 된 채무자의 법률행위라도 통정허위표시의 요건을 갖춘 경우에는 무효라고 할 것이다(대법원 1998. 2. 27. 선고 97다50985 판결).

다. 사해행위 당시 아직 성립되지 아니한 채권이 예외적으로 채권자취소권의 피보전채권이 되기 위한 요건

46   제1장   채권자취소권

(1) 해설

(가) 사실관계

원고의 신용보증으로 은행이 A에게 대출, 甲은 A의 원고에 대해 연대보증 — 甲은 A부도나기 20일전에 피고에게 이 사건 부동산을 매도 이전 — 약11개월이 지난 후 A채무를 대위변제한 원고는 피고를 상대로 사해행위를 이유로 말소청구.

(나) 원심

甲이 이 사건 부동산을 피고에게 매도할 당시의 A의 재정상태에 대하여는 아무런 자료가 없다 — 보증채무자인 甲이 이 사건 부동산을 피고에게 매도할 당시 채권자인 원고의 구상권 행사가 임박하였다거나 장차 원고가 구상권을 행사하게 되는 사태가 성립하리라는 점에 대한 고도의 개연성이 있었다고 보기는 어렵다고 판단.

(다) 대법원 판결요지

채권자취소권에 따라서 보호될 수 있는 채권은 원칙적으로 채무자가 채권자를 해함을 알고 재산권을 목적으로 한 법률행위를 하기 전에 발생된 것이어야 하지만, 그 법률행위 당시에 이미 채권성립의 기초가 되는 법률관계가 성립되어 있고, 가까운 장래에 그 법률관계에 기하여 채권이 발생하리라는 점에 대한 고도의 개연성이 있으며, 실제로 가까운 장래에 그 개연성이 현실화되어 채권이 발생한 경우에는, 그 채권도 채권자취소권의 피보전채권이 될 수 있다(대법원 2000. 6. 27. 선고 2000다17346 판결)

판례는 채권자취소권에 따라서 보호되는 채권은 원칙적으로 사해행위라고 볼 수 있는 행위가 행하여지기 전에 발생할 것임을 요하지만, ① 그 사해행위 당시에 이미 채권

성립의 기초가 되는 법률관계가 발생되어 있고(기초적 법률관계의 존재), ② 가까운 장래에 그 법률관계에 기하여 채권이 성립되리라는 점에 대한 고도의 개연성이 있으며(고도의 개연성), ③실제로 가까운 장래에 그 개연성이 현실화되어 채권이 성립(개연성이 현실화- 채권의 성립)된 경우에는 그 채권도 채권자취소권의 피보전채권이 된다고 판시하여 일반원칙에 대한 예외를 인정하고 있다.

(2) 관련판례

(가) 이중양도된 경우, 특정물 소유권이전등기청구권을 보전하기 위하여 채권자취소권을 행사할 수 있는지 여부

채권자취소권을 특정물에 대한 소유권이전등기청구권을 보전하기 위하여 행사하는 것은 허용되지 않으므로, 부동산의 제1양수인은 자신의 소유권이전등기청구권 보전을 위하여 양도인과 제3자 사이에서 이루어진 이중양도행위에 대하여 채권자취소권을 행사할 수 없다. ―부동산을 양도받아 소유권이전등기청구권을 가지고 있는 자가 양도인이 제3자에게 이를 이중으로 양도하여 소유권이전등기를 경료하여 줌으로써 취득하는 부동산 가액 상당의 손해배상채권은 이중양도행위에 대한 사해행위취소권을 행사할 수 있는 피보전채권에 해당한다고 할 수 없다고 볼 수 없으며 또한 이 사건 부동산 소유권이전 당시 아직 손해배상채권이 발생하지 아니하였고 그 채권 성립에 관한 고도의 개연성 또한 없어 원고 회사는 피고 에 대한 손해배상채권을 피보전채권으로 하여 채권자취소권을 행사할 수 없다고 본 사례(대법원 1999. 4. 27. 선고 98다56690 판결)

(나) 특정물채권(등기청구권)의 보전을 위한 채권자취소권의 행사 부정

부동산의 제1매수인인 채권자는 자신의 소유권이전등기청구권 보전을 위하여, 채무자와 제3자 사이에 이루어진 제2의 소유권이전등기의 말소를 구하는 채권자취소권을 행사할 수 없다.─이 사건 부동산의 제1매수인인 원고가 甲과 피고 사이에 이루어진 제2매수이전을 원고의 소유권이전등기 청구채권에 기하여 채권자취소권을 행사할 수 없다고 본 사례(대법원 1996. 9. 20. 선고 95다1965 판결)

(다) 특정물을 이중매매한 경우, 사해 행위를 주장할 수 있는지 여부(소극)

특정물에 관한 소유권이전등기를 청구하는 채무자는 그 특정물이 이중으로 처분되었다 하여도 이를 사해행위라고 주장할 수 없다.─ 원고가 피고1로부터 부동산을 매수 인도받았으나, 그 소유권이전등기를 하지 않은 사이에 다시 피고2에게 매도 이전하여 원고의 사해행위 취소 청구를 기각한 사례(대법원 1969. 1. 28. 선고 68다2022 판결)

라. 사해행위 당시 성립하지 않은 채권이 예외적으로 채권자취소권의 피보전채권이 되기 위한 요건으로서 "채권성립의 기초가 되는 법률관계"의 범위

(1) 해설

(가) 사실관계

원고은행은 1998. 6. 20 A의 어머니 B의 연대보증 서류 제출받고, 같은 달 25. 2,000만원을 A에게 대출하면서 B의 자필 서명을 받았다. B는 자신의 유일한 재산인 이 사건 부동산을 같은 달 23. 큰아들에게 증여, 이전 ─ A는 같은 해 11. 1.부터 연체.

(나) 원심

B의 이 사건 증여행위시인 1998. 6. 23. 이전에 원고와 B 사이에서는 이 사건 대출금에 대한 연대보증채무 성립에 대한 기초적 법률관계 또는 사실관계가 형성되어 있었고, B의 연대보증 하에 대출승인이 날 것이 거의 확실하여 위 기초적 법률관계 내지 사실관계에 기하여 연대보증채권이 발생하리라는 점에 대한 고도의 개연성도 있었으며 실제로 그 연대보증채권이 발생하였으므로, 원고의 B에 대한 1998. 6. 25.자 연대보증채권은 1998. 6. 23. 행하여진 이 사건 사해행위에 대한 관계에서 채권자취소권에 따라서 보호될 수 있는 피보전채권에 속한다고 볼 것이라고 판단.

(다) 대법원 판결요지

채권자취소권에 보호될 수 있는 채권은 원칙적으로는 사해행위라고 볼 수 있는 행위가 행하여지기 전에 발생된 것임을 요하지만 그 사해행위 당시에 이미 채권성립의 기초가 되는 법률관계가 발생되어 있고, 가까운 장래에 그 법률관계에 터잡아 채권이 성립되리라는 점에 대한 고도의 개연성이 있으며, 실제로 가까운 장래에 그 개연성이 현실화되어 채권이 성립된 경우에는, 그 채권도 채권자취소권의 피보전채권이 될 수 있다. 이는 채무자가 채권자를 해한다는 사해의사로써 채권의 공동담보를 감소시키는 것은 형평과 도덕적 관점에서 허용할 수 없다는 채권자취소권 제도의 취지에 근거한 것으로서, 이렇게 볼 때 여기에서의 채권성립의 기초가 되는 법률관계 는 당사자 사이의 약정에 따른 법률관계에 한정되는 것이 아니고, 채권성립의 개연성이 있는 준법률관계나 사실관계 등을 널리 포함하는 것으로 보아야 할 것이며, 따라서 당사자 사이에 채권 발생을 목적으로 하는 계약의 교섭이 상당히 진행되어 그 계약체결의 개연성이 고도로 높아진 단계도 여기에 포함되는 것으로 보아야 할 것이다(대법원 2002. 11. 8. 선고 2002다42957 판결).

(2) 관련판례

(가) 신용카드의 체결만으로 채권자취소권의 행사를 위한 '채권성립의 기초가 되는 법률관계'가 있다고 할 수 있는지 여부

신용카드가입계약은 신용카드의 발행 및 관리, 신용카드의 이용과 관련된 대금의 결제에 관한 기본적 사항을 포함하고 있기는 하나 그에 기하여 신용카드업자의 채권이 바로 성립되는 것은 아니고, 신용카드를 발행받은 신용카드회원이 신용카드를 사용하여 신용카드가맹점으로부터 물품을 구매하거나 용역을 제공받음으로써 성립하는 신용카드매출채권을 신용카드가맹점이 신용카드업자에게 양도하거나, 신용카드업자로부터 자금의 융통을 받는 별개의 법률관계에 의하여 비로소 채권이 성립하는 것이므로, 단순히 신용카드가입계약만을 가리켜 여기에서 말하는 '채권성립의 기초가 되는 법률관계'에 해당한다고 할 수는 없다.―채무자가 채권자와 신용카드가입계약을 체결하고 신용카드를 발급받았으나 자신의 유일한 부동산을 매도한 후에 비로소 신용카드를 사용하기 시작하여 신용카드대금을 연체하게 된 경우, 그 신용카드대금채권은 사해행위 이후에 발생한 채권에 불과하여 사해행위의 피보전채권이 될 수 없다고 한 사례(대법원 2004. 11. 12. 선고 2004다40955 판결).

마. 가등기에 기하여 본등기가 경료된 경우, 사해행위 요건의 구비 여부의 판단 기준 시기(= 가등기의 원인된 법률 행위시)

(1) 해설

(가) 사실관계

원고는 자신의 보증 아래 은행으로부터 대출받은 A가 변제기에 위 대출금을 변제하지 않고, A소유의 이 사건 부동산에 25세에 불과한 처남인 피고명의로 소유권이전등기청구권가등기를 마친 사실을 알고, 구상채권을 확보하기 위해 여러 가지 법률검토를 한 다음 1996. 7. 12. 이 사건 부동산에 가압류, 1997. 7. 26. 소제기. 이에 피고는 이 사건 소가 민법 제406조 제2항의 제척기간을 도과하여 제기된 것으로서 부적법하다고 항변.

(나) 원심

원고는 적어도 가압류결정을 받은 위 날짜에는 A의 구상채권자인 원고를 해할 것을 알았다고 봄이 상당하다 할 것이고, 원고가 그로부터 1년이 경과한 후인 1997. 7. 26. 이 사건 소를 제기 ― 원고의 이 사건 소는 부적법하다고 판단.

(다) 대법원 판결요지

가등기에 기하여 본등기가 경료된 경우 가등기의 원인인 법률행위와 본등기의 원인인 법률행위가 명백히 다른 것이 아닌 한, 사해행위 요건의 구비 여부는 가등기의 원인된 법률행위 당시를 기준으로 하여 판단하여야 한다(대법원 1999. 4. 9. 선고 99다2515 판결, 같은 취지 2001. 7. 27. 2000다73377).

(2) 관련판례

(가) 채권자취소를 구하는 가등기의 원인되는 법률행위가 취소채권자의 채권보다 앞서 발생한 경우에는 그 가등기는 채권자취소권의 대상이 될 수 없다

법률행위의 이행으로서 가등기를 경료하는 경우에 그 채무의 원인되는 법률행위가 취소권을 행사하려는 채권자의 채권보다 앞서 발생한 경우에는 특별한 사정이 없는 한 그 가등기는 채권자취소권의 대상이 될 수 없다. ―원고는

1996. 10. 30. 甲의 연대보증을 받고 乙이 은행으로부터 대출받는데 신용보증, 乙이 1999. 7. 13.부도. 甲이 1999. 6. 8. 자신의 유일한 재산을 피고앞으로 1996. 2. 10.자 매매예약 가등기 경료한 것은 원고가 乙과 신용보증계약을 체결하기 이전인 1996. 2. 10. 체결된 것이므로, 원고의 甲에 대한 구상금 채권은 이 사건 채권자취소권의 피보전권리가 될 수 없다고 본 사례(대법원 2002. 4. 27. 선고 2000다43352 판결).

바. 소유권이전 등기청구권 보전을 위한 가등기가 사해행위로서 이루어진 경우 원상회복 방법

(1) 사실관계

甲이 자신이 발행한 약속어음의 지급책임을 부담할 염려가 생긴 후에 유일한 재산이고 1억3,000만원의 근저당권이 설정된 1, 2부동산을 처 피고1에게 증여를 원인으로 이전 후 근저당권 말소, 2억원의 근저당권이 설정되어 있는 3, 4부동산을 동생인 피고2앞으로 매매예약의 소유권이전청구권보전의 가등기를 마친 후 근저당권을 말소, 甲의 채권자 원고는 위 증여와 매매예약취소, 원상회복으로 말소 청구.

(2) 원심

피고들이 甲의 채권자를 해할 의도를 알고 있었던 것으로 추정되므로, 특별한 사정이 없는 한 위 증여와 매매예약은 모두 사해행위에 해당한다고 판단. 원고청구 인용.

(3) 대법원

위 증여가 사해행위에 해당한다면 위 부동산의 가액에서 저당권의 피담보채무액을 공제한 잔액의 한도에서 사해행위를 취소하고 그 가액의 배상을 명하여야 할 것이라는 이유로 피고1에 대하여 파기환송.

(4) 대법원판결요지

(가) 소유권이전등기청구권보전을 위한 가등기가 사해행위로서 이루어진 경우 그 매매예약을 취소하고 원상회복으로서 가등기를 말소하면 족한 것이고, 가등기 후에 저당권이 말소되었다거나 그 피담보채무가 일부 변제된 점 또는 그 가등기가 사실상 담보가등기라는 점 등은 그와 같은 원상회복의 방법에 아무런 영향을 주지 않는다.

(나) 저당권이 설정되어 있는 부동산이 사해행위로 이전된 경우에 그 사해행위는 부동산의 가액에서 저당권의 피담보채권액을 공제한 잔액의 범위 내에서만 성립한다고 보아야 하므로, 사해행위 후 변제 등에 의하여 저당권설정등기가 말소된 경우 그 부동산의 가액에서 저당권의 피담보채무액을 공제한 잔액의 한도에서 사해행위를 취소하고 그 가액의 배상을 구할 수 있을 뿐이다(대법원 2001. 6. 12. 선고 99다20612 판결).

사. 수익자의 악의에 대한 입증책임

(1) 해설

(가) 사실관계

甲회사는 1996. 9. 10. 부도내어 원고에게 대출금11억원의 채무를 부담 ― A는 3억6,000만원 한도로 위 대출채무를 연대보증 ― A는 자신의 유일한 재산인 이 사건 부동산에 대하여 1996. 9. 12. 형인 피고 앞으로 같은 해 8. 25. 매매를 원인으로 소유권이전 ― 원고는 A가 이 사건 매도행위는 채권자 원고를 해하는 것을 알면서 한 사해행위라 주장.

(나) 원심

연대보증인인 A가 원고의 甲회사에 대한 실제 대출액이나

甲회사의 자산상태 등을 알고 있어 채권의 공동담보에 부족이 생길 것을 인식하고 있었다거나, 알고 있었음에 대한 증거 없다는 이유로 A에게 위 매도 당시 사해의 의사가 있었다고 볼 수 없다고 판단.

(다) 대법원

A가 그 액수의 많고 적음에 관계없이 원고에 대한 연대보증채무가 성립되어 있는 상태에서 그의 유일한 재산인 이 사건 부동산을 친형인 피고에게 매각함으로써 무자력이 되었다면 특별한 사정이 없는 한 그와 같은 매도행위는 원고에 대하여 사해행위가 되고, 이 경우 A의 사해의사는 추정된다는 이유로 파기환송.

(라) 대법원 판결요지

① 연대보증인에게 부동산의 매도행위 당시 사해의 의사가 있었는지 여부는 연대보증인이 자신의 자산상태가 채권자에 대한 연대보증채무를 담보하는 데 부족이 생기게 되리라는 것을 인식하였는가 하는 점에 따라서 판단하여야 하고, 연대보증인이 주채무자의 자산상태가 채무를 담보하는 데 부족이 생기게 되리라는 것까지 인식하였어야만 사해의 의사를 인정할 수 있는 것은 아니다.

② 채무자가 자기의 유일한 재산인 부동산을 매각하여 소비하기 쉬운 금전으로 바꾸는 행위는 특별한 사정이 없는 한 항상 채권자에 대하여 사해행위가 된다고 볼 것이므로 채무자의 사해의사는 추정되는 것이고, 이를 매수한 자가 악의가 없었다는 입증책임은 수익자에게 있다(대법원 1998. 4. 14. 선고 97다54420 판결).

(2) 관련판례

(가) 사해행위취소소송에 있어서 수익자 또는 전득자 자신에게

선의라는 사실을 입증할 책임이 있다.

사해행위취소소송에 있어서 채무자의 악의의 점에 대하여는 그 취소를 주장하는 채권자에게 입증책임이 있으나 수익자 또는 전득자가 악의라는 점에 대하여는 입증책임이 채권자에게 있는 것이 아니고 수익자 또는 전득자 자신에게 선의라는 사실을 입증할 책임이 있다.— 채무초과상태에서 근저당권설정이 채권자에게 사해행위가 된다는 사례 (대법원 1997. 5. 23. 선고 95다51908 판결)

(나) 채권자가 전득자를 상대로 사해행위취소소송을 제기한 경우, 그 취소의 효과 및 취소대상이 되는 사해행위의 범위

채권자가 전득자를 상대로 하여 사해행위의 취소와 함께 책임재산의 회복을 구하는 사해행위취소의 소를 제기한 경우에 그 취소의 효과는 채권자와 전득자 사이의 상대적인 관계에서만 생기는 것이고 채무자 또는 채무자와 수익자 사이의 법률관계에는 미치지 않는 것이므로, 이 경우 취소의 대상이 되는 사해행위는 채무자와 수익자 사이에서 행하여진 법률행위에 국한되고, 수익자와 전득자 사이의 법률행위는 취소의 대상이 되지 않는다.—채무자 甲이 乙(수익자)에게 이 사건 폐기물처리사업을 대불변제약정, 이에 기하여 甲이 피고(전득자)에게 이 사건 폐기물처리사업을 양도하기로 재판상 화해, 甲의 채권자인 원고가 전득자인 피고를 상대로 甲과 乙의 위 대물변제 양도약정을 취소하고, 그 원상회복으로서 피고로 하여금 甲에게 이 사건 폐기물처리사업에 관하여 진정한 등록명의회복을 원인으로 한 명의변경절차이행을 청구, 이에 피고가 기판력(화해)저촉항변 한 사안에서 원고가 사해행위라고 주장하면서 그 취소를 구하는 법률행위는 甲과 피고사이의 재판상화해가 아니라 甲과 乙 사이의 대물변제약정이므로, 피고와

甲사의 재판상화해에 직접 저촉이 안된다고 본 사례(대법원 2004. 8. 30. 선고 2004 다21923 판결).

아. 특정 채권자에 대한 담보제공행위가 사해행위에 속하기 위한 요건

   (1) 사실관계

   피고는 A에 대한 할인어음대출금채권을 담보하기 위해 1997. 1. 24. 이 사건 부동산에 대한 백지 근저당권설정계약서와 위임장을 받아 두었다 같은 해 4. 17. 보충, 근저당권설정, A는 같은 날 부도 ─ 원고는 위 근저당권 설정계약취소, 근저당권 말소 청구. 이에 피고는 위 백지 근저당권설정계약서와 위임장을 이용하여 근저당권을 설정한 것이므로, 피고와 A 사이의 위 근저당권설정계약은 사해행위가 될 수 없거나 피고는 채권자를 해함을 알지 못하였다고 항변.

   (2) 원심

   각 근저당권 설정계약은 사해행위에 해당된다고 판단.

   (3) 대법원 판결요지

   (가) 어느 특정 채권자에 대한 담보제공행위가 사해행위가 되기 위해서는 채무자가 이미 채무초과 상태에 있을 것과 그 채권자에게만 다른 채권자에 비하여 우선변제를 받을 수 있도록 하여 다른 일반 채권자의 공동담보를 감소시키는 결과를 초래할 것을 그 요건으로 하므로, 채무자의 담보제공행위가 사해행위가 되는지 여부를 판단하려면 채무자의 재산상태를 심리하여 채무초과 여부를 밝혀보아야 한다.

   (나) 채권자가 채권 담보를 위해서 채무자로부터 백지근저당권설정계약서 등을 교부받을 당시에는 채무초과 상태가 아니었으나 이를 보충할 당시에는 채무초과 상태에 있었던 경우, 백지근저당권설정계약서를 보충한 날 근저당권설정

계약이 체결되었다고 보아야 한다는 이유로 사해행위에 해당한다(대법원 2000. 4. 25. 선고 99다55656 판결).

자. 특정 채권자의 채무변제를 위한 약속어음 발행행위의 사해행위에 속하는지 여부

(1) 사실관계

甲은 원고에게 2,000만원 및 이에 대하여 1992. 3. 25.부터 다 갚을 때까지 21%의 비율에 따른 지급하는 판결에 기한 구상채무를 부담하고 있다. 한편 甲은 장모인 피고에게 부담하고 있는 5,000만원의 차용금 채무를 변제하기 위해 1999. 10. 25. 이 사건 약속어음을 발행, 2000. 4. 11. 이사건 약속어음에 강제집행을 승낙한다는 취지의 약속어음공정증서 작성 피고에게 교부, 피고는 이를 가지고 甲의 유일한 재산인 주택공사에 대한 4,500만원의 전세보증 반환채권에 압류 및 전부명령, 확정, 원고가 이건 사해행위 취소청구.

(2) 원심

甲이 그의 장모인 피고에게 이 사건 약속어음을 발행한 뒤 강제집행이 가능한 공정증서를 작성하여 주어 피고로 하여금 전세금반환채권을 전부 받게 한 일련의 행위는 이미 채무초과상태에 있던 甲이 피고에 대한 채무의 변제에 갈음하여 그의 유일한 재산을 피고에게 양도한 것과 다름없고, 甲은 채권자인 원고를 해함을 알고 이러한 법률행위를 하였으므로, 원고는 甲의 이 사건 약속어음 발행행위를 취소하고 그 원상회복을 청구할 수 있다고 판단.

(3) 대법원

피고가 이 사건 약속어음과 공정증서를 이용하여 甲의 전세금 반환채권에 대한 압류 및 전부명령을 받았다고 하여 이로써

바로 甲이 전세금반환채권을 피고에게 양도한 것과 같다고 볼 수는 없다는 이유로 파기환송.

(4) 대법원 판결요지

(가) 채권자취소권의 대상이 되는 채권자를 해하는 행위라 함은 재산권을 목적으로 한 법률행위로서 그에 따른 채무자의 소극재산이 적극재산을 초과하게 되거나 채무초과상태가 더 나빠지게 하는 행위를 뜻하고, 따라서 채무자가 이전부터 있는 채무의 변제를 위해서 약속어음을 발행하는 행위는 소극재산을 증가시키는 행위가 아니므로 그것만으로는 다른 채권자를 해하는 행위라고 보기 어렵다.

(나) 채무자가 기존 채무의 변제를 위해서 어음을 발행한 뒤 5개월이 더 지나 그 어음금 청구에 대하여 강제집행을 승낙하는 취지의 공정증서를 작성하여 주고 채권자가 이를 이용하여 채무자의 제3채무자에 대한 채권에 대하여 압류 및 전부명령을 받은 경우, 채무자가 그 채권을 채권자에게 양도한 것과 같이 보아 사해행위에 속한다고 볼 수 없다 (대법원 2002. 8. 27. 선고 2002다27903 판결)

차. 유치권 포기대신, 그 담보를 위해 수급인이 지정하는 자에게 소유권 이전등기를 하게한 것은 사해행위 아니다.

(1) 사실관계

甲은 乙에게 아파트신축 공사를 297억원에 도급주고, 공사완공 후 자금사정으로 공사금을 지급하지 못하여 乙로부터 인도받지 못해 준공검사를 받지 못하였다. 乙은 공사대금 일부를 감액하는 한편 미지급 공사대금 87억원의 결제를 위해 위 아파트 중 이미 분양된 77세대의 분양 잔대금채권과 미 분양 아파트 8세대 및 미분양 상가8세대의 처분권을 乙 또는 乙이 지정자에게 위임하되, 위 아파트 85세대를 乙이 지정하는 자에게 명의신탁하여 분양대금 완납 즉시 분양자 앞으로 이전해주기로 약정, 준공검사를 필하여 甲앞으로 보존등기와 동시에 위 85세대 아파트를 피고 앞으로 이전등기를 마쳤다. 甲에 대하여 취득세와 농어촌특별세의 채권을 가지고 있는 원고가 위 아파트에 대하여 위 명의신탁계약은 사해행위라고 주장, 피고명의 소유권이전등기 말소 청구.

(2) 원심

乙이 위 아파트에 대한 유치권을 행사함으로써 사실상 甲의 일반채권자보다 우선하여 자신의 공사대금채권을 변제받을 수 있는 지위에 있었던 이상, 그 공사대금을 변제받기 위한 방편으로 수분양자들로부터 분양대금을 직접 지급받기로 하고 이를 담보하기 위해서 피고가 甲과 사이에 乙을 위한 신탁계약을 체결하였다고 하여 이를 甲의 책임재산을 감소케 하는 사해행위라고 할 수 없을 뿐 아니라 甲에게 일반채권자를 해한다는 사해의사가 있었다고도 할 수 없다고 판단.

(3) 대법원 판결요지

공사대금을 지급받지 못한 아파트 공사 수급인이 신축 아파트에 대한 유치권을 포기하는 대신 수분양자들로부터 미납입 분양대금을 직접 지급받기로 하고, 그 담보를 위해 도급인과의 사이에 그 아파트를 대상으로 수익자를 수급인으로 하는 신탁계약을 체결하고 수급인이 지정하는 자 앞으로 소유권 이전등기를 경료하게 한 경우, 수급인의 지위가 유치권을 행사할 수 있는 지위보다 강화된 것이 아니고, 도급인의 일반채권자들 입장에서도 수급인이 유치권을 행사하여 도급인의 분양사업 수행이 불가능해지는 경우와 비교할 때 더 불리해지는 것은 아니므로 위 신탁계약이 사해행위에 속하지 않는다(대법원 2001. 2. 27. 선고 2001다13709 판결).

카. 채무자의 약속어음발행으로 인해 채무초과상태에 이르거나 이미 채무초과상태에 있는 것을 심화시키는 상태가 초래되면 사해행위가 성립할 수 있는지 여부(적극)

　(1) 사실관계

　　　甲(건설회사)은 1997. 12.경 ①23억원, ②29억원, ③4억원의 3건 공사도급계약에 기한 장래 공사금 채권이외에 달리 재산이 없다. 원고는 甲에 대하여 1억2천만원(원금과 지연손해금)채권을 가지고 ①공사금에 가압류후 지급명령을 받아 확정, 甲은 자금사정으로 위 3건의 공사를 직접 수행하기 곤란, 공사대금 상당부분을 현실적으로 지급받을 수 없게 되자, 甲과 동업자이고, 甲의 이사이며 甲의 채권(7,500만원과 지연이자)자인 피고乙이 ② ③ 공사를 甲명의로 수행하고 다른 채권자를 배제하고 공사대금 전부를 용이하게 수령할 수 있도록 乙의 채권포함 35억원의 약속어음을 甲이 발행, 약속어음 공정증서 작성(단 乙이 공사대금을 임의로 처분하지 못하도록 甲의 직원 피고丙을 채권자로 추가) ―위 공사금에 전부명령 후 丙이 甲에 대한 피전부채권을 乙에게 양도―乙이 ② ③공사를 완공―원고가 ③의 공사금에 처분금지 가처분을 하고 甲의 위 약속어음 발행행위가 사해행위에 해당, 1억5천만원의 범위내에서 위 ③의 공사대금을 甲에게 양도하고 ③에게 그 양도통지를 하라고 청구. 이에 피고 乙, 丙은, 丙은 당사자 적격이 없다고 항변.

　(2) 원심

　　　甲이 35억원의 이 사건 약속어음을 발행한 것은 가공어음금 부담행위로서 원고 등 진정채권자들이 공동담보 가치를 해하게 하여 결국 그 책임재산을 소실케하여, 이 사건 어음 발행행위는 원고를 해함을 알고 한 사해행위로 판단. 1억2천7십만 범위내(변론종결당시 원고의 채권범위)에서 인정. 피고 丙에 대해 기각.

(3) 대법원

피고 乙은 甲의 ③에 대한 공사도급계약에 따른 공사대금채권을 압류·전부받은 후 피고 스스로 공사를 수행하여 완공하였으므로 위 공사대금채권은 압류·전부 후에 그 성질이나 내용 또는 가치가 달라졌다고 할 것이고, 따라서 이 사건 약속어음의 발행행위가 사해행위에 해당하여 취소되는 데 따른 원상회복은 현재 피고가 보유하고 있는 위 공사대금채권 그 자체의 양도에 의한 반환을 구할 수는 없고, 위 압류·전부 당시에 있어서의 위 공사대금채권의 객관적 평가액 또는 그 당시의 기성고에 따른 공사대금채권 상당액의 배상을 구하는 방법으로 하여야 한다는 이유로 파기환송.

(4) 대법원 판결요지

(가) 사해행위는 채무자가 적극재산을 감소시키거나 소극재산을 증가시킴으로써 채무초과상태에 이르거나 이미 채무초과상태에 있는 것을 심화시킴으로써 채권자를 해하는 행위를 말하는 것이므로 어떤 행위를 사해행위라고 하려면 그 행위로 말미암아 위와 같은 상태가 초래되었다는 점이 전제되어야 한다고 할 것이고, 이는, 채무자가 처음부터 특정 채권자로 하여금 채무자의 적극재산인 채권을 강제집행의 형식을 빌어 압류전부받게 할 목적으로 채무부담행위를 하고 그와 아울러 그에 대하여 강제집행을 승낙하는 취지가 기재된 공정증서를 작성하여 주고 채권자는 이를 이용하여 채무자의 채권을 압류전부받은 때와 같이, 실질에 있어 채무자가 자신의 채권을 특정 채권자에게 양도한 것과 다를 바가 없는 것으로 볼 수 있는 특별한 사정이 있는 경우에도 마찬가지이다.

(나) 채무자가 약속어음의 발행에 의한 채무부담행위를 하고 그에 대한 강제집행승낙문구가 기재된 공정증서를 작성한

다음, 이를 이용하여 약속어음의 수취인이 채무자의 공사대금채권 중 일부를 압류전부받았으나, 위 약속어음 발행 당시 구체적으로 발생한 공사대금채권액이나 공사를 도급받은 지위 또는 도급받을 수 있는 지위에 대한 객관적인 평가액이 확정되지 않은 경우, 위 약속어음 발행행위를 사해행위라고 단정할 수 없다.

(다) 장래의 미확정의 채권이라도 전부될 수 있는 적격을 가지는 것이므로 채권이 압류전부되고 상당 기간이 경과되거나 일정한 조건이 성취되는 등의 사정이 있는 경우에는, 그 채권의 객관적 가치는 압류전부될 당시와는 차이가 있을 수 있으므로 어떤 채무부담행위에 대한 강제집행승낙문구가 기재된 공정증서의 작성과 이를 이용한 채권자의 채권압류전부를 채무자가 자신의 채권을 특정채권자에게 양도한 것과 다를 바가 없는 것으로 볼 특별한 사정이 있어 그 채무부담행위가 사해행위로서 취소되는 경우에 있어서도, 그 압류전부된 채권의 가치가 압류전부를 전후하여 달라졌다면, 원상회복으로서 그 압류전부된 채권 자체의 양도에 의한 반환을 구할 수는 없고, 압류전부될 당시에 있어서의 그 채권의 가액의 배상을 구하여야 한다(대법원 2002. 10. 25. 선고 2000다7783 판결).

타. 채무의 전액에 대하여 채권자에게 우선변제권이 확보된 경우, 연대보증인의 재산처분행위가 사해행위에 속하지 않는다.

(1) 해설

(가) 사실관계

A회사는 61억5,000만원을 대출받고, 그 담보로 원고에게 A회사 주식255,000주에 등록질권을 설정하고 이 사건 공장에 채권최고액 19억5,000만원의 1순위 근저당권설정

제1절 사해행위의 성부 63

A회사 대표이사인 甲은 A의 원고에 대한 대출금채무에 대하여 연대포괄근보증 ― A회사는 1998. 7. 3. 부도 ― 한편 甲은 손위처남인 피고 앞으로 1997. 10. 29. 채권최고액 3억원의 근저당권설정 및 지상권설정, 1997. 12. 1. 이 사건 아파트에 매매예약을 원인으로 하여 소유권이전청구권가등기를, 1998. 2. 4. 소유권이전등기를 마쳤다. 원고는 1998. 9. 29. A회사 주식매각 대금에서 위 대출금의 일부에 충당, 경매로 2000. 2. 16. 이 사건 공장의 근저당권설정금액을 회수 ― 일부를 변제받지 못하였다. 이 사건 공장의 가액은 1998. 7. 10. 당시 금 31억원 상당이었고, A회사주식의 가액은 1997. 10. 29. 당시는 금 53억 400만 원(= 255,000주 × 20,800원) 상당, 1997. 12. 1. 당시에는 금 44억 6,250만원(= 255,000주 × 17,500원) 상당. 원고는 피고를 상대로 사해행위취소 청구 ― 이에 피고는 甲이 이 사건 토지 및 아파트를 피고에게 처분할 당시 위 담보물의 가액이 원고의 A회사에 대한 대출원리금 채권을 전부 담보하고도 남을 정도이었으므로 甲이 이 사건 각 부동산을 피고에게 처분한 것은 사해행위에 속하지 아니한다고 항변.

(나) 원심

甲이 자신에 대한 보증채권자인 원고 등을 해칠 의사로 강제집행이 용이한 이 사건 각 부동산을 피고에게 처분함으로써 원고 등의 채권에 대한 공동담보가 없는 상태를 초래하였고, 따라서 이 처분행위는 모두 사해행위에 속한다고 판단.

(다) 대법원

甲이 위 각 법률행위 당시의 이 사건 공장 가액 범위 내에서의 채권최고액과 A회사주식의 가액을 합한 금액은 1997. 10. 29. 당시가 금 72억 5,400만 원 상당(= 19억 5,000

만 원 + 53억 400만 원)이고, 같은 해 12월 1일 당시에도 금 64억 1,250만원 상당(= 19억 5,000만 원 + 44억 6,250만원)으로 A회사의 원고에 대한 위 채무전액 금 61억 5,000만원을 초과하고 있었다는 이유로 파기환송.

(라) 대법원 판결요지

① 채권자 앞으로 주채무자 소유의 부동산에 대한 근저당권 및 주식에 대한 등록질권이 설정되어 있고, 그 부동산의 가액 범위 내에서의 채권최고액과 그 주식의 가액을 합한 금액이 그 채무액을 초과하여 채무 전액에 대하여 채권자에게 우선변제권이 확보되어 있다면, 연대보증인이 자신의 적극재산을 감소시키는 법률행위를 하더라도 채권자에 대하여 사해행위가 성립하지 않는다고 보아야 한다. 그리고 채무자가 연속하여 수개의 재산처분행위를 한 경우에는 그 행위들을 하나의 행위로 보아야 할 특별한 사정이 없는 한 일련의 행위를 일괄하여 그 전체의 사해성 여부를 판단할 것이 아니라 각 행위마다 개별적으로 그로 말미암아 무자력이 초래되었는지 여부에 따라 사해성 여부를 판단하여야 한다.

② 채무자의 재산처분행위가 사해행위가 되는지 여부는 처분행위 당시를 기준으로 판단하여야 하므로 담보로 제공된 주식 등이 사해성 여부가 문제되는 재산처분행위가 있은 후에 환가된 경우에 그 재산처분행위의 사해성 여부를 판단하기 위한 주식가액의 평가는 주식가액의 하락이 예상되는 등 특별한 사정이 없는 한 사후에 환가된 가액을 기준으로 할 것이 아니라 사해성 여부가 문제되는 재산처분행위 당시의 시가를 기준으로 하여야 한다(대법원 2001. 2. 27. 선고 2000다73377 판결).

(2) 관련판례

물상담보에 의하여 채권자에게 우선변제권이 확보되는 경우, 채권자취소권에 있어서의 피보전채권의 범위

주채무자 또는 제3자 소유의 부동산에 대하여 채권자 앞으로 근저당권이 설정되어 채권자에게 우선변제권이 확보되어 있다면 그 범위 내에서는 채무자의 재산처분행위는 채권자를 해하지 아니하므로 그 담보물로부터 우선변제받을 액을 공제한 나머지 채권액에 대하여만 채권자취소권이 인정된다.―피고들이 채무자 소유 부동산을 양도담보로 취득하거나 매수할 당시. 시가 6억7천만에 이르는 甲소유 부동산에 대출금 5억6천만원의 담보물로 선순위 근저당권을 가지고 있는 원고는 물상담보에 의해 우선 변제받을 채권을 공제한 나머지 채권액에 대해서만 채권자취소권이 인정된다고 본 사례(대법원 2002. 4. 12. 선고 2000다63912 판결)

파. 채무자의 무자력 판단에 기초가 되는 부동산의 평가 기준

(1) 사실관계

원고들이 피고1로부터 이 사건 건물을 3억8,700만원에 임차, 그 후 이 사건 건물에 설정된 근저당권 실행으로 감정가액이 9억4,500만원인 이 사건 건물과 대지의 경매가 여러 차례 진행과정에 그 가격이 하락하여 1999. 10. 14. 甲이 낙찰, 한편 피고1은 이 사건 부동산을 1998. 7. 15. 처인 피고2에게 증여 ― 원고는 피고1이 이 사건 부동산을 피고2에게 증여한 행위는 원고들의 위 피고에 대한 임차보증금 반환채권을 해하는 사해행위에 해당한다며 피고2에 대하여 위 증여계약의 취소와 소유권 이전등기의 말소청구.

(2) 원심

피고1이 피고2에게 이 사건 부동산을 증여할 당시에는 다른 적극재산이 있었고 그 다른 적극재산의 시가(감정평가액)에 비추어 볼 때 위 증여로 말미암아 채무초과 상태에 빠졌다고 보기 부족하므로 위 증여행위를 사해행위로 보아 그 취소를 구할 수 없다고 판단.

(3) 대법원 판결요지

(가) 채무자의 재산처분행위가 사해행위가 되기 위해서는 그 행위로 말미암아 채무자의 총재산의 감소가 초래되어 채권의 공동담보에 부족이 생기게 되어야 하는 것, 즉 채무자의 소극재산이 적극재산보다 많아져야 하는 것인바, 채무자가 연속하여 수 개의 재산처분행위를 한 경우에는, 그 행위들을 하나의 행위로 보아야 할 특별한 사정이 없는 한, 일련의 행위를 일괄하여 그 전체의 사해성 여부를 판단할 것이 아니라 각 행위마다 그로 말미암아 무자력이 초래되었는지 여부에 따라 사해성 여부를 판단하여야 한다.

(나) 채무자의 무자력 여부는 사해행위 당시를 기준으로 판단하여야 하는 것이므로 채무자의 적극재산에 포함되는 부동산이 사해행위가 있은 후에 경매절차에서 경락된 경우에 그 부동산의 평가는 경락된 가액을 기준으로 할 것이 아니라 사해행위 당시의 시가를 기준으로 하여야 할 것이며, 부동산에 대하여 정당한 절차에 따라 산출된 감정평가액은 특별한 사정이 없는 한 그 시가를 반영하는 것으로 보아도 좋을 것이다(대법원 2001. 4. 27. 선고 2000다69026 판결).

(다) 채무자가 연속하여 수 개의 재산처분행위를 한 경우
특별한 사정이 없는 한 일련의 행위를 일괄하여 그 전체의 사해성 여부를 판단할 것이 아니라 각 행위마다 그로 인하여 무자력이 초래되었는지 여부에 따라 사해성 여부를 판단하여야 한다(대법원 2006. 9. 14. 선고 2005다74900 판결).

하. 채무자의 무자력 여부를 판단함에 있어서 부동산이나 채권 등이 적극재산으로 산정될 수 있기 위한 요건

   (1) 사실관계

   甲이 1995. 9. 30. 소외회사에 그의 소유 4필지 토지, 1995. 12. 27. 乙에게 아파트1동, 1996. 12. 24. 丙에게 1필지 토지를 각 매도, 또 1997. 12. 2. 처인 피고에게 2억원 상당의 이 사건 부동산을 증여, 이전 후 같은 해 12. 22. 협의이혼, 한편 원고 산하 세무서는 1995년과 1996년도의 부동산 양도로 따른 양도소득세3억7,000만원을 1998. 3. 12.과 5. 12. 각 부과 고지, 원고는 이 사건 부동산 증여행위는 사해행위에 해당한다고 주장, 이에 피고는 증여부동산 이외에 8,700만원의 다른 부동산과 소외회사에 대한 2억3,000만원의 매매대금채권이 있고, 채무로서는 양도소득세 이외에는 없어. 사해행위에 속하지 아니한다고 항변, 이에 원고는 증여행위 당시 소외회사의 부도 폐업으로 甲의 소외 회사에 대한 위 채권은 실질적으로 가치가 없는 것이라고 재항변.

   (2) 원심

   소외 회사가 甲으로부터 매수한 부동산은 1998. 5. 20.경 타인에게 경락된 사실은 각 인정되나, 소외회사의 부동산이 경매진행 중이어서 위 사실들만으로는 이 사건 증여 당시 甲의 소외회사에 대한 채권이 무가치해졌다거나 소멸된 것으로 보기 어렵고, 달리 이를 인정할 만한 증거가 없다고 판단.

   (3) 대법원

   다른 특별한 사정이 없는 한 당시 소외 회사는 정상적인 경영이 불가능한 지경에 이르러 채무초과의 상태에 있었음이 추단된다고 할 것인바, 甲이 소외 회사에 대하여 가지고 있는 위

채권에 대하여 별도의 물적 담보 등을 가지고 있지 아니하였던 이상, 그 채권을 용이하게 변제받기 어려운 사정이 있었다고 봄이 상당하다는 이유로 파기환송.

(4) 대법원 판결요지

채무자의 재산처분행위가 사해행위가 되기 위해서는 그 행위로 말미암아 채무자의 총재산의 감소가 초래되어 채권의 공동담보에 부족이 생기게 되어야 하는 것, 즉 채무자의 소극재산이 적극재산보다 많아져야 하는 것인바, 채무자가 재산처분행위를 할 당시 그의 적극재산 중 부동산과 채권이 있어 그 재산의 합계가 채권자의 채권액을 초과한다고 하더라도 그 적극재산을 산정함에 있어서는 다른 특별한 사정이 없는 한 실질적으로 재산적 가치가 없어 채권의 공동담보로서의 역할을 할 수 없는 재산은 이를 제외하여야 할 것이고, 그 재산이 채권인 경우에는 그것이 용이하게 변제를 받을 수 있는 확실성이 있는 것인지 여부를 합리적으로 판정하여 그것이 긍정되는 경우에 한하여 적극재산에 포함시켜야 할 것이다(대법원 2001. 10. 12. 선고 2001다32533 판결).

거. 자금난으로 사업을 계속 추진하기 어려운 상황에 처한 채무자가 자금을 융통하여 사업을 계속 추진하는 것이 채무변제력을 갖게 되는 최선의 방법이라고 생각하고 자금을 융통하기 위해서 부득이 부동산을 특정 채권자에게 담보로 제공하고 그로부터 신규자금을 추가로 융통받은 경우, 채무자의 담보권설정행위가 사해행위에 속하지 않는다.

(1) 해설

(가) 사실관계

원고는 A회사가 은행으로부터 6억원을 차용, 9,900만원의 어음할인에 신용보증, A회사의 대표이사 甲이 원고에게 연대보증 — A회사가 1997. 12. 20. 부도 — 원고가 8억원을 대위변제 — 한편 A회사가 I. M. F사태로 유동성 위기에 빠져 어려워지자 甲은 자신의 소유인 이 사건 부동산에 근저당권을 설정하여 피고로부터 A회사의 당좌결재자금과 외화대출금 상환을 위한 자금을 지원받았다.

(나) 원심

甲이 소외 회사의 피고에 대한 채무를 담보하기 위해서 물상보증인으로서 그 소유의 이 사건 부동산에 대하여 피고에게 근저당권을 설정하여 피고에게만 다른 채권자에 비하여 우선변제를 받을 수 있도록 하여 다른 일반 채권자의 공동담보를 감소시키는 결과를 초래하였다고 판단.

(다) 대법원

채무자가 대주주 겸 대표이사로 있는 회사의 자금난을 해소하고 그 사업을 계속 추진하는 방편으로 신규자금을 융통하기 위해서 이루어진 이러한 근저당권설정행위는 사해행위에 속하지 않는다는 이유로 파기환송.

(라) 대법원 판결요지

채무초과 상태에 채무자가 그 소유의 부동산을 채권자 중의 어느 한 사람에게 채권담보로 제공하는 행위는 특별한 사정이 없는 한 다른 채권자들에 대한 관계에서 사해행위에 해당한다고 할 것이나, 자금난으로 사업을 계속 추진하기 어려운 상황에 처한 채무자가 자금을 융통하여 사업을 계속 추진하는 것이 채무변제력을 갖게 되는 최선의 방법이라고 생각하고 자금을 융통하기 위해서 부득이 부동산을 특정 채권자에게 담보로 제공하고 그로부터 신규자금을 추가로 융통받았다면 특별한 사정이 없는 한 채무자의 담보권 설정행위는 사해행위에 속하지 않으며, 다만 사업의 계속 추진과는 아무런 관계가 없는 기존 채무를 아울러 피담보채무 범위에 포함시켰다면, 그 부분에 한하여 사해행위에 해당할 여지는 있다(대법원 2001. 10. 26. 선고 2001다19134 판결).

(2) 관련판례

(가) 채무자의 사해의사의 유무를 판단함에 있어 사해행위라고 주장되는 행위 이후의 채무자의 변제 노력과 채권자의 태도 등을 간접사실로 삼을 수 있는지 여부

채무자의 사해의사를 판단함에 있어 사해행위 당시의 사정을 기준으로 하여야 할 것임은 물론이나, 사해행위라고 주장되는 행위 이후의 채무자의 변제 노력과 채권자의 태도 등도 사해의사의 유무를 판단함에 있어 다른 사정과 더불어 간접사실로 삼을 수도 있다. ―채무자가 토지에 집합건물을 지어 분양하는 사업을 추진하던 중 이미 일부가 분양되었는데도 공정률 45.8%의 상태에서 자금난으로 공사를 계속할 수 없게되자 사업을 계속하기 위한 방법으로 신탁업법상의 신탁회사와 사이에 신탁계약을 체결하고 건물의 신축공사를 완료한 경우, 그 신탁행위가 사해행위에 해당하지 않는다고 한 사례(대법원 2001 . 12. 8. 선고 99다31940 판결)

너. 채무초과 상태에서 사업의 계속에 필요한 물품을 공급받기 위한 방법으로 기존 물품대금채무 및 장래 발생할 물품대금채무를 담보하기 위해서 근저당권을 설정하여 준 행위가 사해행위에 속하지 않는다고 한 사례

(1) 사실관계

乙생명은 원고의 보증으로 甲회사에 사업자금30억원을 융자, 한편 피고는 甲 회사에 보일러제작에 필요한 물품을 약속어음을 받고 외상으로 공급하던 중 보일러제조업체들이 도산, 불안

을 느껴 현금거래요구, 채무초과상태에 있는 甲 회사는 물품을 계속공급받기 위해 당시 5억여 원 상당의 물품대금 채무 및 장차 발생할 물품대금채무를 담보하기 위해서 피고앞으로 이 사건 부동산에 근저당권을 설정, 그 후 7억 여원의 물품을 계속 공급받아 사업을 계속하며 원고의 보증채무 일부를 변제하였다. 원고는 채무초과 상태에 있는 甲회사가 그의 소유 부동산을 채권자 중 한사람에게 채권담보로 제공하는 행위는 사해행위에 해당한다고 주장, 이에 피고는 사업을 계속 추진하기 위한 방편으로 물품을 공급받기 위해 근저당권설정행위는 사해행위에 속하지 아니한다고 항변.

(2) 원심

위 근저당권설정행위는 사해행위에 해당한다고 판단.

(3) 대법원

채무자가 담보를 제공해서라도 피고와의 거래의 중단을 피하고 사업의 계속을 도모하는 것 이외에는 달리 회사의 갱생을 위한 적절한 방법이 없었다고 보아 사업을 계속 추진하는 방편으로 물품을 공급받기 위해서 이루어진 근저당권설정행위는 특별한 사정이 없는 한 사해행위에 속하지 않는다. 그리고 위 근저당권의 피담보채무에 기존 채무를 포함시켰다 하더라도 기존 채무를 위한 담보설정과 물품을 계속 공급받기 위한 담보설정이 불가피하게 동일한 목적 하에 하나의 행위로 이루어졌고, 그것이 사업의 계속을 통한 회사의 갱생이라는 목적을 위한 담보제공행위로서 합리적인 범위 내에서 기존 채무를 위한 담보설정행위 역시 사해행위에 속하지 않는다는 이유로 파기환송.

(4) 대법원 판결요지

채무초과 상태에서 사업의 계속에 필요한 물품을 공급받기 위한 방법으로 기존 물품대금채무 및 장래 발생할 물품대금채무를 담보하려고 근저당권을 설정하여 준 경우, 근저당권의 피담보채무에 기존 채무를 포함시켰다 하더라도 기존 채무를 위한 담보설정과 물품을 계속 공급받기 위한 담보설정이 불가피하게 동일한 목적 하에 하나의 행위로 이루어졌고, 당시의 제반 사정 하에서는 그것이 사업의 계속을 통한 회사의 갱생이라는 목적을 위한 담보제공행위로서 합리적인 범위를 넘은 것이 아니라는 이유로 기존 채무를 위한 담보설정행위 역시 사해행위에 속하지 않는다(대법원 2002. 3. 29. 선고 2000다25842 판결).

더. 무효의 등기, 사해행위 불성립 사례

(1) 해설

(가) 사실관계

원고는 A회사가 은행으로부터 대출받는데, 신용보증 ― A회사 대표이사 甲은 A회사의 원고에 대한 구상채무에 연대보증 ― A회사가 1997. 4. 24. 부도 ― 원고는 11억6,000만원을 대위변제 ― 한편 甲은 신탁 받은 자신과 피고, B 3인 공유인 이 사건 부동산의 甲지분에 대하여 1997. 5. 12. 피고 앞으로 근저당권설정 ― 원고는 위 근저당권 설정등기 말소 청구.

(나) 원심

피고가 근저당권을 설정하여 준 행위는 채권자인 원고 등을 해하는 사해행위에 속하고, 수익자인 피고의 악의는 추정되므로, 피고는 위 근저당권설정등기를 말소할 의무가 있다고 판단.

(다) 대법원

이 사건 지분에 대한 甲 명의의 소유권이전등기는 부동산 실권리자 명의등기에 대한법률(이하 '법'이라고만 한다)이 시

제1절 사해행위의 성부 73

행되기 전에 명의신탁약정에 따라서 甲명의로 등기한 것으로서, 법 제12조 제1항의 규정상 위 유예기간이 경과한 이후 이 사건 지분에 대한 물권변동에 대하여는 법 제4조 제2항의 규정을 적용하여야 한다는 이유로 파기환송.

(라) 대법원 판결요지

부동산에 대하여 부동산실권리자명의등기에 관한 법률 제4조 제2항 본문이 적용되어 명의수탁자인 채무자 명의의 소유권 이전등기가 무효인 경우에는 그 부동산은 채무자의 소유가 아니기 때문에 이를 채무자의 일반 채권자들의 공동담보에 공하여지는 책임재산이라고 볼 수 없고, 채무자가 위 부동산에 대하여 제3자와 근저당권설정계약을 체결하고 나아가 그에게 근저당권설정등기를 마쳐주었다 하더라도 그로써 채무자의 책임재산에 감소를 초래한 것이라고 할 수 없으므로 이를 들어 채무자의 일반 채권자들을 해하는 사해행위라고 할 수 없고, 채무자에게 사해의 의사가 있다고 볼 수도 없다(대법원 2000. 3. 10. 선고 99다 55069 판결)

(2) 관련판례

(가) 조합체가 합유등기를 하지 아니하고 조합원들 명의로 각 지분에 관하여 공유등기를 한 경우 사해행위 성립여부

동업 목적의 조합체가 부동산을 조합재산으로 취득하였으나 합유등기가아닌 조합원들 명의로 공유등기를 한 후 조합원들 중 1인이 조합에서탈퇴하면서 나머지 조합원들에게 그 지분에 관한 소유권이전등기를 경료하여 준경우, 부동산실권리자명의등기에관한법률 제4조 제2항 본문이 적용되어 그 해당조합원 명의의 부동산 지분은 그의 소유가 아니므로 그와 같은 행위가 그 해당조합원의 일반채권자를 해하는 사해행위라고 볼 수 없다.— 조합체가 합유등기

를 하지 아니하고 그 대신 조합원들 명의로 각 지분에 관하여 공유등기를 하였다면, 이는 그 조합체가 조합원들에게 각 지분에 관하여 명의신탁한 것으로 보아야 한다고 한 사례(대법원 2002. 6. 14. 선고 2000다30622 판결).

제2절 채권자취소권의 행사방법

1. 행사의 방법

가. 취소권자는 사해행위로 인하여 채권을 전액 회수할 수 없게 된 채권자로서 채권자 자기의 이름으로 재판상 행사하여야 한다.

나. 취소소송의 상대방(피고)은 언제나 수익자 또는 전득자이며 채무자를 피고에 포함시키지 못하는 것이다.(67다1839호/67.12.26., 89다카35421호/90.10.30., 91다13717호/91.8.13., 87다카1586호/88.2.23.) (채무자에 대하여는 대여금 청구의 소, 수익자, 전득자에게는 사해행위 취소의 소로 하는 복수의 소제기는 가능함)

다. 사해행위취소소송은 수익자와 전득자 모두를 공동피고로 하여 승소하여야만 완전한 원상회복이 실현될 수 있다고 할 것인바 취소의 대상이 되는 목적물을 취득한 수익자를 상대로 새로운 법률관계를 형성한 임차권자, 전세권자, 근저당권자 등의 전득자들 거의 대부분은 채권자에 대하여 선의를 입증할 수 있는 정상적인 법률관계를 갖고 있어 채권자가 사해행위취소소송에서 승소하지 못할 가능성이 높다. 다시 말해 선의의 전득자가 많으면 많을수록 사해행위취소소송은 어렵고 승소의 실익도 줄어드는 만큼 채권자인 조합은 사해행위취소소송을 제기하기 전에 전득자가 생기지 않도록 조치(부동산 처분금지가처분, 부동산 점유금지 가처분 신청 등)하는 것이 무엇보다 중요하다.

라. 실무적으로는 예를들어

(1) 수익자 전득자 모두 악의인 경우에는 채권자는 선택으로 전득자를 피고로 하여 그에 대한 관계에서 사해행위를 취소하고 그로부터 재산의 반환을 청구하거나 또는 수익자를 피고로 하여 그에 대한 관계에서 사해행위를 취소하고 그로부터 재산의 반

환에 갈음하여 가액의 배상을 청구할 수도 있으며(97다58316호/98.5.15., 96다23207호/96.10.29.)

(2) 수익자가 악의이고 전득자가 선의인 때에는 수익자를 피고로 하여 그로부터 가액배상을 청구하거나 또는 전득자에게 영향을 미치지 않은 한도(89다카35421호/90.10.30., 2000다63912호/2002.4.12., 99다20612호/2001.6.12.)에서 재산의 반환을 청구할 수 있다.

(3) 수익자가 선의이고 전득자가 악의일 경우에는 전득자를 피고로 하여 재산의 반환을 청구할 수 있다.

2. 채권자취소권의 행사범위

가. 취소의 범위는 책임재산의 보전을 위하여 필요하고 충분한 범위 내로 한정되므로, 원칙적으로 취소채권자의 피보전채권액을 초과하여 취소권을 행사할 수 없다.

(1) 사해행위의 목적물이 복수인 경우 사해행위 전부를 취소하지 않더라도 채권자의 채권을 보전하는 데에 지장이 없다면 피보전채권액 범위 내의 목적물을 특정하여 그에 관한 처분행위만을 취소하여야 하며, 목적물이 가분인 경우에는 피보전채권액 범위 내로 취소가 제한된다.

(2) 채권자는 목적물이 불가분인 사실을 주장·입증함으로써 자신의 채권액을 넘어서 불가분한 목적물 전체에 대하여 취소권을 행사할 수 있다. 이 경우 목적물의 불가분성은 반드시 물리적 또는 법률적인 것이 아니라 사회경제적 단일성과 거래의 실정을 고려하여 결정되는 것이므로, 소유자가 동일한 대지와 그 지상건물은 사해행위취소소송에 있어서 불가분의 관계에 있다고 보아야 할 것이다.

[사례 1] 동일인의 소유인 토지와 건물의 처분행위를 채권자취소권에 의하여 취소하는 경우

동일인의 소유인 토지와 건물의 처분행위를 채권자취소권에 의하여 취소하는 경우 그중 대지의 가격이 채권자의 채권액보다 다액이라 하더라도 대지와 건물중 일방만을 취소하게 되면 건물의 소유자와 대지의 소유자가 다르게 되어 가격과 효용을 현저히 감소시킬 것이므로 전부를 취소함이 정당하다.(대법원 1975.2.25. 선고 74다2114 판결)

나. 피보전채권액의 산정시기는 사해행위시를 기준으로 하므로 사해행위 이후 새로 발생한 채권액은 포함되지 아니하나, 사해행위 이후 변론종결시까지 발행한 이자나 지연손해금을 원본채권에서 파생된 채권으로서 채권액에 포함된다.

원고가 다른 채권자의 채권액까지 포함하여 취소권을 행사하기 위해서는 다른 채권자가 배당요구를 할 것이 명백한 사실을 입증하면 된다. 또 앞서 본 바와 같이 취소채권자의 채권액 중 일부에 대하여 우선변제권이 확보되어 있는 경우에는 우선변제권 범위밖에 있는 채권액만이 취소권 행사의 범위를 정하는 기준이 된다.

[사례 2] 저당권이 설정되어 있는 부동산이 사해행위로 이전된 경우

[1] 주채무자 또는 제3자 소유의 부동산에 대하여 채권자 앞으로 근저당권이 설정되어 채권자에게 우선변제권이 확보되어 있다면 그 범위 내에서는 채무자의 재산처분행위는 채권자를 해하지 아니하므로 그 담보물로부터 우선변제받을 액을 공제한 나머지 채권액에 대하여만 채권자취소권이 인정된다.

[2] 채권자가 채권자취소권을 행사할 때에는 원칙적으로 자신의 채권액을 초과하여 취소권을 행사할 수 없고, 이 때 채권자의 채권액에는 사해행위 이후 사실심 변론종결시까지 발생한 이자나 지연손해금이 포함된다.

[3] 저당권이 설정되어 있는 부동산이 사해행위로 이전된 경우

에 그 사해행위는 부동산의 가액에서 저당권의 피담보채권액을 공제한 잔액의 범위 내에서만 성립한다고 보아야 하므로, 사해행위 후 변제 등에 의하여 저당권설정등기가 말소된 경우 그 부동산의 가액에서 저당권의 피담보채무액을 공제한 잔액의 한도에서 사해행위를 취소하고 그 가액의 배상을 구할 수 있을 뿐이고, 이러한 법리는 그 부동산이 양도담보의 목적으로 이전된 경우에도 마찬가지라고 보아야 한다.(대법원 2002. 4. 12. 선고 2000다63912 판결)

[사례 3] 채무자가 양도한 목적물에 담보권이 설정되어 있는 경우
[1] 채무자가 양도한 목적물에 담보권이 설정되어 있는 경우라면 그 목적물 중에서 일반 채권자들의 공동담보에 공하여지는 책임재산은 피담보채권액을 공제한 나머지 부분만이라 할 것이고 피담보채권액이 목적물의 가격을 초과하고 있는 때에는 당해 목적물의 양도는 사해행위에 해당한다고 할 수 없다.
[2] 채무초과 상태에 있는 채무자가 그 소유의 부동산을 채권자 중의 어느 한 사람에게 채권담보로 제공하는 행위는 특별한 사정이 없는 한 다른 채권자들에 대한 관계에서 사해행위에 해당한다.
[3] 사해행위 취소의 범위는 다른 채권자가 배당요구를 할 것이 명백하거나 목적물이 불가분인 경우와 같이 특별한 사정이 있는 경우에는 취소채권자의 채권액을 넘어서까지도 취소를 구할 수 있다.(대법원 1997. 9. 9. 선고 97다10864 판결)

3. 채권자취소권 행사의 효과

가. 채권자취소권의 행사의 효과는 모든 채권자의 이익을 위하여 그 효력이 있다. 즉 수익자 또는 전득자로부터 반환시킨 재산 또는

이에 갈음하는 손해배상금은 채무자의 일반재산으로 회복되고 총채권자를 위하여 공동담보가 되는 것이며 취소채권자는 그것으로부터 우선변제를 받은 권리를 취득하지는 않는 것이다. 따라서 취소채권자가 취소권행사로 도로 찾은 재산으로부터 변제를 받으려면 집행권원(종전 채무명의)을 획득하여 강제집행절차를 밟아야 하며 이때에 다른 채권자가 배당에 참가할 수 있음은 당연하다.

나. 사해행위취소의 효과는 상대적으로 취소판결의 기판력은 그 취소권을 행사한 채권자와 그 상대방인 수익자 또는 전득자와의 상대적인 관계에서만 미칠 뿐 그 소송에 참가하지 아니한 채무자 또는 채무자와 수익자 사이의 법률관계에서는 미치지 않는 것이다.(87다카1989호/88.2.23.)

4. 해설

가. 사해위취소청구소송의 피고적격 ─ 수행익자, 전득자

(1991. 8. 13. 91다13717 소유권이전, 상고기각)

(1) 사실관계

원고가 피고로부터 이 사건 토지와 건물을 매수, 중도금을 약정기일에서 하루라도 지연할 때에는 계약을 무효로 하고, 이미 받은 계약금은 반환하지 않기로 약정, 피고는 중도금 지급지체를 이유로 계약해제 통보, 원고가 피고 상대로 이 사건 소유권이전 청구 소송 중 피고가 이 사건 토지를 A에게 매도 ─ 원고는 피고의 A와의 매매계약취소, 말소청구로 변경.

(2) 원심

채권자 취소의 소에 있어 상대방은 채무자가 아니라 그 수익자나 전득자가 되어야 한다고 판단.

(3) 대법원판결요지

채권자가 채권자취소권을 행사하려면 사해행위로 말미암아 이익을 받은 자나 전득한 자를 상대로 그 법률행위의 취소를 청구하는 소송을 제기하여야 되는 것으로서, 채무자를 상대로 그 소송을 제기할 수는 없다(대법원 1991. 8. 13. 선고 91다13717 판결, 같은 취지 2004. 8. 30. 선고 2004다21923 판결).

나. 사해행위취소 청구는 법원에 소 제기하는 방법으로만 할 수 있다.

(1) 해설

(가) 사실관계

A는 원고로부터 매수한 이 사건 철근을, 대여금의 변제에 갈음하여 피고에게 대물변제 ― 원고는 피고가 이 사건 철근을 점유하고 있음을 전제로 가처분신청을 한 다음 이 사건 인도청구, 피고는 대물변제 항변, 원고는 인도소송 계속 중 위 대물변제 약정은 사해행위에 속하므로 이를 취소하고, 이 사건 철근을 인도하여 줄 것을 청구한다는 취지의 주장.

(나) 원심

원고의 위와 같은 주장은 사해행위의 취소를 단순한 소송상의 공격방법으로 주장한 것에 지나지 않는다고 볼 것이므로, 원고의 사해행위취소 주장은 그 당부에 대하여 판단할 필요도 없이 이유 없다고 판단.

(다) 대법원 판결요지

채무자가 채권자를 해함을 알고 재산권을 목적으로 한 법률행위를 한 경우, 채권자는 사해행위의 취소를 법원에 소를 제기하는 방법으로 청구할 수 있을 뿐 소송상의 공격방어방법으로 주장할 수 없다(대법원 1995. 7. 25. 선고 95다8393 판결).

(2) 관련판례

   사해행위의 취소를 소송상의 공격방어방법으로 주장할 수 있는지 여부 : 사해행위의 취소는 법원에 소를 제기하는 방법으로 청구할 수 있을 뿐 소송상의 공격방어방법으로 주장할 수는 없다.―원고의 점포명도 사건에서 피고의 사해행위라고 항변을 배척한 사례(대법원 1998. 3. 13. 사건 95다48599 판결).

다. 사해행위의 목적물이 동산이고 현물반환이 가능한 경우, 채권자가 직접 자기에게 그 목적물의 인도를 청구할 수 있다.

   (1) 사실관계

   A회사는 채무초과상태에서 1999. 3. 13. 피고(회사) 발행의 이 사건 주식을 원고에게 양도담보로 제공, 원고는 피고에게 이 사건 주권에 대하여 명의 개서 절차를 이행청구. 이에 A회사의 채권자인 피고는 반소로 원고와 A회사 사이 피고발행의 보통주식 20만주에 대하여 1999. 3. 13. 체결한 양도담보계약은 이를 취소하고, 원고는 피고에게 이 사건 주권을 인도하라고 청구.

   (2) 원심

   이 사건 주권은 동산에 속하고, 그 현물반환이 가능하므로, 피고는 자기에게 직접 인도할 것을 청구할 수 있다, 원고에 대하여 피고에게 직접 이 사건 주권의 인도를 명하였다.

   (3) 대법원 판결요지

   민법 제406조에 따른 사해행위의 취소에 따른 원상회복은 원칙적으로 그 목적물 자체의 반환에 따라서야 하는바, 이 때 사해행위의 목적물이 동산이고 그 현물반환이 가능한 경우에는 취소채권자는 직접 자기에게 그 목적물의 인도를 청구할 수 있다(대법원 1999. 8. 24. 선고 99다23468 판결).

라. 사해행위 취소소송에 있어서 취소 목적 부동산의 등기 명의를 수익자로부터 채무자 앞으로 복귀시키고자 하는 경우, 수익자를 상대로 채무자 앞으로 직접 소유권이전 등기절차의 이행을 청구할 수 있다.

(1) 사실관계

甲은 이 사건 부동산을 피고에게 증여, 甲의 적극재산보다 소극재산(부채)가 더 많다. 채권자 원고는 이런 사실을 모르고 사해행위 취소의 소를 제기. 제1심에서 패소. 원심에 이르러 피고의 증거제출로 소극재산이 많아 이 사건 증여가 채권자를 해함을 비로소 알게 되었다. 원고는 피고가 甲앞으로 직접 소유권이전등기 절차이행 청구.

(2) 원심

채권자인 원고는 이 사건 증여계약의 취소로 따른 원상회복 방법으로 피고 명의의 등기의 말소를 구하는 대신 피고를 상대로 채무자인 甲 앞으로 직접 소유권이전등기절차를 이행할 것을 구할 수도 있다고 판단

(3) 대법원 판결요지

자기 앞으로 소유권을 표상하는 등기가 되어 있었거나 법률에 따라서 소유권을 취득한 자가 진정한 등기명의를 회복하기 위한 방법으로는 그 등기의 말소를 구하는 외에 현재의 등기명의인을 상대로 직접 소유권 이전등기절차의 이행을 구하는 것도 허용되어야 하는바, 이러한 법리는 사해행위 취소소송에 있어서 취소 목적 부동산의 등기명의를 수익자로부터 채무자 앞으로 복귀시키고자 하는 경우에도 그대로 적용될 수 있다고 할 것이고, 따라서 채권자는 사해행위의 취소로 따른 원상회복 방법으로 수익자 명의의 등기의 말소를 구하는 대신 수익자를 상대로 채무자 앞으로 직접 소유권이전등기절차를 이행할 것

을 구할 수도 있다(대법원 2000. 2. 5. 선고 99다53704 판결).

마. 소유권이전행위가 사해행위에 속하는 경우 수익자가 다른 원인으로 이전등기를 받을 수 있는 경우에도 사해행위인 소유권이전행위를 취소하여야 한다.

(1) 사실관계

피고가 A소유부동산에 소유권이전청구권보전의 가등기, 그 후 채무초과상태에 있는 A로부터 이전등기를 경료 받고 위 가등기를 말소. A의 채권자 원고가 말소 청구.

(2) 원심

이전등기의 원인된 법률행위가 사해행위로서 취소되는 이상, 그 원상회복으로서 위 이전등기는 말소되어야 하는 것이고, 장차 위 가등기가 혼동의 법리에 따라서 부활되는지의 여부나 그와 같이 부활되는 가등기에 기하여 피고가 다시 본등기를 경료할 수 있는지의 여부 등에 따라서 달리 볼 것은 아니라고 판단.

(3) 대법원 판결요지

가등기권자가 가등기에 기한 본등기의 절차에 의하지 아니하고 별도의 소유권이전등기를 경료 받은 경우에 있어서는, 특별한 사정이 없는 한 가등기권자가 재차 가등기에 기한 본등기를 청구할 수 있는 것이므로 그 별도의 소유권 이전등기를 가등기에 기한 본등기와 동일하게 볼 수는 없다고 할 것이고, 따라서 그 별도의 소유권 이전등기의 원인된 법률행위가 사해행위로서 취소되는 이상, 그 원상회복으로서 그 이전등기는 말소되어야 하는 것이고, 장차 그 가등기가 혼동의 법리에 따라서 부활되는지의 여부나 그와 같이 부활되는 가등기에 기하여 그 이전등기의 명의인이 다시 본등기를 경료할 수 있는지의 여부 등에 따라서 달리 볼 것은 아니다(대법원 2002. 7. 26. 선고 2001다73638 판결)

바. 각 채권자가 동시 또는 이시에 채권자취소 및 원상회복소송을 제기한 경우 이들 소송이 중복제소에 속하는지 여부(소극)

   (1) 사실관계

   피고1, 2는 33,299,351원과 40,059,468원이 각 근저당권이 설정된 부동산들을 채무초과상태에 있는 甲으로부터 매수, 기술신용보증기금이 위 각 부동산 가액에서 위 각 피담보
   채무액을 공제한 한도까지 피고1에 대하여 94,414,399원(127,653,720 － 33,239,351), 피고2에 대하여 113,786,532원(153,846,000 － 40,059,468)의 각 범위 내에서 사해행위취소 및 가액배상을 명하는 판결을 선고받아 그 판결이 이미 확정. 원고가 사해행위취소 및 가액배상 청구, 이에 피고들은 중복제소 항변.

   (2) 원심

   사해행위취소소송에 있어서 채권자취소 및 그 원상회복은 모든 채권자의 이익을 위해서 효력이 있는 것이므로 어느 한 채권자가 먼저 수익자를 상대로 사해행위취소소송을 제기하여 승소판결을 받아 확정된 경우 다른 채권자가 다시 동일한 소송을 제기하는 것은 권리보호의 이익이 없다고 판단.

   (3) 대법원

   채권자취소권의 요건을 갖춘 각 채권자는 고유의 권리로서 채무자의 재산처분 행위를 취소하고 그 원상회복을 구할 수 있고, 또 재산이나 가액의 회복이 마친 경우에 한하여 권리보호의 이익이 없다는 이유로 파기환송.

   (4) 대법원 판결요지

   (가) 채권자취소권의 요건을 갖춘 각 채권자는 고유 권리로서 채무자의 재산처분 행위를 취소하고 그 원상회복을 구할 수 있는 것이므로 각 채권자가 동시 또는 이시에 채권자

취소 및 원상회복소송을 제기한 경우 이들 소송이 중복제소에 속하는 것이 아니다.

(나) 어느 한 채권자가 동일한 사해행위에 대하여 채권자취소 및 원상회복청구를 하여 승소판결을 받아 그 판결이 확정되었다는 것만으로 그 후에 제기된 다른 채권자의 동일한 청구가 권리보호의 이익이 없어지게 되는 것은 아니고, 그에 기하여 재산이나 가액의 회복을 마친 경우에 비로소 다른 채권자의 채권자 취소 및 원상회복청구는 그와 중첩되는 범위 내에서 권리보호의 이익이 없게 된다(대법원 2003. 7. 11. 선고 2003다19558 판결).

제3절 사해행위 취소의 범위와 원상회복의 방법

1. 채권자 취소권의 법적성질

현행민법은 구 민법에서의 통설·판례가 반영된 것이다.
이에 대해 다음과 같이 그 법적 성질에 대하여 견해대립이 있다.

가. 법적 성질

(1) 구 민법하에서의 학설·판례

민법에서는 현행법과 달리 원상회복에 관한 언급 없이 단순히 '취소를 청구'할 수 있는 것으로 규정되어 있어 그 해석에 관하여, 채무자의 사해행위의 취소에 중점을 둘 것인가 또는 그 사해행위에 의하여 채무자의 재산으로부터 일탈된 재산의 반환청구에 중점을 둘 것인가, 또한 취소에 절대적 효력을 줄 것인가 상대적 효력만을 인정할 것인가 여부에 따라,

(가) 형성권설(채무자와 수익자 사이에 이루어진 사해행위를 취소하여 그 효력을 소급적·절대적으로 무효화시키는 것으로 파악·취소의 결과 채무자는 수익자, 전득자에 대하여 부당이득반환청구권을 취득하고 채무자가 그 권리를 행사하지 아니하는 때에는 대위에 의하여 반환청구),

(나) 청구권설(채무자의 책임재산으로부터 일탈한 재산의 반환청구권에 주안점을 두며, 따라서 채무자는 소의 상대방이 아니고 사해행위 자체의 효력에는 영향이 없다.)

(다) 절충설(결합설 : 사해행위취소 및 일탈재산반환청구권으로 파악이 있었으나 절충설이 통설·판례의 지지를 받았다)

(2) 현행민법하에서의 학설·판례

(가) 현행민법은 구 민법과는 달리 취소 및 원상회복을 청구할 수 있다고 규정함으로써 동 규정 자체가 절충설을 반영한

것이라고 설명되고 있고 현재의 통설·판례도 이를 지지하고 있다.

상대적 무효설이라고 불리는 절충설의 내용은, 채권자 취소권은 채무자의 사해행위로 인하여 책임재산으로부터 일탈된 재산을 반환하여 채권자의 공동담보를 회복함을 목적으로 하는 것이고, 취소권의 행사 및 효과는 그러한 목적을 달성함에 필요한 최소한도에 그쳐야 한다는 것을 전제로하여 취소 및 원상회복의 효력은 소송당사자인 채권자와 수익자(또는 전득자) 사이의 상대적 관계에서만 발생하기 때문에 채무자와 수익자 사이의(전득자만이 피고로 된 경우에는 수익자와 전득자 사이)법률관계에는 아무런 영향을 미치지 아니한다고 한다.

그러나 상대적 무효설은 채무자와 수익자 사이의 법률관계는 유효한 것으로 놓아 둔 채 채권자와 수익자(또는 전득자)사이에서만 상대적으로 무효를 인정하고 있기 때문에 많은 이론적인 난점을 안고 있다. 즉,

① 일탈재산이 채무자의 책임재산으로 환원되어 강제집행의 대상이 된다는 점을 이론적으로 설명하기 곤란하다. 부동산의 경우 등기명의가 수익자로부터 채무자로 회복된다 하더라도 채권자와 채무자 사이에는 여전히 수익자의 소유물로 보아야 하는 것이므로(따라서 채무자가 거래의 안전을 더욱 해할 우려도 있다) 취소채권자가 채무자에 대한 채무명의에 기하여 부동산에 대한 강제집행을 할 수 있다는 점을 설명하기 어렵다.

② 부동산의 경우 원상회복의 방법은 수익자 명의의 이전등기를 말소하고 등기 명의를 채무자 앞으로 회복시키는 방법을 취하는데 현행부동산등기법상 상대적 말소라는 개념이 인정되지 않음에 비추어(특히 일본과 달리

형식주의를 엄격히 취하고 있는 우리 법제에 비추어), 과연 그와 같은 방법이 상대적 무효에 적합한 원상회복 방법인가의 점 등 문제점이 남는다.

③ 또 기판력이 발생하지 않으므로 수익자 또는 전득자만을 상대로 승소판결을 받아도 채무자에 대하여 패소시에는 구제방법이 없게 된다.

(나) 이러한 불합리한 점을 극복하기 위하여 최근에 채권자취소권을 책임법적 무효의 효과를 발생시키는 일종의 형성권이라고 하는 책임설이 주장되고 있다.

이에 의하면 법률행위 자체에는 영향이 없고, 단지 채권자의 권리실행에 필요한 한도에서 재산의 반환을 구할 수 있으며(책임법적 무효), 반환은 현실적 반환이 아니라 채권자가 그 재산에 대하여 강제집행하는 것을 수인하는 것을 뜻하므로 사해행위취소의 소는 실질적으로 강제집행 인용의 소가 된다.

(다) 그 밖에 소권설, 신형성권설 등도 있다.

소권설은 광의에 있어서 책임설에 속하고, 신형성권설은 취소의 절대적 효력을 인정하고 채무자와 수익자(또는 전득자) 모두를 피고로 하고(필요적 공동소송) 취소의 결과 채무자 소유로 복귀하고 따라서 이행청구와 상대방은 채무자라고 한다.

(라) 현행법하에서는 상대적 무효설을 대체할 만한 학설이 정립되지 않아 이를 뛰어 넘기는 어렵다. 그러나 앞서 본 바와 같이 상대적 무효설에도 많은 이론적 난점이 있기 때문에 학계의 폭넓은 토론이 기대되고, 실무상의 구체적 적용에 있어서도 제도의 실효성확보, 거래의 안전보호를 적절히 조화 시키는 선에서 운영의 묘를 다하여야 할 것이다.

2. 상대적무효와 원상회복의 방법

원상회복은 원물반환을 원칙으로 하고, 특별한 사정이 있는 경우에만 가액반환을 허용한다.
수익자가 목적물을 양도, 소비, 훼손하여 원물반환이 불가능하거나 현저히 곤란한 경우에는 가액으로서 반환될 수밖에 없다. 목적물가액이 취소채권액을 초과하는 경우에 그 목적물이 분할가능한 때에는 취소채권액의 범위 내에서 분할한 일부목적물에 대해서만 소구할 수 있다.

가. 원물반환의 원칙

(1) 의 의

(가) 사해행위의 취소에 따른 원상회복은 원칙적으로 그 목적물 자체의 반환에 의하여야 한다. 사해행위의 내용이 채무면제와 같이 재산의 급여가 수반된다면 목적물이 동산인 경우에는 당해 동산을 소유, 점유하고 있는 수익자 또는 전득자를 상대로 인도청구를 하고, 목적물이 부동산 또는 이에 준하는 권리인 경우에는 수익자 또는 전득자 명의로 이전된 등기 등의 말소를 구하여야 한다.

(나) 사해행위 후 제3자가 목적물에 관하여 저당권 등의 권리를 취득한 경우에는 원물반환 대신 그 가액 상당의 배상을 구할 수 있으나, 채권자 스스로 위험이나 불이익을 감수하면서 원물반환을 구하는 것도 가능하므로, 그 경우 채권자는 수익자 명의의 등기의 말소를 구하거나 수익자를 상대로 채무자 앞으로 직접 소유권이전등기절차의 이행을 구할 수 있다.

[사례 1] 채권자의 사해행위취소 및 원상회복청구

채권자의 사해행위취소 및 원상회복청구가 인정되면, 수익자는 원상회복으로서 사해행위의 목적물을 채무자에게 반환할 의무를 지게 되고, 만일 원물반환이 불가능하거나 현저히 곤란한 경우에는 원상회복의무의 이행으로서 사해행위 목적물의 가액 상당을 배상하여야 하는바, 여기에서 원물반환이 불가능하거나 현저히 곤란한 경우라 함은 원물반환이 단순히 절대적, 물리적으로 불능인 경우가 아니라 사회생활상의 경험법칙 또는 거래상의 관념에 비추어 그 이행의 실현을 기대할 수 없는 경우를 말하는 것이므로, 사해행위 후 그 목적물에 관하여 제3자가 저당권이나 지상권 등의 권리를 취득한 경우에는 수익자가 목적물을 저당권 등의 제한이 없는 상태로 회복하여 이전하여 줄 수 있다는 등의 특별한 사정이 없는 한 채권자는 수익자를 상대로 원물반환 대신 그 가액 상당의 배상을 구할 수도 있다고 할 것이나, 그렇다고 하여 채권자가 스스로 위험이나 불이익을 감수하면서 원물반환을 구하는 것까지 허용되지 아니하는 것으로 볼 것은 아니고, 그 경우 채권자는 원상회복 방법으로 가액배상 대신 수익자 명의의 등기의 말소를 구하거나 수익자를 상대로 채무자 앞으로 직접 소유권이전등기절차를 이행할 것을 구할 수 있다.(대법원 2001. 2. 9. 선고 2000다57139 판결)

(다) 소유권이전등기청구권보전을 위한 가등기나 사해행위로서 이루어진 경우에는 원상회복으로서 가등기를 말소하면 족하고, 가등기 후 저당권이 말소되었거나 그 피담보채무가 일부 변제되었다는 사정은 원상회복 방법에 아무런 영향을 미치지 아니한다.

또 사해행위 당시 어느 부동산이 가압류 되어 있다는 사정은 채권자 평등의 원칙상 채권자의 공동담보로서 그 부동산의 가치에 아무런 영향을 미치지 아니하므로, 수익자 또는 전득자가 기존 가압류의 청구채권을 변제하거나 채권상당액을 해방공탁하여 가압류를 해제시키거나 그 집행

제3절 사해행위 취소의 범위와 원상회복의 방법

을 취소시켰다 하더라도 그 원상회복방법은 원물반환이 원칙이다.

(라) 말소대상인 소유권이전등기에 터잡아 마쳐진 근저당권설정등기나 가처분등기 또는 가압류등기 또는 강제경매개시결정등기가 있는 경우

그 근저당권자나 가처분채권자, 가압류채권자, 경매신청채권자(압류채권자)는 등기상 이해관계인이다.

(마) 말소대상인 소유권이전등기이전에 설정된 근저당권이 실행되어 임의경매개시결정등기가 마쳐진 경우

위 임의경매신청채권자(압류권자)는 그 등기의 말소에 관하여 등기상 이해관계인이다.

실무에서는 한때 말소대상인 소유권이전등기 전에 설정된 근저당권에 의한 경매개시결정등기가 되어 있는 경우 현행 등기실무상으로는 위 경매신청채권자를 등기상 이해관계인으로 취급하는 실무가 확립되었다.(등기선례 제201208-4호 참조) 부동산등기규칙 제152조 제2항 단서

(바) 사해행위취소를 원인으로 한 원상회복청구권을 피보전권리로 하는 가처분등기가 있는 경우, 말소대상인 소유권이전등기 이전에, 위 가처분등기 전에 마쳐진 가압류에 의한 강제경매개시결정개시 또는 위 가처분등기 전에 마쳐진 담보가등기, 전세권 및 저당권에 의한 임의경매개시결정등기가 마쳐진 경우

위 각 경매신청채권자(압류권자)는 그 등기의 말소에 관하여 등기상 이해관계인이므로, 경매신청채권자의 승낙 없이 가처분에 기한 소유권이전등기를 말소할 수 없다(부동산등기규칙 제152조 참조)

부동산등기규칙 제152조 (가처분등기 이후의 등기의 말소) ① 소유권이전등기청구권 또는 소유권이전등기말소등기(소유권보존등기

말소등기를 포함한다. 이하 이 조에서 같다)청구권을 보전하기 위한 가처분등기가 마쳐진 후 그 가처분채권자가 가처분채무자를 등기의무자로 하여 소유권이전등기 또는 소유권말소등기를 신청하는 경우에는, 법 제94조제1항에 따라 가처분등기 이후에 마쳐진 제3자 명의의 등기의 말소를 단독으로 신청할 수 있다. 다만, 다음 각 호의 등기는 그러하지 아니하다.
  1. 가처분등기 전에 마쳐진 가압류에 의한 강제경매개시결정등기
  2. 가처분등기 전에 마쳐진 담보가등기, 전세권 및 저당권에 의한 임의경매개시결정등기
  3. 가처분채권자에게 대항할 수 있는 주택임차권등기등
② 가처분채권자가 제1항에 따른 소유권이전등기말소등기를 신청하기 위하여는 제1항 단서 각 호의 권리자의 승낙이나 이에 대항할 수 있는 재판이 있음을 증명하는 정보를 첨부정보로서 등기소에 제공하여야 한다.

[사례 2] 저당권이 설정되어 있는 부동산이 사해행위로 이전된 경우

[1] 소유권이전등기청구권보전을 위한 가등기가 사해행위로서 이루어진 경우 그 매매예약을 취소하고 원상회복으로서 가등기를 말소하면 족한 것이고, 가등기 후에 저당권이 말소되었다거나 그 피담보채무가 일부 변제된 점 또는 그 가등기가 사실상 담보가등기라는 점 등은 그와 같은 원상회복의 방법에 아무런 영향을 주지 않는다.

[2] 저당권이 설정되어 있는 부동산이 사해행위로 이전된 경우에 그 사해행위는 부동산의 가액에서 저당권의 피담보채권액을 공제한 잔액의 범위 내에서만 성립한다고 보아야 하므로, 사해행위 후 변제 등에 의하여 저당권설정등기가 말소된 경우 그 부동산의 가액에서 저당권의 피담보채무액을 공제한 잔액의 한도에서 사해행위를 취소하고 그 가액의 배상을 구할 수 있을 뿐이고, 특별한 사정이 없는 한 변제자가 누구인지에 따라 그 방법을 달리한다고 볼 수는 없는 것이며, 사해행위인 계약 전부의 취소와 부동산 자체의 반환을

제3절 사해행위 취소의 범위와 원상회복의 방법 93

구하는 청구취지 속에는 위와 같이 일부취소를 하여야 할 경우 그 일부취소와 가액배상을 구하는 취지도 포함되어 있다고 볼 수 있으므로 청구취지의 변경이 없더라도 바로 가액반환을 명할 수 있다.(대법원 2001. 6. 12. 선고 99다20612 판결)

[사례 3] 변제액을 공제

사해행위 당시 어느 부동산이 가압류되어 있다는 사정은 채권자 평등의 원칙상 채권자의 공동담보로서 그 부동산의 가치에 아무런 영향을 미치지 아니하므로, 가압류가 된 여부나 그 청구채권액의 다과에 관계없이 그 부동산 전부에 대하여 사해행위가 성립하고, 따라서 사해행위 후 수익자 또는 전득자가 그 가압류 청구채권을 변제하거나 채권액 상당을 해방공탁하여 가압류를 해제시키거나 또는 그 집행을 취소시켰다 하더라도, 법원이 사해행위를 취소하면서 원상회복으로 원물반환 대신 가액배상을 명하여야 하거나, 다른 사정으로 가액배상을 명하는 경우에도 그 변제액을 공제할 것은 아니다.(대법원 2003. 2. 11. 선고 2002다37474 판결)

(라) 신탁취소는 민법 제406조 제1항에 따라 취소와 원상회복을 청구할 수 있으므로(신탁법 제8조 제1항) 소의 제기에 의해서만 행사할 수 있다.

선의의 수탁자에 대한 신탁취소가 허용되는 한편, 그의 신뢰 보호를 위하여 선의수탁자에 대하여는 '현존하는' 신탁재산의 범위 내에서 원상회복을 청구할 수 있다(신탁법 제8조 제3항).

(2) 예외적 가액배상의 허용

(가) 원상회복이 불가능하거나 현저히 곤란한 경우에는 예외적으로 가액배상이 허용된다. 원고가 원물반환을 구할 경우 사해행위취소부분의 요건사실 외에 원상회복방법에 관한

사실을 별도로 주장·입증할 필요는 없으나, 가액배상을 구하는 경우에는 예외적으로 그것이 허용되는 사정에 관한 사실을 주장·입증하여야 할 것이다. 예를 들어 저당권이 설정된 부동산이 사해행위로 양도된 후 그 저당권이 소멸한 경우에는 공평의 원칙상 가액배상만이 가능한데, 이 경우 원고로서는
① 당해 부동산에 저당권의 설정되어 있었던 사실,
② 저당권이 설정된 상태에서 사해행위로 부동산의 권리가 이전된 사실,
③ 그 이후 그 저당권설정등기가 말소된 사실을 주장·입증하여야 한다.

[사례 4] 부동산의 가액에서 저당권의 피담보채무액을 공제한 잔액의 한도

부동산에 관한 법률행위가 사해행위에 해당하는 경우에는 원칙적으로 그 사해행위를 취소하고 소유권이전등기의 말소 등 부동산 자체의 회복을 명하는 것이 원칙이지만, 저당권이 설정되어 있는 부동산에 관하여 사해행위가 이루어진 경우에 그 사해행위는 부동산의 가액에서 저당권의 피담보채권액을 공제한 잔액의 범위 내에서만 성립한다고 보아야 하므로, 사해행위 후 변제 등에 의하여 저당권설정등기가 말소된 경우, 사해행위를 취소하여 그 부동산 자체의 회복을 명하는 것은 당초 일반 채권자들의 공동담보로 되어 있지 아니하던 부분까지 회복을 명하는 것이 되어 공평에 반하는 결과가 되므로, 그 부동산의 가액에서 저당권의 피담보채무액을 공제한 잔액의 한도에서 사해행위를 취소하고 그 가액의 배상을 구할 수 있을 뿐이고, 그와 같은 가액 산정은 사실심 변론종결시를 기준으로 하여야 한다.
(대법원 2001. 12. 27. 선고 2001다33734 판결)

[사례 5] 당해 채무액이 그 부동산의 가액 및 채권최고액을 초과하는 경우

[1] 주채무자 또는 제3자 소유의 부동산에 대하여 채권자 앞으로 근저당권이 설정되어 있고, 그 부동산의 가액 및 채권최고액이 당해 채무액을 초과하여 채무 전액에 대하여 채권자에게 우선변제권이 확보되어 있다면, 그 범위 내에서는 채무자의 재산처분행위는 채권자를 해하지 아니하므로 연대보증인이 비록 유일한 재산을 처분하는 법률행위를 하더라도 채권자에 대하여 사해행위가 성립되지 않는다고 보아야 할 것이고, 당해 채무액이 그 부동산의 가액 및 채권최고액을 초과하는 경우에는 그 담보물로부터 우선변제받을 액을 공제한 나머지 채권액에 대하여만 채권자취소권이 인정된다고 할 것이며, 피보전채권의 존재와 그 범위는 채권자취소권 행사의 한 요건에 해당된다고 할 것이므로 이 경우 채권자취소권을 행사하는 채권자로서는 그 담보권의 존재에도 불구하고 자신이 주장하는 피보전채권이 그 우선변제권 범위 밖에 있다는 점을 주장·입증하여야 한다.

[2] 채무자의 재산처분행위가 사해행위가 되는지 여부는 처분행위 당시를 기준으로 판단하여야 하므로 담보로 제공된 부동산이 사해성 여부가 문제되는 재산처분행위가 있은 후에 임의경매 등 절차에서 환가가 진행된 경우에는 그 재산처분행위의 사해성 여부를 판단하기 위한 부동산 가액의 평가는 부동산 가액의 하락이 예상되는 등 특별한 사정이 없는 한 사후에 환가된 가액을 기준으로 할 것이 아니라 사해성 여부가 문제되는 재산처분행위 당시의 시가를 기준으로 하여야 한다.

[3] 채권자취소권에 있어서 피보전채권액이 물상담보인 근저당권의 채권최고액을 초과하여 그 초과하는 부분에 관한 채권자취소권의 행사가 가능하다고 한 사례.

[4] 채권자의 채권원리금이 그 우선변제권에 의하여 전액 담보되지 아니하는 경우에는 변제충당의 법리를 유추적용하여 사해행위 시점에서는 이자채권이 원금채권에 우선하여 우선변제권에 의하여 담보되고 있다고 볼 것이므로 담보되지 아니하는 부분 가운데에는 원금에 해당하는 금원이 포함되어 남아 있게 될 것이고, 따라서 채권자가 채권자취소권을 행사할 수 있는 범위는 그 이후 담보권의 실행 등으로 소멸한 부분을 제외하고 난 다음 실제로 남은 미회수 원리금 전부가 아니라 사해행위 당시 채권최고액 및 담보부동산의 가액을 초과하는 부분에 해당하는 채무원리금 및 그 중 원금 부분에 대한 사실심 변론종결시점까지 발생한 지연이자 상당의 금원이 이에 해당한다.

[5] 저당권이 설정되어 있는 부동산이 사해행위로 이전된 경우에 그 사해행위는 부동산의 가액에서 저당권의 피담보채권액을 공제한 잔액의 범위 내에서만 성립한다고 보아야 하므로, 사해행위 후 변제 등에 의하여 저당권설정등기가 말소된 경우 그 부동산의 가액에서 저당권의 피담보채무액을 공제한 잔액의 한도에서 사해행위를 취소하고 그 가액의 배상을 구할 수 있을 뿐이다.

[6] 어느 시점에서 사해행위에 해당하는 법률행위가 있었는가를 따짐에 있어서는 당사자 사이의 이해관계에 미치는 중대한 영향을 고려하여 신중하게 이를 판정하여야 할 것이고, 사해행위에 해당하는 법률행위가 언제 있었는가는 실제로 그러한 사해행위가 이루어진 날을 표준으로 판정할 것이되, 다른 특별한 사정이 없는 한 처분문서에 기초한 것으로 보이는 등기부상 등기원인일자를 중심으로 그러한 사해행위가 실제로 이루어졌는지 여부를 판정할 수밖에 없을 것이다.

[7] 저당권이 설정되어 있는 부동산이 사해행위로 이전된 후 그 저당권설정등기가 말소되어 그 부동산의 가액에서 저당

제3절 사해행위 취소의 범위와 원상회복의 방법

권의 피담보채무액을 공제한 잔액의 한도에서 사해행위를 취소하고 그 가액의 배상을 구하는 경우, 그 부동산이 사해행위로 이전된 후 피담보채무 전액이 소멸된 이상 특별한 사정이 없는 한 그 피담보채무의 소멸의 원인이 무엇인지, 소멸의 원인 중에 변제도 포함되어 있는 경우라면 변제에 있어서의 실제 자금의 출연주체가 누구인지 여부는 더 나아가 따질 여지도 없다고 할 것이며, 사해행위인 계약 전부의 취소와 부동산 자체의 반환을 구하는 청구취지 속에는 위와 같이 일부취소를 하여야 할 경우 그 일부취소와 가액배상을 구하는 취지도 포함되어 있다고 볼 수 있으므로 청구취지의 변경이 없더라도 바로 가액반환을 명할 수 있다. (대법원 2002. 11. 8. 선고 2002다41589 판결)

(나) 원고가 사해행위 전부의 취소와 원물반환을 구하고 있더라도 그 청구취지 중에는 사해행위의 일부취소와 가액배상을 구하는 취지도 포함되어 있으므로, 법원으로서는 청구취지의 변경이 없더라도 바로 가액배상을 명할 수 있다.

나. 가액배상의 방법과 범위

가액배상은 ① 채권자의 피보전채권액, ② 목적물의 공동담보가액, ③ 수익자·전득자가 취득한 이익 중 가장 적은 금액을 한도로 이루어 진다. 사해행위의 취소와 원상회복이 병합하여 청구되는 일반적인 경우 실무는 사해행위의 취소범위에 앞서 원상회복방법에 관하여 살펴 본 다음 사해행위취소범위와 가액배상의 범위를 동일한 기준 하에 한꺼번에 판단함으로써 사해행위취소범위와 가액배상범위를 일치시키고 있다.

(1) 채권자의 피보전채권액

가액배상의 범위를 정하는 기준이 되는 채권자의 피보전채권액은 원칙적으로 채권자취소권의 행사범위와 동일하나, 가액배상의 경우에는 목적물의 불가분성을 고려할 이유가 없으므로 목적물의 불가분으로 인한 취소범위의 확장문제는 발생하지 않는다. 따라서 가액배상의 범위를 정할 경우에는 채권자의 피보전채권액과 다른 채권자가 배당할 것이 명백할 경우 그 채권자의 채권액을 합한 액수가 가액배상의 한기준의 된다.

(2) 목적물의 공동담보가액

목적물에 대하여 사해행위 전에 이미 저당권이 설정되어 있었던 경우와 같이 사해행위 당시 일반채권자들의 공동담보에 제공되지 아니한 부분이 있는 경우에는 그 사해행위는 부동산의 가액에서 공동담보에 제공되지 아니한 부분을 공제한 잔액의 범위, 즉 목적물의 공동담보가액 내에서만 성립한다. 이 경우 저당권 등이 붙어 있는 채로 부동산 자체의 회복을 명하는 것이 원칙이나, 사해행위 후 저당권설정 등이 말소한 경우에는 당초 일반 채권자들의 공동담보로 되어 있지 아니하던 부분까지 회복을 명하는 것이 되어 공평에 반하는 결과가 되므로, 가액배상의 방법에 의하여야 한다.

이 때 배상하여야 할 가액은 목적의 가액에서 말소된 저당권의 피담보채권액은 물론이고, 말소되지 아니한 다른 저당권이 있을 경우 그 저당권의 피담보채권액까지 모두 공제하여 산정하여야 하고, 목적물의 가액 및 피담보채권액의 산정기준시점은 사실심 변론종결시가 된다. 채권자가 근저당권을 가진 경우라면 채권최고액이 아니라 실제 피담보채권액을 공제하여야 하고, 다만 피담보채권액이 밝혀져 있지 않으면 채권최고액을 공제할 수밖에 없다.

[사례 6] 부동산의 원상회복방법
① 가등기가 이루어진 경우 :
㉮ 사해행위취소등 (대법원 2001. 6. 12. 선고 99다20612 판결)
【판시사항】

제3절 사해행위 취소의 범위와 원상회복의 방법 99

[1] 소유권이전등기청구권보전을 위한 가등기가 사해행위로서 이루어진 경우 원상회복의 방법
[2] 저당권이 설정되어 있는 부동산에 관하여 사해행위가 이루어진 후 그 저당권설정등기가 말소된 경우, 사해행위인 계약 전부의 취소와 부동산 자체의 반환을 구하는 청구취지 속에 계약의 일부취소와 가액배상을 구하는 취지도 포함된 것으로 보아 청구취지의 변경없이 바로 가액배상을 명할 수 있는지 여부(적극)

【판결요지】

[1] 소유권이전등기청구권보전을 위한 가등기가 사해행위로서 이루어진 경우 그 매매예약을 취소하고 원상회복으로서 가등기를 말소하면 족한 것이고, 가등기 후에 저당권이 말소되었다거나 그 피담보채무가 일부 변제된 점 또는 그 가등기가 사실상 담보가등기라는 점 등은 그와 같은 원상회복의 방법에 아무런 영향을 주지 않는다.

[2] 저당권이 설정되어 있는 부동산이 사해행위로 이전된 경우에 그 사해행위는 부동산의 가액에서 저당권의 피담보채권액을 공제한 잔액의 범위 내에서만 성립한다고 보아야 하므로, 사해행위 후 변제 등에 의하여 저당권설정등기가 말소된 경우 그 부동산의 가액에서 저당권의 피담보채무액을 공제한 잔액의 한도에서 사해행위를 취소하고 그 가액의 배상을 구할 수 있을 뿐이고, 특별한 사정이 없는 한 변제자가 누구인지에 따라 그 방법을 달리한다고 볼 수는 없는 것이며, 사해행위인 계약 전부의 취소와 부동산 자체의 반환을 구하는 청구취지 속에는 위와 같이 일부취소를 하여야 할 경우 그 일부취소와 가액배상을 구하는 취지도 포함되어 있다고 볼 수 있으므로 청구취지의 변경이 없더라도 바로 가액반환을 명할 수 있다.

② 근저당권이 설정된 뒤 매각(경락)된 경우 :

㉮ 사해행위취소등 (대법원 2001. 2. 27. 선고 2000다44348 판결)

【판시사항】

[1] 채권자취소권 행사기간의 성질 및 그 기간 경과에 대하여 의심할 만한 사정이 없는 경우 법원의 직권증거조사의무의 존부(소극)

[2] 채권자취소의 소에서 채권자가 취소원인을 안다고 하는 것의 의미 및 채권자가 채무자 소유의 부동산에 대한 가압류신청시 등기부등본에 수익자 명의의 근저당권설정등기가 경료되어 있었다는 사실만으로 채권자가 가압류신청 당시 취소원인을 알았다고 인정할 수 있는지 여부(소극)

[3] 근저당권설정계약이 사해행위로 취소되었으나, 당해 부동산이 이미 입찰절차에서 낙찰되어 대금이 완납된 경우, 채권자취소권의 행사에 따른 원상회복의 방법

[4] 채권자취소의 소에서 수익자가 가액배상을 할 경우, 수익자 자신도 채무자에 대한 채권자 중의 1인이라는 이유로 취소채권자에게 자기 채권에 해당하는 안분액의 배분을 청구하거나 상계를 주장하여 안분액의 지급을 거절할 수 있는지 여부(소극)

【판결요지】

[1] 채권자취소의 소는 채권자가 취소원인을 안 때로부터 1년 이내에 제기하여야 하고, 채권자취소권의 행사기간은 제소기간이므로 법원은 그 기간 준수 여부에 대하여 의심이 있는 경우에는 법원이 필요한 정도에 따라 직권으로 증거조사를 할 수 있으나, 법원에 현출된 모든 소송자료를 통하여 살펴보았을 때 그 기간이 도과되었다고 의심할 만한 사정이 발견되지 않는 경우까지 법원이 직권으로 추가적인 증거조사를 하여 기간 준수 여부를 확인하여야 할 의무는 없다.

[2] 채권자취소의 소에서 채권자가 취소원인을 안다고 하는 것은 단순히 채무자의 법률행위가 있었다는 사실을 아는 것만으로는 부족하고, 그 법률행위가 채권자를 해하는 행위라는 것까지 알아야 하므로, 채권자가 채무자의 유일한 재산에 대하여 가등기가 경료된 사실을 알고 채무자의 재산상태를 조사한 결과 다른 재산이 없음을 확인한 후 채무자의 재산에 대하여 가압류를 한 경우에는 채권자는 그 가압류 무렵에는 채무자가 채권자를 해함을 알면서 사해행위를 한 사실을 알았다고 봄이 상당하지만, 채권자가 채무자 소유의 부동산에 대한 가압류신청시 첨부한 등기부등본에 수익자 명의의 근저당권설정등기가 경료되어 있었다는 사실만으로는 채권자가 가압류신청 당시 취소원인을 알았다고 인정할 수 없다.

[3] 채무자와 수익자 사이의 저당권설정행위가 사해행위로 인정되어 저당권설정계약이 취소되는 경우에도 당해 부동산이 이미 입찰절차에 의하여 낙찰되어 대금이 완납되었을 때에는 낙찰인의 소유권취득에는 영향을 미칠 수 없으므로, 채권자취소권의 행사에 따르는 원상회복의 방법으로 입찰인의 소유권이전등기를 말소할 수는 없고, 수익자가 받은 배당금을 반환하여야 한다.

[4] 채권자취소권은 채권의 공동담보인 채무자의 책임재산을 보전하기 위하여 채무자와 수익자 사이의 사해행위를 취소하고 채무자의 일반재산으로부터 일탈된 재산을 모든 채권자를 위하여 수익자 또는 전득자로부터 환원시키는 제도이므로, 수익자인 채권자로 하여금 안분액의 반환을 거절하도록 하는 것은 자신의 채권에 대하여 변제를 받은 수익자를 보호하고 다른 채권자의 이익을 무시하는 결과가 되어 제도의 취지에 반하게 되므로, 수익자가 채무자의 채권자인 경우 수익자가 가액배상을 할 때에 수익자 자신도 사해

행위취소의 효력을 받는 채권자 중의 1인이라는 이유로 취소채권자에 대하여 총채권액 중 자기의 채권에 대한 안분액의 분배를 청구하거나, 수익자가 취소채권자의 원상회복에 대하여 총채권액 중 자기의 채권에 해당하는 안분액의 배당요구권으로써 원상회복청구와의 상계를 주장하여 그 안분액의 지급을 거절할 수는 없다.

㉯ 구상금등 (대법원 1997. 10. 10. 선고 97다8687 판결)

【판시사항】

[1] 사해행위 당시 아직 성립되지 않은 채권이 예외적으로 채권자취소권의 피보전채권이 될 수 있는 경우

[2] 사해행위인 근저당권설정계약에 기해 설정된 근저당권설정등기가 경락으로 인하여 말소된 경우에도 그 설정계약의 취소를 구할 이익이 있는지 여부(적극)

[3] 수익자가 사해행위로 취득한 근저당권에 기해 경매절차에서 배당에 참가하여 배당표는 확정되었으나 아직 배당금이 현실적으로 지급되지 않은 경우, 채권자취소권의 행사에 따른 원상회복의 방법

【판결요지】

[1] 채권자취소권에 의하여 보호될 수 있는 채권은 원칙적으로 사해행위라고 볼 수 있는 행위가 행하여지기 전에 발생된 것임을 요하지만, 그 사해행위 당시에 이미 채권 성립의 기초가 되는 법률관계가 발생되어 있고 가까운 장래에 그 법률관계에 기하여 채권이 성립되리라는 점에 대한 고도의 개연성이 있으며 실제로 가까운 장래에 그 개연성이 현실화되어 채권이 성립된 경우에는, 그 채권도 채권자취소권의 피보전채권이 될 수 있다.

[2] 채무자와 수익자 사이의 근저당권설정계약이 사해행위인 이상 그로 인한 근저당권설정등기가 경락으로 인하여 말소

제3절 사해행위 취소의 범위와 원상회복의 방법 103

되었다고 하더라도 수익자로 하여금 근저당권자로서의 배당을 받도록 하는 것은 민법 제406조 제1항의 취지에 반하므로, 수익자에게 그와 같은 부당한 이득을 보유시키지 않기 위하여 그 근저당권설정등기로 인하여 해를 입게 되는 채권자는 근저당권설정계약의 취소를 구할 이익이 있다.

[3] 수익자가 경매절차에서 채무자와의 사해행위로 취득한 근저당권에 기하여 배당에 참가하여 배당표는 확정되었으나 채권자의 배당금 지급금지가처분으로 인하여 배당금을 현실적으로 지급받지 못한 경우, 채권자취소권의 행사에 따른 원상회복의 방법은 수익자에게 바로 배당금의 지급을 명할 것이 아니라 수익자가 취득한 배당금지급청구권을 채무자에게 반환하는 방법으로 이루어져야 하고, 이는 결국 배당금지급채권의 양도와 그 채권양도의 통지를 배당금지급채권의 채무자에게 하여 줄 것을 청구하는 형태가 될 것이다.

③ 진정명의회복을 위한 이전등기청구

㉮ 사해행위취소등 (대법원 2000. 2. 25. 선고 99다53704 판결)

【판시사항】

[1] 채권자 취소소송의 제소기간의 기산점

[2] 사해행위 당시 아직 성립되지 아니한 채권이 예외적으로 채권자취소권의 피보전채권이 되기 위한 요건

[3] 채권자의 보증채무 이행으로 인한 구상금채권이 채무자의 사해행위 당시 아직 발생하지는 않았으나 그 기초가 되는 신용보증약정은 이미 체결되어 있었고 사해행위 시점이 주채무자의 부도일 불과 한 달 전으로서 이미 주채무자의 재정상태가 악화되어 있었던 경우, 위 구상금채권은 채권자취소권의 피보전채권이 된다고 한 사례

[4] 사해행위 취소소송에 있어서 취소 목적 부동산의 등기 명의를 수익자로부터 채무자 앞으로 복귀시키고자 하는 경우,

수익자를 상대로 채무자 앞으로 직접 소유권이전등기절차의 이행을 청구할 수 있는지 여부(적극)

【판결요지】

[1] 채권자취소의 소는 채권자가 취소원인을 안 날로부터 1년 내에 제기하여야 하는 것인바(민법 제406조 제2항), 여기에서 취소원인을 안다고 하기 위하여서는 단순히 채무자의 법률행위가 있었다는 사실을 아는 것만으로는 부족하고, 그 법률행위가 채권자를 해하는 행위라는 것 즉, 그에 의하여 채권의 공동담보에 부족이 생기거나 이미 부족상태에 있는 공동담보가 한층 더 부족하게 되어 채권을 완전하게 만족시킬 수 없게 된다는 것까지 알아야 한다.

[2] 채권자취소권에 의하여 보호될 수 있는 채권은 원칙적으로 사해행위라고 볼 수 있는 행위가 행하여지기 전에 발생된 것임을 요하나, 그 사해행위 당시에 이미 채권 성립의 기초가 되는 법률관계가 발생되어 있고, 가까운 장래에 그 법률관계에 기하여 채권이 성립되리라는 점에 대한 고도의 개연성이 있으며, 실제로 가까운 장래에 그 개연성이 현실화되어 채권이 성립된 경우에는 그 채권도 채권자취소권의 피보전채권이 될 수 있다.

[3] 채권자의 보증채무 이행으로 인한 구상금채권이 채무자의 사해행위 당시 아직 발생하지는 않았으나 그 기초가 되는 신용보증약정은 이미 체결되어 있었고 사해행위 시점이 주채무자의 부도일 불과 한 달 전으로서 이미 주채무자의 재정상태가 악화되어 있었던 경우, 위 구상금채권은 채권자취소권의 피보전채권이 된다고 한 사례.

[4] 자기 앞으로 소유권을 표상하는 등기가 되어 있었거나 법률에 의하여 소유권을 취득한 자가 진정한 등기명의를 회복하기 위한 방법으로는 그 등기의 말소를 구하는 외에 현재의 등기명의인을 상대로 직접 소유권이전등기절차의 이

제3절 사해행위 취소의 범위와 원상회복의 방법   105

행을 구하는 것도 허용되어야 하는바, 이러한 법리는 사해행위 취소소송에 있어서 취소 목적 부동산의 등기명의를 수익자로부터 채무자 앞으로 복귀시키고자 하는 경우에도 그대로 적용될 수 있다고 할 것이고, 따라서 채권자는 사해행위의 취소로 인한 원상회복 방법으로 수익자 명의의 등기의 말소를 구하는 대신 수익자를 상대로 채무자 앞으로 직접 소유권이전등기절차를 이행할 것을 구할 수도 있다.

④ 가압류 소멸

㉮ 사해행위취소등 (대법원 2003. 2. 11. 선고 2002다37474 판결)
【판시사항】
가압류된 부동산을 사해행위로 취득한 수익자 또는 전득자가 그 가압류 청구채권을 변제하거나 채권액 상당을 해방공탁하여 가압류의 집행을 취소시킨 경우, 사해행위 취소로 인한 원상회복의 방법과 범위
【판결요지】
사해행위 당시 어느 부동산이 가압류되어 있다는 사정은 채권자 평등의 원칙상 채권자의 공동담보로서 그 부동산의 가치에 아무런 영향을 미치지 아니하므로, 가압류가 된 여부나 그 청구채권액의 다과에 관계없이 그 부동산 전부에 대하여 사해행위가 성립하고, 따라서 사해행위 후 수익자 또는 전득자가 그 가압류 청구채권을 변제하거나 채권액 상당을 해방공탁하여 가압류를 해제시키거나 또는 그 집행을 취소시켰다 하더라도, 법원이 사해행위를 취소하면서 원상회복으로 원물반환 대신 가액배상을 명하여야 하거나, 다른 사정으로 가액배상을 명하는 경우에도 그 변제액을 공제할 것은 아니다.

⑤ 임차보증금 :

㉮ 사해행위취소등·건물명도 (대법원 2001. 6. 12. 선고 99다
51197, 51203 판결)

【판시사항】

사해행위취소소송에서 원상회복으로 가액배상을 명하는 경우, 대항력은 있으나 우선변제권은 없는 임차인의 임차보증금도 수익자가 배상할 부동산의 가액에서 공제하여야 하는지 여부(소극)

【판결요지】

부동산에 대한 매매계약이 사해행위임을 이유로 이를 취소함과 아울러 원상회복으로 가액배상을 명하는 경우, 주택임대차보호법 제3조 제1항이 정한 대항력을 갖추었으나 그전에 이미 선순위 근저당권이 마쳐져 있어 부동산이 경락되는 경우 소멸할 운명에 놓인 임차권의 임차보증금반환채권은, 임대차계약서에서 확정일자를 받아 우선변제권을 가지고 있다거나 주택임대차보호법상의 소액임차인에 해당한다는 등의 특별한 사정이 없는 한 수익자가 배상할 부동산의 가액에서 공제할 것은 아니다.

㉔ 사해행위취소 (대법원 2007. 7. 26. 선고 2007다29119 판결)

【판시사항】

[1] 상속재산의 분할협의가 사해행위취소권 행사의 대상이 되는지 여부(적극) 및 채무초과 상태에 있는 채무자가 상속재산의 분할협의를 하면서 자신의 상속분에 관한 권리를 포기함으로써 일반 채권자에 대한 공동담보가 감소된 경우 사해행위 해당 여부(적극)

[2] 사해행위취소소송에서 원상회복으로 가액배상을 명하는 경우, 수익자가 배상하여야 할 부동산의 가액에서 우선변제권 있는 임차보증금 반환채권 금액을 공제하여야 하는지 여부(적극) 및 이러한 법리는 상속재산 분할협의를 사해행위로 인정하여 취소하는 경우에도 그대로 적용되는지 여부(적극)

【판결요지】

[1] 상속재산의 분할협의는 상속이 개시되어 공동상속인 사이에 잠정적 공유가 된 상속재산에 대하여 그 전부 또는 일

부를 각 상속인의 단독소유로 하거나 새로운 공유관계로 이행시킴으로써 상속재산의 귀속을 확정시키는 것으로 그 성질상 재산권을 목적으로 하는 법률행위이므로 사해행위 취소권 행사의 대상이 될 수 있고, 한편 채무자가 자기의 유일한 재산인 부동산을 매각하여 소비하기 쉬운 금전으로 바꾸거나 타인에게 무상으로 이전하여 주는 행위는 특별한 사정이 없는 한 채권자에 대하여 사해행위가 되는 것이므로, 이미 채무초과 상태에 있는 채무자가 상속재산의 분할 협의를 하면서 자신의 상속분에 관한 권리를 포기함으로써 일반 채권자에 대한 공동담보가 감소한 경우에도 원칙적으로 채권자에 대한 사해행위에 해당한다.

[2] 어느 부동산에 관한 법률행위가 사해행위에 해당하는 경우에는 원칙적으로 그 사해행위를 취소하고 소유권이전등기의 말소 등 부동산 자체의 회복을 명하여야 하는 것이나, 다만 원물반환이 불가능하거나 현저히 곤란한 경우에는 원상회복의무의 이행으로서 사해행위 목적물 가액 상당의 배상을 명하여야 하는 것이고, 이러한 가액배상에 있어서는 일반 채권자들의 공동담보로 되어 있어 사해행위가 성립하는 범위 내의 가액배상을 명하여야 하는 것이므로, 그 부동산에 관하여 주택임대차보호법 제3조 제1항이 정한 대항력을 갖추고 임대차계약서에 확정일자를 받아 임대차보증금 우선변제권을 가진 임차인 또는 같은 법 제8조에 의하여 임대차보증금 중 일정액을 우선하여 변제받을 수 있는 소액임차인이 있는 때에는 수익자가 배상하여야 할 부동산의 가액에서 그 우선변제권 있는 임차보증금 반환채권 금액을 공제하여야 한다. 그리고 이러한 법리는, 주택 소유자의 사망으로 인하여 그 주택에 관한 포괄적 권리의무를 승계한 공동상속인들 사이에 이루어진 상속재산 분할협의가 일부 상속인의 채권자에 대한 사해행위에 해당하는 경우 그 상

속인의 상속지분을 취득한 수익자로 하여금 원상회복 의무의 이행으로서 지분 가액 상당의 배상을 명하는 경우에도 그대로 적용된다.

⑤ 근저당권설정계약 사해행위 :

㉮ 구상금등 (대법원 2006. 12. 7. 선고 2006다43620 판결)
【판시사항】
근저당권설정계약 중 일부만이 사해행위에 해당하는 경우, 원상회복의 방법
【판결요지】
사해행위의 취소에 따른 원상회복은 원칙적으로 그 목적물 자체의 반환에 의하여야 하고, 그것이 불가능하거나 현저히 곤란한 경우에 한하여 예외적으로 가액배상에 의하여야 하는바, 근저당권설정계약 중 일부만이 사해행위에 해당하는 경우에는 그 원상회복은 근저당권설정등기의 채권최고액을 감축하는 근저당권변경등기절차의 이행을 명하는 방법에 의하여야 한다.

⑥ 근저당권설정등기가 존속하고 있는 경우 :

㉮ 구상금등 (대법원 2007. 10. 11. 선고 2007다45364 판결)
【판시사항】
[1] 수인의 채권자 중 특정 채권자에게 채무자의 유일한 부동산에 관하여 근저당권을 설정해 준 경우, 그 채권자로부터 차용한 금원의 사용처에 따라 사해행위의 범위가 달라지는지 여부(소극)
[2] 사해행위로 경료된 근저당권설정등기가 사해행위취소소송의 변론종결시까지 존속하고 있는 경우, 사해행위 이전에 설정된 별개의 근저당권이 사해행위 후에 말소된 사정이 원상회복의 방법에 영향을 미치는지 여부(소극)
【판결요지】
[1] 수인의 채권자 중 특정 채권자에게 채무자의 유일한 부동

제3절 사해행위 취소의 범위와 원상회복의 방법 109

산에 관하여 근저당권을 설정해 주는 행위는 사해행위에 해당하고, 그 특정 채권자로부터 차용한 금원의 사용처에 따라 사해행위의 범위가 달라지는 것은 아니다.

[2] 사해행위로 경료된 근저당권설정등기가 사해행위취소소송의 변론종결시까지 존속하고 있는 경우 그 원상회복은 근저당권설정등기를 말소하는 방법에 의하여야 하고, 사해행위 이전에 설정된 별개의 근저당권이 사해행위 후에 말소되었다는 사정은 원상회복의 방법에 아무런 영향을 주지 아니한다.

[사례 7] 부동산에 대한 매매계약이 원상회복으로 가액배상을 명하는 경우

부동산에 대한 매매계약이 사해행위임을 이유로 이를 취소함과 아울러 원상회복으로 가액배상을 명하는 경우, 주택임대차보호법 제3조 제1항이 정한 대항력을 갖추었으나 그전에 이미 선순위 근저당권이 마쳐져 있어 부동산이 경락되는 경우 소멸할 운명에 놓인 임차권의 임차보증금반환채권은, 임대차계약서에서 확정일자를 받아 우선변제권을 가지고 있다거나 주택임대차보호법상의 소액임차인에 해당한다는 등의 특별한 사정이 없는 한 수익자가 배상할 부동산의 가액에서 공제할 것은 아니다.(대법원 2001. 6. 12. 선고 99다51197,51203 판결)

[사례 8] 저당권이 설정되어 있는 부동산이 사해행위로 이전된 경우

저당권이 설정되어 있는 부동산이 사해행위로 이전된 경우에 그 사해행위는 부동산의 가액에서 저당권의 피담보채권액을 공제한 잔액의 범위 내에서만 성립한다고 보아야 하므로, 사해행위 후 변제 등에 의하여 저당권설정등기가 말소된 경우 그 부동산의 가액에서 저당권의 피담보채무액을 공제한 잔액의 한도에서 사해행위를 취소하고 그 가액의 배상을 구할 수 있을 뿐이다(대법원 2002. 11. 8. 선고 2002다41589 판결).

[사례 9] 저당권이 설정되어 있는 부동산에 관하여 사해행위가 이루어진 경우

부동산에 관한 법률행위가 사해행위에 해당하는 경우에는 원칙적으로 그 사해행위를 취소하고 소유권이전등기의 말소 등 부동산 자체의 회복을 명하는 것이 원칙이지만, 저당권이 설정되어 있는 부동산에 관하여 사해행위가 이루어진 경우에 그 사해행위는 부동산의 가액에서 저당권의 피담보채권액을 공제한 잔액의 범위 내에서만 성립한다고 보아야 하므로, 사해행위 후 변제 등에 의하여 저당권설정등기가 말소된 경우, 사해행위를 취소하여 그 부동산 자체의 회복을 명하는 것은 당초 일반 채권자들의 공동담보로 되어 있지 아니하던 부분까지 회복을 명하는 것이 되어 공평에 반하는 결과가 되므로, 그 부동산의 가액에서 저당권의 피담보채무액을 공제한 잔액의 한도에서 사해행위를 취소하고 그 가액의 배상을 구할 수 있을 뿐이고, 그와 같은 가액 산정은 사실심 변론종결시를 기준으로 하여야 한다. (대법원 2001. 12. 27. 선고 2001다33734 판결)

(3) 근저당권설정행위의 일부만이 사해행위에 해당하는 경우 원상회복방법

근저당권자는 채무자 소유 부동산의 담보가치만을 취득하는 것이어서 그 근저당권설정행위가 사해행위가 된다면 그 담보가치를 반환하면 되는 것이므로 사해행위에 해당하는 근저당권설정등기를 말소하면 된다. 그 이전에 설정된 저당권이 사해행위 이후에 말소되었다고 하더라도 이러한 사정은 사해행위의 원상회복의 방법에 아무런 장애가 되지 아니하고, 다만, 사해행위의 범위에 영향을 줄 뿐이며, 근저당권설정계약의 일부만이 사해행위에 해당하는 경우에는 근저당권설정등기의 채권최고액을 감축하는 근저당권변경등기절차의 이행을 명하는 방법에 의하여야 한다(대법원 2006. 12. 7. 선고 2006다43620 판결).

제3절 사해행위 취소의 범위와 원상회복의 방법 111

(4) 가액배상판결에 기한 강제집행절차에서 배당에 참가할 수 있는 채권자

   (가) 채무자에 대한 일반채권자

   채무자에 대한 일반채권자는 수익자에 대하여 집행권원은 물론 그 피보전채권과 관련해서 수익자와 아무런 법률관계가 없으므로, 민사집행법 제88조가 배당요구를 할 수 있는 채권자로 열거하고 있는 민법, 상법 기타 법률에 의하여 우선변제권이 있는 채권자, 집행력 있는 정본을 가진 채권자 및 경매신청 등기 후에 가압류한 채권자나, 민사집행법 제148조에 의하여 배당요구를 하지 않아도 배당을 받을 수 있는 채권자 중 어디에도 해당하지 않으므로 수익자에 대한 경매절차에서 배당에 참가할 수 없다.

(5) 채권자취소소송의 중복제기

   채무자의 책임재산이 아니라, 수익자의 재산에 대하여 실시된 가액배상판결에 기한 강제집행 절차에서 채무자의 일반 채권자가 자신의 권리를 실현할 수 있는 현실적인 방법은 수익자를 상대로 별도로 사해행위취소소송을 제기하는 방법이 있다 (대법원 2005. 11. 25. 선고 2005다51457 판결).

(6) 수익자·전득자의 이익

   수익자·전득자는 자신들이 받은 범위 내에서 반환할 의무가 있다. 전득자가 목적물의 소유권을 이전받은 경우라면 목적물의 공동담보가액과 받은 이익이 일치하나, 근저당권을 설정받은 경우라면 그 가액은 피담보채권액이 된다.

[사례 10] 근저당권이 설정되어 있는 부동산을 증여한 행위가 사해행위에 해당하는 경우

근저당권이 설정되어 있는 부동산을 증여한 행위가 사해행위에

해당하는 경우, 그 부동산이 증여된 후 근저당권설정등기가 말소되었다면, 증여계약을 취소하고 부동산의 소유권 자체를 채무자에게 환원시키는 것은 당초 일반 채권자들의 공동담보로 제공되지 아니한 부분까지 회복시키는 결과가 되어 불공평하므로, 채권자는 그 부동산의 가액에서 근저당권의 피담보채무액을 공제한 잔액의 한도 내에서 증여계약의 일부 취소와 그 가액의 배상을 청구할 수밖에 없다(대법원 2001. 9. 4. 선고 2000다66416판결).

3. 사해행위의 대상

가. 의의

민법 제406조 제1항의 [채무자가 채권자를 해함을 알고 재산권을 목적으로 한 법률행위]가 취소의 대상이 되는 사해행위이다. 통설은 사해행위에 대하여 객관적 요건으로서 사해행위를, 주관적 요건으로서 채무자의(또한 수익자 및 전득자의) 악의를 들고 있다. 그러나 이러한 사해행위에 대하여는, 채무자의 어떠한 행위가 사해행위에 해당하는지를 판단하는 것은 그 행위의 종류 및 사해성 유무의 판단과 관련하여 매우 복잡하고 어려운 문제를 야기시키므로 그 개념적 징표를 검토하는 것이 타당할 것이다.

나. 사해행위의 개념의 징표

(1) 채무자가 행한 법률행위

채권자취소권의 대상이 되는 사해행위는 채무자가 한 법률행위이어야 하므로 채무자 이외의 자가 행한 법률행위는 채권자취소권의 대상이 되지 못한다. 그러나 채무자의 대리인이 한 법률행위는 채무자에 대하여 직접 그 효력이 생기므로 취소의 대상이 된다.

제3절 사해행위 취소의 범위와 원상회복의 방법

(2) 법률행위

(가) 법률행위의 종류

채권자취소권의 대상이 되는 사해행위는 채무자가 한 '법률행위'이어야 하고 그 법률행위의 종류나 성질은 문제되지 않는다. 따라서 단순한 부작위나 사실행위, 불법행위 등은 원칙적으로 채권자취소권의 대상이 되지 않는다. 채무자의 행위는 반드시 명시적인 행위일 필요는 없고 묵시적인 행위라도 취소의 대상이 될 수 있으므로 취소나 추인을 하지는 않았으나 법률상 추인(민법 제15조) 또는 추인거절(민법 제131조)이 있었던 것으로 간주되는 경우에는 채권자취소권의 대상이 될 수 있고, 또한 채무자가 일정한 행위를 하였을 경우에 법정추인(민법 제145조)이 있었던 것으로 간주되는 경우 등도 채권자취소권의 대상이 될 수 있다. 법률행위라면 계약이 보통이겠지만 채무의 면제, 권리의 포기 등과 같은 단독행위나 공익법인의 설립행위와 같은 합동행위, 또는 채권행위, 물권행위, 준물권행위의 어느 것이라도 상관없다. 소유권이전등기청구권보전을 위한 가등기는 그 자체로서는 소유권 변동의 효력이 발생하는 것은 아니지만 본등기가 경료되면 가등기시에 소급하여 소유권 변동의 효력이 생기므로 그 가등기는 채권자취소권의 대상이 된다. 법률행위에 행정관청의 인가나 허가가 필요한 경우에도 행정관청의 인가나 허가의 유무는 채권자취소권행사에 영향을 미치지 아니한다 할 것이다. 그 이유는 기본행위인 채무자의 법률행위가 성립되어 있는 한 행정관서의 인가나 허가의 유무는 채권자취소권의 행사에 영향을 미치지 않는다는 취지인 것으로 보인다.

(나) 법률행위

준법률행위가 채권자취소권의 대상이 되는가에 대하여는

이를 부정하는 견해도 있을 수 있으나, 채권자취소권제도는 채권의 공동담보를 보전하는 것이 목적이므로 재산감소의 법률효과를 가져오는 채무자의 행위이면 족하고 반드시 법률행위에 한하지 않는다는 이유로, 최고, 채권양도의 통지, 시효중단을 위한 채무승인 등의 준법률행위도 그로 인하여 책임재산의 감소의 효과가 생긴 때에는 채권자취소권의 대상이 된다고 보는 것이 다수설이다. 단, 시효중단사유로 되는 채무의 승인에 관하여는 기존채무관계의 확인일 뿐 재산감소행위가 아니라는 이유로 반대하는 견해가 있으나, 다수설은 최고 등과 마찬가지로 채권자취소권의 대상이 된다고 본다.

다. 소송행위

순수한 소송행위는 채권자취소권의 대상으로 되지 아니한다는 데에 이론이 없다. 그러나 소송행위가 동시에 실체법상의 법률행위로서의 성질을 가지는 경우, 예컨대, 소송상의 상계, 청구의 포기·인락, 재판상의 화해 등이 채권자취소권의 대상이 되는가는 견해의 대립이 있다.

(1) 학 설

긍정설은 위와 같은 행위는 실체법상의 법률행위로서의 성질도 가지므로 취소의 대상이 된다고 하고, 부정설은 소송행위는 원칙적으로 철회나 취소와 친하지 않고, 위와 같은 재판상의 법률행위는 확정판결과 동일한 효력이 있는 기판력이 인정되고 있으며 우리 실정법상 채권자에게 독립당사자로서의 사해방지참가(민사소송법 제72조 제1항)나 사해재심(상법 제406조)의 기회를 부여하고 있으므로 소송행위가 설령 실체법상의 효과를 수반하는 경우에도 채권자취소에 의하여 취소될 수 없다고 한다.

(2) 판 례

채권자취소권에 대한 명시적인 판례는 없으나, 소송행위하자불고려의원칙에 따라 일반적으로는 소송행위에 대하여 민사상의 하자 등을 이유로 소송행위에 대하여 영향을 미치는 것을 부인하므로 채권자취소도 어렵다고 보아야 한다.

(3) 검 토

순수한 소송행위는 물론 소송상의 상계, 청구의 포기·인락, 재판상의 화해 등과 같은 재판상의 법률행위도 소송행위와 밀접한 관련을 가지고 있고, 확정판결과 동일한 기판력이 인정되므로 이를 채권자취소권의 행사로 취소한다면 기판력이 무시되고 소송의 공정성 및 안정성을 해치게 될 것이다. 따라서 소송행위는 어느 것이나 채권자취소권의 대상이 될 수 없다 할 것이므로 부정설이 타당하고 생각한다.

라. 재산권을 목적으로 한 법률행위

(1) 재산권의 내용

채권자취소권은 채무자의 책임재산의 보전을 목적으로 하는 제도이므로 그 법률행위는 채무자의 일반 재산을 구성하는 권리에 관한 것이어야 한다. 따라서 채무자의 부작위나 노무를 목적으로 하는 법률행위, 증여 또는 유증을 거절하는 행위 등은 채무자의 자유의사에 맡겨져야 하므로 채권자취소권의 대상이 되지 않는다. 그리고 재산권을 목적으로 하는 법률행위이더라도 그 재산권의 압류가 금지되어 있으면, 그것은 채권의 공동담보가 되지 않으므로 사해행위가 되지 않고, 한편 회사설립행위는 재산권을 목적으로 하는 법률행위이므로 채권자취소권의 대상이 되는바, 상법은 명문으로 이를 인정하고 있다(상법 제185조, 제269조, 제552조 참조). 채무자의 일신 전속권은 그 성질상 채권자취소권의 대상이 될 수 없다 하겠다. 단 채권자취소권은 채무자의 책임재산보전을 목적으로 하고 사해의 의사를 필요로 하는 것이므로 채무자의 일신전속권과 관련된 행위라도 사해행위로서의 요건을 갖춘 경우에는 채권자취소권의 대상으로 된다는 견해가 있다.

(2) 신분법상의 행위

혼인, 이혼, 상속의 포기·승인 등과 같은 신분법상의 행위는 재산권 자체를 직접적인 목적으로 하지 아니하므로 취소권의 대상이 될 수 없다는 것이 다수설이다. 그러나 이혼에 따른 재산분할 및 위자료의 지급과 상속재산의 분할 등 재산과 밀접한 관련을 갖는 신분법상의 법률행위가 채권자취소권의 대상이 될 수 있는가에 대하여는 신분법상의 법률행위의 사해성 해당 여부와 관련하여 논란이 있는바, 가족법상의 행위는 원칙적으로 사해행위가 되지 않으나 정당한 범위를 초과한 부분은 사해행위로 된다. 양육비·생활비의 지급, 이혼시의 위자료지급, 상속의 포기 등 친족상속법상의 행위는 가장행위가 아닌 한 비록 그것이 채무자의 재산을 감소시키더라도 취소할 수 없음이 원칙이다.

다만, 예외적으로

(가) 이혼에 따른 재산분할은 상당한 정도를 벗어나는 것이라고 인정될 특별한 사정이 없는 한 사해행위로서 취소되지 않는다. 특별한 사정이 있는 경우에 상당한 정도를 벗어나는 초과부분은 최소의 대상으로 될 수 있으며, 그 특별사정의 입증책임은 채권자가 진다

(나) 상속재산의 분할협의를 하면서 상속재산에 관한 권리를 포기했고 그 분할결과가 구체적 상속분에 미달하는 과소한 경우에, 그 미달부분에 한하여 사해행위가 된다.

제3절 사해행위 취소의 범위와 원상회복의 방법 117

[사례 11] 재산분할청구 상당정도 벗어난 경우 한하여 채권자 취소 대상

이혼에 따른 재산분할은 혼인 중 쌍방의 협력으로 형성된 공동재산의 청산이라는 성격에 상대방에 대한 부양적 성격이 가미된 제도임에 비추어, 이미 채무초과 상태에 있는 채무자가 이혼을 하면서 배우자에게 재산분할로 일정한 재산을 양도함으로써 결과적으로 일반 채권자에 대한 공동담보를 감소시키는 결과로 되어도, 그 재산분할이 민법 제839조의2 제2항의 규정취지에 따른 상당한 정도를 벗어나는 과대한 것이라고 인정할 만한 특별한 사정이 없는 한, 사해행위로서 취소되어야 할 것은 아니고, 다만 상당한 정도를 벗어나는 초과부분에 대하여는 적법한 재산분할이라고 할 수 없기 때문에 이는 사해행위에 해당하여 취소의 대상으로 될 수 있을 것이나, 이 경우에도 취소되는 범위는 그 상당한 정도를 초과하는 부분에 한정하여야 하고, 위와 같이 상당한 정도를 벗어나는 과대한 재산분이라고 볼 만한 특별한 사정이 있다는 점에 관한 입증책임은 채권자에게 있다(대법원 2000. 9. 25. 선고 2000다25569 판결)

[사례 12] 상속재산분할협의 상당정도 과소 경우 사해행위취소권 행사 대상

1. 상속재산의 분할협의는 상속이 개시되어 공동상속인 사이에 잠정적 공유가 된 상속재산에 대하여 그 전부 또는 일부를 각 상속인의 단독소유로 하거나 새로운 공유관계로 이행시킴으로써 상속재산의 귀속을 확정시키는 것으로 그 성질상 재산권을 목적으로 하는 법률행위이므로 사해행위취소권 행사의 대상이 될 수 있다.

2. 채무초과 상태에 있는 채무자가 상속재산의 분할협의를 하면서 상속재산에 관한 권리를 포기함으로써 결과적으로 일반 채권자에 대한 공동담보가 감소되었다 하더라도, 그 재산

분할결과가 채무자의 구체적 상속분에 상당하는 정도에 미달하는 과소한 경우에도 사해행위로서 취소되는 범위는 그 미달하는 부분이 한정되야 한다(대법원 2001. 2. 9. 선고 2000다51797 판결).

마. 채권자를 해하는 법률행위

일반적으로 채권자를 해한다는 것은 채무자의 총재산의 감소를 초래하는 것을 말한다. 다시 말하면 채무자의 재산처분행위에 의하여 그 재산이 감소되어 채권의 공동담보에 부족이 생기거나 이미 부족상태에 있는 공동담보가 한층 더 부족하게 됨으로써 채권자의 채권을 완전하게 만족시킬 수 없게 되는 것, 즉 채무자의 소극재산이 적극재산보다 많아지거나 그 정도가 심화되는 것을 의미한다고 한다. 그러나 사해성의 의미는 구체적 상황에 따라 달라질 수 있다고 생각한다. 예컨대, 채무자의 재산처분행위에 의하여 무자력이 되는 경우가 일반적일 것이나, 이미 채무초과상태에서 그의 유일한 재산을 처분하여 지급불능을 초래하는 경우도 있을 수 있고, 부동산을 소비하기 쉬운 현금으로 변경하거나 특정채권자에게 적정한 가격으로 대물변제함으로써 계산상 재산의 변동은 가져오지 아니하나 담보가치의 질적 감소 내지 기존의 공동담보의 부족을 유발하는 경우 등도 생각해 볼 수 있다.

4. 해설

가. 사해행위 취소소송의 효력

(1) 해설

(가) 사실관계

A회사는 이 사건 부동산에 피고 앞으로 근저당권설정 후 甲에게 매도 ─ 근저당권의 실행으로 피고가 낙찰 ─ 원고

는 A회사에 대한 임금채권을 가지고 배당요구, 경매법원은 위 부동산이 A회사 소유가 아니라는 이유로 원고를 배당에서 제외, 원고는 배당 종료 후 A회사와 甲 사이의 이 사건 부동산 매매계약이 사해행위라고 주장하면서 그 취소 및 말소 소송을 제기 ― 甲이 원고의 청구를 인낙 ― 원고는, 피고가 위 경매대금에서 원고의 임금채권보다 우선적으로 배당을 받은 것은 법률상 원인 없이 원고에게 우선배당 할 금액 상당의 이득을 얻고 이로 말미암아 원고에게 손해를 가한 것이므로 피고는 원고에게 이를 반환할 의무가 있다고 주장. 이에 피고는 위 부동산의 소유권이 경매개시결정 이전에 A회사로부터 甲으로 이전되어 원고의 사용자인 A회사의 재산이 아니므로 원고는 위 부동산에 대한 경매절차에서 배당요구를 할 수 없고, 따라서 피고가 원고의 임금채권 상당액을 부당이득한 것이 아니라고 주장.

(나) 원심

원고가 甲을 상대로 한 사해행위청구소송에서 甲이 원고의 청구를 인낙한 이상 이 사건 부동산은 소유권이전 등기 시로 소급하여 A회사의 책임재산으로 회복되었다고 판단.

(다) 대법원

사해행위취소는 상대적 효력밖에 없다는 이유로 파기환송.

(라) 대법원 판결요지

사해행위취소의 효력은 상대적이기 때문에 소송당사자인 채권자와 수익자 또는 전득자 사이에만 발생할 뿐 소송의 상대방 아닌 제3자에게는 아무런 효력을 미치지 아니한다 (대법원 2001. 5. 29. 선고 99다9011 판결).

(2) 관련판례

(가) 수익자의 배당요구 여부

민법 제406조에 따른 채권자취소와 원상회복은 모든 채권자의 이익을 위해서 그 효력이 있는 것인바(민법 제407조), 채무자가 다수의 채권자 중 1인(수익자)에게 담보를 제공하거나 대물변제를 한 것이 다른 채권자들에 대한 사해행위가 되어 채권자들 중 1인의 사해행위 취소소송 제기에 따라서 그 취소와 원상회복이 확정된 경우에, 사해행위의 상대방인 수익자는 그의 채권이 사해행위 당시에 그대로 존재하고 있었거나 또는 사해행위가 취소되면서 그의 채권이 부활하게 되는 결과 본래의 채권자로서의 지위를 회복하게 되는 것이므로, 다른 채권자들과 함께 민법 제407조에 따라서 그 취소 및 원상회복의 효력을 받게 되는 채권자에 포함된다고 할 것이고, 따라서 취소소송을 제기한 채권자 등이 원상회복된 채무자의 재산에 대한 강제집행을 신청하여 그 절차가 개시되면 수익자인 채권자도 그 집행권원을 갖추어 강제집행절차에서 배당을 요구할 권리가 있다. ― 채권자 중 1인이 대물변제를 받은 것이 사해행위 취소 소송에서 취소되어 원상회복 된 경우, 그 채권자 1인이 채무자 재산에 배당 요구할 수 있다는 사례(대법원 2003. 6. 27. 2003다15907 판결)

수익자가 채무자의 채권자인 경우, 수익자가 가액배상을 할 때에 수익자 자신도 사해행위취소의 효력을 받는 채권자 중의 1인이라는 이유로 취소채권자에 대하여 총채권액 중 자기의 채권에 대한 안분액의 분배를 청구하거나, 수익자가 취소채권자의 원상회복에 대하여 총채권액 중 자기의 채권에 해당하는 안분액의 배당요구권으로써 원상회복청구와의 상계를 주장하여 그 안분액의 지급을 거절할 수는 없다.(대법원 2001. 2. 27. 선고 2000다44348 사해행위, 상고기각)

(나) 수익자의 상계주장 여부

수익자가 채권자취소에 따른 원상회복으로서 가액배상을 할 때에 채무자에 대한 채권자라는 이유로 채무자에 대하여 가지는 자기의 채권과의 상계를 주장할 수는 없다.―수익자인 피고가 사해행위인 매매계약을 통하여 취득한 부동산의 원상회복으로 사실심 변론종결시의 기준으로 매매 이전에 설정된 저당권의 피담보액을 공제하여 산정한 가액을 배상함에 피고가 채무자에 대한 약속어음채권의 대등액에서 상계항변―상계를 한다면 수익자에게 우선변제를 받게 되므로 부당하다는 이유로 피고의 항변을 배척한 사례(대법원 2001. 6. 1. 선고 99다 63183 판결)

나. 불가분목적물의 사해행위 취소의 범위

(1) 해설

(가) 사실관계

A가 채무초과 상태에서 11억원의 근저당권이 설정된 부동산(시가 9억원 상당)을 매도, 매수인이 매수 후 11억원의 근저당채무를 변제. A는 40여명으로부터 43억원의 채무부담, 부도 5일후 피고에게 A가 부도일까지 부담한 외상대금의 담보로 근저당권설정, 소액 채권자인 원고가 사해행위취소 청구.

(나) 원심

① 일반채권자를 해하는 사해행위라 할 수 없다고 판단,
② 다른 채권자들이 배당 요구할 것이 명백하다는 이유로 원고의 채권액을 초과하여 취소 청구할 수 있다고 판단.

(다) 대법원판결요지

① 채무자가 양도한 목적물에 담보권이 설정되어 있는 경우라면 그 목적물 중에서 일반 채권자들의 공동담보에 공하여지는 책임재산은 피담보채권액을 공제한 나머지

부분만이라 할 것이고 피담보채권액이 목적물의 가격을 초과하고 있는 때에는 그 목적물의 양도는 사해행위에 해당한다고 할 수 없다(같은 취지 2001. 10. 9. 2000다42618).

② 사해행위 취소의 범위는 다른 채권자가 배당요구를 할 것이 명백하거나 목적물이 불가분인 경우와 같이 특별한 사정이 있는 경우에는 취소채권자의 채권액을 넘어서까지도 취소를 구할 수 있다(대법원 1997. 9. 9. 선고 97다10864 판결)

(2) 관련판례

가액배상 경우 지연이자 기산일

사해행위의 취소에 따라 수익자 또는 전득자가 채권자에게 부담하는 목적물 반환의무가 불가능하거나 현저히 곤란하게 되어 원상회복의무의 이행으로서 목적물의 상당을 배상하여야 할 의무는 사해행위의 취소를 명하는 판결이 확정된 때에 비로소 발생하는 것이므로, 채권자가 사해행위의 취소 청구와 함께 가액배상을 구하는 청구를 하고 법원이 사해행위의 취소와 동시에 가액배상금의 지급을 명하는 판결을 하는 경우 그 가액배상금의 지급채무에 대하여는 그 판결이 확정된 다음날부터 이행지체책임을 지게 된다고 할 것이고, 따라서 소송촉진 등에 관한 특례법 제3조 제1항 단서(장래이행의 소)에 따라서 같은 조항 본문에 정한 이율이 적용되지 아니한다(대법원 2002. 6. 14. 선고 2000다3583 판결).

다. 저당권 말소의 경우 사해행위 취소의 범위와 방법

(1) 해설

(가) 사실관계

은행은 원고의 신용보증에 의해 A에게 대출, A의 1994. 8.

제3절 사해행위 취소의 범위와 원상회복의 방법

3. 부도로 원고가 대위변제 ― A의 원고에 대한 구상채무에 연대보증을 한 B는 1994. 8. 11. 순위3번까지의 근저당권(총채무액 4,500만원)들이 설정되어 있는 그의 유일한 재산인 이 사건 부동산을 그의 언니인 피고 앞으로 매매예약, 소유권이전청구권가등기 ― 1994. 12. 29. 가등기에 기한 본등기-이 사건 부동산이 가등기 당시 시가 5,000만원 상당 ― 피고가 이전한 후 피담보채무의 일부변제, 순위2. 3번 근저당권 말소 ― 원고가 사해행위취소 청구.

(나) 원심

B와 피고 사이의 이 사건 매매예약 및 매매계약을 전부 취소하고 피고에 대하여 이 사건 부동산에 대하여 경료된 소유권이전청구권가등기와 소유권이전등기의 각 말소등기절차의 이행을 명하였다.

(다) 대법원

이 사건 부동산의 가액에서 이미 말소된 2. 3번 근저당권의 피담보채무액과 아직 말소되지 아니한 1번 근저당권의 피담보채무액을 모두 공제한 잔액의 한도에서 이 사건 매매예약과 매매계약의 일부를 각 취소하고 피고에 대하여 그 가액의 배상을 명하여야 한다는 이유로 파기환송.

(라) 대법원 판결요지

사해행위의 목적인 부동산에 수 개의 저당권이 설정되어 있다가 사해행위 후 그 중 일부의 저당권만이 말소된 경우에도 사해행위의 취소에 따른 원상회복은 가액배상의 방법에 의할 수밖에 없을 것이고, 그 경우 배상하여야 할 가액은 사해행위 취소시인 사실심 변론종결시를 기준으로 하여 그 부동산의 가액에서 말소된 저당권의 피담보채권액과 말소되지 아니한 저당권의 피담보채권액을 모두 공제하여 산정하여야 한다(대법원 1998. 2. 13. 선고 97다6711 판결).

(2) 관련판례

(가) 대위변제시 원상회복 방법

근저당권의 피담보채무액은 근저당권의 확정시까지는 채권최고액의 범위 내에서 유동적이므로, 설령 수익자가 취득 후 그 피담보채무의 일부를 대위변제하였더라도, 그 대위변제에 따라서 근저당권이 말소되거나 근저당권의 피담보채무액이 감소하여 확정되는 등의 사정이 없는 한, 사해행위의 취소에 따른 원상회복 후 피담보채무가 다시 증가할 가능성을 배제할 수 없어 그 근저당권으로 부담하는 잠재적인 채무는 여전히 채권최고액 전액이라고 할 수밖에 없을 뿐만 아니라, 채무자를 위해서 변제한 자는 변제자대위의 법리에 따라 채권최고액의 범위 내에서 채권자의 근저당권을 행사할 수 있는 것이어서 대위변제에 따라서 피담보채무가 종국적으로 감소하였다고 할 수도 없으므로, 수익자에 따른 채무 일부의 대위변제가 있은 경우에 사해행위의 취소에 따라 그 부동산 자체의 회복을 명하더라도 당초 일반 채권자들의 공동담보로 되어 있지 아니하던 부분까지 회복을 명하는 것이 된다고 할 수는 없다.— 채무초과 상태에서 근저당권이 설정된 채무자소유 부동산을 양도받아 근저당권의 일부를 변제한 경우도 전부 원상회복하여야 한다는 사례(대법원 2002. 2. 12. 선고 2002다39715 판결)

(나) 공동저당 부동산 중 일부 양도경우

민법 368조의 규정취지에 비추어 공동저당권의 목적으로 된 각 부동산의 가액에 비례하여 공동저당권의 피담보채권액을 안분한 금액이라고 봄이 상당하다.— 피담보채권액이 목적물의 가격을 초과하고 있는 때에는 그 목적물의 양도는 사해행위에 해당하지 않는다고 본 사례(대법원 2003. 11. 13. 선고 2003다39989 판결).

(다) 저당말소된 부동산의 가액산정시기

부동산의 가액에서 저당권의 피담보채무액을 공제한 잔액의 한도에서 사해행위를 취소하고 그 가액의 배상을 구할 수 있을 뿐이고, 그와 같은 가액 산정은 사실심 변론종결시를 기준으로 하여야 한다. ―근저당권설정등기 말소 당시 피고들이 실제로 변제한 피담보채무액 중 이 사건 대지(법정지상권의 제한을 받는)가 부담하는 부분을 공제한 나머지 가액을 반환시키는 것이 공평하다고 판단한 사례(대법원 2001. 12. 27. 선고 2001다33734 판결)

(라) 원물반환청구취지에 가액배상 포함해석

사해행위인 계약 전부의 취소와 부동산 자체의 반환을 구하는 청구취지 속에는 (가액배상으로)일부취소를 하여야 할 경우 그 일부취소와 가액배상을 구하는 취지도 포함되어 있다고 볼 수 있으므로 청구취지의 변경이 없더라도 바로 가액반환을 명할 수 있다.― 연대보증인이 그의 사위에게 부동산을 양도하여 사위가 저당피담보채무를 변제한 경우로서, 채권자인 원고가 연대보증인과 사이의 양도계약을 취소하고 원상회복 청구속에는 일부 가액청구도 포함된 것으로 본다는 사례(대법원 2002. 11. 8. 선고 2002다41589 판결)

라. 가압류해제 부동산의 원상회복 방법과 범위

(1) 해설

(가) 사실관계

A는 甲으로부터 이 사건 토지를 외상으로 매입, 그 지상에 2층 공장신축공사를 원고에게 도급, 甲은 A가 이 사건

공장 준공 후 30일내에 은행대출금으로 토지대금을 우선 지급받으며, 만일 기한 내에 토지 대금을 지급하지 못하면, A와 원고들이 이 사건 토지와 공장의 소유권을 甲에게 양도하기로 약정, 한편 원고는 원고비용으로 이 사건 공장을 준공하고, A가 준공30일내에 원고가 지정한 날까지 토지대금을 지급 못할 경우 원고가 대신 토지대금을 변제하여 이 사건 토지와 공장의 소유권을 취득하기로 약정, 준공 후 乙이 2000. 1. 17. A에 대한 9,300만원의 채권을 보전하기 위해 이 사건 공장에 가압류, 직권으로 A명의로 보존등기, A는 피고에게 이 사건 공장을 9,300만원에 매도 이전, 피고가 乙의 가압류해방공탁, 그 집행취소, 원고가 사해행위취소 청구.

(나) 원심

채무자인 A가 채무초과 상태에서 유일한 재산인 이 사건 공장을 신축비용의 1/3에도 못 미치는 가격으로 매도한 행위는 원고들을 비롯한 일반 채권자를 위한 공동담보를 부족하게 하는 사해행위에 속하고, 수익자인 피고는 이로 말미암아 원고들을 해하게 되리라는 사정을 알고 있었다고 판단.

(다) 대법원 판결요지

사해행위 당시 어느 부동산이 가압류되어 있다는 사정은 채권자 평등의 원칙상 채권자의 공동담보로서 그 부동산의 가치에 아무런 영향을 미치지 아니하므로, 가압류가 된 여부나 그 청구 채권액의 다과에 관계없이 그 부동산 전부에 대하여 사해행위가 성립하고, 따라서 사해행위 후 수익자 또는 전득자가 그 가압류 청구채권을 변제하거나 채권액 상당을 해방공탁하여 가압류를 해제시키거나 또는 그 집행을 취소시켰다 하더라도, 법원이 사해행위를 취소하면서 원상회복으로 원물반환 대신 가액배상을 명하여야 하거나,

제3절 사해행위 취소의 범위와 원상회복의 방법

다른 사정으로 가액배상을 명하는 경우에도 그 변제액을 공제할 것은 아니다(대법원 2003. 1. 11. 선고 2002다37474 판결)

마. 가액배상과 임차보증금과의 관계

(1) 해설

(가) 사실관계

피고는 ① 1순위 근저당권, ② 乙이 전입신고를 마치고 거주(확정일자는 사해행위 이후에 받았다), ③ 2순위 근저당권이 설정되어 있는 甲의 부동산을 甲의 채무(근저당권 채무와 임차보증금반환채무)를 인수하여 계약금1,000만원을 주고 매수 이전 후 2순위 근저당권 말소, 甲의 채권자인 원고가 사해행위 취소 청구. 이에 피고가 甲과의 매매계약 당시 甲이 원고 등에 대하여 차용금채무를 부담하고 있는 사실을 알지 못하여 사해의 의사가 없다, 설사 가액반환을 하더라도 임차보증금과 변제한 근저당권채무를 배상할 가액에서 공제하여야 한다고 항변.

(나) 원심

수익자인 피고의 악의는 추정된다고 본 다음 피고는 다른 채권자들에 우선하여 채권의 만족을 얻는 반면 다른 채권자들은 공동담보가 감소함에 따라 종전보다 불리한 위치에 놓이게 되므로 甲의 이 사건 부동산의 매도행위는 사해행위에 해당한다고 판단.
乙의 임차권은 후순위이고 소액임차인도 아니므로 피고가 배상할 가액에서 공제할 것이 아니라고 판단.

(다) 대법원 판결요지

부동산에 대한 매매계약이 사해행위임을 이유로 이를 취소함과 아울러 원상회복으로 가액배상을 명하는 경우, 주택임대차보호법 제3조 제1항이 정한 대항력을 갖추었으나 그전에 이미 선순위 근저당권이 마쳐져 있어 부동산이 경락되는 경우 소멸할 운명에 놓인 임차권의 임차보증금 반환채권은, 임대차계약서에서 확정일자를 받아 우선변제권을 가지고 있다거나 주택임대차보호법상의 소액임차인에 해당한다는 등의 특별한 사정이 없는 한 수익자가 배상할 부동산의 가액에서 공제할 것은 아니다(대법원 2001. 6. 12. 선고 99다51197 판결).

(2) 관련판례

(가) 사해행위 후 저당권 취득시 가액 배상범위

사해행위 후 그 목적물에 대하여 선의의 제3자가 저당권을 취득하였음을 이유로 가액 배상을 명하는 경우 ― 사해행위 당시 일반 채권자들의 공동담보로 되어 있었던 부동산 가액 전부의 배상을 명하여야 할 것이고, 그 가액에서 위 제3자가 취득한 저당권의 피담보채권액을 공제할 것은 아니다. 그리고 증여의 형식으로 이루어진 사해행위를 취소하고, 원물반환에 갈음하여 그 목적물 가액의 배상을 명함에 있어서는 수익자에게 부과된 증여세액과 취득세액을 공제하여 가액배상액을 산정할 것도 아니다(대법원 2003. 12. 12. 선고, 2003다40286 판결).

(나) 신탁부동산 매도 후 대위 변제 경우

① 사실관계

A는 시가 26억원 상당의 이 사건 부동산을 신탁법에 의해 甲신탁회사에 신탁, B를 우선수익자로 지정 B로부터 25억원을 대출받았다. 피고는 A와의 약정에 따라 A를 대위해서 위 25억원을 변제하고, 신탁해지 ― A앞으로 이전 ― 같은 날, 피고 앞으로 이전 ― A의 채권

제3절 사해행위 취소의 범위와 원상회복의 방법

자 원고는 말소청구.

② 원심

이 사건 부동산의 가액에서 피고가 대위변제한 채무액을 공제한 잔액에 대하여 배상을 청구할 수 있을 뿐이라고 판단.

③ 대법원 판결요지

채무자의 부동산 매)위가 사해행위에 속하면 채권자는 채권자취소권을 행사하여 그 매매계약을 취소하고 소유권이전등기의 말소 등 부동산 소유권 자체의 회복을 구할 수 있는 것이 원칙이지만, 채무자가 제3자에 대한 채무 담보의 목적으로 신탁법에 따라서 신탁한 부동산을 매도한 행위가 사해행위에 속하는 경우, 매수인이 채무자를 대위해서 제3자에 대한 채무를 변제하고 신탁계약을 해지하여 그 부동산의 소유권을 이전받았다면, 그 매매계약을 취소하여 신탁계약이 해지되기 전의 상태로 원상회복하는 것은 현저히 곤란하고, 그렇다고 부동산의 소유권 자체를 채무자에게 환원시키는 것은 당초 일반 채권자들의 공동담보로 되어 있지 아니한 부분까지 회복시키는 결과가 되어 공평에 반하므로, 결국 채권자는 부동산의 가액에서 매수인이 대위변제한 채무액을 공제한 잔액의 한도 내에서 매매계약의 일부 취소와 그 가액의 배상을 청구할 수밖에 없다고 보아야 하고, 매수인 앞으로 소유권이전등기가 마쳐지기 전에 채무자 앞으로 신탁재산의 귀속을 원인으로 한 소유권이전등기가 마쳐지는 중간과정을 거쳤다 하여 달리 볼 것은 아니다(대법원 1999. 11. 9. 선고, 99다50101 판결)

바. 수익자에게 배당표는 확정되었으나 배당금이 지급되지 아니한 경우

  (1) 해설

    (가) 사실관계

      A는 B를 연대보증인으로 내세워 원고와의 신용약정 ― B는 A가 부도나자 원고에 대한 구상채무를 면탈하기 위해 그의 유일한 재산인 이 사건 부동산에 피고 앞으로 근저당권설정, 근저당권의 실행으로 피고에게 배당하는 배당표가 배당기일에 확정 ― 원고가 배당금 지급금지가처분 ― 피고가 이를 수령하지 못하고 법원에 보관 ― 원고는 피고를 상대로 구상금 청구.

    (나) 원심

      피고가 위 지급금지가처분 때문에 현실적으로 배당금을 수령하지는 아니하였다고 하더라도 배당표가 확정된 이상 정당한 배당권자에 대한 관계에서는 피고가 배당표상의 배당금을 취득하였다고 봄이 상당하고, 피고는 위 배당권의 기초가 된 위 근저당권설정계약이 사해행위로서 취소됨으로써 원상회복의무를 부담하게 되었다고 할 것이므로, 피고는 그 원상회복의무로서 채권자인 원고에게 위 배당금 및 이에 대한 지연손해금을 반환할 의무가 있다고 판단.

    (다) 대법원

      배당표가 확정되었다고 하더라도 그 배당금지급청구권에 대하여 지급금지가처분이 있어 피고가 현실적으로 배당금을 추심하지 못한 이 사건의 경우에는 수익자인 피고에게 바로 배당금의 지급을 명할 것이 아니라 피고가 취득한 배당금지급청구권을 구상채무자인 B에게 반환하는 방법으로 채권자취소에 따른 원상회복이 이루어져야 할 것이라

는 이유로 파기환송.

(라) 대법원 판결요지

① 채무자와 수익자 사이의 근저당권설정계약이 사해행위인 이상 그로 따른 근저당권설정등기가 경락으로 말미암아 말소되었다고 하더라도 수익자로 하여금 근저당권자로서의 배당을 받도록 하는 것은 민법 제406조 제1항의 취지에 반하므로, 수익자에게 그와 같은 부당한 이득을 보유시키지 않기 위해서 그 근저당권설정등기로 말미암아 해를 입게 되는 채권자는 근저당권설정계약의 취소를 구할 이익이 있다.

② 수익자가 경매절차에서 채무자와의 사해행위로 취득한 근저당권에 기하여 배당에 참가하여 배당표는 확정되었으나 채권자의 배당금 지급금지가처분으로 말미암아 배당금을 현실적으로 지급받지 못한 경우, 채권자취소권의 행사에 따른 원상회복의 방법은 수익자에게 바로 배당금의 지급을 명할 것이 아니라 수익자가 취득한 배당금 지급청구권을 채무자에게 반환하는 방법으로 이루어져야 하고, 이는 결국 배당금 지급채권의 양도와 그 채권양도의 통지를 배당금 지급채권의 채무자에게 하여 줄 것을 청구하는 형태가 될 것이다(대법원 1997. 10. 10. 선고, 97다8687 판결).

(2) 관련판례

(가) 수익자의 채권에 대하여 금전채권을 집행 공탁한 경우

채권에 대한 압류가 경합하여 제3채무자가 금전채권을 집행공탁한 경우 비록 제3채무자의 채무가 소멸되는 것이기는 하지만, 제3채무자의 채권자는 현실적으로 채권을 추심한 것이 아니라 공탁금출급청구권을 취득한 것에 불과하

고 압류의 효력이 채무자의 공탁금출급청구권에 대하여 존속하게 되는 것이므로 사해행위의 취소에 따른 원상회복은 금전지급에 의한 가액배상이 아니라 공탁금출급청구권을 채권자에게 양도하는 방법으로 하여야 한다. ―甲회사가 지급불능상태에 빠져, 경매절차에서 배당받은 금원을 모든 채권자에게 공정하게 분배하겠다고 약속하고, 이 사건 근저당권부 채권을 乙에게 양도, 경매절차에서 배당금에 대한 압류경합으로 집행공탁(집행법 제248조)―甲의 채권자 원고가 위 양도계약취소, 공탁금출급청구권의 양도절차이행 및 그 채권양도 통지를 채무자 甲에게 하여줄 것을 청구를 인용한 사례(대법원 2004. 6. 25. 선고 2004다9398 판결)

사. 배당시 가처분 결정에 따라 금액 공탁된 경우

(1) 해설

(가) 사실관계

甲소유 부동산의 경매로 실시한 배당기일에 ①1순위 乙은행, 2순위 원고에게 각 배당하고, 가압류채권자 피고에게 전혀 배당하지 않는 내용의 배당표작성, 피고는 배당표작성 전에 甲과 원고사이의 제2순위의 근저당권설정계약이 사해행위에 해당한다는 이유로 원고에게 지급될 배당금에 대한 지급금지가처분―원고에게 배당될 금원을 공탁, 피고가 원고를 상대로 제기한 사해행위취소 소송에서 위 근저당권설정계약을 취소하고, 원고는 甲에게 위 배당지급금지채권을 양도하고, 대한민국에 위 양도의 통지를 하라는 내용의 판결을 선고받아 확정.― ②원고는 대한민국에 양도·통지를 하고 甲의 대한민국에 대한 위 배당금지급채권에 대하여 채권압류 및 추심명령을 받아 그 시경 대한민국에 송달, ③경매법원은 원고에게 배당하기로 하였던 금원에 대한 추가배당을 실시하여 피고에게 이를 배당하는 내용의 배당표를 작성하였다. 이에 원고가 경매법원으로서는 배당절차가 이미 종결되었으므로 위 공탁금을 피고에게 추가 배당하여서는 안되고 공탁금지급채권에 대하여 압류 및 추심명령을 받은 원고가 이를 지급받아야 하며, 가사 추가배당을 하더라도, 원고와 피고의 채권액에 따라 안분하여 배당하였어야 한다고 이의의 진술.

(나) 원심

공탁금지급청구권에 대한 채권압류 및 추심명령은 추가배당절차에서 배당되고 남은 잉여금에 한하여 효력이 있을 뿐이라고 판단.

(다) 대법원 판결요지

① 근저당권자에게 배당하기로 한 금원에 대하여 지급금지 가처분결정이 있어 경매법원이 그 배당금을 공탁한 후에 그 근저당권설정계약이 사해행위로서 취소된 경우, 공탁금의 지급 여부가 불확정 상태에 있는 경우에는 공탁된 배당금이 피공탁자에게 지급될 때까지는 배당절차는 아직 종료되지 않은 것이라고 볼 수도 있으므로 반드시 배당절차가 확정적으로 종료되었다고 단정할 수는 없다는 점, 채권자취소의 효과는 채무자에게 미치지 아니하고 채무자와 수익자와의 법률관계에도 아무런 영향을 미치지 아니하므로 취소채권자의 사해행위취소 및 원상회복청구에 따라서 채무자에게로 회복된 재산은 취소채권자 및 다른 채권자에 대한 관계에서 채무자의 책임재산으로 취급될 뿐 채무자가 직접 그 재산에 대하여 어떤 권리를 취득하는 것은 아니라는 점 등에 비추어 보면, 그 공탁금은 그 경매절차에서 배당 요구하였던 다른 채권자들에게 추가 배당함이 상당하다

② 경매법원이 추가배당을 실시할 경우에 배당받을 채권자는 경매절차에서 적법하게 배당 요구한 채권자이어야 하는데, 근저당권자로서 경매법원에 채권계산서를 제출하기는 하였지만 그 근저당권설정계약이 사해행위로서 취소된 때에는 이를 적법한 배당요구로 볼 수 없다(대법원 2002. 9. 24. 선고 2002다33069 판결).

(2) 관련판례

(가) 경매로 인하여 수익자 배당금 수령 경우

근저당권설정계약을 사해행위로서 취소하는 경우 경매절차가 진행되어 타인이 소유권을 취득하고 근저당권설정등기가 말소되었다면 원물반환이 불가능하므로 가액배상의 방법으로 원상회복을 명할 것인바, 이미 배당이 종료되어 수익자가 배당금을 수령하였다면 수익자로 하여금 배당금을 반환하도록 명하여야 하고, 배당표가 확정되었으나 채권자의 배당금지급금지가처분으로 인하여 수익자가 배당금을 현실적으로 지급받지 못한 경우에는 배당금지급채권의 양도와 그 채권양도의 통지를 명할 것이나, 채권자가 배당기일에 출석하여 수익자의 배당 부분에 대하여 이의를 하였다면 그 채권자는 사해행위취소의 소와 병합하여 원상회복으로서 배당이의의 소를 제기할 수 있다고 할 것이고, 다만 이 경우 법원으로서는 배당이의의 소를 제기한 당해 채권자 이외의 다른 채권자의 존재를 고려할 필요 없이 그 채권자의 채권이 만족을 받지 못한 한도에서만 근저당권설정계약을 취소하고 그 한도에서만 수익자의 배당액을 삭제하여 당해 채권자의 배당액으로 경정하여야 한다.— 다수의 채권자에 대한 채무초과상태에 빠진 甲이 그의 소유 임야에 피고앞으로 근저당권설정, 피고의 신청으로 경매, 경락으로 근저당권말소, 피고에게 배당하고 나

제3절 사해행위 취소의 범위와 원상회복의 방법 135

머지를 원고에게 배당, 원고가 배당이의, 사해행위취소 청구한 사안에서, 위 근저당권에 기하여 피고에게 배당된 금액 중 원고의 채권이 만족을 받지 못한 한도에서 그 배당액을 삭제하고 원고의 배당액으로 경정하여야 한다고 본 사례(대법원 2004. 1. 27. 선고 2003다6200 판결).

(나) 저당권 등기 말소 후 저당권 설정 계약 취소의 이익여부

채무자와 수익자 사이의 근저당권설정계약이 사해행위인 이상 그로 인한 근저당권설정등기가 경락으로 인하여 말소되었다고 하더라도 수익자로 하여금 근저당권자로서의 배당을 받도록 하는 것은 민법 제406조 제1항의 취지에 반하므로, 수익자에게 그와 같은 부당한 이득을 보유시키지 않기 위하여 그 근저당권설정등기로 인하여 해를 입게 되는 채권자는 근저당권설정계약의 취소를 구할 이익이 있다.―근저당권설정계약이 사해행위인 이상 근저당권설정등기가 경락으로 인하여 말소되었다고 하더라도 근저당권자인 피고로 하여금 근저당권자로서의 배당을 받도록 하는 것은 민법 제406조 제1항의 취지에 반하는 것이므로 피고에게 그와 같은 부당한 이득을 보유시키지 않기 위하여 근저당권설정등기로 인하여 해를 입게 되는 채권자인 원고는 근저당권설정계약의 취소를 구할 이익이 있다고 본 사례(대법원 1997. 10. 10. 선고 97다8687 판결).

아. 가액 배상의 요건인 '원물 반환이 불가능하거나 현저히 곤란한 경우'의 의미

(1) 해설

(가) 사실관계

甲은 원고로부터 융자를 받아 이 사건 아파트를 매수. 채

권자 피고에게 대물변제로 같은 날 이 사건 아파트를 甲 명의로 이전함과 동시에 피고 앞으로 이전 ― 원고는 이 사건 아파트에 가처분을 하고 피고상대로 사해행위취소의 소를 제기 ― 피고는 위 가처분에 대하여 사정변경에 따른 취소신청, 법원은 민사집행법 제307조의 특별사정이 있다고 판단, 3,000만원의 공탁명령 ― 피고는 공탁하고 가처분기입 등기를 말소, 또 제1심에서 승소하자 제3자에게 이 사건 아파트를 매도 ― 그 후 위 소송은 피고의 패소로 확정 ― 원고는 이행불능을 이유로 손해배상청구.

(나) 원심

이 사건 아파트를 피고에게 대물 변제한 행위가 사해행위에 속한다면 원고로서는 수익자인 피고에 대하여서 뿐만 아니라 전득자인 제3자에 대하여도 사해행위취소의 소를 제기하여 이 사건 아파트의 원상회복을 구할 수 있고, 특히 채권자취소권을 규정한 민법 제406조의 해석상 전득자의 사해행위에 대한 악의는 추정되는 점 등에 비추어 보면 단지 이 사건 아파트가 제3자에게 매도되었다는 사정만으로 피고의 이 사건 아파트에 대한 말소등기절차 이행의무가 이행불능 상태에 이르렀다고는 보기 어렵다고 판단.

(다) 대법원

원심은 피고의 이 사건 아파트 처분행위가 채무불이행의 요건에 속하는지 여부에 대하여만 판단하였으나, 원고의 청구원인 가운데에 가액배상을 구한다는 주장이 포함되어 있는 것으로 보아 마땅히 그 당부와 범위에 대하여도 심리하지 아니한 잘못이 있다는 이유로 파기환송.

(라) 대법원 판결요지

① 채권자의 사해행위취소 및 원상회복청구가 인정되면,

수익자 또는 전득자는 원상회복으로서 사해행위의 목적물을 채무자에게 반환할 의무를 지게 되고, 원물반환이 불가능하거나 현저히 곤란한 경우에는 원상회복의무의 이행으로서 사해행위 목적물의 가액 상당을 배상하여야 하는바, 원래 채권자와 아무런 채권·채무관계가 없었던 수익자가 채권자취소에 따라서 원상회복의무를 부담하는 것은 형평의 견지에서 법이 특별히 인정한 것이므로, 그 가액배상의 의무는 목적물의 반환이 불가능하거나 현저히 곤란하게 됨으로써 성립하고, 그 외에 그와 같이 불가능하게 된 데에 상대방인 수익자 등의 고의나 과실을 요하는 것은 아니다.

② 원물반환이 불가능하거나 현저히 곤란한 경우라 함은 원물반환이 단순히 절대적, 물리적으로 불능인 경우가 아니라 사회생활상의 경험법칙 또는 거래상의 관념에 비추어 채권자가 수익자나 전득자로부터 이행의 실현을 기대할 수 없는 경우를 말하고, 사해행위의 목적물이 수익자로부터 전득자로 이전되어 그 등기까지 경료되었다면 후일 채권자가 전득자를 상대로 소송을 통하여 구제받을 수 있는지 여부에 관계없이, 수익자가 전득자로부터 목적물의 소유권을 회복하여 이를 다시 채권자에게 이전하여 줄 수 있는 특별한 사정이 없는 한 그로써 채권자에 대한 목적물의 원상회복의무는 법률상 이행불능의 상태에 있다고 봄이 상당하다.

③ 민사소송법 제720조(민사집행법 제307조)에서 특별한 사정이 있을 때 담보 제공을 조건으로 가처분의 취소를 구할 수 있게 한 것은, 가처분을 존속시키는 것이 공평의 관념상 부당하다고 생각되는 경우, 즉 가처분에 따라서 보전되는 권리가 금전적 보상으로써 그 종국의 목적을

달할 수 있다는 사정이 있거나 또는 가처분 집행으로 가처분채무자가 특히 현저한 손해를 받고 있는 경우에 가처분채무자로 하여금 담보를 제공하게 하여 가처분의 집행뿐 아니라 가처분명령 자체를 취소하여 가처분채무자로 하여금 목적물을 처분할 수 있도록 하는 데에 있고, 따라서 처분채무자가 제공하는 담보는 가처분채권자가 본안 소송에서 승소하였음에도 가처분의 취소로 말미암아 가처분 목적물이 존재하지 않게 됨으로써 입는 손해를 담보하기 위한 것이므로, 가처분 채권자는 가처분취소로 입은 손해배상 청구소송의 승소판결을 얻은 후에 민사소송법 제475조(민사소송법 제502조) 제3항, 제113조(민사소송법 제123조)에 따라서 그 담보에 대하여 질권자와 동일한 권리를 가지고 우선변제를 받을 수 있다(대법원 1998. 5. 15. 선고 9758316 판결).

(마) 등기상 이해관계 있는 제3자

① 의미

부동산등기법 제59조 및 부동산등기규칙 제46조 제3호는 등기의 말소를 신청하는 경우 그 말소에 관하여 등기상 이해관계 있는 제3자가 있을 때에는 제3자의 승낙 또는 그 제3자에게 대항할 수있는 재판이 있음을 증명하는 정보를 제공하여야 한다고 규정하고 있다.

(바) 등기상 이해관계 있는 제3자에 관한 등기선례

① 등기선례 제201208-4호

확정판결에 의하여 소유권이전등기의 말소등기를 신청하는 경우에 압류권자 등은 그 등기의 말소에 대하여 등기상 이해관계 있는 제3자에 해당한다.

말소대상인 소유권이전등기 이전에 설정된 근저당권에 기한 임의경매개시결정등기가 마쳐진 경우, 신청채권자

제3절 사해행위 취소의 범위와 원상회복의 방법

는 등기상 이해관계인에 해당하므로 그의 승낙서 정보를 첨부하여야 하고, 등기관은 소유권이전등기의 말소에 앞서 경매개시결정등기를 직권으로 말소한 후(근저당권은 말소하지 않음을 주의) 집행법원에 통지하여야 하며, 승낙서가 첨부되지 않으면 소유권이전등기도 말소할 수 없을 것이다.(2012. 08. 29. 부동산등기과-1649 질의회답)

② 등기선례 제6-458호
사해행위취소소송에서 소유권이전등기의 말소를 명하는 확정판결을 받았으나 그 말소대상인 소유권이전등기에 터 잡아 경료된 가처분등기가 있는 경우, 그 소유권이전등기의 말소신청과 관련하여 위 가처분등기는 말소할 권리를 목적으로 하는 제3자의 권리에 관한 등기에 해당하므로(부동산등기법 제172조 제2항참조), 가처분채권자는 그 소유권이전등기의 말소에 관하여 등기상 이해관계 있는 제3자라고 할 것이고, 따라서 그 소유권이전등기의 말소를 신청하기 위해서는 가처분채권자의 승낙서 또는 가처분채권자에게 대항할 수 있는 재판의 등본을 첨부하여야 하여야 한다.(2001. 6. 13. 등기 3402-402 질의회답)

③ 등기선례 제6-65호
사해행위취소소송에서 소유권이전등기의 말소를 명하는 확정판결을 받았으나 그 말소대상인 소유권이전등기에 터 잡아 경료된 근저당권설정등기가 있는 경우, 그 소유권이전등기의 말소신청과 관련하여 위 근저당권설정등기는 말소할 권리를 목적으로 하는 제3자의 권리에 관한 등기에 해당하므로, 위 근저당권자는 그 소유권이전등기의 말소에 관하여 등기상 이해관계 있는 제3자라고 할 것이다.(2001. 5. 26. 등기 3402-365 질의회답)

자. 상속재산분할 협의시 상속포기 경우

　(1) 해설

　　(가) 사실관계

　　　피고 2의 채권자인 원고가 협의분할에 의해 단독으로 상속등기를 한 피고 1을 상대로 사해행위 취소 청구. 이에 피고1은 피고 2가 피상속인 생존 시, 피상속인 소유부동산에 근저당권을 설정하여 8,000만원을 대출받아 소비함으로써 상속분을 넘는 사전 상속을 받았기 때문에 상속재산의 분할과정에 포기하였다고 주장.

　　(나) 원심

　　　피고 2의 법정상속분 전체에 대하여 사해행위가 성립한다고 판단.

　　(다) 대법원

　　　이미 채무초과 상태에 있는 채무자가 상속재산의 분할협의를 하면서 상속재산에 대한권리를 포기함으로써 결과적으로 일반 채권자에 대한 공동담보가 감소되었다 하더라도, 그 재산분할결과가 구체적 상속분에 상당하는 정도에 미달하는 과소한 경우에도 사해행위로서 취소되는 범위는 그 미달하는 부분에 한정하여야 한다는 이유로 파기환송.

　　(라) 대법원 판결요지

　　　① 상속재산의 분할협의는 상속이 개시되어 공동상속인 사이에 잠정적 공유가 된 상속재산에 대하여 그 전부 또는 일부를 각 상속인의 단독소유로 하거나 새로운 공유관계로 이행시킴으로써 상속재산의 귀속을 확정시키는 것으로 그 성질상 재산권을 목적으로 하는 법률행위이므로 사해행위취소권 행사의 대상이 될 수 있다.

　　　② 채무초과 상태에 있는 채무자가 상속재산의 분할협의

를 하면서 상속재산에 대한권리를 포기함으로써 결과적으로 일반 채권자에 대한 공동담보가 감소되었다 하더라도, 그 재산분할결과가 채무자의 구체적 상속분에 상당하는 정도에 미달하는 과소한 것이라고 인정되지 않는 한 사해행위로서 취소되어야 할 것은 아니고, 구체적 상속분에 상당하는 정도에 미달하는 과소한 경우에도 사해행위로서 취소되는 범위는 그 미달하는 부분에 한정하여야 한다. 이때 지정상속분이나 기여분, 특별수익 등의 존부 등 구체적 상속분이 법정상속분과 다르다는 사정은 채무자가 주장·입증하여야 할 것이다(2001. 2. 9. 선고 2000다51797 판결).

차. 이혼에 의한 재산분할과 위자료

(1) 판시사항

(가) 채무자의 무자력 여부를 판담함에 있어서 부동산이나 채권 등이 적극재산으로 산정되기 위한 요건 및 압류금지재산을 적극재산에 포함시킬 수 있는지 여부(소극)

(나) 이혼에 따른 재산분할을 함에 있어 정신적 손해(위자료)배상하기 위한 급부로서의 성질까지 포함하여 분할할 수 있는지 여부(적극) 및 위 재산분할이 사해행위로서 채권자취소권의 대상이 되기 위한 요건 및 그 취소의 범위(대법원 2005. 1. 28. 선고 2004다58963 판결) 다만 실질적으로 재산가치가 있는 재산을 강제집행이나 현금화의 용이성이 다소 떨어진다는 이유만으로 채무자의 적극재산에 제외할 수는 없다(대법원 2012. 10. 11. 선고 2010다85102 판결).

(2) 이유

이혼에 있어서 재산분할은 부부가 혼인 중에 가지고 있었던 실질상의 공동재산을 청산하여 분배함과 동시에 이혼 후에 상대방의 생활유지에 이바지하는 데 있지만, 분할자의 유책행위에 의하여 이혼함으로 인하여 입게 되는 정신적 손해(위자료)를 배상하기 위한 급부로서의 성질까지 포함하여 분할할 수 도 있다고 할 것인바, 재산분할의 액수와 방법을 정함에 있어서는 당사자 쌍방의 협력으로 이룩한 재산의 액수 기타 사정을 참작하여야 하는 것이 민법 제839조의2 제2항의 규정상 명백하므로 재산분할자가 이미 채무초과의 상태에 있다거나 또는 어떤 재산을 분할한다면 무자력이 되는 경우에도 분할자가 부담하는 채무액 및 그것이 공동재산의 형성에 어느 정도 기여하고 있는지 여부를 포함하여 재산분할의 액수와 방법을 정할 수 있다고 할 것이고, 재산분할자가 당해 재산분할에 의하여 무자력이 되어 일반채권자에 대한 공동담보를 감소시키는 결과가 된다고 하더라도 그러한 재산분할이 민법 제839조의2 제2항의 규정 취지에 반하여 상당하다고 할 수 없을 정도로 과대하고, 재산분할을 구실로 이루어진 재산처분이라고 인정하고, 위와 같은 특별한 사정이 있어 사해행위로서 채권자취소권의 대상이 되는 경우에도 취소되는 범위는 그 상당한 부분을 초과하는 부분에 한정된다고 할 것이다(대법원 20001. 5. 8. 선고 2000다58804 판결 참조).

기록에 의하면, 소외인은 1976. 12. 2. 피고와 혼인신고를 마치고 부부로서 혼인생활을 하면서 그들 사이에 3자녀를 둔 사실, 소외인은 전국은행연합회 등 회사원으로 근무하였고, 피고는 가사에 종사하여 온 사실, 소외인이 가정에 소홀하고 피고를 폭행하는 등 가정불화로 인하여 혼인관계가 파탄에 이르자 이혼하기로 합의하고는 위자료 등의 명목으로 자신들의 주거인 이 사건 아파트를 피고에게 증여하기로 하여 소유권이전등기를 하고, 2002. 5. 31. 협의이혼신고를 마친 사실, 그 후 소외인은 2002. 6. 21. 이 사건 아파트에서 퇴거하여 다른 곳에서 거주하고 있으며, 위 3자녀들은 피고와 함께 거주하고 있는 사실, 이 사건 아파트에 대하여 1987. 4. 10. 자로 근저당권자를 한국주택은행, 채무자를 소외인, 채권최고액을 7,250,000원으로 하는 근저당권, 1991. 9. 26.자로 근저당권자를 주식회사 충북은행, 채무자를 소외인, 채권최고액을 26,000,000원으로 하는 근저당권이 각 설정되어 있었고, 피고 명의의 소유권이전등기가 경료된 이후인 2002. 6. 28. 충북은행을 근저당권자로 하는 위 근저당권이 말소된 사실, 원심변론 종결 당시 이 사건 아파트의 시세는 약 160,000,000원 상당인 사실을 알 수 있는바, 소외인이 회사원으로서 생계를 담당하였지만 피고도 이혼할 때까지 25년 남짓 가사에 종사하면서 재산증식에 유형·무형으로 기여한 점, 두 사람의 이혼 경위, 3자녀 모두 피고가 책임지고 보살피기로 한 점, 소외인의 퇴직금 121,731,390원 중 세금 및 대출금 등을 공제한 75,330,089원을 소외인이 지급받아 간 것으로 보이는 점 등의 사정을 고려하면, 위 재산분할에 의한 이 사건 증여계약은 위자료를 포함한 재산분할로서 상당한 범위라고 할 것이므로, 앞서 본 법리에 비추어 이는 채권자취소의 대상이 되지 못한다고 할 것이다.

제4절 제소기간

1. 제척기간

가. 개요

채권자가 취소원인을 안 날로부터 1년, 법률행위 있는 날로부터 5년내에 행사하지 않으면 채권자취소권은 소멸한다(제406조 제1항). 이 기간은 제척기간이므로 그 기간경과여부를 법원이 직권으로 판단한다(대법원 2001. 2. 9. 선고 2000다65536 판결). 사해행위가 가등기에 기한 본등기로써 행해진 경우에 가등기의 원인인 법률행위가 있은 날로부터 제척기간이 진행된다(대법원 1996. 11. 8. 96다26329 판결).

※ 제146조 (취소권의 소멸) 취소권은 추인할 수 있는 날로부터 3년내에 법률행위를 한 날로부터 10년내에 행사하여야 한다.

나. 제척기간의 기산점

(1) 법률규정

민법 제406조 제2항에서는 채권자취소권의 소는 채권자가 취소원인을 안 날로부터 1년, 법률행위 있은 날로부터 5년 내에 제기하여야 한다고 되어 있다.

(2) 채권자취소권의 요건과 제척기간의 기산점

일반적으로 채권자취소권을 행사하기 위해서는,
객관적 요건으로
(가) 채무자가 법률행위를 하였고,
(나) 그것이 채권자를 해하여야 하며
주관적 요건으로
(다) 채무자가 채권자를 해하는 것을 알았어야 하고(사해의사),
(라) 상대방(수익자 또는 전득자)이 채권자를 해하는 것을 알고 있어야 한다고 설명하고 있다.

그리고 통설·판례에 의하면, 취소채권자는 위 요건 중 ① 내지 ③ 요건을 주장·입증하면 족하고, ④의 요건은 상대방이 항변으로서 선의를 주장·입증하여야 한다고 하고 있다. 우리 나라 통설·판례는 민법 제406조 제2항의 규정이 소멸시효가 아닌 제척기간으로 보면서, 제척기간의 기산점인 채권자가 취소원인을 안 날"이라 함은, 채무자가 채권자를 해함을 알면서 사해행위를 하였다는 사실을 알게 된 날을 의미하는 것이므로, 단순히 채무자가 재산처분행위를 하였다는 사실을 아는 것만으로는 부족하고, 구체적인 사해행위의 존재를 알고 나아가 채무자에게 사해의 의사가 있었다는 사실까지 알 것을 요한다고 하고, 나아가 사해의 객관적 사실을 알았다고 하여 취소의 원인을 알았다고 추정되는 것도 아니며(대법원 1989. 9. 12. 선고 88다카26475 판결, 2000. 2. 25. 선고 99다53704 판결, 2000. 6. 13. 선고 2000다15265 판결 등 참조), 이러한 제척기간의 경과 여부는 법원이 직권으로 판단하여야 하지만, 그것이 불분명한 경우 이에 대한 입증책임은 제척기간이 경과함으로 인하여 이익을 받을 자, 즉 취소소송의 상대방에게 있다고 한다.

[사례 1] 취소원인을 안 날의 의미
민법 제406조 제2항 소정의 채권자가 그 취소원인을 안 날이라 함은 채무자가 채권자를 해함을 알면서 법률행위를 한 사실을 채권자가 안 때를 의미하고 단순히 사해행위의 객관적 사실을 안 것만으로는 부족하며, 사해의 객관적 사실을 알았다고 하여 취소의 원인을 알았다고 추정할 수는 없다.(대법원 1989.9.12. 선고 88다카26475 판결)

[사례 2] 채권담보 부족은 안 날로부터 가산
[1] 채권자취소의 소는 채권자가 취소원인을 안 날로부터 1년 내에 제기하여야 하는 것인바(민법 제406조 제2항), 여기에서 취소원인을 안다고 하기 위하여서는 단순히 채무자의 법률행위가 있었다는 사실을 아는 것만으로는 부족하고, 그 법률행위가 채권자를 해하는 행위라는 것 즉, 그에 의하여 채권의 공동담보에 부족이 생기거나 이미 부족상

태에 있는 공동담보가 한층 더 부족하게 되어 채권을 완전하게 만족시킬 수 없게 된다는 것까지 알아야 한다.

[2] 채권자취소권에 의하여 보호될 수 있는 채권은 원칙적으로 사해행위라고 볼 수 있는 행위가 행하여지기 전에 발생된 것임을 요하나, 그 사해행위 당시에 이미 채권 성립의 기초가 되는 법률관계가 발생되어 있고, 가까운 장래에 그 법률관계에 기하여 채권이 성립되리라는 점에 대한 고도의 개연성이 있으며, 실제로 가까운 장래에 그 개연성이 현실화되어 채권이 성립된 경우에는 그 채권도 채권자취소권의 피보전채권이 될 수 있다.

[3] 채권자의 보증채무 이행으로 인한 구상금채권이 채무자의 사해행위 당시 아직 발생하지는 않았으나 그 기초가 되는 신용보증약정은 이미 체결되어 있었고 사해행위 시점이 주채무자의 부도일 불과 한 달 전으로서 이미 주채무자의 재정상태가 악화되어 있었던 경우, 위 구상금채권은 채권자취소권의 피보전채권이 된다고 한 사례.

[4] 자기 앞으로 소유권을 표상하는 등기가 되어 있었거나 법률에 의하여 소유권을 취득한 자가 진정한 등기명의를 회복하기 위한 방법으로는 그 등기의 말소를 구하는 외에 현재의 등기명의인을 상대로 직접 소유권이전등기절차의 이행을 구하는 것도 허용되어야 하는바, 이러한 법리는 사해행위 취소소송에 있어서 취소 목적 부동산의 등기명의를 수익자로부터 채무자 앞으로 복귀시키고자 하는 경우에도 그대로 적용될 수 있다고 할 것이고, 따라서 채권자는 사해행위의 취소로 인한 원상회복 방법으로 수익자 명의의 등기의 말소를 구하는 대신 수익자를 상대로 채무자 앞으로 직접 소유권이전등기절차를 이행할 것을 구할 수도 있다.(대법원 2000. 2. 25. 선고 99다53704 판결)

[사례 3] 취소원인을 안 날로부터 1년 이내 제기의 의미

[1] 채권자취소의 소는 채권자가 취소원인을 안 날로부터 1년 내에 제기하여야 하는 것인바, 여기에서 취소원인을 안다고 하기 위하여서는 단순히 채무자의 법률행위가 있었다는 사실을 아는 것만으로는 부족하고, 그 법률행위가 채권자를 해하는 행위라는 것 즉, 그에 의하여 채권의 공동담보에 부족이 생기거나 이미 부족상태에 있는 공동담보가 한층 더 부족하게 되어 채권을 완전하게 만족시킬 수 없게 된다는 것까지 알아야 한다.

[2] 채권자가 채무자 소유의 부동산에 대한 가압류신청시 첨부한 등기부등

본에 수익자 명의의 근저당권설정등기가 경료되어 있었다는 사실만으로는 채권자가 가압류신청 당시 취소원인을 알았다고 인정할 수 없다고 한 사례.(대법원 2000. 6. 13. 선고 2000다15265 판결)

(3) 제척기간 진행시 수익자 또는 전득자의 악의를 알아야 하는지 여부

앞서 본 바와 같이 수익자 또는 전득자의 악의도 채권자취소권 행사의 요건 중의 하나이므로, 제척기간이 진행되기 위하여 채권자가 수익자의 악의까지 알아야 한다고 볼 것인지 문제된다. 그러나 채권자취소권의 요건에 대한 입증책임과 관련하여 볼 때, 채무자가 채권자를 해할 것을 알고 사해행위를 하였음(앞서 본 ① 내지 ③의 요건)을 채권자가 알았을 때로부터 제척기간이 진행한다고 볼 것이고, 수익자 또는 전득자의 악의에 대하여는 취소소송의 상대방이 항변으로 선의를 주장·입증하여야 하는 것이므로, 이와 같은 채권자취소권의 요건과 관련하여 보면, 제척기간이 진행하기 위하여 수익자 또는 전득자의 악의까지 알 필요는 없다고 할 것이다.

만약 수익자 또는 전득자의 악의까지 알아야 한다고 보는 경우에는 상대방이 누구냐에 따라 채권자취소권 행사에 있어서의 제척기간의 기산점이 달라지는 불합리한 결과가 발생하게 될 것이다.

(4) 제척기간과 채무자의 사해의사가 추정되는 경우

(가) 판례에 의하면, 이미 채무초과의 상태에 빠져 있는 채무자가 그의 유일한 재산인 부동산을 채권자들 가운데 어느 한 사람에게 대물변제로 제공하는 행위는 다른 특별한 사정이 없는 한 다른 채권자들에 대한 관계에서 사해행위가 되고(대법원 1996. 10. 29. 선고 96다23207 판결), 특히 채무자가 자기의 유일한 재산인 부동산을 매각하여 소비하기 쉬운 금전으로 바꾸는 행위는 특별한 사정이 없는 한 항상 채권자에 대하여 사해행위가 된다고 볼 것이므로 채무자의 사해의 의사는 추정된다(대법원 1998. 4. 14. 선고 97다54420 판

결 등 참조)고 하고 있다.

[사례 4] 대물변제 제공행위

[1] 채무자의 재산이 채무의 전부를 변제하기에 부족한 경우에 채무자가 그의 유일한 재산인 부동산을 어느 특정 채권자에게 대물변제로 제공하여 소유권이전등기를 경료하였다면 그 채권자는 다른 채권자에 우선하여 채권의 만족을 얻는 반면 그 범위 내에서 공동담보가 감소됨에 따라 다른 채권자는 종전보다 더 불리한 지위에 놓이게 되므로 이는 곧 다른 채권자의 이익을 해하는 것이라고 보아야 하고, 따라서 이미 채무초과의 상태에 빠져 있는 채무자가 그의 유일한 재산인 부동산을 채권자들 가운데 어느 한 사람에게 대물변제로 제공하는 행위는 다른 특별한 사정이 없는 한 다른 채권자들에 대한 관계에서 사해행위가 된다.

[2] 어느 부동산의 매매계약이 사해행위에 해당하는 경우에는 원칙적으로 그 매매계약을 취소하고 그 소유권이전등기의 말소 등 부동산 자체의 회복을 명하여야 하지만, 그 사해행위가 저당권이 설정되어 있는 부동산에 관하여 당해 저당권자 이외의 자와의 사이에 이루어지고 그 후 변제 등에 의하여 저당권설정등기가 말소된 때에는, 매매계약 전부를 취소하여 그 부동산 자체의 회복을 명하는 것은 당초 담보로 되어 있지 아니하던 부분까지 회복시키는 것이 되어 공평에 반하는 결과가 되므로, 그 부동산의 가액에서 저당권의 피담보채권액을 공제한 잔액의 한도에서 그 매매계약의 일부 취소와 그 가액의 배상을 구할 수 있을 뿐 부동산 자체의 회복을 구할 수는 없다.(대법원 1996. 10. 29. 선고 96다23207 판결)

[사례 5] 연대보증인의 부동산 매도 경우

[1] 연대보증인에게 부동산의 매도행위 당시 사해의 의사가 있었는지 여부는 연대보증인이 자신의 자산상태가 채권자에 대한 연대보증채무를 담보하는 데 부족이 생기게 되리라는 것을 인식하였는가 하는 점에 의하여 판단하여야 하고, 연대보증인이 주채무자의 자산상태가 채무를 담보하는 데 부족이 생기게 되리라는 것까지 인식하였어야만 사해의 의사를 인정할 수 있는 것은 아니다.

[2] 채무자가 자기의 유일한 재산인 부동산을 매각하여 소비하기 쉬운 금전으로 바꾸는 행위는 특별한 사정이 없는 한 항상 채권자에 대하여

사해행위가 된다고 볼 것이므로 채무자의 사해의 의사는 추정되는 것이고, 이를 매수한 자가 악의가 없었다는 입증책임은 수익자에게 있다.(대법원 1998. 4. 14. 선고 97다54420 판결)

(나) 그리하여 판례는, 채무자가 유일한 재산인 부동산을 매도한 경우 그러한 사실을 채권자가 알게 된 때에 채권자가 채무자에게 당해 부동산 외에는 별다른 재산이 없다는 사실을 알고 있었다면 그 때 채권자는 채무자가 채권자를 해함을 알면서 사해행위를 한 사실을 알게 되었다고 보아야 한다고 판시하기에 이르렀다(대법원 1997. 5. 9. 선고 96다2606, 2613 판결, 1999. 4. 9. 선고 99다2515 판결).

[사례 6] 제3자이의·사해행위취소
채무자가 유일한 재산인 부동산을 매각하여 소비하기 쉬운 금전으로 바꾸는 것은 특별한 사정이 없는 한 사해행위가 되는 것이고, 사해행위의 주관적인 요건인 채무자의 사해의 의사는 채권의 공동담보에 부족이 생기는 것을 인식하는 것을 말하는 것으로서 채권자를 해할 것을 기도하거나 의욕하는 것을 요하지 아니하며, 채무자가 유일한 재산인 부동산을 매각하여 소비하기 쉬운 금전으로 바꾸는 경우에는 채무자의 사해의 의사는 추정된다 할 것이므로, 채무자가 유일한 재산인 부동산을 매도한 경우 그러한 사실을 채권자가 알게 된 때에 채권자가 채무자에게 당해 부동산 이외에는 별다른 재산이 없다는 사실을 알고 있었다면 그 때 채권자는 채무자가 채권자를 해함을 알면서 사해행위를 한 사실을 알게 되었다고 할 것이다.(대법원 1997. 5. 9. 선고 96다2606,2613 판결)

[사례 7] 유일 부동산 매각 경우
[1] 가등기에 기하여 본등기가 경료된 경우 가등기의 원인인 법률행위와 본등기의 원인인 법률행위가 명백히 다른 것이 아닌 한, 사해행위 요건의 구비 여부는 가등기의 원인된 법률행위 당시를 기준으로 하여 판단하여야 한다.
[2] 채무자가 유일한 재산인 부동산을 매각하여 소비하기 쉬운 금전으로 바꾸는 것은 특별한 사정이 없는 한 사해행위가 되고, 사해행위의 주관적 요건인 채무자의 사해의사는 채권의 공동담보에 부족이 생기는

것을 인식하는 것을 말하는 것으로서, 채권자를 해할 것을 기도하거나 의욕하는 것을 요하지 아니하며, 채무자가 유일한 재산인 부동산을 매각하여 소비하기 쉬운 금전으로 바꾸는 경우에는 채무자의 사해의사는 추정되므로, 채무자가 유일한 재산인 부동산을 매도한 경우 그러한 사실을 채권자가 알게 된 때에 채권자가 채무자에게 당해 부동산 외에는 별다른 재산이 없다는 사실을 알고 있었다면 그 때 채권자는 채무자가 채권자를 해함을 알면서 사해행위를 한 사실을 알게 되었다고 보아야 한다.

[3] 채권자가 채무자의 유일한 재산에 대하여 가등기가 경료된 사실을 알고 채무자의 재산상태를 조사한 결과 다른 재산이 없음을 확인한 후 채무자의 재산에 대하여 가압류를 한 경우, 채권자는 그 가압류 무렵에는 채무자가 채권자를 해함을 알면서 사해행위를 한 사실을 알았다고 봄이 상당하다고 한 사례.(대법원 1999. 4. 9. 선고 99다2515 판결)

(다) 이와 같이 채무자의 사해의사가 추정되어 그 입증책임이 전환되는 경우에는, 앞서 본 수익자 또는 전득자의 악의에 대한 경우와 마찬가지로 제척기간이 진행하기 위하여 채무자의 사해의사를 알 필요는 없다고 할 것이다.

(5) 제척기간의 가산점은 채권자 취소권의 객관적·주관적 요건을 안 날로부터 진행

(가) 채권자취소권을 행사하기 위해서는, 객관적 요건으로서 사해행위와 주관적 요건으로서 사해의사가 있어야 하는데, 채권자취소권 행사의 제척기간은 채권자가 이와 같은 채권자취소권의 요건을 알았을 때부터 진행한다고 할 수 있다. 그러나 채권자취소권을 행사함에 있어서 그 요건 중 수익자나 전득자의 사해의사는 취소소송의 상대방이 선의에 대한 입증책임을 부담하는 것이므로, 채권자가 수익자나 전득자의 사해의사를 알지 못하였다 하더라도 제척기간의 진행을 방해한다고 볼 것은 아니다.

(나) 또 판례는 채무자가 자기의 유일한 재산인 부동산을 매각

하여 소비하기 쉬운 금전으로 바꾸는 행위는 특별한 사정이 없는 한 항상 채권자에 대하여 사해행위가 되고, 이 경우 채무자의 사해의 의사는 추정된다고 하고 있으므로, 이와 같이 채무자의 사해의사를 추정함으로써 그 입증책임이 전환된 경우에도 위와 마찬가지로 볼 수 있을 것이다.

(다) 결국, 채권자취소권 행사의 제척기간은 취소원인인 채권자취소권의 요건과 관련하여 해석하여야 할 것이고, 그 제척기간의 기산점인 "취소원인을 안 날"의 의미도 위와 같은 판례의 태도와 결부시켜 해석하는 것이 당사자 사이의 형평에 부합한다고 할 수 있다. 따라서 채무자가 유일한 재산인 부동산을 처분함으로써 채무자의 사해의사가 추정되는 경우에는, 채권자가 사해행위의 객관적 요건을 알았다면 그 주관적 요건인 채무자의 사해의사도 알았다고 봄이 상당하다.

2. 해설

가. 취소원인을 안 날

(1) 해설

(가) 사실관계

A회사는 대표이사 甲, 이사이고 甲의 동생 乙의 연대보증 아래 원고(신용기금)의 신용보증으로 은행으로부터 대출을 받았으나 1994. 10. 21.부도로 원고가 대위변제, 한편 乙은 1994. 10. 18. 당시 시가 약3억5,000만원인 이 사건 아파트를 1994. 6. 20.매매(2억원)를 원인으로 사위인 피고앞으로 이전, 乙은 이 사건 아파트외에 3,700만원의 골프회원권을 가지고 있다. 원고는 1997. 8. 11. 이 사건 사해행위 취소

청구. 이에 피고는, 원고는 A회사의 부도일인 1994. 10. 21. 또는 늦어도 신용보증에 따른 대지급이 완료된 1995. 2. 23. 무렵에 乙에 대한 재산조사과정을 통하여 이미 乙이 사해행위를 하였음을 알고 있었으므로 그때부터 1년이 훨씬 지난 1997. 8. 11.에 제기된 이 사건 사해행위의 소는 제척기간이 경과된 후의 제소로서 부적법하여 각하되어야 한다고 항변.

(나) 원심

원고가 사고관리규정, 구상권관리규정, 채권보전에관한업무처리기준 등의 규정을 마련하여 두고 있고, 한편 A회사 부도가 나자 그에 따라 乙의 재산을 조사한 사실은 인정되나, 위 인정 사실만으로 원고가 乙과 피고의 위 법률행위가 사해행위에 해당한다는 점을 알았다고 인정하기에 부족하고, 달리 원고가 이 사건 사해행위가 있었음을 안 날로부터 1년이 도과된 이후에 이 사건 소를 제기하였음을 인정할 만한 증거가 없다고 판단.

(다) 대법원

채무자의 유일한 재산인 부동산을 처분하였다는 사실을 채권자가 알았다면 특별한 사정이 없는 한 채무자의 사해의사도 채권자가 알았다고 봄이 상당하다는 이유로 파기환송.

(라) 대법원판결요지

① 채권자취소권 행사에 있어서 제척기간의 기산점인 채권자가 '취소원인을 안 날'이라 함은 채권자가 채권자취소권의 요건을 안 날, 즉 채무자가 채권자를 해함을 알면서 사해행위를 하였다는 사실을 알게 된 날을 의미한다.

② 채권자취소권 행사에 있어서 채권자가 취소원인을 알았다고 하기 위하여서는 단순히 채무자가 재산의 처분

행위를 하였다는 사실을 아는 것만으로는 부족하고 구체적인 사해행위의 존재를 알고 나아가 채무자에게 사해의 의사가 있었다는 사실까지 알 것을 요하나, 나아가 채권자가 수익자나 전득자의 악의까지 알아야 하는 것은 아니다(대법원 2000. 9. 29. 선고 2000다3262 판결)

(2) 관련판례

(가) 제소기간의 가산점

채권자취소의 소는 채권자가 취소원인을 안 날로부터 1년 내에 제기하여야 하는 것인바, 여기에서 취소원인을 안다고 하기 위하여서는 단순히 채무자의 법률행위가 있었다는 사실을 아는 것만으로는 부족하고, 그 법률행위가 채권자를 해하는 행위라는 것 즉, 그에 의하여 채권의 공동담보에 부족이 생기거나 이미 부족상태에 있는 공동담보가 한층 더 부족하게 되어 채권을 완전하게 만족시킬 수 없게 된다는 것까지 알아야 한다. ― 채권자가 채무자 소유의 부동산에 대한 가압류신청시 첨부한 등기부등본에 수익자 명의의 근저당권설정등기가 경료되어 있었다는 사실만으로는 채권자가 가압류신청 당시 취소원인을 알았다고 인정할 수 없다고 한 사례(대법원 2000. 6. 13. 선고 2000다15265 판결).

(나) 유일 부동산 매도와 취소원인을 안 날의 의미

채무자가 유일한 재산인 부동산을 매도한 경우 그러한 사실을 채권자가 알게 된 때에 채권자가 채무자에게 당해 부동산 이외에는 별다른 재산이 없다는 사실을 알고 있었다면 그 때 채권자는 채무자가 채권자를 해함을 알면서 사해행위를 한 사실을 알게 되었다고 할 것이다.― 甲이 피고 소유 토지를 침범하여 건물을 신축, 피고는 침범 건물부지에 관한 지료 상당의 부당이득반환채권을 피보전권리로 가압류, 원고가 甲의 건물을 1991. 4. 15. 매수이전, 피고가 1992. 4. 10. 원고 상대 처분금지 가처분 및 건물철거 소송 제기. 그 후 원고가 제3자 이의 소제기하자 피고가 1994. 3. 8. 반소로 사해행위 취소 소송제기— 피고는 1991. 4.경 당시 甲의 재산상태 등을 조사하여 가압류를 하였으므로, 그 당시 甲에게는 건물 이외에 별다른 재산이 없는 사실을 알았을 뿐만아니라, 그렇지 않다고 하더라도 1992. 4. 10.경 원고 상대 가처분 당시 甲이 채권자인 피고를 해함을 알면서 건물을 원고에게 매도하는 사해행위를 한 사실을 알게 되었다고 본 사례(대법원 1997. 5. 9. 선고 96다2606,2613 판결)

(다) 소멸시효의 가산점

채권자취소권에 있어서의 채권은 채무명의를 필요로 하지 아니하므로 채무명의가 있는 채권과 그렇지 아니한 채권의 취소권소멸시효의 기산점을 달리하여야 할 이유가 없다. —사해행위취소 청구권은 5년의 소멸시효가 완료된 후에 한 것으로 부당하다는 원심판결에 대하여, 확정 판결에 의한 채권에 있어서의 취소권 소멸시효기간의 기산점은 판결이 확정한 때부터 기산하여야 한다는 원고의 상고를 배척한 사례(대법원 1962. 6. 21. 선고 62다179 판결)

나. 원상회복 청구가 제척기간 도과한 경우

(1) 해설

(가) 사실관계

甲이 원고들에게 연립주택을 임대, 채무초과상태에서 이 사건 부동산에 동생인 피고의 근저당권설정, 그 후 피고 앞으로 이전, 혼동으로 위 근저당권말소, 원고들이 피고와 甲 사이 위 매매계약의 취소 및 피고명의 소유권말소 청구 승소 후 원심에서 위 근저당권말소 청구 추가.

(나) 원심

추가 청구 부분에 대하여는 민법 제406조 제2항이 적용되지 아니한다고 판단.

(다) 대법원 판결요지

① 채권자가 민법 제406조 제1항에 따라 사해행위의 취소와 원상회복을 청구하는 경우 사해행위 취소만을 먼저 청구한 다음 원상회복을 나중에 청구할 수 있다.

② 채권자가 민법 제406조 제1항에 따라 사해행위의 취소와 원상회복을 청구하는 경우 사해행위 취소 청구가 민법 제406조 제2항에 정하여진 기간 안에 제기되었다면 원상회복의 청구는 그 기간이 지난 뒤에도 할 수 있다(대법원 2001. 9. 4. 선고 2001다14108 판결).

다. 피보전 채권의 추가나 교환 경우

(1) 사실관계

원고는 S에 대한 대출금의 연대보증인 甲에 대하여 가지는 구상금채권 500만원을 사해행위 취소의 피보전권리로 하여 甲과 그의 처 피고 사이에 체결한 증여계약의 취소 및 소유권이전말소 청구의 소제기, 진행 중 피고의 변제공탁으로 위 500만원의 채권이 소멸, 원고는 소액대출 보증보험계약에 따른 甲에 대하여 가지는 구상금 1,800만원도 사해행위 취소의 피보전권리라고 주장.

(2) 원심

이는 소의 교환적 변경에 속한다고 보고 교환적으로 변경된 사해행위 취소의 소가 사해행위가 있음을 안 날로부터 1년을 도과하여 제기된 것이어서 부적법하다고 판단.

(3) 대법원

피보전권리 변경은 공격방법에 대한 주장변경일 뿐 소의 변경에 해당하지 않는다는 이유로 파기환송.

(4) 대법원 판결요지

채권자가 사해행위의 취소를 청구하면서 그 보전하고자 하는 채권을 추가하거나 교환하는 것은 그 사해행위취소권을 이유 있게 하는 공격방법에 대한 주장을 변경하는 것일 뿐이지 소송물 또는 청구 자체를 변경하는 것이 아니므로 소의 변경이라 할 수 없다. 따라서 소장에서 주장하였던 피보전권리가 소송 계속 중 변제로 말미암아 소멸한 후, 원고가 새로운 피보전권리를 주장할 때 1년의 제척기간이 경과하였다 하더라도 그 소가 부적법하게 되는 것은 아니다(대법원 2003. 5. 27. 선고 2001다13532 판결)

같은 취지(1964. 11. 24. 64다564 사해행위, 파기환송) ─사해행위의 취소를 청구하면서 원고가 등기청구권 또는 손해배상채권자라고 주장하였다가 별개의 금전채권자라고 주장한 것은 공격방어방법에 관한 주장의 변경이지 소의 변경은 아니다.─ 원고는 처음에 피고로부터 건물을 매수하여 등기청구권 또는 등기채무이행불능에 의한 손해배상청구채권이 있다는 전제로 피고와 피고1간의 매매행위 취소를 구한다고 주장을 하다 나중에 피고에 대하여 금3,200만원의 별개의 채권자로서 피고들간의 매매행위를 사해행위로서 취소를 구한 것이 소의 변경이 아니라고 본 사례.

채권자취소소송의 형태는 판례와 통설이 취하는 상대적 무효설에 의하면 ① 사해행위 취소의 효과는 목적물의 반환에 필요한 범위내에서 그 상대방에 대한 관계에서만 상대적인 효력이 있을 뿐이므로, 수익자 또는 전득자만이 피고로 되고 채무자는 피고로 될 수 없다(당사자 적격의 한계). ② 원칙적으로 재산반환과 함께 사해행위의 취소를 함께 청구하여야 한다(형성소송과 이행소송의 병합). ③전득자가 있는 경우에 수익자와 전득자 중 누구를 상대방으로 하여 채권자취소권을 행사할 것인가는 채권자의 자유로운 선택에 달려 있다(상대방 선택의 자유).

제5절 기타

1. 본안전 항변

가. 관할위반의 항변

(1) 판시사항

[1] 채권자가 사해행위의 취소와 함께 수익자 또는 전득자로부터 책임재산의 회복을 구하는 사해행위취소의 소에 있어서의 의무이행지(취소로 인하여 형성될 법률관계에 있어서의 의무이행지)

[2] 사해행위취소에 따른 원상회복으로서의 소유권이전등기 말소등기의무의 이행지(등기관서의 소재지)(대법원 2002. 5. 10. 선고 2002마1156 결정)

(2) 이유

원심은, 포항시에 주소를 둔 원고가 원주시에 본점을 둔 소외 삼양주택건설 주식회사(이하 '소외 회사'라 한다)에 대하여 약속어음공정증서에 의한 금전채권을 가지고 있는데 소외 회사가 그 소유인 강원 고성군 토성면 청간리 소재 부동산들을 인천시에 본점을 둔 피고 회사에 매도하고 소유권이전등기까지 마쳤음을 이유로 위 매매계약을 사해행위로서 취소하고 피고 회사에게 위 소유권이전등기의 말소등기절차의 이행을 구하는 소를 원고의 주소지 관할법원인 대구지방법원 포항지원에 제기한 데 대하여 원고의 사해행위취소에 의하여 형상되는 법률관계는 피고의 소외 회사에 대한 소유권이전등기의 말소 등기절차 이행에 관한 권리의무 관계이고, 그 취소로 인하여 소외 회사의 채권자인 원고와 수익자인 피고 사이에는 아무런 실체상 권리의무관계가 형성되지 않으므로, 원고의 주소지는 민사소송법 제6조의 의무이행지가 아니라고 판단하였다.

그러나 채권자가 사해행위의 취소와 함께 수익자 또는 전득자로부터 책임재산의 회복을 구하는 사해행위취소의 소를 제기한 경우 그 취소의 효과는 채권자와 수익자 또는 전득자 사이의 관계에서만 생기는 것이므로, 수익자 또는 전득자가 사해행위의 취소로 인한 원상회복 또는 이에 갈음하는 가액배상을 하여야 할 의무를 부담한다고 하더라도 이는 채권자에 대한 관계에서 생기는 법률효과에 불과하고 채무자와 사이에서 그 취소로 인한 법률관계가 형성되는 것은 아니다. 뿐만 아니라, 이 경우 채권자의 주된 목적은 사해행위의 취소 그 자체보다는 일탈한 책임재산의 회복에 있는 것이므로, 사해행위취소의 소에 있어서의 의무이행지는 '취소의 대상인 법률행위의 의무이행지'가 아니라 '취소로 인하여 형성되는 법률관계에 있어서의 의무이행지'라고 보아야 할 것이다. 따라서 원심의 위와 같은 판단에는 사해행위취소의 소에 있어서의 의무이행지에 관한 법리를 오해한 위법이 있다.

그러나 이 사건에 있어서, 부동산등기의 신청에 협조할 의무의 이행지는 성질상 등기지의 특별재판적에 관한 민사소송법 제19조에 규정된 '등기할 공무소 소재지'라고 할 것이므로, 원고가 사해행위취소의 소의 채권자라고 하더라도 사해행위취소에 따른 원상회복으로서의 소유권이전등기 말소등기의무의 이행지는 그 등기관서 소재지라고 볼 것이지, 원고의 주소지를 그 의무이행지로 볼 수는 없다. 따라서 관할위반을 이유로 사건을 부동산의 소재지 관할 법원인 춘천지방법원 속초지원으로 이송한 제1심법원의 조치를 유지한 원심결정의 결론은 정당하다고 할 것이다.

나. 제척기간 도과

A. 취소원인을 안 날의 의미

(1) 판시사항

[1] 채권자가 수익자에 대한 사해행위취소소송과는 별도로 전득자에 대하여 채권자취소권을 행사하여 원상회복을 구하는 경우, 민법 제406조 제2항에서 정한 기간안에 전득자에 대한 관계에 있어서 채무자와 수익자 사이의 사해행위 취소를 청구해야 하는지 여부(적극)

[2] 민법 제406조 제2항의 제척기간의 기산점인 채권자가 '취소원인을 안 날'의 의미

[3] 채권자 취소권 행사에 있어 채권자가 취소원인을 알았다고 인정하기 위하여는 채무자에게 사해의사가 있었다는 사실도 알아야 하는지 여부(적극) 및 나아가 수익자나 전득자의 악의까지 알아야 하는지 여부(소극), (대법원 2005. 6. 9. 선고 2004다17535 판결)

(2) 이유

(가) 원심의 판단

원심은 그 채용 증거들을 종합하여, 원고가 1995. 1. 4. 민준식에게 1억 5,000만 원을 이자 월 2%, 변제기 1995. 3. 4.로 정하여 대여한 사실, 판시와 같은 경위를 거쳐 1997. 11. 26. 민준식의 유일한 재산인 이 사건 건물에 관하여 1997. 4. 10.자 매매를 원인으로 한 민옥희 명의의 소유권이전등기가 마쳐졌다가 다시 1997. 12. 11. 피고를 권자로 하여 1997. 12. 10.자 매매예약을 원인으로 한 소유권이전청구권가등기(이하 '이 사건 가등기'라 한다)가 마쳐진 사실, 이에 원고가 1998. 6.경 민옥희를 상대로 이 사건 건물에 관하여 민준식과 민옥희 사이에 체결된 1997. 4. 10.자 매매계약 등이 사해행위임을 이유로 위 매매계약 등의 취소 및 민옥희 명의로 마쳐진 소유권이전등기 등의 말소를 청구하여 승소판결을 받아 그 판결이 2001. 12. 30.경 확정된

사실을 인정한 다음, 위와 같이 원고가 이 사건 건물에 관하여 민준식과 민옥희 사이에 체결된 위 매매계약 등이 사해행위임을 이유로 그 취소 및 민옥희 명의로 마쳐진 소유권 이전등기 등의 말소를 청구하여 승소판결을 받은 후, 이 사건 소에서 사해행위취소에 따른 원상회복으로서 피고명의로 마쳐진 이 사건 가등기의 말소를 별도로 청구하는 경우, 이 사건 가등기의 말소청구 부분에 대하여는 민법 제406조 제2항이 적용되지 않는다는 이유를 들어, 원고의 이 사건 소가 민법 제406조 제2항이 정한 제척기간을 도과하여 제기된 것이어서 부적법하다는 피고의 주장을 배척하였고, 이어서 판시와 같은 이유로, 민준식과 민옥희 사이에 체결된 이 사건 건물에 관한 1997. 4. 10.자 매매계약등은 사해행위로서 취소되어야 하므로, 그에 따른 원상회복으로서 피고는 민옥희에게 이 사건 건물에 관하여 피고 명의로 마쳐진 이 사건 가등기의 말소등기절차를 이행할 의무가 있다고 판단하였다.

(나) 대법원의 판단

그러나 원심의 위와 같은 판단은 다음과 같은 이유로 수긍하기 어렵다.

채권자가 전득자를 상대로 민법 제406조 제1항에 의한 채권자취소권을 행사하기 위해서는, 같은 조 제2항에서 정한 기간 안에 채무자와 수익자 사이의 사해행위의 취소를 소송상 공격방법의 주장이 아닌 법원에 소를 제기하는 방법으로 청구하여야 하는 것이라고, 비록 채권자가 수익자를 상대로 사해행위의 취소를 구하는 소를 이미 제기하여 채무자와 수익자 사이의 법률행위를 취소하는 내용의 판결을 선고받아 확정되었다더라도 그 판결의 효력은 그 소송의 피고가 아닌 전득자에게는 미칠 수 없는 것이므로, 채권자

제5절 기타

가 그 소송과는 별도로 전득자에 대하여 채권자 취소권을 행사하여 원상회복을 구하기 위해서는 위에서 본 법리에 따라 민법 제406조 제2항에서 정한 기간 안에 전득자에 대한 관계에 있어서 채무자와 수익자 사이의 사해행위를 취소하는 청구를 하지 않으면 아니 된다(대법원 1984. 11. 24. 84마610 결정, 1988. 2. 23. 선고 87다카1989 판결, 1990. 10. 30. 선고 89다카35421 판결, 1993. 1. 26. 선고 92다11008 판결 등 참조).

그리고 민법 제406조 제2항의 제척기간의 기산점인 채권자가 '취소원인을 안 날'이라 함은 채권자가 채권자취소권의 요건을 안 날, 즉 채무자가 채권자를 해함을 알면서 사해행위를 하였다는 사실을 알게 된 날을 의미하는 것이고, 채권자가 취소원인을 알았다고 하기 위하여서는 단순히 채무자가 재산의 처분행위를 하였다는 사실을 아는 것만으로는 부족하고 구체적인 사해행위의 존재를 알고 나아가 채무자에게 사해의 의사가 있었다는 사실까지 알 것을 요하나, 나아가 채권자가 수익자나 전득자의 악의까지 알아야 하는 것은 아니다(대법원 2000. 9. 29. 선고 2000다3262 판결 등 참조).

그런데 앞서 본 바와 같이 원고가 1998. 6. 경 민옥희를 상대로 사해행위취소소송을 제기하였으므로 원고는 늦어도 그 무렵에는 민준식이 원고를 해함을 알면서 민옥희에게 이 사건 건물을 매도하였음을 알고 있었다고 할 것이고, 그로부터 1년이 경과한 후인 2002. 3. 25.에 제기된 이 사건 소는 민법 제406조 제2항소정의 제소기간이 도과된 후에 제기된 것이어서 부적법하다고 할 것이다.

그럼에도 불구하고, 원심은 수익자를 상대로 사해행위취소의 소를 제기하여 승소판결을 받은 후 전득자를 상대로 원상회복의 청구를 하는 경우에는 민법 제406조 제2항이 적용되지 않는다고 보아 피고의 제척기간 도과의 항변을 배척하였으니, 원심판결에는 사해행위취소의 소의 제척기간에 관한 법리를 오해한 위법이 있고, 이러한 위법은 판결의 결과에 영향을 미쳤음이 분명하다.

B. 소송물과 제척기간

(1) 판시사항

[1] 사해행위취소의 대상인 금원지급행위의 법률적 평가가 증여 또는 변제인지에 따라 소송물을 달리하는지 여부(소극)

[2] 채무의 본지에 따른 변제를 하는 경우, 사해행위의 성립여부(한정 소극)

[3] 채무자가 일부의 채권자와 통모하여 다른 채권자를 해할 의사로 변제를 하였는지 여부에 대한 증명책임의 소재 및 그 판단 기준(대법원 2005. 3. 25. 선고 2004다10985, 10992 판결)

(2) 이유

원심은 이러한 원고승계참가인의 청구와 관련하여, 원래 청구의 예비적 병합은 여러개의 청구를 하면서 주위적 청구가 기각되거나 각하될 경우에 대비하여 예비적 청구에 대하여 심판을 구하는 병합 형태로서(제1 예비적 청구와 제2 예비적 청구도 마찬가지이다), 이는 각각의 청구가 소송물이 다른 경우에 인정되는 것이라고 전제하고, 이 사건의 경우 장치혁의 피고들에 대한 각 1997. 9. 8.자 금원지급행위에 대하여 원고승계참가인은 제1 예비적 청구로서 위 각 금원지급행위를 증여로 보아 사해행위인 증여의 취소와 그 원상회복을 구하고, 제2 예비적 청구로서 위 각 금원지급행위를 변제로 보아 사해행위인 변제의 취소와 그 원상회복을 구하고 있으나, 사해행위취소소송에서 그 소송물은 무자력인 채무자의 재산감소행위의 취소와 그 원상회복 청구권이므로, 그 재산감소행위의 법률적 평가(이 사건에서 증여 또는 변제)가 다르다고 하여 그 소송물이 달라지는 것은 아니라 할 것이어서, 비록 원고가 제1 예비적 청구와 제2 예비적 청구를 하고 있지만 위 두 청구는 소송물이 다른 별개의 청구가 아니라 소송물이 동일한 하나의 청구이고, 위 각 금원지급행위를 증여나 변제로 주장하는 것은 이에 대한 법률적 평가에 관한 주장에 불과한 것이라고 하면서 원고의 제1 예비적 청구와 제2 예비적 청구는 그 소송물이 같아 별개의 소라고 볼 수 없고, 위 각 금원지급행위(1997. 9. 8.)가 있는 날부터 5년 이내인 2002. 9. 9.(2002. 9. 8.이 일요일이다.)에 위 각 금원지급행위가 사해행위에 해당한다 하여 그 취소를 구하는 청구취지 및 청구원인 변경신청서(피고 나옥주, 장호정에 대하여)나 소장(피고 장호진에 대하여)이 제1심법원에 접수되었으므로, 위 사해행위취소청구가 제척기간이 도과되었음을 전제로 한 피고들의 주장은 이유 없다고 하여 이를 배척한 뒤, 원고의 제1 예비적 청구와 제2 예비적 청구를 하나의 예비적 청구로 보고 이에 관하여 판단을 하고, 결국 이 부분 청구를 인용하는 내용으로 제1심판결을 변경하였다.

채권자가 채무자의 어떤 금원지급행위가 사해행위에 해당된다고 하여 그 취소를 청구하면서 다만 그 금원지급행위의 법률적 평가와 관련하여 증여 또는 변제로 달리 주장하는 것은 그 사해행위취소권을 이유 있게 하는 공격방법에 관한 주장을 달리하는 것일 뿐이지 소송물 또는 청구 자체를 달리하는 것으로 볼 수 없다. 같은 취지의 원심의 판단과 원심이 이를 전제로 피고들의 제척기간 도과의 항변을 배척한 것은 정당한 것으로 수긍이 가고, 이에 상고이유에서 주장하는 바와 같이 판결 결과에 영향을 미친 사해행위취소소송의 소송물 및 제척기간 등에 관한 법리오해의 위법이 있다고 할 수 없다.

C. 대위행사와 제척기간

 (1) 판시사항

[1] 채권자취소권의 채권자대위권의 대상이 되는지 여부(적극)

[2] 채권자가 채무자의 채권자취소권을 대위행사하는 경우, 제소기간의 준수 여부는 채무자를 기준으로 하여 판단하는지 여부(적극), (대법원 2001. 12. 27. 선고 2000다73049 판결)

(2) 이유

채권자취소권도 채권자가 채무자를 대위하여 행사하는 것이 가능하다고 할 것인바, 민법 제404조 소정의 채권자 대위권은 채권자가 자신의 채권을 보전하기 위하여 채무자의 권리를 자신의 이름으로 행사할 수 있는 권리라 할 것이므로, 채권자가 채무자의 채권자취소권을 기준으로 하여 그 준수 여부를 가려야 할 것이고, 따라서 채무자가 취소원인을 안 날로부터 1년, 법률행위가 있은 날로부터 5년 내라면 채권자취소의 소를 제기할 수 있다고 할 것이다.

따라서 소의 영일제강 주식회사(이하 '소외 회사'라 한다)의 채권자취소권을 대위행사하는 채권자인 원고가 취소원인을 안 지 1년이 지났다면 채무자인 소외 회사가 취소원인을 안지 1년, 법률행위가 있은 날로부터 5년이 지나지 아니하여 소외 회사 스스로 채권자취소의 소를 제기하는 것이 가능한 경우라도 채권자인 원고는 소의 회사를 대위하여 채권자 취소의 소를 제기하지 못한다는 취지의 상고이유의 주장은 독자적인 견해로서 받아들일 수 없다.

다. 권리보호의 이익

(1) 판시사항

[1] 동일한 사해행위에 관하여 어느 한 채권자가 채권자취소 및 원상회복청구를 하여 승소판결을 받아 그 판결이 확정되고 그에 따라 이행이 완료된 경우, 다른 채권자의 채권자

취소 및 원상회복청구가 그와 중립되는 범위 내에서 권리보호의 이익이 없어지는지 여부(적극)

[2] 동일한 사해행위에 관한 취소소송이 중첩된 경우, 선행 소송에서 확정판결로 처분부동산의 감정평가에 따른 가액반환이 이루어진 이상 후행 소송에서 부동산의 시가를 다시 감정한 결과 위 확정판결에서 인정한 시가보다 평가액이 증가되었다 하더라도, 그 증가된 부분을 위 확정판결에서 인정한 부분과 중첩되지 않는 부분으로 보아 이에 대하여 다시 가액배상을 명할 수는 없다고한 원심판결을 수긍한 사례(대법원 2005. 3. 24. 선고 2004다65367 판결).

(2) 이유

채권자취소권의 요건을 갖춘 각 채권자는 고유의 권리로서 채무자의 재산처분행위를 취소하고 그 원상회복을 구할 수 있는 것이지만, 어느 한 채권자가 동일한 사해행위에 관하여 채권자취소 및 원상회복청구를 하여 승소판결을 받아 그 판결이 확정되고 그에 기하여 재산이나 가액의 회복을 마친 경우에는, 다른 채권자의 채권자취소 및 원상회복청구는 그와 중첩되는 범위 내에서 권리보호의 이익이 없게 된다(대법원 2000. 7. 28. 선고 99다6180 판결, 2003. 7. 11. 선고 2003다19558 판결 참조).

원심은 그 채용 증거들을 종합하여, 제1심 공동피고 정연자에 대하여 4억80,444,976원의 구상금채권을 갖고 있는 신용보증기금이 피고를 상대로 하여 서울지방법원 2001가합71359호로 원심판결 별지 목록 기재 부동산(이하 '이 사건 부동산'이라 한다)에 관한 채권자취소의 소를 제기하였는데, 위 법원은 2002. 12. 26. 정연자와 피고 사이의 이 사건 부동산에 관한 2001. 6. 11.자 매매계약이 사해행위라고 판단하여 이를 취소하고, 그 원상회복으로 이 사건 부동산의 변론종결 당시 시가인 8억 79,624,000원에서 위 사해행위 이후 변제된 이 사건 부동산에 설정된 각 근저당권의 피담보채무 합계 5억 93.258.216원을 공제한 2억 86,407,784원 전액을 신용보증기금에게 2003. 12. 30. 5,000만원, 2004. 7. 28. 2억 55,517,081원 등 합계 3억 5,517,081원을 지급함으로써 위 가액배상금 2억 86,407,784원 및 위 판결 확정일 이후에 이 사건 부동산의 시가를 감정하여 그 감정가에서 변제된 각 근저당권의 피담보채무를 공제한 나머지 금액을 모두 반환하도록 하였고, 이에 따라 그 금액이 모두 반환된 이상 이 사건 부동산 전부에 관하여 사해행위의 취소와 원상회복이 이루어진 것이고, 그 후 이 사건에서 이 사건 부동산의 시가를 다시 감정한 결과 위 확정판결에서 인정한 시가보다 평가액이 증가되었다 하더라도, 그 증가된 부분을 위 확정판결에서 인정한 부분과 중첩되지 않는 부분으로 보아 이에 대하여 다시 가액배상을 명할 수는 없다는 이유로, 원고의 피고에 대한 이 사건 소는 권리보호의 이익이 없어 부적법하다고 판단하였다.

앞서 본 법리에 비추어 기록을 살펴보면, 이러한 원심의 사실인정과 판단은 옳고, 거기에 채증법칙을 위배하여 사실을 오인하거나 사해행위 취소소송에서의 권리보호의 이익에 관한 법리를 오해한 위법이 있다고 할 수 없다.

라. 중복소송의 경우

(가. 중복제소 또는 권리보호의 이익 흠결 주장에 관한 판단)
원고가 ……은 사해행위라고 주장하면서 그 수익자인 피고를 상대로 그 취소 및 이에 따른 원상회복을 구하는 이 사건 소에 대하여, 피고는 …(이 사건 소송이외에도 치소 채권자만 달리 한 채 동일한 사유를 들어 이 사건 매매계약의 취소를 구하는 소송이 별도로 제기, 진행되고 있음을 이유)……라고 본안전 항변하므로 살피건대,

채권자취소권의 요건을 갖춘 각 채권자는 고유의 권리로서 채무자의 재산처분행위를 취소하고 그 원상회복을 구할 수 있는 것이므로 각 채권자가 동시 또는 이시에 사해행위의 취소 및 원상회복을

구하는 소송을 제기하였다 하여도 그 중 어느 소송에서 승소판결이 선고·확정되고 그에 기하여 재산이나 가액의 회복을 마치기 전에는 각 소송이 중복제소에 해당한다거나 권리보호의 이익이 없게 되는 것은 아니라고 할 것인바(대법원 2003. 7. 11. 선고 2003다19558 판결 등 참조),
피고의 위 항변은 그 주장 자체로서 이유 없다.

2. 해설

가. 의무이행지

(1) 사실관계

포항시에 주소를 둔 원고가 원주시에 본점을 둔 甲회사에 대하여 약속어음공정증서에 따른 금전채권을 가지고 있는데 甲회사가 그 소유인 강원 고성군 토성면 청간리 소재 부동산들을 인천시에 본점을 둔 피고 회사에 매도하고 소유권이전등기까지 마쳤음을 이유로 위 매매계약을 사해행위로서 취소하고 피고 회사에게 위 소유권이전등기의 말소등기절차의 이행을 구하는 소를 원고의 주소지 관할 법원인 대구지방법원 포항지원에 제기. 이에 피고가 이송신청. 원심은 아래와 같은 이유로 이송

(2) 원심

원고의 사해행위취소에 따라서 형성되는 법률관계는 피고의 甲회사에 대한 소유권이전등기의 말소등기절차 이행에 대한 권리의무관계이고, 그 취소로 말미암아 甲회사의 채권자인 원고와 수익자인 피고 사이에는 아무런 실체상 권리의무관계가 형성되지 않으므로, 원고의 주소지는 민사소송법 제8조의 의무이행지가 아니라고 판단. 이에 원고가 재항고.

(3) 대법원 결정요지

(가) 채권자가 사해행위 취소와 함께 수익자 또는 전득자로부터 책임재산의 회복을 구하는 사해행위 취소 소를 제기한 경우 그 취소의 효과는 채권자와 수익자 또는 전득자 사이의 관계에서만 생기는 것이므로, 수익자 또는 전득자가 사해행위 취소에 따른 원상회복 또는 이에 갈음하는 가액배상을 하여야 할 의무를 부담한다고 하더라도 이는 채권자에 대한 관계에서 생기는 법률효과에 불과하고 채무자와 사이에서 그 취소로 다른 법률관계가 형성되는 것은 아닐 뿐만 아니라, 이 경우 채권자의 주된 목적은 사해행위 취소 그 자체보다는 일탈한 책임재산의 회복에 있는 것이므로, 사해행위취소의 소에 있어서의 의무이행지는 '취소의 대상인 법률행위의 의무이행지'가 아니라 '취소로 말미암아 형성되는 법률관계에 있어서의 의무이행지'라고 보아야 한다.

(나) 부동산등기의 신청에 협조할 의무의 이행지는 성질상 등기지의 특별재판적에 대한 민사소송법 제21조에 규정된 '등기할 공무소 소재지'라고 할 것이므로, 원고가 사해행위취소의 소의 채권자라고 하더라도 사해행위취소에 따른 원상회복으로서의 소유권이전등기 말소등기의무의 이행지는 그 등기관서 소재지라고 볼 것이지, 원고의 주소지를 그 의무이행지로 볼 수는 없다(대법원 2002. 5. 10. 선고 2002마1156 결정).

3. 사해행위취소와 혼합공탁

가. 사례 및 방법

(1) ① ㄱ회사는 갑에 대해서 물품대금채무를 부담하고 있는 바, ② 갑은 을에 대하여 당해 채권을 양도하고, ㄱ사에게 그 양도통지가 도달되었다. 그런데 그 후 ③ 갑의 채권자 병이 위 채권양도

는 사해행위라 하여 을을 상대로 민법 제406조1항에 기하여 사해행위취소소송을 제기함과 동시에, 갑의 ㄱ사에 대한 채권을 압류하여, ㄱ사에 대하여도 그 압류명령이 송달되어 왔다.

(2) ㄱ회사로서는 위 물품대금채무에 관해서, 갑·을·병 어느 자에 대해서도 채무면책의 효과를 주장할 수 있게 하기 위해서는 혼합공탁을 하는 방법이 있다.

나. 혼합공탁방법

(1) 제삼채무자 ㄱ사는 갑 또는 을을 피공탁자로 하는 채권자확지불능의 변제공탁을 하는 동시에, 갑을 피공탁자로 하여, 병의 압류로 인한 갑 채권자 수령불능의 변제공탁을 혼합공탁의 형식으로 함이 상당하다.

(2) 이 경우 공탁자 법령조항 란에는 「민법 제487조 전단, 동조 후단」이라 표시하고, 피공탁자란에는 「확지불능 채권자 갑 또는 을, 수령불능 채권자 갑」으로 표시되며, 공탁원인사실란에는 확지불능원인과 수령불능원인의 요지를 기재할 것이다. 그리고 갑·을·갑(불확지·수령불능 양공탁의 피공탁자)에 대해서는 공탁통지를 하여야 한다.

(3) 소송에의 병이 승소확정되면 을은 양수채권자 지위를 상실하는 결과 피공탁자의 지위도 상실되며, 갑이 채권자가 되어 그는 피공탁자 지위를 유지하게 된다.

(4) 그리하여 처음부터 갑이 채권을 병이 압류한 것으로 확정되는 바, 이 경우 병이 이부명령을 받으면 갑은 피공탁자의 지위를 상실하므로, 병은 이부명령정본을 출급청구권이 있음을 증명되는 서면으로 하여 혼합공탁물 출급권이 있게 되고, 반대로 압류가 해제되면 병이 피공탁자 지위를 상실하므로 갑이 출급청구권자가 된다.

(5) 또 한편 본건 소송에서 을이 승소확정되면 그가 채권자로 확정되고 갑은 채권자의 지위, 따라서 확지불능 변제공탁의 피공탁자 지위를 상실하며, 이로 인해서 병의 압류 또는 실효되어 갑의 수령불능 변제공탁의 피공탁자 지위 또한 상실하는 까닭에 을만이 진정한 채권자로서 피공탁자 지위를 유지하는 까닭에 그가 출급청구권을 가지게 된다.

(6) 갑·을·병은 각 이상과 같은 사유를「출급권이 있음을 증명하는 서면」으로서 공탁공무원에게 제출하고 공탁금지급을 받게 된다.

제 2 장
실무사례

- 실무사례

제2장 실무사례

제1절 기본사례

1. 기본사례

> 1. 원고(채권자)는 甲(채무자)에게 200,000,000원을 대여하였는데, 甲이 채무초과상태에서 2020. 3. 5. 자신의 사돈인 피고(수익자)에게 자신의 유일한 재산인 부동산(시가 100,000,000원)을 매도하였다.
> 2. 원고(채권자)는 甲(채무자)에게 200,000,000원을 대여하였는데, 甲은 채무초과상태에서 2020. 3. 5. 자신의 사돈인 피고(수익자)에게 자신의 유일한 재산인 부동산(시가 400,000,000원)을 매도하였고 그 이후 피고는 부동산에 이미 설정되어 있던 근저당권의 피담보채권액(100,000,000원)을 변제하고 이를 말소하였다.

2. 청구취지 검토

기본사례 1.의 경우(원물반환)[3]

1. 피고와 甲 사이에 별지 목록 기재 부동산에 관하여 2020. 3. 5. 체결된 매매계약을 취소한다.
2. 피고는 甲에게 위 부동산에 관하여 ○○지방법원 2020. 3. 5. 접수 제○○○호로 마친 소유권이전등기의 말소등기절차를 이행하라.

---

[3] 대법원 2001. 6. 12. 선고 99다20612 판결

기본사례 2.의 경우(원상회복)

1. 피고와 소외 ○○○ 사이에 별지 목록 기재 부동산에 관하여 2020. 7. 10. 체결된 근저당권설정계약을 취소한다.
2. 피고는 소외 ○○○ 에게 위 제1항 기재 부동산에 관하여 서울중앙지방법원 2020. 7. 20. 접수 제12345호로 마친 근저당권설정등기의 말소등기절차를 이행하라.
3. 소송비용은 피고가 부담한다.
라는 재판을 구합니다.

기본사례 3.의 경우(가액반환)

1. 피고와 甲 사이에 별지 목록 기재 부동산에 관하여 2020. 3. 5. 체결된 매매계약을 200,000,000원의 한도 내[4]에서 취소한다.
2. 피고는 원고에게 200,000,000원과 이에 대하여 이 판결 확정일 다음날부터 갚는 날까지 연 5%의 비율에 의한 돈을 지급하라.

기본사례 4.의 경우(가액배상)

1. 피고와 소외 ○○○ 사이에 별지 목록 기재 부동산에 관하여 2020. 7. 10. 체결된 매매계약을 100,000,000원의 한도 내에서 취소한다.
2. 피고는 원고에게 100,000,000원 및 이에 대한 이 판결 확정일 다음날부터 다 갚는 날까지 연 5%의 비율에 의한 금원을 지급하라.
3. 소송비용은 피고가 부담한다.
라는 재판을 구합니다.

---

[4] 대법원 2002. 4. 12. 선고 2000다63912 판결, 1997. 9. 9. 선고 97다10864 판결

① 사해행위취소로 인한 가액배상청구는 장래 이행을 구하는 것으로 그 지연손해금 비율은 법정이율에 의하며, 사해행위취소로 인한 가액배상 지급의무는 그 전제가 되는 사해행위취소라는 형성판결이 확정될 때 비로소 발생하므로 판결확정일까지는 지연손해금이 인정되지 않는다.
② 사해행위취소 부분은 형성판결이므로 성질상 가집행선고가 허용되지 않으며, 금전의 지급을 명하는 가액배상 부분 역시 성질상 가집행이 허용되지 않는다5). 그러나 이미 사해행위를 취소하는 판결이 선고되고 그 판결이 확정된 다음 가액배상을 구하는 청구를 하는 경우 이는 이행소송에 불과하므로 가집행을 선고할 수 있다.

- 사해행위취소의 소는 원칙적으로 채무자의 주소지 법원에 제기해야 하지만(민소 제2조, 제3조) 사해행위취소에 따른 원상회복으로서의 소유권이전등기 말소등기절차6) 또는 근저당권등기 말소등기절차의 이행을 구하는 경우에는 위 등기를 해야 하는 등기관서가 있는 곳의 법원에 제기할 수 있다(민소 제8조, 제21조).
- 취소의 대상은 채무자와 수익자 사이의 법률행위이므로 피고가 전득자일 경우에도 취소의 대상은 채무자와 수익자 사이의 법률행위가 되어야 하고7) 수익자나 전득자가 행한 법률행위를 대상으로 하는 경우에는 소의 이익이 없어 소는 부적법 각하된다.
- 사해행위취소의 소의 피고는 수익자 또는 전득자이어야 하며 이와 달리 채무자는 피고적격이 없다8).
- 채권자가 사해행위의 취소를 청구하면서 그 보전하고자 하는 채권을 추가하거나 교환하는 것은 그 사해행위취소권을 이유 있게 하는 공격방법에 관한 주장을 변경하는 것일 뿐이지 소송물 또는 청구 자체를 변경하는 것은 아니므로, 소의 변경이라 할 수 없다9).

---

5) 대법원 1998. 11. 13. 선고 98므1193
6) 대법원 2002. 5. 10. 자 2002마1156
7) 대법원 2004. 8. 30. 선고 2004다21923 판결
8) 대법원 2004. 8. 30. 선고 2004다21923 판결
9) 대법원 2003. 5. 27. 선고 2001다13532 판결

- 채권자는 사해행위의 취소만을 구할 수도 있지만, 원상회복청구를 하려면 반드시 취소청구를 병합하여야 하기 때문에 사해행위취소를 구함이 없이 원상회복청구만을 구하는 경우에는 누락된 취소청구를 하도록 보정을 권고한다.
- 사해행위의 취소에 따른 원상회복은 원칙적으로 그 목적물 자체의 반환에 의하여야 하지만10) 예외적으로 우너상회복이 불가능하거나 현저히 곤란한 경우에는 가액배상11)이 허용된다.12)13) 다만, 이때는 가액배상을 구하는 원고가 가액배상이 허용되는 사정에 관한 사실도 주장·증명하여야 한다.

  가. 가액배상의 범위

  가액배상은 채권자의 피보전채권, 목적물의 공동담보가액, 수익자와 전득자가 취득한 이익 중 가장 적은 금액을 한도로 이루어진다.

- 채권자의 채권이 사해행위 이전에 성립한 이상 사해행위 이후에 양도되었다고 하더라도 양수인은 채권자취소권을 행사할 수 있다14).

3. 청구원인 검토

가. 요건사실

① 피보전채권의 발생원인 사실
② 채무자의 사해행위
③ 채무자의 사해의사

원고는 피보전채권의 발생원인 사실(채권자인 원고의 채무자에 대

---

10) 대법원 2000. 2. 25. 선고 99다53704 판결
11) 대법원 2010. 4. 29. 선고 2009다104564 판결
12) 대법원 2001. 12. 27. 선고 2001다33734 판결, 2001. 2. 9. 선고 2000다57139 판결
13) 대법원 2008. 4. 24. 선고 2007다84352 판결
14) 대법원 2012. 2. 9. 선고 2011다77146 판결

한 채권의 발생원인 사실), 채무자의 사해행위(채무자가 채권자를 해하는 재산권을 목적으로 하는 법률행위를 한 사실), 채무자에게 사해의사가 있었다는 사실을 주장·증명하여야 한다.

나. 피보전채권의 발생원인 사실

채권자취소권은 총 채권자의 공동담보인 채무자의 재산의 감소를 방지하기 위하여 부여된 것이고 특정채권(특히 등기청구권 또는 부동산임차권)의 보전을 목적으로 하는 것이 아니므로 사해행위취소소송의 피보전채권은 금전채권이나 종류채권임을 요하지만, 특정채권이 채무불이행 등으로 손해배상채권인 금전채권으로 변화된 경우에는 피보전채권이 될 수 있다. 또한 피보전채권은 사해행위가 있기 전에 발생된 것이어야15) 하지만 그 사해행위 당시 이미 채권 성립의 기초가 되는 법률관계가 발생되어 있고 가까운 장래에 그 법률관계에 기하여 채권이 성립되리라는 고도의 개연성이 있으며 실제로 가까운 장래에 그 개연성이 현실화되어 채권이 성립된 경우에는 그 채권자취소권이 피보전채권이 될 수 있다16).

다. 채무자의 사해행위17)

채무자의 재산처분행위로 인해 채무자의 총 재산의 감소가 초래되어 채권의 공동담보에 부족이 생기게 되는 사해행위인지 여부는 처분행위 당시를 기준으로 판단하여야 하므로 원고는 채무자의 총 재산18)이나 채권의 담보로 제공된 담보물19)의 처분행위 당시의 시가를 주장·증명하여야 한다. 다만, 판례는 유일한 재산의 매각(유일한 부동산의 담보제공 행위, 신탁행위 등)은 특별한 사정이 없는

---

15) 대법원 1999. 4. 9. 선고 99다2515 판결
16) 대법원 2004. 11. 12. 선고 2004다40955 판결
17) 대법원 1998. 2. 27. 선고 97다50985 판결
18) 대법원 2003. 7. 8. 선고 2003다13246 판결
19) 대법원 2002. 4. 12. 선고 2000다63912 판결

한 채권자에 대하여 사해행위가 되고, 이와 동시에 채무자의 사해의사까지 사실상 추정된다고 판시하고 있다.[20] 한편 채권자가 채무자의 어떤 금원지급행위가 사해행위에 해당된다고 하여 그 취소를 청구하면서 다만, 그 금원 지급행위의 법률적 평가와 관련하여 증여 또는 변제로 달리 주장하는 것은 그 사해행위취소권을 이유 있게 하는 공격방법에 관한 주장을 달리하는 것일 뿐이지 소송물 또는 청구 자체를 달리하는 것으로 볼 수 없다.[21]

라. 사해행위의 태양

① 재산권의 매각

채무자의 책임재산에 속하는 부동산 기타의 재산권을 적정가격이 아닌 염가로 매각하거나 무상으로 증여[22]하는 행위는 사해행위를 구성하고 적정가격에 의한 매각이라도 채무자가 자기의 유일한 재산인 부동산을 매각하여 소비하기 쉬운 금전으로 바꾸는 행위는 원칙적으로 사해행위에 해당한다[23]. 다만, 그 부동산의 매각 목적이 채무의 변제 또는 변제자력을 얻기 위한 것이고, 그 대금의 부당한 염가가 아니며 실제 이를 채권자에 대한 변제로 사용하거나 변제자력을 유지하고 있는 경우에는, 채무자가 일부 채권자와 통모하여 다른 채권자를 해할 의사를 가지고 변제를 하는 등의 특별한 사정이 없는 한, 사해행위에 해당하지 않는다.[24]

② 변제

채무자가 채무초과의 상태에서 특정채권자에게 채무의 본지에 따른 변제를 함으로써 다른 채권자의 공동담보가 감소하는 결과가 되는 경우에도 그 변제는 채무자가 특히 일부의 채권자와

---

[20] 대법원 1998. 4. 14. 선고 97다54420 판결, 2001. 4. 24. 선고 2000다41875 판결
[21] 대법원 2005. 3. 25. 선고 2004다10985, 10992 판결
[22] 대법원 2014. 10. 27. 선고 2014다41575 판결
[23] 대법원 1998. 4. 14. 선고 97다54420 판결
[24] 대법원 1966. 10. 4. 선고 66다1535 판결

통모하여 다른 채권자를 해할 의사를 가지고 변제를 한 경우가 아닌 한 원칙적으로 사해행위가 되는 것은 아니고, 기존 금전채무의 변제에 갈음하여 다른 금전채권을 양도하는 경우에도 이와 마찬가지이며 채무자가 특히 일부의 채권자와 통모하여 다른 채권자를 해할 의사를 가지고 변제 내지 채권양도를 하였는지 여부는 사해행위임을 주장하는 원고가 증명하여야 한다.25)

③ 대물변제

변제의 경우와 마찬가지로 기존채무를 소멸시키기 위한 방법으로 대물변제가 있었고, 그것이 적정가격으로 평가된 것이라면 원칙적으로 채권자취소권의 대상이 될 수 없다26). 그러나 일부 채권자와 통모하여 다른 채권자를 해할 의사를 가지고 대물변제를 한 경우,27) 채무초과상태에서 유일한 재산인 부동산을 특정 채권자에게 대물변제로 제공한 경우 등은 평가의 적정성과 상관없이 다른 채권자에 대한 관계에서 사해행위가 된다28).

④ 특정채권자에 대한 물적 담보의 제공

채무자가 특정 채권자에게 담보를 제공하는 것은 원칙적으로 사해행위가 되지 아니하나 담보 제공 당시 이미 채무초과상태에 있었다면 특별한 사정이 없는 한 사해행위가 성립한다.29)

⑤ 재산분할

이미 채무초과 상태에 있는 채무자가 이혼을 함에 있어 자신의 배우자에게 재산분할로 일정한 재산을 양도함으로써 결과적으로 일반 채권자에 대한 공동담보를 감소시키는 결과로 되어도, 위 재산분할이 상당한 정도를 벗어나는 과대한 것으로 인정할 만한 특별한 사정이 없는 한 사해행위로서 채권자에 의한 취소의 대상으로 되는 것은 아니라고 할 것이나, 위와 같은 상당한

---

25) 대법원 2005. 3. 25. 선고 2004다10985, 10992 판결
26) 대법원 1962. 11. 15. 선고 62다634 판결
27) 대법원 2003. 6. 24. 선고 2003다1205 판결
28) 대법원 1996. 10. 29. 선고 96다23207 판결
29) 대법원 2000. 4. 25. 선고 99다55656 판결

정도를 벗어나는 초과부분에 관한 한 적법한 재산분할이라고 할 수 없기 때문에 그 취소의 대상으로 될 수 있다고 할 것인데, 위와 같이 상당한 정도를 벗어나는 과대한 재산분할이라고 볼 만한 특별한 사정이 있다는 점에 관한 증명책임은 채권자에게 있다[30].

마. 채무자의 사해의사

채권자취소권의 주관적 요건인 채무자가 채권자를 해함을 안다는 이른바 채무자의 악의, 즉, 사해의사는 채무자의 재산처분 행위에 의하여 그 재산이 감소되어 채권의 공동담보에 부족이 생기거나 이미 부족 상태에 있는 공동담보가 더 부족하게 됨으로써 채권자의 채권을 완전하게 만족시킬 수 없게 된다는 사실을 인식하는 것을 의미한다[31].

4. 답변서 등 검토

가. 본안전 항변

① 제척기간 도과 항변

나. 주요항변

① 원고의 피보전채권 소멸 항변
② 선의 항변
③ 채무자의 자력회복 항변

다. 제척기간 도과 항변

사해행위취소의 소는 채권자가 취소원인을 안 날[32]로부터 1년, 법

---

30) 대법원 2001. 2. 23. 선고 2000다57757 판결
31) 대법원 1998. 5. 12. 선고 97다57320 판결
32) 대법원 1997. 5. 9. 선고 96다2606 판결

률행위가 있는 날33)로부터 5년 내에 제기하여야 하므로(민법 제406조 제2항) 피고는 원고가 위 제척기간을 도과한 후 소를 제기하였음을 주장·증명34)하여 소가 부적법하다는 항변35)을 할 수 있다. 다만, 사해행위의 취소만을 청구한 다음 원상회복을 나중에 청구하는 경우에는 사해행위취소의 소가 제척기간 내에 제기되었다면 원상회복청구는 그 기간이 지난 후에도 할 수 있고36) 채권자가 사해행위의 취소를 청구하면서 그 보전하고자 하는 채권을 추가하거나 교환하는 것은 소의 변경이라 할 수 없으므로 제척기간의 완성여부는 제소 당시를 기준으로 판단한다.37) 또한 사해행위취소소송에서 제척기간 경과 후에 당초의 청구취지 변경이 잘못 되었음을 이유로 다시 청구취지를 변경하더라도 최초 소 제기시에 발생한 제척기간 준수의 효과에는 영향이 없다.38)

한편 채권자가 채무자의 채권자취소권을 대위행사하는 경우, 제소기간은 대위의 목적으로 되는 권리의 채권자인 채무자를 기준으로 하여 그 준수 여부를 가려야 할 것이므로 채무자가 취소원인을 안 날로부터 1년, 법률행위가 있는 날로부터 5년 내에 소를 제기하여야 한다.39)

라. 원고의 피보전채권 소멸 항변

피고는 피보전채권이 변제, 소멸시효의 완성40) 등의 사유로 소멸하였다는 사실을 주장·증명하여 항변할 수 있다.

마. 선의 항변41)

---

33) 대법원 2002. 11. 8. 선고 2002다41589 판결
34) 대법원 2009. 3. 26. 선고 2007다63102 판결
35) 대법원 1996. 5. 14. 선고 95다50875 판결
36) 대법원 2001. 9. 4. 선고 2001다14108 판결
37) 대법원 2003. 5. 27. 선고 2001다13532 판결
38) 대법원 2005. 5. 27. 선고 2004다67806 판결
39) 대법원 2001. 12. 27. 선고 2000다73049 판결
40) 대법원 2007. 11. 29. 선고 2007다54849 판결

피고인 수익자 또는 전득자의 채무자의 행위가 일반 채권자를 해한다는 것, 즉, 사해행위의 객관적 요건을 구비하였다는 것에 대하여 알지 못한 사실을 주장·증명하여 자신이 선의임을 항변할 수 있다[42]. 이때 선의 여부의 판단 기준시는 수익자에 있어서는 채무자와의 법률행위 당시, 전득자에 있어서는 전득 당시이다.

바. 채무자의 자력회복 항변

채무자의 처분행위 당시에는 채권자를 해하는 것이었더라도 그 후 채무자가 자력을 회복하거나 채무가 감소하여 사실심 변론종결시에는 채권자를 해하지 않게 된 때에는 책임재산 보전의 필요성이 없어지게 되어 채권자취소권이 소멸하므로 피고는 이러한 사정변경을 주장·증명하여 항변할 수 있다[43].

---

41) 대법원 2007. 11. 29. 선고 2007다52430 판결
42) 대법원 1998. 2. 13. 선고 97다6711 판결
43) 대법원 2007. 11. 29. 선고 2007다54849 판결

제2절   채권가압류 집행 후 채무자와 제3채무자가 변경된 경우

1. 가압류지명채권의 지급 금지

가압류는, 금전채권이나 금전으로 환산할 수 있는 채권의 집행을 보전할 목적으로 미리 채무자의 재산을 동결시켜, 채무자로부터 그 재산에 대한 처분권을 잠정적으로 빼앗는 집행보전제도이다.

채권가압류는 제3채무자에 대하여 채무자에게 지급하여서는 아니 된다는 명령만을 하여야 한다(민사집행법 제296조 제3항).

채권가압류 결정에서 제3채무자의 채무자에 대한 지급 금지를 명하는 것은 집행보전을 위하여 인정된 것이므로 그 목적의 범위를 넘어서 채무자의 법률적 활동을 제한할 수는 없다.44)

[판례 1] 전부금 (대법원 2001. 6. 1. 선고 98다17930 판결)

채권에 대한 가압류는 제3채무자에 대하여 채무자에게의 지급 금지를 명하는 것이므로 채권을 소멸 또는 감소시키는 등의 행위는 할 수 없고 그와 같은 행위로 채권자에게 대항할 수 없는 것이지만, 채권의 발생원인인 법률관계에 대한 채무자의 처분까지도 구속하는 효력은 없다 할 것이므로 채무자와 제3채무자가 아무런 합리적 이유 없이 채권의 소멸만을 목적으로 계약관계를 합의해제한다는 등의 특별한 경우를 제외하고는, 제3채무자는 채권에 대한 가압류가 있은 후라고 하더라도 채권의 발생원인인 법률관계를 합의해제하고 이로 인하여 가압류채권이 소멸되었다는 사유를 들어 가압류채권자에 대항할 수 있다.

---
44) 법원실무제요, 민사집행[IV], 2014년 판, 283면

[판례 2] 제3자이의 (대법원 1982.10.26. 선고 82다카508 판결)

가. 이른바 계약상의 지위의 양도, 양수계약인수 또는 계약가입 등은 민법상 명문의 규정이 없다고 하더라도 그같은 계약이 인정되어야 할 것임은 계약자유, 사법자치의 원칙에 비추어 당연한 귀결이나 그 태양에 따라서 요건에 있어 삼면계약일 경우와 상대방의 승인에 의하여 그 효력이 발생하는 경우 등을 예상할 수 있고, 그 효과에 있어서도 혹은 계약상 이미 발생한 채권, 채무뿐만 아니라 장래 발생할 채권, 채무와 계약에 따르는 취소권이나 해제권도 이전하는 경우와 단계적으로 그때 그때 발생한 채권, 채무를 이전함에 그치는 경우 혹은 양도인의 채무가 면책적으로 이전하는 경우(면책적 인수)와 병존적으로 이전하는 경우 (병존적 계약인수) 등이 있어 이는 구체적 약관의 내용에 따라 해석하여야 할 것이다.

나. 원고와 소외 회사 및 서울특별시간의 원고가 이 사건 매매계약의 매수인의 지위를 양수한 사유재산매매갱신계약서의 기재에 의하면 계약당사자는 원고와 소외 회사 및 서울특별시의 3자계약으로 되어 있을 뿐만 아니라 위 소외 회사와 서울특별시간의 이 사건 매매계약은 이 갱신계약에 불구하고 소멸되지 아니하고 존속하도록 되어 있으며 또 서울특별시가 원고의 계약위반을 들어 원고에게 계약해제를 통고한 갑 제17호증의 기재에 의하면 그 제목이 시유재산 갱신매매계약해약(명의 변경)으로 되어 있고 그 내용에 있어서도 이 사건 갱신계약을 해약한다고 되어 있음을 인정할 수 있는 바, 위 소외 회사와 서울특별시간의 이 사건 매매계약이 원고와 소외 회사 및 서울특별시간의 위 갱신계약에 불구하고 이와 함께 병존하고 아직 해제되지 않았다면 이 사건 가압류의 대상이 되는 중도금반환채권은 현실적으로 아직 발생하지 않았다고 할 것이다.

다. 장래 발생한 채권이나 조건부 채권을 압류 또는 가압류할 수 있음은 채권과 압류 또는 가압류의 성질상 이론이 있을 수 없으나 다만 현재 그 권리의 특정이 가능하고 그 가까운 장래에 발생할 것임이 상당정도 기대되어야 한다.
라. 채권의 가압류는 제3채무자에 대하여 채무자에게 지급금지를 명하는 것이므로 임의변제, 강제집행에 의한 변제의 수령, 채권의 이전행위, 면제, 상계등 채권을 소멸시키는 행위나 채권의 가치를 감소시키고 또는 조건의 성취를 방해하는 등의 행위를 할 수 없고 이와 같은 사실을 채권자에게 대항할 수 는 없다 하더라도 채권의 발생원인인 법률관계에 대한 채무자의 처분까지 구속할 효력은 없다고 해석할 것이다.
마. 일반적으로 당사자간에 원상회복의무를 발생케하는 계약해제는 특히 이례적이고 예외적인 것이라 할 것이며 이 사건 매매계약에 있어서와 같이 중도금 및 잔대금의 지급이 여러 단계로 나누어져 있고 연체료 지체상금의 지급 등의 지급약정이 당사자간에 원만히 이행되지 않았던 사정이 인정되는 상황하에서는 장래 발생할 원상회복청구채권이 가압류당시 그 권리를 특정할 수 있고 가까운 장래에 그 발생이 상당정도 기대된다고 하기도 어렵다고 하지 않을 수 없다.

가. 채권압류 결정의 주문례

채무자의 제3채무자에 대한 별지 기재의 채권을 압류한다. 제3채무자는 채무자에게 위 채권에 관한 지급을 하여서는 아니 된다. 채무자는 위 채권의 처분과 영수를 하여서는 아니 된다.

나. 채권가압류 결정의 주문례

채무자의 제3채무자에 대한 별지 목록 기재의 채권을 가압류한다. 제3채무자는 채무자에게 위 채권에 관한 지급을 하여서는 아니 된다. 채무자는 다음 청구금액을 공탁하고 가압류의 집행정지 또는 그 취소를 신청할 수 있다.

다. 채권본압류로 이전하는 결정의 주문례

> 채권자와 채무자 사이의 ○○지방법원 ○○카단○○ 채권가압류 결정에 의한 별지 목록 기재 채권에 대한 가압류는 이를 본압류로 이전한다. 제3채무자는 채무자에게 위 채권에 관한 지급을 하여서는 아니 된다. 채무자는 위 채권의 처분과 영수를 하여서는 아니 된다.

가압류가 본압류로 이전되면 가압류집행이 본집행에 포섭되어 당초부터 본집행이 있었던 것과 같은 효력이 있으므로,[45] 가압류결정이 제3채무자에게 송달[46] 된 후에 이루어진 채무자의 처분행위[47]가 가압류결정에 배치되는 한도 내에서 효력을 잃게 된다. 따라서 채권가압류집행 후 가압류채무자가 가압류채권을 처분하거나 제3채무자가 채무자에게 채무를 이행하더라도 가압류권자는 이를 무시하고 집행권원을 얻어 집행을 계속할 수 있다.[48]

"질권설정자는 질권자의 동의 없이 질권의 목적된 권리를 소멸하게 하거나 질권자의 이익을 해하는 행위를 할 수 없다."고 규정하고 있다 (민법 제352조).

[판례 3] 구상금 (대법원 1997. 11. 11. 선고 97다35375 판결)

> [1] 상법 제679조에서 피보험자가 보험의 목적을 양도한 때에는 보험계약으로 인하여 생긴 권리를 동시에 양도한 것으로 추정한다고 규정하는 취지는 보험의 목적이 양도된 경우 양수인의 양도인에 대한 관계에서 보험계약상의 권리도 함께 양도된 것으로 당사자의 통상의 의사를 추정하고 이것을 사회경제적 관점에서 긍정한 것이라고 할

---

45) 대법원 2010. 10. 14. 선고 2010다48455 판결; 법원실무제요, 민사집행[IV], 2014년 판, 239면
46) 채권가압류는 제3채무자에게 채무자에 대한 지급을 금지하는 명령이 기재된 가압류재판 정본을 송달함으로써 집행한다(민사집행법 제296조 제1항, 제227조 제2,3항).
47) 민사집행법 제227조 제3항
48) 법원실무제요, 민사집행[III], 2014년 판, 325면

것인바, 위 추정은 보험 목적의 양수인에게 보험승계의 의사가 없다는 것이 증명된 경우에는 번복된다.
[2] 민법 제352조가 질권설정자는 질권자의 동의 없이 질권의 목적된 권리를 소멸하게 하거나 질권자의 이익을 해하는 변경을 할 수 없다고 규정한 것은 질권자가 질권의 목적인 채권의 교환가치에 대하여 가지는 배타적 지배권능을 보호하기 위한 것이므로, 질권설정자와 제3채무자가 질권의 목적된 권리를 소멸하게 하는 행위를 하였다고 하더라도 이는 질권자에 대한 관계에 있어 무효일 뿐이어서 특별한 사정이 없는 한 질권자 아닌 제3자가 그 무효의 주장을 할 수는 없다.

2. 채권가압류 집행 후 채무자의 변경

가. 채무자 변경의 원인

[판례 4] 청구이의 (대법원 2002. 4. 26. 선고 2001다59033 판결)

[1] 채권양도는 구 채권자인 양도인과 신 채권자인 양수인 사이에 채권을 그 동일성을 유지하면서 전자로부터 후자에게로 이전시킬 것을 목적으로 하는 계약을 말한다 할 것이고, 채권양도에 의하여 채권은 그 동일성을 잃지 않고 양도인으로부터 양수인에게 이전된다 할 것이며, 가압류된 채권도 이를 양도하는데 아무런 제한이 없다 할 것이나, 다만 가압류된 채권을 양수받은 양수인은 그러한 가압류에 의하여 권리가 제한된 상태의 채권을 양수받는다고 보아야 할 것이고, 이는 채권을 양도받았으나 확정일자 있는 양도통지나 승낙에 의한 대항요건을 갖추지 아니하는 사이에 양도된 채권이 가압류된 경우에도 동일하다.
[2] 일반적으로 채권에 대한 가압류가 있더라도 이는 채무자가 제3채무자로부터 현실로 급부를 추심하는 것만을 금지하는 것일 뿐 채무자는 제3채무자를 상대로 그 이행을 구하는 소송을 제기할 수 있고 법

원은 가압류가 되어 있음을 이유로 이를 배척할 수는 없는 것이 원칙이다. 왜냐하면 채무자로서는 제3채무자에 대한 그의 채권이 가압류되어 있다 하더라도 채무명의를 취득할 필요가 있고 또는 시효를 중단할 필요도 있는 경우도 있을 것이며 또한 소송 계속 중에 가압류가 행하여진 경우에 이를 이유로 청구가 배척된다면 장차 가압류가 취소된 후 다시 소를 제기하여야 하는 불편함이 있는데 반하여 제3채무자로서는 이행을 명하는 판결이 있더라도 집행단계에서 이를 저지하면 될 것이기 때문이다.

[3] 채권가압류의 처분금지의 효력은 본안소송에서 가압류채권자가 승소하여 채무명의를 얻는 등으로 피보전권리의 존재가 확정되는 것을 조건으로 하여 발생하는 것이므로 채권가압류결정의 채권자가 본안소송에서 승소하는 등으로 채무명의를 취득하는 경우에는 가압류에 의하여 권리가 제한된 상태의 채권을 양수받는 양수인에 대한 채권양도는 무효가 된다.

채권가압류와 채권압류의 집행이 경합된 상태에서 발령된 전부명령은 무효이고, 한번 무효로 된 전부명령은 일단 경합된 가압류 및 압류가 그 후 채권가압류의 집행해제로 경합상태를 벗어났다고 하여 되살아나는 것은 아니다(대법원 2001. 10. 12. 선고 2000다19373 판결).

[판례 5] 부당이득금 (대법원 2001. 10. 12. 선고 2000다19373 판결)

[1] 채권가압류에 있어서 채권자가 채권가압류신청을 취하하면 채권가압류결정은 그로써 효력이 소멸되지만, 채권가압류결정정본이 제3채무자에게 이미 송달되어 채권가압류결정이 집행되었다면 그 취하통지서가 제3채무자에게 송달되었을 때에 비로소 그 가압류집행의 효력이 장래를 향하여 소멸된다.

[2] 채권가압류와 채권압류의 집행이 경합된 상태에서 발령된 전부명령은 무효이고, 한 번 무효로 된 전부명령은 일단 경합된 가압류 및

제2절 채권가압류 집행 후 채무자와 제3채무자가 변경된 경우   189

압류가 그 후 채권가압류의 집행해제로 경합상태를 벗어났다고 하여 되살아나는 것은 아니다.

나. 가압류의 개별상대적 효력에 의한 제한

우리 민사집행법에는 일반적으로 가압류의 개별상대효를 규정하고 있는 조문이 없다.

[판례 6] 채권양수금 (대법원 2000. 4. 11. 선고 99다23888 판결)

[1] 일반적으로 채권에 대한 가압류가 있더라도 이는 가압류채무자가 제3채무자로부터 현실로 급부를 추심하는 것만을 금지하는 것이므로 가압류채무자는 제3채무자를 상대로 그 이행을 구하는 소송을 제기할 수 있고, 법원은 가압류가 되어 있음을 이유로 이를 배척할 수 없는 것이며, 채권양도는 구 채권자인 양도인과 신 채권자인 양수인 사이에 채권을 그 동일성을 유지하면서 전자로부터 후자에게로 이전시킬 것을 목적으로 하는 계약을 말한다 할 것이고, 채권양도에 의하여 채권은 그 동일성을 잃지 않고 양도인으로부터 양수인에게 이전된다 할 것이며, 가압류된 채권도 이를 양도하는 데 아무런 제한이 없으나, 다만 가압류된 채권을 양수받은 양수인은 그러한 가압류에 의하여 권리가 제한된 상태의 채권을 양수받는다고 보아야 할 것이다.

[2] 채권에 대한 압류 및 추심명령이 있으면 제3채무자에 대한 이행의 소는 추심채권자만이 제기할 수 있고 채무자는 피압류채권에 대한 이행소송을 제기할 당사자적격을 상실한다.

[판례 7] 청구이의 (대법원 2002. 4. 26. 선고 2001다59033 판결)

[1] 채권양도는 구 채권자인 양도인과 신 채권자인 양수인 사이에 채권을 그 동일성을 유지하면서 전자로부터 후자에게로 이전시킬 것을 목적으로 하는 계약을 말한다 할 것이고, 채권양도에 의하여 채권은 그 동일성을 잃지 않고 양도인으로부터 양수인에게 이전된다 할 것이며, 가압류된 채권도 이를 양도하는데 아무런 제한이 없다 할 것이나, 다만 가압류된 채권을 양수받은 양수인은 그러한 가압류에 의하여 권리가 제한된 상태의 채권을 양수받는다고 보아야 할 것이고, 이는 채권을 양도받았으나 확정일자 있는 양도통지나 승낙에 의한 대항요건을 갖추지 아니하는 사이에 양도된 채권이 가압류된 경우에도 동일하다.

[2] 일반적으로 채권에 대한 가압류가 있더라도 이는 채무자가 제3채무자로부터 현실로 급부를 추심하는 것만을 금지하는 것일 뿐 채무자는 제3채무자를 상대로 그 이행을 구하는 소송을 제기할 수 있고 법원은 가압류가 되어 있음을 이유로 이를 배척할 수는 없는 것이 원칙이다. 왜냐하면 채무자로서는 제3채무자에 대한 그의 채권이 가압류되어 있다 하더라도 채무명의를 취득할 필요가 있고 또는 시효를 중단할 필요도 있는 경우도 있을 것이며 또한 소송 계속 중에 가압류가 행하여진 경우에 이를 이유로 청구가 배척된다면 장차 가압류가 취소된 후 다시 소를 제기하여야 하는 불편함이 있는데 반하여 제3채무자로서는 이행을 명하는 판결이 있더라도 집행단계에서 이를 저지하면 될 것이기 때문이다.

[3] 채권가압류의 처분금지의 효력은 본안소송에서 가압류채권자가 승소하여 채무명의를 얻는 등으로 피보전권리의 존재가 확정되는 것을 조건으로 하여 발생하는 것이므로 채권가압류결정의 채권자가 본안소송에서 승소하는 등으로 채무명의를 취득하는 경우에는 가압류에 의하여 권리가 제한된 상태의 채권을 양수받는 양수인에 대한 채권양도는 무효가 된다.

제2절 채권가압류 집행 후 채무자와 제3채무자가 변경된 경우   191

[판례 8] 퇴직금 (대법원 1989.11.24. 선고 88다카25038 판결)

가. 퇴직금도 임금의 성질을 갖는 것인데 형식상으로는 은행원이 퇴직 후 퇴직금을 전액수령하여 그 은행의 자기 예금구좌에 입금하였다가 은행원의 은행에 대한 변상판정금의 일부로 임의변제하는 형식을 취하였으나 실제로는 은행이 퇴직금 지급전에 미리 그 은행원으로부터 받아 둔 예금청구서를 이용하여 위 금액을 인출한 것이라면 퇴직금 중 위 인출금액에 해당하는 부분은 근로기준법 제36조 제1항에 위배하여 근로자인 은행원에게 직접 지급되지 않았다고 볼 것이다.

나. 채권가압류가 된 경우, 제3채무자는 채무자에 대하여 채무의 지급을 하여서는 안되고, 채무자는 추심, 양도 등의 처분행위를 하여서는 안되지만, 이는 이와 같은 변제나 처분행위를 하였을 때에 이를 가압류채권자에게 대항할 수 없다는 것이며, 채무자가 제3채무자를 상대로 이행의 소를 제기하여 채무명의를 얻더라도 이에 기하여 제3채무자에 대하여 강제집행을 할 수는 없다고 볼 수 있을 뿐이고 그 채무명의를 얻는 것까지 금하는 것은 아니라고 할 것이다.

다. 제3채무자의 권리

[판례 9] 채권압류및전부명령 (대법원 2000. 10. 2. 자 2000마5221 결정)

[1] 집행법원은 강제집행의 개시나 속행에 있어서 집행장애사유에 대하여 직권으로 그 존부를 조사하여야 하고, 집행개시 전부터 그 사유가 있는 경우에는 집행의 신청을 각하 또는 기각하여야 하며, 만일 집행장애사유가 존재함에도 간과하고 강제집행을 개시한 다음 이를 발견한 때에는 이미 한 집행절차를 직권으로 취소하여야 한다.

[2] 집행채권자의 채권자가 채무명의에 표시된 집행채권을 압류 또는 가압류, 처분금지가처분을 한 경우에는 압류 등의 효력으로 집행채권자의 추심, 양도 등의 처분행위와 채무자의 변제가 금지되고 이에

위반되는 행위는 집행채권자의 채권자에게 대항할 수 없게 되므로 집행기관은 압류 등이 해제되지 않는 한 집행할 수 없는 것이니 이는 집행장애사유에 해당한다고 할 것이다.

[3] 채권압류명령과 전부명령을 동시에 신청하더라도 압류명령과 전부명령은 별개로서 그 적부는 각각 판단하여야 하는 것이고, 집행채권의 압류가 집행장애사유가 되는 것은 집행법원이 압류 등의 효력에 반하여 집행채권자의 채권자를 해하는 일체의 처분을 할 수 없기 때문이며, 집행채권이 압류된 경우에도 그 후 추심명령이나 전부명령이 행하여지지 않은 이상 집행채권의 채권자는 여전히 집행채권을 압류한 채권자를 해하지 않는 한도 내에서 그 채권을 행사할 수 있다고 할 것인데, 채권압류명령은 비록 강제집행절차에 나간 것이기는 하나 채권전부명령과는 달리 집행채권의 환가나 만족적 단계에 이르지 아니하는 보전적 처분으로서 집행채권을 압류한 채권자를 해하는 것이 아니기 때문에 집행채권에 대한 압류의 효력에 반하는 것은 아니라고 할 것이므로 집행채권에 대한 압류는 집행채권자가 그 채무자를 상대로 한 채권압류명령에는 집행장애사유가 될 수 없다.

3. 채권가압류 집행 후 제3채무자의 변경

채권가압류의 당사자는 채권자와 채무자이다. 제3채무자는 채권가압류의 당사자가 아니고 집행목적물에 관하여 이해관계가 있기 때문에 법원이 제3채무자에게 일정한 의무를 부과하는 것일 뿐이다.[49]

가. 제3채무자 변경의 원인

채권가압류 집행 후 법률행위에 의하여 가압류목적물인 채권의 채무자가 변경될 수 있는 원인으로서는 채무인수(민법 제453조, 제454

---
49) 법원실무제요, 민사집행[IV], 2014년 판, 36면

제2절 채권가압류 집행 후 채무자와 제3채무자가 변경된 경우

193조)와 경개(민법 제501조)가 있다.

나. 법률규정

채무자(채권가압류 집행 후에는 제3채무자)의 변경은 법률의 규정에 의하여 이루어지는 경우가 많다. 주택임대차보호법 제3조 제3항이 대표적이다.

주택임대차보호법 제3조 제3항 : 임차주택의 양수인(그 밖에 임대할 권리를 승계한 자를 포함한다)은 임대인의 지위를 승계한 것으로 본다.

[판례 10] 전세금반환 (대법원 1987.3.10. 선고 86다카1114 판결)

주택임대차보호법상의 대항력을 갖춘 후 임대부동산의 소유권이 이전되어 그 양수인이 임대인의 지위를 승계하는 경우에는 임대차보증금반환채무도 부동산의 소유권과 결합하여 일체로서 이전하는 것이며 이에 따라 양도인의 보증금반환채무는 소멸한다.

[판례 11] 구상금 (대법원 1993.7.16. 선고 93다17324 판결)

주택의 임차인이 제3자에 대한 대항력을 구비한 후 임차 주택의 소유권이 양도된 경우에는, 그 양수인이 임대인의 지위를 승계하게 되고, 임차보증금 반환채무도 주택의 소유권과 결합하여 일체로서 이전하며, 이에 따라 양도인의 위 채무는 소멸한다 할 것이므로, 주택 양수인이 임차인에게 임대차보증금을 반환하였다 하더라도, 이는 자신의 채무를 변제한 것에 불과할 뿐, 양도인의 채무를 대위변제한 것이라거나, 양도인이 위 금액 상당의 반환채무를 면함으로써 법률상 원인 없이 이익을 얻고 양수인이 그로 인하여 위 금액 상당의 손해를 입었다고 할 수 없다.

공중위생관리법 제3조의2나 체육시설의 설치·이용에 관한 법률 제27조도 주택임대차보호법 제3조 제3항을 해석하는 데에 적용된 법리가 적용될 것으로 보인다.

공중위생관리법 (2020. 6. 4. 법률 제16718호)

제3조의2 (공중위생영업의 승계) ① 공중위생영업자가 그 공중위생영업을 양도하거나 사망한 때 또는 법인의 합병이 있는 때에는 그 양수인·상속인 또는 합병후 존속하는 법인이나 합병에 의하여 설립되는 법인은 그 공중위생영업자의 지위를 승계한다. <개정 2005. 3. 31.>
② 민사집행법에 의한 경매, 「채무자 회생 및 파산에 관한 법률」에 의한 환가나 국세징수법·관세법 또는 「지방세징수법」에 의한 압류재산의 매각 그 밖에 이에 준하는 절차에 따라 공중위생영업 관련시설 및 설비의 전부를 인수한 자는 이 법에 의한 그 공중위생영업자의 지위를 승계한다. <개정 2016. 12. 27.>
③ 제1항 또는 제2항의 규정에 불구하고 이용업 또는 미용업의 경우에는 제6조의 규정에 의한 면허를 소지한 자에 한하여 공중위생영업자의 지위를 승계할 수 있다.
④ 제1항 또는 제2항의 규정에 의하여 공중위생영업자의 지위를 승계한 자는 1월 이내에 보건복지부령이 정하는 바에 따라 시장·군수 또는 구청장에게 신고하여야 한다.[본조신설 2002. 8. 26.]

체육시설의 설치·이용에 관한 법률(2019. 9. 19. 법률 제15767호)

제27조 (체육시설업 등의 승계) ① 체육시설업자가 사망하거나 그 영업을 양도한 때 또는 법인인 체육시설업자가 합병한 때에는 그 상속인, 영업을 양수한 자 또는 합병 후 존속하는 법인이나 합병(合倂)에 따라 설립되는 법인은 그 체육시설업의 등록 또는 신고에 따른 권리·의무(제17조에 따라 회원을 모집한 경우에는 그 체육시설업자와 회원 간에 약정한 사항을 포함한다)를 승계한다.
② 다음 각 호의 어느 하나에 해당하는 절차에 따라 문화체육관광부령으로 정하는 체육시설업의 시설 기준에 따른 필수시설을 인수한 자에게는 제1항을 준용한다. <개정 2016. 12. 27.>

1. 「민사집행법」에 따른 경매
2. 「채무자 회생 및 파산에 관한 법률」에 의한 환가(換價)
3. 「국세징수법」·「관세법」 또는 「지방세징수법」에 따른 압류 재산의 매각
4. 그 밖에 제1호부터 제3호까지의 규정에 준하는 절차

③ 제12조에 따른 사업계획 승인의 승계에 관하여는 제1항과 제2항을 준용한다.

상법

제42조 (상호를 속용하는 양수인의 책임) ① 영업양수인이 양도인의 상호를 계속사용하는 경우에는 양도인의 영업으로 인한 제3자의 채권에 대하여 양수인도 변제할 책임이 있다.

② 전항의 규정은 양수인이 영업양도를 받은 후 지체없이 양도인의 채무에 대한 책임이 없음을 등기한 때에는 적용하지 아니한다. 양도인과 양수인이 지체없이 제3자에 대하여 그 뜻을 통지한 경우에 그 통지를 받은 제3자에 대하여도 같다.

제530조의9 (분할 및 분할합병 후의 회사의 책임) ① 분할회사, 단순분할신설회사, 분할승계회사 또는 분할합병신설회사는 분할 또는 분할합병 전의 분할회사 채무에 관하여 연대하여 변제할 책임이 있다.

② 제1항에도 불구하고 분할회사가 제530조의3제2항에 따른 결의로 분할에 의하여 회사를 설립하는 경우에는 단순분할신설회사는 분할회사의 채무 중에서 분할계획서에 승계하기로 정한 채무에 대한 책임만을 부담하는 것으로 정할 수 있다. 이 경우 분할회사가 분할 후에 존속하는 경우에는 단순분할신설회사가 부담하지 아니하는 채무에 대한 책임만을 부담한다.

③ 분할합병의 경우에 분할회사는 제530조의3제2항에 따른 결의로 분할합병에 따른 출자를 받는 분할승계회사 또는 분할합병신설회사가 분할회사의 채무 중에서 분할합병계약서에 승계하기로 정한 채

무에 대한 책임만을 부담하는 것으로 정할 수 있다. 이 경우 제2
항 후단을 준용한다.
④ 제2항의 경우에는 제439조제3항 및 제527조의5를 준용한다.

다. 판례

판례는 전세권의 용익기간 중에 전세목적물의 소유권이 이전되면 전세금반환채무도 신 소유자에게 면책적으로 이전된다고 보고 있다.50)

4. 판례 연구

[판례 12] 추심금 (대법원 2013.1.17. 선고 2011다49523 전원합의체 판결)

[다수의견] 주택임대차보호법 제3조 제3항은 같은 조 제1항이 정한 대항요건을 갖춘 임대차의 목적이 된 임대주택(이하 '임대주택'은 주택임대차보호법의 적용대상인 임대주택을 가리킨다)의 양수인은 임대인의 지위를 승계한 것으로 본다고 규정하고 있는바, 이는 법률상의 당연승계 규정으로 보아야 하므로, 임대주택이 양도된 경우에 양수인은 주택의 소유권과 결합하여 임대인의 임대차 계약상의 권리·의무 일체를 그대로 승계하며, 그 결과 양수인이 임대차보증금반환채무를 면책적으로 인수하고, 양도인은 임대차관계에서 탈퇴하여 임차인에 대한 임대차보증금반환채무를 면하게 된다. 나아가 임차인에 대하여 임대차보증금반환채무를 부담하는 임대인임을 당연한 전제로 하여 임대차보증금반환채무의 지급금지를 명령받은 제3채무자의 지위는 임대인의 지위와 분리될 수 있는 것이 아니므로, 임대주택의 양도로 임대인의 지위가 일체로 양수인에게 이전된다면 채권가압류의 제3채무자의 지위도 임대인의 지위

---

50) 대법원 2006. 5. 11. 선고 2006다6072 판결, 대법원 2000. 6. 9. 선고 99다15122 판결, 대법원 2002. 8. 23. 선고 2001다69122 판결, 대법원 1997. 11. 25. 선고 97다29790 판결, 대법원 1988. 4. 25. 선고 87다카458 판결

와 함께 이전된다고 볼 수밖에 없다. 한편 주택임대차보호법상 임대주택의 양도에 양수인의 임대차보증금반환채무의 면책적 인수를 인정하는 이유는 임대주택에 관한 임대인의 의무 대부분이 그 주택의 소유자이기만 하면 이행가능하고 임차인이 같은 법에서 규정하는 대항요건을 구비하면 임대주택의 매각대금에서 임대차보증금을 우선변제받을 수 있기 때문인데, 임대주택이 양도되었음에도 양수인이 채권가압류의 제3채무자의 지위를 승계하지 않는다면 가압류권자는 장차 본집행절차에서 주택의 매각대금으로부터 우선변제를 받을 수 있는 권리를 상실하는 중대한 불이익을 입게 된다. 이러한 사정들을 고려하면, 임차인의 임대차보증금반환채권이 가압류된 상태에서 임대주택이 양도되면 양수인이 채권가압류의 제3채무자의 지위도 승계하고, 가압류권자 또한 임대주택의 양도인이 아니라 양수인에 대하여만 위 가압류의 효력을 주장할 수 있다고 보아야 한다.

[**대법관 신영철, 대법관 이인복, 대법관 이상훈, 대법관 박보영, 대법관 김신의 반대의견**] 임대주택의 양도에 따른 임대차관계의 이전이 발생하기 전에 임차인의 채권자가 신청하여 임대차보증금반환채권이 압류 또는 가압류된 경우에는 주택임대차보호법 제3조 제3항에 기초한 실체법상 권리변동에도 불구하고 압류 또는 가압류에 본질적으로 내재한 처분금지 및 현상보전 효력 때문에 당사자인 집행채권자, 집행채무자, 제3채무자의 집행법상 지위는 달라지지 않는다. 우리의 민사집행법은 금전채권에 대한 집행에서 당사자의 처분행위에 의한 제3채무자 지위의 승계라는 관념을 알지 못하며 오로지 압류 또는 가압류의 처분금지효력을 통하여 집행채권자로 하여금 당사자의 처분행위에 구애받지 않고 당초 개시하거나 보전한 집행의 목적을 달성할 수 있게 할 뿐이다. 비록 임대주택의 양도에 따른 임대인 지위의 승계가 주택임대차보호법 제3조 제3항에 기초한 법률상 당연승계라고는 하나 이는 명백히 임대주택에 관한 양도계약 당사자의 처분의사에 기초한 것으로서, 다수의견은 결국 당사자의 처분행위로 인하여 집행법원이 이미 발령한 가압류명령 또는 압류명령의 수범자와 효력이 달라질 수 있다고 보는 셈인데, 우리 민사

집행법이 이를 용인하고 있다고 볼 어떠한 근거도 없다. 다수의견에는 여러 가지 문제점이 있어 이에 동의할 수 없고, 상속이나 합병과 같은 당사자 지위의 포괄승계가 아닌 주택양수도로 인한 임대차보증금반환채무의 이전의 경우 이미 집행된 가압류의 제3채무자 지위는 승계되지 아니한다고 해석함이 타당하다.

[판례 13] 추상금 (대법원 2007.9.21. 선고 2005다44886 판결)

[1] 소유권이전등기청구권에 대한 압류가 있으면 그 변제금지의 효력에 의하여 제3채무자는 채무자에게 임의로 이전등기를 이행하여서는 아니 되는 것이나, 그와 같은 압류는 채권에 대한 것이지 등기청구권의 목적물인 부동산에 대한 것이 아니고, 채무자와 제3채무자에게 결정을 송달하는 외에 현행법상 등기부에 이를 공시하는 방법이 없어 당해 채권자와 채무자 및 제3채무자 사이에만 효력을 가지며, 제3자에 대하여는 압류의 변제금지의 효력을 주장할 수 없으므로 소유권이전등기청구권의 압류는 청구권의 목적물인 부동산 자체의 처분을 금지하는 대물적 효력은 없어서 제3채무자나 채무자로부터 이전등기를 경료한 제3자에 대하여는 취득한 등기가 원인무효라고 주장하여 말소를 청구할 수 없고, 제3채무자가 압류결정을 무시하고 이전등기를 이행하고 채무자가 다시 제3자에게 이전등기를 경료하여 준 결과 채권자에게 손해를 입힌 때에는 불법행위를 구성하고 그에 따른 배상책임을 지게 된다.

[2] 토지구획정리사업시행자가 환지처분 전에 체비지 지정을 하여 이를 제3자에게 처분하는 경우 그 양수인이 토지의 인도 또는 체비지대장에의 등재 중 어느 하나의 요건을 갖추었다면 양수인은 당해 토지에 관하여 물권 유사의 사용수익권을 취득하여 당해 체비지를 배타적으로 사용·수익할 수 있음은 물론이고 다시 이를 제3자에게 처분할 수도 있는 권능을 가지며, 그 후 환지처분공고가 있으면 그 익일에 최종적으로 체비지를 점유하거나 체비지대장에 등재된 자가

제2절 채권가압류 집행 후 채무자와 제3채무자가 변경된 경우

그 소유권을 원시적으로 취득하게 된다.

[3] 체비지의 양수인이 토지구획정리사업시행자에 대하여 가지는 소유권이전등기청구권이 압류된 경우에는 압류의 변제금지 효력에 의하여 사업시행자가 압류된 체비지에 대한 체비지대장상의 소유자 명의를 양수인 앞으로 변경하는 것이 금지되고, 사업시행자가 압류결정을 무시하고 체비지대장상의 소유자 명의를 양수인 앞으로 변경하여 줌으로써 양수인이 다시 제3자에게 처분한 결과 당해 채권자에게 손해를 입힌 때에는 불법행위를 구성하고 그에 따른 배상책임을 지게 된다.

[4] 체비지의 양수인이 토지구획정리사업시행자에 대하여 가지는 소유권이전등기청구권이 압류된 경우 사업시행자의 체비지 처분행위가 압류채권자에 대해 불법행위가 되기 위하여는 양수인이 소유권이전등기청구권을 가지고 있는 체비지를 사업시행자가 양수인에게 양도하여 양수인으로 하여금 이를 처분하게 함으로써 채권자의 권리를 해할 것을 요하고, 단지 사업시행자가 소유권이전등기청구권이 압류된 체비지를 제3자에게 처분하였다는 사정만으로 곧바로 채권자에 대하여 압류결정 위배를 원인으로 한 불법행위를 구성하는 것은 아니다.

[판례 14] 전부금 (대법원 2001. 6. 1. 선고 98다17930 판결)

채권에 대한 가압류는 제3채무자에 대하여 채무자에게의 지급 금지를 명하는 것이므로 채권을 소멸 또는 감소시키는 등의 행위는 할 수 없고 그와 같은 행위로 채권자에게 대항할 수 없는 것이지만, 채권의 발생원인인 법률관계에 대한 채무자의 처분까지도 구속하는 효력은 없다 할 것이므로 채무자와 제3채무자가 아무런 합리적 이유 없이 채권의 소멸만을 목적으로 계약관계를 합의해제한다는 등의 특별한 경우를 제외하고는, 제3채무자는 채권에 대한 가압류가 있은 후라고 하더라도 채권의 발생원인인 법률관계를 합의해제하고 이로 인하여 가압류채권이 소멸되었다는 사유를 들어 가압류채권자에 대항할 수 있다.

[판례 15] 전부금 (대법원 2005. 9. 9. 선고 2005다23773 판결)

주택임대차보호법 제3조 제1항의 대항요건을 갖춘 임차인의 임대차보증금반환채권에 대한 압류 및 전부명령이 확정되어 임차인의 임대차보증금반환채권이 집행채권자에게 이전된 경우 제3채무자인 임대인으로서는 임차인에 대하여 부담하고 있던 채무를 집행채권자에 대하여 부담하게 될 뿐 그가 임대차목적물인 주택의 소유자로서 이를 제3자에게 매도할 권능은 그대로 보유하는 것이며, 위와 같이 소유자인 임대인이 당해 주택을 매도한 경우 주택임대차보호법 제3조 제2항에 따라 전부채권자에 대한 보증금지급의무를 면하게 되므로, 결국 임대인은 전부금지급의무를 부담하지 않는다.

[판례 16] 전세금반환 (대법원 1987.3.10. 선고 86다카1114 판결)

주택임대차보호법상의 대항력을 갖춘 후 임대부동산의 소유권이 이전되어 그 양수인이 임대인의 지위를 승계하는 경우에는 임대차보증금반환채무도 부동산의 소유권과 결합하여 일체로서 이전하는 것이며 이에 따라 양도인의 보증금반환채무는 소멸한다.

5. 개별 당사자의 기타 권리의무관계

가. 가압류채권자

(1) 사해행위취소권

주택 임대차보증금반환채권을 가압류한 채권자는 제3채무자가 주택을 양도한 경우, 임차인을 대위하여 양수인을 상대로 사해행위취소를 구할 수 있다.

(2) 부동산가압류

가압류채무자인 임차인을 대위하여 임대목적물인 주택에 부동산가압류를 해두어야 한다.
(3) 국세를 체납하고 있는 자가 국세 징수를 면탈하기 위한 법률행위를 한 경우 세무공무원은 위 민법의 규정을 준용하여 법원에 사해행위의 취소를 청구할 수 있다(국세징수법 제30조).

6. 채권자취소권에 기한 가처분

가. 지명채권이 양도되어 제3자에 대하여 채권자가 양수인을 상대로 그 피양수채권에 대한 처분금지가처분을 발령받은 경우

[판례 17] 파산배당금교부청구권 (대법원 2006. 8. 24. 선고 2004다23110 판결)

[1] 처분금지가처분의 효력범위
[2] 채권양도인의 채권자가 양수인을 상대로 사해행위취소로 인한 원상회복청구권을 피보전권리로 하여 양도채권에 대한 처분금지가처분을 발령받은 경우, 양수인이 양도인에게 임의로 또는 다른 채권자가 제기한 사해행위취소소송에서의 청구인낙에 따라 양도채권을 반환한 것이 위 가처분의 처분금지효력에 저촉되는지 여부(소극)
[3] 채권자가 사해행위의 취소와 함께 수익자 또는 전득자로부터 책임재산의 회복을 구하는 사해행위취소의 소를 제기한 경우, 그 취소의 효과

나. 채권자가 수익자를 상대로 그 목적부동산에 대한 처분금지가처분을 발령받은 경우

[판례 18] 사해신탁취소등 (대법원 2008. 3. 27. 선고 2007다85157 판결)

[1] 채권자가 채무자의 부동산에 관한 사해행위를 이유로 수익자를 상대로 그 사해행위의 취소 및 원상회복을 구하는 소송을 제기하여 그 소송계속 중 위 사해행위가 해제 또는 해지되고 채권자가 그 사해행위의 취소에 의해 복귀를 구하는 재산이 벌써 채무자에게 복귀한 경우에는, 특별한 사정이 없는 한, 그 채권자취소소송은 이미 그 목적이 실현되어 더 이상 그 소에 의해 확보할 권리보호의 이익이 없어지는 것이고, 이는 그 목적재산인 부동산의 복귀가 그 이전등기의 말소 형식이 아니라 소유권이전등기의 형식을 취하였다고 하여 달라

지는 것은 아니다.
[2] 채권자가 수익자를 상대로 사해행위취소로 인한 원상회복을 위하여 소유권이전등기 말소등기청구권을 피보전권리로 하여 그 목적부동산에 대한 처분금지가처분을 발령받은 경우, 그 후 수익자가 계약의 해제 또는 해지 등의 사유로 채무자에게 그 부동산을 반환하는 것은 가처분채권자의 피보전권리인 채권자취소권에 의한 원상회복청구권을 침해하는 것이 아니라 오히려 그 피보전권리에 부합하는 것이므로 위 가처분의 처분금지 효력에 저촉된다고 할 수 없다.

다. 근저당권자에게 배당하기로 한 배당금에 대하여 그 근저당권설정계약이 사해행위로 취소된 경우

[판례 19] 부당이득반환 (대법원 2009. 5. 14. 선고 2007다64310 판결)

근저당권자에게 배당하기로 한 배당금에 대하여 처분금지가처분결정이 있어 경매법원이 그 배당금을 공탁한 후에 그 근저당권설정계약이 사해행위로 취소된 경우, 공탁금의 지급 여부가 불확정 상태에 있는 경우에는 공탁된 배당금이 피공탁자에게 지급될 때까지 배당절차는 아직 종료되지 않은 것이라고 볼 수도 있으므로 반드시 배당절차가 확정적으로 종료되었다고 단정할 수는 없다는 점, 채권자취소의 효과는 채무자에게 미치지 아니하고 채무자와 수익자와의 법률관계에도 아무런 영향을 미치지 아니하므로 취소채권자의 사해행위취소 및 원상회복청구에 의하여 채무자에게로 회복된 재산은 취소채권자 및 다른 채권자에 대한 관계에서 채무자의 책임재산으로 취급될 뿐 채무자가 직접 그 재산에 대하여 어떤 권리를 취득하는 것은 아니라는 점 등에 비추어 보면, 그 공탁금은 그 경매절차에서 적법하게 배당요구하였던 다른 채권자들에게 추가배당함이 상당하고, 그 공탁금지급청구권에 관한 채권압류 및 추심명령은 추가배당절차에서 배당되고 남은 잉여금에 한하여 효력이 있을 뿐이다. 따라서 취소채권자나 적법하게 배당요구하였던 다른 채권자들로서는 추가배당 이외의 다른 절차를 통하여 채권의 만족을 얻을 수는 없으므로, 취소채권자라고 하더라도 배당금지급청구권에 대한 채권압류 및 추심명령에 기하여 배당금을 우선 수령하는 것은 허용되지 아니하고, 취소채권자가 그와 같은 절차를 거쳐 배당금을 우선 수령하였다면 적법하게 배당요구하였던 다른 채권자들과의 관계에서 부당이득이 성립한다.

제3절 사해행위취소소송을 제기한 다수의 채권자

1. 중복제소에 해당하는지 여부

채권자취소권의 요건을 갖춘 각 채권자는 고유의 권리로서 채무자의 재산 처분 행위를 취소하고 그 원상회복을 구할 수 있는 것이므로 각 채권자가 동시 또는 이시에 채권자취소 및 원상회복소송을 제기한 경우 이들 소송이 중복제소에 해당하지는 않는다는 것이 통설과 판례[51]의 입장이다.

수익자나 전득자가 취득한 이익의 각 범위 내에서 그 중 적은 금액을 한도로 이루어져야 하고, 그 배상가액의 산정시점은 사해행위 취소시인 사실심 변론종결시라는 것이 통설과 판례[52]의 입장이다.

가. 별소로 제기된 소송

여러 명의 채권자가 사해행위취소 및 원상회복청구의 소를 제기하여 여러개의 소송이 계속 중인 경우에는 각 소송에서 채권자의 청구에 따라 사해행위의 취소 및 원상회복을 명하는 판결을 선고하여야 하고, 수익자(전득자를 포함한다)가 가액배상을 하여야 할 경우에도 수익자가 반환하여야 할 가액범위 내에서 각 채권자의 피보전채권액 전액의 반환을 명하여야 한다.[53]

나. 공동소송 또는 병합심리 중인 소송

(1) 재판실무

두 개의 사해행위취소소송을 병합한 다음 다수의 채권자가 공동 원고가 되어 수익자가 책임져야 할 한도를 넘어선 가액배

---

51) 대법원 2003. 7. 11. 선고 2003다19558 판결 등.
52) 대법원 1998. 2. 13. 선고 97다6711 판결 등.
53) 대법원 2005. 11. 25. 선고 2005다51457 판결.

상청구를 하는 경우 피고는 각 채권액을 안분한 범위 내에서 가액 반환을 하여야 한다고 판단하였다.54)

[판례 1] 구상금등 (대법원 2008.6.12. 선고 2008다8690,8706 판결)

채권자취소권의 요건을 갖춘 각 채권자는 고유의 권리로서 채무자의 재산처분 행위를 취소하고 그 원상회복을 구할 수 있으므로 여러 명의 채권자가 사해행위취소 및 원상회복청구의 소를 제기하여 여러 개의 소송이 계속중인 경우에는 각 소송에서 채권자의 청구에 따라 사해행위의 취소 및 원상회복을 명하는 판결을 선고하여야 하고, 수익자 또는 전득자가 가액배상을 하여야 할 경우에도 수익자 등이 반환하여야 할 가액을 채권자의 채권액에 비례하여 채권자별로 안분한 범위 내에서 반환을 명할 것이 아니라, 수익자 등이 반환하여야 할 가액 범위 내에서 각 채권자의 피보전채권액 전액의 반환을 명하여야 한다. 이와 같은 법리는 여러 명의 채권자들이 제기한 각 사해행위취소 및 원상회복청구의 소가 민사소송법 제141조에 의하여 병합되어 하나의 소송절차에서 심판을 받는 경우에도 마찬가지이다.

[판례 2] 구상금등 (서울고등법원 2007.12.18. 선고 2007나74951,2007나80178(병합) 판결)

【전 문】
【원고, 피항소인】경기신용보증재단외 1(소송대리인 변호사 정계남외 1인)
【피고, 항소인】피고 1외 1인(소송대리인 변호사 김진석)
【변론종결】 2007. 11. 27.
【제1심판결】 서울중앙지방법원 2007. 6. 20. 선고 2006가합43892 판결, 같은 법원 2007. 7. 24. 선고 2006가합52032 판결
【주 문】

---

54) 부산고등법원 2007. 5. 11. 선고 2006나21361, 2006나21378(병합) 판결(확정)

제3절 사해행위취소소송을 제기한 다수의 채권자   205

1. 각 제1심 판결 중 피고들에 대한 각 부분(소송비용의 부담에 관한 것 제외)을 다음과 같이 변경한다.
   가. 소외 2와 피고 1 사이에 별지 기재 부동산에 관하여 2006. 3. 1. 체결된 매매계약을 249,018,920원의 한도 내에서 취소한다.
   나. 피고들은 각자 원고 경기신용보증재단에게 89,714,689원, 원고 신용보증기금에게 159,304,231원 및 위 각 금원에 대하여 이 판결확정일 다음날부터 다 갚는 날까지 연 5%의 비율에 의한 각 금원을 지급하라.
   다. 원고들의 각 나머지 청구를 모두 기각한다.
2. 소송총비용 중 원고 경기신용보증재단과 피고들 사이에서 생긴 부분은 이를 3분하여 그 2는 원고 경기신용보증재단이, 나머지는 피고들이 각 부담하고, 원고 신용보증기금과 피고들 사이에서 생긴 부분은 이를 2분하여 그 1은 원고 신용보증기금이, 나머지는 피고들이 각 부담한다.

【청구취지 및 항소취지】
1. 청구취지
원고 경기신용보증재단 : 피고 1과 소외 2 사이에 별지 기재 부동산에 관하여 2006. 3. 1. 체결한 매매계약을 290,000,000원의 한도 내에서 취소하고, 피고들은 각자 원고에게 290,000,000원 및 이에 대하여 제1심 판결선고일 다음날부터 다 갚는 날까지 연 5%의 비율에 의한 금원을 지급하라.
원고 신용보증기금 : 피고 1과 소외 2 사이에서 별지 기재 부동산에 관하여 2006. 3. 1. 체결된 매매계약을 290,000,000원의 한도 내에서 취소하고, 피고들은 각자 원고에게 290,000,000원 및 이에 대하여 제1심 판결확정일 다음날부터 다 갚는 날까지 연 5%의 비율에 의한 금원을 지급하라.

2. 항소취지
서울중앙지방법원 2006가합43892호 사건에 대한 항소취지 : 제1심 판결의 피고들 패소부분 중 피고 1과 소외 2 사이의 별지 기재 부동산에 관하여 2006. 3. 1. 체결된 매매계약을 130,000,000원을 초과하여 취소한 부분, 피고들에 대하여 각자 원고 경기신용보증재단에게 130,000,000원 및 이에 대하여 항소심 판결확정일 다음날부터 다 갚는 날까지 연 5%의 비율에 의한 금원을 초과하여 지급을 명한 부분을 각 취소하고, 위 각 취소부분에 해당하는 원고들의 청구를 각 기각한다.
서울중앙지방법원 2006가합52032호 사건에 대한 항소취지 : 제1심 판결 중 피고들 패소부분을 각 취소하고, 위 각 취소부분에 대한 원고들의 청구를 각 기각한다.

【이 유】

1. 기초사실

다음 사실은 당사자 사이에 다툼이 없거나, 갑가 제1호증의 1, 2, 갑가 제2호증의 1, 2, 갑가 제3호증의 4, 갑가 제4호증, 갑가 제5호증의 4, 갑가 제6호증, 갑가 제7호증의 1 내지 5, 갑가 제8호증, 갑가 제9호증, 갑가 제10호증의 1, 2, 갑가 제14호증의 2, 갑 나 제1호증의 1 내지 3, 갑나 제2호증의 1 내지 3, 갑나 제3호증, 갑나 제4호증의 1 내지 6, 갑나 제5호증, 갑나 제6호증의 3, 갑나 제7호증, 갑나 제8호증의 1, 2, 갑나 제9호증, 갑나 제10호증, 갑나 제11호증, 갑나 제12호증의 1 내지 3의 각 기재, 서울중앙지방법원 2006가합43892호 사건의 제1심 법원의 SC제일은행 독산동지점장, 서울특별시장에 대한 각 사실조회결과, 서울중앙지방법원 2006가합52032호 사건의 제1심 법원의 서울특별시 양천구청장, 전국은행연합회장, 신한은행장, 기업은행 신정동지점장, SC제일은행 독산동지점장에 대한 각 사실조회결과, 서울중앙지방법원 2006가합52032호 사건의 제1심 감정인 소외 3의 시가감정결과에 변론 전체의 취지를 종합하여 인정할 수 있다.

가. 원고 신용보증기금과의 관계

　(1) 신용보증계약의 체결 및 대출의 실행

　　㈎ 원고 신용보증기금(이하 '원고 기금'이라 한다)은 소외 4 주식회사(이하 ' 소외 4 회사'라 한다)와 사이에, ① 2002. 4. 29. 보증금액 85,000,000원, 보증기간 2002. 4. 29.부터 2005. 4. 29.까

제3절 사해행위취소소송을 제기한 다수의 채권자

지로 하는 신용보증약정(이하 '원고 기금의 1차 신용보증약정'이라 한다. 그 뒤 보증기간이 2006. 4. 29.까지로 연장되었다.), ② 2004. 11. 15. 거래한도 400,000,000원, 건별신용보증서를 발급할 수 있는 기간 2004. 11. 15.부터 2005. 11. 12.까지, 건별신용보증서에 의한 보증기간 2004. 11. 15.부터 2006. 11. 12.까지로 하는 신용보증약정(이하 '원고 기금의 2차 신용보증약정'이라 한다. 그 뒤 보증금액이 280,800,000원으로 감액되고 보증기간이 2006. 11. 14.까지로 연장되었다.), ③ 2006. 3. 17. 보증금액 170,000,000원, 보증기간 2006. 3. 17.부터 2007. 3. 16.까지로 하는 신용보증약정(이하 '원고 기금의 3차 신용보증약정'이라 한다)을 각 체결하였다.

㈏ 소외 4 회사는 위 1, 2, 3차 각 신용보증약정에 따른 신용보증서를 발급 받아, 2002. 4. 29. 신한은행으로부터 100,000,000원을, 2004. 11. 15. 하나은행으로부터 390,000,000원을, 2006. 3. 17. 신한은행으로부터 200,000,000원을 각 대출받았다.

㈐ 원고 기금과 소외 4 회사는 위 각 신용보증약정 당시, 신용보증사고가 발생하여 원고 기금이 소외 4 회사의 채무를 대위변제한 때에는 소외 4 회사는 원고 기금에게 그 대위변제금과 이에 대한 대위변제일부터 다 갚는 날까지 원고 기금이 정하는 비율에 의한 지연손해금(원고가 정한 지연손해금률은 2005. 6. 1.부터 현재까지 15%이다), 해지되지 않은 보증원금에 대한 보증료가 납부된 기한의 만료일의 익일부터 대위변제일 전일까지 적용보증료율에 원고 기금이 정하는 연률을 가산한 비율에 의한 위약금, 원고 기금이 보증채무의 이행으로 취득한 권리의 보전 및 행사를 위하여 지출한 법적절차비용을 각 지급하기로 약정하였다.

㈑ 소외 2는 소외 4 회사의 감사로서 위 1, 2, 3차 각 신용보증약정시 소외 4 회사의 원고 기금에 대한 채무를 각 연대보증하였다.

(2) 신용보증사고의 발생과 대위변제
    ㈎ 소외 4 회사는 2006. 4. 19. 당좌부도로 인하여 위 각 대출금 채무에 대한 기한의 이익을 상실하였고, 원고 기금은 2006. 10. 24. 신한은행에게 2002. 4. 29.자 대출금의 원리금 88,108,904원(= 원금 85,000,000원 + 이자 3,108,904원) 및 2006. 3. 17.자 대출금의 원리금 176,725,479원(= 원금 170,000,000원 + 이자 6,725,479원)을, 2006. 12. 6. 하나은행에게 대출원리금 289,717,304원(= 원금 280,000,000원 + 이자 9,717,304원)을 각 대위변제하였다.
    ㈏ 원고 기금의 1차 신용보증약정에 기한 위약금은, 1차 신용보증약정에 의한 보증료가 납부된 기한의 만료일의 익일인 2006. 5. 3.부터 대위변제일 전일인 2006. 10. 23.까지 잔존하는 주채무금에 대한 적용보증요율 1.2%에 원고 기금이 정한 0.5%를 가산한 비율에 의한 688,840원(= 85,000,000원 × 17/1000 × 174/365, 10원 미만은 버림)이다.
    ㈐ 원고 기금은 2006. 5. 8. 7,733,270원, 2006. 5. 16. 1,682,240원, 2006. 5. 17. 1,526,230원, 2006. 5. 19. 408,520원을 각 채권보전을 위한 법적절차비용으로 지출하였고, 소외 4 회사로부터 2006. 6. 19. 9,950원, 2006. 7. 18. 14,800원, 2006. 8. 8. 14,800원, 2006. 9. 6. 8,880원, 2006. 10. 24. 865,830원, 2006. 12. 6. 1,017,600원을 각 회수하였다.
나. 원고 경기신용보증재단과의 관계
  (1) 신용보증계약의 체결과 대출의 실행
    ㈎ 원고 경기신용보증재단(이하 '원고 재단'이라 한다)은 소외 4 회사와 사이에, ① 2004. 12. 3. 보증한도 180,000,000원, 보증기간 2004. 12. 3.부터 2008. 9. 30.까지로 하는 신용보증약정(이하 '원고 재단의 1차 신용보증약정'이라 한다), ② 2005. 4. 29. 보증한도 170,000,000원, 보증기간 2005. 4. 29.부터 2007. 5. 1.까지로 하는 신용보증약정(이하 '원고 재단의 2차 신용보증약정'

이라 한다)을 각 체결하였다.
  ㈏ 위 1, 2차 신용보증약정에 의하면, 신용보증사고가 발생하여 원고 재단이 보증채무를 이행한 때에는 소외 4 회사는 그 대위변제금과 이에 대한 완제일부터 원고 재단이 정하는 비율에 의한 위약금 및 지연손해금(원고 재단이 정한 지연손해금률은 2006. 7. 14.부터 현재까지 연 17%이다)과 원고 재단이 보증채무의 이행으로 취득한 권리의 보전 및 행사에 필요한 비용을 지급하여야 한다.
  ㈐ 소외 4 회사의 감사인 소외 2는 소외 4 회사의 원고 재단에 대한 원고 재단의 1, 2차 신용보증약정에 따른 채무를 연대보증하였다.
  ㈑ 소외 4 회사는 원고 재단로부터, 원고 재단의 1차 신용보증약정에 의하여 신용보증서를 발급받아 2004. 12. 6. 농협중앙회로부터 200,000,000원, 원고 재단의 2차 신용보증약정에 의하여 신용보증서를 발급받아 2005. 4. 29. 농협중앙회로부터 200,000,000원 합계 400,000,000원을 대출받았다.
 (2) 신용보증사고의 발생과 대위변제
  소외 4 회사는 2006. 4. 1. 이자지급을 연체하여 위 대출금반환채무에 대한 기한의 이익을 상실하였고, 원고 재단은 2006. 7. 14. 농협중앙회에게 위 각 대출원리금 합계 342,040,820원을 대위변제하였다. 원고 재단은 소외 4 회사로부터 2005. 4. 26. 39,334,100원을 회수하여 위 대위변제금에 충당하여 대위변제금 잔액은 302,706,720원이 남게 되었고, 위 회수일까지의 확정지연손해금은 3,024,953원이 발생하였다.
다. 소외 2, 피고 1의 재산처분행위
 ⑴ 소외 2는 2006. 3. 1. 피고 1에게 별지 기재 부동산(이하 '이 사건 아파트'라 한다)을 매도하고(이하 '제1매매계약'이라 한다), 서울남부지방법원 강서등기소 2006. 4. 10. 접수 제24773호로 소유권이전등기를 경료하여 주었다.

(2) 소외 2는 제1매매계약 체결 당시 시가 440,000,000원 상당의 이 사건 아파트 외에는 별다른 재산이 없었던 반면, 소극재산으로는 원고 재단에 대한 구상금채무 약 300,000,000원, 원고 기금에 대한 구상금 채무 약 550,000,000원, 제일은행에 대한 채무 110,000,000원, 중소기업은행에 대한 채무 250,000,000원을 부담하고 있는 등 채무초과상태였다.

(3) 피고 1은 2006. 4. 17. 피고 2에게 이 사건 아파트를 매도하고(이하 '제2매매계약'이라 한다), 서울남부지방법원 강서등기소 2006. 4. 17. 접수 제26779호로 소유권이전등기를 경료하여 주었다.

(4) 제1매매계약 체결 당시 이 사건 아파트에는 ① 서울남부지방법원 2004. 3. 17. 접수 제204133호로 근저당권자 주식회사 제일은행(나중에 상호가 'SC제일은행'으로 변경됨), 채무자 소외 2, 채권최고액 132,000,000원인 제1순위 근저당권(이하 '제1근저당권'이라 한다)과, ② 같은 법원 2005. 8. 18. 접수 제63332호로 근저당권자 중소기업은행, 채무자 소외 4 회사, 채권최고액 240,000,000원인 제2순위 근저당권(이하 '제2근저당권'이라 한다)이 각 설정되어 있었는데, 피담보채무의 변제로 인하여 제1근저당권설정등기는 2006. 4. 27.에, 제2근저당권설정등기는 2006. 4. 17.에 각 말소되었고, 그 무렵 이 사건 제1근저당권의 실제 피담보채무액은 110,555,876원, 제2근저당권의 실제 피담보채무액은 200,425,204원[제2근저당권이 담보하는 채무는 중소기업은행에 대한 대출금 250,531,506원인데, 위 대출금 채무를 담보하기 위하여 이 사건 아파트 외에도 서울 강서구 등촌동 712 코오롱오투빌2차아파트(동호수 생략)에 채권최고액 60,000,000원의 근저당권이 설정되어 있었고, 2006. 4. 17. 위 피담보채무 250,531,506원이 전부 변제됨으로써 위 각 근저당권등기가 모두 말소되었으므로, 위 제2근저당권의 실제 피담보채무액은 200,425,204원{= 250,531,506원 × 240,000,000원/300,000,000원(= 240,000,000원 + 60,000,000원), 원 미만 버림}]이었다.

제3절 사해행위취소소송을 제기한 다수의 채권자   211

　　(5) 이 사건 아파트의 이 사건 변론종결일에 가까운 2007. 5. 25.경의 시가는 560,000,000원이다.
2. 사해행위의 성립여부에 대한 판단
　가. 구상금 채권의 발생
　　위 인정사실에 의하면, 소외 4 회사의 원고 기금 및 원고 재단에 대한 구상금채무를 연대보증한 소외 2는, 원고 기금에게 564,658,927원{= 원고 기금의 1차 신용보증약정으로 인한 대위변제금 88,108,904원 + 2차 신용보증약정으로 인한 대위변제금 289,717,304원 + 3차 신용보증약정으로 인한 대위변제금 176,725,479원 + 위약금 688,840원 + 법적절차비용 11,350,260원(= 7,733,270원 + 1,682,240원 + 1,526,230원 + 408,520원) - 회수금 1,931,860원(= 9,950원 + 14,800원 + 14,800원 + 8,880원 + 865,830원 + 1,017,600원)} 및 그 중 264,834,383원에 대하여 원고 기금의 대위변제일인 2006. 10. 24.부터, 289,717,304원에 대하여는 원고 기금의 대위변제일인 2006. 12. 6.부터 각 다 갚는 날까지 소송촉진 등에 관한 특례법에 정해진 연 20%의 비율에 의한 지연손해금을 지급할 의무가 있고, 원고 재단에게 305,731,673원(= 대위변제금 잔액 302,706,720원 + 확정지연손해금 3,024,953원) 및 그 중 302,706,720원에 대하여 원고 재단의 대위변제일인 2006. 7. 14.부터 원고 재단의 2007. 1. 22.자 청구취지변경신청서부본 최종송달일임이 기록상 분명한 2007. 3. 27.까지는 약정지연손해금율인 연 17%, 그 다음날부터 다 갚는 날까지는 소송촉진 등에 관한 특례법에 정해진 연 20%의 각 비율에 의한 지연손해금을 지급할 의무가 있다.
　나. 피보전채권의 존재
　　(1) 채권자취소권에 의하여 보호될 수 있는 채권은 원칙적으로 사해행위라고 볼 수 있는 행위가 행하여지기 전에 발생된 것임을 요하지만, 그 사해행위 당시에 이미 채권 성립의 기초가 되는 법률관계가 발생되어 있고, 가까운 장래에 그 법률관계에 터잡아 채권이 성립되리라는 점에 대한 고도의 개연성이 있으며, 실제로 가까운 장래에 그 개연성이 현실화되어 채권이 성립된 경우에는

그 채권도 채권자취소권의 피보전채권이 될 수 있다.

㈏ 위 인정사실들에 의하면, 소외 2와 피고 1 사이에서 제1매매계약이 체결된 2006. 3. 1.에는 원고들의 구상금채권이 아직 현실적으로는 발생하지 않았지만, 그 당시 이미 구상금채권 성립의 기초가 되는 신용보증약정이 체결되어 있었고, 그로부터 1개월여가 지난 시점에 신용보증사고가 발생한 점에 비추어 볼 때, 제1매매계약 당시 가까운 장래에 원고들의 구상금채권이 성립되리라는 점에 대한 고도의 개연성이 있었다고 할 것이고, 실제로 그 개연성이 현실화되어 원고들의 구상금채권이 성립되었으므로, 원고들의 구상금채권도 채권자취소권의 피보전채권이 될 수 있다 할 것이다.

다. 판단

소외 4 회사의 감사이던 소외 2가 채무초과 상태에서 피고 1에게 자신의 유일한 재산인 이 사건 아파트를 매도한 사실은 앞에서 본 바와 같고, 이와 같은 제1매매계약의 체결 시기, 제1매매계약 당시 소외 2의 재산상태 등에 비추어 보면, 소외 2는 제1매매계약 당시 원고들을 해하려는 의사가 있었다고 봄이 상당하므로, 제1매매계약은 채권자인 원고들을 해하는 사해행위에 해당한다고 할 것이고, 채무자인 소외 2의 사해의사가 인정되는 이상, 수익자인 피고 1, 2의 악의도 추정된다.

3. 피고 1의 주장에 대한 판단

가. 피고 1의 주장

⑴ 피고 1이 2006. 2. 13. 소외 2에게 50,000,000원을 빌려주고 담보로 이 사건 아파트에 대하여 소유권이전청구권가등기를 설정 받으면서 2006. 4. 5.까지 소외 2가 위 대여금을 갚지 못할 경우에는 위 가등기에 기한 본등기를 마친 후, 이 사건 아파트를 매도하여 그 매매대금으로 대여금을 회수하고, 나머지 돈은 소외 2에게 돌려주기로 약정하였다.

⑵ 소외 2가 2006. 4. 5.까지 돈을 갚지 못하자, 피고 1은 위 약정에

따라 본등기를 해 줄 것을 요구하였고, 이에 소외 2가 이 사건 아파트를 실거래가로 매수해 줄 것을 요구하여, 피고 1은 소외 2로부터 이 사건 아파트를 450,000,000원에 매수하되, 그 대금 중 50,000,000원은 위 대여금채권으로 상계하고, 310,000,000원은 이 사건 아파트에 설정되어 있는 동액 상당의 근저당권부 채무를 인수하는 것으로 지급에 갈음하며, 나머지 90,000,000원만 실제로 지급하기로 약정한 후, 위 매매대금을 지급하여 이 사건 아파트를 취득하였다.

(3) 따라서 피고 1은 선의의 수익자에 해당한다.

나. 판단

갑가 제5호증의 3, 을나 제1호증, 을나 제2호증의 1 내지 3, 을나 제4호증의 1, 을나 제5호증의 1, 2, 을나 제10호증의 2의 각 기재, 제1심 증인 소외 5의 일부 증언, 서울중앙지방법원 2006가합52032호 사건의 제1심 법원의 한국외환은행 한남동지점장, 기업은행 강서중앙지점장에 대한 각 사실조회결과에 의하면, 피고 1은 2006. 2. 13. 소외 2에게 50,000,000원을 송금하고 같은 날 이 사건 아파트에 대하여 소유권이전청구권가등기를 설정 받았는데, 위 매매와 관련한 부동산거래계약신고필증에는 매매계약체결일이 2006. 3. 1.로 기재되어 있는 사실, 피고 1은 2006. 4. 10. 이 사건 아파트의 소유권이전등기를 경료받은 후 2006. 4. 12. 사채업자인 소외 6으로부터 돈을 빌려 소외 2에게 매매대금 명목으로 25,000,000원을 송금하였고, 2006. 4. 13. 소외 6 앞으로 채권최고액 210,000,000원의 근저당권을 설정해 주었으며, 2006. 4. 14. 소외 7에게 이 사건 아파트에 대한 매매대금지급 명목으로 60,450,000원을 송금하여 준 사실, 그로부터 불과 5일 후인 2006. 4. 17. 피고 2에게 다시 이 사건 아파트를 매도하고 같은 날 소유권이전등기를 마쳐 준 사실, 2006. 3.경부터 2006. 5.경까지 소외 7과 소외 4 회사, 소외 2, 피고 1, 소외 6 사이에 위 송금 내역 이외에도 금원거래가 있었던 사실을 인정할 수 있다.

살피건대, 위 인정사실과 앞에서 본 증거들에 의하여 인정되는 다음과 같은 사정, 즉, 피고 1과 소외 2 사이의 위 대여금과 관련하여 이자 약정이 있었다는 흔적이 없는 점, 제1매매계약에 따른 잔금을 지급하기도 전에 소유권이전등기를 경료받는 것은 매우 이례적이라는 점, 피고 1이 사채업자로부터 높은 이자를 지급하면서 돈을 빌려 굳이 이 사건 아파트를 매수하고 소유권이전등기를 경료받은 지 불과 7일 만에 피고 2에게 다시 매도한 것도 납득이 가지 않는 점, 피고 1이 소외 2에게 매매대금 명목으로 현실로 지급한 돈은 25,000,000원에 불과한 점, 이 사건 제1매매계약을 원인으로 한 소유권이전등기는 신용보증사고가 발생한 시점과 근접한 시점에 경료된 점 등에 비추어 볼 때, 앞에서 살펴 본 인정사실 및 을나 제12호증, 을나 제13호증의 1 내지 3의 기재만으로는 피고 1이 제1매매계약이 사해행위가 된다는 것을 몰랐다는 점을 인정하기에 부족하고 달리 이를 인정할 증거가 없으므로, 피고 1의 위 주장은 이유 없다.

4. 피고 2의 주장에 대한 판단

 가. 피고 2의 주장

  (1) 피고 2는 평소 알고 지내던 소외 5의 소개로 이 사건 아파트가 급매물로 나온 것을 알고 2006. 4. 17. 피고 1로부터 이 사건 아파트를 460,000,000원에 매수하였다.

  (2) 위 매매대금 중 계약금 180,000,000원은 당일 지급하고, 잔금 280,000,000원 중 250,000,000원은 이 사건 아파트에 설정되어 있는 근저당권부 채무를 인수하는 것으로 지급에 갈음하며 나머지 30,000,000원은 2006. 4. 20. 지급하기로 약정하였다.

  (3) 따라서 피고 2는 선의의 전득자에 해당한다.

 나. 판단

  을나 제6호증의 1 내지 3, 을나 제7호증의 1, 2의 각 기재에 의하면, 피고 2가 2006. 4. 17. 피고 1에게 170,000,000원, 2006. 4. 20. 30,000,000원을 각 송금한 사실은 인정된다.

  그러나 한편, 위에서 인정된 사실과 갑가 제5호증의 3, 을나 제3호증, 을나 제5호증의 1, 2의 각 기재, 제1심 증인 소외 5의 일부 증언과 변론 전체의 취지에 의하여 인정되는 다음과 같은 사정, 즉, 이 사건 제2매매계약은 부동산 중개인의 중개로 이루어진 것이 아닌 점, 매매계약과 동시에 소유권이전등기가 경료되고 그 이후에 잔금이 지급된다는 것은 매우 이례적이며, 460,000,000원인 부동산의 계약금으로 180,000,000원을 지급하는 것은 거래관행에 비추어 볼 때 계약금 액수가 너무 많은 점, 피고 2는 현재 이 사건 아파트에 거주하고 있지도 않아 이 사건 아파트의 실수요자라고 보이지 않는 점, 이 사건 제2매매계약서에는 대금지급 방식과 관련하여 '잔금에 근저당 설정 1, 3번 포함가격이며 잔금시 매수인이 승계하기로 함'이라고 간략하게 기재되어 있는데, 250,000,000원에 달하는 거액의 근저당권부 채무를 인수하면서 계약서에 그 내용에 관하여 상세하게 명시하지 않는다는 것도 납득이 가지 않는 점 등에 비추어 볼 때, 을나 제9호증, 을나 제10호증의 1, 2, 을나 제14호증의 1 내지 4, 을나 제15호증의 1 내지 3, 을나 제16호증, 을나 제18호증의 각 기재, 제1심 증인 소외 5의 증언만으로는 피고 2가 제2매매계약 당시 피고 1과 소외 2 사이의 이 사건 제1매매계약이 사해행위가 된다는 점을 몰랐다고 인정하기에 부족하고 달리 이를 인정할 증거가 없으므로, 피고 2의 위 주장도 이유 없다.

5. 원상회복의 방법과 범위

  가. 따라서, 이 사건 제1매매계약은 사해행위로서 취소되어야 하고, 피고 1은 수익자로서, 피고 2는 전득자로서 원상회복의무가 있다.

  나. 그런데, 어느 부동산에 관한 법률행위가 사해행위에 해당하는 경우에는 원칙적으로 그 사해행위를 취소하고 소유권이전등기의 말소 등 부동산 자체의 회복을 명하여야 하는 것이 원칙이지만, 근저당권이 설정되어 있는 부동산에 관하여 사해행위가 이루어진 경우에 그 사해행위는 부동산의 가액에서 근저당권의 피담보채무액을 공제한 잔액의 범위 내에서만 성립된다고 보아야 하므로, 사해행위 후 변제 등에 의하여 그 근저당권설정등기가 말소된 경우, 사해행위를 취소하여 그 부동산 자체의 회복을 명하는 것은 당초 일반

채권자들의 공동담보로 되어 있지 않던 부분까지 회복을 명하는 것이 되어 공평에 반하는 결과가 되므로, 사실심 변론종결시의 그 부동산의 가액에서 말소된 근저당권의 피담보채무액을 공제한 잔액의 한도에서 가액배상을 명할 수 있을 뿐이다.

이 사건에 관하여 보건대, 제1매매계약 이후인 2006. 4. 27. 및 같은 달 17.에 이 사건 아파트에 관하여 제1매매계약 이전에 이미 설정되어 있던 제1, 2근저당권이 피담보채무의 변제로 인하여 모두 말소된 사실, 당시 제1근저당권의 피담보채무액은 110,555,876원, 제2근저당권의 피담보채무액은 200,425,204원인 사실, 이 사건 아파트의 이 사건 변론종결일에 가까운 2007. 5. 25.경의 시가는 560,000,000원 상당인 사실은 앞에서 본 바와 같으므로, 피고 1과 소외 2 사이의 제1매매계약은 이 사건 아파트의 가액 560,000,000원에서 사해행위 당시 이 사건 아파트에 설정되어 있던 근저당권 중 말소된 근저당권의 피담보채무의 합계 310,981,080원(= 110,555,876원 + 200,425,204원)을 공제한 249,018,920원의 한도 내에서 취소하고, 피고들은 각자 원고들에게 위 한도 내에서 가액을 배상할 의무가 있다.

다. 한편, 수인의 채권자가 수익자 등에게 사해행위의 취소 및 원상회복을 청구하고 채권자들의 총채권액이 수익자 등이 배상할 가액을 초과하는 경우에는 수익자 등으로 하여금 배상할 가액을 채권자들의 채무자에 대한 각 채권액의 비율에 따라 안분하여 지급하도록 함이 상당하고, 취소채권자의 피보전채권액은 사해행위 이후 사실심 변론종결시까지 발생한 이자나 지연손해금을 포함하는바(대법원 2001. 9. 4. 선고 2000다66416 판결 등 참조), 이에 따라 피고들이 각자 원고들에게 지급하여야 할 가액을 계산하면 별지 채권계산표 기재와 같이 원고 재단에게 89,714,689원, 원고 기금에게 159,304,231원이 된다.

라. 소결론

따라서 피고들은 각자 원고 재단에게 89,714,689원, 원고 기금에게

제3절 사해행위취소소송을 제기한 다수의 채권자 217

159,304,231원 및 위 각 금원에 대하여 이 판결확정일 다음날부터 다 갚는 날까지 민법에 정해진 연 5%의 비율에 의한 지연손해금을 지급할 의무가 있다.

6. 결론

그렇다면, 원고들의 이 사건 청구는 위 인정범위 내에서 이유 있어 이를 인용하고 나머지 청구는 이유 없어 이를 기각할 것인바, 이와 결론을 달리한 제1심 판결 중 위 249,018,920원을 초과하여 소외 2와 피고 1 사이에 별지 기재 부동산에 관한 2006. 3. 1.자 매매계약을 취소한 피고들 패소부분과 피고들에 대하여 각자 원고 재단에게 89,714,689원, 원고 기금에게 159,304,231원 및 위 각 금원에 대하여 이 판결확정일 다음날부터 다 갚는 날까지 민법에 정해진 연 5%의 비율에 의한 금원을 초과하여 지급을 명한 피고들 패소부분은 부당하므로 피고들의 항소를 일부 받아들여 제1심 판결을 위와 같이 변경하기로 하여, 주문과 같이 판결한다.

[별지 각 생략]

판사 이대경(재판장) 김진동 왕정옥

2. 기판력의 문제

가. 주관적 범위

채권자취소소송의 기판력은 그 취소권을 행사한 채권자와 그 상대방인 수익자 또는 전득자와의 상대적인 관계에서만 미칠 뿐 그 소송에 참가하지 아니한 채무자 또는 그 채무자와 수익자 사이의 법률관계에서는 미치지 아니한다.[55] 또한 사해행위취소의 효력은 상대적이기 때문에 소송당사자인 채권자와 수익자 또는 전득자 사이

---

55) 대법원 1988. 2. 23. 선고 87다카1989 판결 등.

에만 발생할 뿐 소송의 상대방 아닌 제3자에게는 아무런 효력을 미치지 아니한다.56)

나. 객관적 범위

(1) 원물반환과 가액배상의 관계

채권자는 원상회복 방법으로 가액배상 대신 수익자 명의의 등기의 말소를 구하거나 수익자를 상대로 채무자 앞으로 직접 소유권이전등기절차를 이행할 것을 구할 수 있다.57)

[판례 3] 사해행위취소 (대법원 2006.12.7. 선고 2004다54978 판결)

사해행위 후 목적물에 관하여 제3자가 저당권이나 지상권 등의 권리를 취득한 경우에는 수익자가 목적물을 저당권 등의 제한이 없는 상태로 회복하여 이전하여 줄 수 있다는 등의 특별한 사정이 없는 한, 채권자는 원상회복 방법으로 수익자를 상대로 가액 상당의 배상을 구할 수도 있고, 채무자 앞으로 직접 소유권이전등기절차를 이행할 것을 구할 수도 있다. 이 경우 원상회복청구권은 사실심 변론종결 당시의 채권자의 선택에 따라 원물반환과 가액배상 중 어느 하나로 확정되며, 채권자가 일단 사해행위 취소 및 원상회복으로서 원물반환 청구를 하여 승소 판결이 확정되었다면, 그 후 어떠한 사유로 원물반환의 목적을 달성할 수 없게 되었다고 하더라도 다시 원상회복청구권을 행사하여 가액배상을 청구할 수는 없으므로 그 청구는 권리보호의 이익이 없어 허용되지 않는다.

---

56) 대법원 2001. 5. 29. 선고 99다9011 판결.
57) 대법원 2001. 2. 9. 선고 2000다57139 판결.

[판례 4] 사해행위취소 (대법원 2008.4.24. 선고 2007다84352 판결)

[1] 채권자취소권의 요건을 갖춘 각 채권자는 고유의 권리로서 채무자의 재산처분 행위를 취소하고 그 원상회복을 구할 수 있는 것이므로 여러 명의 채권자가 동시에 또는 시기를 달리하여 사해행위취소 및 원상회복청구의 소를 제기한 경우 이들 소가 중복제소에 해당하지 아니할 뿐만 아니라, 어느 한 채권자가 동일한 사해행위에 관하여 사해행위취소 및 원상회복청구를 하여 승소판결을 받아 그 판결이 확정되었다는 것만으로는 그 후에 제기된 다른 채권자의 동일한 청구가 권리보호의 이익이 없게 되는 것은 아니고, 그에 기하여 재산이나 가액의 회복을 마친 경우에 비로소 다른 채권자의 사해행위취소 및 원상회복청구는 그와 중첩되는 범위 내에서 권리보호의 이익이 없게 된다.

[2] 여러 명의 채권자가 사해행위취소 및 원상회복청구의 소를 제기하여 여러 개의 소송이 계속중인 경우에는 각 소송에서 채권자의 청구에 따라 사해행위의 취소 및 원상회복을 명하는 판결을 선고하여야 하고, 수익자(전득자를 포함한다)가 가액배상을 하여야 할 경우에도 수익자가 반환하여야 할 가액을 채권자의 채권액에 비례하여 채권자별로 안분한 범위 내에서 반환을 명할 것이 아니라, 수익자가 반환하여야 할 가액 범위 내에서 각 채권자의 피보전채권액 전액의 반환을 명하여야 한다.

[3] 채권자취소권은 채무자의 사해행위를 채권자와 수익자 또는 전득자 사이에서 상대적으로 취소하고 채무자의 책임재산에서 일탈한 재산을 회복하여 채권자의 강제집행이 가능하도록 하는 것을 본질로 하는 권리이므로, 원상회복을 가액배상으로 하는 경우에 그 이행의 상대방은 채권자이어야 한다.

"어느 한 채권자가 동일한 사해행위에 관하여 사해행위취소 및 원상회복청구를 하여 승소판결을 받아 그 판결이 확정되었다는 것만으로는 그 후에 제기된 다른 채권자의 동일한 청구가 권리보호의 이익이 없게 되는 것은 아니고, 그에 기하여 재산이나 가액의 회복을 마친 경우에 비로소 다른 채권자의 사해행위취소 및 원상회복청구는 그와 중첩되는 범위 내에서 권리보호의 이익이 없게 된다.

다. 배당액의 산정기준

[판례 5] 공탁금출급확인 (대법원 2007.5.31. 선고 2007다3391 판결)

【판시사항】
변제공탁에 있어서 피공탁자가 아닌 사람이 피공탁자를 상대로 공탁물출급청구권 확인판결을 받은 경우에 직접 공탁물출급청구를 할 수 있는지 여부(소극) 및 공탁자가 사해행위취소 및 가액배상을 청구한 수인의 취소채권자 전부를 피공탁자로 하여 상대적 불확지공탁을 한 경우, 각 피공탁자가 공탁물출급청구권을 행사할 수 있는 범위

【참조조문】
민법 제487조, 공탁사무처리규칙 제19조 제2항 (바)목

【참조판례】
대법원 2006. 8. 25. 선고 2005다67476 판결(공2006하, 1615)

【전 문】

【원고, 상고인】 한국수출보험공사 (소송대리인 변호사 한경수외 2인)

【피고, 피상고인】 주식회사 신한은행 (소송대리인 법무법인 정민 담당변호사 김병주외 2인)

【원심판결】 서울고법 2006. 12. 6. 선고 2006나33236 판결

【주 문】
상고를 기각한다. 상고비용은 원고가 부담한다.

【이 유】
상고이유를 본다.
변제공탁의 공탁물출급청구권자는 피공탁자 또는 그 승계인이고 피공탁

자는 공탁서의 기재에 의하여 형식적으로 결정되므로, 실체법상의 채권자라고 하더라도 피공탁자로 지정되어 있지 않으면 공탁물출급청구권을 행사할 수 없다. 따라서 피공탁자 아닌 제3자가 피공탁자를 상대로 하여 공탁물출급청구권 확인판결을 받았다 하더라도 그 확인판결을 받은 제3자가 직접 공탁물출급청구를 할 수는 없고, 동일한 금액 범위 내의 사해행위취소 및 가액배상을 구하는 소송을 제기한 수인의 취소채권자들 중 누구에게 가액배상금을 지급하여야 하는지 알 수 없다는 이유로 채권자들의 청구금액 중 판결 또는 화해권고결정 등에 의하여 가장 다액으로 확정된 금액 상당을 공탁금액으로 하고 그 취소채권자 전부를 피공탁자로 하여 상대적 불확지공탁을 한 경우, 피공탁자 각자는 공탁서의 기재에 따라 각자의 소송에서 확정된 판결 또는 화해권고결정 등에서 인정된 가액배상금의 비율에 따라 공탁금을 출급청구할 수 있을 뿐이다(대법원 2006. 8. 25. 선고 2005다67476 판결 참조).

기록에 의하면, 원고가 채무자인 소외 1과 수익자인 소외 2 사이의 사해행위에 관하여 소외 2를 상대로 제기한 사해행위취소소송에서 " 소외 2는 원고에게 372,266,250원 및 이에 대하여 이 판결 확정일부터 다 갚는 날까지 연 5%의 비율에 의한 금원을 지급하라."는 판결이 선고되어 위 판결이 2005. 5. 13. 그대로 확정된 사실, 위 소송과 별개로 피고와 신용보증기금도 각자 같은 사해행위에 관하여 소외 2를 상대로 사해행위취소소송을 제기하여 그 소송들이 개별적으로 진행되던 중 원고가 제기한 위 소송에서의 판결이 확정된 후인 2005. 5. 26. 피고와 소외 2 사이의 소송에서 " 소외 2는 피고에게 377,266,250원 및 이에 대하여 결정 확정일로부터 다 갚는 날까지 연 5%의 비율에 의한 금원을 지급한다."는 화해권고결정이 내려진 사실, 이에 소외 2는 2005. 7. 15. 서울중앙지방법원 공탁공무원에게 위 취소채권자들 중 누구에게 가액배상을 하여야 하는지 알 수 없다는 이유로 이미 확정된 원고가 제기한 위 소송에서의 판결에 따른 가액배상 원리금을 공탁금액으로 하고 원고, 피고 및 신용보증기금을 피공탁자로 하는 상대적 불확지공탁을 한 사실, 이후 2005. 7. 25. 피고와 소외 2에 대한 위 화해권고결정이 확정되었고, 이어서 같은 해 9. 7. 신용보증기금과 소외 2 사이의 소송에서도 피고의 경우와 마찬가지로 " 소외 2는 신용보증기금에게 377,266,250원 및 이에 대하여 결정확정일로부터 다 갚는 날까지 연 5%의 비율에 의한 금원을 지급한다."는 화해권고결정이 내려져 같은 해 9. 27. 확정된 사실을 알 수 있는바, 소외 2가 먼저 확정된 판결에 따라 원고, 피고 및 신용보증기금을 피공탁자로 하여 사해행위취소소송의 가액배상금을 변제공탁한 이상, 이 변제공탁의 방법이 적절하였는지는 별론으로 하고, 원고, 피고 및 신용보증기금은 각자 확정된 판결 및 화해권고결정에서 인정된 가액배상금의 비율(피고 및 신용보증기금의 각 가액배상금액에 대하여는 위 공탁 이후에 화해권고결정이 확정되었기 때문에 지연손해금이 발생할 여지가 없게 되어 원고에 대한 가액배상금액과 다르게 되었다)에 해당하는 공탁금을 출급청구할 수 있을 뿐이고, 각자의 지분을 초과하는 부분에 대하여는 피공탁자로 지정되어 있다고 볼 수 없으므로, 그 초과지분에 대하여 상대방 피공탁자를 상대로 공탁금출급청구권의 확인을 구할 수는 없다.

같은 취지의 원심의 판단은 정당하고, 상고이유에서 주장하는 바와 같은 채권자취소권 및 공탁금출급청구권에 관한 법리를 오해한 위법이 없다.

그러므로 상고를 기각하고, 상고비용은 패소자가 부담하게 하기로 관여 대법관의 의견이 일치되어 주문과 같이 판결한다.

대법관 이홍훈(재판장) 김영란(주심) 김황식 안대희

제4절 채권자취소권과 부인권

1. 행사주체와 행사요건

가. 행사주체

집단적 채무처리절차인 회생·파산절차에서 부인권의 행사권한은 관리인·파산관재인(이하 '관리인'이라 한다)에게 전속한다(채무자회생법 제100조, 제391조, 제56조, 제384조). 즉 채권자취소권이 개개의 채권자가 회생·파산절차 외에서 행사하는데 대하여, 부인권은 관리인이 회생·파산절차 내에서 행사하는 것을 전제로 하고 있다.

나. 행사요건

고의부인(제100조 1항 1호, 제391조 1호)
위기부인(제100조 1항 2호, 3호, 제391조 2호, 3호)
무상부인(제100조 1항 4호, 제391조 4호)

(1) 담보권의 임의적 실행행위와 부인권

[판례 1] 부인권행사 (대법원 2003. 2. 28. 선고 2000다50275 판결)

[1] 회사정리절차에 있어서는 담보권자는 개별적으로 담보권실행행위를 할 수 없고(회사정리법 제67조), 정리담보권자로서 정리절차 내에서의 권리행사가 인정될 뿐, 정리절차 외에서 변제를 받는 등 채권소멸행위를 할 수 없으며(같은 법 제123조 제2항, 제112조), 또한 같은 법 제81조 후단이 부인하고자 하는 행위가 집행행위에 기한 것인 때에도 부인권을 행사할 수 있다고 규정한 취지에 비추어 보면, 질권의 목적물을 타에 처분하여 채권의 만족을 얻는 경우도 그 실질에 있어서 집행행위와 동일한 것으로 볼 수 있어 부인의 대상이 되는 행위에 포함된다.

[2] 질권자가 그 질권의 목적인 유가증권을 처분하여 채권을 회수한 행위에 대하여 회사정리법상의 부인권이 행사된 경우, 그 유가증권의 원상회복에 갈음하여 그 가액의 상환을 청구할 수 있다고 한 원심판결을 수긍한 사례.

[판례 2] 출자지분확인청구 (대법원 2011.11.24. 선고 2009다76362 판결)

[1] 채무자 회생 및 파산에 관한 법률상 부인은 원칙적으로 채무자의 행위를 대상으로 하는 것이고, 채무자의 행위가 없이 채권자 또는 제3자의 행위만 있는 경우에는 채무자가 채권자와 통모하여 가공하였거나 기타의 특별한 사정으로 인하여 채무자의 행위가 있었던 것과 같이 볼 수 있는 예외적 사유가 있을 때에 한하여 부인의 대상이 될 수 있다.

[2] 채무자 회생 및 파산에 관한 법률 제104조 후단에 의하면 부인하고자 하는 행위가 집행행위에 의한 것인 때에도 부인권을 행사할 수 있는데, 집행행위를 같은 법 제100조 제1항 제2호에 의하여 부인할 경우에는 반드시 그것을 채무자의 행위와 같이 볼만한 특별한 사정이 있을 것을 요하지 아니한다. 왜냐하면 같은 법 제104조에서 부인하고자 하는 행위가 '집행행위에 의한 것인 때'는 집행법원 등 집행기관에 의한 집행절차상 결정에 의한 경우를 당연히 예정하고 있다 할 것인데 그러한 경우에는 채무자의 행위가 개입할 여지가 없고, 또한 같은 법 제100조 제1항 각 호에서 부인권의 행사 대상인 행위의 주체를 채무자로 규정한 것과 달리 제104조에서는 아무런 제한을 두지 않고 있기 때문이다. 그리고 이 경우 집행행위는 집행권원이나 담보권의 실행에 의한 채권의 만족적 실현을 직접적인 목적으로 하는 행위를 의미하고, 담보권의 취득이나 설정을 위한 행위는 이에 해당하지 않는다.

[3] 채무자 회생 및 파산에 관한 법률 제104조의 집행행위는 원칙적으로

제4절 채권자취소권과 부인권   225

집행기관의 행위를 가리키는 것이지만, 집행기관에 의하지 아니하고 질권자가 직접 질물을 매각하거나 스스로 취득하여 피담보채권에 충당하는 등의 행위에 대해서도 집행기관에 의한 집행행위의 경우를 유추하여 같은 법 제100조 제1항 제2호에 의한 부인권 행사의 대상이 될 수 있다고 보아야 한다. 이와 같이 보지 아니하면 동일하게 회생채권자 또는 회생담보권자를 해하는 질권의 실행행위임에도 집행기관에 의하는지 여부라는 우연한 사정에 따라 부인의 대상이 되는지가 달라져서 불합리하기 때문이다.

[4] 집행행위에 대하여 부인권을 행사할 경우에도 행위 주체의 점을 제외하고는 채무자 회생 및 파산에 관한 법률 제100조 제1항 각 호 중 어느 하나에 해당하는 요건을 갖추어야 하므로, 제2호에 의한 이른바 위기부인의 경우에는 집행행위로 인하여 회생채권자 또는 회생담보권자를 해하는 등의 요건이 충족되어야 한다. 이 경우 회생채권자 등을 해하는 행위에 해당하는지를 판단할 때는 회생절차가 기업의 수익력 회복을 가능하게 하여 채무자의 회생을 용이하게 하는 것을 목적으로 하는 절차로서, 파산절차와 달리 담보권자에게 별제권이 없고 회생절차의 개시에 의하여 담보물권의 실행행위는 금지되거나 중지되는 등 절차적 특수성이 있다는 점 및 집행행위의 내용, 집행대상인 재산의 존부가 채무자 회사의 수익력 유지 및 회복에 미치는 영향 등 제반 요소를 종합적으로 고려하여 정하여야 한다.

[5] 전문건설공제조합이 조합에 대하여 출자지분을 보유하고 있던 갑 주식회사에 자금을 융자하면서 그 출자지분에 대한 출자증권에 질권을 설정받았는데, 갑 회사에 회생절차개시결정이 내려지자, 질권을 실행하기 위하여 위 출자증권을 취득하여 자신 앞으로 명의개서한 다음 융자원리금 채권과 출자증권의 취득대금 채무를 대등액에서 상계한다는 취지의 의사표시를 갑 회사에 통지한 사안에서, 조합이 출자증권을 취득하여 자신 앞으로 명의개서하고 위와 같은 상계의 의사표시를 통지함으로써 출자증권에 대한 질권을 확정적으로 실행하였고, 이는 채무자 회생 및 파산에 관한 법률 제104조 후단의 집행행위에

준하여 같은 법 제100조 제1항 제2호에 의한 부인권 행사의 대상이 될 수 있으며, 위 출자증권은 채무자인 갑 회사가 영업을 계속하기 위하여 필요한 주요자산으로서 조합이 이를 취득함으로써 갑 회사의 회생에 현저한 지장을 가져올 것임을 쉽게 예상할 수 있으므로, 조합이 출자증권을 취득한 행위는 특별한 사정이 없는 한 회생채권자를 해하는 것으로서 같은 법 제100조 제1항 제2호에 의하여 부인될 수 있고, 그 결과 상계행위는 효력이 유지될 수 없다고 한 사례.

[판례 3] 부인의소 (대법원 2004. 2. 12. 선고 2003다53497 판결)

[1] 회사정리법 제80조 제1항은 "지급의 정지 또는 파산, 화의개시, 정리절차개시의 신청이 있은 후 권리의 설정, 이전 또는 변경으로써 제3자에 대항하기 위하여 필요한 행위를 한 경우에 그 행위가 권리의 설정, 이전 또는 변경이 있은 날로부터 15일을 경과한 후 악의로 한 것인 때에는 이를 부인할 수 있다."라고 규정하고 있는바, 대항요건을 구비하여야 하는 위 15일의 기간은 권리변동의 원인행위가 이루어진 날이 아니고 그 원인행위의 효력이 발생하는 날부터 기산하여야 한다.

[2] 회사정리법 제80조가 대항요건 내지 효력발생요건 자체를 독자적인 부인의 대상으로 규정하고 있는 취지는 대항요건 내지 효력발생요건 구비행위도 본래 같은 법 제78조의 일반 규정에 의한 부인의 대상이 되어야 하지만, 권리변동의 원인이 되는 행위를 부인할 수 없는 경우에는 가능한 한 대항요건 내지 효력발생요건을 구비시켜 당사자가 의도한 목적을 달성시키면서 같은 법 제80조 소정의 엄격한 요건을 충족시키는 경우에만 특별히 이를 부인할 수 있도록 한 것이라고 해석되므로, 권리변동의 대항요건을 구비하는 행위는 같은 법 제80조 소정의 엄격한 요건을 충족시키는 경우에만 부인의 대상이 될 뿐이지, 이와 별도로 같은 법 제78조에 의한 부인의 대상이

될 수는 없다.

[3] 회사정리법 제78조 제1항 각 호의 규정에 의하면, 부인의 대상은 원칙적으로 정리 전 회사의 행위라고 할 것이고, 다만 회사의 행위가 없었다고 하더라도 정리 전 회사와의 통모 등 특별한 사정이 있어서 채권자 또는 제3자의 행위를 회사의 행위와 동일시할 수 있는 경우에는 예외적으로 그 채권자 또는 제3자의 행위도 부인의 대상으로 할 수 있다.

[판례 4] 정리채권확정 (대법원 2002. 7. 9. 선고 99다73159 판결)

[1] 채권자와 주채무자 사이의 계속적 거래관계에 대한 보증인의 근보증행위가 이루어진 시점에 대한 판단은 그 보증의 의사표시 당시를 기준으로 하여야 할 것이고, 주채무가 실질적으로 발생하여 구체적인 보증채무가 발생한 때를 기준으로 할 것은 아니다.

[2] 회사정리법상의 부인은 원칙적으로 회사의 행위를 대상으로 하는 것이고, 회사의 행위가 없이 채권자 또는 제3자의 행위만 있는 경우에는, 예외적으로 회사가 채권자와 통모하여 가공하였거나 기타의 특별한 사정으로 인하여 회사의 행위가 있었던 것과 동시(동시)할 수 있는 사유가 있을 때에 한하여 부인의 대상이 될 수 있다.

[3] 채권자와 주채무자 사이의 어음할인약정에 따른 주채무자의 채무에 대하여 정리 전 회사가 연대보증한 후 부인권행사 가능기간 내에 주채무자가 어음을 할인한 경우, 그 어음할인시에 정리 전 회사의 연대보증행위가 이루어졌다고 볼 수 없고 주채무자의 어음할인행위가 정리 전 회사의 행위와 동시할 수 없다는 이유로 부인권 행사의 여지가 없다고 한 사례.

[판례 5] 부인의소 (대법원 2002. 7. 9. 선고 2001다46761 판결)

[1] 금융기관이 정리 전 회사로부터 매출채권을 담보로 제공받아 기존 대출금의 만기를 연장해 주기로 하면서 정리 전 회사와 체결한 약정이 정리 전 회사의 대출채무를 담보하기 위하여 정리 전 회사의 매출채권에 관한 채권양도를 목적으로 한 대물변제의 예약을 체결한 계약으로서 이른바 예약형 집합채권의 양도담보에 해당한다고 한 사례.

[2] 회사정리법 제78조 제1항 각 호의 규정에 의하면, 회사정리법상의 부인의 대상은 원칙적으로 정리 전 회사의 행위라고 할 것이고, 다만 회사의 행위가 없었다고 하더라도 정리 전 회사와의 통모 등 특별한 사정이 있어서 채권자 또는 제3자의 행위를 회사의 행위와 동일시할 수 있는 경우에는 예외적으로 그 채권자 또는 제3자의 행위도 부인의 대상으로 할 수 있다.

[3] 금융기관이 정리 전 회사와 사이에 체결한 정리 전 회사의 대출채무를 담보하기 위한 정리 전 회사의 매출채권에 관한 채권양도를 목적으로 하는 대물변제의 예약의 내용에 따라 예약완결권과 대물변제로 양도·양수할 매출채권의 선택권을 행사하고 정리 전 회사를 대리하여 제3채무자에게 채권양도 사실을 통지한 것이 회사정리법 제78조 제1항 제2호 소정의 위기부인의 대상이 되지 않는다고 한 사례.

(2) 행위의 상당성을 사해행위 판단기준

판례는 "자금난으로 사업을 계속 추진하기 어려운 상황에 처한 채무자의 담보권설정행위는 사해행위에 해당하지 않는다.

[판례 6] 사해행위취소 (대법원 2009.5.14. 선고 2008다70701 판결)

【판시사항】
자금난으로 사업을 계속 추진하기 어려운 상황에 처한 채무자가 자금을 융통하여 사업을 계속 추진하는 것이 채무 변제력을 갖는 최선의 방법이라 생각하고 부동산을 특정 채권자에게 담보로 제공하고 신규자금을 추가로 융통받은 경우, 채무자의 담보권설정행위가 사해행위에 해당하는지 여부(소극)

【참조조문】

민법 제406조

【참조판례】

대법원 2001. 10. 26. 선고 2001다19134 판결(공2001하, 2543)

대법원 2002. 3. 29. 선고 2000다25842 판결(공2002상, 981)

【전 문】

【원고, 상고인】 원고 주식회사 (소송대리인 법무법인 율촌 담당변호사 신성택외 1인)

【피고, 피상고인】 피고 주식회사 (소송대리인 법무법인 바른 담당변호사 박재윤)

【원심판결】 부산고법 2008. 8. 28. 선고 2007나18874 판결

【주 문】

상고를 기각한다. 상고비용은 원고가 부담한다.

【이 유】

상고이유를 판단한다.

1. 통정허위표시 주장에 대하여

통정허위표시가 성립하기 위해서는 의사표시의 진의와 표시가 일치하지 아니하고, 그 불일치에 관하여 상대방과 사이에 합의가 있어야 한다.

원심판결 이유와 기록에 의하면, 소외 주식회사가 울산 남구 (상세 지번 생략) 전 333㎡ 등 60여 필지의 토지(이하, '이 사건 토지'라 한다)를 대한토지신탁 주식회사(이하, '대한토지신탁'이라 한다)에 신탁한 후 그 지상에 공동주택을 건설하여 분양하는 사업(이하, '이 사건 사업'이라 한다)을 추진한 사실, 소외 주식회사는 대한토지신탁과의 신탁계약에 따라 이 사건 토지에 설정된 제한물권 등을 해지하는 등 이 사건 사업에 필요한 자금을 마련하기 위하여 피고로부터 12억 1,000만 원을 차용하는 한편, 이 사건 토지 내의 건물철거 및 명도 등에 소요되는

비용 19,641,750원을 피고로 하여금 지출하도록 한 다음, 피고와 사이에 위 신탁계약에 따른 대한토지신탁에 대한 수익권에 관하여 2순위의 근질권을 설정하기로 하면서 위 채무를 근질권의 피담보채무에 포함시키기로 약정한 사실, 소외 주식회사는 대한토지신탁에 대하여 이 사건 수익권에 대한 2순위 근질권 설정을 요청하면서 대한토지신탁으로부터 근질권 설정에 관한 승낙을 쉽게 얻기 위하여 그 사유로 위 채무의 내역을 사실대로 알리지 아니한 채 그 피담보채무의 내용을 부산 암남동 사업추진비로 피고로부터 차용한 13억 원의 채무를 담보하기 위한 것이라는 취지로 알린 사실을 알 수 있는바, 이러한 사실관계에 의하면, 소외 주식회사가 계약당사자가 아닌 대한토지신탁에 피담보채무의 내역을 사실과 다르게 알렸다는 사정만으로는, 이 사건 근질권설정계약의 당사자인 소외 주식회사와 피고 사이에 그 피담보채무의 내역에 관한 의사표시의 진의와 표시 사이에 불일치가 있다고 할 수 없다.

원심이 같은 취지에서 소외 주식회사와 피고 사이의 근질권설정계약에 있어 실제로 그 피담보채권으로 하려고 한 것은 위와 같은 대여금 등 1,229,641,750원의 채권이므로, 통정허위표시에 해당하지 않는다고 한 판단은 정당하고, 거기에 상고이유의 주장과 같은 심리미진, 채증법칙 위반 등의 위법이 있다고 할 수 없다.

그리고 대한토지신탁은 피고와 소외 주식회사 사이에 '부산 암남동 사업추진비'와 관련한 채무가 존재할 것을 전제로 그러한 채무의 담보를 위한 근질권 설정에 승낙의 의사표시를 한 것이므로, 그러한 부산 암남동 사업추진비와 관련한 채무가 존재하지 않는 이상 대한토지신탁의 승낙은 유효하다고 할 수 없어 위 채무에 관한 근질권설정계약 부분은 무효라는 주장은 상고심에 이르러 비로소 하는 것임이 명백하므로 적법한 상고이유가 될 수 없다.

2. 사해의사에 관한 주장에 대하여

채무초과 상태에 있는 채무자가 그의 유일한 재산을 채권자 중의 어느 한 사람에게 채권담보로 제공하는 행위는 특별한 사정이 없는 한 다른 채권자들에 대한 관계에서 사해행위에 해당한다고 할 것이나, 자금난으로 사업을 계속 추진하기 어려운 상황에 처한 채무자가 자금을 융통하여 사업을 계속 추진하는 것이 채무 변제력을 갖게 되는 최선의 방법이라고 생각하고 자금을 융통하기 위하여 부득이 그 재산을 특정 채권자에게 담보로 제공하고 그로부터 신규자금을 추가로 융통받았다면 특별한 사정이 없는 한 채무자의 담보권 설정행위는 사해행위에 해당하지 않으며, 다만 사업의 계속 추진과는 아무런 관계가 없는 기존 채무를 아울러 피담보채무 범위에 포함시켰다면, 그 부분에 한하여 사해행위에 해당할 여지가 있다(대법원 2001. 10. 26. 선고 2001다19134 판결, 대법원 2002. 3. 29. 선고 2000다25842 판결 등 참조).

원심판결 이유 및 기록에 의하면, 소외 주식회사는 그 소유의 이 사건 토지상에 아파트를 건축하여 분양하는 사업을 추진하던 중 2002. 3. 6. 대한토지신탁과 사이에 이 사건 토지 및 그 지상에 건축될 아파트를 신탁재산으로 하여 대한토지신탁으로 하여금 이를 분양하게 한 뒤 그로부터 생긴 수익금을 교부받기로 하는 내용의 분양형 토지신탁계약을 체결하였고, 이에 따라 대한토지신탁은 관할관청으로부터 이 사건 사업의 주체를 소외 주식회사에서 대한토지신탁으로 변경하는 사업계획 변경승인을 받은 뒤 2002. 7. 4. 피고와 사이에 위 아파트 건축공사에 관하여 공사도급계약을 체결하였는데, 위 분양형 토지신탁계약상 공사대금 등 이 사건 사업에 소요되는 일체의 비용에 대한 최종적인 부담 주체는 소외 주식회사이고, 소외 주식회사에 귀속될 수익금은 대한토지신탁의 신탁보수나 피고의 공사대금 등 이 사건 사업에 소요된 제반 비용을 공제한 나머지 금액에 국한되는 사실을 알 수 있다. 그렇다면, 소외 주식회사로서는 이 사건 사업의 원만한 추진을 통해 더 많은 이익을 추구하거나 손실을 최소화하여야 한다는 점에서 위 분양형 토지신탁계약의 체결을 전후하여 사정이 전혀 달라질 것이 없고, 비록 위 분양형 토지신탁계약으로 인하여 이 사건 사업의 주체가 외형상 대한토지신탁으로 변경되었다 하더라도 마찬가지이다. 따라서 소외 주식회사가 시공사인 피고에 대하여 각종 채무를 부담하고 그 채무의 우선변제를 위하여 대한토지신탁으로부터 장차 받게 될 수익금에 관하여 근질권을 설정하여 준 것이 다른 일반채권자에 대한 채무의 변제력을 갖게 되는 최선의 방법으로서 부득이한 것이었고, 또한 그것이 이 사건 사업의 계속적인 추진에 필요한 합리적인 범위 내에서 이루어졌다면, 그와 같은 근질권 설정행위는 사해행위에 해당한다고 할 수 없다.

원심은 그 채용증거들을 종합하여 판시와 같은 사실을 인정한 다음, 소외 주식회사가 이 사건 토지에 관한 제한물권을 해지하지 못할 경우 대한토지신탁과의 신탁계약을 유지할 수 없게 되어 결국 이 사건 사업을 계속 수행할 수 없는 상황에서 피고로부터 이 사건 토지에 관한 제한물권 등의 해지에 필요한 자금을 융통하여 사업을 계속 추진하는 것이 일반채권자들에 대한 채무의 변제력을 갖게 되는 최선의 방법이라고 생각하고 자금을 융통하기 위하여 부득이 이 사건 수익권을 피고에게 담보로 제공하고 그로부터 신규자금을 차용하여 이 사건 토지상의 제한물권을 해지한 다음 대한토지신탁과의 분양형 토지신탁계약을 통하여 이 사건 사업을 계속 추진한 것으로 보이고, 나아가 소외 주식회사가 ① 이 사건 토지의 제한물권 해지비용으로 차용한 10억 원, 이 사건 사업과 관련한 차입금 2억 1천만 원 및 피고가 이 사건 토지 내의 건물철거 및 명도 등의 비용으로 투입한 19,641,750원의 합계 1,229,641,750원의 채무, ② 사업계획승인조건에 따라 기부채납하여야 할 도로의 매입에 관하여 종국적인 책임을 부담하고 있던 소외 주식회사를 대신하여 피고가 그 매입비용을 지출한 것과 관련한 5억 원의 채무, ③ 마감자재 수준 상승 및 토목공사비의 증가로 인한 증액공사비 합계 6억 9,300만 원을 피담보채무로 하여 피고에게 이 사건 근질권을 설정하여 준 것은 이 사건 사업의 계속적인 추진에 필요한 합리적인 범위 내에서 이루어진 것으로서 사해행위에 해당하지 아니한다고 판단하였는바, 위 법리와 기록에 비추어 살펴보면, 원심의 이러한 사실인정과 판단은 정당한 것으로 수긍할 수 있고, 거기에 상고이유의 주장과 같은 사해행위, 분양형 토지신탁과 공사도급계약에 관한 법리오해, 채증법칙 위반, 심리미진, 이유불비 등의 위법이 있다고 할 수 없다.

3. 예비적 청구(채무부존재확인청구)에 관한 주장에 대하여

원심이 그 판결에서 채용하고 있는 증거들을 종합하여 이 사건 근질권의 피담보채무에 포함되는 금액은 원고가 부존재확인을 구하는 부분의 금액보다 다액인 사실을 인정한 후 원고의 이 부분 청구를 기각한 조치는 옳은 것으로 수긍이 가고, 거기에 상고이유의 주장과 같은 채증법칙 위반 등의 위법이 있다고 할 수 없다.

4. 결론

그러므로 상고를 기각하고 상고비용은 패소자가 부담하도록 하여 관여 대법관의 일치된 의견으로 주문과 같이 판결한다.

대법관   박일환(재판장) 박시환 안대희 신영철(주심)

[판례 7] 사해행위취소 (대법원 2001. 10. 26. 선고 2001다19134 판결)

채무초과 상태에 있는 채무자가 그 소유의 부동산을 채권자 중의 어느 한 사람에게 채권담보로 제공하는 행위는 특별한 사정이 없는 한 다른 채권자들에 대한 관계에서 사해행위에 해당한다고 할 것이나, 자금난으로 사업을 계속 추진하기 어려운 상황에 처한 채무자가 자금을 융통하여 사업을 계속 추진하는 것이 채무 변제력을 갖게 되는 최선의 방법이라고 생각하고 자금을 융통하기 위하여 부득이 부동산을 특정 채권자에게 담보로 제공하고 그로부터 신규자금을 추가로 융통받았다면 특별한 사정이 없는 한 채무자의 담보권 설정행위는 사해행위에 해당하지 않으며, 다만 사업의 계속 추진과는 아무런 관계가 없는 기존 채무를 아울러 피담보채무 범위에 포함시켰다면, 그 부분에 한하여 사해행위에 해당할 여지는 있다.

[판례 8] 근저당권말소 (대법원 2001. 5. 8. 선고 2000다50015 판결)

채무초과상태에 있는 채무자가 그 소유의 부동산을 채권자 중의 어느 한 사람에게 채권담보로 제공하는 행위는 특별한 사정이 없는 한 다른 채권자들에 대한 관계에서 사해행위에 해당한다고 할 것이나, 자금난으로 사업을 계속 추진하기 어려운 상황에 처한 채무자가 자금을 융통하여 사업을 계속 추진하는 것이 채무 변제력을 갖게 되는 최선의 방법이라고 생각하고 자금을 융통하기 위하여 부득이 부동산을 특정 채권자에게 담보로 제공하고 그로부터 신규자금을 추가로 융통받았다면 특별한 사정이 없는 한 채무자의 담보권 설정행위는 사해행위에 해당하지 않는다고 할 것이다.

[판례 9] 보증채무이행등 (대법원 2012. 2. 23. 선고 2011다88832 판결)

【판시사항】

[1] 보증채무자가 주채무자의 경제적 회생을 위하여 채무초과 상태에서 자신 소유의 부동산을 주채무자의 특정 채권자에게 담보로 제공함으로써 주채무자가 그 채권자로부터 물품을 공급받아 사업을 계속하게 된 경우, 보증채무자의 담보권 설정행위가 사해행위에 해당하는지 여부(소극)

[2] 갑 주식회사의 원자재 주요 구입처인 을 주식회사가 외상거래액 누적을 이유로 경영난을 겪고 있는 갑 회사에 대한 원자재 공급을 중단하자, 갑 회사의 병 은행에 대한 대출금 채무를 보증한 갑 회사 주주 겸 이사 정이 채무초과 상태에서 을 회사에 자신 소유 부동산에 대한 근저당권을 설정해 주어 갑 회사가 을 회사로부터 원자재를 계속 공급받을 수 있도록 한 사안에서, 정의 근저당권 설정행위는 갑 회사의 경제적 회생을 위하여 부득이한 조치였다고 볼 여지가 충분한데도, 이를 사해행위로 단정한 원심판결에 법리오해의 위법이 있다고 한 사례

제4절 채권자취소권과 부인권   235

[판례 10] 부인의소 (대법원 2004. 9. 3. 선고 2004다27686 판결)

[1] 회사정리법 제78조 제1항 제1호 본문은 회사가 정리채권자 또는 정리담보권자를 해할 것을 알고 한 행위를 부인의 대상으로서 규정하고 있는바, 그 취지는 회사정리절차개시 전에 회사가 부당하게 그 재산을 감소시키는 등 정리채권자나 정리담보권자를 해하는 행위를 하거나 회사채권자 사이 등의 공평을 해하는 행위를 모두 부인의 대상으로 함으로써 회사기업의 재건을 위한 회사재산의 회복과 채권자의 평등을 꾀하려고 하는 것이다.

[2] 정리회사가 현물출자를 받고 신주를 발행하는 행위는 비록 현물출자의 목적물이 과대평가되었다고 하더라도 특별한 사정이 없는 한 정리회사의 재산이 감소하지 아니하고 증가하게 되고, 따라서 그와 같은 행위는 회사정리법 제78조 제1항 제1호의 취지에 반하거나 그 실효성을 상실시키는 것이 아니므로 위 규정에 기초한 부인권행사의 대상이 되지 아니한다.

[판례 11] 사해행위취소등 (대법원 2009.3.12. 선고 2008다29215 판결)

채무자가 신규자금의 융통 없이 단지 기존채무의 이행을 유예받기 위하여 채권자 중 한 사람에게 담보를 제공하는 행위는, 그것이 비록 사업의 갱생이나 계속 추진의 의도에서 비롯된 것이라 할지라도, 다른 채권자들에 대한 관계에서 사해행위에 해당한다고 한 사례.

다. 판례의 동향

　　(1) 변제 내지 기존 채무

[판례 12] 약속어음금 (대법원 2004. 5. 28. 선고 2003다60822 판결)

[1] 채권자가 채무의 변제를 구하는 것은 그의 당연한 권리행사로서 다른 채권자가 존재한다는 이유로 이것이 방해받아서는 아니 되고, 채무자도 채무의 본지에 따라 채무를 이행할 의무를 부담하고 있어 다른 채권자가 있다는 이유로 그 채무이행을 거절하지는 못하므로, 채무자가 채무초과의 상태에서 특정채권자에게 채무의 본지에 따른 변제를 함으로써 다른 채권자의 공동담보가 감소하는 결과가 되는 경우에도 그 변제는 채무자가 특히 일부의 채권자와 통모하여 다른 채권자를 해할 의사를 가지고 변제를 한 경우가 아닌 한 원칙적으로 사해행위가 되는 것은 아니며, 이는 기존 금전채무의 변제에 갈음하여 다른 금전채권을 양도하는 경우에도 마찬가지이다.

[2] 채무자가 특히 일부의 채권자와 통모하여 다른 채권자를 해할 의사를 가지고 변제 내지 채권양도를 하였는지 여부는 사해행위임을 주장하는 사람이 입증하여야 할 것인데, 이는 수익자의 채무자에 대한 채권이 실제로 존재하는지 여부, 수익자가 채무자로부터 변제 내지 채권양도를 받은 액수 및 양도받은 채권 중 실제로 추심한 액수, 채무자와 수익자와의 관계, 채무자의 변제능력 및 이에 대한 수익자의 인식, 변제 내지 채권양도 전후의 수익자의 행위, 그 당시의 채무자 및 수익자의 사정 및 변제 내지 채권양도의 경위 등 제반 사정을 종합적으로 참작하여 판단하여야 한다.

[판례 13] 명의신탁해지에기한소유권이전등기·사해행위취소
(대법원 2005. 3. 25. 선고 2004다10985,10992 판결)

[1] 채권자가 채무자의 어떤 금원지급행위가 사해행위에 해당된다고 하여 그 취소를 청구하면서 다만 그 금원지급행위의 법률적 평가와 관련하여 증여 또는 변제로 달리 주장하는 것은 그 사해행위취소권을 이유 있게 하는 공격방법에 관한 주장을 달리하는 것일 뿐이지 소송물 또는 청구 자체를 달리하는 것으로 볼 수 없다.

[2] 채권자가 채무의 변제를 구하는 것은 그의 당연한 권리행사로서 다른 채권자가 존재한다는 이유로 이것이 방해받아서는 아니 되고, 채무자도 채무의 본지에 따라 채무를 이행할 의무를 부담하고 있어 다른 채권자가 있다는 이유로 그 채무이행을 거절하지는 못하므로, 채무자가 채무초과의 상태에서 특정채권자에게 채무의 본지에 따른 변제를 함으로써 다른 채권자의 공동담보가 감소하는 결과가 되는 경우에도 그 변제는 채무자가 특히 일부의 채권자와 통모하여 다른 채권자를 해할 의사를 가지고 변제를 한 경우가 아닌 한 원칙적으로 사해행위가 되는 것은 아니다.

[3] 채무자가 특히 일부의 채권자와 통모하여 다른 채권자를 해할 의사를 가지고 변제를 하였는지 여부는 사해행위임을 주장하는 사람이 입증하여야 하며, 이는 수익자의 채무자에 대한 채권이 실제로 존재하는지 여부, 수익자가 채무자로부터 변제를 받은 액수, 채무자와 수익자와의 관계, 채무자의 변제능력 및 이에 대한 수익자의 인식, 변제 전후의 수익자의 행위, 그 당시의 채무자 및 수익자의 사정 및 변제의 경위 등 제반 사정을 종합적으로 참작하여 판단하여야 한다.

[판례 14] 사해행위취소 (대법원 2011. 10. 13. 선고 2011다28045 판결)

[1] 채무자가 책임재산을 감소시키는 행위를 함으로써 일반 채권자들을 위한 공동담보의 부족상태를 유발 또는 심화시킨 경우에 그 행위가 채권자취소의 대상인 사해행위에 해당하는지는, 목적물이 채무자의 전체 책임재산 가운데에서 차지하는 비중, 무자력의 정도, 법률행위의 경제적 목적이 갖는 정당성 및 그 실현수단인 당해 행위의 상당성, 행위의 의무성 또는 상황의 불가피성, 채무자와 수익자 간 통모의 유무와 같은 공동담보의 부족 위험에 대한 당사자의 인식의 정도 등 행위에 나타난 여러 사정을 종합적으로 고려하여, 그 행위를 궁극적으로 일반 채권자를 해하는 행위로 볼 수 있는지에 따라 최

종 판단하여야 한다.

[2] 채무초과의 상태에 있는 채무자가 여러 채권자 중 일부에게만 채무의 이행과 관련하여 그 채무의 본래 목적이 아닌 다른 채권 기타 적극재산을 양도하는 행위는, 채무자가 특정 채권자에게 채무 본지에 따른 변제를 하는 경우와는 달리 원칙적으로 다른 채권자들에 대한 관계에서 사해행위가 될 수 있고, 다만 이러한 경우에도 사해성의 일반적인 판단 기준에 비추어 그 행위가 궁극적으로 일반채권자를 해하는 행위로 볼 수 없는 경우에는 사해행위의 성립이 부정될 수 있다.

[3] 채무자인 갑 주식회사가 기존채권자 중 1인인 을 주식회사에 대한 금전채무의 지급을 위하여 갑 회사가 제3채무자인 병 주식회사와 거래를 하여 지급받을 금전채권의 일부를 양도한 사안에서, 위 채권양도는 갑 회사가 을 회사에 대하여 부담하는 금전채무의 본지에 따른 변제로 볼 수는 없으므로, 채권양도 당시에 갑 회사가 채무초과의 상태에 있었다면 위 채권양도는 다른 채권자들에 대한 관계에서 원칙적으로 사해행위가 될 수 있다고 할 것이지만, 양도되는 채권이 갑 회사의 전체 책임재산 가운데에서 차지하는 비중, 채권양도 때문에 초래된 갑 회사의 무자력 정도, 채권양도가 이루어진 경위나 그 경제적인 목적, 채무자인 갑 회사와 수익자인 을 회사 간 의사연락의 내용 등 여러 사정에 따라 채권양도의 사해성이 부정되는 경우도 있을 수 있으므로 이에 관한 심리를 하였어야 하는데도, 갑 회사가 채권양도 당시 무자력이었다고 하더라도 을 회사와 통모하여 다른 채권자를 해할 의사를 가지고 채권을 양도하였다고 보기 어렵다는 점만을 근거로 위 채권양도를 사해행위라 할 수 없다고 단정한 원심판결에는 사해행위의 성립에 관한 법리를 오해하여 필요한 심리를 다하지 않은 위법이 있다고 한 사례.

[판례 15] 부당이득금 (대법원 2007.5.31. 선고 2005다28686 판결)

【판시사항】
[1] 채무자가 채무초과 상태에서 자신의 재산을 타인에게 증여한 경우 사해행위가 되는지 여부(적극) 및 채무자가 채무초과 상태에서 특정 채권자에게 채무의 본지에 따른 변제를 한 경우 사해행위가 되는지 여부(원칙적 소극)
[2] 사해행위취소의 대상이 되는 금원지급행위가 증여인지, 변제인지 다투어지는 경우, 그 증명책임의 소재(=채권자)
[3] 채권에 질권을 설정하여 준 물상보증인이 채무자의 채무를 변제하거나 질권의 실행으로 질물의 소유권을 잃은 경우, 채무자에 대하여 구상권을 갖는지 여부(적극)

【참조조문】
[1] 민법 제406조 제1항 [2] 민법 제406조 제1항, 민사소송법 제288조 [3] 민법 제341조, 제355조

【참조판례】
[1] 대법원 1998. 5. 12. 선고 97다57320 판결(공1998상, 1615)
　　대법원 2004. 5. 28. 선고 2003다60822 판결(공2004하, 1065)
　　대법원 2005. 3. 25. 선고 2004다10985, 10992 판결(공2005상, 654)
　　대법원 2006. 5. 11. 선고 2006다11494 판결
　　대법원 2006. 6. 15. 선고 2005다62167 판결

【전 문】
【원고, 피상고인】파산자 삼양종합금융 주식회사의 파산관재인 장일환 외 1인 (소송대리인 법무법인 푸른 담당변호사 곽훈 외 1인)
【피고, 상고인】피고 (소송대리인 법무법인 케이씨엘 담당변호사 김용직외 4인)
【원심판결】광주고법 2005. 5. 6. 선고 2004나8189 판결
【주 문】

원심판결을 파기하고, 사건을 광주고등법원으로 환송한다.

【이 유】

상고이유를 본다.

1. 사해행위취소청구에 관한 상고이유에 대하여

    가. 원고가 채무자의 피고에 대한 360,000,000원의 금원지급행위를 증여로 보아 사해행위에 해당한다는 이유로 그 취소와 함께 원상회복을 구하면서, 가사 위 금원지급행위가 피고의 주장처럼 기존 채무에 대한 변제를 위한 것이라고 하더라도 그 변제는 채무자가 피고와 통모하여 다른 채권자를 해할 의사를 가지고 한 것으로서 사해행위에 해당된다고 주장한 이 사건에서, 원심은 채무자의 피고에 대한 위 금원지급행위는 증여에 해당하므로 사해행위에 해당하고, 비록 피고가 기존채무가 존재한다는 근거로 주장하는 피고 명의 주식의 매각대금이 채무자에게 건네진 사실 자체는 인정되지만, 그러한 사정만으로는 피고가 채무자에게 그 돈을 대여한 것이라고 인정하기에 부족하며, 오히려 관련 증거에 비추어 보면, 피고 명의의 위 주식은 채무자가 피고에게 명의신탁한 것일 가능성이 높고, 그렇지 않더라도 위 돈은 피고가 채무자에게 증여한 것이라고 봄이 상당하다는 이유로, 위 금원지급행위가 변제라고 하더라도 사해행위에 해당된다는 원고의 주장에 대하여는 별도로 판단하지 아니하였다.

    나. 채무자의 법률행위 등이 사해행위임을 주장하고 그 취소를 구하는 채권자는 그 피보전채권과 채무자의 법률행위 등의 존재사실은 물론, 채무자가 법률행위 등으로 인하여 무자력이 초래되었다는 사실, 채무자의 사해의 의사 등 사해행위 성립의 요건사실을 구체적으로 주장·입증하여야 하는 것이고(대법원 1981. 11. 10. 선고 81다536 판결, 2004. 4. 23. 선고 2002다59092 판결 등 참조), 한편 채무자가 채무초과 상태에서 자신의 재산을 타인에게 증여하였다면 특별한 사정이 없는 한 이러한 행위는 사해행위가 된다고 할 것이나 (대법원 1998. 5. 12. 선고 97다57320 판결, 2006. 5. 11. 선고 2006

다11494 판결 등 참조), 채무자가 채무초과의 상태에서 특정 채권자에게 채무의 본지에 따른 변제를 함으로써 다른 채권자의 공동담보가 감소하는 결과가 되는 경우, 그 변제는 채무자가 특히 일부의 채권자와 통모하여 다른 채권자를 해할 의사를 가지고 변제를 한 경우가 아닌 한 원칙적으로 사해행위가 되는 것이 아니다(대법원 2006. 6. 15. 선고 2005다62167 판결 참조). 그런데 사해행위의 취소를 구하는 채권자가 채무자의 수익자에 대한 금원지급행위를 증여라고 주장함에 대하여, 수익자는 이를 기존 채무에 대한 변제로서 받은 것이라고 다투고 있는 경우, 이는 채권자의 주장사실에 대한 부인에 해당할 뿐 아니라, 위 법리에서 보는 바와 같이 채무자의 금원지급행위가 증여인지, 변제인지에 따라 채권자가 주장·입증하여야 할 내용이 크게 달라지게 되므로, 결국 위 금원지급행위가 사해행위로 인정되기 위하여는 그 금전지급행위가 증여에 해당한다는 사실이 입증되거나 변제에 해당하지만 채권자를 해할 의사 등 앞서 본 특별한 사정이 있음이 입증되어야 할 것이고, 그에 대한 입증책임은 사해행위를 주장하는 측에 있다고 할 것이다.

다. 그런데 이 사건에서 원고는 채무자의 위 금원지급행위가 증여라는 점을 입증할 적극적인 증거를 전혀 제출하지 못하고 있는 반면, 피고는 위 금원지급이 자신의 기존 대여금 채권을 변제받은 것이라고 주장하면서 그 대여금 채권에 관한 증거로서, 피고가 위 돈을 받기 불과 3개월 전에 자신 명의의 주식회사 신동방(이하 '신동방'이라고 한다) 주식을 처분하여 1,226,485,028원 마련한 다음, 같은 달 11. 그 중 1,226,400,000원을 채무자에게 주었고 채무자는 그 돈으로 신동방의 신주인수청약증거금으로 사용한 사실을 뒷받침하는 증거를 제출하고 있는바, 사정이 이와 같다면 피고와 채무자와의 위 금원거래관계가 금전대차 및 변제가 아니라고 볼 만한 특별한 사정이 없이는 가벼이 채무자의 위 금원지급행위를 증여라고 단정할 수만은 없다고 할 것이고, 만일 증여라고 인정할 증거가 없다면 원심으로서는 나아가 위 금원지급행위가 변제라고 하더라도 통모에 의하여 채권자를 해할 의사를 가지고 이루어진 것인지 여부를 심리하여 판단하였어야 할 것이다.

라. 이에 대해 원심은 별다른 증거 없이 채무자의 이 사건 금전지급은 증여라고 인정한 다음, 피고의 변제주장에 대하여는 이를 인정할 증거가 없다는 이유로 배척하면서, 채무자가 신동방의 사주였던 점이나 채무자와 피고가 부부였다는 사정에 비추어 피고 명의의 위 주식은 채무자가 피고에게 명의신탁한 것일 가능성이 높고, 그렇지 않더라도 피고가 그 명의의 주식을 팔아 채무자에게 준 위 돈은 증여한 것이라고 봄이 일반의 경험칙에 부합한다고 판단하였는바, 위에서 본 입증책임 분배에 관한 원칙이나 이 사건의 사실관계에 비추어 원심의 위 조치는 매우 의문이다. 부부 사이라고 하더라도 위와 같은 거액을 무상으로 제공하는 것은 이례적이라 할 것이고, 더구나 원고가 그의 입증책임에 속하는 사항을 뒷받침할 증거를 전혀 제시하지 못하고 있고 피고의 대여 주장에 대하여도 별다른 반박을 하지 못하고 있는 이 사건에 있어, 피고가 위 주식을 취득한 경위 및 그 자금의 출처, 신동방에서의 피고 및 채무자의 각 지분 및 그 역할, 피고가 위 주식을 처분한 이유, 기타 피고와 채무자 간의 금전거래에 관한 저간의 사정을 더 심리하여 보다 합리적인 근거를 규명함이 없이 단지 채무자가 신동방의 사주였다거나 피고와 채무자가 부부라는 사정만으로 피고의 위 금전교부가 증여라거나 위 주식은 채무자가 피고에게 명의신탁한 것일 가능성이 높다고 보는 것은 지나친 비약으로서 경험칙에 부합하는 사실인정이라고 보기는 어렵다. 결국, 원심의 위와 같은 판단은 심리를 다하지 아니하거나 증거 없이 사실을 인정함으로써 채증법칙을 위배하거나 채권자취소권에 있어서의 입증책임에 관한 법리를 오해하여 판결에 영향을 미친 위법이 있다고 할 것이다. 이 점을 지적하는 상고논지는 이유 있다.

2. 구상금 청구에 관한 상고이유에 대하여

가. 타인의 채무를 담보하기 위하여 자신의 채권에 질권을 설정하여

준 물상보증인은 채무자의 채무를 변제하거나, 질권의 실행으로 인하여 질물의 소유권을 잃은 경우, 민법 제355조에 의하여 준용되는 같은 법 제341조에 의하여 채무자에 대하여 구상권을 갖게 된다고 할 것이다.

원심은, 소외인이 피고의 주식회사 서울은행(이하 '서울은행'이라고 한다)에 대한 채무를 담보하기 위하여 자신이 서울은행에 대하여 가지고 있는 정기예금채권에 근질권을 설정하여 주었는데, 서울은행이 피고의 채무불이행을 이유로 근질권을 실행하여 위 대출금채권과 소외인에 대한 위 정기예금반환채무를 대등액에서 상계하였기에, 그 상계된 범위 내에서 위 정기예금반환채권을 잃은 사실을 인정한 다음, 소외인은 피고에 대하여 구상권을 갖게 되었다고 판단하였는바, 원심의 위와 같은 판단은 물상보증인인 소외인이 질권의 실행으로 인하여 질권의 목적이 된 채권을 잃었기에 채무자인 피고에 대하여 구상권을 취득한다는 취지로서 앞서 본 법리에 비추어 정당하고, 거기에 구상권의 발생에 관한 법리를 오해한 위법이 있다는 상고논지는 이유 없다.

나. 원심은 제출된 증거만으로는 피고가 자신의 가사(家事)자금으로 소외인의 명의를 빌려 정기예금에 가입한 것이라고 인정하기에 부족하다고 판단하였는바, 원심이 채택한 증거에 비추어 보면, 원심의 위와 같은 판단은 정당하고, 거기에 심리미진의 위법이 있다고 할 수 없다. 이 부분 상고논지 역시 이유 없다.

다. 한편 원심은, 피고가 채무자에 대하여 가지는 대여금 채권과 위 구상금 채무를 대등액에서 상계한다는 피고의 항변에 대하여, 비록 피고가 앞서 본 바와 같이 1999. 3. 8.경 피고 명의의 신동방 주식을 매도한 다음, 채무자로 하여금 그 대금 대부분을 신동방 주식의 신주인수청약증거금으로 사용하도록 한 사실은 인정되나, 이러한 사실만으로는 위 신주인수청약증거금이 피고가 소외인에게 대여한 돈이라고 인정하기 부족하다는 이유로 이를 배척하였는바, 그 사실인정 과정에 위법이 있음은 앞서 설시한 바와 같으므로 이

점에 관한 상고논지는 이유 있다.

3. 결론

이상과 같은 이유로 원심판결을 파기하고, 사건을 다시 심리·판단하게 하기 위하여 원심법원으로 환송하기로 하여 관여 대법관의 일치된 의견으로 주문과 같이 판결한다.

대법관   전수안(재판장) 고현철 양승태(주심) 김지형

[판례 16] 근저당권설정계약부인등
(대법원 2005. 11. 10. 선고 2003다271 판결)

[1] 채무자의 일반재산의 유지·확보를 주된 목적으로 하는 채권자취소권의 경우와는 달리, 이른바 편파행위까지 규제 대상으로 하는 파산법상의 부인권 제도에 있어서는 반드시 해당 행위 당시 부채의 총액이 자산의 총액을 초과하는 상태에 있어야만 행사할 수 있다고 볼 필요도 없고, 행위 당시 자산초과상태였다 하여도 장차 파산절차에서 배당재원이 공익채권과 파산채권을 전부 만족시킬 수 없는 이상, 그리고 그러한 개연성이 존재하는 이상, 일부 특정 채권자에게만 변제를 한다거나 담보를 제공하는 것은 다른 채권자들이 파산절차에서 배당받아야 할 배당액을 감소시키는 행위로서 부인권 행사를 할 수 있다.

[2] 파산법 제64조 제1호에서 정한 부인의 대상으로 되는 행위인 '파산자가 파산채권자를 해함을 알고 한 행위'에는 총채권자의 공동담보가 되는 파산자의 일반재산을 절대적으로 감소시키는 이른바 사해행위뿐만 아니라 특정한 채권자에 대한 변제나 담보의 제공과 같이 그 행위가 파산자의 재산관계에 영향을 미쳐 특정한 파산채권자를 배당에서 유리하게 하고 다른 파산채권자와의 공평에 반하는 이른바 편파행위도 포함되나, 한편 위와 같은 고의부인이 인정되기 위해서는 주관적 요건으로서 파산자가 '파산채권자를 해함을 알 것'을

필요로 하는데, 파산법이 정한 부인대상행위 유형화의 취지를 몰각시키는 것을 방지하고 거래 안전과의 균형을 도모하기 위해서는, 특정채권자에게 변제하거나 담보를 제공하는 편파행위를 고의부인의 대상으로 할 경우, 파산절차가 개시되는 경우에 적용되는 채권자평등의 원칙을 회피하기 위하여 특정채권자에게만 변제 혹은 담보를 제공한다는 인식이 필요하다고 할 것이다.

[3] 형식적으로는 기존 채무의 변제를 받고 그 직후 같은 금액을 신규대출하는 방식을 취하였지만, 그 실질 및 경제적 효과에 있어서는 기존 채무에 대한 기한의 연장에 불과한 점 등 제반 사정에 비추어, 이를 담보하기 위하여 이루어진 근저당권설정행위가 이른바 편파행위로서 파산법 제64조 제1호에서 정한 부인의 대상이 된다고 본 사례.

[판례 17] 선급금반환 (대법원 2004. 3. 26. 선고 2003다65049 판결)

[1] 파산법 제64조 제2호에 규정된 위기부인의 대상이 되는 '파산채권자를 해하는 행위'에는 파산자의 일반재산을 절대적으로 감소시키는 사해행위 외에 채권자 간의 평등을 저해하는 편파행위도 포함된다고 할 것이고, 변제기가 도래한 채권을 변제하는 이른바 본지(본지)변제행위가 형식적인 위기시기에 이루어진 경우에는 불평등 변제로서 위기부인의 대상이 될 수 있다.

[2] 파산법상 부인의 대상이 되는 행위가 파산채권자에게 유해하다고 하더라도 행위 당시의 개별적·구체적 사정에 따라서는 당해 행위가 사회적으로 필요하고 상당하였다거나 불가피하였다고 인정되어 일반 파산채권자가 파산재단의 감소나 불공평을 감수하여야 한다고 볼 수 있는 경우가 있을 수 있고, 그와 같은 예외적인 경우에는 채권자 평등, 채무자의 보호와 파산 이해관계의 조정이라는 파산법의 지도이념이나 정의관념에 비추어 파산법 제64조 소정의 부인권 행사의 대상이 될 수 없다고 보아야 할 것이며, 여기에서 그 행위의 상당성 여부

는 행위 당시의 파산자의 재산 및 영업 상태, 행위의 목적·의도와 동기 등 파산자의 주관적 상태를 고려함은 물론, 변제행위에 있어서는 변제자금의 원천, 파산자와 채권자와의 관계, 채권자가 파산자와 통모하거나 동인에게 변제를 강요하는 등의 영향력을 행사하였는지 여부 등을 기준으로 하여 신의칙과 공평의 이념에 비추어 구체적으로 판단하여야 한다고 할 것이고, 그와 같은 부당성의 요건을 흠결하였다는 사정에 대한 주장·입증책임은 상대방인 수익자에게 있다.

[3] 파산법 제76조는 "파산선고가 있은 날로부터 1년 전에 한 행위는 지급정지의 사실을 안 것을 이유로 하여 이를 부인할 수 없다."고 규정하고 있는바, 이는 지급정지로부터 1년 이상 경과한 후 파산선고가 되었다면 지급정지와 파산선고 사이에 인과관계가 있다고 보기 어렵고, 수익자의 지위를 장기간 불안정한 상태에 방치하는 것은 부당하다는 취지에서 둔 규정이며, 회사정리절차 또는 화의절차로 인하여 법률상 파산선고를 할 수 없는 기간을 위기부인의 행사기간에 산입하는 것은 형평의 원칙에 반한다는 점 등을 고려하면, 지급정지 후에 회사정리절차 또는 화의절차 등의 선행 도산절차를 거쳐 파산선고가 된 경우에는 특별한 사정이 없는 한 파산법 제76조의 위기부인의 행사기간에 회사정리절차 또는 화의절차로 인하여 소요된 기간은 산입되지 아니한다.

(2) 대물변제

[판례 18] 사해행위취소등 (대법원 1996. 10. 29. 선고 96다23207 판결)

[1] 채무자의 재산이 채무의 전부를 변제하기에 부족한 경우에 채무자가 그의 유일한 재산인 부동산을 어느 특정 채권자에게 대물변제로 제공하여 소유권이전등기를 경료하였다면 그 채권자는 다른 채권자에 우선하여 채권의 만족을 얻는 반면 그 범위 내에서 공동담보가 감소

됨에 따라 다른 채권자는 종전보다 더 불리한 지위에 놓이게 되므로 이는 곧 다른 채권자의 이익을 해하는 것이라고 보아야 하고, 따라서 이미 채무초과의 상태에 빠져 있는 채무자가 그의 유일한 재산인 부동산을 채권자들 가운데 어느 한 사람에게 대물변제로 제공하는 행위는 다른 특별한 사정이 없는 한 다른 채권자들에 대한 관계에서 사해행위가 된다.

[2] 어느 부동산의 매매계약이 사해행위에 해당하는 경우에는 원칙적으로 그 매매계약을 취소하고 그 소유권이전등기의 말소 등 부동산 자체의 회복을 명하여야 하지만, 그 사해행위가 저당권이 설정되어 있는 부동산에 관하여 당해 저당권자 이외의 자와의 사이에 이루어지고 그 후 변제 등에 의하여 저당권설정등기가 말소된 때에는, 매매계약 전부를 취소하여 그 부동산 자체의 회복을 명하는 것은 당초 담보로 되어 있지 아니하던 부분까지 회복시키는 것이 되어 공평에 반하는 결과가 되므로, 그 부동산의 가액에서 저당권의 피담보채권액을 공제한 잔액의 한도에서 그 매매계약의 일부 취소와 그 가액의 배상을 구할 수 있을 뿐 부동산 자체의 회복을 구할 수는 없다.

[판례 19] 사해행위취소 (대법원 2007.7.12. 선고 2007다18218 판결)

[1] 채무초과 상태의 채무자가 그의 재산을 특정 채권자에게 대물변제나 담보조로 제공한 경우, 그 대물변제나 담보조로 제공된 재산이 채무자의 유일한 재산이 아니거나 그 가치가 채권액에 미달하는 경우에도 사해행위에 해당하는지 여부(적극)

[2] 사해행위취소소송에 있어서 수익자 또는 전득자의 악의에 관한 증명책임의 소재

[3] 사해행위취소로 인한 원상회복으로서 가액배상이 인정되는 '원물반환이 불가능하거나 현저히 곤란한 경우'의 의미

[4] 사해행위의 목적물이 상장주식인 경우, 수익자 또는 전득자는 대체물인 그 상장법인의 주식 중 원상회복을 할 수량을 다시 취득하여 원물반환의무를 이행할 수 있으므로 양도받은 주권 그 자체를 보유하고 있지 않다는 사실만으로 주식반환의무가 불가능하게 되었다고 할 수 없다고 본 사례

[판례 20] 사해행위취소등 (대법원 2008.2.14. 선고 2006다33357 판결)

[1] 채무자의 재산이 채무의 전부를 변제하기에 부족한 경우에 채무자가 그의 유일한 재산을 어느 특정 채권자에게 대물변제로 제공하는 행위는 다른 특별한 사정이 없는 한 다른 채권자들에 대한 관계에서 사해행위가 되지만, 채권자들의 공동담보가 되는 채무자의 총재산에 대하여 다른 채권자에 우선하여 변제를 받을 수 있는 권리를 가지는 채권자는 처음부터 채무자의 재산에 대한 환가절차에서 다른 채권자에 우선하여 배당을 받을 수 있는 지위에 있으므로, 그와 같은 우선변제권 있는 채권자에 대한 대물변제의 제공행위는 특별한 사정이 없는 한 다른 채권자들의 이익을 해한다고 볼 수 없어 사해행위가 되지 않는다.

[2] 저당권이 설정되어 있는 재산이 사해행위로 양도된 경우에 그 사해행위는 그 재산의 가액, 즉 시가에서 저당권의 피담보채권액을 공제한 잔액의 범위 내에서 성립하고, 피담보채권액이 그 재산의 가액을 초과하는 때에는 당해 재산의 양도는 사해행위에 해당한다고 할 수 없다. 이와 같은 법리는 채권자들 중에 그 채무자에 대하여 경매 등의 환가절차에서 저당권에 의하여 담보되는 채권보다 우선하여 배당을 받을 수 있는 채권자가 있는 경우에도 마찬가지라고 할 것이므로, 피담보채권액이 그 재산의 가액을 초과하는 재산의 양도행위가 저당권의 피담보채권보다 우선하여 배당받을 수 있는 채권자에 대한 관계에서는 사해행위가 된다고 할 수도 없다.

[판례 21] 사해행위취소 (대법원 2005. 11. 10. 선고 2004다7873 판결)

[1] 채무자의 재산이 채무의 전부를 변제하기에 부족한 경우에 채무자가 그의 유일한 재산을 어느 특정 채권자에게 대물변제로 제공하여 양도하였다면 그 채권자는 다른 채권자에 우선하여 채권의 만족을 얻는 반면 그 범위 내에서 공동담보가 감소됨에 따라 다른 채권자는 종전보다 더 불리한 지위에 놓이게 되므로 이는 곧 다른 채권자의 이익을 해하는 것이라고 보아야 하고, 따라서 채무자가 그의 유일한 재산을 채권자들 가운데 어느 한 사람에게 대물변제로 제공하는 행위는 다른 특별한 사정이 없는 한 다른 채권자들에 대한 관계에서 사해행위가 된다.

[2] 공유수면관리법 제11조 제1항, 제2항, 같은 법 시행령 제19조 제1항의 각 규정에 의하면, 공유수면점용허가권은 공법상의 권리라고 하더라도 허가를 받은 자가 관할 관청의 허가 없이 그 점용허가권을 자유로이 양도할 수 있으므로 독립한 재산적 가치를 가지고 있고, 법률상 압류가 금지된 권리도 아니어서 민사집행법 제251조 소정의 '그 밖의 재산권'에 대한 집행방법에 의하여 강제집행을 할 수 있고, 사해행위로서 이를 양도한 경우에는 채권자취소권의 대상이 된다.

[3] 일반적으로 행정처분에 효력기간이 정하여져 있는 경우에는 그 기간의 경과로 그 행정처분의 효력은 상실되지만, 허가에 붙은 기한이 그 허가된 사업의 성질상 부당하게 짧은 경우에는 이를 그 허가 자체의 존속기간이 아니라 그 허가조건의 존속기간으로 보아 그 기한이 도래함으로써 그 조건의 개정을 고려한다는 뜻으로 해석할 수 있다.

[판례 22] 사해행위취소등 (대법원 1998. 5. 12. 선고 97다57320 판결)

[1] 채권자취소권의 주관적 요건인 채무자가 채권자를 해함을 안다는 이른바 채무자의 악의, 즉 사해의사는 채무자의 재산처분 행위에 의하여 그 재산이 감소되어 채권의 공동담보에 부족이 생기거나 이미 부

족 상태에 있는 공동담보가 한층 더 부족하게 됨으로써 채권자의 채권을 완전하게 만족시킬 수 없게 된다는 사실을 인식하는 것을 의미하고, 그러한 인식은 일반 채권자에 대한 관계에서 있으면 충분하고 특정의 채권자를 해한다는 인식이 있어야 하는 것은 아니다.

[2] 채무자의 재산이 채무의 전부를 변제하기에 부족한 경우에 채무자가 그의 유일한 재산인 부동산을 무상양도하거나 일부 채권자에게 대물변제로 제공하였다면, 특별한 사정이 없는 한 이러한 행위는 사해행위가 된다.

(3) 담보의 제공

[판례 23] 구상금등 (대법원 2007.10.11. 선고 2007다45364 판결)

[1] 수인의 채권자 중 특정 채권자에게 채무자의 유일한 부동산에 관하여 근저당권을 설정해 주는 행위는 사해행위에 해당하고, 그 특정 채권자로부터 차용한 금원의 사용처에 따라 사해행위의 범위가 달라지는 것은 아니다.

[2] 사해행위로 경료된 근저당권설정등기가 사해행위취소소송의 변론종결시까지 존속하고 있는 경우 그 원상회복은 근저당권설정등기를 말소하는 방법에 의하여야 하고, 사해행위 이전에 설정된 별개의 근저당권이 사해행위 후에 말소되었다는 사정은 원상회복의 방법에 아무런 영향을 주지 아니한다.

[판례 24] 사해행위취소 (대법원 2007.2.23. 선고 2006다47301 판결)

이미 채무초과의 상태에 빠져 있는 채무자가 그의 유일한 재산인 부동산을 채권자 중의 어느 한 사람에게 채권담보로 제공하는 행위는 다른 특별한 사정이 없는 한 다른 채권자들에 대한 관계에서 채권자취소권의 대상이 되는 사해행위가 된다고 봄이 상당하고, 이는 이미 채무초과의 상태에 빠져 있는 채무자가 그의 유일한 재산인 채권을 채권자 중의 어느 한 사람에게 채권담보로 제공하는 경우에도 마찬가지이다.

[판례 25] 구상금등 (대법원 2006.4.14. 선고 2006다5710 판결)

[1] 이미 채무초과상태에 빠져 있는 채무자가 그의 유일한 재산인 부동산을 채권자들 중 1인에게 채권담보로 제공하는 행위는 다른 특별한 사정이 없는 한 다른 채권자들에 대한 관계에서 채권자취소권의 대상이 되는 사해행위가 된다.

[2] 채무자의 제3자에 대한 담보제공행위가 객관적으로 사해행위에 해당하는 경우 수익자의 악의는 추정되는 것이므로 수익자가 그 법률행위 당시 선의였다는 입증을 하지 못하는 한 채권자는 그 법률행위를 취소하고 그에 따른 원상회복을 청구할 수 있다.

[3] 채무자의 제3자에 대한 담보제공 등의 재산처분행위가 사해행위에 해당할 경우에, 그 사해행위 당시 수익자가 선의였음을 인정함에 있어서는 객관적이고도 납득할 만한 증거자료 등이 뒷받침되어야 할 것이고, 채무자의 일방적인 진술이나 제3자의 추측에 불과한 진술 등에만 터잡아 그 사해행위 당시 수익자가 선의였다고 선뜻 단정하여서는 안 된다.

[4] 근저당권설정계약이 사해행위에 해당함을 이유로 한 사해행위취소소송에서, 수익자인 근저당권자가 근저당권설정계약 당시 선의였다고 판단한 원심판결을 채증법칙 위반 등을 이유로 파기한 사례.

[판례 26] 구상금 (대법원 2002. 4. 12. 선고 2000다43352 판결)

[1] 법률행위의 이행으로서 가등기를 경료하는 경우에 그 채무의 원인되는 법률행위가 취소권을 행사하려는 채권자의 채권보다 앞서 발생한 경우에는 특별한 사정이 없는 한 그 가등기는 채권자취소권의 대상

이 될 수 없다고 한 사례.
- [2] 채권자가 주채무자인 회사의 다른 주주들이나 임원들에 대하여는 회사의 채무에 대하여 연대보증을 요구하지 아니하였고, 오로지 대표이사의 처이고 회사의 감사라는 지위에 있었다는 이유만으로 그 회사의 주주도 아닌 자에게만 연대보증을 요구하여 그가 연대보증을 하게 되었다 하더라도, 그 연대보증계약을 들어 신의성실의 원칙 내지 헌법상의 재산권 및 평등의 원칙 또는 경제와 형평의 원칙 등에 위반된다고 볼 수는 없다.
- [3] 채권자취소권에 의하여 보호될 수 있는 채권은 원칙적으로 사해행위라고 볼 수 있는 행위가 행하여지기 전에 발생된 것임을 요하지만, 그 사해행위 당시에 이미 채권 성립의 기초가 되는 법률관계가 발생되어 있고, 가까운 장래에 그 법률관계에 기하여 채권이 성립되리라는 점에 대한 고도의 개연성이 있으며, 실제로 가까운 장래에 그 개연성이 현실화되어 채권이 성립된 경우에는 그 채권도 채권자취소권의 피보전채권이 될 수 있다.
- [4] 이미 채무초과의 상태에 빠져 있는 채무자가 그의 유일한 재산인 부동산을 채권자 중의 어느 한 사람에게 채권담보로 제공하는 행위는 다른 특별한 사정이 없는 한 다른 채권자들에 대한 관계에서 채권자취소권의 대상이 되는 사해행위가 된다고 봄이 상당하다.

2. 적용대상과 행사방법

가. 채권자취소권과 부인권의 대상

민법 제406조는 독일 채권자취소법과 달리 채무자의 법률행위를 채권자취소권의 대상으로 규정하고 있고, 채무자회생법 제100조 1항 각호, 제391조 각호는 모두 "채무자가 … 행위"를 부인의 대상으로 하고 있다.

제4절 채권자취소권과 부인권   253

(1) 담보권실행이 채권자취소 내지 부인의 대상이 되는지 여부

[판례 27] 구상금등 (대법원 2007.10.11. 선고 2007다45364 판결)

[1] 수인의 채권자 중 특정 채권자에게 채무자의 유일한 부동산에 관하여 근저당권을 설정해 주는 행위는 사해행위에 해당하고, 그 특정 채권자로부터 차용한 금원의 사용처에 따라 사해행위의 범위가 달라지는 것은 아니다.

[2] 사해행위로 경료된 근저당권설정등기가 사해행위취소소송의 변론종결시까지 존속하고 있는 경우 그 원상회복은 근저당권설정등기를 말소하는 방법에 의하여야 하고, 사해행위 이전에 설정된 별개의 근저당권이 사해행위 후에 말소되었다는 사정은 원상회복의 방법에 아무런 영향을 주지 아니한다.

[판례 28] 사해행위취소 (대법원 2007.2.23. 선고 2006다47301 판결)

이미 채무초과의 상태에 빠져 있는 채무자가 그의 유일한 재산인 부동산을 채권자 중의 어느 한 사람에게 채권담보로 제공하는 행위는 다른 특별한 사정이 없는 한 다른 채권자들에 대한 관계에서 채권자취소권의 대상이 되는 사해행위가 된다고 봄이 상당하고, 이는 이미 채무초과의 상태에 빠져 있는 채무자가 그의 유일한 재산인 채권을 채권자 중의 어느 한 사람에게 채권담보로 제공하는 경우에도 마찬가지이다.

(2) 담보권실행이 채무자회생법 제104조의 집행행위에 해당하는지 여부

채무자회생법

제141조 (회생담보권자의 권리) ① 회생채권이나 회생절차개시 전의 원

인으로 생긴 채무자 외의 자에 대한 재산상의 청구권으로서 회생절차 개시 당시 채무자의 재산상에 존재하는 유치권·질권·저당권·양도담보권·가등기담보권·「동산·채권 등의 담보에 관한 법률」에 따른 담보권·전세권 또는 우선특권으로 담보된 범위의 것은 회생담보권으로 한다. 다만, 이자 또는 채무불이행으로 인한 손해배상이나 위약금의 청구권에 관하여는 회생절차개시결정 전날까지 생긴것에 한한다.
<개정 2010.6.10.>
② 제126조 내지 제131조 및 제139조의 규정은 회생담보권에 관하여 준용한다.

제58조 (다른 절차의 중지 등) ① 회생절차개시결정이 있는 때에는 다음 각호의 행위를 할 수 없다.
2. 회생채권 또는 회생담보권에 기한 강제집행등

[판례 29] 출자지분확인청구 (대법원 2011.11.24. 선고 2009다76362 판결)

[1] 채무자 회생 및 파산에 관한 법률상 부인은 원칙적으로 채무자의 행위를 대상으로 하는 것이고, 채무자의 행위가 없이 채권자 또는 제3자의 행위만 있는 경우에는 채무자가 채권자와 통모하여 가공하였거나 기타의 특별한 사정으로 인하여 채무자의 행위가 있었던 것과 같이 볼 수 있는 예외적 사유가 있을 때에 한하여 부인의 대상이 될 수 있다.

[2] 채무자 회생 및 파산에 관한 법률 제104조 후단에 의하면 부인하고자 하는 행위가 집행행위에 의한 것인 때에도 부인권을 행사할 수 있는데, 집행행위를 같은 법 제100조 제1항 제2호에 의하여 부인할 경우에는 반드시 그것을 채무자의 행위와 같이 볼만한 특별한 사정이 있을 것을 요하지 아니한다. 왜냐하면 같은 법 제104조에서 부인하고자 하는 행위가 '집행행위에 의한 것인 때'는 집행법원 등 집행기관에 의한 집행절차상 결정에 의한 경우를 당연히 예정하고 있다할 것인데 그러한 경우에는 채무자의 행위가 개입할 여지가 없고,

또한 같은 법 제100조 제1항 각 호에서 부인권의 행사 대상인 행위의 주체를 채무자로 규정한 것과 달리 제104조에서는 아무런 제한을 두지 않고 있기 때문이다. 그리고 이 경우 집행행위는 집행권원이나 담보권의 실행에 의한 채권의 만족적 실현을 직접적인 목적으로 하는 행위를 의미하고, 담보권의 취득이나 설정을 위한 행위는 이에 해당하지 않는다.

[3] 채무자 회생 및 파산에 관한 법률 제104조의 집행행위는 원칙적으로 집행기관의 행위를 가리키는 것이지만, 집행기관에 의하지 아니하고 질권자가 직접 질물을 매각하거나 스스로 취득하여 피담보채권에 충당하는 등의 행위에 대해서도 집행기관에 의한 집행행위의 경우를 유추하여 같은 법 제100조 제1항 제2호에 의한 부인권 행사의 대상이 될 수 있다고 보아야 한다. 이와 같이 보지 아니하면 동일하게 회생채권자 또는 회생담보권자를 해하는 질권의 실행행위임에도 집행기관에 의하는지 여부라는 우연한 사정에 따라 부인의 대상이 되는지가 달라져서 불합리하기 때문이다.

[4] 집행행위에 대하여 부인권을 행사할 경우에도 행위 주체의 점을 제외하고는 채무자 회생 및 파산에 관한 법률 제100조 제1항 각 호 중 어느 하나에 해당하는 요건을 갖추어야 하므로, 제2호에 의한 이른바 위기부인의 경우에는 집행행위로 인하여 회생채권자 또는 회생담보권자를 해하는 등의 요건이 충족되어야 한다. 이 경우 회생채권자 등을 해하는 행위에 해당하는지를 판단할 때는 회생절차가 기업의 수익력 회복을 가능하게 하여 채무자의 회생을 용이하게 하는 것을 목적으로 하는 절차로서, 파산절차와 달리 담보권자에게 별제권이 없고 회생절차의 개시에 의하여 담보물권의 실행행위는 금지되거나 중지되는 등 절차적 특수성이 있다는 점 및 집행행위의 내용, 집행 대상인 재산의 존부가 채무자 회사의 수익력 유지 및 회복에 미치는 영향 등 제반 요소를 종합적으로 고려하여 정하여야 한다.

[5] 전문건설공제조합이 조합에 대하여 출자지분을 보유하고 있던 갑 주식회사에 자금을 융자하면서 그 출자지분에 대한 출자증권에 질권을

설정받았는데, 갑 회사에 회생절차개시결정이 내려지자, 질권을 실행하기 위하여 위 출자증권을 취득하여 자신 앞으로 명의개서한 다음 융자원리금 채권과 출자증권의 취득대금 채무를 대등액에서 상계한다는 취지의 의사표시를 갑 회사에 통지한 사안에서, 조합이 출자증권을 취득하여 자신 앞으로 명의개서하고 위와 같은 상계의 의사표시를 통지함으로써 출자증권에 대한 질권을 확정적으로 실행하였고, 이는 채무자 회생 및 파산에 관한 법률 제104조 후단의 집행행위에 준하여 같은 법 제100조 제1항 제2호에 의한 부인권 행사의 대상이 될 수 있으며, 위 출자증권은 채무자인 갑 회사가 영업을 계속하기 위하여 필요한 주요자산으로서 조합이 이를 취득함으로써 갑 회사의 회생에 현저한 지장을 가져올 것임을 쉽게 예상할 수 있으므로, 조합이 출자증권을 취득한 행위는 특별한 사정이 없는 한 회생채권자를 해하는 것으로서 같은 법 제100조 제1항 제2호에 의하여 부인될 수 있고, 그 결과 상계행위는 효력이 유지될 수 없다고 한 사례.

나. 행사방법

채권자는 사해행위의 취소를 '법원'에 청구할 수 있다(민법 제406조 1항). 따라서 채권자취소권은 반드시 법원에 소를 제기하는 방법으로 행사하여야 하며, 관리인이 소로 부인권을 행사할 수 있다(채무자회생법 제105조 1항, 제396조 1항).

3. 행사효과

가. 부인권 행사의 효과

(1) 원상회복

채무자회생법 제108조 1항, 제397조 1항은 부인권 행사의 효과에 관하여, 부인권의 행사는 채무자의 재산(파산절차의 경우에는 파산재단)을 '원상으로 회복시킨다"고 규정하고 있다.

제4절 채권자취소권과 부인권

[판례 30] 질권확인 (대법원 2005.12.22. 선고 2003다55059 판결)

[1] 확인의 소는 원고의 법적 지위가 불안·위험할 때에 그 불안·위험을 제거함에 확인판결로 판단하는 것이 가장 유효·적절한 수단인 경우에 인정된다.

[2] 질권의 목적인 채권의 양도행위는 민법 제352조 소정의 질권자의 이익을 해하는 변경에 해당되지 않으므로 질권자의 동의를 요하지 아니한다.

[3] 신탁재산에 관한 조세, 공과(공과), 기타 신탁사무를 처리하기 위한 비용은 신탁재산의 명의자이자 관리인인 수탁자가 제3자에 대하여 부담하게 되는바, 수탁자로서는 위와 같은 채무를 신탁재산으로 변제할 수도 있고, 자신의 고유재산에 속하는 금전으로 변제할 수도 있는데, 신탁사무가 정당하게 행해진 한 위와 같은 비용은 실질적으로 신탁재산의 채무이기 때문에 자신의 고유재산으로써 이를 변제한 수탁자는 신탁재산으로부터 보상을 받을 수 있어야 할 것이므로, 신탁법 제42조에서 규정하고 있는 수탁자의 비용상환청구권은 수탁자가 신탁사무의 처리에 있어서 정당하게 부담하게 되는 비용 또는 과실 없이 입게 된 손해에 관하여 신탁재산 또는 수익자에 대하여 보상을 청구할 수 있는 권리라고 할 것인바, 수탁자가 재임중에는 신탁재산의 관리인이 수탁자 자신이어서 신탁재산에 대하여 비용상환청구권 강제집행과 같은 방법으로 행사할 수는 없고(수탁자의 임무가 종료한 후에는 신수탁자를 상대로 보상청구권을 행사하여 신탁재산에 대하여 강제집행을 할 수 있다.), 같은 조 제1항에서 규정하고 있는 바와 같이 신탁재산을 매각하여 그 매각대금으로 다른 권리자에 우선하여 비용상환청구권의 변제에 충당할 수 있을 뿐이지만, 수탁자의 신탁재산에 대한 비용상환청구권은 수탁자가 개인적으로 갖는 권리로서 독립성을 인정할 수 있으므로 양도될 수도 있고 권리질의 목적도 될 수 있다.

[4] 수탁자가 신탁법 제42조 제1항에 의하여 신탁재산에 대하여 행사하

는 소위 자조매각권(자조매각권)은 수탁자가 신탁재산의 명의인으로서 관리처분권을 가지는 데에 근거한 것이고, 수탁자가 자조매각권을 행사함에 있어서는 신탁재산의 관리인으로서 신탁의 목적에 따라 신탁재산을 처분하여야 하는 제한이 따르는 것이므로 개인으로서의 수탁자가 신탁재산에 대하여 가지는 비용상환청구권에 관한 질권자라고 하더라도 신탁재산에 대하여 자조매각권을 직접 행사할 수는 없다.

[5] 수탁자의 충실의무는 수탁자가 신탁목적에 따라 신탁재산을 관리하여야 하고 신탁재산의 이익을 최대한 도모하여야 할 의무로서, 일반적으로 수탁자의 신탁재산에 관한 권리취득을 제한하고 있는 신탁법 제31조를 근거로 인정되고 있다.

[6] 파산법상의 부인권은 파산채권자의 공동담보인 파산자의 일반재산을 파산재단에 원상회복시키기 위하여 인정되는 제도로서, 파산관재인이 부인권을 행사하면 그 부인권 행사의 효과는 파산재단과 상대방과의 사이에서 상대적으로 발생할 뿐이고 제3자에 대하여는 효력이 미치지 아니한다.

(2) 회생·파산절차가 종결

개시된 회생절차가 종료되는 경우로는, (i) 회생절차의 종결(채무자회생법 제283조), (ii) 회생절차의 폐지(동법 제285조, 제286조, 제287조, 제288조), (iii) 법원에 의한 회생계획 불인가 결정의 확정(동법 제242조), (iv) 항고법원·재항고법원에 의한 회생절차 개시결정의 취소(동법 제54조, 제42조), (v) 항고법원·재항고법원에서의 회생계획 인가결정에 대한 취소 및 불인가 결정(동법 제247조) 등이 있다.

[판례 31] 정리채권에대한부인 (대법원 2006. 10. 13. 선고 2005다73372 판결)

【판시사항】

구 회사정리법상 부인의 소 또는 부인권의 행사에 기한 청구의 계속중에 정리절차종결결정이 확정된 경우, 그 소송의 종결 여부(적극) 및 이에 대한 수계신청의 가능 여부(소극)

【참조조문】

구 회사정리법(2005. 3. 31. 법률 제7428호 채무자 회생 및 파산에 관한 법률 부칙 제2조로 폐지) 제78조(현행 채무자 회생 및 파산에 관한 법률 제100조 참조), 제82조(현행 채무자 회생 및 파산에 관한 법률 제105조 참조), 제271조(현행 채무자 회생 및 파산에 관한 법률 제283조 참조)

【참조판례】

대법원 1995. 10. 13. 선고 95다30253 판결(공1995하, 3775)

대법원 2004. 7. 22. 선고 2002다46058 판결

대법원 2006. 10. 12. 선고 2005다59307 판결(공2006하, 1884)

【전 문】

【원 고】 정리회사 주식회사 진로의 관리인 이원의 소송수계인 정리회사 주식회사 진로의 관리인 박유광

【원고의 소송수계신청인, 상고인】 주식회사 진로 (소송대리인 법무법인 화우 담당변호사 변재승외 6인)

【피고, 피상고인】 주식회사 세람상호저축은행

【원심판결】 서울고법 2005. 10. 21. 선고 2005나7551 판결

【주 문】

상고를 기각한다. 상고비용은 원고 소송수계신청인이 부담한다.

【이 유】

상고이유를 판단한다.

구 회사정리법(2005. 3. 31. 법률 제7428호 채무자 회생 및 파산에 관한 법률 부칙 제2조로 폐지, 이하 '회사정리법'이라 한다) 제78조가 정하는 부인권은 정리절차개시 결정 이전에 부당하게 처분된 회사재산을 회복

함으로써 회사사업을 유지·갱생시키고자 인정된 회사정리법상의 특유한 제도로서 정리절차의 진행을 전제로 관리인만이 행사할 수 있는 권리이므로 정리절차의 종결에 의하여 소멸하고, 비록 정리절차 진행 중에 부인권이 행사되었다고 하더라도 이에 기하여 회사에게로 재산이 회복되기 이전에 정리절차가 종료한 때에는 부인권 행사의 효과로서 상대방에 대하여 재산의 반환을 구하거나 또는 그 가액의 상환을 구하는 권리 또한 소멸한다고 보아야 할 것이므로, 부인의 소 또는 부인권의 행사에 기한 청구의 계속중에 정리절차종결결정이 확정된 경우에는 관리인의 자격이 소멸함과 동시에 당해 소송에 관계된 권리 또한 절대적으로 소멸하고 어느 누구도 이를 승계할 수 없다 (대법원 1995. 10. 13. 선고 95다30253 판결, 2004. 7. 22. 선고 2002다46058 판결 참조).

원심판결 이유를 기록에 비추어 보면, 원심이 같은 취지에서 그 판시와 같은 이유로 이 사건 소송이 종료되었다고 선언함과 함께 원고 소송수계신청인의 수계신청을 기각한 조치는 정당하고, 거기에 상고이유에서 주장하는 바와 같은 부인소송의 성질, 부인권행사의 효과와 효력발생시기 내지 정리절차의 종결이 부인소송에 미치는 영향 등에 관한 법리오해 등의 위법이 없다.

그러므로 상고를 기각하고, 상고비용은 패소자가 부담으로 하기로 하여 관여 법관의 일치된 의견으로 주문과 같이 판결한다.

대법관   박시환(재판장) 김용담 박일환 김능환(주심)

[판례 32] 정리채권에 대한 부인의 소

(대법원 2006.10.12. 선고 2005다59307 판결)

구 회사정리법(2005. 3. 31. 법률 제7428호 채무자 회생 및 파산에 관한 법률 부칙 제2조로 폐지) 제78조의 부인권은 정리절차개시 결정 전에 부당하게 처분된 회사재산을 회복함으로써 회사사업을 유지·갱생시키기 위하여 인정된 회사정리법상의 특유한 제도로서 정리절차의 진행을 전제로 관리인만이 행사할 수 있는 권리이므로 정리절차의 종결에 의하여 소멸하고, 비록 정리절차 진행 중에 부인권이 행사되었다고 하더라도 이에 기하여 회사에 재산이 회복되기 전에 정리절차가 종료한 때에는 부인권 행사의 효과로서 상대방에게 재산의 반환을 구하거나 또는 그 가액의 상환을 구하는 권리 또한 소멸한다. 따라서 부인의 소 또는 부인권의 행사에 기한 청구의 계속중에 정리절차종결결정이 확정된 경우에는 관리인의 자격이 소멸함과 동시에 당해 소송에 관계된 권리 또한 절대적으로 소멸하고 어느 누구도 이를 승계할 수 없다.

[판례 33] 부인등 (대법원 2004.7.22. 선고 2002다46058 판결)

【전 문】
【원고, 상고인】정리회사 주식회사 뉴코아의 관리인 강근태의 소송수계인 주식회사 뉴코아(소송대리인 법무법인 충정 담당변호사 이상봉외 8인
【원고 공동소송적 보조참가인】주식회사 이천일아울렛(소송대리인 법무법인 화우 담당변호사 강보현외 4인)
【피고, 피상고인】KB부동산신탁 주식회사(변경전상호:주은부동산신탁 주식회사)(소송대리인 법무법인 세종 담당변호사 이건웅외 1인)
【원심판결】서울고등법원 2002. 7. 5. 선고 2001나72342 판결
【주 문】
원고의 상고를 기각한다.
상고비용 중 보조참가로 인한 부분을 보조참가인이 부담하게 하고, 나머지 부분을 원고가 부담하게 한다.
【이 유】
1. 상고이유 제1, 2주장에 관한 판단.
　회사정리법상의 부인권은 정리절차개시 결정 이전에 부당하게 처분된 회사재산을 회복함으로써 회사사업을 유지·갱생시키고자 인정된 회사

정리법상의 특유한 제도로서 정리절차의 진행을 전제로 관리인만이 행사할 수 있는 권리이므로, 정리절차의 종결에 의하여 소멸하고, 비록 정리절차 진행 중에 부인권이 행사되었다고 하더라도 이에 기하여 회사에게로 재산이 회복되기 이전에 정리절차가 종료한 때에는 부인권 행사의 효과로서 상대방에 대하여 재산의 반환을 구하거나 또는 그 가액의 상환을 구하는 권리 또한 소멸한다고 보아야 할 것이므로, 부인의 소 또는 부인권의 행사에 기한 청구의 계속 중에 정리절차폐지 결정이 확정된 경우에는 관리인의 자격이 소멸함과 동시에 당해 소송에 관계된 권리 또한 소멸한다(대법원 1995. 10. 13. 선고 95다30253 판결 참조).

기록에 의하니, 정리회사 시대종합건설 주식회사(다음부터 시대종합건설이라 한다)가 합병 전의 정리회사 주식회사 뉴코아(다음부터 뉴코아라 한다)의 쌍용종금 주식회사에 대한 여신거래상의 채무의 담보를 위하여 피고 회사에 이 사건 각 부동산의 소유권을 신탁적으로 이전하는 담보신탁계약을 체결하고 그 계약에 따라 그 부동산 소유권이전등기를 피고에게 거쳐준 사실, 이후 시대종합건설은 뉴코아에 흡수 합병되었고(다음부터 이를 합병 후 뉴코아라고 한다), 합병 후 뉴코아의 관리인은 시대종합건설이 이 사건 각 부동산의 소유권을 이전한 행위가 무상행위에 해당한다는 이유로 회사정리법에 기하여 그 행위를 부인하는 내용의 이 사건 주위적 청구를 한 사실, 제1심 및 원심에서 관리인의 청구가 기각되었고, 이에 관리인이 상고를 제기하였는데, 상고심 계속 중이던 2004. 6. 15. 합병 후 뉴코아에 대한 회사정리절차 종결결정이 된 사실을 알 수 있다.

그러한 상황에서는 앞서 본 법리에 따라, 합병 후 뉴코아에 대한 회사정리절차 종결결정에 의하여 관리인의 자격이 소멸함과 동시에 이 사건 주위적 청구의 전제가 되는 부인권 또한 소멸하였다고 할 것이다.

원고의 주위적 청구주장에 관한 원심의 판단은 그의 논거를 달리하나 그 부인권을 인정하지 아니한 그의 결론은 정당하여, 거기에 판결에 영향을 준 증거법칙위반, 법리오해, 심리미진 등의 잘못이 없다.

2. 상고이유 제3주장에 관한 판단.

신탁법상의 신탁은 위탁자가 특정의 재산권을 수탁자에게 이전하거나 기타의 처분을 하고 수탁자로 하여금 수익자의 이익을 위하여 또는 특정의 목적을 위하여 그 재산권을 관리, 처분하게 하는 법률관계를 말하므로, 신탁자가 채무에 대한 담보를 위하여 자기 소유의 부동산에 대하여 수탁자와 담보신탁용 부동산관리·처분신탁계약을 체결하고 채권자에게 신탁원본 우선수익권을 부여하고서 수탁자 앞으로 신탁을 원인으로 한 소유권이전등기를 경료한 경우, 위탁자의 신탁에 의하여 신탁부동산의 소유권은 수탁자에게 귀속되었다고 할 것이고, 그 후 신탁자에 대한 회사정리절차가 개시된 경우 채권자가 가지는 신탁부동산에 대한 수익권은 회사정리법 제240조 제2항에서 말하는 '정리회사 이외의 자가 정리채권자 또는 정리담보권자를 위하여 제공한 담보'에 해당하여 정리계획이 여기에 영향을 미칠 수 없고, 따라서 채권자가 정리채권 신고기간 내에 신고를 하지 아니함으로써 정리계획에 변제의 대상으로 규정되지 않았다 하더라도, 이로써 실권되는 권리는 채권자가 신탁자에 대하여 가지는 정리채권 또는 정리담보권에 한하고, 수탁자에 대하여 가지는 신탁부동산에 관한 수익권에는 아무런 영향이 없다고 할 것이다(대법원 2003. 5. 30. 선고 2003다18685 판결, 2001. 7. 13. 선고 2001다9267 판결 들 참조).

이 사건에서 쌍용종금이 이 사건 신탁계약상의 우선수익권을 정리담보권으로 신고하였다가 관리인이 정리담보권에 대한 이의제기를 하였음에도 불구하고 1개월 이내에 정리담보권확정의 소를 제기하지 아니하였다 하더라도, 쌍용종금의 피고 회사에 대한 우선수익권은 그 회사정리절차로 인하여 아무런 영향을 받지 아니한다 할 것이므로, 정리담보권 확정절차를 이행하지 아니하여 쌍용종금의 피고 회사에 대한 우선수익권이 실권되었음을 전제로 한 원고의 예비적 청구를 받아들이지 아니한 원심의 그 판단은 위의 법리에 따른 것으로서 정당하고, 거기에 회사정리법 제240조 제2항에 관한 법리를 오해하였다는 잘못이 없다.

3. 결론.

그러므로 원고의 상고이유의 각 주장을 받아들이지 아니하여 상고를 기각하고, 상고비용 중 보조참가로 인한 부분은 원고 공동소송적 보조참가인이 부담하게 하고, 나머지 부분을 원고가 부담하게 하기로 관여 대법관들의 의견이 일치되어 주문에 쓴 바와 같이 판결한다.

대법관   이규홍(재판장) 조무제(주심) 이용우 박재윤

[판례 34] 담보권실행행위부인등 (대법원 1995.10.13. 선고 95다30253 판결)

회사정리법상의 부인권은 정리절차개시 결정 이전에 부당하게 처분된 회사재산을 회복함으로써 회사사업을 유지·갱생시키고자 인정된 회사정리법상의 특유한 제도로서 정리절차의 진행을 전제로 관리인만이 행사할 수 있는 권리이므로, 정리절차의 종결에 의하여 소멸하고, 비록 정리절차 진행 중에 부인권이 행사되었다고 하더라도 이에 기하여 회사에게로 재산이 회복되기 이전에 정리절차가 종료한 때에는 부인권 행사의 효과로서 상대방에 대하여 재산의 반환을 구하거나 또는 그 가액의 상환을 구하는 권리 또한 소멸한다고 보아야 할 것이므로, 부인의 소 또는 부인권의 행사에 기한 청구의 계속중에 정리절차폐지 결정이 확정된 경우에는 관리인의 자격이 소멸함과 동시에 당해 소송에 관계된 권리 또한 절대적으로 소멸하고 어느 누구도 이를 승계할 수 없다.

나. 사해행위취소권 행사의 효과

(1) 채권자취소권의 법적 성질

민법

제406조 (채권자취소권) ① 채무자가 채권자를 해함을 알고 재산권을 목적으로 한 법률행위를 한 때에는 채권자는 그 취소 및 원상회복을 법원에 청구할 수 있다. 그러나 그 행위로 인하여 이익을 받은 자나 전득한 자가 그 행위 또는 전득당시에 채권자를 해함을 알지 못한 경우에는 그러하지 아니하다.

[판례 35] 배당이의 (대법원 2009.6.11. 선고 2008다7109 판결)

[1] 장래 발생할 채권이나 조건부 채권은 현재 그 권리의 특정이 가능하고 가까운 장래에 발생할 것임이 상당 정도 기대되는 경우 가압류의 대상이 된다.

[2] 사해행위의 취소는 취소소송의 당사자 간에 상대적으로 취소의 효력이 있는 것으로 당사자 이외의 제3자는 다른 특별한 사정이 없는 이상 취소로 그 법률관계에 영향을 받지 않는다. 사해행위의 취소에 상대적 효력만을 인정하는 것은 사해행위 취소채권자와 수익자 그리고 제3자의 이익을 조정하기 위한 것으로 그 취소의 효력이 미치지 아니하는 제3자의 범위를 사해행위를 기초로 목적부동산에 관하여 새롭게 법률행위를 한 그 목적부동산의 전득자 등만으로 한정할 것은 아니므로, 수익자와 새로운 법률관계를 맺은 것이 아니라 수익자의 고유채권자로서 이미 가지고 있던 채권 확보를 위하여 수익자가 사해행위로 취득한 근저당권에 배당된 배당금을 가압류한 자에게 사해행위취소 판결의 효력이 미친다고 볼 수 없다.

[판례 36] 배당이의 (대법원 2005. 11. 10. 선고 2004다49532 판결)

[1] 사해행위의 취소는 취소소송의 당사자 사이에서 상대적으로 취소의 효력이 있는 것으로 당사자 이외의 제3자는 다른 특별한 사정이 없는 이상 취소로 인하여 그 법률관계에 영향을 받지 않는다.

[2] 사해행위의 목적부동산 등을 새로운 법률관계에 의하여 취득한 전득자 등은 민법 제406조 제1항 단서에 의하여 보호되므로, 사해행위의 취소에 상대적 효력만을 인정하는 것은 사해행위 취소채권자와 수익자 그리고 제3자의 이익을 조정하기 위한 것으로 그 취소의 효력이 미치지 아니하는 제3자의 범위를 사해행위를 기초로 목적부동산에 관하여 새롭게 법률행위를 한 그 목적부동산의 전득자 등만으로 한정할 것은 아니다.

[3] 근저당권이 설정되어 있는 채무자의 부동산을 매수한 수익자의 채권을 담보하기 위하여 수익자의 채권자들이 부동산에 대해 압류 등을 하여 부동산에 관한 근저당권에 의한 경매절차에서 배당받은 후 사해행위 취소채권자가 수익자를 상대로 사해행위취소소송을 제기하여 가액배상의 확정판결을 받은 경우, 수익자의 채권자들이 수익자와 새로운 법률관계를 맺은 것이 아니라 수익자의 채권자로서 이미 가지고 있던 채권확보를 위하여 부동산을 압류 또는 가압류한 자에 불과하더라도 목적부동산의 매각대금에 대하여 사해행위 취소채권자에게 수익자의 채권자들에 우선하여 변제받을 수 있는 권리를 부여하여 사해행위취소판결의 실효성을 확보하여야 할 아무런 근거가 없으므로 수익자의 채권자들에게 사해행위취소판결의 효력이 미친다고는 볼 수 없다고 한 사례.

[판례 37] 배당이의 (대법원 2001. 5. 29. 선고 99다9011 판결)

[1] 사해행위취소의 효력은 상대적이기 때문에 소송당사자인 채권자와 수익자 또는 전득자 사이에만 발생할 뿐 소송의 상대방 아닌 제3자에게는 아무런 효력을 미치지 아니한다.

[2] 채무자인 사용자 소유의 부동산이 제3자에게 양도된 후 위 부동산에 관하여 개시된 경매절차에서 위 부동산이 사용자의 책임재산이 아니라는 이유로 배당을 받지 못한 임금채권자가 제3자를 상대로 사해행위취소소송을 제기하고 제3자가 이를 인락하였다 하더라도 그 취소의 효력은 위 임금채권자와 수익자인 제3자 사이에만 발생할 뿐 사해행위 이전에 이미 위 부동산에 대하여 근저당권을 가지고 있던 자에게는 미치지 아니하며, 위 부동산이 소급하여 채무자의 책임재산으로 회복되는 것도 아니므로 임금채권자는 우선변제권을 내세워 위 근저당권자에게 경매절차에서 배당받은 금원의 반환을 구할 수 없다고 한 사례.

[판례 38] 제3자이의 (대법원 1990.10.30. 선고 89다카35421 판결)

사해행위의 목적부동산에 수익자에 대한 채권자의 가압류등기가 경료된 후 채무자와 수익자 사이의 위 부동산에 관한 매매계약이 사해행위라는 이유로 취소되어 수익자 명의의 소유권이전등기가 말소되었다 하더라도 사해행위의 취소는 상대적 효력밖에 없어 특단의 사정이 없는 한 가압류의 효력이 당연히 소멸되는 것은 아니므로 채무자로부터 위 부동산을 진전하여 양도받은 자는 가압류의 부담이 있는 소유권을 취득하였다 할 것인바, 원심이 위 부동산에 관한 수익자 명의의 소유권이전등기가 원인무효라는 이유만으로 가압류채권자의 위 부동산에 대한 강제집행을 불허한 조치는 사해행위취소의 효력에 관한 법리를 오해한 위법이 있다.

[판례 39] 소유권이전등기말소회복등기
(대법원 1988.2.23. 선고 87다카1989 판결)

사해행위취소판결의 기판력은 그 취소권을 행사한 채권자와 그 상대방인 수익자 또는 전득자와의 상대적인 관계에서만 미칠 뿐 그 소송에 참가하지 아니한 채무자 또는 채무자와 수익자 사이의 법률관계에는 미치지 아니한다.

(2) 원상회복의 방법

[판례 40] 사해행위취소 (대법원 2009.6.11. 선고 2007다4004 판결)

【판시사항】
[1] 가등기에 기하여 본등기가 경료된 경우, 사해행위 요건 구비 여부의 판단 기준 시기(=가등기의 원인된 법률행위시)
[2] 사해행위에 해당하는 법률행위가 어느 시점에서 있었는지 여부의 판단 방법

[3] 사해행위 취소소송에서 가액배상에 의한 원상회복청구가 인정되기 위한 요건인 '원물반환이 불가능하거나 현저히 곤란한 경우'의 의미

[4] 저당권이 설정되어 있는 부동산이 사해행위로 이전된 후 그 저당권설정등기가 말소된 경우, 사해행위취소의 범위와 원상회복의 방법

【참조조문】

[1] 민법 제406조 [2] 민법 제406조 [3] 민법 제406조 [4] 민법 제406조

【참조판례】

[1] 대법원 2001. 7. 27. 선고 2000다73377 판결(공2001하, 1941)

[2] 대법원 2002. 11. 8. 선고 2002다41589 판결(공2003상, 46)

[3] 대법원 1998. 5. 15. 선고 97다58316 판결(공1998상, 1627)

[4] 대법원 2002. 11. 8. 선고 2002다41589 판결(공2003상, 46)
　　대법원 2007. 5. 31. 선고 2006다18242 판결

【전 문】

【원고, 피상고인】 원고

【피고, 상고인】 심곡새마을금고 (소송대리인 법무법인 광장 담당변호사 이규홍외 1인)

【원심판결】 대구고법 2006. 12. 7. 선고 2004나6338 판결

【주 문】

원심판결을 파기하고 사건을 대구고등법원에 환송한다.

【이 유】

상고이유를 본다.

1. 상고이유 제1, 2, 4점에 대하여

가등기에 기하여 본등기가 경료된 경우 가등기의 원인인 법률행위와 본등기의 원인인 법률행위가 명백히 다른 것이 아닌 한 사해행위 요건의 구비 여부는 가등기의 원인된 법률행위 당시를 기준으로 하여 판단하여야 한다(대법원 2001. 7. 27. 선고 2000다73377 판결 등 참조). 그리고 어느 시점에서 사해행위에 해당하는 법률행위가 있었는가를 따짐에 있어서는 당사자 사이의 이해관계에 미치는 중대한 영향을 고려하여 신중하게 이를 판정하여야 할 것이고, 사해행위에 해당하는 법률행

위가 언제 있었는가는 실제로 그러한 사해행위가 이루어진 날을 표준으로 판정할 것이되, 다른 특별한 사정이 없는 한 처분문서에 기초한 것으로 보이는 등기부상 등기원인일자를 중심으로 그러한 사해행위가 실제로 이루어졌는지 여부를 판정할 수밖에 없다(대법원 2002. 11. 8. 선고 2002다41589 판결 등 참조).

원심은 그 채용증거에 의하여 원심판결 별지목록 기재 부동산(이하 '이 사건 지하상가'라고 한다)에 관하여 대구지방법원 북대구등기소 2002. 10. 17. 접수 제66159호로 경료된 소유권이전청구권가등기(이하 '이 사건 가등기'라고 한다)의 원인된 법률행위를 피고와 주식회사 경인주택(이하 '경인주택'이라고 한다) 사이에 2002. 10. 15. 체결된 매매예약(이하 '이 사건 매매예약'이라고 한다)으로, 위 부동산에 관하여 같은 등기소 2003. 1. 23. 접수 제4348호로 경료된 소유권이전등기(이하 '이 사건 본등기'라고 한다)의 원인된 법률행위를 피고와 경인주택 사이에 2002. 10. 17. 체결된 매매계약(이하 '이 사건 매매계약'이라고 한다)으로 인정하고, 이 사건 매매예약 당시를 기준으로 경인주택의 적극재산을 산정하였으며, 이 사건 매매예약 및 매매계약이 사해행위에 해당하는지 여부를 판단하였는바, 앞서 본 법리와 기록에 비추어 보면, 이러한 원심 판단은 정당하고 거기에 상고이유 주장과 같은 법리오해, 채증법칙 위반, 심리미진 등의 위법이 없다.

2. 상고이유 제3, 5점에 대하여

원심은 그 채용증거를 종합하여 인정되는 사정들, 즉 피고와 경인주택 사이의 2002. 3. 18.자 이 사건 약정은 단순한 담보제공약정이 아니라 사실상 경인주택의 경영권을 피고에 양도하는 내용이 포함된 계약인 점, 대출금채무에 대한 담보를 위하여 근저당권의 설정과 아울러 가등기까지 경료해 주기로 약정함으로써 추가대출이 예상된 점, 고율의 이자부담 아래 거액을 대출받으면서 대출사례금 명목으로 거액을 부당지출함으로써 채무를 부당하게 증가시켰고 그로 인하여 위 대출금 28억 원을 대출받을 때에는 적극재산과 소극재산의 차액이 약 3억 원에 불과할 정도로 재무구조를 악화시킨 점, 위 대출금 28억 원 중 약 7억원에 대하여는 그 사용처를 알 수 없는 점, 이 사건 약정의 체결 후 추가로 부담하게 된 채무에 대하여 그 발생 원인을 알 수 없고 피고로부터 추가로 대출받은 8억 원의 사용처가 불명한 점, 최초의 대출일로부터 채 1년이 경과하기도 전에 대환대출의 형식으로 기존의 대출금 36억 원 및 이에 대한 이자를 모두 상환하고 새로이 39억 3천만 원을 대출받음으로써 피고로 하여금 대출에 따른 이자수입을 극대화한 점 등에 비추어 볼 때, 경인주택은 이 사건 매매예약 및 매매계약의 체결 당시에 그 법률행위가 일반채권자를 해한다는 사정을 알고 있었을 뿐만 아니라 이 사건 약정의 체결 당시에도 이 사건 약정에 기하여 이 사건 미분양 집합건물을 피고에 대한 대출금채무의 담보로 제공하여 근저당권을 설정하고 가등기까지 경료하여 주는 것은 물론 경영권까지 양도함으로써 이에 터잡아 추가대출 또는 부정대출이 이루어지고 고율의 금융비용이 증가하여 조만간 채무초과상태에 빠질 것이라는 사정을 예견하였다고 볼 수밖에 없어, 경인주택에게 사해의 의사가 있었다고 봄이 상당하다고 판시하여, 피고와 경인주택 사이의 2002. 3. 18.자 이 사건 약정이 이 사건 가등기의 원인된 법률행위임을 전제로 경인주택에게 사해의사가 없었다는 피고의 주장을 배척하고, 이 사건 매매예약 및 매매계약을 사해행위로 판단하였는바, 기록에 의하여 살펴보면, 원심의 이러한 판단은 정당하고 거기에 상고이유 주장과 같은 법리 오해, 채증법칙 위반 등의 위법이 없다.

그리고 상고이유에서 들고 있는 대법원 판결들은 이 사건과 사안을 달리하여 이 사건에 원용될 수 없다.

3. 상고이유 제6점에 대하여

원심은, 그 판결에서 채용하고 있는 증거들을 종합하여 인정되는 다음과 같은 사정, 즉 대구 북구 노원동3가 1022 공장용지 3,512.1㎡(이하 '이 사건 토지'라고 한다)는 당초부터 그 지상 지하 3층, 지상 13층의 주상복합건물(이하 '이 사건 집합건물'이라고 한다)의 대지권의 목적으로 예정되어 있던 토지로서 이 사건 사업의 시행자인 경인주택의 소유였던 점, 비록 경인주택이 이 사건 토지를 경매낙찰자인 대부건설 주식회사(이하 '대부건설'이라고 한다)로부터 매수하는 형식으로 이 사건 토지에 대한 소유권을 취득하였으나 이 사건 사업의 시행자로서 이 사건 집합건물의 상당부분을 분양한 경인주택으로서는 이 사건 사업을 완료하기 위하여 반드시 이 사건 토지의 소유권을 취득하여야 할 처지였을 뿐만 아니라 실제로도 대부건설의 명의를 빌려 이 사건 토지를 낙찰받은 것이어서 이 사건 토지의 실질적인 낙찰자는 경인주택인 점, 이 사건 토지에 관하여 대부건설로부터 경인주택 앞으로 소유권이전등기가 경료될 당시(2002. 10. 11.)에 이 사건 토지에 관하여 그 시가를 초과하는 채무를 담보하기 위한 근저당권이 설정되어 있었으나, 이 사건 약정이 체결될 당시(2002. 3. 18.)에는 이 사건 토지가 담보하는 채무는 그 시가에 비하여 월등히 적었던 점, 이 사건 약정에는 28억 원의 채무를 담보하기 위하여 이 사건 토지와 아울러 이 사건 집합건물에 대하여도 근저당권설정등기와 소유권이전청구권가등기를 경료하기로 하는 내용이 담겨 있었으나 건물에 관한 소유권보존등기가 경료되지 않아 이 사건 토지에 관하여만 먼저 근저당권설정등기와 소유권이전청구권가등기가 경료되었던 점, 이 사건 매매예약이 체결되기 이전에 이미 이 사건 토지에 관하여 경인주택 앞으로 소유권이전등기가 경료되고 이 사건 지하상가에 관하여 집합건물등기가 이루어졌을 뿐만 아니라 이 사건 가등기 경료 전에 이 사건 지하상가의 대지권에 존재하던 기존의 근저당권이 모두 소멸하였던 점 등에 비추어 보면, 이 사건 지하상가에 대한 대지권도 일반채권자의 공동담보가 되는 책임재산으로서 사해행위의 대상이 되었다고 봄이 상당하다는 이유로 원물반환이 아니라 가액배상이 인정되어야 한다는 피고의 주장을 배척하였다.

그러나 원심의 위와 같은 판단은 다음과 같은 이유에서 수긍할 수 없다. 채권자의 사해행위취소 및 원상회복청구가 인정되면, 수익자 또는 전득자는 원상회복으로서 사해행위의 목적물을 채무자에게 반환할 의무를 지게 되고, 원물반환이 불가능하거나 현저히 곤란한 경우에는 원상회복의무의 이행으로서 사해행위 목적물의 가액 상당을 배상하여야 하는바, 원래 채권자와 아무런 채권·채무관계가 없었던 수익자가 채권자취소에 의하여 원상회복의무를 부담하는 것은 형평의 견지에서 법이 특별히 인정한 것이므로, 그 가액배상의 의무는 목적물의 반환이 불가능하거나 현저히 곤란하게 됨으로써 성립하고, 그 외에 그와 같이 불가능하게 된 데에 상대방인 수익자 등의 고의나 과실을 요하는 것은 아니며, 여기서 원물반환이 불가능하거나 현저히 곤란한 경우라 함은 원물반환이 단순히 절대적, 물리적으로 불능인 경우가 아니라 사회생활상의 경험법칙 또는 거래상의 관념에 비추어 채권자가 수익자나 전득자로부터 이행의 실현을 기대할 수 없는 경우를 말한다(대법원 1998. 5. 15. 선고 97다58316 판결 등 참조). 또한, 어느 부동산에 관한 법률행위가 사해행위에 해당하는 경우에는 원칙적으로 그 사해행위를 취소하고 소유권이전등기의 말소 등 부동산 자체의 회복을 명하여야 하는 것이나, 저당권이 설정되어 있는 부동산이 사해행위로 이전된 경우에 그 사해행위는 부동산의 가액에서 저당권의 피담보채권액을 공제한 잔액의 범위 내에서만 성립한다고 보아야 하고, 사해행위 후 변제 등에 의하여 저당권설정등기가 말소된 경우, 사해행위를 취소하여 그 부동산 자체의 회복을 명하는 것은 당초 일반 채권자들의 공동담보로 되어 있지 아니하던 부분까지 회복을 명하는 것이 되어 공평에 반하는 결과가 되므로, 그 부동산의 가액에서 저당권의 피담보채무액을 공제한 잔액의 한도에서 사해행위를 취소하고 그 가액의 배상을 구할 수 있을 뿐이다(대법원 2002. 11. 8. 선고 2002다41589 판결, 대법원 2007. 5. 31. 선고 2006다18242 판결 등 참조).

위와 같은 법리에 비추어 보면, 어느 복합건물의 대지권에 설정된 저당권설정등기를 말소함과 아울러 그 저당권과 동일한 피담보채무를 담보할 목적으로 그 건물에 담보 목적의 매매예약으로 인한 가등기를 설정한 후 그 가등기에 기하여 담보권실행의 방법으로 매매계약을 원인으로 한 소유권이전등기를 마치고 이를 일정액으로 평가하여 채무금의 변제에 충당하는 것이 사해행위에 해당하는 경우에도 사해행위취소에 따른 원상회복으로서 원물반환이 인정되지 아니하고, 가액배상만이 인정된다고 봄이 상당하다.

제4절 채권자취소권과 부인권

기록에 의하면, 2002. 10. 15. 당시 경인주택 소유의 이 사건 토지 상에 건축된 이 사건 집합건물 내의 각 상가, 아파트에 관하여 경인주택 앞으로 집합건물등기 및 소유권보존등기가 경료된 사실, 한편 2002. 10. 11. 이 사건 토지에는 피고를 근저당권자로 하는 2002. 10. 9.자 근저당권설정계약을 원인으로 하고, 대출액을 김정고, 이훈원, 이규식, 구일, 김금자, 황귀자에 대하여는 각 6억 원, 류미애에 대하여는 3억 3천만 원, 합계 39억 3천만 원으로 하여, 채권최고액이 채무자 김정고, 이훈원, 이규식, 구일, 황귀자의 경우 각 7억 2,000만 원, 채무자 김금자의 경우 7억 8,000만 원, 채무자 류미애의 경우 4억 2,900만 원, 채권최고액 합계 48억 9백만 원[= (7억 2,000만 원 × 5) + 7억 8,000만 원 + 4억 2,900만 원]의 7개의 근저당권설정등기가 경료되었던 사실(그 중 채무자 류미애, 김금자로 된 근저당권설정등기는 2003. 6. 9.자 해지로 2003. 6. 10. 말소되었다), 이 사건 지하상가에 관하여, 경인주택은 2002. 10. 17. 그 대지권에 관하여 설정된 위 근저당권을 모두 말소하고, 피고에 대한 위 대출금채무를 담보하기 위하여 같은 날인 2002. 10. 17. 피고 앞으로 이 사건 매매예약을 원인으로 하여 이 사건 가등기를 마쳐 주었으나, 근저당권설정등기는 경료해 주지 않은 사실, 그 후 피고는 2003. 1. 23. 이 사건 지하상가에 관하여 이 사건 가등기에 기하여 담보권실행의 방법으로 이 사건 매매계약을 원인으로 한 이 사건 이전등기를 마친 다음 2003. 4. 4. 이 사건 지하상가를 10억 2천만 원으로 평가하여 위 대출원리금의 일부 변제에 충당한 사실 등을 알 수 있다.

위 사실을 앞서 본 법리에 비추어 보면, 이 사건 사해행위는 이 사건 지하상가의 가액에서, 이 사건 토지에 설정되었던 위 근저당권의 피담보채무액 중 이 사건 지하상가 해당 대지권 부분만큼을 공제한 잔액의 범위 내에서만 성립하여 그 원상회복은 가액배상의 방법에 의하여야 할 것이므로, 원고로서는 채권자취소권을 행사할 수 있는 원고 자신의 피보전채권의 범위 내에서 위 잔액의 한도에서 사해행위를 취소하고 그 가액의 배상을 구할 수 있을 뿐이라고 봄이 상당하다.

274   제2장   실무사례

그럼에도 불구하고, 원심이 위 판시와 같이 이 사건 가등기 경료 전에 이 사건 지하상가의 대지권에 존재하던 기존의 근저당권이 모두 소멸하였다는 등의 이유로 그 사해행위 당시에 이 사건 지하상가가 일반채권자들을 위한 일반재산으로 기능하고 있었다는 전제하에 가액배상의 방법과 그 범위에 관하여 필요한 심리를 생략한 채 이 사건 매매예약 및 매매계약 전부를 취소한 다음, 이 사건 지하상가를 원물로 반환할 것을 명한 제1심판결을 유지한 원심판결에는 채권자취소권의 원상회복의 방법 등에 관한 법리오해의 위법이 있다고 할 것이므로 이 점을 지적하는 취지의 이 부분 상고이유 주장은 이유 있다.

4. 결론

그러므로 원심판결을 파기하고, 사건을 다시 심리·판단하게 하기 위하여 원심법원에 환송하기로 하여, 관여 대법관의 일치된 의견으로 주문과 같이 판결한다.

대법관   안대희(재판장) 박시환(주심) 박일환 신영철

[판례 41] 사해행위취소 (대법원 2009.3.26. 선고 2007다63102 판결)

[1] 채권자취소권의 행사에 있어서 제척기간의 기산점인 채권자가 "취소원인을 안 날"이라 함은 채무자가 채권자를 해함을 알면서 사해행위를 하였다는 사실을 알게 된 날을 의미한다. 이는 단순히 채무자가 재산의 처분행위를 한 사실을 아는 것만으로는 부족하고, 구체적인 사해행위의 존재를 알고 나아가 채무자에게 사해의 의사가 있었다는 사실까지 알 것을 요한다. 한편 그 제척기간의 도과에 관한 입증책임은 채권자취소소송의 상대방에게 있다.

[2] 특정한 채권에 대한 공동 연대보증인 중 1인이 다른 공동 연대보증인에게 재산을 증여하여 특정채권자가 추급할 수 있는 채무자들의 총 책임재산에는 변동이 없다고 하더라도, 재산을 증여한 연대보증

인의 재산이 감소되어 그 특정한 채권자를 포함한 일반채권자들의 공동담보에 부족이 생기거나 그 부족이 심화된 경우에는, 그 증여행위의 사해성을 부정할 수는 없다.

[3] 사해성의 요건은 행위 당시는 물론 채권자가 취소권을 행사할 당시(사해행위취소소송의 사실심 변론종결시)에도 갖추고 있어야 하므로, 처분행위 당시에는 채권자를 해하는 것이었더라도 그 후 채무자가 자력을 회복하거나 채무가 감소하여 취소권 행사시에 채권자를 해하지 않게 되었다면, 채권자취소권에 의하여 책임재산을 보전할 필요성이 없으므로 채권자취소권은 소멸한다.

[4] 사해의사란 채무자가 법률행위를 함에 있어 그 채권자를 해함을 안다는 것이다. 여기서 '안다'고 함은 의도나 의욕을 의미하는 것이 아니라 단순한 인식으로 충분하다. 결국 사해의사란 공동담보 부족에 의하여 채권자가 채권변제를 받기 어렵게 될 위험이 생긴다는 사실을 인식하는 것이며, 이러한 인식은 일반 채권자에 대한 관계에서 있으면 족하고, 특정의 채권자를 해한다는 인식이 있어야 하는 것은 아니다.

[5] 사해행위의 취소에 따른 원상회복은 원칙적으로 그 목적물 자체의 반환에 의하여야 하고, 그것이 불가능하거나 현저히 곤란한 경우에 한하여 예외적으로 가액반환에 의하여야 한다. 원물반환이 불가능하거나 현저히 곤란한 경우라 함은 원물반환이 단순히 절대적·물리적으로 불능인 경우가 아니라 사회생활상의 경험법칙 또는 거래상의 관념에 비추어 채권자가 수익자나 전득자로부터 이행의 실현을 기대할 수 없는 경우를 말한다. 사정변경에 따른 주식 가치의 변동은 주식의 통상적인 속성에 포함되는 것이고 주식 자체의 성질이나 내용에는 변화가 없는 것이어서, 이를 가액배상의 사유로 삼을 수는 없다.

[판례 42] 대여금등 (대법원 2003.11.28. 선고 2003다50061 판결)

【판시사항】
[1] 사해행위취소의 소에서 수익자가 가액배상을 할 경우, 수익자 자신도 채무자에 대한 채권자 중의 1인이라는 이유로 취소채권자에게 자기 채권에 해당하는 안분액의 배분을 청구하거나 상계를 주장하여 안분액의 지급을 거절할 수 있는지 여부(소극)
[2] 사해행위취소에 따른 원상회복으로서 가액배상이 인정되는 '원물반환이 불가능하거나 현저히 곤란한 경우'의 의미
[3] 채권양도가 사해행위로 취소되기 전에 채권양수인인 수익자 등이 제3채무자로부터 이미 그 채권을 변제받는 등으로 양도채권이 소멸한 경우, 사해행위취소에 따른 원상회복의 방법
[4] 사해행위취소에 따른 원상회복으로 취소채권자가 수익자나 전득자에 대하여 직접 자신에게 금전이나 동산을 지급할 것을 청구할 수 있는지 여부(적극)

【참조조문】
[1] 민법 제406조 제1항, 제407조, 제492조 [2] 민법 제406조 제1항 [3] 민법 제406조 제1항 [4] 민법 제406조 제1항

【참조판례】
[1] 대법원 2001. 2. 27. 선고 2000다44348 판결(공2001상, 774)
[2] 대법원 1998. 5. 15. 선고 97다58316 판결(공1998상, 1627)
　대법원 2001. 2. 9. 선고 2000다57139 판결(공2001상, 623)
[3] 대법원 2002. 10. 25. 선고 2002다42711 판결(공2002하, 2862)
[4] 대법원 1999. 8. 24. 선고 99다23468, 23475 판결(공1999하, 1950)

【전 문】
【원고, 피상고인】 주식회사 한국외환은행 (소송대리인 변호사 정덕관)
【피고, 상고인】 피고
【원심판결】 부산고법 2003. 8. 14. 선고 2003나97 판결
【주 문】

상고를 기각한다. 상고비용은 피고가 부담한다.
【이 유】
1. 상고이유 제1점에 대하여

원심판결 이유에 의하면, 원심은 그 채용 증거를 종합하여 판시와 같은 사실을 인정한 다음 제1심 공동피고 1 주식회사는 이 사건 채권양도 당시 이미 채무초과 상태에 있었던 것으로 보이고, 부도가 나기 3일 전인 2001. 12. 12. 피고에게 부담하고 있던 금 150,000,000원의 채무의 변제에 갈음하여 제1심 별지목록 기재 채권을 양도하였으므로 이는 특별한 사정이 없는 한 채권자인 원고를 해하는 행위라 할 것이고, 나아가 제1심 공동피고 1 주식회사가 이 사건 채권양도일로부터 불과 3일만에 부도가 나는 등 자산상태가 악화된 점에 비추어 제1심 공동피고 1 주식회사는 채권양도계약을 체결할 당시 그로 인하여 채권자의 공동담보를 감소시켜 원고를 해하게 된다는 점을 충분히 인식하였다고 보여지고, 수익자인 피고는 당시 채권자를 해함을 알았던 것으로 추정된다고 판단하였는바, 기록에 비추어 살펴보면, 원심의 위와 같은 인정과 판단은 정당한 것으로 수긍이 가고, 거기에 상고이유에서 주장하는 바와 같이 채증법칙을 위배하여 사실을 잘못 인정하거나 채권자취소권에 있어 선의에 대한 법리를 오해하는 등의 위법이 있다 할 수 없다.

2. 상고이유 제2점에 대하여

채권자취소권은 채권의 공동담보인 채무자의 책임재산을 보전하기 위하여 채무자와 수익자 사이의 사해행위를 취소하고 채무자의 일반재산으로부터 일탈된 재산을 모든 채권자를 위하여 수익자 또는 전득자로부터 환원시키는 제도이므로, 수익자인 채권자로 하여금 안분액의 반환을 거절하도록 하는 것은 자신의 채권에 대하여 변제를 받은 수익자를 보호하고 다른 채권자의 이익을 무시하는 결과가 되어 제도의 취지에 반하게 되므로, 수익자가 채무자의 채권자인 경우 수익자가 가액배상을 할 때에 수익자 자신도 사해행위취소의 효력을 받는 채권자 중의 1인이라는 이유로 취소채권자에 대하여 총채권액 중 자기의 채권에 대한 안분액의 분배를 청구하거나, 수익자가 취소채권자의 원상회복에 대하여 총채권액 중 자기의 채권에 해당하는 안분액의 배당요구권으로써 원상회복청구와의 상계를 주장하여 그 안분액의 지급을 거절할 수는 없다 할 것이고(대법원 2001. 2. 27. 선고 2000다44348 판결 참조), 채권자의 사해행위취소 및 원상회복청구가 인정되면, 수익자는 원상회복으로서 사해행위의 목적물을 채무자에게 반환할 의무를 지게 되고, 만일 원물반환이 불가능하거나 현저히 곤란한 경우에는 원상회복의무의 이행으로서 사해행위 목적물의 가액 상당을 배상하여야 하는바, 여기에서 원물반환이 불가능하거나 현저히 곤란한 경우라 함은 원물반환이 단순히 절대적, 물리적으로 불능인 경우가 아니라 사회생활상의 경험법칙 또는 거래상의 관념에 비추어 그 이행의 실현을 기대할 수 없는 경우를 말하는 것이므로(대법원 1998. 5. 15. 선고 97다58316 판결 참조), 사해행위에 해당하는 채권양도가 채권자에 의하여 취소되기 전에 이미 채권양수인인 수익자 등이 제3채무자로부터 그 채권을 변제받는 등으로 양도채권이 소멸된 경우에는, 채권자는 원상회복의 방법으로 수익자 등을 상대로 그 채권양도의 취소와 함께 변제로 수령한 금전의 지급을 가액배상의 방법으로 청구할 수 있으며(대법원 2002. 10. 25. 선고 2002다42711 판결 참조), 또한, 취소채권자로서는 수익자나 전득자에 대하여 직접 자신에게 금전이나 동산을 지급할 것을 청구할 수 있다 할 것이다(대법원 1999. 8. 24. 선고 99다23468, 23475 판결 등 참조).

위의 법리 및 기록에 비추어 살펴보면, 원심이, 취소 및 반환의 범위에 대하여, 원고가, 제1심 공동피고 1 주식회사와 피고 사이의 채권양도계약을 원고가 제1심 공동피고 1 주식회사에 대하여 가지고 있던 대출원리금 등 채권액인 금 50,709,244원의 한도 내에서 이를 취소하고, 피고로 하여금 제1심 공동피고 1 주식회사에게 취소된 채권을 양도하고 그 취지를 현대중공업 주식회사에게 통지하게 하여야 할 것이나, 피고가 제1심 별지목록 기재 채권을 양수한 다음 이미 현대중공업 주식회사로부터 양수금 전액을 수령하였으므로, 피고에 대하여는 그가 사해행위를 통하여 취득한 채권의 가액에서 원고가 제1심 공동피고 1 주식회사에 대하여 가지는 대출원리금 등 채권액의 범위 내에서 그 채권양도계약을 취소하고, 원물의 반환에 갈음하여 대출원리금 등 채권액 상당의 가액배상을 구할 수밖에 없다는 이유로, 원고는 금 50,709,244원의 한도 내에서 이 사건 채권양도계약을 취소하고, 피고에게 동액 상당의 손해 배상을 구할 수 있다고 판단한 조치는 정당한 것으로 수긍이 가고, 거기에 상고이유에서 주장하는 바와 같이 채권자취소권의 취소의 범위와 반환금액에 대한 법리를 오해하는 등의 위법이 있다 할 수 없다.

3. 결론

그러므로 상고를 기각하고, 상고비용은 패소자가 부담하도록 하여 관여 법관의 일치된 의견으로 주문과 같이 판결한다.

대법관   고현철(재판장) 변재승 윤재식(주심) 강신욱

[판례 43] 손해배상(기) (대법원 1998. 5. 15. 선고 97다58316 판결)

[1] 채권자의 사해행위취소 및 원상회복청구가 인정되면, 수익자 또는 전득자는 원상회복으로서 사해행위의 목적물을 채무자에게 반환할 의무를 지게 되고, 원물반환이 불가능하거나 현저히 곤란한 경우에는 원상회복의무의 이행으로서 사해행위 목적물의 가액 상당을 배상하여야 하는바, 원래 채권자와 아무런 채권·채무관계가 없었던 수익자가 채권자취소에 의하여 원상회복의무를 부담하는 것은 형평의 견지에서 법이 특별히 인정한 것이므로, 그 가액배상의 의무는 목적물의 반환이 불가능하거나 현저히 곤란하게 됨으로써 성립하고, 그 외에 그와 같이 불가능하게 된 데에 상대방인 수익자 등의 고의나 과실을 요하는 것은 아니다.

[2] 원물반환이 불가능하거나 현저히 곤란한 경우라 함은 원물반환이 단순히 절대적, 물리적으로 불능인 경우가 아니라 사회생활상의 경험법칙 또는 거래상의 관념에 비추어 채권자가 수익자나 전득자로부터 이행의 실현을 기대할 수 없는 경우를 말하고, 사해행위의 목적물이

수익자로부터 전득자로 이전되어 그 등기까지 경료되었다면 후일 채권자가 전득자를 상대로 소송을 통하여 구제받을 수 있는지 여부에 관계없이, 수익자가 전득자로부터 목적물의 소유권을 회복하여 이를 다시 채권자에게 이전하여 줄 수 있는 특별한 사정이 없는 한 그로써 채권자에 대한 목적물의 원상회복의무는 법률상 이행불능의 상태에 있다고 봄이 상당하다.

[3] 민사소송법 제720조에서 특별한 사정이 있을 때 담보의 제공을 조건으로 가처분의 취소를 구할 수 있게 한 것은, 가처분을 존속시키는 것이 공평의 관념상 부당하다고 생각되는 경우, 즉 가처분에 의하여 보전되는 권리가 금전적 보상으로써 그 종국의 목적을 달할 수 있다는 사정이 있거나 또는 가처분 집행으로 가처분채무자가 특히 현저한 손해를 받고 있는 경우에 가처분채무자로 하여금 담보를 제공하게 하여 가처분의 집행뿐 아니라 가처분명령 자체를 취소하여 가처분채무자로 하여금 목적물을 처분할 수 있도록 하는 데에 있고, 따라서 처분채무자가 제공하는 담보는 가처분채권자가 본안소송에서 승소하였음에도 가처분의 취소로 말미암아 가처분목적물이 존재하지 않게 됨으로써 입는 손해를 담보하기 위한 것이므로, 가처분채권자는 가처분취소로 인하여 입은 손해배상 청구소송의 승소판결을 얻은 후에 민사소송법 제475조 제3항, 제113조에 의하여 그 담보에 대하여 질권자와 동일한 권리를 가지고 우선변제를 받을 수 있다.

[판례 44] 사해행위취소 (대법원 2008.4.24. 선고 2007다84352 판결)

[1] 채권자취소권의 요건을 갖춘 각 채권자는 고유의 권리로서 채무자의 재산처분 행위를 취소하고 그 원상회복을 구할 수 있는 것이므로 여러 명의 채권자가 동시에 또는 시기를 달리하여 사해행위취소 및 원상회복청구의 소를 제기한 경우 이들 소가 중복제소에 해당하지 아니할 뿐만 아니라, 어느 한 채권자가 동일한 사해행위에 관하여 사

해행위취소 및 원상회복청구를 하여 승소판결을 받아 그 판결이 확정되었다는 것만으로는 그 후에 제기된 다른 채권자의 동일한 청구가 권리보호의 이익이 없게 되는 것은 아니고, 그에 기하여 재산이나 가액의 회복을 마친 경우에 비로소 다른 채권자의 사해행위취소 및 원상회복청구는 그와 중첩되는 범위 내에서 권리보호의 이익이 없게 된다.

[2] 여러 명의 채권자가 사해행위취소 및 원상회복청구의 소를 제기하여 여러 개의 소송이 계속중인 경우에는 각 소송에서 채권자의 청구에 따라 사해행위의 취소 및 원상회복을 명하는 판결을 선고하여야 하고, 수익자(전득자를 포함한다)가 가액배상을 하여야 할 경우에도 수익자가 반환하여야 할 가액을 채권자의 채권액에 비례하여 채권자별로 안분한 범위 내에서 반환을 명할 것이 아니라, 수익자가 반환하여야 할 가액 범위 내에서 각 채권자의 피보전채권액 전액의 반환을 명하여야 한다.

[3] 채권자취소권은 채무자의 사해행위를 채권자와 수익자 또는 전득자 사이에서 상대적으로 취소하고 채무자의 책임재산에서 일탈한 재산을 회복하여 채권자의 강제집행이 가능하도록 하는 것을 본질로 하는 권리이므로, 원상회복을 가액배상으로 하는 경우에 그 이행의 상대방은 채권자이어야 한다.

[판례 45] 공사대금등 (대법원 2008.11.13. 선고 2006다1442 판결)

[1] 사해행위취소로 인한 원상회복으로서 가액배상을 명하는 경우에는, 취소채권자는 직접 자기에게 가액배상금을 지급할 것을 청구할 수 있고, 위 지급받은 가액배상금을 분배하는 방법이나 절차 등에 관한 아무런 규정이 없는 현행법 아래에서 다른 채권자들이 위 가액배상금에 대하여 배당요구를 할 수도 없으므로, 결국 채권자는 자신의 채권액을 초과하여 가액배상을 구할 수는 없다.

[2] 채권자가 어느 수익자(전득자 포함)에 대하여 사해행위취소 및 원상회복청구를 하여 승소판결을 받아 그 판결이 확정되었다 하더라도 그에 기하여 재산이나 가액의 회복을 마치지 아니한 이상 채권자는 자신의 피보전채권에 기하여 다른 수익자에 대하여 별도로 사해행위취소 및 원상회복청구를 할 수 있고, 채권자가 여러 수익자를 상대로 사해행위취소 및 원상회복청구의 소를 제기하여 여러 개의 소송이 계속중인 경우에는 각 소송에서 채권자의 청구에 따라 사해행위의 취소 및 원상회복을 명하는 판결을 선고하여야 하며, 수익자가 가액배상을 하여야 할 경우에도 다른 소송의 결과를 참작할 필요 없이 수익자가 반환하여야 할 가액 범위 내에서 채권자의 피보전채권 전액의 반환을 명하여야 한다. 그리고 이러한 법리는 채무자가 동시에 여러 부동산을 수인의 수익자들에게 처분한 결과 채무초과 상태가 됨으로써 그와 같은 각각의 처분행위가 모두 사해행위로 되고, 채권자가 그 수익자들을 공동피고로 하여 사해행위취소 및 원상회복을 구하여 각 수익자들이 부담하는 원상회복의무의 대상이 되는 책임재산의 가액을 합산한 금액이 채권자의 피보전채권액을 초과하는 경우에도 마찬가지이다.

제5절 명의신탁 부동산의 처분이 명의신탁자의 채권자에 대한 관계에서 사해행위가 성립여부

I. 사해행위취소등 (대법원 2012. 10. 25. 선고 2011다107382 판결)

1. 사실관계

원고는 소외 1에 대한 채권자이다. 소외 1은 이 사건 부동산을 소외 2에게 명의신탁하여 이전등기를 마쳤다. 이른바 양자 간 명의신탁이다. 소외 1은 채무초과 상태에서 피고에게 이 사건 부동산에 관하여 근저당권을 설정하여 주었다.

원고의 청구원인 주장은 다음과 같다. 부동산 실권리자명의 등기에 관한 법률(이하 '부동산실명법'이라고 한다)에 의하여 소외 1과 소외 2 사이의 명의신탁약정 및 소외 2 명의의 이전등기는 무효이고, 이 사건 부동산은 소외 1의 소유인데 소외 1이 이 사건 부동산에 관하여 피고에게 근저당권을 설정한 것은 소외 1의 채권자인 원고에 대하여 사해행위가 성립한다. 따라서 소외 2와 피고 사이의 근저당권설정계약을 취소하고, 피고는 소외 2에게 그 원상회복으로 근저당권설정등기의 말소등기절차를 이행할 것을 구한다.

2. 하급심의 판단

가. 제1심의 판단: 청구인용

원고의 청구취지를 그대로 인용하여 '피고와 소외 2가 이 사건 부동산에 관하여 체결한 근저당권설정계약을 취소하고, 피고는 소외 2에게 근저당권설정등기의 말소등기절차를 이행하라'고 판결하였다.

나. 원심의 판단: 사해행위취소청구 부분 각하, 원상회복청구 부분 기각

원고가 취소를 구하는 근저당권설정계약은 이 사건 부동산의 명의수탁자인 소외 2와 피고 사이의 법률행위인데, 채권자취소권의 행사에 있어서 그 취소의 대상은 채무자와 수익자 사이의 법률행위로 국한되고 채무자 이외의 법률행위는 그 취소의 대상이 되지 아니하므로, 소외 1의 채권자인 원고가 그 취소를 구할 수 없으므로, 이 부분 소는 부적법하다.

사해행위취소가 부적법한 이상 취소를 전제로 한 원상회복청구는 이유 없다.

3. 판결요지

[1] '부동산 실권리자명의 등기에 관한 법률'의 시행 후에 부동산의 소유자가 등기명의를 수탁자에게 이전하는 이른바 양자간 명의신탁의 경우 명의신탁약정에 의하여 이루어진 수탁자 명의의 소유권이전등기는 원인무효로서 말소되어야 하고, 부동산은 여전히 신탁자의 소유로서 신탁자의 일반채권자들의 공동담보에 제공되는 책임재산이 된다. 따라서 신탁자의 일반채권자들의 공동담보에 제공되는 책임재산인 신탁부동산에 관하여 채무자인 신탁자가 직접 자신의 명의 또는 수탁자의 명의로 제3자와 매매계약을 체결하는 등 신탁자가 실질적 당사자가 되어 법률행위를 하는 경우 이로 인하여 신탁자의 소극재산이 적극재산을 초과하게 되거나 채무초과상태가 더 나빠지게 되고 신탁자도 그러한 사실을 인식하고 있었다면 이러한 신탁자의 법률행위는 신탁자의 일반채권자들을 해하는 행위로서 사해행위에 해당할 수 있다. 이 경우 사해행위취소의 대상은 신탁자와 제3자 사이의 법률행위가 될 것이고, 원상회복은 제3자가 수탁자에게 말소등기절차를 이행하는 방법에 의할 것이다.

[2] 부동산 소유자 갑이 을과의 양자간 명의신탁약정에 따라 을 명의로

제5절 명의신탁 부동산의 처분이 명의신탁자의 채권자에 대한 관계 285

부동산 등기명의를 신탁하여 두었다가 이에 관하여 병 앞으로 근저당권을 설정하여 주었는데, 갑의 채권자 정이 채무자 갑이 채무초과 상태에서 병에게 근저당권을 설정하여 준 행위가 정을 비롯한 일반채권자의 공동담보를 해하는 사해행위에 해당한다고 하여 을과 병 사이 근저당권설정계약의 취소 및 원상회복을 구한 사안에서, 정은 채무자 갑이 실질적 당사자로서 부동산을 병에게 처분한 행위 자체에 대해 사해행위로 취소를 구할 수 있다고 할 것임에도, 정이 사해행위취소를 구하는 행위가 어느 것인지를 확정하지 아니한 채 만연히 을과 병 사이의 법률행위를 사해행위취소 대상으로 삼은 것으로 전제하고 사해행위취소청구 부분을 각하한 원심판결에는 사해행위취소의 대상이 되는 '채무자가 한 법률행위'에 관한 법리오해의 위법이 있다고 한 사례.

4. 상고이유

이 사건 부동산은 소외 1이 소외 2에게 명의신탁한 것이고, 이 사건 근저당권설정계약은 실제로 소외 1과 피고 사이에 체결된 것이므로, 사해행위취소의 대상이 되는 법률행위는 형식적으로는 소외 2와 피고 사이에 이루어졌다고 하더라도 취소의 대상은 소외 1과 피고 사이의 근저당권설정계약이 되어야 한다.

5. 대법원의 판단: 파기환송

가. 양자 간 명의신탁

(1) 양자 간 명의신탁의 법리

> **부동산 실권리자명의 등기에 관한 법률**
>
> **제4조 (명의신탁약정의 효력)** ① 명의신탁약정은 무효로 한다.
> ② 명의신탁약정에 따른 등기로 이루어진 부동산에 관한 물권변동은 무효로 한다. 다만 부동산에 관한 물권을 취득하기 위한 계약에서 명의수탁자가 어느 한쪽 당사자가 되고 상대방 당사자는 명의신탁약정이 있다는 사실을 알지 못한 경우에는 그러하지 아니하다.
> ③ 제1항 및 제2항의 무효는 제3자에게 대항하지 못한다.

(가) 명의신탁약정 및 물권변동의 효력

[판례 1] 토지소유권이전등기 (대법원 1999. 1. 26. 선고 98다1027 판결)

[1] 부동산실권리자명의등기에관한법률 제11조, 제12조 제1항과 제4조의 규정에 의하면, 같은 법 시행 전에 명의신탁약정에 의하여 부동산에 관한 물권을 명의수탁자의 명의로 등기하도록 한 명의신탁자는 같은 법 제11조에서 정한 유예기간 이내에 실명등기 등을 하여야 하고, 유예기간이 경과한 날 이후부터 명의신탁약정과 그에 따라 행하여진 등기에 의한 부동산에 관한 물권변동이 무효가 되므로 명의신탁자는 더 이상 명의신탁해지를 원인으로 하는 소유권이전등기를 청구할 수 없다.

[2] 부동산실권리자명의등기에관한법률 제11조 제4항 소정의 '부동산물권에 관한 쟁송'이라 함은 명의신탁자가 당사자로서 해당 부동산에 관하여 자신이 실권리자임을 주장하여 이를 공적으로 확인받기 위한 쟁송이면 족하므로, 위 쟁송에는 명의신탁자가 기존 명의신탁약정에 기하여 직접 쟁송을 제기한 경우뿐만 아니라 명의신탁자가 명의신탁 관계를 부정당하여 제소당한 경우도 포함된다 할 것이고, 그 결과에 의하여 곧바로 실명등기를 할 수 있어야 하는 쟁송으로 제한되는 것은 아니지만, 적어도 다툼의 대상인 권리관계가 확정되기

전까지는 실명등기를 할 수 없는 쟁송이어야 한다고 해석함이 상당하다.

[3] 가처분은 그것이 당해 부동산에 대하여 이루어지고 그 필요성이 인정되는 경우라고 하더라도 등기청구권 등의 피보전권리를 보전하기 위한 것이지 가처분권자인 실권리자의 권리를 공적으로 확인받기 위한 절차라고 볼 수는 없으므로 이러한 가처분은 위에서 말하는 '부동산물권에 관한 쟁송'에 해당한다고 할 수 없으므로, 그 본안소송이 부동산실권리자명의등기에관한법률 시행 전 또는 유예기간 중에 제기되지 아니한 이상, 명의신탁약정은 무효로 되므로 이를 원인으로 한 소유권이전등기청구는 허용될 수 없다.

[판례 2] 지분소유권이전등기절차이행
(대법원 2007.6.14. 선고 2005다5140 판결)

[1] 부동산 실권리자명의 등기에 관한 법률 제11조, 제12조 제1항과 제4조의 규정에 의하면, 같은 법 시행 전에 명의신탁약정에 의하여 부동산에 관한 물권을 명의수탁자의 명의로 등기하도록 한 명의신탁자는 같은 법 제11조에서 정한 유예기간 이내에 실명등기 등을 하여야 하고, 유예기간이 경과한 날 이후부터 명의신탁약정과 그에 따라 행하여진 등기에 의한 부동산에 관한 물권변동이 무효가 되므로, 명의신탁자는 더 이상 명의신탁 해지를 원인으로 하는 소유권이전등기를 청구할 수 없다.

[2] 민법상 조합계약은 2인 이상이 상호 출자하여 공동으로 사업을 경영할 것을 약정하는 계약으로서, 특정한 사업을 공동경영하는 약정에 한하여 이를 조합계약이라 할 수 있고, 공동의 목적 달성이라는 정도만으로는 조합의 성립요건을 갖추었다고 할 수 없다.

[3] 수인이 부동산을 공동으로 매수한 경우, 매수인들 사이의 법률관계는 공유관계로서 단순한 공동매수인에 불과할 수도 있고, 그 수인을 조

합원으로 하는 동업체에서 매수한 것일 수도 있는바, 공동매수의 목적이 전매차익의 획득에 있을 경우 그것이 공동사업을 위해 동업체에서 매수한 것이 되려면, 적어도 공동매수인들 사이에서 그 매수한 토지를 공유가 아닌 동업체의 재산으로 귀속시키고 공동매수인 전원의 의사에 기해 전원의 계산으로 처분한 후 그 이익을 분배하기로 하는 명시적 또는 묵시적 의사의 합치가 있어야만 할 것이고, 이와 달리 공동매수 후 매수인별로 토지에 관하여 공유에 기한 지분권을 가지고 각자 자유롭게 그 지분권을 처분하여 대가를 취득할 수 있도록 한 것이라면 이를 동업체에서 매수한 것으로 볼 수는 없다.

[4] 부동산의 공동매수인들이 전매차익을 얻으려는 '공동의 목적 달성'을 위해 상호 협력한 것에 불과하고 이를 넘어 '공동사업을 경영할 목적'이 있었다고 인정되지 않는 경우, 이들 사이의 법률관계는 공유관계에 불과할 뿐 민법상 조합이 아니라고 한 사례.

[판례 3] 소유권이전등기 (대법원 2002. 9. 6. 선고 2002다35157 판결)

[1] 1995. 3. 30. 법률 제4944호로 공포되어 1995. 7. 1.부터 시행된 부동산실권리자명의등기에관한법률 제4조, 제11조, 제12조 등에 의하면, 부동산실명법 시행 전에 명의신탁약정에 의하여 부동산에 관한 물권을 명의수탁자의 명의로 등기하거나 하도록 한 명의신탁자는 법 시행일로부터 1년의 기간 이내에 실명등기를 하여야 하고, 그 기간 이내에 실명등기 또는 매각처분 등을 하지 아니하면 그 이후에는 명의신탁약정은 무효가 되고, 명의신탁약정에 따라 행하여진 등기에 의한 부동산의 물권변동도 무효가 된다고 규정하고 있으므로, 원칙적으로 일반 명의신탁의 명의신탁자는 명의수탁자를 상대로 원인무효를 이유로 그 등기의 말소를 구하여야 하는 것이기는 하나, 자기 명의로 소유권을 표상하는 등기가 되어 있었거나 법률에 의하여 소유권을 취득한 진정한 소유자는 그 등기명의를 회복하기 위한 방법으

로 그 소유권에 기하여 현재의 원인무효인 등기명의인을 상대로 진정한 등기명의 회복을 원인으로 한 소유권이전등기절차의 이행을 구할 수도 있으므로, 명의신탁대상 부동산에 관하여 자기 명의로 소유권이전등기를 경료한 적이 있었던 명의신탁자로서는 명의수탁자를 상대로 진정명의회복을 원인으로 한 이전등기를 구할 수도 있다.

[2] 부동산실권리자명의등기에관한법률 소정의 유예기간 내에 실명등기 등을 하지 아니한 경우에는 종전의 명의신탁약정에 따라 행하여진 등기가 원인무효로서 말소되어야 하므로 명의신탁자가 명의수탁자를 상대로 원인무효를 이유로 위 등기의 말소를 구하거나 진정명의회복을 원인으로 한 이전등기를 구할 수 있는바, 재외동포의출입국과법적지위에관한법률 제11조 제2항에서, "국내거소신고를 한 외국국적동포가 부동산실권리자명의등기에관한법률 시행 전에 명의신탁약정에 의하여 명의수탁자 명의로 등기하거나 등기하도록 한 부동산에 관한 물권을 이 법 시행 후 1년 이내에 부동산실권리자명의등기에관한법률 제11조 제1항 및 제2항의 규정에 의하여 실명으로 등기하거나 매각처분 등을 한 경우에는 동법 제12조 제1항 및 제2항의 규정을 적용하지 아니한다." 고 규정하고 있다 할지라도, 이는 국내거소신고를 한 외국국적동포가 한 명의신탁의 경우에 한하여 부동산실권리자명의등기에관한법률 소정의 유예기간을 연장하여 주고, 재외동포의출입국과법적지위에관한법률 소정의 유예기간 이후에 가서야 그 명의신탁계약 및 그에 기한 명의수탁자 명의의 등기가 원인무효가 된다는 것을 정하고 있는 것일 뿐, 재외동포의출입국과법적지위에관한법률 소정의 유예기간 후에는 명의신탁자가 명의수탁자를 상대로 등기말소청구의 소나 진정명의회복을 위한 이전등기청구의 소를 제기할 수 없음을 정하고 있는 규정은 아니다.

[판례 4] 손해배상(기) (대법원 2009.1.15. 선고 2007다51703 판결)

【판시사항】

[1] 갑이 을을 강박하여 그에 따른 하자 있는 의사표시에 의하여 부동산에 관한 소유권이전등기를 마친 다음 타인에게 매도하여 소유권이전등기까지 마친 경우, 을의 갑에 대한 소유권이전등기 말소등기청구소송이 승소로 확정되기 전에 을이 그 부동산의 전득자들을 상대로 제기한 소유권이전등기 말소등기청구소송이 패소로 확정되면 그 때 갑의 소유권이전등기 말소등기의무가 이행불능 상태에 이르는지 여부(적극)

[2] 전소인 소유권이전등기 말소등기청구소송의 확정판결의 기판력이 후소인 진정명의회복을 원인으로 한 소유권이전등기청구소송에 미치는지 여부(적극) 및 전소의 변론종결 전에 이미 발생한 등기원인의 무효를 뒷받침하는 개개의 사유를 후소에서 주장하는 것이 허용되는지 여부(소극)

[3] 소의 변경형태가 불분명한 경우 사실심법원의 석명의무

[4] 법률상 사항에 관한 법원의 석명의무

【참조조문】

[1] 민법 제186조, 제390조, 제393조 [2] 민사소송법 제216조 [3] 민사소송법 제136조, 제262조 [4] 민사소송법 제136조 제1항, 제4항

【참조판례】

[1] 대법원 2005. 9. 15. 선고 2005다29474 판결(공2005하, 1608)
  대법원 2006. 1. 27. 선고 2005다39013 판결
  대법원 2006. 3. 10. 선고 2005다55411 판결

[2] 대법원 1981. 12. 22. 선고 80다1548 판결(공1982, 171)
  대법원 1993. 6. 29. 선고 93다11050 판결(공1993하, 2138)
  대법원 1999. 9. 17. 선고 97다54024 판결(공1999하, 2170)
  대법원 2001. 9. 20. 선고 99다37894 전원합의체 판결(공2001하, 2251)
  대법원 2002. 12. 6. 선고 2002다44014 판결(공2003상, 310)

제5절 명의신탁 부동산의 처분이 명의신탁자의 채권자에 대한 관계   291

[3] 대법원 1994. 10. 14. 선고 94다10153 판결(공1994하, 2973)
    대법원 1995. 5. 12. 선고 94다6802 판결(공1995상, 2097)
    대법원 2003. 1. 10. 선고 2002다41435 판결(공2003상, 621)
[4] 대법원 1994. 10. 21. 선고 94다17109 판결(공1994하, 3070)
    대법원 2002. 1. 25. 선고 2001다11055 판결(공2002상, 559)
    대법원 2006. 1. 26. 선고 2005다37185 판결
    대법원 2008. 12. 11. 선고 2008다45187 판결(공2009상, 27)

【전 문】
【원고, 상고인 겸 피상고인】 원고 1외 1인 (소송대리인 변호사 손지열 외 5인)
【피고, 피상고인 겸 상고인】 대한민국
【원심판결】 서울고법 2007. 6. 26. 선고 2006나38521 판결
【주 문】
원심판결 중 원고들 패소 부분을 파기하고, 이 부분 사건을 서울고등법원으로 환송한다. 피고의 상고를 기각한다.
【이 유】
각 상고이유(상고이유서 제출기간이 경과된 후에 제출된 원고들의 상고이유보충서의 기재는 상고이유를 보충하는 범위 내에서)를 함께 판단한다.
1. 이행불능 시점에 관한 원고들 및 피고의 상고이유에 대하여
  부동산소유권이전등기 말소등기의무가 이행불능이 됨으로 말미암아 그 권리자가 입는 손해액은 원칙적으로 그 이행불능이 될 당시의 목적물의 시가 상당액이고, 피고가 원고를 강박하여 그에 따른 하자 있는 의사표시에 의하여 부동산에 관한 소유권이전등기를 마친 다음 타인에게 매도하여 소유권이전등기까지 마친 경우, 그 소유권이전등기는 소송 기타 방법에 따라 말소 환원 여부가 결정될 특별한 사정이 있으므로 피고의 원고에 대한 소유권이전등기의 말소등기의무는 아직 이행불능이 되었다고 할 수 없으나, 원고가 그 부동산의 전득자들을 상대로 제기한 소유권이전등기 말소등기청구소송에서 패소로 확정되면 그 때에 피고의 소유권이전등기 말소등기의무가 이행불능상태에 이른다고 할

것이며(대법원 2005. 9. 15. 선고 2005다29474 판결, 대법원 2006. 1. 27. 선고 2005다39013 판결, 대법원 2006. 3. 10. 선고 2005다55411 판결 등 참조), 이러한 이치는 원고가 피고에 대한 소유권이전등기 말소등기청구소송의 승소판결이 확정되기 이전에 원고가 그 부동산의 전득자들을 상대로 제기한 소유권이전등기 말소등기청구소송에서 패소로 확정되었다고 하여 달리 볼 것이 아니다.

그리고 진정한 등기명의의 회복을 위한 소유권이전등기청구는 이미 자기 앞으로 소유권을 표상하는 등기가 되어 있었거나 법률에 의하여 소유권을 취득한 자가 진정한 등기명의를 회복하기 위한 방법으로 현재의 등기명의인을 상대로 그 등기의 말소를 구하는 것에 갈음하여 허용되는 것인데, 말소등기에 갈음하여 허용되는 진정명의회복을 원인으로 한 소유권이전등기청구권과 무효등기의 말소청구권은 어느 것이나 진정한 소유자의 등기명의를 회복하기 위한 것으로서 실질적으로 그 목적이 동일하고, 두 청구권 모두 소유권에 기한 방해배제청구권으로서 그 법적 근거와 성질이 동일하므로, 비록 전자는 이전등기, 후자는 말소등기의 형식을 취하고 있다고 하더라도 그 소송물은 실질상 동일한 것으로 보아야 하고, 따라서 소유권이전등기의 말소등기청구소송에서 패소확정판결을 받았다면 그 기판력은 그 후 제기된 진정명의회복을 원인으로 한 소유권이전등기청구소송에도 미치는 것이며(대법원 2001. 9. 20. 선고 99다37894 전원합의체 판결, 대법원 2002. 12. 6. 선고 2002다44014 판결 등 참조), 말소등기청구사건의 소송물은 당해 등기의 말소등기청구권이고, 그 동일성 식별의 표준이 되는 청구원인, 즉 말소등기청구권의 발생원인은 당해 '등기원인의 무효'라고 할 것이며, 등기원인의 무효를 뒷받침하는 개개의 사유는 독립된 공격방어방법에 불과하여 별개의 청구원인을 구성하는 것으로 볼 수 없고, 모두 전소의 변론종결 전에 발생한 사유라면 전소와 후소는 그 소송물이 동일하여 후소에서의 주장사유들은 전소의 확정판결의 기판력에 저촉되어 허용될 수 없다(대법원 1981. 12. 22. 선고 80다1548 판결, 대법원 1993. 6. 29. 선고 93다11050 판결, 대법원 1999. 9. 17. 선고 97다54024 판결 등 참조).

원심은 원고 1이 이 사건 부동산에 관하여 피고와 전득자들을 상대로 소유권이전등기의 말소등기청구소송을 제기하였다가 전득자들에 대하여는 대법원 2002. 11. 22. 선고 2001다13952 판결에 의해 원고 1의 패소로 확정된 사실, 그러나 피고에 대해서는 대법원 2004. 8. 16. 선고 2004다17665 판결에 의해 원고 1의 승소로 확정된 사실, 원고 1은 다시 전득자들을 상대로 진정명의회복을 원인으로 한 소유권이전등기 등 청구소송을 제기하였으나 대법원 2006. 4. 14.자 2006다1688 판결에 의해 원고 1의 패소로 확정된 사실 등을 인정한 다음, 원고 1에 대한 피고의 소유권이전등기의 말소등기의무는 원고 1이 전득자들에 대한 소유권이전등기의 말소등기청구소송에서 패소로 확정된 2002. 11. 22. 이행불능상태에 이르렀다고 판단하였다.

위 법리와 기록에 비추어 살펴보면, 위와 같은 원심의 사실인정 및 판단은 정당한 것으로 수긍할 수 있고, 거기에 각 상고이유에서 주장하는 바와 같은 이행불능에 관한 법리오해 또는 심리미진 등의 위법이 없다.

2. 원고 2의 계쟁권리 양수행위에 관한 피고의 상고이유에 대하여

원심에서 주장한 바 없이 상고심에 이르러 새로이 하는 주장은 원심판결에 대한 적법한 상고이유가 될 수 없는바(대법원 1992. 9. 25. 선고 92다24325 판결, 대법원 2002. 1. 25. 선고 2001다63575 판결, 대법원 2002. 7. 12. 선고 2002다19254 판결 등 참조), 기록에 의하면 피고는 원심에 이르기까지 원고 2가 원고 1의 변호사로서 원고 1의 계쟁권리를 양수한 것이 무효라고 주장한 바 없음을 알 수 있으므로, 이 부분 상고이유는 부적법하다.

3. 석명의무 위반에 관한 원고들의 상고이유에 대하여

소의 변경이 교환적인가 추가적인가 또는 선택적인가의 여부는 기본적으로 당사자의 의사해석에 의할 것이므로 당사자가 구 청구를 취하한다는 명백한 표시 없이 새로운 청구로 변경하는 등으로 그 변경형태가 불분명한 경우에는 사실심법원으로서는 과연 청구변경의 취지가 교환적인가 추가적인가 또는 선택적인가의 점을 석명할 의무가 있다(대법

원 1994. 10. 14. 선고 94다10153 판결, 대법원 1995. 5. 12. 선고 94다6802 판결, 대법원 2002. 10. 11. 선고 2002다40098, 40104 판결 등 참조). 또한, 당사자가 부주의 또는 오해로 인하여 증명하지 아니한 것이 분명하거나 쟁점으로 될 사항에 관하여 당사자 사이에 명시적인 다툼이 없는 경우에는 법원은 석명을 구하고 증명을 촉구하여야 하고, 만일 당사자가 전혀 의식하지 못하거나 예상하지 못하였던 법률적 관점을 이유로 법원이 청구의 당부를 판단하려는 경우에는 그 법률적 관점에 대하여 당사자에게 의견진술의 기회를 주어야 하며, 그와 같이 하지 않고 예상외의 재판으로 당사자 일방에게 불의의 타격을 가하는 것은 석명의무를 다하지 아니하여 심리를 제대로 하지 아니한 위법을 범한 것이 된다(대법원 1994. 10. 21. 선고 94다17109 판결, 대법원 2002. 1. 25. 선고 2001다11055 판결, 대법원 2006. 1. 26. 선고 2005다37185 판결 등 참조).

기록에 의하면, 원고들은 처음에 소장에서는 명시적으로 일부청구를 하였다가, 원고 1이 피고를 상대로 한 위 소유권이전등기 말소등기청구소송에서 승소로 확정된 2004. 8. 16.을 기준시점으로 하여 이 사건 각 부동산의 시가감정을 거친 후 2006. 2. 1.자 소장변경신청서(기록 229면)에서 청구취지를 " 원고 1에게 9,275,390,103원, 원고 2에게 3,975,167,187원 및 위 각 금원에 대하여 2004. 8. 17.부터 제1심판결 선고일까지는 연 5%, 그 다음날부터 다 갚는 날까지는 연 20%의 각 비율에 의한 지연손해금"으로 확장하였고, 제1심에서 전부승소판결을 선고받은 사실, 그 후 피고의 항소로 계속된 원심에서 원고 1이 전득자들을 상대로 한 위 소유권이전등기 말소등기청구소송에서 패소로 확정된 2002. 11. 22. 및 원고 1이 다시 전득자들을 상대로 진정명의회복을 원인으로 한 소유권이전등기 등 청구소송을 제기하였다가 패소로 확정된 2006. 4. 14.을 각 기준시점으로 하여 이 사건 각 부동산에 대한 시가감정이 이루어지자, 원고들은 피고의 원고 1에 대한 소유권이전등기의 말소등기의무가 이행불능으로 확정된 시점은 2006. 4. 14.이라고 주장하면서 2007. 4. 6. 부대항소장(기록 487)을 제출하였는데, 거기에는

"청구취지변경(확장)을 위한 부대항소장을 제출합니다."라고 기재한 다음 부대항소취지를 " 원고 1에게 12,635,297,801원, 원고 2에게 5,415,127,629원 및 위 각 금원에 대하여 2006. 4. 15.부터 원심판결 선고일까지는 연 5%, 그 다음날부터 갚는 날까지는 연 20%의 각 비율에 의한 지연손해금"으로 기재하였을 뿐 원고들이 당초의 청구를 취하하는지 여부를 명백히 하지는 않았음을 알 수 있다.

위와 같은 소송의 경과에 비추어 보면, 위 부대항소장에 표시된 원고들의 의사는 피고의 소유권이전등기 말소등기의무의 이행불능 시점을 자신들에게 가장 유리하게 2006. 4. 14.로 주장하는 취지일 뿐, 나아가 위 이행불능 시점이 2002. 11. 22.이나 2004. 8. 16.이라고 판단되는 경우라도 그 이행불능 시점 다음날부터 2006. 4. 14.까지의 지연손해금의 청구를 포기 또는 취하하는 취지라고 볼 수는 없고, 오히려 비록 명백히 표시되어 있지는 않으나, 위 소장변경신청서와 부대항소장에 나타난 원고들의 실제 의사는 위 이행불능 시점이 2006. 4. 14.이 아닌 2004. 8. 16.이라고 판단되는 경우에는 그 다음날부터의 지연손해금을 구하는 당초의 지연손해금 청구부분을 예비적인 청구로 유지하는 취지라고 보기에 충분하다고 할 것이므로, 원심으로서는 마땅히 위 부대항소의 취지가 무엇인지 또는 위 이행불능 시점이 2006. 4. 14.이 아닌 다른 시점으로 판단될 경우에는 지연손해금의 청구를 어떻게 할 것인지를 석명하여 그에 따른 판단을 하였어야 할 것이다.

그럼에도 불구하고, 원심은 원고들이 위 부대항소에 의하여 2004. 8. 17.부터 2006. 4. 14.까지의 지연손해금 청구를 포기 또는 취하한 것으로 단정하고 이행불능의 시점을 2002. 11. 22.로 판단하여 그 당시의 시가감정액을 기초로 원고들의 청구를 일부 인용하면서도 그 지연손해금의 기산일을 2006. 4. 15.로 보아 그 이후의 지연손해금만의 지급을 명하고 말았으니, 원심판결에는 원고들의 부대항소의 취지를 오해한 나머지 필요한 석명을 다하지 아니하여 판결에 영향을 미친 위법이 있다고 할 것이다. 이 점을 지적하는 원고들의 상고이유 주장은 정당하다.

4. 결 론

그러므로 원심판결 중 원고들 패소 부분을 파기하고, 이 부분 사건을 다시 심리·판단하도록 원심법원으로 환송하되, 피고의 상고를 기각하기로 하여 관여 대법관의 일치된 의견으로 주문과 같이 판결한다.

대법관   박시환(재판장) 양승태 박일환 김능환(주심)

(나) 수탁자가 신탁부동산을 처분한 경우

[판례 5] 제3자이의 (대법원 2009.3.12. 선고 2008다36022 판결)

【판시사항】
[1] 부동산 실권리자명의 등기에 관한 법률 제4조 제3항에 규정된 '제3자'의 범위
[2] 소송물이 동일하지 않더라도 후소의 소송물이 전소에서 확정된 법률관계와 모순관계에 있는 경우, 전소 판결의 기판력이 후소에 미치는지 여부(적극) 및 이 때 '전소에서 확정된 법률관계'의 의미
【참조조문】
[1] 부동산 실권리자명의 등기에 관한 법률 제4조 제3항 [2] 민사소송법 제216조 제1항
【참조판례】
[1] 대법원 2000. 3. 28. 선고 99다56529 판결
[2] 대법원 2002. 12. 27. 선고 2000다47361 판결(공2003상, 495)
   대법원 2005. 12. 23. 선고 2004다55698 판결(공2006상, 169)
【전 문】
【원고(선정당사자), 상고인】 원고
【피고, 피상고인】 파산자 주식회사 열린상호신용금고의 파산관재인 예금보험공사
【원심판결】 대구지법 2008. 3. 27. 선고 2007나17886 판결

제5절 명의신탁 부동산의 처분이 명의신탁자의 채권자에 대한 관계

【주 문】
상고를 기각한다. 상고비용은 원고(선정당사자)가 부담한다.
【이 유】
상고이유를 판단한다.
1. 상고이유 제1점에 대하여

원고(선정당사자, 이하 '원고'라고만 한다)는 상고이유로 이 사건 건물이 소외 1 소유라는 이유로 소외 1에 대하여 그 대지의 소유자인 피고에게 1997. 4. 1.부터 점유종료일까지 지료상당의 부당이득금 지급을 명한 대구지방법원 경주지원 2001. 4. 20. 선고 2001가합123 판결(이하 '제1전소'라고 한다)이 선고되어 확정된 이후 이 사건 건물이 소외 1과 원고 및 선정자들(이하 원고와 선정자들을 함께 지칭할 때에는 '원고 등'이라고 한다)에게 각 상속지분 비율로 상속되었다는 이유로 원고 등에 대하여 그 상속지분에 따라 피고에게 1997. 4. 1.부터 2001. 2. 7.까지 사이의 지료 상당의 부당이득금 지급을 명하는 대구고등법원 2003. 7. 10. 선고 2003나1039 판결(이하 '제2전소'라고 한다)이 선고되어 확정되고 원고 등은 그에 따른 금원을 피고에게 모두 변제함으로써 제1전소 판결 중 제2전소 판결에 따라 원고 등이 변제한 부분은 그 효력을 상실하였으므로, 제1전소 판결에 기한 이 사건 강제집행은 이 사건 건물 중 원고 등의 상속지분에 대하여는 허용되어서는 안된다고 주장한다.

그러나 이와 같이 제1전소 판결에 따라 확정된 채무액의 일부가 변제되었다는 사정은 그 판결의 채무자인 소외 1이 민사집행법 제44조의 청구에 관한 이의의 소로 주장할 사유이지 원고 등이 제3자이의의 소로 주장할 사유는 아니므로, 상고이유의 주장은 받아들이지 아니한다.

2. 상고이유 제2점에 대하여

원심판결 이유에 의하면, 원심은, 피고가 원고 등을 상대로 한 제2전소를 통하여 이 사건 건물이 소외 1 단독명의로 소유권보존등기되어 있지만 사실은 소외 1과 원고 등의 공유임을 이미 알고 있었으며, 당시 피고는 대지의 소유자로서 원고 등으로부터 제2전소 판결에 따른 지료를 지급받은 사실이 있음에도 이 사건 소에서 위 건물이 소외 1의 소유라고 주장하면서 제1전소 판결에 기하여 강제경매신청을 한 것은 반사회적 법률행위에 해당하여 위 강제경매신청은 무효라는 원고의 주장에 대하여, 그러한 사실만으로 피고의 강제경매신청이 반사회적 법률행위에 해당한다고 볼 수 없다고 판단하였는바, 이러한 원심판단은 기록에 비추어 정당한 것으로 수긍이 가고, 거기에 상고이유의 주장과 같은 법리오해 또는 심리미진의 위법이 없다.

그 밖에도 원고는 피고가 소외 1에 대한 제1전소 판결을 집행권원으로 하여 이 사건 건물에 대하여 강제경매를 신청한 행위는 신의칙 위반 또는 권리남용에 해당한다고 주장하나, 이는 상고심에 이르러 비로소 하는 주장으로서 적법한 상고이유가 될 수 없다.

3. 상고이유 제3점에 대하여

부동산 실권리자명의 등기에 관한 법률(이하 '부동산실명법'이라고 한다) 시행 전에 부동산에 관한 물권을 명의신탁한 자가 위 법 시행일로부터 1년의 기간(이하 '유예기간'이라고 한다)이내에 실명등기를 하지 아니하거나 또는 위 법 시행전 또는 유예기간중에 부동산물권에 관한 쟁송이 법원에 제기된 경우에는 당해 쟁송에 관한 확정판결(이와 동일한 효력이 있는 경우를 포함한다)이 있은 날부터 1년 이내에 실명등기를 하지 아니하는 경우, 위 법이 정하고 있는 예외 규정에 해당하는 경우를 제외하고는 유예기간이나 확정판결이 있은 날부터 1년의 기간이 경과한 날 이후부터 그 명의신탁약정 및 이에 따라 행하여진 등기에 의한 부동산의 물권변동은 무효로 되나(위 법 제4조 제1항, 제2항 본문, 제11조 제1항 본문, 제4항, 제12조 제1항), 그 무효는 제3자에게 대항하지 못하는바(위 법 제4조 제3항), 여기서의 '제3자'라 함은, 수탁자가 물권자임을 기초로 그와의 사이에 새로운 이해관계를 맺는 자를 말하고, 여기에는 소유권이나 저당권 등 물권을 취득한 자뿐만 아니라 압류 또는 가압류채권자도 포함되며, 제3자의 선의·악의를 묻지 않는다 (대법원 2000. 3. 28. 선고 99다56529 판결 등 참조).

기록에 의하면, 원고 등과 소외 1의 아버지인 소외 2는 이 사건 대지

제5절 명의신탁 부동산의 처분이 명의신탁자의 채권자에 대한 관계

상에 이 사건 건물과 사건외 건물(같은 대지상의 평가건 공장 1동)을 건축하고, 이 사건 대지와 이 사건 건물, 사건외 건물을 소외 1에게 명의신탁하였는데 소외 1은 이 사건 건물에 관하여 1992. 5. 29. 소유권보존등기를 마친 사실, 그런데 이 사건 대지와 사건외 건물은 피고가 1997. 3. 31. 경락받아 관리하다가 2001. 3. 26. 타인에게 소유권을 이전한 사실, 한편 소외 2와 그의 처가 사망한 이후 원고 등은 소외 1을 상대로 대구지방법원 경주지원 95가합4056호로 명의신탁해지를 원인으로 한 소유권이전등기청구의 소를 제기하여 1996. 7. 11. 위 법원에서 "소외 1은 원고 등에게 이 사건 건물 및 사건외 건물 중 원심 별지 제3목록 기재 지분에 관하여 1995. 9. 12. 명의신탁해지를 원인으로 한 소유권이전등기절차를 이행하라"는 판결을 받았고, 위 판결은 1996. 8. 4. 확정된 사실, 그러나 원고 등은 위 확정판결이 있은 날부터 1년 이내에 실명등기를 하지 아니한 사실, 그 후 피고는 소외 1에 대한 제1전소 판결을 집행권원으로 하여 이 사건 건물에 관하여 대구지방법원 경주지원 2001타경9096호로 강제경매신청을 하였고, 위 법원은 2001. 9. 11. 위 부동산에 대하여 강제경매개시결정을 한 사실을 알 수 있고, 원고 등과 소외 1 사이의 명의신탁약정 및 등기는 부동산실명법에 따라 무효가 되었다고 할 것인바, 사정이 이와 같다면 피고는 위와 같은 명의신탁사실을 알았다고 하더라도(즉 악의의 제3자라고 하더라도) 명의수탁자인 소외 1이 소유자임을 기초로 그의 명의로 소유권보존등기되어 있는 이 사건 건물에 대하여 강제경매개시결정을 받은 압류채권자로서 부동산실명법 제4조 제3항 소정의 제3자에 해당하므로, 피고에 대하여는 이 사건 명의신탁약정 및 등기가 무효임을 대항할 수 없다.

같은 취지의 원심판단은 정당하고, 거기에 상고이유의 주장과 같은 부동산실명법 제4조 제3항의 '제3자'에 관한 법리오해 또는 심리미진 등의 위법이 없다.

4. 상고이유 제4점에 대하여

전에 제기된 소(이하 '전소'라 한다)와 후에 제기된 소(이하 '후소'라 한다)의 소송물이 동일하지 않다고 하더라도, 전소의 소송물에 관한 판단이 후소의 선결문제가 되거나 후소의 소송물이 전소에서 확정된 법률관계와 모순관계에 있다면 전소 판결의 기판력이 후소에 미치게 되어 후소에서 전소 판결의 판단과 다른 주장을 하는 것을 허용하지 않는 작용을 하는 것이지만, 확정판결의 기판력은 소송물로 주장된 법률관계의 존부에 관한 판단의 결론에만 미치고 그 전제가 되는 법률관계의 존부에까지 미치는 것이 아니므로, 전소에서 확정된 법률관계란 확정판결의 기판력이 미치는 법률관계를 의미하는 것이지 그 전제가 되는 법률관계까지 의미하는 것은 아니다(대법원 2002. 12. 27. 선고 2000다47361 판결, 대법원 2005. 12. 23. 선고 2004다55698 판결 등 참조).

기록에 의하여 살펴보면, 제1전소 및 제2전소의 소송물인 부당이득반환청구권의 존부는 이 사건 제3자이의의 소의 소송물인 집행이의권의 존부와 다를 뿐 아니라, 위 전소 판결들의 기판력이 미치는 법률관계 즉 소송물로 주장된 법률관계는 피고의 소외 1 또는 원고 등에 대한 부당이득반환청구권의 존부이고 이 사건 건물의 소유권의 존부는 그 전제가 되는 법률관계에 불과하여 위 전소 판결들의 기판력이 미치지 아니하므로, 위 전소들의 소송물인 부당이득반환청구권의 존부에 대한 판단이 이 사건 제3자이의의 소의 선결문제가 되거나 이 사건 제3자이의의 소의 소송물인 집행이의권의 존부가 위 전소들의 소송물인 부당이득반환청구권의 존부와 모순관계에 있다고 볼 수 없어서 위 전소 판결들의 기판력이 이 사건 제3자 이의의 소에 미친다고 할 수 없고, 따라서 피고가 이 사건 건물이 소외 1 단독소유임을 주장하며 강제집행을 계속하는 것이 위 전소 판결들의 기판력에 저촉된다고 볼 수도 없다.

같은 취지의 원심판단은 정당하고, 거기에 상고이유의 주장과 같은 기판력의 객관적 범위에 관한 법리오해 등의 위법이 없다.

5. 결 론

그러므로 상고를 기각하고 상고비용은 패소자가 부담하도록 하여 관여 대법관의 일치된 의견으로 주문과 같이 판결한다.

제5절 명의신탁 부동산의 처분이 명의신탁자의 채권자에 대한 관계   301

대법관   박시환(재판장) 박일환 안대희(주심) 신영철

[판례 6] 구상금등 (대법원 2007.12.27. 선고 2005다54104 판결)

【판시사항】
[1] 부동산 실권리자명의 등기에 관한 법률 제4조 제2항 본문이 적용되어 명의수탁자인 채무자 명의의 소유권이전등기가 무효인 경우, 채무자가 이에 터 잡아 제3자와 매매계약을 체결하고 소유권이전등기를 마쳐준 것이 사해행위에 해당하는지 여부(소극)
[2] 명의수탁자의 일반 채권자가 부동산 실권리자명의 등기에 관한 법률 제4조 제3항의 '제3자'에 해당하는지 여부(소극)

【참조조문】
[1] 부동산 실권리자명의 등기에 관한 법률 제4조 제2항, 민법 제406조
[2] 부동산 실권리자명의 등기에 관한 법률 제4조 제2항, 제3항, 민법 제406조

【참조판례】
[1] 대법원 2000. 3. 10. 선고 99다55069 판결(공2000상, 932)
[2] 대법원 2000. 3. 28. 선고 99다56529 판결

【전 문】
【원고, 피상고인】 서울보증보험 주식회사(소송대리인 변호사 최한신외 1인)
【피고, 상고인】 피고 (소송대리인 법무법인 다울 담당변호사 서정욱)
【피고 보조참가인】 참가인(소송대리인 법무법인다울 담당변호사 서정욱)
【원심판결】 서울고법 2005. 8. 19. 선고 2004나89105 판결
【주 문】
상고를 기각한다. 상고비용은 피고가 부담한다.
【이 유】
상고이유를 본다.
1. 명의신탁법리의 오해 등에 대하여

가. 채무자가 명의신탁약정에 따라 부동산에 관하여 그 명의로 소유권이전등기를 마쳤다면 부동산 실권리자명의 등기에 관한 법률(이하 '법'이라고 한다) 제4조 제2항 본문이 적용되어 채무자 명의의 위 등기는 무효이므로 위 부동산은 채무자의 소유가 아니기 때문에 이를 채무자의 일반 채권자들의 공동담보에 공하여지는 책임재산이라고 볼 수 없고, 채무자가 위 부동산에 관하여 제3자와 매매계약을 체결하고 그에게 소유권이전등기를 마쳐주었다 하더라도 그로써 채무자의 책임재산에 감소를 초래한 것이라고 할 수 없으므로 이를 들어 채무자의 일반 채권자들을 해하는 사해행위라고 할 수 없으며, 채무자에게 사해의 의사가 있다고 볼 수도 없다 (대법원 2000. 3. 10. 선고 99다55069 판결 참조).

또한, 법 제4조 제3항에 의하면 명의신탁약정 및 이에 따라 행하여진 등기에 의한 부동산에 관한 물권변동의 무효는 제3자에게 대항하지 못하는 것인바, 여기서의 '제3자'라 함은 명의신탁 약정의 당사자 및 포괄승계인 이외의 자로서 명의수탁자가 물권자임을 기초로 그와의 사이에 직접 새로운 이해관계를 맺은 사람을 말한다고 할 것이므로 (대법원 2000. 3. 28. 선고 99다56529 판결 참조), 명의수탁자의 일반 채권자는 위 조항에서 말하는 제3자에 해당한다고 볼 수 없다.

따라서 원심이 이와 달리 명의수탁자가 신탁부동산을 처분하는 경우 명의신탁약정 및 이에 따라 행하여진 등기에 의한 부동산에 관한 물권변동의 무효는 명의수탁자의 일반 채권자에게도 대항할 수 없으므로 명의수탁자는 자신 소유의 부동산을 처분한 것과 마찬가지의 결과가 되어 자신의 일반 채권자에 대하여 사해행위가 성립할 수 있다는 취지로 판단한 것은 잘못이라 할 것이다.

그러나 피고의 이 부분 주장은 소외 1이 소외 2와 공동으로 이 사건 부동산을 매수하여 각 2분의 1 지분씩 소유권이전등기를 마친 이후에 자신의 위 지분을 포기하였다는 취지이므로, 위 주장 자체만으로는 소외 1과 소외 2 사이에 소외 1이 포기한 위 지분에 관하여 명의신탁관계가 성립한다고는 볼 수 없고, 더욱이 기록에 의하면 피고의 위 주장에 부합하는 듯한 원심 증인 소외 2의 증언은 신빙성이 없어 이를 채용할 수 없고, 달리 피고의 위 주장을 인정할 증거가 없으므로, 피고의 위 주장은 어차피 배척될 것임이 분명하다.

원심판결에는 이에 관하여 상고이유에서 주장하는 바와 같이 판결결과에 영향을 미친 법리오해의 위법이 없다.

나. 원심은 이 사건 부동산 중 소외 1 소유 명의의 2분의 1 지분을 위 소외 1이 피고에게 처분하였음을 전제로 하여 소외 1의 위 처분행위에 사해의사가 있었다고 판단하였는바, 원심판결 이유를 기록에 비추어 살펴보면, 원심의 이러한 사실인정과 판단은 정당한 것으로 수긍할 수 있고, 이에 관하여 원심이 인정한 사실과 다른 사실을 전제로 하여 원심의 법리판단에 잘못이 있다는 취지의 상고이유 주장은 받아들일 수 없다.

2. 가액배상의 범위에 대하여

기록에 의하면, 피고보조참가인이 위 부동산에 어느 정도 인테리어 공사 등을 한 사실은 인정되나, 그로 인하여 원심 변론종결일 현재 위 건물의 객관적인 가치가 증가하였다는 점에 관하여 원심에서 아무런 주장, 입증이 이루어진 바 없으므로, 원심이 피고가 사해행위취소로 인하여 반환할 가액배상액을 산정함에 있어 피고의 상고이유 주장과 같은 보수공사로 인한 부동산의 가치증가액을 공제하지 않은 것에 어떠한 위법이 있다고 볼 수 없다.

3. 결론

그러므로 상고를 기각하기로 하여 관여 대법관의 일치된 의견으로 주문과 같이 판결한다.

대법관 고현철(재판장) 양승태 김지형(주심) 전수안

부동산실명법 제4조 제3항에 정한 제3자가 아닌 자와 사이에서 무효인 등기를 기초로 다시 이해관계를 맺은 데 불과한 자는 위 조항이 규정하는 제3자에 해당하지 않는다고 보아야 한다.58)

(다) 명의수탁자의 배임행위에 적극가담하여 제3자 명의의 등기가 이루어진 경우

[판례 7] 건물철거등·소유권이전등기
(대법원 2005. 11. 10. 선고 2005다34667, 34674 판결)

[1] 부동산 실권리자명의 등기에 관한 법률(이하 '부동산실명법'이라 한다) 제4조 제3항에서 "제3자"라고 함은 명의신탁 약정의 당사자 및 포괄승계인 이외의 자로서 명의수탁자가 물권자임을 기초로 그와의 사이에 직접 새로운 이해관계를 맺은 사람을 말한다고 할 것이므로, 명의수탁자로부터 명의신탁된 부동산의 소유명의를 이어받은 사람이 위 규정에 정한 제3자에 해당하지 아니한다면 그러한 자로서는 부동산실명법 제4조 제3항의 규정을 들어 무효인 명의신탁등기에 터 잡아 마쳐진 자신의 등기의 유효를 주장할 수 없고, 따라서 그 명의의 등기는 실체관계에 부합하여 유효라고 하는 등의 특별한 사정이 없는 한 무효라고 할 것이고, 등기부상 명의수탁자로부터 소유권이전등기를 이어받은 자의 등기가 무효인 이상, 부동산등기에 관하여 공신력이 인정되지 아니하는 우리 법제 아래서는 그 무효인 등기에 기초하여 새로운 법률원인으로 이해관계를 맺은 자가 다시 등기를 이어받았다면 그 명의의 등기 역시 특별한 사정이 없는 한 무효임을 면할 수 없다고 할 것이므로, 이렇게 명의수탁자와 직접 이해관계를 맺은 것이 아니라 부동산실명법 제4조 제3항에 정한 제

---
58) 대법원 2005. 11. 10. 선고 2005다34667, 34674 판결, 대법원 2009. 7. 9. 선고 2009다20581, 20598, 20604 판결

제5절 명의신탁 부동산의 처분이 명의신탁자의 채권자에 대한 관계   305

3자가 아닌 자와 사이에서 무효인 등기를 기초로 다시 이해관계를 맺은 데 불과한 자는 위 조항이 규정하는 제3자에 해당하지 않는다고 보아야 한다.

[2] 기판력의 주관적 범위를 정함에 있어서 당사자가 변론을 종결할 때까지 승계사실을 진술하지 아니한 때에는 변론을 종결한 뒤에 승계한 것으로 추정한다는 민사소송법 제218조 제2항의 취지는, 변론종결 전의 승계를 주장하는 자에게 그 입증책임이 있다는 뜻을 규정하여 변론종결 전의 승계사실이 입증되면 확정판결의 기판력이 그 승계인에게 미치지 아니한다는 것으로 해석되므로, 종전의 확정판결의 기판력의 배제를 원하는 당사자 일방이 변론종결 전에 당사자 지위의 승계가 이루어진 사실을 입증한다면, 종전소송에서 당사자가 그 승계에 관한 진술을 하였는지 여부와 상관없이, 그 승계인이 종전의 확정판결의 기판력이 미치는 변론종결 후의 승계인이라는 민사소송법 제218조 제2항의 추정은 깨어진다고 보아야 한다.

[3] 소유권이전등기말소 청구소송을 제기당한 자가 소송 계속중 당해 부동산의 소유권을 타인에게 이전한 경우에는, 부동산물권 변동의 효력이 생기는 때인 소유권이전등기가 이루어진 시점을 기준으로 그 승계가 변론종결 전의 것인지 변론종결 후의 것인지 여부를 판단하여야 한다.

[판례 8] 구상금등 (대법원 2004. 8. 30. 선고 2002다48771 판결)

부동산실권리자명의등기에관한법률 제4조 제3항의 입법 취지 등을 고려해 볼 때, 여기에서 말하는 제3자라 함은 명의수탁자가 물권자임을 기초로 그와의 사이에 새로운 이해관계를 맺은 사람을 말한다고 할 것이고, 이와 달리 오로지 명의신탁자와 부동산에 관한 물권을 취득하기 위한 계약을 맺고 단지 등기명의만을 명의수탁자로부터 경료받은 것 같은 외관을 갖춘 자는 위 법률조항의 제3자에 해당되지 아니한다고 할 것이므로 이러한 자로서는 자신의 등기가 실체관계에 부합하여 유효라고 주장하는 것은 별론으로 하더라도 같은 법 제4조 제3항의 규정을 들어 무효인 명의신탁등기에 터 잡아 경료된 자신의 등기의 유효를 주장할 수는 없다.

[판례 9] 사기·횡령 (대법원 1999. 10. 12. 선고 99도3170 판결)

신탁자가 그 소유 명의로 되어 있던 부동산을 수탁자에게 명의신탁하였는데 수탁자가 임의로 그 부동산에 관하여 근저당권을 설정하였다면 신탁자에 대한 횡령죄가 성립하고, 그 명의신탁이 부동산실권리자명의등기에관한법률 시행 이후에 이루어진 것이라고 하여 달리 볼 것은 아니다.

[판례 10] 횡령 (대법원 2000. 2. 22. 선고 99도5227 판결)

부동산을 소유자로부터 명의수탁받은 자가 이를 임의로 처분하였다면 명의신탁자에 대한 횡령죄가 성립하며, 그 명의신탁이 부동산실권리자명의등기에관한법률 시행 전에 이루어졌고 같은 법이 정한 유예기간 이내에 실명등기를 하지 아니함으로써 그 명의신탁약정 및 이에 따라 행하여진 등기에 의한 물권변동이 무효로 된 후에 처분행위가 이루어졌다고 하여 달리 볼 것이 아니다.

제5절 명의신탁 부동산의 처분이 명의신탁자의 채권자에 대한 관계   307

Ⅱ. 구상금등 (대법원 2004. 8. 30. 선고 2002다48771 판결)

1. 사실관계

대상 부동산에 관하여는, 소외 A(명의신탁자) 명의에서 B(명의수탁자) 명의로 소유권이전등기(① 등기)가 경료되었다가, 다시 피고 C 명의로 소유권이전등기(② 등기)가 경료된 다음, 피고 D 명의의 소유권이전등기(③ 등기)가 마쳐졌다.

원고는 소외 주식회사에 대한 사전구상금채권이 있고 한편 소외 주식회사는 A에 대하여 손해배상채권을 가지고 있는데, 소외 주식회사가 유일한 재산이라고 할 수 있는 A에 대한 손해배상채권을 행사하지 않고 있으므로, (대상 사건 소송을 통하여) 위 사전구상금채권을 피보전권리로 하여 소외 주식회사를 대위하여 A를 상대로 직접 위 손해배상채권을 행사하고 있다. 동시에 원고는 A의 책임재산인 대상 부동산을 그의 명의로 회복시키기 위하여, A 이후로 순차 경료된 위 ①, ②, ③ 등기가 모두 무효라고 주장하면서 소외 주식회사와 A를 순차 대위하여 위 등기의 말소를 구하고 있다.

A에서 B 명의로 이전된 ① 등기는 위 당사자 사이의 명의신탁약정에 기한 양자 간 등기명의신탁이라는 점에 관하여는 당사자 사이에 다툼이 없으므로, 이 사건의 주된 쟁점은 위 ① 등기에 이어 경료된 ②, ③ 등기 특히 ② 등기의 효력 유무에 있다. A로부터 B에게로 이전된 ① 등기가 양자 간 명의신탁약정에 따른 것이므로 무효인 이 사건에서, 무효인 ① 등기를 기초를 마쳐진 피고 C 명의의 ② 등기의 효력 여부는 위 피고가 부동산실명법 제4조 제3항의 "제3자"에 해당하는가의 여부에 달려 있다. 만일 "제3자"에 해당하면 위 피고 명의의 ② 등기는 유효하게 취급될 것이고, "제3자"에 해당하지 않을 경우에는 무효인 ① 등기에 기초하여 경료된 ② 등기 역시 무효가 될 것이기 때문이다.

2. 판결요지

부동산실권리자명의등기에관한법률 제4조 제3항의 입법 취지 등을 고려해 볼 때, 여기에서 말하는 제3자라 함은 명의수탁자가 물권자임을 기초로 그와의 사이에 새로운 이해관계를 맺은 사람을 말한다고 할 것이고, 이와 달리 오로지 명의신탁자와 부동산에 관한 물권을 취득하기 위한 계약을 맺고 단지 등기명의만을 명의수탁자로부터 경료받은 것 같은 외관을 갖춘 자는 위 법률조항의 제3자에 해당되지 아니한다고 할 것이므로 이러한 자로서는 자신의 등기가 실체관계에 부합하여 유효라고 주장하는 것은 별론으로 하더라도 같은 법 제4조 제3항의 규정을 들어 무효인 명의신탁등기에 터 잡아 경료된 자신의 등기의 유효를 주장할 수는 없다.

3. 판례

가. 명의신탁약정이 유효한 경우⇒사해행위 불성립

[판례 1] 사해행위취소 (대법원 1981.2.24. 선고 80다1963 판결)

수탁자가 신탁행위에 기한 반환의무의 이행으로서 신탁자가 지정하는 제3자 명의로 신탁부동산의 소유권이전등기를 경료하는 행위는 기존채무의 이행으로서 사해행위를 구성하지 않는다.

[판례 2] 소유권이전등기말소등 (대법원 1996. 9. 20. 선고 95다1965 판결)

[1] 부동산의 실제 소유자인 명의신탁자가 명의수탁자로부터 그 등기를 회복하는 과정에서 그 중간단계로 명의신탁의 양 당사자들과 그 부동산에 관한 가등기권자가 모두 합의한 바에 따라 그 가등기에 기한 본등기를 경료한 경우, 이는 허위의 의사표시에 기하여 이루어진 것이라고 볼 수 없고 또한 그와 같은 행위는 명의수탁자가 명의신

제5절 명의신탁 부동산의 처분이 명의신탁자의 채권자에 대한 관계 309

탁자에 대한 반환의무의 이행의 한 방법으로서 그것이 사해행위를 구성하는 것은 아니라고 한 사례.
[2] 부동산의 제1매수인인 채권자는 자신의 소유권이전등기청구권 보전을 위하여, 채무자와 제3자 사이에 이루어진 제2의 소유권이전등기의 말소를 구하는 채권자취소권을 행사할 수 없다.

부동산실명법

제8조 (종중, 배우자 및 종교단체에 대한 특례) 다음 각 호의 어느 하나에 해당하는 경우로서 조세 포탈, 강제집행의 면탈(免脫) 또는 법령상 제한의 회피를 목적으로 하지 아니하는 경우에는 제4조부터 제7조까지 및 제12조제1항부터 제3항까지를 적용하지 아니한다. <개정 2013.7.12.>
　1. 종중(宗中)이 보유한 부동산에 관한 물권을 종중(종중과 그 대표자를 같이 표시하여 등기한 경우를 포함한다) 외의 자의 명의로 등기한 경우
　2. 배우자 명의로 부동산에 관한 물권을 등기한 경우
　3. 종교단체의 명의로 그 산하 조직이 보유한 부동산에 관한 물권을 등기한 경우 [전문개정 2010.3.31.] [제목개정 2013.7.12.]

[판례 3] 구상금등 (대법원 2007.12.27. 선고 2005다54104 판결)

【판시사항】
[1] 부동산 실권리자명의 등기에 관한 법률 제4조 제2항 본문이 적용되어 명의수탁자인 채무자 명의의 소유권이전등기가 무효인 경우, 채무자가 이에 터 잡아 제3자와 매매계약을 체결하고 소유권이전등기를 마쳐준 것이 사해행위에 해당하는지 여부(소극)

[2] 명의수탁자의 일반 채권자가 부동산 실권리자명의 등기에 관한 법률 제4조 제3항의 '제3자'에 해당하는지 여부(소극)

【참조조문】

[1] 부동산 실권리자명의 등기에 관한 법률 제4조 제2항, 민법 제406조
[2] 부동산 실권리자명의 등기에 관한 법률 제4조 제2항, 제3항, 민법 제406조

【참조판례】

[1] 대법원 2000. 3. 10. 선고 99다55069 판결(공2000상, 932)
[2] 대법원 2000. 3. 28. 선고 99다56529 판결

【전 문】

【원고, 피상고인】 서울보증보험 주식회사(소송대리인 변호사 최한신외 1인)

【피고, 상고인】 피고 (소송대리인 법무법인 다울 담당변호사 서정욱)

【피고 보조참가인】 참가인(소송대리인 법무법인다울 담당변호사 서정욱)

【원심판결】 서울고법 2005. 8. 19. 선고 2004나89105 판결

【주 문】

상고를 기각한다. 상고비용은 피고가 부담한다.

【이 유】

상고이유를 본다.

1. 명의신탁법리의 오해 등에 대하여

 가. 채무자가 명의신탁약정에 따라 부동산에 관하여 그 명의로 소유권이전등기를 마쳤다면 부동산 실권리자명의 등기에 관한 법률(이하 '법'이라고 한다) 제4조 제2항 본문이 적용되어 채무자 명의의 위 등기는 무효이므로 위 부동산은 채무자의 소유가 아니기 때문에 이를 채무자의 일반 채권자들의 공동담보에 공하여지는 책임재산이라고 볼 수 없고, 채무자가 위 부동산에 관하여 제3자와 매매계약을 체결하고 그에게 소유권이전등기를 마쳐주었다 하더라도 그로써 채무자의 책임재산에 감소를 초래한 것이라고 할 수 없으므로 이를 들어 채무자의 일반 채권자들을 해하는 사해행위라고 할 수 없으며, 채무자에게 사해의 의사가 있다고 볼 수도 없다 (대법

원 2000. 3. 10. 선고 99다55069 판결 참조).

또한, 법 제4조 제3항에 의하면 명의신탁약정 및 이에 따라 행하여진 등기에 의한 부동산에 관한 물권변동의 무효는 제3자에게 대항하지 못하는 것인바, 여기서의 '제3자'라 함은 명의신탁 약정의 당사자 및 포괄승계인 이외의 자로서 명의수탁자가 물권자임을 기초로 그와의 사이에 직접 새로운 이해관계를 맺은 사람을 말한다고 할 것이므로 (대법원 2000. 3. 28. 선고 99다56529 판결 참조), 명의수탁자의 일반 채권자는 위 조항에서 말하는 제3자에 해당한다고 볼 수 없다.

따라서 원심이 이와 달리 명의수탁자가 신탁부동산을 처분하는 경우 명의신탁약정 및 이에 따라 행하여진 등기에 의한 부동산에 관한 물권변동의 무효는 명의수탁자의 일반 채권자에게도 대항할 수 없으므로 명의수탁자는 자신 소유의 부동산을 처분한 것과 마찬가지의 결과가 되어 자신의 일반 채권자에 대하여 사해행위가 성립할 수 있다는 취지로 판단한 것은 잘못이라 할 것이다.

그러나 피고의 이 부분 주장은 소외 1이 소외 2와 공동으로 이 사건 부동산을 매수하여 각 2분의 1 지분씩 소유권이전등기를 마친 이후에 자신의 위 지분을 포기하였다는 취지이므로, 위 주장 자체만으로는 소외 1과 소외 2 사이에 소외 1이 포기한 위 지분에 관하여 명의신탁관계가 성립한다고는 볼 수 없고, 더욱이 기록에 의하면 피고의 위 주장에 부합하는 듯한 원심 증인 소외 2의 증언은 신빙성이 없어 이를 채용할 수 없고, 달리 피고의 위 주장을 인정할 증거가 없으므로, 피고의 위 주장은 어차피 배척될 것임이 분명하다.

원심판결에는 이에 관하여 상고이유에서 주장하는 바와 같이 판결 결과에 영향을 미친 법리오해의 위법이 없다.

나. 원심은 이 사건 부동산 중 소외 1 소유 명의의 2분의 1 지분을 위 소외 1이 피고에게 처분하였음을 전제로 하여 소외 1의 위 처분행위에 사해의사가 있었다고 판단하였는바, 원심판결 이유를 기록에

비추어 살펴보면, 원심의 이러한 사실인정과 판단은 정당한 것으로 수긍할 수 있고, 이에 관하여 원심이 인정한 사실과 다른 사실을 전제로 하여 원심의 법리판단에 잘못이 있다는 취지의 상고이유 주장은 받아들일 수 없다.

2. 가액배상의 범위에 대하여

기록에 의하면, 피고보조참가인이 위 부동산에 어느 정도 인테리어 공사 등을 한 사실은 인정되나, 그로 인하여 원심 변론종결일 현재 위 건물의 객관적인 가치가 증가하였다는 점에 관하여 원심에서 아무런 주장, 입증이 이루어진 바 없으므로, 원심이 피고가 사해행위취소로 인하여 반환할 가액배상액을 산정함에 있어 피고의 상고이유 주장과 같은 보수공사로 인한 부동산의 가치증가액을 공제하지 않은 것에 어떠한 위법이 있다고 볼 수 없다.

3. 결 론

그러므로 상고를 기각하기로 하여 관여 대법관의 일치된 의견으로 주문과 같이 판결한다.

대법관 고현철(재판장) 양승태 김지형(주심) 전수안

나. 양자 간 명의신탁 또는 3자 간 등기명의신탁 ⇒ 사해행위 불성립

[판례 4] 구상금등 (대법원 2007.12.27. 선고 2005다54104 판결)

【판시사항】

[1] 부동산 실권리자명의 등기에 관한 법률 제4조 제2항 본문이 적용되어 명의수탁자인 채무자 명의의 소유권이전등기가 무효인 경우, 채무자가 이에 터 잡아 제3자와 매매계약을 체결하고 소유권이전등기를 마쳐준 것이 사해행위에 해당하는지 여부(소극)

[2] 명의수탁자의 일반 채권자가 부동산 실권리자명의 등기에 관한 법률 제4조 제3항의 '제3자'에 해당하는지 여부(소극)

제5절 명의신탁 부동산의 처분이 명의신탁자의 채권자에 대한 관계 313

【참조조문】
[1] 부동산 실권리자명의 등기에 관한 법률 제4조 제2항, 민법 제406조
[2] 부동산 실권리자명의 등기에 관한 법률 제4조 제2항, 제3항, 민법 제406조
【참조판례】
[1] 대법원 2000. 3. 10. 선고 99다55069 판결(공2000상, 932)
[2] 대법원 2000. 3. 28. 선고 99다56529 판결
【전 문】
【원고, 피상고인】 서울보증보험 주식회사(소송대리인 변호사 최한신외 1인)
【피고, 상고인】 피고 (소송대리인 법무법인 다울 담당변호사 서정욱)
【피고 보조참가인】 참가인(소송대리인 법무법인다울 담당변호사 서정욱)
【원심판결】 서울고법 2005. 8. 19. 선고 2004나89105 판결
【주 문】
상고를 기각한다. 상고비용은 피고가 부담한다.
【이 유】
상고이유를 본다.
1. 명의신탁법리의 오해 등에 대하여
  가. 채무자가 명의신탁약정에 따라 부동산에 관하여 그 명의로 소유권이전등기를 마쳤다면 부동산 실권리자명의 등기에 관한 법률(이하 '법'이라고 한다) 제4조 제2항 본문이 적용되어 채무자 명의의 위 등기는 무효이므로 위 부동산은 채무자의 소유가 아니기 때문에 이를 채무자의 일반 채권자들의 공동담보에 공하여지는 책임재산이라고 볼 수 없고, 채무자가 위 부동산에 관하여 제3자와 매매계약을 체결하고 그에게 소유권이전등기를 마쳐주었다 하더라도 그로써 채무자의 책임재산에 감소를 초래한 것이라고 할 수 없으므로 이를 들어 채무자의 일반 채권자들을 해하는 사해행위라고 할 수 없으며, 채무자에게 사해의 의사가 있다고 볼 수도 없다 (대법원 2000. 3. 10. 선고 99다55069 판결 참조).
  또한, 법 제4조 제3항에 의하면 명의신탁약정 및 이에 따라 행하여

진 등기에 의한 부동산에 관한 물권변동의 무효는 제3자에게 대항하지 못하는 것인바, 여기서의 '제3자'라 함은 명의신탁 약정의 당사자 및 포괄승계인 이외의 자로서 명의수탁자가 물권자임을 기초로 그와의 사이에 직접 새로운 이해관계를 맺은 사람을 말한다고 할 것이므로 (대법원 2000. 3. 28. 선고 99다56529 판결 참조), 명의수탁자의 일반 채권자는 위 조항에서 말하는 제3자에 해당한다고 볼 수 없다.

따라서 원심이 이와 달리 명의수탁자가 신탁부동산을 처분하는 경우 명의신탁약정 및 이에 따라 행하여진 등기에 의한 부동산에 관한 물권변동의 무효는 명의수탁자의 일반 채권자에게도 대항할 수 없으므로 명의수탁자는 자신 소유의 부동산을 처분한 것과 마찬가지의 결과가 되어 자신의 일반 채권자에 대하여 사해행위가 성립할 수 있다는 취지로 판단한 것은 잘못이라 할 것이다.

그러나 피고의 이 부분 주장은 소외 1이 소외 2와 공동으로 이 사건 부동산을 매수하여 각 2분의 1 지분씩 소유권이전등기를 마친 이후에 자신의 위 지분을 포기하였다는 취지이므로, 위 주장 자체만으로는 소외 1과 소외 2 사이에 소외 1이 포기한 위 지분에 관하여 명의신탁관계가 성립한다고는 볼 수 없고, 더욱이 기록에 의하면 피고의 위 주장에 부합하는 듯한 원심 증인 소외 2의 증언은 신빙성이 없어 이를 채용할 수 없고, 달리 피고의 위 주장을 인정할 증거가 없으므로, 피고의 위 주장은 어차피 배척될 것임이 분명하다.

원심판결에는 이에 관하여 상고이유에서 주장하는 바와 같이 판결 결과에 영향을 미친 법리오해의 위법이 없다.

나. 원심은 이 사건 부동산 중 소외 1 소유 명의의 2분의 1 지분을 위 소외 1이 피고에게 처분하였음을 전제로 하여 소외 1의 위 처분행위에 사해의사가 있었다고 판단하였는바, 원심판결 이유를 기록에 비추어 살펴보면, 원심의 이러한 사실인정과 판단은 정당한 것으로 수긍할 수 있고, 이에 관하여 원심이 인정한 사실과 다른 사실을

제5절 명의신탁 부동산의 처분이 명의신탁자의 채권자에 대한 관계 315

전제로 하여 원심의 법리판단에 잘못이 있다는 취지의 상고이유 주장은 받아들일 수 없다.

2. 가액배상의 범위에 대하여

기록에 의하면, 피고보조참가인이 위 부동산에 어느 정도 인테리어 공사 등을 한 사실은 인정되나, 그로 인하여 원심 변론종결일 현재 위 건물의 객관적인 가치가 증가하였다는 점에 관하여 원심에서 아무런 주장, 입증이 이루어진 바 없으므로, 원심이 피고가 사해행위취소로 인하여 반환할 가액배상액을 산정함에 있어 피고의 상고이유 주장과 같은 보수공사로 인한 부동산의 가치증가액을 공제하지 않은 것에 어떠한 위법이 있다고 볼 수 없다.

3. 결론

그러므로 상고를 기각하기로 하여 관여 대법관의 일치된 의견으로 주문과 같이 판결한다.

대법관 고현철(재판장) 양승태 김지형(주심) 전수안

[판례 5] 사해행위취소 (대법원 2008.9.25. 선고 2008다41635 판결)

【판시사항】

부동산 실권리자명의 등기에 관한 법률 제4조 제2항 본문이 적용되어 명의수탁자인 채무자 명의의 소유권이전등기가 무효인 경우, 채무자가 위 부동산에 관하여 제3자와 매매계약을 체결하고 소유권이전등기를 마쳐준 것이 사해행위에 해당하는지 여부(소극)

【참조조문】

부동산 실권리자명의 등기에 관한 법률 제4조 제2항, 민법 제406조

【참조판례】

대법원 2007. 12. 27. 선고 2005다54104 판결

【전 문】

【원고, 상고인】 원고(소송대리인 법무법인 새길 담당변호사 박종욱외 1인)
【피고, 피상고인】 피고(소송대리인 법무법인충정 담당변호사 하광호외 5인)
【원심판결】 서울중앙지법 2008. 5. 16. 선고 2007나29545 판결
【주 문】
상고를 기각한다.
상고비용은 원고가 부담한다.
【이 유】
채무자가 이른바 중간생략등기형 명의신탁 또는 3자간 명의신탁 약정에 따라 명의수탁자로서 부동산에 관하여 그 명의로 소유권이전등기를 마쳤다면 부동산 실권리자명의 등기에 관한 법률(이하 '법'이라 한다) 제4조 제2항 본문이 적용되어 채무자 명의의 위 소유권이전등기는 무효이므로 위 부동산은 채무자의 소유가 아니기 때문에 이를 채무자의 일반 채권자들의 공동담보에 공하여지는 책임재산이라고 볼 수 없고, 채무자가 위 부동산에 관하여 제3자와 매매계약을 체결하고 그에게 소유권이전등기를 마쳐주었다 하더라도 그로써 채무자의 책임재산에 감소를 초래한 것이라고 할 수 없으므로 이를 들어 채무자의 일반 채권자들을 해하는 사해행위에 해당한다고 할 수 없다 (대법원 2000. 3. 10. 선고 99다55069 판결, 대법원 2007. 12. 27. 선고 2005다54104 판결 등 참조).

원심판결 이유 및 기록에 의하면, 피고는 2001. 5. 17. 그 장남인 소외 1과 사이에 체결한 이른바 계약명의신탁 약정에 따라 소외 1이 매수당사자가 되어 피고의 자금으로 위 명의신탁 사실을 알지 못하는 소외 2 주식회사로부터 이 사건 아파트를 매수하여 소외 1 명의로 소유권이전등기를 마쳤는데, 그 후 소외 1이 1가구 2주택자에 해당하게 되자, 2002. 6. 12. 피고 및 소외 1, 피고의 차남인 소외 3과 사이에 피고가 이 사건 아파트의 소유권을 보유하되 그 소유 명의만 소외 3 앞으로 마치기로 합의하여 이 사건 아파트에 관하여 소외 3 명의로 소유권이전등기를 마친 사실을 알 수 있는바, 사정이 이러하다면, 법 제4조 제2항 단서의 규정에 따라 소외 1은 이 사건 아파트에 관한 소유권을 취득하였다고 할 것이고, 다만 명의수탁자인 소외 1은 피고에 대하여 그로부터 제공받은

제5절 명의신탁 부동산의 처분이 명의신탁자의 채권자에 대한 관계

매수자금 상당의 부당이득반환채무를 부담한다고 할 것인데, 이와 같이 이 사건 아파트에 관한 소유권을 취득한 소외 1이 그 후 피고 및 소외 3과 사이의 합의에 의하여 이 사건 아파트의 소유권을 피고가 보유하기로 하되 그 소유권이전등기만을 소외 3 앞으로 마쳐 준 것은, 소외 1이 피고에 대한 부당이득반환채무의 변제에 갈음하는 등으로 피고에게 이 사건 아파트의 소유권을 넘겨주고, 피고는 이를 다시 소외 3에게 명의신탁하기로 하되, 다만 그 절차상의 편의를 위하여 피고 명의로의 소유권이전등기절차를 생략한 채 곧바로 소외 3 명의로 소유권이전등기를 마친 것으로 봄이 상당하고, 이로써 피고, 소외 1 및 소외 3 사이에서는 이른바 중간생략등기형 명의신탁 또는 3자간 등기명의신탁 관계가 성립되었다고 할 것이다.

그렇다면 앞서 본 법리에 비추어, 소외 3 명의의 위 소유권이전등기는 법 제4조 제2항 본문에 의하여 무효로서, 이 사건 아파트는 소외 3의 소유가 아니므로 이를 소외 3의 일반 채권자들의 공동담보에 공하여지는 책임재산이라고 볼 수 없고, 따라서 소외 3이 이 사건 아파트에 관하여 피고에게 소유권이전등기를 마쳐주었다 하더라도 그로써 소외 3의 책임재산에 감소를 초래한 것이라고 할 수 없으므로 이를 들어 소외 3의 일반 채권자들을 해하는 사해행위에 해당한다고 할 수 없을 것이다. 원심이 피고와 소외 3 사이의 명의신탁 약정 및 그에 기하여 마쳐진 소외 3 명의의 소유권이전등기가 유효함을 전제로 소외 3이 피고에게 이 사건 아파트에 관한 소유권이전등기를 마쳐 준 행위는 피고에 대하여 부담하는 기존 채무의 이행에 따른 것으로서 사해행위를 구성하지 않는다고 판단한 것은 잘못이라고 할 것이나, 위와 같은 소외 3의 행위가 채권자인 원고에 대한 사해행위에 해당하지 않는다고 본 결론에 있어서는 옳으므로, 이 점에 관한 상고이유의 주장은 받아들일 수 없다.

그러므로 상고를 기각하고, 상고비용은 패소자가 부담하도록 하여 관여 법관의 일치된 의견으로 주문과 같이 판결한다.

대법관 전수안(재판장) 고현철(주심) 김지형 차한성

[판례 6] 사해행위취소 (대법원 2000. 3. 10. 선고 99다55069 판결)

부동산에 관하여 부동산실권리자명의등기에관한법률 제4조 제2항 본문이 적용되어 명의수탁자인 채무자 명의의 소유권이전등기가 무효인 경우에는 그 부동산은 채무자의 소유가 아니기 때문에 이를 채무자의 일반 채권자들의 공동담보에 공하여지는 책임재산이라고 볼 수 없고, 채무자가 위 부동산에 관하여 제3자와 근저당권설정계약을 체결하고 나아가 그에게 근저당권설정등기를 마쳐주었다 하더라도 그로써 채무자의 책임재산에 감소를 초래한 것이라고 할 수 없으므로 이를 들어 채무자의 일반 채권자들을 해하는 사해행위라고 할 수 없고, 채무자에게 사해의 의사가 있다고 볼 수도 없다.

[판례 7] 구상금등 (대법원 2007.12.27. 선고 2005다54104 판결)

【판시사항】
[1] 부동산 실권리자명의 등기에 관한 법률 제4조 제2항 본문이 적용되어 명의수탁자인 채무자 명의의 소유권이전등기가 무효인 경우, 채무자가 이에 터 잡아 제3자와 매매계약을 체결하고 소유권이전등기를 마쳐준 것이 사해행위에 해당하는지 여부(소극)
[2] 명의수탁자의 일반 채권자가 부동산 실권리자명의 등기에 관한 법률 제4조 제3항의 '제3자'에 해당하는지 여부(소극)

【참조조문】
[1] 부동산 실권리자명의 등기에 관한 법률 제4조 제2항, 민법 제406조
[2] 부동산 실권리자명의 등기에 관한 법률 제4조 제2항, 제3항, 민법 제406조

【참조판례】
[1] 대법원 2000. 3. 10. 선고 99다55069 판결(공2000상, 932)
[2] 대법원 2000. 3. 28. 선고 99다56529 판결

【전 문】
【원고, 피상고인】 서울보증보험 주식회사(소송대리인 변호사 최한신외 1인)

제5절 명의신탁 부동산의 처분이 명의신탁자의 채권자에 대한 관계 319

【피고, 상고인】피고 (소송대리인 법무법인 다올 담당변호사 서정욱)
【피고 보조참가인】참가인(소송대리인 법무법인다울 담당변호사 서정욱)
【원심판결】서울고법 2005. 8. 19. 선고 2004나89105 판결
【주 문】
상고를 기각한다. 상고비용은 피고가 부담한다.
【이 유】
상고이유를 본다.
1. 명의신탁법리의 오해 등에 대하여
 가. 채무자가 명의신탁약정에 따라 부동산에 관하여 그 명의로 소유권이전등기를 마쳤다면 부동산 실권리자명의 등기에 관한 법률(이하 '법'이라고 한다) 제4조 제2항 본문이 적용되어 채무자 명의의 위 등기는 무효이므로 위 부동산은 채무자의 소유가 아니기 때문에 이를 채무자의 일반 채권자들의 공동담보에 공하여지는 책임재산이라고 볼 수 없고, 채무자가 위 부동산에 관하여 제3자와 매매계약을 체결하고 그에게 소유권이전등기를 마쳐주었다 하더라도 그로써 채무자의 책임재산에 감소를 초래한 것이라고 할 수 없으므로 이를 들어 채무자의 일반 채권자들을 해하는 사해행위라고 할 수 없으며, 채무자에게 사해의 의사가 있다고 볼 수도 없다 (대법원 2000. 3. 10. 선고 99다55069 판결 참조).
 또한, 법 제4조 제3항에 의하면 명의신탁약정 및 이에 따라 행하여진 등기에 의한 부동산에 관한 물권변동의 무효는 제3자에게 대항하지 못하는 것인바, 여기서의 '제3자'라 함은 명의신탁 약정의 당사자 및 포괄승계인 이외의 자로서 명의수탁자가 물권자임을 기초로 그와의 사이에 직접 새로운 이해관계를 맺은 사람을 말한다고 할 것이므로 (대법원 2000. 3. 28. 선고 99다56529 판결 참조), 명의수탁자의 일반 채권자는 위 조항에서 말하는 제3자에 해당한다고 볼 수 없다.
 따라서 원심이 이와 달리 명의수탁자가 신탁부동산을 처분하는 경우 명의신탁약정 및 이에 따라 행하여진 등기에 의한 부동산에 관

한 물권변동의 무효는 명의수탁자의 일반 채권자에게도 대항할 수 없으므로 명의수탁자는 자신 소유의 부동산을 처분한 것과 마찬가지의 결과가 되어 자신의 일반 채권자에 대하여 사해행위가 성립할 수 있다는 취지로 판단한 것은 잘못이라 할 것이다.

그러나 피고의 이 부분 주장은 소외 1이 소외 2와 공동으로 이 사건 부동산을 매수하여 각 2분의 1 지분씩 소유권이전등기를 마친 이후에 자신의 위 지분을 포기하였다는 취지이므로, 위 주장 자체만으로는 소외 1과 소외 2 사이에 소외 1이 포기한 위 지분에 관하여 명의신탁관계가 성립한다고는 볼 수 없고, 더욱이 기록에 의하면 피고의 위 주장에 부합하는 듯한 원심 증인 소외 2의 증언은 신빙성이 없어 이를 채용할 수 없고, 달리 피고의 위 주장을 인정할 증거가 없으므로, 피고의 위 주장은 어차피 배척될 것임이 분명하다.

원심판결에는 이에 관하여 상고이유에서 주장하는 바와 같이 판결결과에 영향을 미친 법리오해의 위법이 없다.

나. 원심은 이 사건 부동산 중 소외 1 소유 명의의 2분의 1 지분을 위 소외 1이 피고에게 처분하였음을 전제로 하여 소외 1의 위 처분행위에 사해의사가 있었다고 판단하였는바, 원심판결 이유를 기록에 비추어 살펴보면, 원심의 이러한 사실인정과 판단은 정당한 것으로 수긍할 수 있고, 이에 관하여 원심이 인정한 사실과 다른 사실을 전제로 하여 원심의 법리판단에 잘못이 있다는 취지의 상고이유 주장은 받아들일 수 없다.

2. 가액배상의 범위에 대하여

기록에 의하면, 피고보조참가인이 위 부동산에 어느 정도 인테리어 공사 등을 한 사실은 인정되나, 그로 인하여 원심 변론종결일 현재 위 건물의 객관적인 가치가 증가하였다는 점에 관하여 원심에서 아무런 주장, 입증이 이루어진 바 없으므로, 원심이 피고가 사해행위취소로 인하여 반환할 가액배상액을 산정함에 있어 피고의 상고이유 주장과 같은 보수공사로 인한 부동산의 가치증가액을 공제하지 않은 것에 어떠한 위법이 있다고 볼 수 없다.

제5절 명의신탁 부동산의 처분이 명의신탁자의 채권자에 대한 관계   321

3. 결 론

그러므로 상고를 기각하기로 하여 관여 대법관의 일치된 의견으로 주문과 같이 판결한다.

대법관   고현철(재판장) 양승태 김지형(주심) 전수안

[판례 8] 대여금등 (대법원 2002. 6. 14. 선고 2000다30622 판결)

[1] 수인이 부동산을 공동으로 매수한 경우, 매수인들 사이의 법률관계는 공유관계로서 단순한 공동매수인에 불과하여 매도인은 매수인 수인에게 그 지분에 대한 소유권이전등기 의무를 부담하는 경우도 있을 수 있고, 그 수인을 조합원으로 하는 동업체에서 매수한 것으로서 매도인이 소유권 전부의 이전의무를 그 동업체에 대하여 부담하는 경우도 있을 수 있다.

[2] 부동산의 소유자가 동업계약(조합계약)에 의하여 부동산의 소유권을 투자하기로 하였으나 아직 그의 소유로 등기가 되어 있고 조합원의 합유로 등기되어 있지 않다면, 그와 조합 사이에 채권적인 권리의무가 발생하여 그로 하여금 조합에 대하여 그 소유권을 이전할 의무 내지 그 사용을 인용할 의무가 있다고 할 수는 있지만, 그 동업계약을 이유로 조합계약 당사자 아닌 사람에 대한 관계에서 그 부동산이 조합원의 합유에 속한다고 할 근거는 없으므로, 조합원이 아닌 제3자에 대하여는 여전히 소유자로서 그 소유권을 행사할 수 있다.

[3] 민법 제271조 제1항은 "법률의 규정 또는 계약에 의하여 수인이 조합체로서 물건을 소유하는 때에는 합유로 한다. 합유자의 권리는 합유물 전부에 미친다."고 규정하고(이는 물권법상의 규정으로서 강행규정이고, 따라서 조합체의 구성원인 조합원들이 공유하는 경우에는 조합체로서 물건을 소유하는 것으로 볼 수 없다.), 민법 제704조는 "조합원의 출자 기타 조합재산은 조합원의 합유로 한다."고 규정하고 있으므로, 동업을 목적으로 한 조합이 조합체로서 또는 조합재산으

로서 부동산의 소유권을 취득하였다면, 민법 제271조 제1항의 규정에 의하여 당연히 그 조합체의 합유물이 되고(이는 민법 제187조에 규정된 '법률의 규정에 의한 물권의 취득'과는 아무 관계가 없다. 따라서 조합체가 부동산을 법률행위에 의하여 취득한 경우에는 물론 소유권이전등기를 요한다.), 다만, 그 조합체가 합유등기를 하지 아니하고 그 대신 조합원들 명의로 각 지분에 관하여 공유등기를 하였다면, 이는 그 조합체가 조합원들에게 각 지분에 관하여 명의신탁한 것으로 보아야 한다.

[4] 동업 목적의 조합체가 부동산을 조합재산으로 취득하였으나 합유등기가 아닌 조합원들 명의로 공유등기를 하였다면 그 공유등기는 조합체가 조합원들에게 각 지분에 관하여 명의신탁한 것에 불과하므로 부동산실권리자명의등기에관한법률 제4조 제2항 본문이 적용되어 명의수탁자인 조합원들 명의의 소유권이전등기는 무효이어서 그 부동산 지분은 조합원들의 소유가 아니기 때문에 이를 일반채권자들의 공동담보에 공하여지는 책임재산이라고 볼 수 없고, 따라서 조합원들 중 1인이 조합에서 탈퇴하면서 나머지 조합원들에게 그 지분에 관한 소유권이전등기를 경료하여 주었다 하더라도 그로써 채무자인 그 해당 조합원의 책임재산에 감소를 초래한 것이라고 할 수 없으므로, 이를 들어 일반채권자를 해하는 사해행위라고 볼 수는 없으며, 그에게 사해의 의사가 있다고 볼 수도 없다고 한 사례.

부동산실명법

제4조 (명의신탁약정의 효력) ② 명의신탁약정에 따른 등기로 이루어진 부동산에 관한 물권변동은 무효로 한다. 다만, 부동산에 관한 물권을 취득하기 위한 계약에서 명의수탁자가 어느 한쪽 당사자가 되고 상대방 당사자는 명의신탁약정이 있다는 사실을 알지 못한 경우에는 그러하지 아니하다.

제5절 명의신탁 부동산의 처분이 명의신탁자의 채권자에 대한 관계   323

다. 계약명의신탁(매도인 선의) ⇒ 사해행위 성립

[판례 9] 사해행위취소 (대법원 2008.9.25. 선고 2007다74874 판결)

부동산에 관하여 부동산 실권리자명의 등기에 관한 법률 제4조 제2항 본문이 적용되어 명의수탁자인 채무자 명의의 소유권이전등기가 무효인 경우에는 그 부동산은 채무자의 소유가 아니기 때문에 이를 채무자의 일반 채권자들의 공동담보에 제공되는 책임재산이라고 볼 수 없고, 채무자가 위 부동산에 관하여 제3자와 매매계약을 체결하고 그에게 소유권이전등기를 마쳐주었다고 하더라도 그로써 채무자의 책임재산에 감소를 초래한 것이라고 할 수 없으므로 이를 들어 채무자의 일반 채권자들을 해하는 사해행위라고 할 수 없으며, 채무자에게 사해의 의사가 있다고 볼 수도 없다. 그러나 명의신탁자와 명의수탁자가 이른바 계약명의신탁 약정을 맺고 명의수탁자가 당사자가 되어 명의신탁 약정이 있다는 사실을 알지 못하는 소유자와 부동산에 관한 매매계약을 체결한 후 그 매매계약에 따라 당해 부동산의 소유권이전등기를 명의수탁자 명의로 마친 경우에는, 명의신탁자와 명의수탁자 사이의 명의신탁 약정의 무효에도 불구하고 부동산 실권리자명의 등기에 관한 법률 제4조 제2항 단서에 의하여 그 명의수탁자는 당해 부동산의 완전한 소유권을 취득하게 되고, 다만 명의신탁자에 대하여 그로부터 제공받은 매수자금 상당액의 부당이득반환의무를 부담하게 되는바, 위와 같은 경우에 명의수탁자가 취득한 부동산은 채무자인 명의수탁자의 일반 채권자들의 공동담보에 제공되는 책임재산이 되고, 명의신탁자는 명의수탁자에 대한 관계에서 금전채권자 중 한 명에 지나지 않으므로, 명의수탁자의 재산이 채무의 전부를 변제하기에 부족한 경우 명의수탁자가 위 부동산을 명의신탁자 또는 그가 지정하는 자에게 양도하는 행위는 특별한 사정이 없는 한 다른 채권자의 이익을 해하는 것으로서 다른 채권자들에 대한 관계에서 사해행위가 된다.

[판례 10] 소유권이전등기등 (대법원 2005. 1. 28. 선고 2002다66922 판결)

부동산실권리자명의등기에관한법률 제4조 제1항, 제2항에 의하면, 명의신탁자와 명의수탁자가 이른바 계약명의신탁약정을 맺고 명의수탁자가 당사자가 되어 명의신탁약정이 있다는 사실을 알지 못하는 소유자와의 사이에 부동산에 관한 매매계약을 체결한 후 그 매매계약에 따라 당해 부동산의 소유권이전등기를 수탁자 명의로 마친 경우에는 명의신탁자와 명의수탁자 사이의 명의신탁약정의 무효에도 불구하고 그 명의수탁자는 당해 부동산의 완전한 소유권을 취득하게 되고, 다만 명의수탁자는 명의신탁자에 대하여 부당이득반환의무를 부담하게 될 뿐이라 할 것인데, 그 계약명의신탁약정이 부동산실권리자명의등기에관한법률 시행 후인 경우에는 명의신탁자는 애초부터 당해 부동산의 소유권을 취득할 수 없었으므로 위 명의신탁약정의 무효로 인하여 명의신탁자가 입은 손해는 당해 부동산 자체가 아니라 명의수탁자에게 제공한 매수자금이라 할 것이고, 따라서 명의수탁자는 당해 부동산 자체가 아니라 명의신탁자로부터 제공받은 매수자금을 부당이득하였다고 할 것이다.

4. 명의신탁약정을 사해행위로 취소하는 방안

가. 판결요지

명의신탁약정도 사해행위가 될 수 있다는 취지의 판결인데, 사해행위취소의 당사자와 원상회복의 당사자가 서로 다르다는 점 등에서 대상판결에 참고할 가치가 높은 판결이다.

나. 사실관계

채무자 A는 원고로부터 1995년부터 1998년까지 합계 4억 6,050만 원을 차용하였다. A(명의신탁자)는 갑, 을(매도인)로부터 부동산을 매수하여 1998. 5. 23. B(명의수탁자) 명의로 등기하였다. 3자 간 등기

제5절 명의신탁 부동산의 처분이 명의신탁자의 채권자에 대한 관계   325

명의신탁으로 인정된다.

A는 2000. 2.경 C에게 위 부동산을 대물변제로 양도하여 2000. 2. 1. 또는 2000. 2. 2. 소유권이전등기 마쳤다.

위 명의신탁 당시 A의 무자력은 인정된다.

다. 원고의 청구원인

사해행위취소를 원인으로, A와 B 사이의 '명의신탁약정' 취소⇒원상회복으로[C⇒B⇒갑, 을] 명의로 순차로 말소등기 청구하였다.

원고는 A를 대위하여, [갑, 을 ⇒ A]에게 매매를 원인으로 소유권이전등기를 구한다.

라. 원심의 판단

A와 B 사이의 명의신탁약정은 사해행위에 해당하므로 취소한다.

원상회복으로, 전득자 C는 수익자 B에게 말소등기의무가 있고, 수익자 B는 갑, 을에게 말소등기의무가 있다.

결국 사해행위취소의 당사자(A와 B 사이의 명의신탁약정)와 원상회복의 당사자(C⇒B⇒갑, 을)가 일치하지 않게 되었다.

마. 대법원의 판단: 상고기각

"원심은······이 사건 명의신탁약정은 채권자인 원고를 해하는 행위로서 취소를 면할 수 없다고 할 것이고, 그에 따라 전득자인 피고 C는 수익자인 피고 B에게, 피고 B는 피고 갑, 을에게 이 사건 부동산에 관하여 자신들 명의의 각 소유권이전등기의 말소등기절차를 이행할 의무가 있고, 피고 갑, 을은 A에게 이 사건 부동산에 관하여 매매를 원인으로 한 소유권이전등기절차를 이행할 의무가 있으므로 원고는 채무자인 A를 대위하여 피고 갑, 을에게 그 이행을 구할 수 있다고 판단하였다.

326 제2장 실무사례

바. 양자 간 명의신탁: '명의신탁자가 법률행위

(1) 취소대상인 법률행위의 특정

[판례 11] 사해행위취소 (대법원 2002. 11. 8. 선고 2002다41589 판결)

[1] 주채무자 또는 제3자 소유의 부동산에 대하여 채권자 앞으로 근저당권이 설정되어 있고, 그 부동산의 가액 및 채권최고액이 당해 채무액을 초과하여 채무 전액에 대하여 채권자에게 우선변제권이 확보되어 있다면, 그 범위 내에서는 채무자의 재산처분행위는 채권자를 해하지 아니하므로 연대보증인이 비록 유일한 재산을 처분하는 법률행위를 하더라도 채권자에 대하여 사해행위가 성립되지 않는다고 보아야 할 것이고, 당해 채무액이 그 부동산의 가액 및 채권최고액을 초과하는 경우에는 그 담보물로부터 우선변제받을 액을 공제한 나머지 채권액에 대하여만 채권자취소권이 인정된다고 할 것이며, 피보전채권의 존재와 그 범위는 채권자취소권 행사의 한 요건에 해당된다고 할 것이므로 이 경우 채권자취소권을 행사하는 채권자로서는 그 담보권의 존재에도 불구하고 자신이 주장하는 피보전채권이 그 우선변제권 범위 밖에 있다는 점을 주장·입증하여야 한다.

[2] 채무자의 재산처분행위가 사해행위가 되는지 여부는 처분행위 당시를 기준으로 판단하여야 하므로 담보로 제공된 부동산이 사해성 여부가 문제되는 재산처분행위가 있은 후에 임의경매 등 절차에서 환가가 진행된 경우에는 그 재산처분행위의 사해성 여부를 판단하기 위한 부동산 가액의 평가는 부동산 가액의 하락이 예상되는 등 특별한 사정이 없는 한 사후에 환가된 가액을 기준으로 할 것이 아니라 사해성 여부가 문제되는 재산처분행위 당시의 시가를 기준으로 하여야 한다.

[3] 채권자취소권에 있어서 피보전채권액이 물상담보인 근저당권의 채권최고액을 초과하여 그 초과하는 부분에 관한 채권자취소권의 행사가

제5절 명의신탁 부동산의 처분이 명의신탁자의 채권자에 대한 관계   327

가능하다고 한 사례.

[4] 채권자의 채권원리금이 그 우선변제권에 의하여 전액 담보되지 아니하는 경우에는 변제충당의 법리를 유추적용하여 사해행위 시점에서는 이자채권이 원금채권에 우선하여 우선변제권에 의하여 담보되고 있다고 볼 것이므로 담보되지 아니하는 부분 가운데에는 원금에 해당하는 금원이 포함되어 남아 있게 될 것이고, 따라서 채권자가 채권자취소권을 행사할 수 있는 범위는 그 이후 담보권의 실행 등으로 소멸한 부분을 제외하고 난 다음 실제로 남은 미회수 원리금 전부가 아니라 사해행위 당시 채권최고액 및 담보부동산의 가액을 초과하는 부분에 해당하는 채무원리금 및 그 중 원금 부분에 대한 사실심 변론종결시점까지 발생한 지연이자 상당의 금원이 이에 해당한다.

[5] 저당권이 설정되어 있는 부동산이 사해행위로 이전된 경우에 그 사해행위는 부동산의 가액에서 저당권의 피담보채권액을 공제한 잔액의 범위 내에서만 성립한다고 보아야 하므로, 사해행위 후 변제 등에 의하여 저당권설정등기가 말소된 경우 그 부동산의 가액에서 저당권의 피담보채무액을 공제한 잔액의 한도에서 사해행위를 취소하고 그 가액의 배상을 구할 수 있을 뿐이다.

[6] 어느 시점에서 사해행위에 해당하는 법률행위가 있었는가를 따짐에 있어서는 당사자 사이의 이해관계에 미치는 중대한 영향을 고려하여 신중하게 이를 판정하여야 할 것이고, 사해행위에 해당하는 법률행위가 언제 있었는가는 실제로 그러한 사해행위가 이루어진 날을 표준으로 판정할 것이되, 다른 특별한 사정이 없는 한 처분문서에 기초한 것으로 보이는 등기부상 등기원인일자를 중심으로 그러한 사해행위가 실제로 이루어졌는지 여부를 판정할 수밖에 없을 것이다.

[7] 저당권이 설정되어 있는 부동산이 사해행위로 이전된 후 그 저당권설정등기가 말소되어 그 부동산의 가액에서 저당권의 피담보채무액을 공제한 잔액의 한도에서 사해행위를 취소하고 그 가액의 배상을 구하는 경우, 그 부동산이 사해행위로 이전된 후 피담보채무 전액이 소멸된 이상 특별한 사정이 없는 한 그 피담보채무의 소멸의 원인이

무엇인지, 소멸의 원인 중에 변제도 포함되어 있는 경우라면 변제에 있어서의 실제 자금의 출연주체가 누구인지 여부는 더 나아가 따질 여지도 없다고 할 것이며, 사해행위인 계약 전부의 취소와 부동산 자체의 반환을 구하는 청구취지 속에는 위와 같이 일부취소를 하여야 할 경우 그 일부취소와 가액배상을 구하는 취지도 포함되어 있다고 볼 수 있으므로 청구취지의 변경이 없더라도 바로 가액반환을 명할 수 있다.

[판례 12] 사해행위취소 (대법원 2009.6.11. 선고 2007다4004 판결)

【판시사항】

[1] 가등기에 기하여 본등기가 경료된 경우, 사해행위 요건 구비 여부의 판단 기준 시기(=가등기의 원인된 법률행위시)

[2] 사해행위에 해당하는 법률행위가 어느 시점에서 있었는지 여부의 판단 방법

[3] 사해행위 취소소송에서 가액배상에 의한 원상회복청구가 인정되기 위한 요건인 '원물반환이 불가능하거나 현저히 곤란한 경우'의 의미

[4] 저당권이 설정되어 있는 부동산이 사해행위로 이전된 후 그 저당권설정등기가 말소된 경우, 사해행위취소의 범위와 원상회복의 방법

【참조조문】

[1] 민법 제406조 [2] 민법 제406조 [3] 민법 제406조 [4] 민법 제406조

【참조판례】

[1] 대법원 2001. 7. 27. 선고 2000다73377 판결(공2001하, 1941)

[2] 대법원 2002. 11. 8. 선고 2002다41589 판결(공2003상, 46)

[3] 대법원 1998. 5. 15. 선고 97다58316 판결(공1998상, 1627)

[4] 대법원 2002. 11. 8. 선고 2002다41589 판결(공2003상, 46)
  대법원 2007. 5. 31. 선고 2006다18242 판결

【전 문】

제5절 명의신탁 부동산의 처분이 명의신탁자의 채권자에 대한 관계   329

【원고, 피상고인】 원고
【피고, 상고인】 심곡새마을금고 (소송대리인 법무법인 광장 담당변호사 이규홍외 1인)
【원심판결】 대구고법 2006. 12. 7. 선고 2004나6338 판결
【주 문】
원심판결을 파기하고 사건을 대구고등법원에 환송한다.
【이 유】
상고이유를 본다.
1. 상고이유 제1, 2, 4점에 대하여
 가등기에 기하여 본등기가 경료된 경우 가등기의 원인인 법률행위와 본등기의 원인인 법률행위가 명백히 다른 것이 아닌 한 사해행위 요건의 구비 여부는 가등기의 원인된 법률행위 당시를 기준으로 하여 판단하여야 한다(대법원 2001. 7. 27. 선고 2000다73377 판결 등 참조). 그리고 어느 시점에서 사해행위에 해당하는 법률행위가 있었는가를 따짐에 있어서는 당사자 사이의 이해관계에 미치는 중대한 영향을 고려하여 신중하게 이를 판정하여야 할 것이고, 사해행위에 해당하는 법률행위가 언제 있었는가는 실제로 그러한 사해행위가 이루어진 날을 표준으로 판정할 것이되, 다른 특별한 사정이 없는 한 처분문서에 기초한 것으로 보이는 등기부상 등기원인일자를 중심으로 그러한 사해행위가 실제로 이루어졌는지 여부를 판정할 수밖에 없다(대법원 2002. 11. 8. 선고 2002다41589 판결 등 참조).
 원심은 그 채용증거에 의하여 원심판결 별지목록 기재 부동산(이하 '이 사건 지하상가'라고 한다)에 관하여 대구지방법원 북대구등기소 2002. 10. 17. 접수 제66159호로 경료된 소유권이전청구권가등기(이하 '이 사건 가등기'라고 한다)의 원인된 법률행위를 피고와 주식회사 경인주택(이하 '경인주택'이라고 한다) 사이에 2002. 10. 15. 체결된 매매예약(이하 '이 사건 매매예약'이라고 한다)으로, 위 부동산에 관하여 같은 등기소 2003. 1. 23. 접수 제4348호로 경료된 소유권이전등기(이하 '이 사건 본등기'라고 한다)의 원인된 법률행위를 피고와 경인주택 사

이에 2002. 10. 17. 체결된 매매계약(이하 '이 사건 매매계약'이라고 한다)으로 인정하고, 이 사건 매매예약 당시를 기준으로 경인주택의 적극재산을 산정하였으며, 이 사건 매매예약 및 매매계약이 사해행위에 해당하는지 여부를 판단하였는바, 앞서 본 법리와 기록에 비추어 보면, 이러한 원심 판단은 정당하고 거기에 상고이유 주장과 같은 법리오해, 채증법칙 위반, 심리미진 등의 위법이 없다.

2. 상고이유 제3, 5점에 대하여

원심은 그 채용증거를 종합하여 인정되는 사정들, 즉 피고와 경인주택 사이의 2002. 3. 18.자 이 사건 약정은 단순한 담보제공약정이 아니라 사실상 경인주택의 경영권을 피고에 양도하는 내용이 포함된 계약인 점, 대출금채무에 대한 담보를 위하여 근저당권의 설정과 아울러 가등기까지 경료해 주기로 약정함으로써 추가대출이 예상된 점, 고율의 이자부담 아래 거액을 대출받으면서 대출사례금 명목으로 거액을 부당지출함으로써 채무를 부당하게 증가시켰고 그로 인하여 위 대출금 28억 원을 대출받을 때에는 적극재산과 소극재산의 차액이 약 3억 원에 불과할 정도로 재무구조를 악화시킨 점, 위 대출금 28억 원 중 약 7억 원에 대하여는 그 사용처를 알 수 없는 점, 이 사건 약정의 체결 후 추가로 부담하게 된 채무에 대하여 그 발생 원인을 알 수 없고 피고로부터 추가로 대출받은 8억 원의 사용처가 불명한 점, 최초의 대출일로부터 채 1년이 경과하기도 전에 대환대출의 형식으로 기존의 대출금 36억 원 및 이에 대한 이자를 모두 상환하고 새로이 39억 3천만 원을 대출받음으로써 피고로 하여금 대출에 따른 이자수입을 극대화한 점 등에 비추어 볼 때, 경인주택은 이 사건 매매예약 및 매매계약의 체결 당시에 그 법률행위가 일반채권자를 해한다는 사정을 알고 있었을 뿐만 아니라 이 사건 약정의 체결 당시에도 이 사건 약정에 기하여 이 사건 미분양 집합건물을 피고에 대한 대출금채무의 담보로 제공하여 근저당권을 설정하고 가등기까지 경료하여 주는 것은 물론 경영권까지 양도함으로써 이에 터잡아 추가대출 또는 부정대출이 이루어지고 고율의 금융비용이 증가하여 조만간 채무초과상태에 빠질 것이라는 사정을

제5절 명의신탁 부동산의 처분이 명의신탁자의 채권자에 대한 관계   331

예견하였다고 볼 수밖에 없어, 경인주택에게 사해의 의사가 있었다고 봄이 상당하다고 판시하여, 피고와 경인주택 사이의 2002. 3. 18.자 이 사건 약정이 이 사건 가등기의 원인된 법률행위임을 전제로 경인주택에게 사해의사가 없었다는 피고의 주장을 배척하고, 이 사건 매매예약 및 매매계약을 사해행위로 판단하였는바, 기록에 의하여 살펴보면, 원심의 이러한 판단은 정당하고 거기에 상고이유 주장과 같은 법리 오해, 채증법칙 위반 등의 위법이 없다.

그리고 상고이유에서 들고 있는 대법원 판결들은 이 사건과 사안을 달리하여 이 사건에 원용될 수 없다.

3. 상고이유 제6점에 대하여

원심은, 그 판결에서 채용하고 있는 증거들을 종합하여 인정되는 다음과 같은 사정, 즉 대구 북구 노원동3가 1022 공장용지 3,512.1㎡(이하 '이 사건 토지'라고 한다)는 당초부터 그 지상 지하 3층, 지상 13층의 주상복합건물(이하 '이 사건 집합건물'이라고 한다)의 대지권의 목적으로 예정되어 있던 토지로서 이 사건 사업의 시행자인 경인주택의 소유였던 점, 비록 경인주택이 이 사건 토지를 경매낙찰자인 대부건설 주식회사(이하 '대부건설'이라고 한다)로부터 매수하는 형식으로 이 사건 토지에 대한 소유권을 취득하였으나 이 사건 사업의 시행자로서 이 사건 집합건물의 상당부분을 분양한 경인주택으로서는 이 사건 사업을 완료하기 위하여 반드시 이 사건 토지의 소유권을 취득하여야 할 처지였을 뿐만 아니라 실제로도 대부건설의 명의를 빌려 이 사건 토지를 낙찰받은 것이어서 이 사건 토지의 실질적인 낙찰자는 경인주택인 점, 이 사건 토지에 관하여 대부건설로부터 경인주택 앞으로 소유권이전등기가 경료될 당시(2002. 10. 11.)에 이 사건 토지에 관하여 그 시가를 초과하는 채무를 담보하기 위한 근저당권이 설정되어 있었으나, 이 사건 약정이 체결될 당시(2002. 3. 18.)에는 이 사건 토지가 담보하는 채무는 그 시가에 비하여 월등히 적었던 점, 이 사건 약정에는 28억 원의 채무를 담보하기 위하여 이 사건 토지와 아울러 이 사건 집합건물에 대하여도 근저당권설정등기와 소유권이전청구권가등기를 경료하기로 하는 내용이 담겨 있었으나 건물에 관한 소유권보존등기가 경료되지 않아 이 사건 토지에 관하여만 먼저 근저당권설정등기와 소유권이전청구권가등기가 경료되었던 점, 이 사건 매매예약이 체결되기 이전에 이미 이 사건 토지에 관하여 경인주택 앞으로 소유권이전등기가 경료되고 이 사건 지하상가에 관하여 집합건물등기가 이루어졌을 뿐만 아니라 이 사건 가등기 경료 전에 이 사건 지하상가의 대지권에 존재하던 기존의 근저당권이 모두 소멸하였던 점 등에 비추어 보면, 이 사건 지하상가에 대한 대지권도 일반채권자의 공동담보가 되는 책임재산으로서 사해행위의 대상이 되었다고 봄이 상당하다는 이유로 원물반환이 아니라 가액배상이 인정되어야 한다는 피고의 주장을 배척하였다.

그러나 원심의 위와 같은 판단은 다음과 같은 이유에서 수긍할 수 없다.

채권자의 사해행위취소 및 원상회복청구가 인정되면, 수익자 또는 전득자는 원상회복으로서 사해행위의 목적물을 채무자에게 반환할 의무를 지게 되고, 원물반환이 불가능하거나 현저히 곤란한 경우에는 원상회복의무의 이행으로서 사해행위 목적물의 가액 상당을 배상하여야 하는바, 원래 채권자와 아무런 채권·채무관계가 없었던 수익자가 채권자취소에 의하여 원상회복의무를 부담하는 것은 형평의 견지에서 법이 특별히 인정한 것이므로, 그 가액배상의 의무는 목적물의 반환이 불가능하거나 현저히 곤란하게 됨으로써 성립하고, 그 외에 그와 같이 불가능하게 된 데에 상대방인 수익자 등의 고의나 과실을 요하는 것은 아니며, 여기서 원물반환이 불가능하거나 현저히 곤란한 경우라 함은 원물반환이 단순히 절대적, 물리적으로 불능인 경우가 아니라 사회생활상의 경험법칙 또는 거래상의 관념에 비추어 채권자가 수익자나 전득자로부터 이행의 실현을 기대할 수 없는 경우를 말한다(대법원 1998. 5. 15. 선고 97다58316 판결 등 참조). 또한, 어느 부동산에 관한 법률행위가 사해행위에 해당하는 경우에는 원칙적으로 그 사해행위를 취소하고 소유권이전등기의 말소 등 부동산 자체의 회복을 명하여야 하는 것이나, 저당권이 설정되어 있는 부동산이 사해행위로 이전된 경우에

제5절 명의신탁 부동산의 처분이 명의신탁자의 채권자에 대한 관계   333

그 사해행위는 부동산의 가액에서 저당권의 피담보채권액을 공제한 잔액의 범위 내에서만 성립한다고 보아야 하고, 사해행위 후 변제 등에 의하여 저당권설정등기가 말소된 경우, 사해행위를 취소하여 그 부동산 자체의 회복을 명하는 것은 당초 일반 채권자들의 공동담보로 되어 있지 아니하던 부분까지 회복을 명하는 것이 되어 공평에 반하는 결과가 되므로, 그 부동산의 가액에서 저당권의 피담보채무액을 공제한 잔액의 한도에서 사해행위를 취소하고 그 가액의 배상을 구할 수 있을 뿐이다(대법원 2002. 11. 8. 선고 2002다41589 판결, 대법원 2007. 5. 31. 선고 2006다18242 판결 등 참조).

위와 같은 법리에 비추어 보면, 어느 복합건물의 대지권에 설정된 저당권설정등기를 말소함과 아울러 그 저당권과 동일한 피담보채무를 담보할 목적으로 그 건물에 담보 목적의 매매예약으로 인한 가등기를 설정한 후 그 가등기에 기하여 담보권실행의 방법으로 매매계약을 원인으로 한 소유권이전등기를 마치고 이를 일정액으로 평가하여 채무금의 변제에 충당하는 것이 사해행위에 해당하는 경우에도 사해행위취소에 따른 원상회복으로서 원물반환이 인정되지 아니하고, 가액배상만이 인정된다고 봄이 상당하다.

기록에 의하면, 2002. 10. 15. 당시 경인주택 소유의 이 사건 토지 상에 건축된 이 사건 집합건물 내의 각 상가, 아파트에 관하여 경인주택 앞으로 집합건물등기 및 소유권보존등기가 경료된 사실, 한편 2002. 10. 11. 이 사건 토지에는 피고를 근저당권자로 하는 2002. 10. 9.자 근저당권설정계약을 원인으로 하고, 대출액을 김정고, 이훈원, 이규식, 구일, 김금자, 황귀자에 대하여는 각 6억 원, 류미애에 대하여는 3억 3천만 원, 합계 39억 3천만 원으로 하여, 채권최고액이 채무자 김정고, 이훈원, 이규식, 구일, 황귀자의 경우 각 7억 2,000만 원, 채무자 김금자의 경우 7억 8,000만 원, 채무자 류미애의 경우 4억 2,900만 원, 채권최고액 합계 48억 9백만 원[= (7억 2,000만 원 × 5) + 7억 8,000만 원 + 4억 2,900만 원]의 7개의 근저당권설정등기가 경료되었던 사실(그 중 채무자 류미애, 김금자로 된 근저당권설정등기는 2003. 6. 9.자 해지로

2003. 6. 10. 말소되었다), 이 사건 지하상가에 관하여, 경인주택은 2002. 10. 17. 그 대지권에 관하여 설정된 위 근저당권을 모두 말소하고, 피고에 대한 위 대출금채무를 담보하기 위하여 같은 날인 2002. 10. 17. 피고 앞으로 이 사건 매매예약을 원인으로 하여 이 사건 가등기를 마쳐 주었으나, 근저당권설정등기는 경료해 주지 않은 사실, 그 후 피고는 2003. 1. 23. 이 사건 지하상가에 관하여 이 사건 가등기에 기하여 담보권실행의 방법으로 이 사건 매매계약을 원인으로 한 이 사건 이전등기를 마친 다음 2003. 4. 4. 이 사건 지하상가를 10억 2천만 원으로 평가하여 위 대출원리금의 일부 변제에 충당한 사실 등을 알 수 있다.

위 사실을 앞서 본 법리에 비추어 보면, 이 사건 사해행위는 이 사건 지하상가의 가액에서, 이 사건 토지에 설정되었던 위 근저당권의 피담보채무액 중 이 사건 지하상가 해당 대지권 부분만큼을 공제한 잔액의 범위 내에서만 성립하여 그 원상회복은 가액배상의 방법에 의하여야 할 것이므로, 원고로서는 채권자취소권을 행사할 수 있는 원고 자신의 피보전채권의 범위 내에서 위 잔액의 한도에서 사해행위를 취소하고 그 가액의 배상을 구할 수 있을 뿐이라고 봄이 상당하다.

그럼에도 불구하고, 원심이 위 판시와 같이 이 사건 가등기 경료 전에 이 사건 지하상가의 대지권에 존재하던 기존의 근저당권이 모두 소멸하였다는 등의 이유로 그 사해행위 당시에 이 사건 지하상가가 일반 채권자들을 위한 일반재산으로 기능하고 있었다는 전제하에 가액배상의 방법과 그 범위에 관하여 필요한 심리를 생략한 채 이 사건 매매예약 및 매매계약 전부를 취소한 다음, 이 사건 지하상가를 원물로 반환할 것을 명한 제1심판결을 유지한 원심판결에는 채권자취소권의 원상회복의 방법 등에 관한 법리오해의 위법이 있다고 할 것이므로 이 점을 지적하는 취지의 이 부분 상고이유 주장은 이유 있다.

4. 결론

그러므로 원심판결을 파기하고, 사건을 다시 심리·판단하게 하기 위하여 원심법원에 환송하기로 하여, 관여 대법관의 일치된 의견으로 주문

제5절 명의신탁 부동산의 처분이 명의신탁자의 채권자에 대한 관계   335

과 같이 판결한다.

대법관   안대희(재판장) 박시환(주심) 박일환 신영철

[판례 13] 근저당권설정등기등·사해행위취소
(대법원 2010.2.25. 선고 2007다28819,28826 판결)

[1] 사해행위에 해당하는 법률행위가 언제 있었는가는 실제로 그러한 사해행위가 이루어진 날을 표준으로 판정할 것이되, 이를 판정하기 곤란한 경우 등에는 처분문서에 기초한 것으로 보이는 등기부상 등기원인일자를 중심으로 그러한 사해행위가 실제로 이루어졌는지 여부를 판정할 수 있다.

[2] 사해행위취소에 있어서 수익자가 악의라는 점에 대하여는 그 수익자 자신에게 선의임을 증명할 책임이 있다.

[3] 어느 부동산에 관한 법률행위가 사해행위에 해당하는 경우에는 원칙적으로 그 사해행위를 취소하고 소유권이전등기의 말소 등 부동산 자체의 회복을 명하여야 할 것이나, 사해행위를 취소하여 그 부동산 자체의 회복을 명하게 되면 당초 일반 채권자들의 공동담보로 되어 있지 아니하던 부분까지 회복을 명하는 것이 되어 공평에 반하는 결과가 되는 경우에는 그 부동산의 가액에서 공동담보로 되어 있지 아니하던 부분의 가액을 공제한 잔액의 한도에서 사해행위를 취소하고 그 한도에서 가액의 배상을 명함이 상당하다.

[4] 사해행위취소소송의 수익자가 건물의 원시취득자로부터 기존의 채권액 상당의 가치 범위 내에서 건물 부분을 양도받기로 약정하였고, 그 건물이 아직 완공되지 않은 상태에서 수익자가 매매계약에 따라 추가공사비를 투입하여 건물을 완공함으로써 그의 비용으로 건물의 객관적 가치를 증대시키고 그 가치가 현존하고 있는 경우, 당해 매매계약 전부를 취소하고 그 원상회복으로서 소유권이전등기의 말소

등기절차의 이행을 명하게 되면 당초 일반채권자들의 공동담보로 되어 있지 아니하던 부분까지 회복을 명하는 것이 되어 공평에 반하는 결과가 된다는 이유로, 위 건물의 가액에서 공동담보로 되어 있지 아니한 부분의 가액을 산정하여 이를 공제한 잔액의 한도에서 사해행위를 취소하고 그 한도에서 가액의 배상을 명함이 상당하다고 한 사례.

[5] 부동산의 매매계약 등이 사해행위에 해당되어 취소되고 수익자에게 그에 따른 원상회복으로서 원물반환이 아닌 가액배상을 명하는 경우, 그 부동산에 대한 가액은 특별한 사정이 없는 한 당해 사해행위 취소소송의 사실심 변론종결 당시를 기준으로 산정하여야 한다.

[판례 14] 사해행위취소·사해행위취소등
(대법원 2002. 7. 26. 선고 2001다73138,73145 판결)

[1] 사해행위취소의 소는 법률행위 있은 날로부터 5년 내에 제기하여야 하고, 이는 제소기간이므로 법원은 그 기간의 준수 여부에 관하여 직권으로 조사하여 그 기간이 도과된 후에 제기된 사해행위취소의 소는 부적법한 것으로 각하하여야 하므로 그 기간 준수 여부에 대하여 의심이 있는 경우에는 법원이 필요한 정도에 따라 직권으로 증거조사를 할 수 있으나, 법원에 현출된 모든 소송자료를 통하여 살펴보았을 때 그 기간이 도과되었다고 의심할 만한 사정이 발견되지 않는 경우까지 법원이 직권으로 추가적인 증거조사를 하여 기간 준수 여부를 확인하여야 할 의무는 없다.

[2] 사해행위취소의 소에 있어 제소기간의 기준이 되는 '법률행위 있는 날'이라 함은 사해행위에 해당하는 법률행위가 실제로 이루어진 날을 의미한다.

[3] 가등기권자가 가등기에 기한 본등기의 절차에 의하지 아니하고 별도의 소유권이전등기를 경료받은 경우에 있어서는, 특별한 사정이 없

제5절 명의신탁 부동산의 처분이 명의신탁자의 채권자에 대한 관계   337

는 한 가등기권자가 재차 가등기에 기한 본등기를 청구할 수 있는 것이므로 그 별도의 소유권이전등기를 가등기에 기한 본등기와 동일하게 볼 수는 없다고 할 것이고, 따라서 그 별도의 소유권이전등기의 원인된 법률행위가 사해행위로서 취소되는 이상, 그 원상회복으로서 그 이전등기는 말소되어야 하는 것이고, 장차 그 가등기가 혼동의 법리에 의하여 부활되는지의 여부나 그와 같이 부활되는 가등기에 기하여 그 이전등기의 명의인이 다시 본등기를 경료할 수 있는지의 여부 등에 의하여 달리 볼 것은 아니다.

[판례 15] 사해행위취소등 (대법원 2004.3.25. 선고 2002다69358 판결)

【판시사항】
채무자가 채무초과상태에서 매수한 부동산의 등기명의를 아들에게 신탁하고 이에 따라 소유권이전등기를 마친 사안에서, 위 명의신탁약정은 사해행위에 해당하고, 채권자가 수익자 및 전득자를 상대로 소유권이전등기의 말소를 구하고 매도인을 상대로 채무자를 대위하여 소유권이전등기절차의 이행을 구할 수 있다고 한 사례
【참조조문】
민법 제406조
【전 문】
【원고, 피상고인】 춘천중부새마을금고 (소송대리인 변호사 박형일외 1인)
【피고, 상고인】 피고 1외 3인 (소송대리인 변호사 이택수)
【원심판결】 서울고등법원 2002. 11. 12. 선고 2002나15995 판결
【주 문】
상고를 모두 기각한다.
상고비용은 피고들이 부담한다.
【이 유】
상고이유를 본다.

원심판결 이유에 의하면, 원심은 그 채용 증거를 종합하여 판시 각 사실을 인정한 다음, 이에 의하면 원고의 채무자인 소외인은 채무초과상태하에서 매수한 이 사건 부동산에 관하여 그 등기명의를 아들인 피고 1에게 신탁하고 이에 따라 피고 1 앞으로 소유권이전등기를 마쳤는바, 이 사건 명의신탁은 소외인이 공동담보인 금전을 출연하여 그 대가인 이 사건 부동산을 매수하고도 그의 공동담보재산으로 편입시키지 않고 명의수탁자인 피고 1 앞으로 소유권이전을 마치기로 하는 내용의 약정이라 할 것이므로, 이는 특별한 사정이 없는 한 소외인의 채권자인 원고를 해하는 사해행위가 된다 할 것이고, 그 명의신탁약정에 따라 피고 1 명의로 소유권이전등기를 마칠 당시 소외인에게 채권자인 원고를 해할 사해의사가 있었다고 봄이 상당하고, 나아가 수익자인 피고 1 및 전득자인 피고 2에 대하여도 위 사해행위에 대한 악의가 있음이 추정된다고 할 것이며, 따라서 이 사건 명의신탁약정은 채권자인 원고를 해하는 행위로서 취소를 면할 수 없다고 할 것이고, 그에 따라 전득자인 피고 2는 수익자인 피고 1에게, 피고 1은 피고 3, 4에게 이 사건 부동산에 관하여 자신들 명의의 각 소유권이전등기의 말소등기절차를 이행할 의무가 있고, 피고 3, 4는 소외인에게 이 사건 부동산에 관하여 매매를 원인으로 한 소유권이전등기절차를 이행할 의무가 있으므로 원고는 채무자인 소외인을 대위하여 피고 3, 4에게 그 이행을 구할 수 있다고 판단하였다.

원심판결을 기록과 대조하여 살펴보면, 원심의 위와 같은 사실인정과 판단은 정당한 것으로 수긍이 가고, 거기에 명의신탁과 사해행위취소에 관한 법리오해 등의 위법이 있다고 할 수 없다.

그러므로 상고를 모두 기각하고, 상고비용은 패소자들이 부담하도록 하여 관여 법관의 일치된 의견으로 주문과 같이 판결한다.

대법관   조무제(재판장) 이용우 이규홍(주심) 박재윤

[판례 15] 소유권이전등기등 (대법원 2005. 1. 28. 선고 2002다66922 판결)

【판시사항】

부동산실권리자명의등기에관한법률 시행 후에 이른바 계약명의신탁약정을 한 경우, 명의수탁자가 명의신탁자에게 반환하여야 할 부당이득의 대상(=매수자금)

【판결요지】

부동산실권리자명의등기에관한법률 제4조 제1항, 제2항에 의하면, 명의신탁자와 명의수탁자가 이른바 계약명의신탁약정을 맺고 명의수탁자가 당사자가 되어 명의신탁약정이 있다는 사실을 알지 못하는 소유자와의 사이에 부동산에 관한 매매계약을 체결한 후 그 매매계약에 따라 당해 부동산의 소유권이전등기를 수탁자 명의로 마친 경우에는 명의신탁자와 명의수탁자 사이의 명의신탁약정의 무효에도 불구하고 그 명의수탁자는 당해 부동산의 완전한 소유권을 취득하게 되고, 다만 명의수탁자는 명의신탁자에 대하여 부당이득반환의무를 부담하게 될 뿐이라 할 것인데, 그 계약명의신탁약정이 부동산실권리자명의등기에관한법률 시행 후인 경우에는 명의신탁자는 애초부터 당해 부동산의 소유권을 취득할 수 없었으므로 위 명의신탁약정의 무효로 인하여 명의신탁자가 입은 손해는 당해 부동산 자체가 아니라 명의수탁자에게 제공한 매수자금이라 할 것이고, 따라서 명의수탁자는 당해 부동산 자체가 아니라 명의신탁자로부터 제공받은 매수자금을 부당이득하였다고 할 것이다.

【참조조문】

부동산실권리자명의등기에관한법률 제4조 제1항, 제2항, 민법 제741조

【참조판례】

대법원 2002. 12. 26. 선고 2000다21123 판결(공2003상, 452)

【전 문】

【원고,피상고인】 엘지칼텍스정유 주식회사 (소송대리인 변호사 허은강)

【피고,상고인】 피고
【원심판결】 서울고법 2002. 10. 17. 선고 2001나67494 판결
【주문】

원심판결의 지연손해금에 관한 부분 중, 피고에 대하여 금 140,000,000원에 대한 2002. 9. 6.부터 2003. 5. 31.까지는 연 5푼의, 그 다음날부터 완제일까지는 연 2할의 각 비율에 의한 금원을 초과하여 지급을 명한 피고 패소 부분을 파기하고, 그 부분에 해당하는 원심에서 교환적으로 변경된 원고의 부당이득금청구를 기각한다. 피고의 나머지 상고를 기각한다. 소송총비용은 이를 2분하여 그 1은 원고의, 나머지는 피고의 각 부담으로 한다.

【이유】

상고이유(상고이유서 제출기간이 경과한 후에 제출된 보충상고이유서의 기재는 상고이유를 보충하는 범위 내에서)를 본다.

1. 지연손해금을 제외한 나머지 부분에 대한 판단

 가. 원심판결 이유에 의하면, 원심은 그 채용 증거들을 종합하여, 소외 1은 2000. 3. 1. 그의 아들인 피고를 대리하여 소외 2와의 사이에 이 사건 주택을 대금 3억 9,000만 원에 매수하기로 하는 매매계약을 체결하였고, 이에 따라 2000. 4. 4. 이 사건 주택에 관하여 피고 앞으로 위 매매를 원인으로 한 소유권이전등기가 경료된 사실을 포함한 판시와 같은 사실들을 인정한 다음, 그에 터 잡아 피고가 소외 2로부터 이 사건 주택을 매수함에 있어 피고와 소외 1 사이에서는 소외 1이 이 사건 주택에 관한 소유명의를 피고에게 신탁하기로 하는 약정이 이루어졌고, 그 매수자금 중 피고 명의로 이 사건 주택을 담보로 주식회사 한국주택은행으로부터 대출하여 매매대금의 일부로 지급한 2억 5,000만 원을 제외한 나머지 1억 4,000만 원은 소외 1이 조달하여 피고에게 제공한 것으로 봄이 상당하며, 거래상대방인 소외 2가 그와 같은 명의신탁약정을 알았다고 인정할 자료가 없어 부동산실권리자명의등기에관한법률(이하 '부동산실명법'이라 한다) 제4조

제5절 명의신탁 부동산의 처분이 명의신탁자의 채권자에 대한 관계   341

제2항 단서의 규정에 따라 피고는 이 사건 주택에 관한 소유권을 취득하였으므로, 결국 명의수탁자인 피고는 법률상 원인 없이 소외 1로부터 제공받은 이 사건 주택 매수자금 상당의 이득을 얻었다고 판단하고, 나아가 '이 사건 주택에 관하여 피고 앞으로 소유권이전등기를 마친 후 소외 1의 소외 3에 대한 3억 원 상당의 차용금채무를 담보하기 위하여 소외 3에게 이 사건 주택에 관하여 채무자를 피고, 채권최고액을 1억 6,000만 원으로 하는 근저당권을 설정하여 주었으므로, 피고가 소외 1에게 반환하여야 할 부당이득의 범위를 정함에 있어 위 1억 6,000만 원 상당은 공제되어야 한다.'는 피고의 주장에 대하여는, 그 판시와 같은 이유로 소외 3의 소외 1에 대한 3억 원 상당의 대여금채권은 실제로 존재하는 채권이라고 보기 어려울 뿐만 아니라, 피고 명의의 이 사건 주택에 소외 3 명의의 저당권이 설정된 이후에도 소외 1은 여전히 소외 3에 대하여 3억 원 상당의 차용금채무를 부담하고 있는 이상, 단지 피고 명의의 이 사건 주택에 위 차용금채무를 담보하기 위하여 근저당권이 설정되어 있다는 사정만으로는 피고가 소외 1에게 반환하여야 할 부당이득의 범위를 정함에 있어 위 근저당권의 채권최고액인 1억 6,000만 원이 공제되어야 할 것은 아니라고 하여 이를 배척하였다.

나. 부동산실명법 제4조 제1항, 제2항에 의하면, 명의신탁자와 명의수탁자가 이른바 계약명의신탁약정을 맺고 명의수탁자가 당사자가 되어 명의신탁약정이 있다는 사실을 알지 못하는 소유자와의 사이에 부동산에 관한 매매계약을 체결한 후 그 매매계약에 따라 당해 부동산의 소유권이전등기를 수탁자 명의로 마친 경우에는 명의신탁자와 명의수탁자 사이의 명의신탁약정의 무효에도 불구하고 그 명의수탁자는 당해 부동산의 완전한 소유권을 취득하게 되고, 다만 명의수탁자는 명의신탁자에 대하여 부당이득반환의무를 부담하게 될 뿐이라 할 것인데(대법원 2002. 12. 26. 선고 2000다21123 판결 참조), 그 계약명의신탁약정이 부동산실명법 시행 후인 경우에는 명의신탁자는 애초부터 당해 부동산의 소유권을 취득할 수 없었으므로

위 명의신탁약정의 무효로 인하여 명의신탁자가 입은 손해는 당해 부동산 자체가 아니라 명의수탁자에게 제공한 매수자금이라 할 것이고, 따라서 명의수탁자는 당해 부동산 자체가 아니라 명의신탁자로부터 제공받은 매수자금을 부당이득하였다고 할 것이다. 다. 위 법리 및 기록에 비추어 관계 증거들을 살펴보면, 원심의 위와 같은 사실인정 및 판단은 정당한 것으로 수긍이 되고, 거기에 상고이유에서 주장하는 바와 같이 채증법칙에 위배하여 사실을 오인한 위법이나 이유모순의 위법이 있다고 볼 수 없다.

또한, 원고는 예비적 청구원인으로서 소외 1이 피고에게 위 금 1억 4,000만 원을 증여하였다고 주장한 것에 불과하므로, 원심이 원고의 주위적 청구를 받아들이면서 소외 1과 피고 사이의 명의신탁약정에 따라 소외 1이 피고에게 이 사건 주택 매수자금으로 금 1억 4,000만 원을 제공하였다고 인정하였다고 하여 원고의 자백에 반하는 사실을 인정하여 처분권주의에 위배하였다고 볼 수 없다.

상고이유의 주장은 모두 받아들이지 아니한다.

2. 지연손해금 부분에 대한 직권판단

직권으로 살피건대, 개정 전 소송촉진등에관한특례법(2003. 5. 10. 법률 제6868호로 개정되기 전의 것) 제3조 제1항 본문 중 '대통령령으로 정하는 이율' 부분에 대하여는 2003. 4. 24. 헌법재판소의 위헌결정이 있었고, 그 후 개정된 위 법률조항과 그에 따라 개정된 소송촉진등에관한특례법제3조제1항본문의법정이율에관한규정(2003. 5. 29. 대통령령 제17981호로 개정된 것)은 위 개정법률 시행 당시 법원에 계속중인 사건에 대하여 2003. 6. 1. 이후에 적용할 법정이율을 연 2할로 한다고 규정하고 있으므로, 원심이 인용한 금원에 대하여 위 개정법률이 시행되기 전인 2003. 5. 31.까지는 민사 법정이율인 연 5푼의 비율에 의한 지연손해금을, 2003. 6. 1.부터 완제일까지는 위 개정법률에 따른 연 2할의 비율에 의한 지연손해금의 지급을 명하여야 할 것인데, 2002. 10. 18. 이후의 기간에 대하여 위 개정 전의 법률 규정을 적용하여 연 2할 5푼의 비율에 의한 지연손해금의 지급을 명한 원심판결에는 결과적으로 지연손해금의 법정이율을 잘못 적용하여 판결에 영향을 미친 위법이 있게 되었다고 할 것이다.

3. 결 론

그러므로 원심판결의 지연손해금에 관한 부분 중, 피고에 대하여 금 140,000,000원에 대한 2002. 9. 6.부터 2003. 5. 31.까지는 민법 소정의 연 5푼의, 그 다음날부터 완제일까지는 개정된 소송촉진등에관한특례법 소정의 연 2할의 각 비율에 의한 지연손해금을 초과하여 지급을 명한 피고 패소 부분을 파기하되, 이 부분은 이 법원이 직접 재판하기에 충분하므로 자판하기로 하는바, 위 파기 부분에 해당하는 원심에서 교환적으로 변경된 원고의 부당이득금청구는 이유 없으므로 이를 기각하고, 피고의 나머지 상고는 이유 없어 이를 기각하기로 하여 관여 법관의 일치된 의견으로 주문과 같이 판결한다.

대법관 박재윤(재판장) 변재승(주심) 강신욱 고현철

[판례 16] 소유권이전등기 (대법원 2002. 12. 26. 선고 2000다21123 판결)

【판시사항】

부동산실권리자명의등기에관한법률 시행 전에 이른바 계약명의신탁에 따라 명의신탁 약정이 있다는 사실을 알지 못하는 소유자로부터 명의수탁자 앞으로 소유권이전등기가 경료되고 같은 법 소정의 유예기간이 경과하여 명의수탁자가 당해 부동산의 완전한 소유권을 취득한 경우, 명의수탁자가 명의신탁자에게 반환하여야 할 부당이득의 대상(=당해 부동산 자체)

【판결요지】

부동산실권리자명의등기에관한법률 제4조 제1항, 제2항의 규정에 의하면, 명의신탁자와 명의수탁자가 명의신탁 약정을 맺고, 이에 따라 명의수탁자가 당사자가 되어 명의신탁 약정이 있다는 사실을 알지 못하는 소유자와의 사이에 부동산에 관한 매매계약을 체결한 후 그 매매계약에 기하여 당해 부동산의 소유권이전등기를 수탁자 명의로 마친 경우에는 명의신탁자와 명의수탁자 사이의 명의신탁 약정의 무효에도 불구하고 그 소유권이전등기에 의한 당해 부동산에 관한 물권변동 자체는 유효한 것으로 취급되어 명의수탁자는 당해 부동산의 완전한 소유권을 취득하게 되고, 부동산실권리자명의등기에관한법률 시행 전에 위와 같은 명의신탁 약정과 그에 기한 물권변동이 이루어진 다음 부동산실권리자명의등기에관한법률 제11조에서 정한 유예기간 내에 실명등기 등을 하지 않고 그 기간을 경과한 때에도 같은 법 제12조 제1항에 의하여 제4조의 적용을 받게 되어 위 법리가 그대로 적용되는 것인바, 이 경우 명의수탁자는 명의신탁 약정에 따라 명의신탁자가 제공한 비용을 매매대금으로 지급하고 당해 부동산에 관한 소유명의를 취득한 것이고, 위 유예기간이 경과하기 전까지는 명의신탁자는 언제라도 명의신탁 약정을 해지하고 당해 부동산에 관한 소유권을 취득할 수 있었던 것이므로, 명의수탁자는 부동산실권리자명의등기에관한법률 시행에 따라 당해 부동산에 관한 완전한 소유권을 취득함으로써 당해 부동산 자체를 부당이득하였다고 보아야 할 것이고, 부동산실권리자명의등기에관한법률 제3조 및 제4조가 명의신탁자에게 소유권이 귀속되는 것을 막는 취지의 규정은 아니므로 명의수탁자는 명의신탁자에게 자신이 취득한 당해 부동산을 부당이득으로 반환할 의무가 있다.

[판례 17] 소유권이전청구권가등기말소청구의소 (대법원 2007. 6. 14. 선고 2007다17284 판결)

【판시사항】

부동산 실권리자명의 등기에 관한 법률 시행 후에 이른바 계약명의신탁

제5절 명의신탁 부동산의 처분이 명의신탁자의 채권자에 대한 관계   345

약정을 한 경우, 명의수탁자가 명의신탁자에게 반환하여야 할 부당이득의 대상(=매수자금)

[판례 18] 소유권이전등기 (대법원 2008. 2. 14. 선고 2007다69148,69155 판결)

【판시사항】

[1] 명의신탁 목적물을 신탁자의 자금으로 취득해야만 명의신탁관계가 성립하는지 여부(소극)
[2] 민사재판에서 관련 형사판결이 갖는 증명력
[3] 부동산 실권리자명의 등기에 관한 법률 시행 후에 이른바 계약명의신탁약정을 한 경우, 명의수탁자가 명의신탁자에게 반환하여야 할 부당이득의 대상(=매수자금)

[판례 19] 전부금 (대법원 2008. 5. 15. 선고 2007다74690 판결)

【판시사항】

부동산 실권리자명의 등기에 관한 법률 시행 전에 계약명의신탁을 한 명의신탁자가 같은 법 제11조에서 정한 유예기간 내에 그 명의로 당해 부동산을 등기이전하는 데 법률상 장애가 있었던 경우, 명의수탁자가 명의신탁자에게 반환하여야 할 부당이득의 대상(=매수자금)

【판결요지】

부동산 실권리자명의 등기에 관한 법률 시행 전에 명의신탁자와 명의수탁자가 이른바 계약명의신탁약정을 맺고 명의수탁자가 당사자가 되어 명의신탁약정이 있다는 사실을 알지 못하는 소유자와 부동산에 관한 매매계약을 체결한 후 그 매매계약에 따라 당해 부동산의 소유권이전등기를 수탁자 명의로 마쳤으나 위 법률 제11조에서 정한 유예기간이 경과하기까지 명의신탁자가 그 명의로 당해 부동산을 등기이전하는 데 법률상 장애가 있었던 경우에는, 명의신탁자는 당해 부동산의 소유권을 취득할 수 없었으므로, 위 명의신탁약정의 무효로 인하여 명의신탁자가 입은 손해는 당해 부동산 자체가 아니라 명의수탁자에게 제공한 매수자금이고, 따라서 명의수탁자는 당해 부동산 자체가 아니라 명의신탁자로부터 제공받은 매수자금을 부당이득하였다고 할 것이다.

[판례 20] 사해행위취소 (대법원 2008. 9. 25. 선고 2007다74874 판결)

【판시사항】

부동산 실권리자명의 등기에 관한 법률 제4조 제2항 단서에 의해 신탁부동산의 소유권을 취득한 이른바 계약명의신탁 약정의 명의수탁자가, 채무초과 상태에서 명의신탁자나 그가 지정하는 사람에게 신탁부동산을 양도하는 행위가 사해행위에 해당하는지 여부(적극)

【판결요지】

부동산에 관하여 부동산 실권리자명의 등기에 관한 법률 제4조 제2항 본문이 적용되어 명의수탁자인 채무자 명의의 소유권이전등기가 무효인 경우에는 그 부동산은 채무자의 소유가 아니기 때문에 이를 채무자의 일반 채권자들의 공동담보에 제공되는 책임재산이라고 볼 수 없고, 채무자가 위 부동산에 관하여 제3자와 매매계약을 체결하고 그에게 소유권이전등기를 마쳐주었다고 하더라도 그로써 채무자의 책임재산에 감소를 초래한 것이라고 할 수 없으므로 이를 들어 채무자의 일반 채권자들을 해하는 사해행위라고 할 수 없으며, 채무자에게 사해의 의사가 있다고 볼 수도 없다. 그러나 명의신탁자와 명의수탁자가 이른바 계약명의신탁 약정을 맺고 명의수탁자가 당사자가 되어 명의신탁 약정이 있다는 사실을 알지 못하는 소유자와 부동산에 관한 매매계약을 체결한 후 그 매매계약에 따라 당해 부동산의 소유권이전등기를 명의수탁자 명의로 마친 경우에는, 명의신탁자와 명의수탁자 사이의 명의신탁 약정의 무효

제5절 명의신탁 부동산의 처분이 명의신탁자의 채권자에 대한 관계 347

에도 불구하고 부동산 실권리자명의 등기에 관한 법률 제4조 제2항 단서에 의하여 그 명의수탁자는 당해 부동산의 완전한 소유권을 취득하게 되고, 다만 명의신탁자에 대하여 그로부터 제공받은 매수자금 상당액의 부당이득반환의무를 부담하게 되는바, 위와 같은 경우에 명의수탁자가 취득한 부동산은 채무자인 명의수탁자의 일반 채권자들의 공동담보에 제공되는 책임재산이 되고, 명의신탁자는 명의수탁자에 대한 관계에서 금전채권자 중 한 명에 지나지 않으므로, 명의수탁자의 재산이 채무의 전부를 변제하기에 부족한 경우 명의수탁자가 위 부동산을 명의신탁자 또는 그가 지정하는 자에게 양도하는 행위는 특별한 사정이 없는 한 다른 채권자의 이익을 해하는 것으로서 다른 채권자들에 대한 관계에서 사해행위가 된다.

[판례 21] 유치권부존재확인 (대법원 2009. 3. 26. 선고 2008다34828 판결)

【판시사항】

[1] 이른바 계약명의신탁에 있어 명의신탁자가 명의수탁자에 대하여 가지는 매매대금 상당의 부당이득반환청구권에 기하여 유치권을 행사할 수 있는지 여부(소극)
[2] 점유자가 유익비를 지출할 당시 계약관계 등 적법한 점유의 권원을 가진 경우, 그 지출비용 또는 가액증가액 상환의 규준(=그 계약관계를 규율하는 법조항이나 법리)

【판결요지】

[1] 명의신탁자와 명의수탁자가 이른바 계약명의신탁약정을 맺고 명의수탁자가 당사자가 되어 명의신탁약정이 있다는 사실을 알지 못하는 소유자와 부동산에 관한 매매계약을 체결한 뒤 수탁자 명의로 소유권이전등기를 마친 경우에는, 명의신탁자와 명의수탁자 사이의 명의신탁약정은 무효이지만 그 명의수탁자는 당해 부동산의 완전한 소유

권을 취득하게 되고(부동산 실권리자명의 등기에 관한 법률 제4조 제1항, 제2항 참조), 반면 명의신탁자는 애초부터 당해 부동산의 소유권을 취득할 수 없고 다만 그가 명의수탁자에게 제공한 부동산 매수자금이 무효의 명의신탁약정에 의한 법률상 원인 없는 것이 되는 관계로 명의수탁자에 대하여 동액 상당의 부당이득반환청구권을 가질 수 있을 뿐이다. 명의신탁자의 이와 같은 부당이득반환청구권은 부동산 자체로부터 발생한 채권이 아닐 뿐만 아니라 소유권 등에 기한 부동산의 반환청구권과 동일한 법률관계나 사실관계로부터 발생한 채권이라고 보기도 어려우므로, 결국 민법 제320조 제1항에서 정한 유치권 성립요건으로서의 목적물과 채권 사이의 견련관계를 인정할 수 없다.

[2] 민법 제203조 제2항에 의한 점유자의 회복자에 대한 유익비상환청구권은 점유자가 계약관계 등 적법하게 점유할 권리를 가지지 않아 소유자의 소유물반환청구에 응하여야 할 의무가 있는 경우에 성립하는 것으로서, 점유자가 유익비를 지출할 당시 계약관계 등 적법한 점유의 권원을 가진 경우에 그 지출비용 또는 가액증가액의 상환에 관하여는 그 계약관계를 규율하는 법조항이나 법리 등이 적용된다.

[판례 22] 강제집행면탈 (대법원 2009. 5. 14. 선고 2007도2168 판결)

【판시사항】

[1] 형법상 강제집행면탈죄의 객체
[2] 이른바 계약명의신탁의 방식으로 명의수탁자가 당사자가 되어 소유자와 부동산에 관한 매매계약을 체결하고 그 명의로 소유권이전등기를 마친 경우, 그 부동산이 채무자인 명의신탁자의 재산으로서 강제집행면탈죄의 객체가 되는지 여부(소극)

【판결요지】

제5절 명의신탁 부동산의 처분이 명의신탁자의 채권자에 대한 관계

[1] 형법 제327조는 "강제집행을 면할 목적으로 재산을 은닉, 손괴, 허위 양도 또는 허위의 채무를 부담하여 채권자를 해한 자"를 처벌함으로써 강제집행이 임박한 채권자의 권리를 보호하기 위한 것이므로, 강제집행면탈죄의 객체는 채무자의 재산 중에서 채권자가 민사집행법상 강제집행 또는 보전처분의 대상으로 삼을 수 있는 것이어야 한다.

[2] 명의신탁자와 명의수탁자가 이른바 계약명의신탁 약정을 맺고 명의수탁자가 당사자가 되어 명의신탁 약정이 있다는 사실을 알지 못하는 소유자와 부동산에 관한 매매계약을 체결한 후 그 매매계약에 따라 당해 부동산의 소유권이전등기를 명의수탁자 명의로 마친 경우에는, 명의신탁자와 명의수탁자 사이의 명의신탁 약정의 무효에도 불구하고 부동산 실권리자명의 등기에 관한 법률 제4조 제2항 단서에 의하여 그 명의수탁자는 당해 부동산의 완전한 소유권을 취득한다. 이와 달리 소유자가 계약명의신탁 약정이 있다는 사실을 안 경우에는 수탁자 명의의 소유권이전등기는 무효이고 당해 부동산의 소유권은 매도인이 그대로 보유하게 된다. 어느 경우든지 명의신탁자는 그 매매계약에 의해서는 당해 부동산의 소유권을 취득하지 못하게 되어, 결국 그 부동산은 명의신탁자에 대한 강제집행이나 보전처분의 대상이 될 수 없다.

제6절 사해행위취소 소송에서 취소의 효과가 미치는 범위·전득자의 악의 판단에 의한 수익자의 법률행위

Ⅰ 구상금등 (대법원 2012. 8. 17. 선고 2010다87672 판결)

1. 참조조문

> **민법**
>
> **제406조 (채권자취소권)** ① 채무자가 채권자를 해함을 알고 재산권을 목적으로 한 법률행위를 한 때에는 채권자는 그 취소 및 원상회복을 법원에 청구할 수 있다. 그러나 그 행위로 인하여 이익을 받은 자나 전득한 자가 그 행위 또는 전득당시에 채권자를 해함을 알지 못한 경우에는 그러하지 아니하다.

2. 사안의 개요

가. 원고는 주식회사 D(이하 'D'라 한다)와 신용보증약정을 체결하였고, K는 D의 대표이사로서 D의 원고에 대한 구상금채무를 연대보증하였다. D는 원고로부터 교부받은 신용보증서를 이용하여 금융기관으로부터 합계 6억 8,000만 원을 대출받았다.

나. D와 K(사해행위의 채무자)는 피고 갑, 을(선의의 수익자)에게 이 사건 각 부동산에 관하여 근저당권설정계약 또는 매매예약(이하 모두 '이 사건 계약'이라 한다)을 체결하고, 이를 원인으로 근저당권설정등기 또는 소유권이전청구권가등기를 마쳐 주었다.

다. 피고 갑, 을은 피고 회사(이하 '악의의 전득자'라 한다)에 위 근저당권설정등기 및 가등기를 양도하고, 그 이전의 부기등기를 마쳐 주었다.

라. 원고는 신용보증사고의 발생으로 D의 대출원리금채무를 대위변제한 후 사해행위취소로 인한 원상회복으로 피고 회사를 상대로 위 근저당권설정등기 및 가등기의 말소를 구하는 이 사건 소를 제기하였다.

3. 소송의 경과

가. 제1심

(1) 청구내용

(피고 갑, 을을 상대로) 이 사건 계약의 취소 및 (피고 회사를 상대로) 피고 회사에 이전된 위 근저당권설정등기 및 가등기의 말소[피고 갑, 을에 대하여는 사해행위 취소만 구함]

(2) 판결요지

이 사건 계약을 사해행위로 인정하고 피고 갑, 을의 선의항변을 배척한 다음 원고의 청구를 전부 인용하였다.

나. 원심

수익자인 피고 갑, 을의 선의항변을 받아들여 위 피고들에 대한 원고의 청구를 기각하였으나, 전득자인 피고 회사에 대해서는 제1심판결을 그대로 유지하여 피고 회사의 항소를 기각하였다. 즉, 사해행위취소는 상대적 취소로서 악의로 추정되는 전득자인 피고 회사가 자신의 선의에 관하여 아무런 주장·입증을 하지 않았다는 이유로, 이 사건 계약을 피고 회사에 대한 관계에서 취소하고 피고 회사 명의의 각 근저당권설정등기 및 가등기 말소를 명하였다.

(1) 판결요지

채권자가 사해행위 취소와 함께 수익자 또는 전득자로부터 책임재산의 회복을 구하는 사해행위취소의 소를 제기한 경우 취소의 효과는 채권자와 수익자 또는 전득자 사이의 관계에서만 생긴다. 그리고 채권자가 사해행위 취소로써 전득자를 상대로 채무자와 수익자 사이의 법률행위 취소를 구하는 경우, 전득자의 악의는 전득행위 당시 취소를 구하는 법률행위가 채권자를 해한다는 사실, 즉 사해행위의 객관적 요건을 구비하였다는 것에 대한 인식을 의미하므로, 전득자의 악의 판단에서는 전득자가 전득행위 당시 채무자와 수익자 사이의 법률행위의 사해성을 인식하였는지만이 문제가 될 뿐이고, 수익자가 채무자와 수익자 사이 법률행위의 사해성을 인식하였는지는 원칙적으로 문제가 되지 않는다.

4. 상고이유의 요지

가. 원고의 상고이유는 피고 갑, 을이 악의라는 취지이다.
나. 피고 회사의 상고이유는 수익자인 피고 갑, 을의 선의가 인정된 이상 전득자인 피고 회사의 악의가 여전히 추정될 수는 없다는 것이고, 나머지 상고이유는 채무자의 무자력과 사해의사를 다투는 취지이다.

(1) 통설과 판례의 태도

[판례 1] 사해행위취소등 (대법원 2006.7.4. 선고 2004다61280 판결)

[1] 채권자가 사해행위의 취소로서 수익자를 상대로 채무자와의 법률행위의 취소를 구함과 아울러 전득자를 상대로도 전득행위의 취소를 구함에 있어서, 전득자의 악의는 전득행위 당시 그 행위가 채권자를 해한다는 사실, 즉 사해행위의 객관적 요건을 구비하였다는 것에 대한 인식을 의미하므로, 전득자의 악의를 판단함에 있어서는 단지 전득자가 전득행위 당시 채무자와 수익자 사이의 법률행위의 사해성을 인식하였는지 여부만이 문제가 될 뿐이지, 수익자와 전득자 사이의 전득행위가 다시 채권자를 해하는 행위로서 사해행위의 요건을

갖추어야 하는 것은 아니다.
[2] 채권자취소권의 행사에 있어서 제척기간의 기산점인 채권자가 '취소원인을 안 날'은 채권자가 채권자취소권의 요건을 안 날, 즉 채무자가 채권자를 해함을 알면서 사해행위를 하였다는 사실을 알게 된 날을 의미하고, 채권자가 취소원인을 알았다고 하기 위하여는 단순히 채무자가 재산의 처분행위를 하였다는 사실을 아는 것만으로는 부족하고 구체적인 사해행위의 존재를 알고 나아가 채무자에게 사해의 의사가 있었다는 사실까지 알 것을 요하며, 사해행위의 객관적 사실을 알았다고 하여 취소의 원인을 알았다고 추정할 수는 없다.
[3] 사해행위취소소송에 있어서 수익자가 사해행위임을 몰랐다는 사실은 그 수익자 자신에게 입증책임이 있는 것이고, 이 때 그 사해행위 당시 수익자가 선의였음을 인정함에 있어서는 객관적이고도 납득할 만한 증거자료 등에 의하여야 하고, 채무자의 일방적인 진술이나 제3자의 추측에 불과한 진술 등에만 터 잡아 그 사해행위 당시 수익자가 선의였다고 선뜻 단정하여서는 안 된다.

[판례 2] 배당이의 (대법원 2005. 5. 13. 선고 2003다50771 판결)

[1] 주택임대차보호법 제8조의 소액보증금 최우선변제권은 임차목적 주택에 대하여 저당권에 의하여 담보된 채권, 조세 등에 우선하여 변제받을 수 있는 일종의 법정담보물권을 부여한 것이므로, 채무자가 채무초과상태에서 채무자 소유의 유일한 주택에 대하여 위 법조 소정의 임차권을 설정해 준 행위는 채무초과상태에서의 담보제공행위로서 채무자의 총재산의 감소를 초래하는 행위가 되는 것이고, 따라서 그 임차권설정행위는 사해행위취소의 대상이 된다고 할 것이다.
[2] 주택임대차보호법 제8조의 소액보증금 최우선변제권 보호대상인 임차권을 설정해 준 행위가 사해행위인 경우, 채무자의 악의는 추정되는 것이고, 수익자인 임차인의 악의 또한 추정된다고 할 것이나, 다

만 위 법조 소정의 요건을 갖춘 임차인에 대하여 선행의 담보권자 등에 우선하여 소액보증금을 회수할 수 있도록 한 입법 취지에 비추어 보면, 위 법조 소정의 임차권을 취득하는 자는 자신의 보증금 회수에 대하여 상당한 신뢰를 갖게 되고, 따라서 임대인의 채무초과상태 여부를 비롯하여 자신의 임대차계약이 사해행위가 되는지에 대하여 통상적인 거래행위 때보다는 주의를 덜 기울이게 될 것이므로, 수익자인 임차인의 선의를 판단함에 있어서는 실제로 보증금이 지급되었는지, 그 보증금의 액수는 적정한지, 등기부상 다수의 권리제한관계가 있어서 임대인의 채무초과상태를 의심할 만한 사정이 있었는데도 굳이 임대차계약을 체결할 사정이 있었는지, 임대인과 친인척관계 등 특별한 관계는 없는지 등을 종합적으로 고려하여 논리와 경험칙을 통하여 합리적으로 판단하여야 한다.

[판례 3] 파산배당금교부청구권 (대법원 2006.8.24. 선고 2004다23110 판결)

【판시사항】
[1] 처분금지가처분의 효력범위
[2] 채권양도인의 채권자가 양수인을 상대로 사해행위취소로 인한 원상회복청구권을 피보전권리로 하여 양도채권에 대한 처분금지가처분을 발령받은 경우, 양수인이 양도인에게 임의로 또는 다른 채권자가 제기한 사해행위취소소송에서의 청구인낙에 따라 양도채권을 반환한 것이 위 가처분의 처분금지효력에 저촉되는지 여부(소극)
[3] 채권자가 사해행위의 취소와 함께 수익자 또는 전득자로부터 책임재산의 회복을 구하는 사해행위취소의 소를 제기한 경우, 그 취소의 효과

【참조조문】
[1] 민사집행법 제300조 제1항 [2] 민법 제406조 제1항, 제407조, 민사집행법 제300조 제1항 [3] 민법 제406조 제1항

【참조판례】

[1][2] 대법원 1991. 4. 12. 선고 90다9407 판결(공1991상, 1367)
[1] 대법원 1984. 4. 16.자 84마7 결정(공1984, 1015)
　　대법원 1988. 4. 25. 선고 87다카458 판결(공1988, 884)
[3] 대법원 1988. 2. 23. 선고 87다카1989 판결(공1988, 587)
　　대법원 2001. 5. 29. 선고 99다9011 판결(공2001하, 1444)
　　대법원 2002. 5. 10.자 2002마1156 결정(공2002하, 1758)
　　대법원 2004. 8. 30. 선고 2004다21923 판결(공2004하, 1598)

【전 문】

【원고, 피상고인】 동양종합금융증권 주식회사 (소송대리인 법무법인 남산 담당변호사 하민호)

【피 고】 파산자 신극동제분 주식회사의 파산관재인 조상흠

【보조참가인, 상고인】 엔에이치투자증권 주식회사(소송대리인 법무법인 자하연 담당변호사 남성렬)

【원심판결】 부산고법 2004. 4. 14. 선고 2003나13796 판결

【주 문】

상고를 기각한다. 상고비용은 피고 보조참가인이 부담한다.

【이 유】

상고이유를 판단한다.

1. 상고이유 제1점에 대하여

목적물에 대한 처분금지가처분결정이 내려진 경우 가처분에 의한 처분금지의 효력은 가처분채권자의 권리를 침해하는 한도에서만 생기는 것이므로, 가처분채권자는 피보전권리의 한도에서 가처분 위반의 처분행위의 효력을 부정할 수 있다 할 것인바(대법원 1984. 4. 16.자 84마7 결정, 1988. 4. 25. 선고 87다카458 판결, 1991. 4. 12. 선고 90다9407 판결 등 참조), 채권자취소권은 사해행위로 이루어진 채무자의 재산처분행위를 취소하고 그 원상회복을 구하기 위한 권리로서 사해행위에 의해 일탈된 채무자의 책임재산을 총채권자를 위하여 채무자에게 복귀시키기 위한 것이지 채권자취소권을 행사하는 특정 채권자에게만 독점적

만족을 주기 위한 권리가 아니므로, 지명채권이 양도되어 제3자에 대하여 대항요건까지 갖춘 후 양도인의 채권자가 양수인을 상대로 사해행위취소로 인한 원상회복청구권을 피보전권리로 하여 그 피양수채권에 대한 처분금지가처분을 발령받은 경우에, 위 가처분 채권자가 본안소송으로 제기한 사해행위취소소송에서 승소 확정된 후 그에 기하여 채무자에게 그 채권이 원상회복되는 때뿐만 아니라, 양수인이 임의로 양도인에게 그 채권을 반환하거나 양도인의 다른 채권자가 양수인을 상대로 제기한 사해행위취소소송의 결과에 따라 원상회복의무의 이행으로서 그 채권을 반환하더라도, 이는 위 가처분채권자의 피보전권리인 채권자취소권에 의한 원상회복청구권을 침해하는 것이 아니라 채권자취소권의 목적을 실현시키는 것과 동일한 결과가 되어 오히려 그 피보전권리에 부합하는 것이므로 위 가처분의 처분금지효력에 저촉된다고 할 수 없고, 양수인의 원상회복의무의 발생이 다른 채권자가 제기한 사해행위취소소송에서의 청구인낙에 따른 것이라고 하여 달리 볼 것은 아니라 할 것이다.

위의 법리에 따라 원심판결 이유를 기록에 비추어 살펴보면, 원심이 그 채용 증거들을 종합하여, 우학물산 주식회사(이하 '우학물산'이라고 한다)가 1999년 11월경 피고에게 ① 9,916,885,599원의 파산채권 및 ② 1,979,312,327원의 파산채권(이하 ①파산채권을 '이 사건 1파산채권', ② 파산채권을 '이 사건 2파산채권', ①, ②파산채권을 합하여 '이 사건 파산채권'이라고 한다)을 신고하여 각 확정된 사실, 우학물산이 김명준에게, 2000. 10. 25. 이 사건 1파산채권을, 2000. 12. 13. 이 사건 2파산채권을 각 양도한 후 피고에게 각 그 양도통지를 하였는데, 그 후 우학물산의 채권자인 피고 보조참가인이 2001. 1. 27. 이 사건 파산채권의 배당금청구권 중 126억 2,000만 원을 가압류한 후, 위 가압류에 기하여 2001. 4. 4.부터 2001. 10. 27.까지 4회에 걸쳐 합계 1,485,326,760원에 대하여 각 가압류를 본압류로 전이하는 채권압류 및 전부명령을 받고, 그 무렵 위 명령들이 확정된 사실(이하 위 채권양도 이전에 있었던 피고 보조참가인의 위 채권가압류, 압류 및 전부명령을 '이 사건 가압류',

제6절 취소의 효과가 미치는 범위·수익자의 법률행위

'이 사건 압류 및 전부명령'이라고 한다), 피고 보조참가인이 김명준을 상대로, 2001. 4. 3. 사해행위취소청구권을 피보전권리로 하여 이 사건 파산채권에 대하여 채권처분금지가처분(이하 '이 사건 가처분'이라고 한다)을 받고, 사해행위취소소송을 제기하여 이 사건 2파산채권 양도 부분에 관하여 승소한 후 2003. 6. 3. 이 사건 파산채권의 배당금청구권 중 2억 원에 대하여 채권압류 및 전부명령을 받은 사실, 한편 원고는 피고 보조참가인과는 별도로 김명준을 상대로 그와 우학물산 사이의 이 사건 1파산채권 양도계약의 취소 및 그 원상회복을 구하는 사해행위취소소송을 제기하였는데, 김명준이 2003. 1. 29. 위 소송의 항소심에서 원고의 청구를 인낙한 후 같은 날 그 소송의 대상인 이 사건 1파산채권뿐만 아니라 이 사건 2파산채권도 우학물산에 양도하고, 피고에게 양도통지를 하였고, 그 후 원고가 2003. 1. 30. 우학물산을 채무자로, 피고를 제3채무자로 하여 이 사건 1파산채권에 대한 배당금청구권 중 15억 원을, 2003. 2. 4. 이 사건 2파산채권에 대한 배당금청구권 중 3억 원을 각 압류 및 전부받은 사실을 인정한 다음, 이 사건 1파산채권의 원상회복은 원고가 제기한 사해행위취소소송의 결과에 따른 것이고, 이 사건 2파산채권의 원상회복은 김명준이 임의로 한 것이기는 하나 우학물산 이외의 자에게 위 채권을 양도하거나 채권을 추심하는 등의 처분행위를 하지 못하게 하여 그 후의 사해행위취소 및 그로 인한 원상회복을 통하여 우학물산의 책임재산을 보전하는 데에 목적이 있는 이 사건 가처분의 피보전권리가 실현되는 것과 동일한 법률관계를 발생시키는 것이어서 이 사건 가처분에 저촉되지 않는다고 판단한 후, 이 사건 파산채권에 대한 원고의 위 압류 및 전부명령이 이 사건 가처분에 저촉되어 무효임을 전제로 이보다 늦게 이루어진 피고 보조참가인의 2003. 6. 3.자 압류 및 전부명령이 유효하다는 피고 보조참가인의 주장을 배척한 것은 정당한 것으로 수긍이 간다.

나아가 원고의 이 사건 1파산채권의 양도에 대한 사해행위취소소송에서 김명준이 청구를 인낙한 것은 신의칙에 반하는 소송행위로서 무효라는 피고 보조참가인의 주장을 배척한 것 또한 정당한 것으로 수긍이 가고, 그 밖에 김명준의 위 청구인낙이 통정허위표시에 해당하여 무효라는 상고이유의 주장은 상고심에서 비로소 주장된 것으로 적법한 상고이유가 될 수 없다(대법원 1992. 9. 25. 선고 92다24325 판결 등 참조).

원심판결에는 상고이유에서 지적하는 바와 같은 채권처분금지가처분의 효력에 관한 법리오해 등의 위법이 없다. 이 부분 상고이유의 주장은 받아들일 수 없다.

2. 상고이유 제2점에 대하여

채권자가 사해행위의 취소와 함께 수익자 또는 전득자로부터 책임재산의 회복을 구하는 사해행위취소의 소를 제기한 경우 그 취소의 효과는 채권자와 수익자 또는 전득자 사이의 관계에서만 생기는 것이므로, 수익자 또는 전득자가 사해행위의 취소로 인한 원상회복 또는 이에 갈음하는 가액배상을 하여야 할 의무를 부담한다고 하더라도 이는 채권자에 대한 관계에서 생기는 법률효과에 불과하고 채무자와 사이에서 그 취소로 인한 법률관계가 형성되는 것은 아니고, 그 취소의 효력이 소급하여 채무자의 책임재산으로 회복되는 것도 아니라 할 것이다(대법원 2001. 5. 29. 선고 99다9011 판결, 2002. 5. 10.자 2002마1156 결정, 2003. 7. 11. 선고 2003다19558 판결 등 참조).

위의 법리에 따라 원심판결 이유를 기록에 비추어 살펴보면, 원심이 압류 및 전부명령 당시 피압류채권이 이미 제3자에 대한 대항요건을 갖추어 양도되어 그 명령이 효력이 없는 것이 되었다면, 그 후의 사해행위취소소송에서 위 채권양도계약이 취소되어 동 채권이 원채권자에게 복귀하였다고 하더라도 이미 무효로 된 압류 및 전부명령이 다시 유효로 되어 동 채권이 압류채권자에게 전부되는 것이 아니라고 판단한 다음, 사해행위취소에 의하여 이 사건 파산채권이 소급하여 우학물산의 책임재산으로 회복되었음을 전제로 이 사건 가압류, 압류 및 전부명령이 유효하다는 피고 보조참가인의 주장을 배척한 것은 정당하다.

원심판결에는 상고이유에서 지적하는 바와 같은 사해행위취소에 따른 압류 및 전부명령의 효력에 관한 법리오해 등의 위법이 없다. 이 부분 상고이유의 주장은 앞서 본 법리와 달리 채권자취소권의 본질에 관하여 이른바 형성권설의 입장에 서서 사해행위취소 인용 판결에 절대적인 효력이 있음을 전제로 원심판결을 탓하고 있음에 불과하여 받아들일 수 없다.

3. 결 론

그러므로 상고를 기각하고, 상고비용은 피고 보조참가인이 부담하도록 하여 관여 대법관의 일치된 의견으로 주문과 같이 판결한다.

대법관 고현철(재판장) 양승태 김지형(주심) 전수안

[판례 4] 사해행위취소 (대법원 2004. 8. 30. 선고 2004다21923 판결)

[1] 채권자가 채권자취소권을 행사하려면 사해행위로 인하여 이익을 받은 자나 전득한 자를 상대로 그 법률행위의 취소를 청구하는 소송을 제기하여야 되는 것으로서 채무자를 상대로 그 소송을 제기할 수는 없다.

[2] 채권자가 전득자를 상대로 하여 사해행위의 취소와 함께 책임재산의 회복을 구하는 사해행위취소의 소를 제기한 경우에 그 취소의 효과는 채권자와 전득자 사이의 상대적인 관계에서만 생기는 것이고 채무자 또는 채무자와 수익자 사이의 법률관계에는 미치지 않는 것이므로, 이 경우 취소의 대상이 되는 사해행위는 채무자와 수익자 사이에서 행하여진 법률행위에 국한되고, 수익자와 전득자 사이의 법률행위는 취소의 대상이 되지 않는다.

[판례 5] 부동산경락허가결정 (대법원 1984.11.24. 자 84마610 결정)

채무자와 수익자만을 상대로 한 사해행위 취소소송에서 채무자와 수익자간의 법률행위를 취소하고 수익자 명의로 된 소유권이전등기의 말소를 명하는 판결이 확정되었다고 하여도 그 판결의 효력은 전득자에게 미칠 수 없다.

　　(2) 사해행위취소의 원상회복 방법: 전득자(피고 회사)만을 상대로 근저당권설정등기와 가등기를 말소하여야 하는지 여부

　　　(가) 판례의 태도

[판례 6] 근저당권설정등기말소 (대법원 1988.3.8. 선고 87다카2585 판결)

채무자의 추가를 내용으로 하는 근저당권변경의 부기등기는 기존의 주등기인 근저당권설정등기에 종속되어 주등기와 일체를 이루는 것이고 주등기와 별개의 새로운 등기는 아니라 할 것이므로 그 피담보채무가 변제로 인하여 소멸된 경우 위 주등기의 말소만을 구하면 족하다 할 것이고 주등기가 말소된 경우에는 그에 기한 부기등기는 판결로 그 말소를 명하지 않더라도 직권으로 말소되어야 할 성질의 것이다.

[판례 7] 가등기말소등 (대법원 1994.10.21. 선고 94다17109 판결)

가. 가등기의 이전에 의한 부기등기는 기존의 가등기에 의한 권리의 승계관계를 등기부상에 명시하는 것뿐으로 그 등기에 의하여 새로운 권리가 생기는 것이 아닌 만큼 가등기의 말소등기청구는 양수인만을 상대로 하면 족하고, 양도인은 그 말소등기청구에 있어서의 피고적격이 없다.

나. 가등기이전의 부기등기는 기존의 주등기인 가등기에 종속되어 주등기와 일체를 이루는 것이어서 피담보채무가 소멸된 경우에는 주등

기인 가등기의 말소만 구하면 되고 그 부기등기는 별도로 말소를 구하지 않더라도 주등기의 말소에 따라 직권으로 말소된다.
다. 가등기와 가등기이전의 부기등기의 말소를 구하는 소송에서 가등기의 피담보채권의 발생 여부에 대한 쟁점에 관하여만 심리가 되어 제1심에서 본안에 관하여 판단하고, 원심에서 역시 피고적격이나 가등기부기등기의 말소방법에 관한 석명이나 변론이 없이 제1심판결을 취소하고 소각하 판결을 한 사안에서, 원심이 피고적격 등의 문제를 재판의 기초로 삼기 위하여는 원고로 하여금 이 점에 관하여 변론을 하게 하고, 필요한 경우 청구취지 등을 변경할 기회를 주었어야 할 것인데도 이에 이르지 아니한 채 이 점을 재판의 기초로 삼아 소를 각하한 것은 원고가 전혀 예상하지 못한 법률적인 관점에 기한 예상 외의 재판으로 원고에게 불의의 타격을 가하였을 뿐 아니라 석명의무를 다하지 아니하여 심리를 제대로 하지 아니한 것이라는 이유로 원심판결을 파기한 사례.

[판례 8] 원인무효에의한근저당권설정등기말소등
(대법원 1995.5.26. 선고 95다7550 판결)

가. 근저당권의 양도에 의한 부기등기는 기존의 근저당권설정등기에 의한 권리의 승계를 등기부상 명시하는 것뿐으로, 그 등기에 의하여 새로운 권리가생기는 것이 아닌 만큼 근저당권설정등기의 말소등기청구는 양수인만을 상대로 하면 족하고, 양도인은 그 말소등기청구에 있어서 피고적격이 없다.
나. 근저당권 이전의 부기등기는 기존의 주등기인 근저당권설정등기에 종속되어 주등기와 일체를 이루는 것이어서 피담보채무가 소멸된 경우 또는 근저당권설정등기가 당초 원인무효인 경우 주등기인 근저당권설정등기의 말소만구하면 되고 그 부기등기는 별도로 말소를 구하지 않더라도 주등기의 말소에 따라 직권으로 말소된다.

[판례 9] 채무부존재확인등 (대법원 2000. 4. 11. 선고 2000다5640 판결)

[1] 근저당권 이전의 부기등기는 기존의 주등기인 근저당권설정등기에 종속되어 주등기와 일체를 이루는 것이어서, 피담보채무가 소멸된 경우 또는 근저당권설정등기가 당초 원인무효인 경우 주등기인 근저당권설정등기의 말소만 구하면 되고 그 부기등기는 별도로 말소를 구하지 않더라도 주등기의 말소에 따라 직권으로 말소되는 것이며, 근저당권 양도의 부기등기는 기존의 근저당권설정등기에 의한 권리의 승계를 등기부상 명시하는 것 뿐으로, 그 등기에 의하여 새로운 권리가 생기는 것이 아닌 만큼 근저당권설정등기의 말소등기청구는 양수인만을 상대로 하면 족하고 양도인은 그 말소등기청구에 있어서 피고 적격이 없으며, 근저당권의 이전이 전부명령 확정에 따라 이루어졌다고 하여 이와 달리 보아야 하는 것은 아니다.

[2] 확인의 소는 원고의 권리 또는 법률상 지위에 현존하는 불안·위험이 있고 확인판결을 받는 것이 그 분쟁을 근본적으로 해결하는 가장 유효·적절한 수단일 때 허용되는바, 근저당권설정자가 근저당권설정계약에 기한 피담보채무가 존재하지 아니함의 확인을 구함과 함께 그 근저당권설정등기의 말소를 구하는 경우에 근저당권설정자로서는 피담보채무가 존재하지 않음을 이유로 근저당권설정등기의 말소를 구하는 것이 분쟁을 유효·적절하게 해결하는 직접적인 수단이 될 것이므로 별도로 근저당권설정계약에 기한 피담보채무가 존재하지 아니함의 확인을 구하는 것은 확인의 이익이 있다고 할 수 없다.

[판례 10] 근저당권말소 (대법원 2005. 6. 10. 선고 2002다15412,15429 판결)

[1] 저당권은 피담보채권과 분리하여 양도하지 못하는 것이어서 저당권부 채권의 양도는 언제나 저당권의 양도와 채권양도가 결합되어 행해지므로 저당권부 채권의 양도는 민법 제186조의 부동산물권변동에 관한 규정과 민법 제449조 내지 제452조의 채권양도에 관한 규정에

의해 규율되므로 저당권의 양도에 있어서도 물권변동의 일반원칙에 따라 저당권을 이전할 것을 목적으로 하는 물권적 합의와 등기가 있어야 저당권이 이전된다고 할 것이나, 이 때의 물권적 합의는 저당권의 양도·양수받는 당사자 사이에 있으면 족하고 그 외에 그 채무자나 물상보증인 사이에까지 있어야 하는 것은 아니라 할 것이고, 단지 채무자에게 채권양도의 통지나 이에 대한 채무자의 승낙이 있으면 채권양도를 가지고 채무자에게 대항할 수 있게 되는 것이다.

[2] 근저당권이전의 부기등기가 기존의 주등기인 근저당권설정등기에 종속되어 주등기와 일체를 이룬 경우에는 부기등기만의 말소를 따로 인정할 아무런 실익이 없지만, 근저당권의 이전원인만이 무효로 되거나 취소 또는 해제된 경우, 즉 근저당권의 주등기 자체는 유효한 것을 전제로 이와는 별도로 근저당권이전의 부기등기에 한하여 무효사유가 있다는 이유로 부기등기만의 효력을 다투는 경우에는 그 부기등기의 말소를 소구할 필요가 있으므로 예외적으로 소의 이익이 있다.

제7절 사해행위취소판결의 효력이 미치는 범위

1. 판례의 검토

[판례 1] 배당이의 (대법원 2001. 5. 29. 선고 99다9011 판결)

[1] 사해행위취소의 효력은 상대적이기 때문에 소송당사자인 채권자와 수익자 또는 전득자 사이에만 발생할 뿐 소송의 상대방 아닌 제3자에게는 아무런 효력을 미치지 아니한다.

[2] 채무자인 사용자 소유의 부동산이 제3자에게 양도된 후 위 부동산에 관하여 개시된 경매절차에서 위 부동산이 사용자의 책임재산이 아니라는 이유로 배당을 받지 못한 임금채권자가 제3자를 상대로 사해행위취소소송을 제기하고 제3자가 이를 인락하였다 하더라도 그 취소의 효력은 위 임금채권자와 수익자인 제3자 사이에만 발생할 뿐 사해행위 이전에 이미 위 부동산에 대하여 근저당권을 가지고 있던 자에게는 미치지 아니하며, 위 부동산이 소급하여 채무자의 책임재산으로 회복되는 것도 아니므로 임금채권자는 우선변제권을 내세워 위 근저당권자에게 경매절차에서 배당받은 금원의 반환을 구할 수 없다고 한 사례.

[판례 2] 제3자이의 (대법원 1990.10.30. 선고 89다카35421 판결)

사해행위의 목적부동산에 수익자에 대한 채권자의 가압류등기가 경료된 후 채무자와 수익자 사이의 위 부동산에 관한 매매계약이 사해행위라는 이유로 취소되어 수익자 명의의 소유권이전등기가 말소되었다 하더라도 사해행위의 취소는 상대적 효력밖에 없어 특단의 사정이 없는 한 가압류의 효력이 당연히 소멸되는 것은 아니므로 채무자로부터 위 부동산을 진전하여 양도받은 자는 가압류의 부담이 있는 소유권을 취득하였다 할 것인바, 원심이 위 부동산에 관한 수익자 명의의 소유권이전등기가 원인무효라는 이유만으로 가압류채권자의 위 부동산에 대한 강제집행을 불허한 조치는 사해행위취소의 효력에 관한 법리를 오해한 위법이 있다.

[판례 3] 소유권이전등기말소등기절차승낙
(대법원 2007.4.27. 선고 2005다43753 판결)

부동산등기법 제171조에서 말하는 등기상 이해관계 있는 제3자란 말소등기를 함으로써 손해를 입을 우려가 있는 등기상의 권리자로서 그 손해를 입을 우려가 있다는 것이 등기부 기재에 의하여 형식적으로 인정되는 자이고, 그 제3자가 승낙의무를 부담하는지 여부는 그 제3자가 말소등기권리자에 대한 관계에서 그 승낙을 하여야 할 실체법상의 의무가 있는지 여부에 의하여 결정된다.

[판례 4] 사해행위취소 (대법원 2004. 8. 30. 선고 2004다21923 판결)

[1] 채권자가 채권자취소권을 행사하려면 사해행위로 인하여 이익을 받은 자나 전득한 자를 상대로 그 법률행위의 취소를 청구하는 소송을 제기하여야 되는 것으로서 채무자를 상대로 그 소송을 제기할 수는 없다.

[2] 채권자가 전득자를 상대로 하여 사해행위의 취소와 함께 책임재산의 회복을 구하는 사해행위취소의 소를 제기한 경우에 그 취소의 효과는 채권자와 전득자 사이의 상대적인 관계에서만 생기는 것이고 채무자 또는 채무자와 수익자 사이의 법률관계에는 미치지 않는 것이므로, 이 경우 취소의 대상이 되는 사해행위는 채무자와 수익자 사이에서 행하여진 법률행위에 국한되고, 수익자와 전득자 사이의 법률행위는 취소의 대상이 되지 않는다.

[판례 5] 배당이의 (대법원 2005. 11. 10. 선고 2004다49532 판결)

[1] 사해행위의 취소는 취소소송의 당사자 사이에서 상대적으로 취소의 효력이 있는 것으로 당사자 이외의 제3자는 다른 특별한 사정이 없는 이상 취소로 인하여 그 법률관계에 영향을 받지 않는다.

[2] 사해행위의 목적부동산 등을 새로운 법률관계에 의하여 취득한 전득자 등은 민법 제406조 제1항 단서에 의하여 보호되므로, 사해행위의 취소에 상대적 효력만을 인정하는 것은 사해행위 취소채권자와 수익자 그리고 제3자의 이익을 조정하기 위한 것으로 그 취소의 효력이 미치지 아니하는 제3자의 범위를 사해행위를 기초로 목적부동산에 관하여 새롭게 법률행위를 한 그 목적부동산의 전득자 등만으로 한정할 것은 아니다.

[3] 근저당권이 설정되어 있는 채무자의 부동산을 매수한 수익자의 채권을 담보하기 위하여 수익자의 채권자들이 부동산에 대해 압류 등을 하여 부동산에 관한 근저당권에 의한 경매절차에서 배당받은 후 사해행위 취소채권자가 수익자를 상대로 사해행위취소소송을 제기하여 가액배상의 확정판결을 받은 경우, 수익자의 채권자들이 수익자와 새로운 법률관계를 맺은 것이 아니라 수익자의 채권자로서 이미 가지고 있던 채권확보를 위하여 부동산을 압류 또는 가압류한 자에 불과하더라도 목적부동산의 매각대금에 대하여 사해행위 취소채권자에게 수익자의 채권자들에 우선하여 변제받을 수 있는 권리를 부여하여 사해행위취소판결의 실효성을 확보하여야 할 아무런 근거가 없으므로 수익자의 채권자들에게 사해행위취소판결의 효력이 미친다고는 볼 수 없다고 한 사례.

[판례 6] 구상금등 (대법원 2009.5.28. 선고 2009다4787 판결)

[1] 부동산의 매매예약에 기하여 소유권이전등기청구권의 보전을 위한 가등기가 마쳐진 경우에 그 매매예약완결권이 소멸하였다면 그 가

제7절 사해행위취소판결의 효력이 미치는 범위   367

등기 또한 효력을 상실하여 말소되어야 할 것이나, 그 부동산의 소유자가 제3자와 사이에 새로운 매매예약을 체결하고 그에 기한 소유권이전등기청구권의 보전을 위하여 이미 효력이 상실된 가등기를 유용하기로 합의하고 실제로 그 가등기 이전의 부기등기를 마쳤다면, 그 가등기 이전의 부기등기를 마친 제3자로서는 언제든지 부동산의 소유자에 대하여 위 가등기 유용의 합의를 주장하여 가등기의 말소청구에 대항할 수 있고, 다만 그 가등기 이전의 부기등기 전에 등기부상 이해관계를 가지게 된 자에 대하여는 위 가등기 유용의 합의 사실을 들어 그 가등기의 유효를 주장할 수는 없다.
- [2] 채권자대위권은 채무자의 제3채무자에 대한 권리를 행사하는 것이므로, 제3채무자는 채무자에 대해 가지는 모든 항변사유로 채권자에게 대항할 수 있으나, 채권자는 채무자 자신이 주장할 수 있는 사유의 범위 내에서 주장할 수 있을 뿐 자기와 제3채무자 사이의 독자적인 사정에 기한 사유를 주장할 수는 없다.
- [3] 채권자가 무효인 소유권이전등기청구권의 보전을 위한 가등기의 유용 합의에 따라 부동산 소유자인 채무자로부터 그 가등기 이전의 부기등기를 마친 제3채무자를 상대로 채무자를 대위하여 가등기의 말소를 구한 사안에서, 채권자가 그 부기등기 전에 부동산을 가압류한 사실을 주장하는 것은 채무자가 아닌 채권자 자신이 제3채무자에 대하여 가지는 사유에 관한 것이어서 허용되지 않는다고 한 사례.

[판례 7] 배당이의 (대법원 2009.6.11. 선고 2008다7109 판결)

- [1] 장래 발생할 채권이나 조건부 채권은 현재 그 권리의 특정이 가능하고 가까운 장래에 발생할 것임이 상당 정도 기대되는 경우 가압류의 대상이 된다.
- [2] 사해행위의 취소는 취소소송의 당사자 간에 상대적으로 취소의 효력이 있는 것으로 당사자 이외의 제3자는 다른 특별한 사정이 없는 이

상 취소로 그 법률관계에 영향을 받지 않는다. 사해행위의 취소에 상대적 효력만을 인정하는 것은 사해행위 취소채권자와 수익자 그리고 제3자의 이익을 조정하기 위한 것으로 그 취소의 효력이 미치지 아니하는 제3자의 범위를 사해행위를 기초로 목적부동산에 관하여 새롭게 법률행위를 한 그 목적부동산의 전득자 등만으로 한정할 것은 아니므로, 수익자와 새로운 법률관계를 맺은 것이 아니라 수익자의 고유채권자로서 이미 가지고 있던 채권 확보를 위하여 수익자가 사해행위로 취득한 근저당권에 배당된 배당금을 가압류한 자에게 사해행위취소 판결의 효력이 미친다고 볼 수 없다.

[판례 8] 배당이의 (대법원 1998. 11. 10. 선고 98다43441 판결)

[1] 가압류의 처분금지적 효력에 따라 가압류집행 후 가압류채무자의 가압류목적물에 대한 처분행위는 가압류채권자와의 관계에서는 그 효력이 없으므로 가압류 집행 후 가압류목적물의 소유권이 제3자에게 이전된 경우 가압류채권자는 채무명의를 얻어 제3취득자가 아닌 가압류채무자를 집행채무자로 하여 그 가압류를 본압류로 전이하는 강제집행을 실행할 수 있고, 이 경우 그 강제집행은 가압류의 처분금지적 효력이 미치는 객관적 범위인 가압류결정 당시의 청구금액의 한도 안에서는 집행채무자인 가압류채무자의 책임재산에 대한 강제집행절차이므로 제3취득자에 대한 채권자는 당해 가압류목적물의 매각대금 중 가압류의 처분금지적 효력이 미치는 범위의 금액에 대하여는 배당에 참가할 수 없다.

[2] 가압류 집행 후 가압류목적물의 소유권이 제3자에게 이전된 경우 가압류채권자는 채무명의를 얻어 제3취득자가 아닌 가압류채무자를 집행채무자로 하여 그 가압류를 본압류로 전이하는 강제집행을 실행할 수 있으나, 이 경우 그 강제집행은 가압류의 처분금지적 효력이 미치는 객관적 범위인 가압류결정 당시의 청구금액의 한도 안에서만

집행채무자인 가압류채무자의 책임재산에 대한 강제집행절차라 할 것이고, 가압류결정 당시의 청구금액이 채권의 원금만을 기재한 것으로서 가압류채권자가 가압류채무자에 대하여 원금 채권 이외에 이자와 소송비용채권을 가지고 있다 하더라도 가압류결정 당시의 청구금액을 넘어서는 이자와 소송비용채권에 관하여는 가압류의 처분금지적 효력이 미치는 것이 아니므로, 가압류채권자는 가압류목적물의 매각대금에서 가압류결정 당시의 청구금액을 넘어서는 이자와 소송비용채권을 배당받을 수 없다.

[판례 9] 배당이의 (인천지방법원 2007.11.23. 선고 2006나6218 판결)

【전 문】
【원고, 항소인】기술신용보증기금 (소송대리인 변호사 이소희)
【피고, 피항소인】신용보증기금 (소송대리인 법무법인 헌암 담당변호사 유병일외 2인)
【변론종결】
2007. 4. 20.
【제1심판결】인천지방법원 부천지원 2006. 4. 11. 선고 2005가단17367 판결
【주 문】
1. 원고의 항소를 기각한다.
2. 항소비용은 원고가 부담한다.
【청구취지 및 항소취지】
제1심 판결 중 피고에 대한 부분을 취소한다. 인천지방법원 부천지원 2004타기445 배당절차 사건에 관하여 위 법원이 2005. 6. 16. 작성한 배당표 중 원고에 대한 배당금 4,842,198원을 30,464,396원으로, 피고에 대한 배당금 27,000,000원을 8,070,550원으로 경정한다.
【이 유】

1. 기초사실

다음 각 사실은 갑1호증 내지 갑9호증, 을1호증, 을2호증의 각 기재(각 가지번호 포함) 및 변론 전체의 취지를 종합하여 인정할 수 있다.

가. 원고 및 피고의 구상금 채권의 취득

(1) 원고는 소외 3 주식회사에 대한 신용보증약정의 계약자로서 소외 3 주식회사의 보증사고로 인하여 2002. 12. 26. 하나은행에게 24,744,450원을 대위변제함으로써 소외 3 주식회사의 연대보증인인 소외 2에 대하여 구상금 채권을 취득하였다.

(2) 피고(영등포지점)도 소외 3 주식회사에 대한 신용보증약정의 계약자로서 소외 3 주식회사의 보증사고로 인하여 2002. 12. 23. 우리은행에게 36,686,209원을 대위변제함으로써 소외 3 주식회사의 연대보증인인 소외 2에 대하여 구상금 채권을 취득하였고, 또한 피고(울산지점)는 소외 4 주식회사에 대한 신용보증약정의 계약자로서 소외 4 주식회사의 보증사고로 인하여 2002. 12. 12.경 경남은행에게 13,500,000원을 대위변제함으로써 소외 4 주식회사의 연대보증인인 소외 2 등에 대하여 구상금 채권을 취득하였다.

(3) 한편 피고(부산지점)는 소외 5 주식회사에 대한 신용보증약정의 계약자로서 소외 5 주식회사의 보증사고로 인하여 2002. 9. 18.경 소외 5 주식회사의 연대보증인인 소외 1에 대한 27,000,000원 상당의 사전구상금 채권을 취득하였다.

나. 소외 1의 근저당권설정등기 및 그 배당금의 공탁

(1) 위 신용보증약정상 연대보증인인 소외 2는 신용보증사고가 임박한 2002. 8. 17. 유일한 재산인 자신의 부천시 원미구 중동 (지번, 명칭 및 동,호수 생략)(이하, 이 사건 부동산이라 한다)에 관하여 소외 1과 사이에 근저당권설정계약을 체결하고 2002. 8. 29. 소외 1에게 채권최고액 230,000,000원의 근저당권설정등기를 마쳤다.

(2) 이 사건 부동산에 대하여 이미 다른 근저당권자인 하나은행의 신청으로 인천지방법원 부천지원 2002타경16663호로 부동산임의경매절차가 진행되어 2003. 5. 15. 소외 6에게 매각됨으로써 소외

1 명의의 근저당권은 말소되고(이하, 이 사건 경매라 한다), 2003. 7. 10. 진행된 배당절차에서 근저당권자인 소외 1에게 49,021,559원이 배당되는 것으로 배당표가 작성되었으나, 아래 라.항과 같은 원고 및 피고의 가압류 등으로 인하여 2003. 7. 29. 소외 1에 대한 배당금은 인천지방법원 부천지원 2003년금1603호로 공탁되었다.

다. 원고와 피고의 사해행위취소 소송

(1) 원고는 소외 2와 소외 1 사이의 근저당권설정계약이 사해행위라고 주장하며 소외 3 주식회사, 소외 2, 소외 1 등을 상대로 서울지방법원 2003가단36025호로 구상금 등 소송을 제기하여, 2003. 11. 28. 위 법원으로부터 사해행위 청구부분과 관련하여 '소외 2와 소외 1 사이의 위 근저당권설정계약을 49,021,559원의 한도 내에서 취소하고, 소외 1은 소외 2에게 위와 같이 배당받은 49,021,559원의 배당금출급청구권에 관한 양도의 의사표시를 하고 대한민국에게 채권양도통지를 하라'는 취지의 원고승소판결을 선고하였고 그 판결은 그 무렵 확정되었다.

(2) 피고(영등포 지점)도 소외 2와 소외 1 사이의 근저당권설정계약이 사해행위라고 주장하며 소외 1, 2, 3 주식회사 등을 상대로 서울중앙지방법원 2003가합9617호로 구상금 등 소송을 제기하여 2004. 4. 22. 위 법원으로부터 사해행위와 관련하여 위(1)항 기재와 동일한 내용의 승소판결을 받아 확정되었다.

라. 소외 1의 배당금지급청구권 등에 대한 가압류 등

(1) 피고(부산지점)는 2003. 1. 17. 소외 1에 대한 사전구상금 채권에 기하여 소외 1이 이 사건 경매에서 근저당권자로서 배당받을 돈 중 2,700만 원에 관한 채권가압류 결정(부산지방법원 2003카단2783호)을 받았으며, 2003. 6. 26. 피고(영등포지점)는 사해행위취소청구권을 피보전권리로 하여 소외 1이 이 사건 경매에서 수령할 배당금청구채권에 대한 추심및처분금지가처분 결정(부산지방법원 2003카단43134호)을 받았다.

(2) 원고는 2003. 7. 7. 채권자취소권의 행사에 따른 원상회복청구권을 피보전권리로 하여 소외 1이 이 사건 경매에서 수령할 배당금 중 30,447,726원에 대하여 배당금지급금지가처분 결정(인천지방법원 부천지원 2003카단8038호)을 받았다.

(3) 원고는 2004. 3. 12. 소외 1을 대위하여 인천지방법원 부천지원 2003년금1603호로 공탁된 돈에 대한 소외 1의 공탁금출급청구권을 사해행위 취소판결(서울중앙지방법원 2003가단36025)에 따라 소외 2에게 양도한다는 채권양도통지를 대한민국에게 하였고, 그 통지는 그 무렵 대한민국에게 도달하였다.

(4) 원고는 위 채권양도통지 후 2004. 3. 15. 채권양도에 따라 양수인인 소외 2가 대한민국에 대하여 가지는 인천지방법원 부천지원 2003년금제1603호 공탁금원에 대한 출급청구권 중 30,464,396원에 대하여 인천지방법원 부천지원 2004타채580호로 채권압류및추심결정을 받았고 2004. 3. 18. 대한민국에게 송달되었다.

마. 배당의 실시 및 원고의 배당이의

(1) 집행법원은 위 각 사해행위취소 판결이 확정된 후 공탁되어 있는 소외 1에 대한 배당금에 대하여 2005. 6. 16. 인천지방법원 부천지원 2004타기445호로 배당절차(이하, 이 사건 배당절차라 한다)를 진행하였는데, 당시 기준의 배당할 금액 49,031,225원 중 집행비용 22,080원을 공제하고 실제 배당할 금액을 49,009,145원을 확정한 후 소외 1에 대한 가압류권자인 피고(부산지점)에게 1순위로 27,000,000원을 배당하고, 소외 1에 대한 다른 가압류권자인 제1심 공동피고 주식회사 하나은행에게 역시 1순위로 9,546,193원을 배당하였으며, 나머지 12,462,952원은 위 각 사해행위취소 판결 및 채권양도통지에 따라 소외 1의 공탁금출급청구권 중 위와 같이 1순위로 배당된 금액을 제외한 부분이 소외 2에게 양도되었다고 인정하고 소외 2에 대한 채권자인 원고와 피고의 압류채권금액(원고:30,464,396원, 피고:47,945,519원)에 안분하여 원고에게 4,842,198원, 피고에게 7,620,754원씩 각 배당하는 내

용의 배당표를 작성하였다.
(2) 원고는 위 배당기일에서 수익자인 소외 1에 대한 채권자들을 1순위로 하여 피고에게 배당한 27,000,000원 및 주식회사 하나은행에게 배당한 9,546,193원 부분에 대하여 이의를 진술하고 1주일 이내에 이 사건 배당이의 소송을 제기하였다.

2. 당사자의 주장
가. 원고의 주장
(1) 소외 1의 배당요구권자로서 지위상실로 인한 가압류집행의 무효
이 사건 경매절차에서 소외 1의 배당금지급채권에 대한 처분금지가처분결정으로 배당금이 공탁된 후 그 근저당권 설정계약이 사해행위로 취소되어 그 배당절차는 아직 종료되지 않았으므로, 이 사건 배당절차는 성격상 이 사건 경매의 추가배당에 해당한다고 할 것인데, 소외 1이 비록 이 사건 경매절차에서 근저당권자라고 주장하며 경매법원에 채권계산서를 제출하기는 하였으나 그 근저당권설정계약이 이 사건과 같이 사해행위로서 취소된 때에는 이를 적법한 배당요구채권자로 볼 수 없고(대법원 2002. 9. 24. 선고 2002다33069 판결), 소외 1에 대한 공탁금출급청구권도 채무자인 소외 2의 책임재산으로 회복되었으므로, 피고가 소외 1의 배당금청구권 중 27,000,000원에 대하여 한 가압류집행은 그 대상이 존재하지 않는 가압류로서 그 집행의 효력을 상실하였다.

따라서 집행법원은 소외 2에 대한 채권자로서 2002. 9. 24. 이 사건 부동산에 가압류집행을 하고, 앞서 본 바와 같이 소외 1에 대하여 사해행위취소 확정판결을 받아 소외 2의 공탁금출급청구권에 대하여 압류및추심명령을 받은 원고에게 먼저 추가배당을 하여야 함에도 불구하고 소외 1의 책임재산임을 전제로 가압류권자인 피고에게 27,000,000원을 배당하였는바, 피고에 대한 위법한 배당의 시정을 구하기 위해 청구취지 기재와 같은 배당표의 경정을 구한다.

(2) 민법 제406조 1항 후단의 유추적용
피고는 수익자인 소외 1의 채권자로서 소외 1의 배당금지급채권에

대하여 가압류를 하였으나 또한 배당표가 작성되기 전에 소외 2 등을 상대로 소외 2와 소외 1의 근저당권설정행위가 사해행위라고 주장하며 사해행위 취소청구를 하였고, 소외 1의 배당금에 대하여 2003. 6. 26. 부산지방법원 2003카단43134호로 채권추심및처분금지 가처분 결정을 받아놓기도 하였는바, 사해행위제도의 취지상 피고는 소외 1의 사해행위에 대한 악의의 제3자로서 민법 406조 1항 후단을 유추하여 사해행위취소청구의 상대방이 되어야 할 처지이므로 피고에 대한 우선배당은 부당하다.

나. 피고의 주장

피고는 수익자인 소외 1에 대한 채권자로서 소외 1의 배당금지급청구권에 대하여 가압류를 하였는바, 사해행위 취소채권자와 사해행위 취소의 대상인 재산을 가압류한 수익자의 채권자 사이에 취소채권자를 특별히 우선할 이유가 없고(대법원 2005. 11. 10. 선고 2004다49352 판결), 사해행위취소 판결은 그 상대적 효력으로 인하여 수익자의 채권자인 피고에게 미치지 아니하므로 피고에 대한 배당은 정당하고, 또한 피고는 2003. 1. 17. 소외 1의 위 배당금수령채권을 가압류 하였는데 그 이후에 배당금수령채권을 소외 2에게 양도하라는 승소판결이 선고되고 채권이 양도되었으므로 그 채권양도는 가압류의 처분금지효에도 반한다.

3. 판단

가. 원고의 (1) 주장에 대해

그러므로 보건대, 위에서 본 바와 같이 소외 1이 이 사건 경매절차에서 근저당권자로서 경매법원에 채권계산서를 제출하였으나 그 근저당권설정계약이 사해행위로서 취소된 이상 소외 1의 배당요구를 우선변제청구권이 있는 채권자의 배당요구로 볼 수 없어 소외 1에 대한 배당금지급채권 상당액은 채무자인 소외 2의 책임재산으로 취급되어 경매절차에서 우선순위에 따라 배당받았을 후순위채권자들에게 추가배당되어야 할 것이다.

한편 사해행위의 취소판결의 효력은 소송의 당사자인 채권자와 그 상대방인 수익자 사이에서만 상대적 효력을 갖는 것이므로 특단의 사정이 없는 한 사해행위 취소 전에 수익자의 채권자로서 목적부동산에 가압류를 한 제3자에게는 사해행위 취소의 효력이 미치지 않는다고 할 것이고, 이러한 법리는 수익자의 채권자가 수익자가 사해행위로 취득한 근저당권을 원인으로 경매절차에서 배당받을 배당금지급채권을 가압류한 경우에도 동일하게 적용된다고 보아야 할 것이며, 나아가 사해행위 취소채권자에게 수익자의 채권자들에 우선하여 변제받을 수 있는 권리를 부여하여 사해행위 취소판결의 실효성을 확보할 근거가 없으므로 위와 같은 추가배당은 수익자에 대한 채권자들의 보호를 위하여 일정한 제한을 받는다고 봄이 상당하다. 앞서 본 바와 같이 피고가 사해행위 취소 전인 2003. 1. 17. 수익자인 소외 1에 대한 채권자로서 소외 1의 배당금지급채권 중 2,700만 원에 대하여 채권가압류 결정을 받았으므로, 수익자인 소외 1에 대한 가압류권자인 피고에 대하여 우선적으로 배당을 실시한 후에 나머지 부분에 관하여 채무자인 소외 2에 대한 채권자들에게 안분배당을 한 집행법원의 이 사건 배당은 적법하다고 할 것이다.

나. 원고의 (2) 주장에 대하여

살피건대, 피고(영등포지점)가 2002. 9. 25. 사해행위취소청구권을 피보전권리로 하여 이 사건 부동산에 설정된 소외 1 명의의 근저당권처분금지가처분 결정을 받은 사실은 당사자 사이에 다툼이 없고, 피고(영등포지점)가 배당표 작성일인 2003. 7. 10. 이전인 2003. 6. 26. 위 근저당권설정행위가 사해행위라고 주장하며 소외 1의 배당금에 대하여 채권추심및처분금지가처분 결정을 받은 사실은 앞서 본 바와 같다.

그러나 사해행위 취소판결의 상대적 효력의 원칙에 비추어 수익자의 채권자가 악의의 수익자와 공모하여 위법하게 사해행위에 편승하여 수익자 명의로 재산권을 이전하고 이를 기화로 채권보전조치를 취하는 등의 특단의 사정이 없는 한 단순히 채무자와 수익자 사이의 근저당권설정행위 등의 법률행위가 사해행위라는 사정을 알고 채권보전조치를 취했다고 하여 그러한 수익자의 채권자를 사해행위 취소판결의 효력이 미치는 제3자라고 단정할수 없을 뿐만 아니라 원고의 주장처럼 민법 제406조 제1항 후단의 규정을 이 사건에 유추적용할 수 있다고 할 수 없으며, 원고 주장의 사정만으로는 소외 1에 대한 채권자의 지위도 가지는 피고를 사해행위 취소판결의 효력이 미치는 제3자라고 보기 어렵고 달리 이를 인정할 증거가 없으므로, 원고의 이 부분 주장도 이유 없다.

4. 결론

그렇다면 원고의 피고에 대한 청구는 이유 없어 이를 기각해야 할 것인바, 제1심 판결은 이와 결론을 같이하여 정당하므로 원고의 항소를 기각하기로 하여 주문과 같이 판결한다.

판사   김현미(재판장) 정인섭 황영희

2. 판례이론의 상대효

[판례 10] 배당이의 (대법원 2009.6.11. 선고 2008다7109 판결)

[1] 장래 발생할 채권이나 조건부 채권은 현재 그 권리의 특정이 가능하고 가까운 장래에 발생할 것임이 상당 정도 기대되는 경우 가압류의 대상이 된다.

[2] 사해행위의 취소는 취소소송의 당사자 간에 상대적으로 취소의 효력이 있는 것으로 당사자 이외의 제3자는 다른 특별한 사정이 없는 이상 취소로 그 법률관계에 영향을 받지 않는다. 사해행위의 취소에 상대적 효력만을 인정하는 것은 사해행위 취소채권자와 수익자 그리고 제3자의 이익을 조정하기 위한 것으로 그 취소의 효력이 미치지 아니하는 제3자의 범위를 사해행위를 기초로 목적부동산에 관하여 새롭게 법률행위를 한 그 목적부동산의 전득자 등만으로 한정할 것

은 아니므로, 수익자와 새로운 법률관계를 맺은 것이 아니라 수익자의 고유채권자로서 이미 가지고 있던 채권 확보를 위하여 수익자가 사해행위로 취득한 근저당권에 배당된 배당금을 가압류한 자에게 사해행위취소 판결의 효력이 미친다고 볼 수 없다.

[판례 11] 배당이의 (대법원 2001. 5. 29. 선고 99다9011 판결)

[1] 사해행위취소의 효력은 상대적이기 때문에 소송당사자인 채권자와 수익자 또는 전득자 사이에만 발생할 뿐 소송의 상대방 아닌 제3자에게는 아무런 효력을 미치지 아니한다.

[2] 채무자인 사용자 소유의 부동산이 제3자에게 양도된 후 위 부동산에 관하여 개시된 경매절차에서 위 부동산이 사용자의 책임재산이 아니라는 이유로 배당을 받지 못한 임금채권자가 제3자를 상대로 사해행위취소소송을 제기하고 제3자가 이를 인락하였다 하더라도 그 취소의 효력은 위 임금채권자와 수익자인 제3자 사이에만 발생할 뿐 사해행위 이전에 이미 위 부동산에 대하여 근저당권을 가지고 있던 자에게는 미치지 아니하며, 위 부동산이 소급하여 채무자의 책임재산으로 회복되는 것도 아니므로 임금채권자는 우선변제권을 내세워 위 근저당권자에게 경매절차에서 배당받은 금원의 반환을 구할 수 없다고 한 사례.

378   제2장 실무사례

3. 양도담보와 관련하여서는 양도담보권이 설정된 경우

양도담보와 관련하여서는 양도담보권이 설정된 경우 방해배제청구권은 누가 행사할 수 있는지,59) 임차주택의 양도담보권자가 주택임대차보호법 제3조의 양수인에 해당하는지,60) 양도담보설정자가 양도담보의 목적물을 처분한 경우 횡령죄가 성립하는지61) 등과 같은 새로운 문제가 발생하여 왔다.

4. 회생절차개시 결정 이후 소송제기된 경우

가. 채권자대위소송

채권자가 회생채무자에 의하지 않고 언제든지 권리를 행사하고 변제받을 수 있으므로(제180조 제1항), 아무런 제한 없이 이행 또는 확인의 소를 제기하는 것이 가능하다.

[판례 12] 부당이득금 (대법원 2000. 12. 22. 선고 2000다39780 판결)

【판시사항】

[1] 파산법 제61조 제1항의 의미
[2] 파산채권자가 파산자에 대한 채권을 보전하기 위하여 파산재단에 관하여 파산관재인에게 속하는 권리를 대위하여 행사할 수 있는지 여부(소극)

【판결요지】

[1] 파산법 제61조 제1항은 '파산채권에 관하여 파산재단에 속하는 재산에 대하여 한 강제집행, 가압류, 가처분은 파산재단에 대하여는 그 효력을 잃는다'고 규정하고 있는바, 그 규정의 취지는 관련 당사자

---

59) 대법원 1988. 4. 25. 선고, 87다카2696, 2697 판결
60) 대법원 1993. 11. 23. 선고, 93다4083 판결
61) 대법원 2009. 2. 12. 선고, 2008도10971 판결

간의 모든 관계에 있어서 강제집행, 집행보전행위가 절대적으로 무효가 된다는 것이 아니라 파산재단에 대한 관계에 있어서만 상대적으로 무효가 된다는 의미로 해석된다.

[2] 파산법 제7조는 '파산재단을 관리 및 처분할 권리는 파산관재인에게 속한다'고 규정하고 있어 파산자에게는 그 재단의 관리처분권이 인정되지 않고, 그 관리처분권을 파산관재인에게 속하게 하였으며, 같은 법 제15조는 '파산채권은 파산절차에 의하지 아니하고는 이를 행사할 수 없다'고 규정하고 있는바, 이는 파산자의 자유로운 재산정리를 금지하고 파산재단의 관리처분권을 파산관재인의 공정·타당한 정리에 일임하려는 취지임과 동시에 파산재단에 대한 재산의 정리에 관하여는 파산관재인에게만 이를 부여하여 파산절차에 의해서만 행하여지도록 하기 위해 파산채권자가 파산절차에 의하지 않고 이에 개입하는 것도 금지하려는 취지의 규정이라 할 것이므로, 그 취지에 부응하기 위하여는 파산채권자가 파산자에 대한 채권을 보전하기 위하여 파산재단에 관하여 파산관재인에 속하는 권리를 대위하여 행사하는 것은 법률상 허용되지 않는다고 해석해야 한다.

나. 채권자취소소송

　　(1) 채무자에 대하여 회생절차가 개시된 경우

[판례 13] 사해행위취소등 (대법원 2010. 9. 9. 선고 2010다37141 판결)

【판시사항】

개인회생절차 개시결정이 내려진 이후에 개인회생채권자가 채권자취소소송을 제기할 수 있는지 여부(소극)

【판결요지】

채무자 회생 및 파산에 관한 법률 제584조, 제347조 제1항, 제406조에 의하면, 개인회생절차 개시결정이 내려진 후에는 채무자가 부인권을 행사하고, 법원은 채권자 또는 회생위원의 신청에 의하거나 직권으로 채무자에게 부인권의 행사를 명할 수 있으며, 개인회생채권자가 제기한 채권자취소소송이 개인회생절차 개시결정 당시에 계속되어 있는 때에는 그 소송절차는 수계 또는 개인회생절차의 종료에 이르기까지 중단된다. 이러한 규정 취지와 집단적 채무처리절차인 개인회생절차의 성격, 부인권의 목적 등에 비추어 보면, 개인회생절차 개시결정이 내려진 후에는 채무자가 총채권자에 대한 평등변제를 목적으로 하는 부인권을 행사하여야 하고, 개인회생채권자목록에 기재된 개인회생채권을 변제받거나 변제를 요구하는 일체의 행위를 할 수 없는 개인회생채권자가 개별적 강제집행을 전제로 하여 개개의 채권에 대한 책임재산의 보전을 목적으로 하는 채권자취소소송을 제기할 수는 없다.

(2) 수익자 또는 전득자에 대하여 회생절차가 개시된 경우

[판례 14] 구상금등 (대법원 2014. 9. 4. 선고 2014다36771 판결)

【판시사항】

채권자가 사해행위의 수익자 또는 전득자에 대하여 회생절차가 개시되더라도 관리인을 상대로 사해행위의 취소 및 그에 따른 원물반환을 구하는 사해행위취소의 소를 제기할 수 있는지 여부(적극)

【판결요지】

사해행위취소권은 사해행위로 이루어진 채무자의 재산처분행위를 취소하고 사해행위에 의해 일탈된 채무자의 책임재산을 수익자 또는 전득자로부터 채무자에게 복귀시키기 위한 것이므로 환취권의 기초가 될 수 있다. 수익자 또는 전득자에 대하여 회생절차가 개시된 경우 채무자의 채권자가 사해행위의 취소와 함께 회생채무자로부터 사해행위의 목적인 재산 그 자체의 반환을 청구하는 것은 환취권의 행사에 해당하여 회생

절차개시의 영향을 받지 아니한다. 따라서 채무자의 채권자는 사해행위의 수익자 또는 전득자에 대하여 회생절차가 개시되더라도 관리인을 상대로 사해행위의 취소 및 그에 따른 원물반환을 구하는 사해행위취소의 소를 제기할 수 있다.

5. 회생절차개시결정 당시 이미 소송이 계속중인 경우

가. 청구취지

> ☐ 채권자가 원고로서 이행의 청구를 하고 있었던 경우
>   "원고의 채무자 ○○○에 대한 회생채권은 ○○○원임을 확정한다.
> ☐ 회생채무자가 원고로서 채무부존재확인청구를 하고 있었던 경우
>   채권자가 반소로서 "반소원고의 채무자 ○○○에 대한 회생채권은 ○○○원임을 확정한다."

나. 채권자취소소송

   (1) 소송의 중단 및 수계(제113조)

[판례 15] 근저당권말소 (대법원 2014. 5. 29. 선고 2013다73780 판결)

【판시사항】

법원이 채권자취소소송 계속 중 채무자에 대하여 개인회생절차 개시결정이 내려진 사실을 알지 못한 채 채무자의 소송수계가 이루어지지 아니한 상태로 소송절차를 진행하여 선고한 판결의 효력

[판례 16] 사해행위취소 (대법원 2013. 6. 13. 선고 2012다33976 판결)

【판시사항】

법원이 채권자취소소송 계속 중 채무자에 대하여 개인회생절차 개시결정이 내려진 사실을 알고도 채무자의 소송수계가 이루어지지 아니한 상태로 소송절차를 진행하여 선고한 판결의 효력

【판결요지】

채무자 회생 및 파산에 관한 법률 제584조 제1항, 제406조 제1항에 의하면, 개인회생채권자가 제기한 채권자취소소송이 개인회생절차 개시결정 당시 법원에 계속되어 있는 때에는 그 소송절차는 수계 또는 개인회생절차의 종료에 이르기까지 중단된다. 채권자취소소송의 계속 중 채무자에 대하여 개인회생절차 개시결정이 있었는데, 법원이 그 개인회생절차 개시결정사실을 알고도 채무자의 소송수계가 이루어지지 아니한 상태 그대로 소송절차를 진행하여 판결을 선고하였다면, 그 판결은 채무자의 개인회생절차 개시결정으로 소송절차를 수계할 채무자가 법률상 소송행위를 할 수 없는 상태에서 심리되어 선고된 것이므로 여기에는 마치 대리인에 의하여 적법하게 대리되지 아니하였던 경우와 마찬가지의 위법이 있다.

다. 채권자대위소송, 주주대표소송

채권자대위소송, 주주대표소송(상법 제403조) 모두 회생절차개시결정으로 중단된다.

제8절 채권자취소소송에서의 소의 이익

Ⅰ. 사해행위취소 (대법원 2013. 5. 9. 선고 2011다75232 판결)

1. 참조조문

민사소송법

제248조 (소제기의 방식) 소는 법원에 소장을 제출함으로써 제기한다.

민법

제406조 (채권자취소권) ① 채무자가 채권자를 해함을 알고 재산권을 목적으로 한 법률행위를 한 때에는 채권자는 그 취소 및 원상회복을 법원에 청구할 수 있다. 그러나 그 행위로 인하여 이익을 받은 자나 전득한 자가 그 행위 또는 전득당시에 채권자를 해함을 알지 못한 경우에는 그러하지 아니하다.

2. 판결요지

채무자가 선순위 근저당권이 설정되어 있는 상태에서 그 부동산을 제3자에게 양도한 후 선순위 근저당권설정계약을 해지하고 근저당권설정등기를 말소한 경우에, 비록 근저당권설정계약이 이미 해지되었지만 그것이 사해행위에 해당하는지에 따라 후행 양도계약 당시 당해 부동산의 잔존가치가 피담보채무액을 초과하는지 여부가 달라지고 그 결과 후행 양도계약에 대한 사해행위취소청구가 받아들여지는지 여부 및 반환범위가 달라지는 때에는 이미 해지된 근저당권설정계약이라 하더라도 그에 대한 사해행위취소청구를 할 수 있는 권리보호의 이익이 있다고 보아야 한다. 이는 근저당권설정계약이 양도계약보다 나중에 해지된 경우뿐 아니라 근저당권설정계약의 해지를 원인으로 한 근저당권설정등기의 말소등기와 양도계약을 원인으로 한 소유권이전등기가 같은 날 접수되어 함께 처리되고 그 원인일자가 동일한 경우에도 마찬가지이다.

3. 사안의 개요

가. 원고는 2006년경 채무자에 대하여 2억 2,000만 원의 채권을 가지고 있었다.
나. 이 사건 부동산은 채무자의 유일한 재산으로 시가 3억 원인 사실은 다툼이 없다.
다. 채무자는 그 장모인 피고와 사이에 2009. 2. 26. 이 사건 근저당권설정계약(채권최고액 1억 원)을 체결하고 그에 따라 근저당권설정등기를 마쳤다가 2009. 3. 30. 해지를 원인으로 이 사건 근저당권설정등기를 말소하였다.
라. 채무자는 2009. 3. 30. 그의 처제와 사이에 이 사건 부동산에 관하여 매매계약을 체결하고 같은 날 위 매매를 원인으로 처제 앞으로 소유권이전등기를 마쳤다.
마. 원고는 2건의 사해행위취소 소송을 제기하였는데, 채무자가 이 사건 아파트를 그 장모인 피고에게 사해근저당권을 설정하여 주었다는 이유로 이 사건 소를, 그 처제에게 사해양도를 하였다는 이유로 관련 소송을 제기하였다.
바. 위 관련 소송의 제1심인 서울북부지방법원 2009가단39407호 사건에서 위 근저당권설정등기의 피담보채권 1억 원을 포함하여 피담보채권 합계액이 이 사건 부동산의 시가인 3억 원을 초과하므로 위 매매계약을 사해행위로 볼 수 없다는 이유로 원고의 청구가 기각되었다.
사. 이 사건 소송의 원심은 "이 사건 근저당권설정계약이 비록 해지되기는 하였으나, 위 근저당권설정계약이 사해행위로서 취소되는지 여부

에 따라 위 2009가단39407호 소송에서 채무자와 그 처제 사이의 매매계약이 사해행위에 해당하는지 여부 및 반환범위가 달라진다고 할 것이므로 원고가 피고를 상대로 이 사건 근저당권설정계약의 사해행위를 주장하는 이 사건 소송은 권리보호이익이 있다."고 판단하여, 원고의 사해행위취소청구를 인용하였다.

(1) 계약이 해지로 소멸된 후 사해행위취소 청구의 가부(원칙적 소극)

[판례 1] 사해신탁취소등 (대법원 2008.3.27. 선고 2007다85157 판결)

[1] 채권자가 채무자의 부동산에 관한 사해행위를 이유로 수익자를 상대로 그 사해행위의 취소 및 원상회복을 구하는 소송을 제기하여 그 소송계속 중 위 사해행위가 해제 또는 해지되고 채권자가 그 사해행위의 취소에 의해 복귀를 구하는 재산이 벌써 채무자에게 복귀한 경우에는, 특별한 사정이 없는 한, 그 채권자취소소송은 이미 그 목적이 실현되어 더 이상 그 소에 의해 확보할 권리보호의 이익이 없어지는 것이고, 이는 그 목적재산인 부동산의 복귀가 그 이전등기의 말소 형식이 아니라 소유권이전등기의 형식을 취하였다고 하여 달라지는 것은 아니다.

[2] 채권자가 수익자를 상대로 사해행위취소로 인한 원상회복을 위하여 소유권이전등기 말소등기청구권을 피보전권리로 하여 그 목적부동산에 대한 처분금지가처분을 발령받은 경우, 그 후 수익자가 계약의 해제 또는 해지 등의 사유로 채무자에게 그 부동산을 반환하는 것은 가처분채권자의 피보전권리인 채권자취소권에 의한 원상회복청구권을 침해하는 것이 아니라 오히려 그 피보전권리에 부합하는 것이므로 위 가처분의 처분금지 효력에 저촉된다고 할 수 없다.

[판례 2] 구상금등 (대법원 1997. 10. 10. 선고 97다8687 판결)

[1] 채권자취소권에 의하여 보호될 수 있는 채권은 원칙적으로 사해행위라고 볼 수 있는 행위가 행하여지기 전에 발생된 것임을 요하지만, 그 사해행위 당시에 이미 채권 성립의 기초가 되는 법률관계가 발생되어 있고 가까운 장래에 그 법률관계에 기하여 채권이 성립되리라는 점에 대한 고도의 개연성이 있으며 실제로 가까운 장래에 그 개연성이 현실화되어 채권이 성립된 경우에는, 그 채권도 채권자취소권의 피보전채권이 될 수 있다.

[2] 채무자와 수익자 사이의 근저당권설정계약이 사해행위인 이상 그로 인한 근저당권설정등기가 경락으로 인하여 말소되었다고 하더라도 수익자로 하여금 근저당권자로서의 배당을 받도록 하는 것은 민법 제406조 제1항의 취지에 반하므로, 수익자에게 그와 같은 부당한 이득을 보유시키지 않기 위하여 그 근저당권설정등기로 인하여 해를 입게 되는 채권자는 근저당권설정계약의 취소를 구할 이익이 있다.

[3] 수익자가 경매절차에서 채무자와의 사해행위로 취득한 근저당권에 기하여 배당에 참가하여 배당표는 확정되었으나 채권자의 배당금지급금지가처분으로 인하여 배당금을 현실적으로 지급받지 못한 경우, 채권자취소권의 행사에 따른 원상회복의 방법은 수익자에게 바로 배당금의 지급을 명할 것이 아니라 수익자가 취득한 배당금지급청구권을 채무자에게 반환하는 방법으로 이루어져야 하고, 이는 결국 배당금지급채권의 양도와 그 채권양도의 통지를 배당금지급채권의 채무자에게 하여 줄 것을 청구하는 형태가 될 것이다.

(2) 저당권이 설정되어있는 부동산을 양도한 경우 사해행위의 성립

[판례 3] 근저당권설정등기말소 (대법원 1997. 9. 9. 선고 97다10864 판결)

[1] 채무자가 양도한 목적물에 담보권이 설정되어 있는 경우라면 그 목적물 중에서 일반 채권자들의 공동담보에 공하여지는 책임재산은 피

담보채권액을 공제한 나머지 부분만이라 할 것이고 피담보채권액이 목적물의 가격을 초과하고 있는 때에는 당해 목적물의 양도는 사해행위에 해당한다고 할 수 없다.
[2] 채무초과 상태에 있는 채무자가 그 소유의 부동산을 채권자 중의 어느 한 사람에게 채권담보로 제공하는 행위는 특별한 사정이 없는 한 다른 채권자들에 대한 관계에서 사해행위에 해당한다.
[3] 사해행위 취소의 범위는 다른 채권자가 배당요구를 할 것이 명백하거나 목적물이 불가분인 경우와 같이 특별한 사정이 있는 경우에는 취소채권자의 채권액을 넘어서까지도 취소를 구할 수 있다.

> 취소채권자는 위와 같은 특별한 사정이 없는 한 자신의 채권액 범위 내에서 채무자의 책임재산을 회복하기 위하여 채권자취소권을 행사할 수 있고 그 취소에 따른 효력을 주장할 수 있을 뿐이며, 채무자에 대한 채권 보전이 아니라 제3자에 대한 채권만족을 위해서는 사해행위 취소의 효력을 주장할 수 없다 (대법원 2010. 5. 27. 선고 2007다40802 판결)

[판례 4] 사해행위취소등 (대법원 2006.4.13. 선고 2005다70090 판결)

[1] 저당권이 설정되어 있는 재산이 사해행위로 양도된 경우에 그 사해행위는 그 재산의 가액, 즉 시가에서 저당권의 피담보채권액을 공제한 잔액의 범위 내에서 성립하고, 피담보채권액이 그 재산의 가액을 초과하는 때에는 당해 재산의 양도는 사해행위에 해당한다고 할 수 없다.
[2] 채무초과의 상태에 있는 채무자가 근로자들에 대한 임금채무 등의 지급을 면하고자 채무자의 유일한 재산인 선박을 채권자 중 1인에게 매도하였는데, 매도 당시 그 선박에 설정되어 있는 근저당권들의 피담보채권액의 합계가 선박의 시가를 초과하고 있는 사안에서, 위 선박의 양도행위가 임금채권 등 근저당권에 우선하는 채권을 가진

자에 대하여는 사해행위에 해당한다고 판단한 원심판결을, 채권자취소권에 관한 법리오해를 이유로 파기한 사례.

[판례 5] 사해행위취소 (대법원 2003. 11. 13. 선고 2003다39989 판결)

채무자가 양도한 목적물에 담보권이 설정되어 있는 경우라면 그 목적물 중에서 일반채권자들의 공동담보에 제공되는 책임재산은 피담보채권액을 공제한 나머지 부분이라 할 것이고 그 피담보채권액이 목적물의 가격을 초과하고 있는 때에는 당해 목적물의 양도는 사해행위에 해당한다고 할 수 없는데, 여기서 공동저당권이 설정되어 있는 수 개의 부동산 중 일부가 양도된 경우에 있어서의 그 피담보채권액은 특별한 사정이 없는 한 민법 제368조의 규정 취지에 비추어 공동저당권의 목적으로 된 각 부동산의 가액에 비례하여 공동저당권의 피담보채권액을 안분한 금액이라고 보아야 한다.

[판례 6] 사해행위취소등 (대법원 2001. 10. 9. 선고 2000다42618 판결)

저당권이 설정되어 있는 부동산이 사해행위로 양도된 경우에 그 사해행위는 부동산의 가액, 즉 시가(공시지가와 일치하는 것은 아니다)에서 저당권의 피담보채권액을 공제한 잔액의 범위 내에서 성립하고, 피담보채권액이 부동산의 가액을 초과하는 때에는 당해 부동산의 양도는 사해행위에 해당한다고 할 수 없는바, 여기서 피담보채권액이라 함은 근저당권의 경우 채권최고액이 아니라 실제로 이미 발생하여 있는 채권금액이다.

[판례 7] 사해행위취소등 (대법원 1996. 10. 11. 선고 95다3442 판결)

체납자 소유의 부동산에 대한 체납처분이 개시될 무렵 국세채권에 우선하는 근저당권으로 담보되는 채무액이 부동산의 시가를 상회하고 있는 경우라도 그 부동산에 대한 체납처분 자체가 불가능한 것은 아니고, 그 피담보채무의 채무자가 체납자가 아닌 제3자인 경우에는 일차적인 변제

의무가 있는 제3자의 변제 여부에 따라 장차 그 채무액이 변동·감소하는 것이어서 피담보채무액이 부동산의 시가를 상회한다는 점만으로는 그 부동산에 대한 체납처분의 결과 종국적으로 국세의 만족을 받을 수 없다고 단정할 수는 없으므로, 그와 같은 경우에도 체납자가 체납처분에 의한 압류를 면하고자 고의로 그 재산을 양도하고 양수인 또한 그 정을 알면서 양수한 것이라면 이는 국세징수법 제30조 소정의 사해행위에 해당한다고 본 원심판결을 수긍한 사례.

(3) 이 사건 근저당권설정계약이 사해행위로 취소되는지 여부에 따라 관련 사건(매매계약이 사해행위에 해당하는지가 쟁점)의 결론에 영향을 미치는지 여부

(가) 사해행위취소의 효력

[판례 8] 소유권이전등기말소회복등기
(대법원 1988.2.23. 선고 87다카1989 판결)

사해행위취소판결의 기판력은 그 취소권을 행사한 채권자와 그 상대방인 수익자 또는 전득자와의 상대적인 관계에서만 미칠 뿐 그 소송에 참가하지 아니한 채무자 또는 채무자와 수익자 사이의 법률관계에는 미치지 아니한다.

[판례 9] 제3자이의 (대법원 1990.10.30. 선고 89다카35421 판결)

사해행위의 목적부동산에 수익자에 대한 채권자의 가압류등기가 경료된 후 채무자와 수익자 사이의 위 부동산에 관한 매매계약이 사해행위라는 이유로 취소되어 수익자 명의의 소유권이전등기가 말소되었다 하더라도 사해행위의 취소는 상대적 효력밖에 없어 특단의 사정이 없는 한 가압류의 효력이 당연히 소멸되는 것은 아니므로 채무자로부터 위 부동산을 진전하여 양도받은 자는 가압류의 부담이 있는 소유권을 취득하였다 할

것인바, 원심이 위 부동산에 관한 수익자 명의의 소유권이전등기가 원인무효라는 이유만으로 가압류채권자의 위 부동산에 대한 강제집행을 불허한 조치는 사해행위취소의 효력에 관한 법리를 오해한 위법이 있다.

[판례 10] 소유권이전등기말소회복등기
(대법원 1988.2.23. 선고 87다카1989 판결)

사해행위취소판결의 기판력은 그 취소권을 행사한 채권자와 그 상대방인 수익자 또는 전득자와의 상대적인 관계에서만 미칠 뿐 그 소송에 참가하지 아니한 채무자 또는 채무자와 수익자 사이의 법률관계에는 미치지 아니한다.

[판례 11] 배당이의 (대법원 2001. 5. 29. 선고 99다9011 판결)

[1] 사해행위취소의 효력은 상대적이기 때문에 소송당사자인 채권자와 수익자 또는 전득자 사이에만 발생할 뿐 소송의 상대방 아닌 제3자에게는 아무런 효력을 미치지 아니한다.

[2] 채무자인 사용자 소유의 부동산이 제3자에게 양도된 후 위 부동산에 관하여 개시된 경매절차에서 위 부동산이 사용자의 책임재산이 아니라는 이유로 배당을 받지 못한 임금채권자가 제3자를 상대로 사해행위취소소송을 제기하고 제3자가 이를 인락하였다 하더라도 그 취소의 효력은 위 임금채권자와 수익자인 제3자 사이에만 발생할 뿐 사해행위 이전에 이미 위 부동산에 대하여 근저당권을 가지고 있던 자에게는 미치지 아니하며, 위 부동산이 소급하여 채무자의 책임재산으로 회복되는 것도 아니므로 임금채권자는 우선변제권을 내세워 위 근저당권자에게 경매절차에서 배당받은 금원의 반환을 구할 수 없다고 한 사례.

(나) 대법원판례에 의하면 사해행위의 취소로 책임재산이 소급적으로 회복

제8절 채권자취소소송에서의 소의 이익 391

[판례 12] 파산배당금교부청구권
(대법원 2006.8.24. 선고 2004다23110 판결)

[1] 처분금지가처분의 효력범위
[2] 채권양도인의 채권자가 양수인을 상대로 사해행위취소로 인한 원상회복청구권을 피보전권리로 하여 양도채권에 대한 처분금지가처분을 발령받은 경우, 양수인이 양도인에게 임의로 또는 다른 채권자가 제기한 사해행위취소소송에서의 청구인낙에 따라 양도채권을 반환한 것이 위 가처분의 처분금지효력에 저촉되는지 여부(소극)
[3] 채권자가 사해행위의 취소와 함께 수익자 또는 전득자로부터 책임재산의 회복을 구하는 사해행위취소의 소를 제기한 경우, 그 취소의 효과

[판례 13] 대여금 (대법원 2007.4.12. 선고 2005다1407 판결)

【판시사항】
[1] 압류된 금전채권에 대한 전부명령이 제3채무자에게 송달될 때에 피압류채권이 존재하지 않는 경우, 전부명령의 효력(무효)
[2] 채권자가 사해행위의 취소와 함께 수익자나 전득자로부터 책임재산의 회복을 명하는 사해행위취소의 판결을 받은 경우, 그 취소의 효과
【참조조문】 [1] 민사집행법 제229조 [2] 민법 제406조
【참조판례】
[1] 대법원 1981. 9. 22. 선고 80누484 판결(공1981, 14388)
　　대법원 2004. 1. 5.자 2003마1667 결정(공2004상, 429)
[2] 대법원 2001. 5. 29. 선고 99다9011 판결(공2001하, 1444)
　　대법원 2006. 8. 24. 선고 2004다23110 판결
【전 문】
【원고, 상고인】파산자 주식회사 동아상호신용금고의 파산관재인 정미화외 1인 (소송대리인 변호사 이재후외 1인)

【피고, 피상고인】 주식회사 예음파이낸스외 1인 (소송대리인 변호사 장인태)

【원심판결】 서울고법 2004. 12. 7. 선고 2004나26166 판결

【주 문】

원심판결을 파기하고, 사건을 서울고등법원에 환송한다.

【이 유】

상고이유를 판단한다.

1. 압류된 금전채권에 대한 전부명령이 절차상 적법하게 발부되어 확정되었다고 하더라도, 전부명령이 제3채무자에게 송달될 때에 피압류채권이 존재하지 않으면 전부명령은 무효이므로, 피압류채권이 전부채권자에게 이전되거나 집행채권이 변제되어 소멸하는 효과는 발생할 수 없다(대법원 1981. 9. 22. 선고 80누484 판결, 2004. 1. 5.자 2003마1667 결정 등 참조).

   한편, 채권자가 사해행위의 취소와 함께 수익자 또는 전득자로부터 책임재산의 회복을 명하는 사해행위취소의 판결을 받은 경우 그 취소의 효과는 채권자와 수익자 또는 전득자 사이에만 미치므로, 수익자 또는 전득자가 채권자에 대하여 사해행위의 취소로 인한 원상회복 의무를 부담하게 될 뿐, 채무자와 사이에서 그 취소로 인한 법률관계가 형성되거나 취소의 효력이 소급하여 채무자의 책임재산으로 회복되는 것은 아니다(대법원 2001. 5. 29. 선고 99다9011 판결, 2006. 8. 24. 선고 2004다23110 판결 등 참조).

2. 원심은 그 채용 증거를 종합하여 판시와 같은 사실을 인정한 다음, 이 사건 전부명령은 제3채무자에 대한 송달일인 1998. 4. 1. 당시 피전부채권인 전세금반환채권이 이미 타에 양도되어 존재하지 아니하므로 무효인 상태로 있다가, 그 후 전세권양도계약에 대한 사해행위취소판결이 확정되어 전세금반환채권이 그 양수인으로부터 양도인인 피고 주식회사 예음파이낸스(이하 '피고 예음'이라고만 한다)에게 원상회복됨에 따라 위 전부명령 송달일인 1998. 4. 1.자로 소급하여 유효하게 되었다고 보고, 원고가 피고들에 대하여 구하는 이 사건 대여

금채권은 1998. 4. 1. 이 사건 전부명령의 효력에 의하여 전액 변제되었다는 피고들의 항변을 받아들여 원고의 주위적 대여금청구를 모두 기각하였다.

그러나 원심이 인정한 바와 같이 위 전부명령 당시 피전부채권이 이미 채무자인 피고 예음으로부터 제3자에게 양도되어 대항요건까지 갖추었다면, 원고의 전부명령은 무효라 하겠고, 그 후의 사해행위취소소송에서 피전부채권에 대한 채권양도계약이 취소되고 그 채권의 복귀를 명하는 판결이 확정되었다고 하더라도, 위 채권이 소급하여 피고 예음에게 복귀하거나 이미 무효로 된 전부명령이 다시 유효하게 되는 것은 아니라고 할 것이다.

이와 달리 원심은 위 사해행위취소판결의 효력에 의해 전부명령이 소급하여 유효하게 되었음을 전제로, 피전부채권이 원고에게 이전되어 원고의 채권이 변제로 소멸하였다고 판단하고 말았으니, 원심판결에는 전부명령의 효력 내지 사해행위취소판결의 효력에 관한 법리를 오해하여 판결 결과에 영향을 미친 위법이 있고, 이 점을 지적하는 상고이유의 주장은 이유 있다.

3. 그러므로 나머지 상고이유에 대하여 판단할 필요 없이 원심판결을 파기하고, 사건을 다시 심리·판단하게 하기 위하여 원심법원에 환송하기로 하여 관여 대법관의 일치된 의견으로 주문과 같이 판결한다.

대법관 양승태(재판장) 고현철 김지형 전수안(주심)

(다) 상대적 무효설의 "제3자"의 범위

[판례 14] 배당이의 (대법원 2005. 11. 10. 선고 2004다49532 판결)

[1] 사해행위의 취소는 취소소송의 당사자 사이에서 상대적으로 취소의 효력이 있는 것으로 당사자 이외의 제3자는 다른 특별한 사정이 없는 이상 취소로 인하여 그 법률관계에 영향을 받지 않는다.

[2] 사해행위의 목적부동산 등을 새로운 법률관계에 의하여 취득한 전득자 등은 민법 제406조 제1항 단서에 의하여 보호되므로, 사해행위의 취소에 상대적 효력만을 인정하는 것은 사해행위 취소채권자와 수익자 그리고 제3자의 이익을 조정하기 위한 것으로 그 취소의 효력이 미치지 아니하는 제3자의 범위를 사해행위를 기초로 목적부동산에 관하여 새롭게 법률행위를 한 그 목적부동산의 전득자 등만으로 한정할 것은 아니다.

[3] 근저당권이 설정되어 있는 채무자의 부동산을 매수한 수익자의 채권을 담보하기 위하여 수익자의 채권자들이 부동산에 대해 압류 등을 하여 부동산에 관한 근저당권에 의한 경매절차에서 배당받은 후 사해행위 취소채권자가 수익자를 상대로 사해행위취소소송을 제기하여 가액배상의 확정판결을 받은 경우, 수익자의 채권자들이 수익자와 새로운 법률관계를 맺은 것이 아니라 수익자의 채권자로서 이미 가지고 있던 채권확보를 위하여 부동산을 압류 또는 가압류한 자에 불과하더라도 목적부동산의 매각대금에 대하여 사해행위 취소채권자에게 수익자의 채권자들에 우선하여 변제받을 수 있는 권리를 부여하여 사해행위취소판결의 실효성을 확보하여야 할 아무런 근거가 없으므로 수익자의 채권자들에게 사해행위취소판결의 효력이 미친다고는 볼 수 없다고 한 사례.

[판례 15] 배당이의 (대법원 2009.6.11. 선고 2008다7109 판결)

[1] 장래 발생할 채권이나 조건부 채권은 현재 그 권리의 특정이 가능하고 가까운 장래에 발생할 것임이 상당 정도 기대되는 경우 가압류의 대상이 된다.

[2] 사해행위의 취소는 취소소송의 당사자 간에 상대적으로 취소의 효력이 있는 것으로 당사자 이외의 제3자는 다른 특별한 사정이 없는 이상 취소로 그 법률관계에 영향을 받지 않는다. 사해행위의 취소에

상대적 효력만을 인정하는 것은 사해행위 취소채권자와 수익자 그리고 제3자의 이익을 조정하기 위한 것으로 그 취소의 효력이 미치지 아니하는 제3자의 범위를 사해행위를 기초로 목적부동산에 관하여 새롭게 법률행위를 한 그 목적부동산의 전득자 등만으로 한정할 것은 아니므로, 수익자와 새로운 법률관계를 맺은 것이 아니라 수익자의 고유채권자로서 이미 가지고 있던 채권 확보를 위하여 수익자가 사해행위로 취득한 근저당권에 배당된 배당금을 가압류한 자에게 사해행위취소 판결의 효력이 미친다고 볼 수 없다.

제9절 채권자취소소송에 있어서 원물반환과 가액배상

1. 서론

민법 제406조제1항은 「채무자가 채권자를 해함을 알고 재산권을 목적으로 한 법률행위를 한 때에는 채권자는 그 취소 및 원상회복을 법원에 청구할 수 있다.

[판례 1] 소유권이전등기말소회복등기
(대법원 1988.2.23. 선고 87다카1989 판결)

사해행위취소판결의 기판력은 그 취소권을 행사한 채권자와 그 상대방인 수익자 또는 전득자와의 상대적인 관계에서만 미칠 뿐 그 소송에 참가하지 아니한 채무자 또는 채무자와 수익자 사이의 법률관계에는 미치지 아니한다.

[판례 2] 사해행위취소등 (대법원 2001. 2. 9. 선고 2000다57139 판결)

채권자의 사해행위취소 및 원상회복청구가 인정되면, 수익자는 원상회복으로서 사해행위의 목적물을 채무자에게 반환할 의무를 지게 되고, 만일 원물반환이 불가능하거나 현저히 곤란한 경우에는 원상회복의무의 이행으로서 사해행위 목적물의 가액 상당을 배상하여야 하는바, 여기에서 원물반환이 불가능하거나 현저히 곤란한 경우라 함은 원물반환이 단순히 절대적, 물리적으로 불능인 경우가 아니라 사회생활상의 경험법칙 또는 거래상의 관념에 비추어 그 이행의 실현을 기대할 수 없는 경우를 말하는 것이므로, 사해행위 후 그 목적물에 관하여 제3자가 저당권이나 지상권 등의 권리를 취득한 경우에는 수익자가 목적물을 저당권 등의 제한이 없는 상태로 회복하여 이전하여 줄 수 있다는 등의 특별한 사정이 없는 한 채권자는 수익자를 상대로 원물반환 대신 그 가액 상당의 배상을 구할 수도 있다고 할 것이나, 그렇다고 하여 채권자가 스스로 위험이나 불이익을 감수하면서 원물반환을 구하는 것까지 허용되지 아니하는 것으로 볼 것은 아니고, 그 경우 채권자는 원상회복 방법으로 가액배상 대신 수익자 명의의 등기의 말소를 구하거나 수익자를 상대로 채무자 앞으로 직접 소유권이전등기절차를 이행할 것을 구할 수 있다.

가. 원물반환과 잉여금의 귀속문제

(1) 판례의 입장

[판례 3] 배당이의 (대법원 2003. 12. 11. 선고 2003다47638 판결)

[1] 구 민사소송법(2002. 1. 26. 법률 제6626호로 전문 개정되기 전의 것) 제580조 제1항은 금전채권에 대한 강제집행에 있어서 배당요구를 할 수 있는 채권자의 범위를 '민법·상법 기타 법률에 의하여 우선변제청구권이 있는 채권자'와 '집행력 있는 정본을 가진 채권자'로 제한하여 규정하고 있으므로, 그 어느 것에도 해당하지 않는 채권자는, 위 조항 각 호의 사유 발생 전에 미리 가압류를 하여 이른바 경합압류채권자로서 배당에 참가하게 되는 것은 별론으로 하고, 별도의 배당요구를 할 자격이 없다.

[2] 수익자에 대한 사해행위취소(소유권이전등기말소)소송에서 승소하고 그 목적물인 부동산의 경매절차에서 발생한 수익자의 배당잔금지급청구권에 대하여 지급정지가처분(위 사해행위취소소송을 본안으로 한 가처분)을 하여 두었을 뿐인 채권자는 위 배당잔금지급청구권에 대한 압류경합에 따라 개시된 배당절차에서 배당요구를 할 수 있는 채권자에 해당하지 않는다고 한 사례.

나. 가액배상의 의미

[판례 4] 사해행위취소등 (대법원 2001. 2. 9. 선고 2000다57139 판결)

채권자의 사해행위취소 및 원상회복청구가 인정되면, 수익자는 원상회복으로서 사해행위의 목적물을 채무자에게 반환할 의무를 지게 되고, 만일 원물반환이 불가능하거나 현저히 곤란한 경우에는 원상회복의무의 이행으로서 사해행위 목적물의 가액 상당을 배상하여야 하는바, 여기에서 원물반환이 불가능하거나 현저히 곤란한 경우라 함은 원물반환이 단순히 절대적, 물리적으로 불능인 경우가 아니라 사회생활상의 경험법칙 또는 거래상의 관념에 비추어 그 이행의 실현을 기대할 수 없는 경우를 말하는 것이므로, 사해행위 후 그 목적물에 관하여 제3자가 저당권이나 지상권 등의 권리를 취득한 경우에는 수익자가 목적물을 저당권 등의 제한이 없는 상태로 회복하여 이전하여 줄 수 있다는 등의 특별한 사정이 없는 한 채권자는 수익자를 상대로 원물반환 대신 그 가액 상당의 배상을 구할 수도 있다고 할 것이나, 그렇다고 하여 채권자가 스스로 위험이나 불이익을 감수하면서 원물반환을 구하는 것까지 허용되지 아니하는 것으로 볼 것은 아니고, 그 경우 채권자는 원상회복 방법으로 가액배상 대신 수익자 명의의 등기의 말소를 구하거나 수익자를 상대로 채무자 앞으로 직접 소유권이전등기절차를 이행할 것을 구할 수 있다.

[판례 5] 소유권말소등기 (대법원 2001. 12. 11. 선고 2001다64547 판결)

[1] 근저당권이 설정되어 있는 부동산을 증여한 행위가 사해행위에 해당하는 경우, 그 부동산이 증여된 뒤 근저당권설정등기가 말소되었다면, 증여계약을 취소하고 부동산의 소유권 자체를 채무자에게 환원시키는 것은 당초 일반 채권자들의 공동담보로 제공되지 아니한 부분까지 회복시키는 결과가 되어 불공평하므로, 채권자는 그 부동산의 가액에서 근저당권의 피담보채무액을 공제한 잔액의 한도 내에서 증여계약의 일부 취소와 그 가액의 배상을 청구할 수밖에 없다.

[2] 채권자가 채권자취소권을 행사할 때에는 원칙적으로 자신의 채권액을 초과하여 취소권을 행사할 수는 없지만, 이 때 채권자의 채권액에는 사해행위 이후 사실심 변론종결시까지 발생한 이자나 지연손해금이 포함된다.

[판례 6] 사해행위취소 (대법원 2009.3.26. 선고 2007다63102 판결)

[1] 채권자취소권의 행사에 있어서 제척기간의 기산점인 채권자가 "취소원인을 안 날"이라 함은 채무자가 채권자를 해함을 알면서 사해행위를 하였다는 사실을 알게 된 날을 의미한다. 이는 단순히 채무자가 재산의 처분행위를 한 사실을 아는 것만으로는 부족하고, 구체적인 사해행위의 존재를 알고 나아가 채무자에게 사해의 의사가 있었다는 사실까지 알 것을 요한다. 한편 그 제척기간의 도과에 관한 입증책임은 채권자취소소송의 상대방에게 있다.

[2] 특정한 채권에 대한 공동 연대보증인 중 1인이 다른 공동 연대보증인에게 재산을 증여하여 특정채권자가 추급할 수 있는 채무자들의 총 책임재산에는 변동이 없다고 하더라도, 재산을 증여한 연대보증인의 재산이 감소되어 그 특정한 채권자를 포함한 일반채권자들의 공동담보에 부족이 생기거나 그 부족이 심화된 경우에는, 그 증여행위의 사해성을 부정할 수는 없다.

[3] 사해성의 요건은 행위 당시는 물론 채권자가 취소권을 행사할 당시(사해행위취소소송의 사실심 변론종결시)에도 갖추고 있어야 하므로, 처분행위 당시에는 채권자를 해하는 것이었더라도 그 후 채무자가 자력을 회복하거나 채무가 감소하여 취소권 행사시에 채권자를 해하지 않게 되었다면, 채권자취소권에 의하여 책임재산을 보전할 필요성이 없으므로 채권자취소권은 소멸한다.

[4] 사해의사란 채무자가 법률행위를 함에 있어 그 채권자를 해함을 안다는 것이다. 여기서 '안다'고 함은 의도나 의욕을 의미하는 것이 아니라 단순한 인식으로 충분하다. 결국 사해의사란 공동담보 부족에

의하여 채권자가 채권변제를 받기 어렵게 될 위험이 생긴다는 사실을 인식하는 것이며, 이러한 인식은 일반 채권자에 대한 관계에서 있으면 족하고, 특정의 채권자를 해한다는 인식이 있어야 하는 것은 아니다.

[5] 사해행위의 취소에 따른 원상회복은 원칙적으로 그 목적물 자체의 반환에 의하여야 하고, 그것이 불가능하거나 현저히 곤란한 경우에 한하여 예외적으로 가액반환에 의하여야 한다. 원물반환이 불가능하거나 현저히 곤란한 경우라 함은 원물반환이 단순히 절대적·물리적으로 불능인 경우가 아니라 사회생활상의 경험법칙 또는 거래상의 관념에 비추어 채권자가 수익자나 전득자로부터 이행의 실현을 기대할 수 없는 경우를 말한다. 사정변경에 따른 주식 가치의 변동은 주식의 통상적인 속성에 포함되는 것이고 주식 자체의 성질이나 내용에는 변화가 없는 것이어서, 이를 가액배상의 사유로 삼을 수는 없다.

민법

제748조 (수익자의 반환범위) ② 악의의 수익자는 그 받은 이익에 이자를 붙여 반환하고 손해가 있으면 이를 배상하여야 한다.

[판례 7] 사해행위취소 (대법원 2001. 12. 27. 선고 2001다33734 판결)

부동산에 관한 법률행위가 사해행위에 해당하는 경우에는 원칙적으로 그 사해행위를 취소하고 소유권이전등기의 말소 등 부동산 자체의 회복을 명하는 것이 원칙이지만, 저당권이 설정되어 있는 부동산에 관하여 사해행위가 이루어진 경우에 그 사해행위는 부동산의 가액에서 저당권의 피담보채권액을 공제한 잔액의 범위 내에서만 성립한다고 보아야 하므로, 사해행위 후 변제 등에 의하여 저당권설정등기가 말소된 경우, 사해행위를 취소하여 그 부동산 자체의 회복을 명하는 것은 당초 일반 채권자들의 공동담보로 되어 있지 아니하던 부분까지 회복을 명하는 것이 되어 공평에 반하는 결과가 되므로, 그 부동산의 가액에서 저당권의 피담보채무액을 공제한 잔액의 한도에서 사해행위를 취소하고 그 가액의 배상을 구할 수 있을 뿐이고, 그와 같은 가액 산정은 사실심 변론종결시를 기준으로 하여야 한다.

[판례 8] 사해행위취소 (대법원 2001. 9. 4. 선고 2000다66416 판결)

[1] 근저당권이 설정되어 있는 부동산을 증여한 행위가 사해행위에 해당하는 경우, 그 부동산이 증여된 후 근저당권설정등기가 말소되었다면, 증여계약을 취소하고 부동산의 소유권 자체를 채무자에게 환원시키는 것은 당초 일반 채권자들의 공동담보로 제공되지 아니한 부분까지 회복시키는 결과가 되어 불공평하므로, 채권자는 그 부동산의 가액에서 근저당권의 피담보채무액을 공제한 잔액의 한도 내에서 증여계약의 일부 취소와 그 가액의 배상을 청구할 수밖에 없다.

[2] 사해행위를 전부 취소하고 원상회복을 구하는 채권자의 주장 속에는 사해행위를 일부 취소하고 가액의 배상을 구하는 취지도 포함되어 있으므로, 채권자가 원상회복만을 구하는 경우에도 법원은 가액의 배상을 명할 수 있다.

[3] 근저당권이 설정되어 있는 부동산에 관하여 사해행위가 이루어진 후 근저당권이 말소되어 그 부동산의 가액에서 근저당권 피담보채무액을 공제한 나머지 금액의 한도에서 사해행위를 취소하고 가액의 배상을 명하는 경우 그 가액의 산정은 사실심 변론종결시를 기준으로 하여야 하고, 기존의 근저당권이 말소된 후 사해행위에 의하여 그 부동산에 관한 권리를 취득한 전득자에 대하여도 사실심 변론종결시의 부동산 가액에서 말소된 근저당권 피담보채무액을 공제한 금액의 한도에서 그가 취득한 이익에 대한 가액 배상을 명할 수 있다.

[4] 채권자가 채권자취소권을 행사할 때에는 원칙적으로 자신의 채권액

을 초과하여 취소권을 행사할 수 없고, 이 때 채권자의 채권액에는 사해행위 이후 사실심 변론종결시까지 발생한 이자나 지연손해금이 포함된다.

[판례 9] 사해행위취소등 (대법원 2001. 6. 12. 선고 99다20612 판결)

[1] 소유권이전등기청구권보전을 위한 가등기가 사해행위로서 이루어진 경우 그 매매예약을 취소하고 원상회복으로서 가등기를 말소하면 족한 것이고, 가등기 후에 저당권이 말소되었다거나 그 피담보채무가 일부 변제된 점 또는 그 가등기가 사실상 담보가등기라는 점 등은 그와 같은 원상회복의 방법에 아무런 영향을 주지 않는다.

[2] 저당권이 설정되어 있는 부동산이 사해행위로 이전된 경우에 그 사해행위는 부동산의 가액에서 저당권의 피담보채권액을 공제한 잔액의 범위 내에서만 성립한다고 보아야 하므로, 사해행위 후 변제 등에 의하여 저당권설정등기가 말소된 경우 그 부동산의 가액에서 저당권의 피담보채무액을 공제한 잔액의 한도에서 사해행위를 취소하고 그 가액의 배상을 구할 수 있을 뿐이고, 특별한 사정이 없는 한 변제자가 누구인지에 따라 그 방법을 달리한다고 볼 수는 없는 것이며, 사해행위인 계약 전부의 취소와 부동산 자체의 반환을 구하는 청구취지 속에는 위와 같이 일부취소를 하여야 할 경우 그 일부취소와 가액배상을 구하는 취지도 포함되어 있다고 볼 수 있으므로 청구취지의 변경이 없더라도 바로 가액반환을 명할 수 있다.

다. 가액배상의 상대방

(1) 판례의 입장

[판례 10] 배당금 (대법원 2008.6.12. 선고 2007다37837 판결)

사해행위의 취소와 원상회복은 모든 채권자의 이익을 위하여 그 효력이 있으므로(민법 제407조), 채권자취소권의 행사로 채무자에게 회복된 재산에 대하여 취소채권자가 우선변제권을 가지는 것이 아니라 다른 채권자도 총채권액 중 자기의 채권에 해당하는 안분액을 변제받을 수 있는 것이지만, 이는 채권의 공동담보로 회복된 채무자의 책임재산으로부터 민사집행법 등의 법률상 절차를 거쳐 다른 채권자도 안분액을 지급받을 수 있다는 것을 의미하는 것일 뿐, 다른 채권자가 이러한 법률상 절차를 거치지 아니하고 취소채권자를 상대로 하여 안분액의 지급을 직접 구할 수 있는 권리를 취득한다거나, 취소채권자에게 인도받은 재산 또는 가액배상금에 대한 분배의무가 인정된다고 볼 수는 없다. 가액배상금을 수령한 취소채권자가 이러한 분배의무를 부담하지 아니함으로 인하여 사실상 우선변제를 받는 불공평한 결과를 초래하는 경우가 생기더라도, 이러한 불공평은 채무자에 대한 파산절차 등 도산절차를 통하여 시정하거나 가액배상금의 분배절차에 관한 별도의 법률 규정을 마련하여 개선하는 것은 별론으로 하고, 현행 채권자취소 관련 규정의 해석상으로는 불가피하다.

[판례 11] 사해행위취소등 (대법원 2001. 2. 27. 선고 2000다44348 판결)

[1] 채권자취소의 소는 채권자가 취소원인을 안 때로부터 1년 이내에 제기하여야 하고, 채권자취소권의 행사기간은 제소기간이므로 법원은 그 기간 준수 여부에 대하여 의심이 있는 경우에는 법원이 필요한 정도에 따라 직권으로 증거조사를 할 수 있으나, 법원에 현출된 모든 소송자료를 통하여 살펴보았을 때 그 기간이 도과되었다고 의심할 만한 사정이 발견되지 않는 경우까지 법원이 직권으로 추가적인 증거조사를 하여 기간 준수 여부를 확인하여야 할 의무는 없다.

[2] 채권자취소의 소에서 채권자가 취소원인을 안다고 하는 것은 단순히 채무자의 법률행위가 있었다는 사실을 아는 것만으로는 부족하고, 그 법률행위가 채권자를 해하는 행위라는 것까지 알아야 하므로, 채

권자가 채무자의 유일한 재산에 대하여 가등기가 경료된 사실을 알고 채무자의 재산상태를 조사한 결과 다른 재산이 없음을 확인한 후 채무자의 재산에 대하여 가압류를 한 경우에는 채권자는 그 가압류 무렵에는 채무자가 채권자를 해함을 알면서 사해행위를 한 사실을 알았다고 봄이 상당하지만, 채권자가 채무자 소유의 부동산에 대한 가압류신청시 첨부한 등기부등본에 수익자 명의의 근저당권설정등기가 경료되어 있었다는 사실만으로는 채권자가 가압류신청 당시 취소원인을 알았다고 인정할 수 없다.

[3] 채무자와 수익자 사이의 저당권설정행위가 사해행위로 인정되어 저당권설정계약이 취소되는 경우에도 당해 부동산이 이미 입찰절차에 의하여 낙찰되어 대금이 완납되었을 때에는 낙찰인의 소유권취득에는 영향을 미칠 수 없으므로, 채권자취소권의 행사에 따르는 원상회복의 방법으로 입찰인의 소유권이전등기를 말소할 수는 없고, 수익자가 받은 배당금을 반환하여야 한다.

[4] 채권자취소권은 채권의 공동담보인 채무자의 책임재산을 보전하기 위하여 채무자와 수익자 사이의 사해행위를 취소하고 채무자의 일반재산으로부터 일탈된 재산을 모든 채권자를 위하여 수익자 또는 전득자로부터 환원시키는 제도이므로, 수익자인 채권자로 하여금 안분액의 반환을 거절하도록 하는 것은 자신의 채권에 대하여 변제를 받은 수익자를 보호하고 다른 채권자의 이익을 무시하는 결과가 되어 제도의 취지에 반하게 되므로, 수익자가 채무자의 채권자인 경우 수익자가 가액배상을 할 때에 수익자 자신도 사해행위취소의 효력을 받는 채권자 중의 1인이라는 이유로 취소채권자에 대하여 총채권액 중 자기의 채권에 대한 안분액의 분배를 청구하거나, 수익자가 취소채권자의 원상회복에 대하여 총채권액 중 자기의 채권에 해당하는 안분액의 배당요구권으로써 원상회복청구와의 상계를 주장하여 그 안분액의 지급을 거절할 수는 없다.

[판례 12] 보증금반환등 (대법원 1999. 9. 7. 선고 98다41490 판결)

[1] 채무자가 채무를 변제하지 아니한 채 그의 유일한 재산인 부동산에 관하여 제3자와 사이에 신탁계약을 체결하고 그 제3자 명의로 소유권이전등기를 경료한 경우, 그 신탁계약은 채권자를 해함을 알고서 한 사해행위라고 봄이 상당하다.

[2] 부동산에 관한 법률행위가 사해행위에 해당하는 경우에는 원칙적으로 그 사해행위를 취소하고 소유권이전등기의 말소 등 부동산 자체의 회복을 명하는 것이 원칙이지만, 저당권이 설정되어 있는 부동산에 관하여 사해행위가 이루어진 경우에 그 사해행위는 부동산의 가액에서 저당권의 피담보채권액을 공제한 잔액의 범위 내에서만 성립한다고 보아야 하므로, 사해행위 후 변제 등에 의하여 저당권설정등기가 말소된 경우, 사해행위를 취소하여 그 부동산의 자체의 회복을 명하는 것은 당초 일반 채권자들의 공동담보로 되어 있지 아니하던 부분까지 회복을 명하는 것이 되어 공평에 반하는 결과가 되므로, 그 부동산의 가액에서 저당권의 피담보채무액을 공제한 잔액의 한도에서 사해행위를 취소하고 그 가액의 배상을 구할 수 있을 뿐이고, 그와 같은 가액 산정은 사실심변론 종결시를 기준으로 하여야 한다.

라. 취소채권자의 우선만족 허용의 문제

    (1) 판례의 입장

[판례 13] 배당금 (대법원 2008.6.12. 선고 2007다37837 판결)

사해행위의 취소와 원상회복은 모든 채권자의 이익을 위하여 그 효력이 있으므로(민법 제407조), 채권자취소권의 행사로 채무자에게 회복된 재산에 대하여 취소채권자가 우선변제권을 가지는 것이 아니라 다른 채권자도 총채권액 중 자기의 채권에 해당하는 안분액을 변제받을 수 있는 것이지만, 이는 채권의 공동담보로 회복된 채무자의 책임재산으로부터 민사집행법 등의 법률상 절차를 거쳐 다른 채권자도 안분액을 지급받을 수 있다는 것을 의미하는 것일 뿐, 다른 채권자가 이러한 법률상 절차를 거치지 아니하고 취소채권자를 상대로 하여 안분액의 지급을 직접 구할 수 있는 권리를 취득한다거나, 취소채권자에게 인도받은 재산 또는 가액배상금에 대한 분배의무가 인정된다고 볼 수는 없다. 가액배상금을 수령한 취소채권자가 이러한 분배의무를 부담하지 아니함으로 인하여 사실상 우선변제를 받는 불공평한 결과를 초래하는 경우가 생기더라도, 이러한 불공평은 채무자에 대한 파산절차 등 도산절차를 통하여 시정하거나 가액배상금의 분배절차에 관한 별도의 법률 규정을 마련하여 개선하는 것은 별론으로 하고, 현행 채권자취소 관련 규정의 해석상으로는 불가피하다.

마. 수익자가 채무자에 대한 채권자 중의 1인이었던 경우의 법률관계

　　(1) 판례의 입장

[판례 14] 사해행위취소등 (대법원 2001. 2. 27. 선고 2000다44348 판결)

[1] 채권자취소의 소는 채권자가 취소원인을 안 때로부터 1년 이내에 제기하여야 하고, 채권자취소권의 행사기간은 제소기간이므로 법원은 그 기간 준수 여부에 대하여 의심이 있는 경우에는 법원이 필요한 정도에 따라 직권으로 증거조사를 할 수 있으나, 법원에 현출된 모든 소송자료를 통하여 살펴보았을 때 그 기간이 도과되었다고 의심할 만한 사정이 발견되지 않는 경우까지 법원이 직권으로 추가적인 증거조사를 하여 기간 준수 여부를 확인하여야 할 의무는 없다.

[2] 채권자취소의 소에서 채권자가 취소원인을 안다고 하는 것은 단순히 채무자의 법률행위가 있었다는 사실을 아는 것만으로는 부족하고, 그 법률행위가 채권자를 해하는 행위라는 것까지 알아야 하므로, 채

제9절 채권자취소소송에 있어서 원물반환과 가액배상

권자가 채무자의 유일한 재산에 대하여 가등기가 경료된 사실을 알고 채무자의 재산상태를 조사한 결과 다른 재산이 없음을 확인한 후 채무자의 재산에 대하여 가압류를 한 경우에는 채권자는 그 가압류 무렵에는 채무자가 채권자를 해함을 알면서 사해행위를 한 사실을 알았다고 봄이 상당하지만, 채권자가 채무자 소유의 부동산에 대한 가압류신청시 첨부한 등기부등본에 수익자 명의의 근저당권설정등기가 경료되어 있었다는 사실만으로는 채권자가 가압류신청 당시 취소원인을 알았다고 인정할 수 없다.

[3] 채무자와 수익자 사이의 저당권설정행위가 사해행위로 인정되어 저당권설정계약이 취소되는 경우에도 당해 부동산이 이미 입찰절차에 의하여 낙찰되어 대금이 완납되었을 때에는 낙찰인의 소유권취득에는 영향을 미칠 수 없으므로, 채권자취소권의 행사에 따르는 원상회복의 방법으로 입찰인의 소유권이전등기를 말소할 수는 없고, 수익자가 받은 배당금을 반환하여야 한다.

[4] 채권자취소권은 채권의 공동담보인 채무자의 책임재산을 보전하기 위하여 채무자와 수익자 사이의 사해행위를 취소하고 채무자의 일반재산으로부터 일탈된 재산을 모든 채권자를 위하여 수익자 또는 전득자로부터 환원시키는 제도이므로, 수익자인 채권자로 하여금 안분액의 반환을 거절하도록 하는 것은 자신의 채권에 대하여 변제를 받은 수익자를 보호하고 다른 채권자의 이익을 무시하는 결과가 되어 제도의 취지에 반하게 되므로, 수익자가 채무자의 채권자인 경우 수익자가 가액배상을 할 때에 수익자 자신도 사해행위취소의 효력을 받는 채권자 중의 1인이라는 이유로 취소채권자에 대하여 총채권액 중 자기의 채권에 대한 안분액의 분배를 청구하거나, 수익자가 취소채권자의 원상회복에 대하여 총채권액 중 자기의 채권에 해당하는 안분액의 배당요구권으로써 원상회복청구와의 상계를 주장하여 그 안분액의 지급을 거절할 수는 없다.

바. 수익자의 고유채권자가 압류·가압류를 한 경우

  (1) 채무자의 부동산을 매수한 수익자의 고유채권자가 가압류에 기해 강제경매를 한 경우

[판례 15] 제3자이의 (대법원 1990. 10. 30. 선고 89다카35421 판결)

【판시사항】

채무자와 수익자 사이의 부동산매매계약이 사해행위라는 이유로 취소되어 그 소유권이전등기가 말소된 경우 그 이전에 이루어진 수익자의 채권자가 한 가압류의 효력

【판결요지】

사해행위의 목적부동산에 수익자에 대한 채권자의 가압류등기가 경료된 후 채무자와 수익자 사이의 위 부동산에 관한 매매계약이 사해행위라는 이유로 취소되어 수익자 명의의 소유권이전등기가 말소되었다 하더라도 사해행위의 취소는 상대적 효력밖에 없어 특단의 사정이 없는 한 가압류의 효력이 당연히 소멸되는 것은 아니므로 채무자로부터 위 부동산을 진전하여 양도받은 자는 가압류의 부담이 있는 소유권을 취득하였다 할 것인바, 원심이 위 부동산에 관한 수익자 명의의 소유권이전등기가 원인무효라는 이유만으로 가압류채권자의 위 부동산에 대한 강제집행을 불허한 조치는 사해행위취소의 효력에 관한 법리를 오해한 위법이 있다.

  (2) 채무자의 부동산을 매수한 수익자의 고유채권자가 체납압류를 하였거나 가압류를 한 경우

[판례 16] 배당이의 (대법원 2005. 11. 10. 선고 2004다49532 판결)

【판시사항】

[1] 사해행위취소의 효력이 미치는 범위

[2] 사해행위취소의 효력이 미치지 아니하는 제3자의 범위를 사해행위를 기초로 목적부동산에 관하여 새롭게 법률행위를 한 그 목적부동산의 전득자 등만으로 한정할 것인지 여부(소극)
[3] 수익자와 새로운 법률관계를 맺은 것이 아니라 수익자의 채권자로서 이미 가지고 있던 채권확보를 위하여 목적부동산을 압류 또는 가압류한 자에게도 사해행위취소판결의 효력이 미치지 않는다고 한 사례

【판결요지】

[1] 사해행위의 취소는 취소소송의 당사자 사이에서 상대적으로 취소의 효력이 있는 것으로 당사자 이외의 제3자는 다른 특별한 사정이 없는 이상 취소로 인하여 그 법률관계에 영향을 받지 않는다.

[2] 사해행위의 목적부동산 등을 새로운 법률관계에 의하여 취득한 전득자 등은 민법 제406조 제1항 단서에 의하여 보호되므로, 사해행위의 취소에 상대적 효력만을 인정하는 것은 사해행위 취소채권자와 수익자 그리고 제3자의 이익을 조정하기 위한 것으로 그 취소의 효력이 미치지 아니하는 제3자의 범위를 사해행위를 기초로 목적부동산에 관하여 새롭게 법률행위를 한 그 목적부동산의 전득자 등만으로 한정할 것은 아니다.

[3] 근저당권이 설정되어 있는 채무자의 부동산을 매수한 수익자의 채권을 담보하기 위하여 수익자의 채권자들이 부동산에 대해 압류 등을 하여 부동산에 관한 근저당권에 의한 경매절차에서 배당받은 후 사해행위 취소채권자가 수익자를 상대로 사해행위취소소송을 제기하여 가액배상의 확정판결을 받은 경우, 수익자의 채권자들이 수익자와 새로운 법률관계를 맺은 것이 아니라 수익자의 채권자로서 이미 가지고 있던 채권확보를 위하여 부동산을 압류 또는 가압류한 자에 불과하더라도 목적부동산의 매각대금에 대하여 사해행위 취소채권자에게 수익자의 채권자들에 우선하여 변제받을 수 있는 권리를 부여하여 사해행위취소판결의 실효성을 확보하여야 할 아무런 근거가 없으므로 수익자의 채권자들에게 사해행위취소판결의 효력이 미친다고는

볼 수 없다고 한 사례.

(3) 수익자의 고유채권자가 수익자가 사해행위로 취득한 근저당권에 배당된 배당금을 가압류한 경우

[판례 17] 배당이의 (대법원 2009. 6. 11. 선고 2008다7109 판결)

【판시사항】

[1] 장래 발생할 채권이나 조건부 채권이 가압류의 대상이 되기 위한 요건
[2] 수익자의 고유채권자로서 이미 가지고 있던 채권 확보를 위하여 수익자가 사해행위로 취득한 근저당권에 배당된 배당금을 가압류한 자에게 사해행위취소 판결의 효력이 미치는지 여부(소극)

【판결요지】

[1] 장래 발생할 채권이나 조건부 채권은 현재 그 권리의 특정이 가능하고 가까운 장래에 발생할 것임이 상당 정도 기대되는 경우 가압류의 대상이 된다.
[2] 사해행위의 취소는 취소소송의 당사자 간에 상대적으로 취소의 효력이 있는 것으로 당사자 이외의 제3자는 다른 특별한 사정이 없는 이상 취소로 그 법률관계에 영향을 받지 않는다. 사해행위의 취소에 상대적 효력만을 인정하는 것은 사해행위 취소채권자와 수익자 그리고 제3자의 이익을 조정하기 위한 것으로 그 취소의 효력이 미치지 아니하는 제3자의 범위를 사해행위를 기초로 목적부동산에 관하여 새롭게 법률행위를 한 그 목적부동산의 전득자 등만으로 한정할 것은 아니므로, 수익자와 새로운 법률관계를 맺은 것이 아니라 수익자의 고유채권자로서 이미 가지고 있던 채권 확보를 위하여 수익자가 사해행위로 취득한 근저당권에 배당된 배당금을 가압류한 자에게 사해행위취소 판결의 효력이 미친다고 볼 수 없다.

제9절 채권자취소소송에 있어서 원물반환과 가액배상 411

2. 사해행위취소와 배당이의의 소

가. 배당요구종기와 사해행위취소

[판례 18] 부당이득금반환 (대법원 1997. 2. 25. 선고 96다10263 판결)

【판시사항】

임금채권자 등 실체법상 우선변제청구권이 있는 채권자가 적법한 배당요구를 하지 아니한 경우, 부당이득반환청구권의 인정 여부(소극)

【판결요지】

민사소송법 제728조에 의하여 담보권의 실행을 위한 경매절차에 준용되는 같은 법 제605조 제1항에서 규정하는 배당요구 채권자는 경락기일까지 배당요구를 한 경우에 한하여 비로소 배당을 받을 수 있고, 적법한 배당요구를 하지 아니한 경우에는 실체법상 우선변제청구권이 있는 채권자라 하더라도 배당을 받을 수 없으므로, 이러한 배당요구 채권자가 적법한 배당요구를 하지 아니하여 그를 배당에서 제외하는 것으로 배당표가 작성·확정되고 그 확정된 배당표에 따라 배당이 실시되었다면, 그가 적법한 배당요구를 한 경우에 배당받을 수 있었던 금액 상당의 금원이 후순위 채권자에게 배당되었다 하여 이를 법률상 원인이 없는 것이라고 볼 수 없다.

[판례 19] 부당이득금반환 (대법원 1996. 12. 20. 선고 95다28304 판결)

【판시사항】

임금채권자 등 실체법상 우선변제청구권이 있는 채권자가 적법한 배당요구를 하지 아니한 경우, 부당이득반환청구권의 인정 여부(소극)

【판결요지】

민사소송법 제728조에 의하여 준용되는 제605조 제1항에서 규정하는 배당요구 채권자는 경락기일까지 배당요구를 한 경우에 한하여 비로소 배당을 받을 수 있고, 적법한 배당요구를 하지 아니한 경우에는 임금채권과 같이 실체법상 우선변제청구권이 있는 채권자라 하더라도 그 경락대금으로부터 배당을 받을 수는 없을 것이므로, 이러한 배당요구 채권자가 적법한 배당요구를 하지 아니하여 그를 배당에서 제외하는 것으로 배당표가 작성·확정되고 그 확정된 배당표에 따라 배당이 실시되었다면, 집행목적물의 교환가치에 대하여서만 우선변제권을 가지고 있는 법정담보물권자의 경우와는 달리 그가 적법한 배당요구를 한 경우에 배당받을 수 있었던 금액 상당의 금원이 후순위 채권자에게 배당되었다 하여 이를 법률상 원인이 없는 것이라고 할 수 없다.

[판례 20] 부당이득금 (대법원 1998. 10. 13. 선고 98다12379 판결)

【판시사항】

[1] 배당요구가 필요한 배당요구채권자가 실체법상 우선변제청구권이 있다 하더라도 적법한 배당요구를 하지 아니하여 배당에서 제외된 경우, 배당받은 후순위채권자를 상대로 부당이득의 반환을 청구할 수 있는지 여부(소극)

[2] 주택임대차보호법상의 임대차보증금반환채권이 배당요구가 필요한 배당요구채권에 해당하는지 여부(적극)

【판결요지】

[1] 민사소송법 제605조 제1항에서 규정하는 배당요구가 필요한 배당요구채권자는, 압류의 효력발생 전에 등기한 가압류채권자, 경락으로 인하여 소멸하는 저당권자 및 전세권자로서 압류의 효력발생 전에 등기한 자 등 당연히 배당을 받을 수 있는 채권자의 경우와는 달리, 경락기일까지 배당요구를 한 경우에 한하여 비로소 배당을 받을 수 있고, 적법한 배당요구를 하지 아니한 경우에는 비록 실체법상 우선

변제청구권이 있다 하더라도 경락대금으로부터 배당을 받을 수는 없을 것이므로, 이러한 배당요구채권자가 적법한 배당요구를 하지 아니하여 그를 배당에서 제외하는 것으로 배당표가 작성·확정되고 그 확정된 배당표에 따라 배당이 실시되었다면 그가 적법한 배당요구를 한 경우에 배당받을 수 있었던 금액 상당의 금원이 후순위채권자에게 배당되었다고 하여 이를 법률상 원인이 없는 것이라고 할 수 없다.

[2] 주택임대차보호법에 의하여 우선변제청구권이 인정되는 임대차보증금반환채권은 현행법상 배당요구가 필요한 배당요구채권에 해당한다.

[판례 21] 배당이의 (대법원 2000. 5. 12. 선고 2000다4272 판결)

【판시사항】

저당권자의 물상대위권의 행사 방법과 그 시한 및 이를 제한하는 취지

【판결요지】

민법 제370조, 제342조에 의한 저당권자의 물상대위권의 행사는 민사소송법 제733조에 의하여 담보권의 존재를 증명하는 서류를 집행법원에 제출하여 채권압류 및 전부명령을 신청하거나, 민사소송법 제580조에 의하여 배당요구를 하는 방법에 의하여 하는 것이고, 이는 늦어도 민사소송법 제580조 제1항 각 호 소정의 배당요구의 종기까지 하여야 하는 것으로 그 이후에는 물상대위권자로서의 우선변제권을 행사할 수 없다고 하여야 할 것이고, 위 물상대위권자로서의 권리행사의 방법과 시한을 위와 같이 제한하는 취지는 물상대위의 목적인 채권의 특정성을 유지하여 그 효력을 보전하고 평등배당을 기대한 다른 일반 채권자의 신뢰를 보호하는 등 제3자에게 불측의 손해를 입히지 아니함과 동시에 집행절차의 안정과 신속을 꾀하고자 함에 있다.

[판례 22] 부당이득금반환 (대법원 1994. 11. 22. 선고 94다25728 판결)

【판시사항】

가. 저당권자가 물상대위권을 행사하여 우선변제를 받기 위한 권리실행 방법

나. '가'항의 물상대위권의 권리실행을 배당요구의 종기까지 하여야 우선변제권이 확보되는지 여부

【판결요지】

가. 민법 제370조, 제342조 단서가 저당권자는 물상대위권을 행사하기 위하여 저당권설정자가 받을 금전 기타 물건의 지급 또는 인도 전에 압류하여야 한다고 규정한 것은 물상대위의 목적인 채권의 특정성을 유지하여 그 효력을 보전함과 동시에 제3자에게 불측의 손해를 입히지 않으려는 데 있는 것이므로, 저당목적물의 변형물인 금전 기타 물건에 대하여 일반 채권자가 물상대위권을 행사하려는 저당채권자보다 단순히 먼저 압류나 가압류의 집행을 함에 지나지 않은 경우에는 저당권자는 그 전은 물론 그 후에도 목적채권에 대하여 물상대위권을 행사하여 일반 채권자보다 우선변제를 받을 수가 있고, 그 실행절차는 민사소송법 제733조에서 채권 및 다른 재산권에 대한 강제집행절차에 준하여 처리하도록 규정하고 있으므로, 결국 채권의 압류 및 전부명령을 신청하여 할 것이나 이는 어디까지나 담보권의 실행절차이므로, 그 요건으로서 담보권의 존재를 증명하는 서류를 집행법원에 제출하여 개시된 경우이어야 한다.

나. 민사소송법 제733조, 제580조의 각 규정의 취지에 비추어 보면 '가'항과 같은 방법의 물상대위권의 권리실행은 늦어도 민사소송법 제580조에서 규정하고 있는 배당요구의 종기까지 하여야만 물상대위권자의 우선변제권이 확보되는 것이고, 그 이후에는 그런 권리가 없다고 봄이 상당하다.

나. 배당이의소송과 사해행위취소

[판례 23] 부당이득반환 (대법원 2000. 1. 21. 선고 99다3501 판결)

【판시사항】

[1] 배당이의의 소의 본안판결이 확정된 경우, 이의가 있었던 배당액에 관한 실체적 배당수령권의 존부의 판단에 기판력이 생기는지 여부(적극)
[2] 배당이의의 소에서 패소의 본안판결을 받은 당사자가 그 판결의 확정 후 상대방에 대하여 위 본안판결에서 확정된 배당액에 대하여 부당이득반환 청구소송을 제기한 경우, 그 배당수령권의 존부에 관하여 본안판결과 다른 판단을 할 수 있는지 여부(소극)

【판결요지】

[1] 채권자가 제기한 배당이의의 소의 본안판결이 확정된 때에는 이의가 있었던 배당액에 관한 실체적 배당수령권의 존부의 판단에 기판력이 생긴다.
[2] 배당이의의 소에서 패소의 본안판결을 받은 당사자가 그 판결이 확정된 후 상대방에 대하여 위 본안판결에 의하여 확정된 배당액이 부당이득이라는 이유로 그 반환을 구하는 소송을 제기한 경우에는, 전소인 배당이의의 소의 본안판결에서 판단된 배당수령권의 존부가 부당이득반환청구권의 성립 여부를 판단하는 데에 있어서 선결문제가 된다고 할 것이므로, 당사자는 그 배당수령권의 존부에 관하여 위 배당이의의 소의 본안판결의 판단과 다른 주장을 할 수 없고, 법원도 이와 다른 판단을 할 수 없다.

[판례 24] 배당이의 (대법원 2001. 2. 9. 선고 2000다41844 판결)

【판시사항】

[1] 채권자가 제기한 배당이의의 소에서 피고의 채권이 존재하지 않는 것으로 인정되는 경우, 계쟁 배당부분 중 원고의 배당액을 계산함에 있어서 이의신청을 하지 아니한 다른 채권자의 채권을 참작할 필요가 있는지 여부(소극)

[2] 채권자가 제기한 배당이의의 소에서 피고의 채권이 존재하지 않아 그 배당액 전액이 이의신청을 하지 아니한 원고의 선순위 채권자에게 배당되어야 한다는 이유를 들어 원고의 당사자적격을 부인한 원심판결을 파기한 사례

【판결요지】

[1] 채권자가 제기하는 배당이의의 소는 대립하는 당사자인 채권자들 사이의 배당액을 둘러싼 분쟁을 해결하는 것이므로, 그 소송의 판결은 원·피고로 되어 있는 채권자들 사이에서 상대적으로 계쟁 배당부분의 귀속을 변경하는 것이어야 하고, 따라서 피고의 채권이 존재하지 않는 것으로 인정되는 경우 계쟁 배당부분 가운데 원고에게 귀속시키는 배당액을 계산함에 있어서 이의신청을 하지 아니한 다른 채권자의 채권을 참작할 필요가 없으며, 이는 이의신청을 하지 아니한 다른 채권자 가운데 원고보다 선순위의 채권자가 있다 하더라도 마찬가지이다.

[2] 채권자가 제기한 배당이의의 소에서 피고의 채권이 존재하지 않아 그 배당액 전액이 이의신청을 하지 아니한 원고의 선순위 채권자에게 배당되어야 한다는 이유를 들어 원고의 당사자적격을 부인한 원심판결을 파기한 사례.

[판례 25] 배당이의 (대법원 1998. 5. 22. 선고 98다3818 판결)

【판시사항】

채권자가 제기한 배당이의소송에서 피고 채권의 부존재가 인정된 경우,

제9절 채권자취소소송에 있어서 원물반환과 가액배상

계쟁 배당 부분 중 원고의 배당액에 추가하고 남은 잉여금의 처리 방법

【판결요지】

민사소송법 제658조의 규정에 의하여 부동산강제경매에 준용되는 민사소송법 제590조, 제591조, 제595조의 규정 등에 의하면, 채권자가 제기한 배당이의소송은 대립하는 당사자인 채권자들 사이의 배당액을 둘러싼 분쟁을 상대적으로 해결하는 것에 지나지 아니하고 그 판결의 효력은 오직 소송당사자인 채권자들 사이에만 미칠 뿐이므로, 배당이의소송의 판결에서 계쟁 배당 부분에 관하여 배당을 받을 채권자와 그 수액을 정함에 있어서는 피고의 채권이 존재하지 않는 것으로 인정되는 경우에도, 이의신청을 하지 아니한 다른 채권자의 채권을 참작함이 없이 그 계쟁 배당 부분을 원고가 가지는 채권액의 한도 내에서 구하는 바에 따라 원고의 배당액으로 하고, 그 나머지는 피고의 배당액으로 유지함이 상당하다.

[판례 26] 사해행위취소등 (대법원 2001. 2. 27. 선고 2000다44348 판결)

【판시사항】

[1] 채권자취소권 행사기간의 성질 및 그 기간 경과에 대하여 의심할 만한 사정이 없는 경우 법원의 직권증거조사의무의 존부(소극)
[2] 채권자취소의 소에서 채권자가 취소원인을 안다고 하는 것의 의미 및 채권자가 채무자 소유의 부동산에 대한 가압류신청시 등기부등본에 수익자 명의의 근저당권설정등기가 경료되어 있었다는 사실만으로 채권자가 가압류신청 당시 취소원인을 알았다고 인정할 수 있는지 여부(소극)
[3] 근저당권설정계약이 사해행위로 취소되었으나, 당해 부동산이 이미 입찰절차에서 낙찰되어 대금이 완납된 경우, 채권자취소권의 행사에 따른 원상회복의 방법

[4] 채권자취소의 소에서 수익자가 가액배상을 할 경우, 수익자 자신도 채무자에 대한 채권자 중의 1인이라는 이유로 취소채권자에게 자기 채권에 해당하는 안분액의 배분을 청구하거나 상계를 주장하여 안분액의 지급을 거절할 수 있는지 여부(소극)

【판결요지】

[1] 채권자취소의 소는 채권자가 취소원인을 안 때로부터 1년 이내에 제기하여야 하고, 채권자취소권의 행사기간은 제소기간이므로 법원은 그 기간 준수 여부에 대하여 의심이 있는 경우에는 법원이 필요한 정도에 따라 직권으로 증거조사를 할 수 있으나, 법원에 현출된 모든 소송자료를 통하여 살펴보았을 때 그 기간이 도과되었다고 의심할 만한 사정이 발견되지 않는 경우까지 법원이 직권으로 추가적인 증거조사를 하여 기간 준수 여부를 확인하여야 할 의무는 없다.

[2] 채권자취소의 소에서 채권자가 취소원인을 안다고 하는 것은 단순히 채무자의 법률행위가 있었다는 사실을 아는 것만으로는 부족하고, 그 법률행위가 채권자를 해하는 행위라는 것까지 알아야 하므로, 채권자가 채무자의 유일한 재산에 대하여 가등기가 경료된 사실을 알고 채무자의 재산상태를 조사한 결과 다른 재산이 없음을 확인한 후 채무자의 재산에 대하여 가압류를 한 경우에는 채권자는 그 가압류 무렵에는 채무자가 채권자를 해함을 알면서 사해행위를 한 사실을 알았다고 봄이 상당하지만, 채권자가 채무자 소유의 부동산에 대한 가압류신청시 첨부한 등기부등본에 수익자 명의의 근저당권설정등기가 경료되어 있었다는 사실만으로는 채권자가 가압류신청 당시 취소원인을 알았다고 인정할 수 없다.

[3] 채무자와 수익자 사이의 저당권설정행위가 사해행위로 인정되어 저당권설정계약이 취소되는 경우에도 당해 부동산이 이미 입찰절차에 의하여 낙찰되어 대금이 완납되었을 때에는 낙찰인의 소유권취득에는 영향을 미칠 수 없으므로, 채권자취소권의 행사에 따르는 원상회복의 방법으로 입찰인의 소유권이전등기를 말소할 수는 없고, 수익

제9절 채권자취소소송에 있어서 원물반환과 가액배상   419

자가 받은 배당금을 반환하여야 한다.
[4] 채권자취소권은 채권의 공동담보인 채무자의 책임재산을 보전하기 위하여 채무자와 수익자 사이의 사해행위를 취소하고 채무자의 일반재산으로부터 일탈된 재산을 모든 채권자를 위하여 수익자 또는 전득자로부터 환원시키는 제도이므로, 수익자인 채권자로 하여금 안분액의 반환을 거절하도록 하는 것은 자신의 채권에 대하여 변제를 받은 수익자를 보호하고 다른 채권자의 이익을 무시하는 결과가 되어 제도의 취지에 반하게 되므로, 수익자가 채무자의 채권자인 경우 수익자가 가액배상을 할 때에 수익자 자신도 사해행위취소의 효력을 받는 채권자 중의 1인이라는 이유로 취소채권자에 대하여 총채권액 중 자기의 채권에 대한 안분액의 분배를 청구하거나, 수익자가 취소채권자의 원상회복에 대하여 총채권액 중 자기의 채권에 해당하는 안분액의 배당요구권으로써 원상회복청구와의 상계를 주장하여 그 안분액의 지급을 거절할 수는 없다.

[판례 27] 보증금반환등 (대법원 1999. 9. 7. 선고 98다41490 판결)

【판시사항】

[1] 채무자가 유일한 재산인 부동산을 신탁한 경우, 사해행위에 해당하는지 여부(적극)
[2] 저당권이 설정되어 있는 부동산에 관하여 사해행위가 이루어진 후 그 저당권설정등기가 말소된 경우, 사해행위 취소의 범위와 원상회복의 방법

【판결요지】

[1] 채무자가 채무를 변제하지 아니한 채 그의 유일한 재산인 부동산에 관하여 제3자와 사이에 신탁계약을 체결하고 그 제3자 명의로 소유권이전등기를 경료한 경우, 그 신탁계약은 채권자를 해함을 알고서

한 사해행위라고 봄이 상당하다.

[2] 부동산에 관한 법률행위가 사해행위에 해당하는 경우에는 원칙적으로 그 사해행위를 취소하고 소유권이전등기의 말소 등 부동산 자체의 회복을 명하는 것이 원칙이지만, 저당권이 설정되어 있는 부동산에 관하여 사해행위가 이루어진 경우에 그 사해행위는 부동산의 가액에서 저당권의 피담보채권액을 공제한 잔액의 범위 내에서만 성립한다고 보아야 하므로, 사해행위 후 변제 등에 의하여 저당권설정등기가 말소된 경우, 사해행위를 취소하여 그 부동산의 자체의 회복을 명하는 것은 당초 일반 채권자들의 공동담보로 되어 있지 아니하던 부분까지 회복을 명하는 것이 되어 공평에 반하는 결과가 되므로, 그 부동산의 가액에서 저당권의 피담보채무액을 공제한 잔액의 한도에서 사해행위를 취소하고 그 가액의 배상을 구할 수 있을 뿐이고, 그와 같은 가액 산정은 사실심변론 종결시를 기준으로 하여야 한다.

[판례 28] 손해배상(기) (대법원 1998. 5. 15. 선고 97다58316 판결)

【판시사항】

[1] 사해행위취소에 따른 원상회복으로 가액배상이 허용되기 위하여 수익자 등의 고의·과실을 요하는지 여부(소극)
[2] 사해행위 취소소송에서 가액배상에 의한 원상회복청구가 인정되기 위한 요건인 '원물반환이 불가능하거나 현저히 곤란한 경우'의 의미
[3] 민사소송법 제720조 소정의 담보의 성질 및 가처분취소로 입은 손해배상 청구소송에서 승소한 가처분채권자의 위 담보에 대한 권리

【판결요지】

[1] 채권자의 사해행위취소 및 원상회복청구가 인정되면, 수익자 또는 전득자는 원상회복으로서 사해행위의 목적물을 채무자에게 반환할

의무를 지게 되고, 원물반환이 불가능하거나 현저히 곤란한 경우에는 원상회복의무의 이행으로서 사해행위 목적물의 가액 상당을 배상하여야 하는바, 원래 채권자와 아무런 채권·채무관계가 없었던 수익자가 채권자취소에 의하여 원상회복의무를 부담하는 것은 형평의 견지에서 법이 특별히 인정한 것이므로, 그 가액배상의 의무는 목적물의 반환이 불가능하거나 현저히 곤란하게 됨으로써 성립하고, 그 외에 그와 같이 불가능하게 된 데에 상대방인 수익자 등의 고의나 과실을 요하는 것은 아니다.

[2] 원물반환이 불가능하거나 현저히 곤란한 경우라 함은 원물반환이 단순히 절대적, 물리적으로 불능인 경우가 아니라 사회생활상의 경험법칙 또는 거래상의 관념에 비추어 채권자가 수익자나 전득자로부터 이행의 실현을 기대할 수 없는 경우를 말하고, 사해행위의 목적물이 수익자로부터 전득자로 이전되어 그 등기까지 경료되었다면 후일 채권자가 전득자를 상대로 소송을 통하여 구제받을 수 있는지 여부에 관계없이, 수익자가 전득자로부터 목적물의 소유권을 회복하여 이를 다시 채권자에게 이전하여 줄 수 있는 특별한 사정이 없는 한 그로써 채권자에 대한 목적물의 원상회복의무는 법률상 이행불능의 상태에 있다고 봄이 상당하다.

[3] 민사소송법 제720조에서 특별한 사정이 있을 때 담보의 제공을 조건으로 가처분의 취소를 구할 수 있게 한 것은, 가처분을 존속시키는 것이 공평의 관념상 부당하다고 생각되는 경우, 즉 가처분에 의하여 보전되는 권리가 금전적 보상으로써 그 종국의 목적을 달할 수 있다는 사정이 있거나 또는 가처분 집행으로 가처분채무자가 특히 현저한 손해를 받고 있는 경우에 가처분채무자로 하여금 담보를 제공하게 하여 가처분의 집행뿐 아니라 가처분명령 자체를 취소하여 가처분채무자로 하여금 목적물을 처분할 수 있도록 하는 데에 있고, 따라서 처분채무자가 제공하는 담보는 가처분채권자가 본안소송에서 승소하였음에도 가처분의 취소로 말미암아 가처분목적물이 존재하지 않게 됨으로써 입는 손해를 담보하기 위한 것이므로, 가처분채권자

는 가처분취소로 인하여 입은 손해배상 청구소송의 승소판결을 얻은 후에 민사소송법 제475조 제3항, 제113조에 의하여 그 담보에 대하여 질권자와 동일한 권리를 가지고 우선변제를 받을 수 있다.

[판례 29] 구상금등 (대법원 1997. 10. 10. 선고 97다8687 판결)

【판시사항】

[1] 사해행위 당시 아직 성립되지 않은 채권이 예외적으로 채권자취소권의 피보전채권이 될 수 있는 경우
[2] 사해행위인 근저당권설정계약에 기해 설정된 근저당권설정등기가 경락으로 인하여 말소된 경우에도 그 설정계약의 취소를 구할 이익이 있는지 여부(적극)
[3] 수익자가 사해행위로 취득한 근저당권에 기해 경매절차에서 배당에 참가하여 배당표는 확정되었으나 아직 배당금이 현실적으로 지급되지 않은 경우, 채권자취소권의 행사에 따른 원상회복의 방법

【판결요지】

[1] 채권자취소권에 의하여 보호될 수 있는 채권은 원칙적으로 사해행위라고 볼 수 있는 행위가 행하여지기 전에 발생된 것임을 요하지만, 그 사해행위 당시에 이미 채권 성립의 기초가 되는 법률관계가 발생되어 있고 가까운 장래에 그 법률관계에 기하여 채권이 성립되리라는 점에 대한 고도의 개연성이 있으며 실제로 가까운 장래에 그 개연성이 현실화되어 채권이 성립된 경우에는, 그 채권도 채권자취소권의 피보전채권이 될 수 있다.
[2] 채무자와 수익자 사이의 근저당권설정계약이 사해행위인 이상 그로 인한 근저당권설정등기가 경락으로 인하여 말소되었다고 하더라도 수익자로 하여금 근저당권자로서의 배당을 받도록 하는 것은 민법 제406조 제1항의 취지에 반하므로, 수익자에게 그와 같은 부당한 이

득을 보유시키지 않기 위하여 그 근저당권설정등기로 인하여 해를 입게 되는 채권자는 근저당권설정계약의 취소를 구할 이익이 있다.

[3] 수익자가 경매절차에서 채무자와의 사해행위로 취득한 근저당권에 기하여 배당에 참가하여 배당표는 확정되었으나 채권자의 배당금지급금지가처분으로 인하여 배당금을 현실적으로 지급받지 못한 경우, 채권자취소권의 행사에 따른 원상회복의 방법은 수익자에게 바로 배당금의 지급을 명할 것이 아니라 수익자가 취득한 배당금지급청구권을 채무자에게 반환하는 방법으로 이루어져야 하고, 이는 결국 배당금지급채권의 양도와 그 채권양도의 통지를 배당금지급채권의 채무자에게 하여 줄 것을 청구하는 형태가 될 것이다.

[판례 30] 배당이의 (대법원 2001. 5. 8. 선고 2000다9611 판결)

【판시사항】

허위의 근저당권에 대하여 배당이 이루어진 경우, 배당채권자는 채권자취소의 소에 의하지 않고 배당이의의 소로써 그 시정을 구할 수 있는지 여부(적극)

【판결요지】

허위의 근저당권에 대하여 배당이 이루어진 경우, 통정한 허위의 의사표시는 당사자 사이에서는 물론 제3자에 대하여도 무효이고 다만, 선의의 제3자에 대하여만 이를 대항하지 못한다고 할 것이므로, 배당채권자는 채권자취소의 소로써 통정허위표시를 취소하지 않았다 하더라도 그 무효를 주장하여 그에 기한 채권의 존부, 범위, 순위에 관한 배당이의의 소를 제기할 수 있다.

[판례 31] 소유권이전등기 (대법원 1998. 4. 14. 선고 96다47104 판결)

【판시사항】

소유권이전등기청구권에 대하여 가처분이 있은 후 그 등기청구권에 대한 가압류가 이루어진 경우, 가처분이 가압류에 우선하는 효력이 있는지 여부(소극)

【판결요지】

소유권이전등기청구권에 대한 가압류가 있기 전에 "채무자는 소유권이전등기청구권을 양도하거나 기타 일체의 처분행위를 하여서는 아니 된다. 제3채무자는 채무자에게 소유권이전등기절차를 이행하여서는 아니 된다."는 가처분이 있었다 하여도 가처분이 뒤에 이루어진 가압류에 우선하는 효력은 없으므로, 가압류는 가처분 채권자와의 관계에서도 유효하다.

[판례 32] 소유권이전등기 (대법원 2001. 10. 9. 선고 2000다51216 판결)

【판시사항】

[1] 부동산의 매매로 인한 소유권이전등기청구권의 양도성
[2] 소유권이전등기청구권에 대하여 가처분이 있은 후 그 등기청구권에 대한 압류가 이루어진 경우, 가처분이 압류에 우선하는지 여부(소극)

【판결요지】

[1] 부동산의 매매로 인한 소유권이전등기청구권은 물권의 이전을 목적으로 하는 매매의 효과로서 매도인이 부담하는 재산권이전의무의 한 내용을 이루는 것이고, 매도인이 물권행위의 성립요건을 갖추도록 의무를 부담하는 경우에 발생하는 채권적 청구권으로 그 이행과정에 신뢰관계가 따르므로, 소유권이전등기청구권을 매수인으로부터 양도받은 양수인은 매도인이 그 양도에 대하여 동의하지 않고 있다

면 매도인에 대하여 채권양도를 원인으로 하여 소유권이전등기절차의 이행을 청구할 수 없고, 따라서 매매로 인한 소유권이전등기청구권은 특별한 사정이 없는 이상 그 권리의 성질상 양도가 제한되고 그 양도에 채무자의 승낙이나 동의를 요한다고 할 것이므로 통상의 채권양도와 달리 양도인의 채무자에 대한 통지만으로는 채무자에 대한 대항력이 생기지 않으며 반드시 채무자의 동의나 승낙을 받아야 대항력이 생긴다.

[2] 소유권이전등기청구권에 대한 가압류가 있기 전에 소유권이전등기청구권을 보전하기 위하여 "채무자는 소유권이전등기청구권을 양도하거나 기타 일체의 처분행위를 하여서는 아니 된다. 제3채무자는 채무자에게 소유권이전등기절차를 이행하여서는 아니 된다."는 소유권이전등기청구권 처분금지가처분이 있었다고 하더라도 그 가처분이 뒤에 이루어진 가압류에 우선하는 효력은 없으므로, 그 가압류는 가처분채권자와 사이의 관계에서도 유효하고, 이는 소유권이전등기청구권에 대한 압류의 경우에도 마찬가지이다.

[판례 33] 배당이의 (대법원 2004. 1. 27. 선고 2003다6200 판결)

【판시사항】

근저당권설정계약을 사해행위로서 취소함에 있어 이미 경매절차가 진행되어 타인이 소유권을 취득하고 근저당권설정등기가 말소된 경우, 수익자의 배당금 수령 여부에 따른 원상회복의 구체적인 방법 및 채권자가 사해행위취소의 소와 배당이의의 소를 병합하여 제기하는 경우, 배당표 경정의 범위

【판결요지】

근저당권설정계약을 사해행위로서 취소하는 경우 경매절차가 진행되어 타인이 소유권을 취득하고 근저당권설정등기가 말소되었다면 원물반환

이 불가능하므로 가액배상의 방법으로 원상회복을 명할 것인바, 이미 배당이 종료되어 수익자가 배당금을 수령하였다면 수익자로 하여금 배당금을 반환하도록 명하여야 하고, 배당표가 확정되었으나 채권자의 배당금지급금지가처분으로 인하여 수익자가 배당금을 현실적으로 지급받지 못한 경우에는 배당금지급채권의 양도와 그 채권양도의 통지를 명할 것이나, 채권자가 배당기일에 출석하여 수익자의 배당 부분에 대하여 이의를 하였다면 그 채권자는 사해행위취소의 소와 병합하여 원상회복으로서 배당이의의 소를 제기할 수 있다고 할 것이고, 다만 이 경우 법원으로서는 배당이의의 소를 제기한 당해 채권자 이외의 다른 채권자의 존재를 고려할 필요 없이 그 채권자의 채권이 만족을 받지 못한 한도에서만 근저당권설정계약을 취소하고 그 한도에서만 수익자의 배당액을 삭제하여 당해 채권자의 배당액으로 경정하여야 한다.

[판례 34] 부당이득금반환 (대법원 2011. 2. 10. 선고 2010다90708 판결)

【판시사항】

[1] 근저당권설정계약이 사해행위로 취소되었으나 이미 경매절차가 진행되어 타인이 소유권을 취득하고 근저당권설정등기가 말소된 경우, 수익자의 배당금 수령 여부에 따른 원상회복의 구체적 방법 및 채권자가 배당기일에 수익자의 배당 부분에 대하여 이의를 한 다음 사해행위취소의 소와 함께 배당이의의 소를 제기한 경우, 배당표 경정의 방법

[2] 사해행위취소의 소와 함께 원상회복으로 배당이의의 소를 제기하여 승소한 채권자가 배당표 경정으로 자신이 배당받아야 할 금액을 초과하여 배당받은 경우, 그 초과 부분에 대한 반환의무의 상대방(=적법하게 배당요구를 하였으나 배당이의의 소에 참여하지 못한 다른 채권자)

【판결요지】

[1] 근저당권설정계약을 사해행위로서 취소하는 경우 경매절차가 진행되어 타인이 소유권을 취득하고 근저당권설정등기가 말소되었다면 원물반환이 불가능하므로 가액배상의 방법으로 원상회복을 명할 것인바, 이미 배당이 종료되어 수익자가 배당금을 수령한 경우에는 수익자로 하여금 배당금을 반환하도록 명하여야 하고, 배당표가 확정되었으나 채권자의 배당금지급금지가처분으로 인하여 수익자가 배당금을 현실적으로 지급받지 못한 경우에는 배당금지급채권의 양도와 그 채권양도의 통지를 명할 것이나, 채권자가 배당기일에 출석하여 수익자의 배당 부분에 대하여 이의를 하였다면 그 채권자는 사해행위 취소의 소를 제기함과 아울러 그 원상회복으로서 배당이의의 소를 제기할 수 있고, 이 경우 법원으로서는 배당이의의 소를 제기한 당해 채권자 이외의 다른 채권자의 존재를 고려할 필요 없이 그 채권자의 채권이 만족을 받지 못한 한도에서만 근저당권설정계약을 취소하고 그 한도에서만 수익자의 배당액을 삭제하여 당해 채권자의 배당액으로 경정하여야 한다.

[2] 확정된 배당표에 의하여 배당을 실시하는 것은 실체법상의 권리를 확정하는 것이 아니므로, 배당을 받아야 할 채권자가 배당을 받지 못하고 배당을 받지 못할 자가 배당을 받은 경우에는 배당을 받지 못한 채권자로서는 배당에 관하여 이의를 한 여부에 관계없이 배당을 받지 못할 자이면서도 배당을 받았던 자를 상대로 부당이득반환청구권을 가지며, 배당을 받지 못한 그 채권자가 일반채권자라거나 배당이의 소송에서 승소하여 배당표를 경정한 것이 사해행위 취소판결에 의한 것이라고 하여 달리 볼 것은 아니다. 이 때 배당이의 소송을 통하여 자신이 배당받아야 할 금액보다 초과하여 배당받은 채권자는, 그 초과 부분을 적법하게 배당요구를 하였으나 배당이의 소송에 참여하지 못한 다른 채권자에게 부당이득으로서 반환할 의무가 있을 뿐 사해행위를 한 채무자에게 반환할 의무는 없다.

3. 사해행위취소와 배당절차의 종료

가. 사해행위취소의 효력을 받는 채권자의 범위

(1) 판례의 입장

[판례 35] 배당이의 (대법원 2009.6.23. 선고 2009다18502 판결)

채권자취소권은 채무자가 채권자를 해함을 알면서 자기의 일반재산을 감소시키는 행위를 한 경우에 그 행위를 취소하여 채무자의 재산을 원상회복시킴으로써 모든 채권자를 위하여 채무자의 책임재산을 보전하는 권리이나, 사해행위 이후에 채권을 취득한 채권자는 채권의 취득 당시에 사해행위취소에 의하여 회복되는 재산을 채권자의 공동담보로 파악하지 아니한 자로서 민법 제407조에 정한 사해행위취소와 원상회복의 효력을 받는 채권자에 포함되지 아니한다.

나. 수익자에게 배당금이 지급되기 전후의 법률관계

[판례 36] 구상금등 (대법원 1997. 10. 10. 선고 97다8687 판결)

[1] 채권자취소권에 의하여 보호될 수 있는 채권은 원칙적으로 사해행위라고 볼 수 있는 행위가 행하여지기 전에 발생된 것임을 요하지만, 그 사해행위 당시에 이미 채권 성립의 기초가 되는 법률관계가 발생되어 있고 가까운 장래에 그 법률관계에 기하여 채권이 성립되리라는 점에 대한 고도의 개연성이 있으며 실제로 가까운 장래에 그 개연성이 현실화되어 채권이 성립된 경우에는, 그 채권도 채권자취소권의 피보전채권이 될 수 있다.

[2] 채무자와 수익자 사이의 근저당권설정계약이 사해행위인 이상 그로 인한 근저당권설정등기가 경락으로 인하여 말소되었다고 하더라도 수익자로 하여금 근저당권자로서의 배당을 받도록 하는 것은 민법

제406조 제1항의 취지에 반하므로, 수익자에게 그와 같은 부당한 이득을 보유시키지 않기 위하여 그 근저당권설정등기로 인하여 해를 입게 되는 채권자는 근저당권설정계약의 취소를 구할 이익이 있다.

[3] 수익자가 경매절차에서 채무자와의 사해행위로 취득한 근저당권에 기하여 배당에 참가하여 배당표는 확정되었으나 채권자의 배당금지급금지가처분으로 인하여 배당금을 현실적으로 지급받지 못한 경우, 채권자취소권의 행사에 따른 원상회복의 방법은 수익자에게 바로 배당금의 지급을 명할 것이 아니라 수익자가 취득한 배당금지급청구권을 채무자에게 반환하는 방법으로 이루어져야 하고, 이는 결국 배당금지급채권의 양도와 그 채권양도의 통지를 배당금지급채권의 채무자에게 하여 줄 것을 청구하는 형태가 될 것이다.

[판례 37] 배당이의 (대법원 2004. 1. 27. 선고 2003다6200 판결)

근저당권설정계약을 사해행위로서 취소하는 경우 경매절차가 진행되어 타인이 소유권을 취득하고 근저당권설정등기가 말소되었다면 원물반환이 불가능하므로 가액배상의 방법으로 원상회복을 명할 것인바, 이미 배당이 종료되어 수익자가 배당금을 수령하였다면 수익자로 하여금 배당금을 반환하도록 명하여야 하고, 배당표가 확정되었으나 채권자의 배당금지급금지가처분으로 인하여 수익자가 배당금을 현실적으로 지급받지 못한 경우에는 배당금지급채권의 양도와 그 채권양도의 통지를 명할 것이나, 채권자가 배당기일에 출석하여 수익자의 배당 부분에 대하여 이의를 하였다면 그 채권자는 사해행위취소의 소와 병합하여 원상회복으로서 배당이의의 소를 제기할 수 있다고 할 것이고, 다만 이 경우 법원으로서는 배당이의의 소를 제기한 당해 채권자 이외의 다른 채권자의 존재를 고려할 필요 없이 그 채권자의 채권이 만족을 받지 못한 한도에서만 근저당권설정계약을 취소하고 그 한도에서만 수익자의 배당액을 삭제하여 당해 채권자의 배당액으로 경정하여야 한다.

[판례 38] 구상금등 (대법원 2005. 5. 27. 선고 2004다67806 판결)

[1] 공동저당권이 설정된 수 개의 부동산에 관한 일괄 매매행위가 사해행위에 해당함을 이유로 그 매매계약의 전부 취소 및 그 원상회복으로서 각 소유권이전등기의 말소를 구하다가 사해행위 이후 저당권이 소멸된 사정을 감안하여 법률상 이러한 경우 원상회복이 허용되는 범위 내의 가액배상을 구하는 것으로 청구취지를 변경하면서 그에 맞추어 사해행위취소의 청구취지를 변경한 데에 불과한 경우에는 하나의 매매계약으로서의 당해 사해행위의 취소를 구하는 소 제기의 효과는 그대로 유지되고 있다고 봄이 상당하다 할 것이므로 비록 취소소송의 제척기간이 경과한 후에 당초의 청구취지변경이 잘못 되었음을 이유로 다시 위 매매계약의 전부취소 및 소유권이전등기의 말소를 구하는 것으로 청구취지를 변경한다 해도 최초 소 제기시에 발생한 제척기간 준수의 효과에는 영향이 없다고 한 사례.

[2] 공동저당권이 설정된 수 개의 부동산 전부의 매매계약이 사해행위에 해당하는 경우 그 사해행위 이후에 변제 등에 의하여 공동저당권이 소멸한 때에는 그 부동산의 가액으로부터 저당권의 피담보채권액을 공제한 잔액의 한도 내에서 매매계약을 일부 취소하고 그 가격에 의한 배상을 명하여야 하고 일부 부동산 자체의 회복을 인정할 수는 없으며, 이 때 사해행위의 목적 부동산 전부가 하나의 계약으로 동일인에게 일괄 양도된 경우에는 사해행위로 되는 매매계약이 공동저당 부동산의 일부를 목적으로 할 때처럼 그 부동산 가액에서 공제하여야 할 피담보채권액의 산정이 문제되지 아니하므로 특별한 사정이 없는 한 그 취소에 따른 배상액의 산정은 목적 부동산 전체의 가액에서 공동저당권의 피담보채권 총액을 공제하는 방식으로 함이 그 취소 채권자의 의사에도 부합하는 상당한 방법이라 할 것이고, 한편 사해행위로 인하여 일탈한 재산의 범위는 사해행위 당시 이미 정하여지는 이상 위의 경우에 있어서 그 저당권의 피담보채무의 변제 및 저당권 말소의 원인과 그 자금의 제공자가 누구인지 혹은 그 이익이 잔존하는

지 여부는 상관이 없다 할 것이므로, 그 공동저당권 말소의 원인이 하나의 사해행위로서 동일인에게 일괄 양도된 부동산 중 일부에 대한 공동저당권의 실행에 따른 것이라 하여 달리 볼 것도 아니다.

[3] 저당권이 설정된 부동산에 관하여 사해행위를 원인으로 저당권을 취득하였다가 선행 저당권의 실행으로 사해의 저당권이 말소되었으나 수익자에게 돌아갈 배당금채권이 있는 경우의 원상회복의 방법으로는, 그 배당금채권이 수익자에게 지급된 경우에는 동액 상당의 가액의 배상으로, 배당금지급금지가처분 등으로 인하여 지급되지 못한 경우에는 그 배당금채권의 양도절차의 이행으로 각 이루어져야 할 것이고, 이러한 법리는 저당권이 설정된 부동산의 소유권이 사해행위로서 양도되었다가 그 저당권의 실행으로 말미암아 양수인인 수익자에게 배당이 이루어진 경우에도 마찬가지라 할 것이다.

[4] 채권자취소권의 요건을 갖춘 각 채권자는 고유의 권리로서 채무자의 재산처분행위를 취소하고 그 원상회복을 구할 수 있는 것이므로 각 채권자가 동시 또는 이시에 사해행위의 취소 및 원상회복을 구하는 소송을 제기하였다 하여도 그 중 어느 소송에서 승소판결이 선고·확정되고 그에 기하여 재산이나 가액의 회복을 마치기 전에는 각 소송이 중복제소에 해당한다거나 권리보호의 이익이 없게 되는 것은 아니다.

[판례 39] 사해행위취소등 (대법원 2001. 2. 27. 선고 2000다44348 판결)

[1] 채권자취소의 소는 채권자가 취소원인을 안 때로부터 1년 이내에 제기하여야 하고, 채권자취소권의 행사기간은 제소기간이므로 법원은 그 기간 준수 여부에 대하여 의심이 있는 경우에는 법원이 필요한 정도에 따라 직권으로 증거조사를 할 수 있으나, 법원에 현출된 모든 소송자료를 통하여 살펴보았을 때 그 기간이 도과되었다고 의심할 만한 사정이 발견되지 않는 경우까지 법원이 직권으로 추가적인 증거조사를 하여 기간 준수 여부를 확인하여야 할 의무는 없다.

[2] 채권자취소의 소에서 채권자가 취소원인을 안다고 하는 것은 단순히

채무자의 법률행위가 있었다는 사실을 아는 것만으로는 부족하고, 그 법률행위가 채권자를 해하는 행위라는 것까지 알아야 하므로, 채권자가 채무자의 유일한 재산에 대하여 가등기가 경료된 사실을 알고 채무자의 재산상태를 조사한 결과 다른 재산이 없음을 확인한 후 채무자의 재산에 대하여 가압류를 한 경우에는 채권자는 그 가압류 무렵에는 채무자가 채권자를 해함을 알면서 사해행위를 한 사실을 알았다고 봄이 상당하지만, 채권자가 채무자 소유의 부동산에 대한 가압류신청시 첨부한 등기부등본에 수익자 명의의 근저당권설정등기가 경료되어 있었다는 사실만으로는 채권자가 가압류신청 당시 취소원인을 알았다고 인정할 수 없다.

[3] 채무자와 수익자 사이의 저당권설정행위가 사해행위로 인정되어 저당권설정계약이 취소되는 경우에도 당해 부동산이 이미 입찰절차에 의하여 낙찰되어 대금이 완납되었을 때에는 낙찰인의 소유권취득에는 영향을 미칠 수 없으므로, 채권자취소권의 행사에 따르는 원상회복의 방법으로 입찰인의 소유권이전등기를 말소할 수는 없고, 수익자가 받은 배당금을 반환하여야 한다.

[4] 채권자취소권은 채권의 공동담보인 채무자의 책임재산을 보전하기 위하여 채무자와 수익자 사이의 사해행위를 취소하고 채무자의 일반재산으로부터 일탈된 재산을 모든 채권자를 위하여 수익자 또는 전득자로부터 환원시키는 제도이므로, 수익자인 채권자로 하여금 안분액의 반환을 거절하도록 하는 것은 자신의 채권에 대하여 변제를 받은 수익자를 보호하고 다른 채권자의 이익을 무시하는 결과가 되어 제도의 취지에 반하게 되므로, 수익자가 채무자의 채권자인 경우 수익자가 가액배상을 할 때에 수익자 자신도 사해행위취소의 효력을 받는 채권자 중의 1인이라는 이유로 취소채권자에 대하여 총채권액 중 자기의 채권에 대한 안분액의 분배를 청구하거나, 수익자가 취소채권자의 원상회복에 대하여 총채권액 중 자기의 채권에 해당하는 안분액의 배당요구권으로써 원상회복청구와의 상계를 주장하여 그 안분액의 지급을 거절할 수는 없다.

제9절 채권자취소소송에 있어서 원물반환과 가액배상 433

[판례 40] 구상금등 (대법원 2005. 5. 27. 선고 2004다67806 판결)

【판시사항】

[1] 사해행위취소소송에서 제척기간 경과 후에 당초의 청구취지변경이 잘못 되었음을 이유로 다시 청구취지를 변경하더라도 최초 소 제기시에 발생한 제척기간 준수의 효과에는 영향이 없다고 한 사례
[2] 사해행위에 해당하는 매매계약으로 공동저당권이 설정된 수 개의 부동산 전부가 동일인에게 일괄 양도되고 이후 변제 등에 의하여 공동저당권이 소멸한 경우, 사해행위취소에 따른 배상액의 산정 방법
[3] 저당권이 설정된 부동산의 소유권이 사해행위로서 양도되었다가 그 저당권의 실행으로 말미암아 양수인인 수익자에게 배당이 이루어진 경우, 사해행위취소에 따른 원상회복의 방법
[4] 채권자취소권의 요건을 갖춘 각 채권자가 동시 또는 이시에 채권자취소 및 원상회복소송을 제기한 경우, 이들 소송이 중복제소에 해당하는지 여부(소극)

【판결요지】

[1] 공동저당권이 설정된 수 개의 부동산에 관한 일괄 매매행위가 사해행위에 해당함을 이유로 그 매매계약의 전부 취소 및 그 원상회복으로서 각 소유권이전등기의 말소를 구하다가 사해행위 이후 저당권이 소멸된 사정을 감안하여 법률상 이러한 경우 원상회복이 허용되는 범위 내의 가액배상을 구하는 것으로 청구취지를 변경하면서 그에 맞추어 사해행위취소의 청구취지를 변경한 데에 불과한 경우에는 하나의 매매계약으로서의 당해 사해행위의 취소를 구하는 소 제기의 효과는 그대로 유지되고 있다고 봄이 상당하다 할 것이므로 비록 취소소송의 제척기간이 경과한 후에 당초의 청구취지변경이 잘못 되었음을 이유로 다시 위 매매계약의 전부취소 및 소유권이전등기의 말소를 구하는 것으로 청구취지를 변경한다 해도 최초 소 제기시에 발생한 제척기간 준수의 효과에는 영향이 없다고 한 사례.

[2] 공동저당권이 설정된 수 개의 부동산 전부의 매매계약이 사해행위에 해당하는 경우 그 사해행위 이후에 변제 등에 의하여 공동저당권이 소멸한 때에는 그 부동산의 가액으로부터 저당권의 피담보채권액을 공제한 잔액의 한도 내에서 매매계약을 일부 취소하고 그 가격에 의한 배상을 명하여야 하고 일부 부동산 자체의 회복을 인정할 수는 없으며, 이 때 사해행위의 목적 부동산 전부가 하나의 계약으로 동일인에게 일괄 양도된 경우에는 사해행위로 되는 매매계약이 공동저당 부동산의 일부를 목적으로 할 때처럼 그 부동산 가액에서 공제하여야 할 피담보채권액의 산정이 문제되지 아니하므로 특별한 사정이 없는 한 그 취소에 따른 배상액의 산정은 목적 부동산 전체의 가액에서 공동저당권의 피담보채권 총액을 공제하는 방식으로 함이 그 취소 채권자의 의사에도 부합하는 상당한 방법이라 할 것이고, 한편 사해행위로 인하여 일탈한 재산의 범위는 사해행위 당시 이미 정하여지는 이상 위의 경우에 있어서 그 저당권의 피담보채무의 변제 및 저당권 말소의 원인과 그 자금의 제공자가 누구인지 혹은 그 이익이 잔존하는지 여부는 상관이 없다 할 것이므로, 그 공동저당권 말소의 원인이 하나의 사해행위로서 동일인에게 일괄 양도된 부동산 중 일부에 대한 공동저당권의 실행에 따른 것이라 하여 달리 볼 것도 아니다.

[3] 저당권이 설정된 부동산에 관하여 사해행위를 원인으로 저당권을 취득하였다가 선행 저당권의 실행으로 사해의 저당권이 말소되었으나 수익자에게 돌아갈 배당금채권이 있는 경우의 원상회복의 방법으로는, 그 배당금채권이 수익자에게 지급된 경우에는 동액 상당의 가액의 배상으로, 배당금지급금지가처분 등으로 인하여 지급되지 못한 경우에는 그 배당금채권의 양도절차의 이행으로 각 이루어져야 할 것이고, 이러한 법리는 저당권이 설정된 부동산의 소유권이 사해행위로서 양도되었다가 그 저당권의 실행으로 말미암아 양수인인 수익자에게 배당이 이루어진 경우에도 마찬가지라 할 것이다.

[4] 채권자취소권의 요건을 갖춘 각 채권자는 고유의 권리로서 채무자의

재산처분행위를 취소하고 그 원상회복을 구할 수 있는 것이므로 각 채권자가 동시 또는 이시에 사해행위의 취소 및 원상회복을 구하는 소송을 제기하였다 하여도 그 중 어느 소송에서 승소판결이 선고·확정되고 그에 기하여 재산이나 가액의 회복을 마치기 전에는 각 소송이 중복제소에 해당한다거나 권리보호의 이익이 없게 되는 것은 아니다.

[판례 41] 구상금등 (대법원 1997. 10. 10. 선고 97다8687 판결)

【판시사항】

[1] 사해행위 당시 아직 성립되지 않은 채권이 예외적으로 채권자취소권의 피보전채권이 될 수 있는 경우

[2] 사해행위인 근저당권설정계약에 기해 설정된 근저당권설정등기가 경락으로 인하여 말소된 경우에도 그 설정계약의 취소를 구할 이익이 있는지 여부(적극)

[3] 수익자가 사해행위로 취득한 근저당권에 기해 경매절차에서 배당에 참가하여 배당표는 확정되었으나 아직 배당금이 현실적으로 지급되지 않은 경우, 채권자취소권의 행사에 따른 원상회복의 방법

【판결요지】

[1] 채권자취소권에 의하여 보호될 수 있는 채권은 원칙적으로 사해행위라고 볼 수 있는 행위가 행하여지기 전에 발생된 것임을 요하지만, 그 사해행위 당시에 이미 채권 성립의 기초가 되는 법률관계가 발생되어 있고 가까운 장래에 그 법률관계에 기하여 채권이 성립되리라는 점에 대한 고도의 개연성이 있으며 실제로 가까운 장래에 그 개연성이 현실화되어 채권이 성립된 경우에는, 그 채권도 채권자취소권의 피보전채권이 될 수 있다.

[2] 채무자와 수익자 사이의 근저당권설정계약이 사해행위인 이상 그로 인한 근저당권설정등기가 경락으로 인하여 말소되었다고 하더라도

수익자로 하여금 근저당권자로서의 배당을 받도록 하는 것은 민법 제406조 제1항의 취지에 반하므로, 수익자에게 그와 같은 부당한 이득을 보유시키지 않기 위하여 그 근저당권설정등기로 인하여 해를 입게 되는 채권자는 근저당권설정계약의 취소를 구할 이익이 있다.

[3] 수익자가 경매절차에서 채무자와의 사해행위로 취득한 근저당권에 기하여 배당에 참가하여 배당표는 확정되었으나 채권자의 배당금지급금지가처분으로 인하여 배당금을 현실적으로 지급받지 못한 경우, 채권자취소권의 행사에 따른 원상회복의 방법은 수익자에게 바로 배당금의 지급을 명할 것이 아니라 수익자가 취득한 배당금지급청구권을 채무자에게 반환하는 방법으로 이루어져야 하고, 이는 결국 배당금지급채권의 양도와 그 채권양도의 통지를 배당금지급채권의 채무자에게 하여 줄 것을 청구하는 형태가 될 것이다.

[판례 42] 배당이의 (대법원 2004. 6. 25. 선고 2004다9398 판결)

【판시사항】

[1] 배당이의의 소에 있어서 이의를 하지 아니한 피고가 원고의 채권 자체의 존재를 부인할 수 있는지 여부(적극)
[2] 사해행위인 근저당권부 채권양도의 수익자가 취득한 채권에 대한 압류가 경합하여 제3채무자가 금전채권을 집행공탁한 경우, 사해행위의 취소에 따른 원상회복의 방법

【판결요지】

[1] 배당이의의 소에 있어서 피고는 원고의 청구를 배척할 수 있는 모든 주장을 방어방법으로 내세울 수 있다 할 것인바, 배당기일에 피고가 원고에 대하여 이의를 하지 아니하였다 하더라도 피고는 원고의 청구를 배척할 수 있는 사유로서 원고의 채권 자체의 존재를 부인할 수 있다.
[2] 사해행위가 채권자에 의하여 취소되기 전에 이미 수익자가 배당금을

현실로 지급받은 경우에는, 수익자가 경매절차에서 채무자와의 사해행위로 취득한 근저당권부 채권에 기하여 배당에 참가하여 배당표는 확정되었으나 채권자의 배당금지급금지가처분 등으로 인하여 배당금을 현실적으로 지급받지 못한 경우와 달리, 채권자는 원상회복방법으로 수익자 또는 전득자를 상대로 배당 또는 변제로 수령한 금원 중 자신의 채권액 상당의 지급을 가액배상의 방법으로 청구할 수 있다 할 것이나, 채권에 대한 압류가 경합하여 제3채무자가 금전채권을 집행공탁한 경우 비록 제3채무자의 채무가 소멸되는 것이기는 하지만, 제3채무자의 채권자는 현실적으로 채권을 추심한 것이 아니라 공탁금출급청구권을 취득한 것에 불과하고 압류의 효력이 채무자의 공탁금출급청구권에 대하여 존속하게 되는 것이므로 사해행위의 취소에 따른 원상회복은 금전지급에 의한 가액배상이 아니라 공탁금출급청구권을 채권자에게 양도하는 방법으로 하여야 한다.

[판례 43] 예탁금반환 (대법원 2004. 7. 9. 선고 2003다38245 판결)

【판시사항】

수익자가 사해행위로 취득한 근저당권에 기해 경매절차에서 배당에 참가하여 배당표는 확정되었으나 채권자의 배당금지급금지가처분으로 인하여 배당금이 현실적으로 지급되지 않은 경우 채권자취소권의 행사에 따른 원상회복의 방법 및 채권에 대한 압류가 경합하여 제3채무자가 자신의 채무를 집행공탁한 경우 채권자취소권의 행사에 따른 원상회복의 방법

[판례 44] 배당이의 (대법원 2004. 1. 27. 선고 2003다6200 판결)

【판시사항】

근저당권설정계약을 사해행위로서 취소함에 있어 이미 경매절차가 진행되어 타인이 소유권을 취득하고 근저당권설정등기가 말소된 경우, 수익

자의 배당금 수령 여부에 따른 원상회복의 구체적인 방법 및 채권자가 사해행위취소의 소와 배당이의의 소를 병합하여 제기하는 경우, 배당표 경정의 범위

【판결요지】

근저당권설정계약을 사해행위로서 취소하는 경우 경매절차가 진행되어 타인이 소유권을 취득하고 근저당권설정등기가 말소되었다면 원물반환이 불가능하므로 가액배상의 방법으로 원상회복을 명할 것인바, 이미 배당이 종료되어 수익자가 배당금을 수령하였다면 수익자로 하여금 배당금을 반환하도록 명하여야 하고, 배당표가 확정되었으나 채권자의 배당금지급금지가처분으로 인하여 수익자가 배당금을 현실적으로 지급받지 못한 경우에는 배당금지급채권의 양도와 그 채권양도의 통지를 명할 것이나, 채권자가 배당기일에 출석하여 수익자의 배당 부분에 대하여 이의를 하였다면 그 채권자는 사해행위취소의 소와 병합하여 원상회복으로서 배당이의의 소를 제기할 수 있다고 할 것이고, 다만 이 경우 법원으로서는 배당이의의 소를 제기한 당해 채권자 이외의 다른 채권자의 존재를 고려할 필요 없이 그 채권자의 채권이 만족을 받지 못한 한도에서만 근저당권설정계약을 취소하고 그 한도에서만 수익자의 배당액을 삭제하여 당해 채권자의 배당액으로 경정하여야 한다.

[판례 45] 부당이득금반환 (대법원 2001. 3. 13. 선고 99다26948 판결)

【판시사항】

[1] 확정된 배당표에 의하여 실시된 배당에서 제외된 일반채권자의 부당이득반환청구권 유무(적극)
[2] 법률상 원인 없이 제3자에 대한 채권을 취득하였으나 아직 그 채권을 현실적으로 추심하지 못한 자에 대한 부당이득반환청구권의 행사 방법

【판결요지】

[1] 확정된 배당표에 의하여 배당을 실시하는 것은 실체법상의 권리를 확정하는 것이 아니므로, 배당을 받아야 할 채권자가 배당을 받지 못하고 배당을 받지 못할 자가 배당을 받은 경우에는 배당을 받지 못한 채권자로서는 배당에 관하여 이의를 한 여부에 관계없이 배당을 받지 못할 자이면서도 배당을 받았던 자를 상대로 부당이득반환청구권을 갖는다 할 것이고, 배당을 받지 못한 그 채권자가 일반채권자라고 하여 달리 볼 것은 아니다.

[2] 부당이득이 성립되는 경우 그 부당이득의 반환은 법률상 원인 없이 취득한 이익을 반환하여 원상으로 회복하는 것을 말하므로, 법률상 원인 없이 제3자에 대한 채권을 취득한 경우, 만약 채권의 이득자가 이미 그 채권을 변제받은 때에는 그 변제받은 금액이 이득이 되어 이를 반환하여야 할 것이나, 아직 그 채권을 현실적으로 추심하지 못한 경우에는 손실자는 채권의 이득자에 대하여 그 채권의 반환을 구하여야 하고 그 채권 가액에 해당하는 금전의 반환을 구할 수는 없다.

[판례 46] 배당이의 (대법원 2002. 1. 25. 선고 2001다11055 판결)

【판시사항】

[1] 민사소송법 제605조 제1항 소정의 배당요구가 필요한 배당요구채권자가 실체법상 우선변제청구권이 있다 하더라도 적법한 배당요구를 하지 아니한 경우, 배당에서 제외되는지 여부(적극)
[2] 부동산에 관한 경매개시결정기입등기 이전에 체납처분에 의한 압류등기가 마쳐진 경우, 낙찰기일 후에 조세채권자가 수정교부청구를 할 수 있는지 여부(적극) 및 우선배당을 받을 수 있는 채권의 범위
[3] 법률상의 사항에 관한 법원의 석명 또는 지적의무
[4] 석명권을 적절하게 행사하지 아니하고 당사자에게 법률사항에 관한 의견진술의 기회를 주지 아니한 위법이 있다는 이유로 원심을 파기한 사례

【판결요지】

[1] 민사소송법 제728조에 의하여 준용되는 제605조 제1항에서 규정하는 배당요구 채권자는 경락기일까지 배당요구를 한 경우에 한하여 비로소 배당을 받을 수 있고, 적법한 배당요구를 하지 아니한 경우에는 실체법상 우선변제청구권이 있는 채권자라 하더라도 그 경락대금으로부터 배당을 받을 수는 없다.

[2] 부동산에 관한 경매개시결정기입등기 이전에 체납처분에 의한 압류등기가 마쳐진 경우 국가는 국세징수법 제56조에 의한 교부청구를 하지 않더라도 당연히 그 등기로써 민사소송법에 규정된 배당요구와 같은 효력이 발생하고, 이 때 국가가 낙찰기일까지 체납세액을 계산할 수 있는 증빙서류를 제출하지 아니한 때에는 경매법원으로서는 당해 압류등기촉탁서에 의한 체납세액을 조사하여 배당하게 될 것이므로, 이와 같은 경우에 비록 낙찰기일 이전에 체납세액의 신고가 있었다고 하더라도 국가는 그 후 배당표가 작성될 때까지는 이를 보정하는 증빙서류 등을 다시 제출할 수 있다고 할 것이며, 경매법원으로서는 특별한 사정이 없는 한 위 낙찰기일 전의 신고금액을 초과하는 금액에 대하여도 위 압류등기상의 청구금액의 범위 내에서는 배당표 작성 당시까지 제출한 서류와 증빙 등에 의하여 국가가 배당받을 체납세액을 산정하여야 한다.

[3] 무릇 당사자가 부주의 또는 오해로 인하여 명백히 간과한 법률상의 사항이 있거나 당사자의 주장이 법률상의 관점에서 보아 불명료 또는 불완전하거나 모순이 있는 경우, 법원은 적극적으로 석명권을 행사하여 당사자에게 의견진술의 기회를 부여하여야 하고, 만일 이를 게을리한 채 당사자가 전혀 예상하지 못하였던 법률적 관점에 기한 재판으로 당사자 일방에게 불의의 타격을 가하였다면 석명 또는 지적의무를 다하지 아니하여 심리를 제대로 하지 아니한 것으로서 위법하다.

[4] 조세채권자의 배당이의로 경매신청채권자에 대한 배당금이 공탁되었

는데, 조세채권자가 경매신청채권자를 상대로 부당이득반환으로서 그 배당금 상당의 금원의 지급을 구함에 대하여 경매신청채권자가 현실적으로 배당금을 수령하지 않았다는 이유로 조세채권자의 청구를 기각한 원심은 석명권을 적절하게 행사하지 아니하고 당사자에게 법률사항에 관한 의견진술의 기회를 주지 아니한 위법이 있다고 하여 파기한 사례.

[판례 47] 구상금등 (대법원 2007. 2. 9. 선고 2006다39546 판결)

【판시사항】

[1] 확정된 배당표에 의하여 실시된 배당에서 배당을 받지 못한 일반채권자에게 부당이득반환청구권이 있는지 여부(적극)

[2] 배당이의소송에서 승소확정판결에 기하여 배당을 받은 채권자가 패소확정판결을 받은 자 아닌 다른 배당요구채권자가 배당받을 몫까지도 배당받은 결과가 되는 경우, 그 다른 배당요구채권자가 위 채권자를 상대로 부당이득반환청구를 할 수 있는지 여부(적극)

【판결요지】

[1] 확정된 배당표에 의하여 배당을 실시하는 것은 실체법상의 권리를 확정하는 것이 아니므로, 배당을 받아야 할 채권자가 배당을 받지 못하고 배당을 받지 못할 자가 배당을 받은 경우에는 배당을 받지 못한 채권자로서는 배당에 관하여 이의를 한 여부에 관계없이 배당을 받지 못할 자이면서도 배당을 받았던 자를 상대로 부당이득반환청구권을 갖는다 할 것이고, 배당을 받지 못한 그 채권자가 일반채권자라고 하여 달리 볼 것은 아니다.

[2] 배당이의소송은 대립하는 당사자 사이의 배당액을 둘러싼 분쟁을 그들 사이에서 상대적으로 해결하는 것에 지나지 아니하여 그 판결의 효력은 오직 그 소송의 당사자에게만 미칠 뿐이므로, 어느 채권자가 배당이의소송에서의 승소확정판결에 기하여 경정된 배당표에 따라

배당을 받은 경우에 있어서도, 그 배당이 배당이의소송에서 패소확정판결을 받은 자 아닌 다른 배당요구채권자가 배당받을 몫까지도 배당받은 결과로 된다면 그 다른 배당요구채권자는 위 법리에 의하여 배당이의소송의 승소확정판결에 따라 배당받은 채권자를 상대로 부당이득반환청구를 할 수 있다.

[판례 48] 부당이득반환 (대법원 2009. 5. 14. 선고 2007다64310 판결)

【판시사항】

근저당권자에게 배당하기로 한 배당금에 대하여 지급금지가처분결정이 있어 경매법원이 그 배당금을 공탁한 후 그 근저당권설정계약이 사해행위로 취소된 경우, 취소채권자가 배당금지급청구권에 대한 채권압류 및 추심명령에 기하여 배당금을 우선 수령하는 것이 적법하게 배당요구하였던 다른 채권자들과의 관계에서 부당이득으로 되는지 여부(적극)

【판결요지】

근저당권자에게 배당하기로 한 배당금에 대하여 처분금지가처분결정이 있어 경매법원이 그 배당금을 공탁한 후에 그 근저당권설정계약이 사해행위로 취소된 경우, 공탁금의 지급 여부가 불확정 상태에 있는 경우에는 공탁된 배당금이 피공탁자에게 지급될 때까지 배당절차는 아직 종료되지 않은 것이라고 볼 수도 있으므로 반드시 배당절차가 확정적으로 종료되었다고 단정할 수는 없다는 점, 채권자취소의 효과는 채무자에게 미치지 아니하고 채무자와 수익자와의 법률관계에도 아무런 영향을 미치지 아니하므로 취소채권자의 사해행위취소 및 원상회복청구에 의하여 채무자에게로 회복된 재산은 취소채권자 및 다른 채권자에 대한 관계에서 채무자의 책임재산으로 취급될 뿐 채무자가 직접 그 재산에 대하여 어떤 권리를 취득하는 것은 아니라는 점 등에 비추어 보면, 그 공탁금은 그 경매절차에서 적법하게 배당요구하였던 다른 채권자들에게 추가 배당함이 상당하고, 그 공탁금지급청구권에 관한 채권압류 및 추심명령은 추가배당절차에서 배당되고 남은 잉여금에 한하여 효력이 있을 뿐이다. 따라서 취소채권자나 적법하게 배당요구하였던 다른 채권자들로서는 추가배당 이외의 다른 절차를 통하여 채권의 만족을 얻을 수는 없으므로, 취소채권자라고 하더라도 배당금지급청구권에 대한 채권압류 및 추심명령에 기하여 배당금을 우선 수령하는 것은 허용되지 아니하고, 취소채권자가 그와 같은 절차를 거쳐 배당금을 우선 수령하였다면 적법하게 배당요구하였던 다른 채권자들과의 관계에서 부당이득이 성립한다.

[판례 49] 부당이득금 (대법원 2007. 3. 29. 선고 2006다49130 판결)

【판시사항】

[1] 확정된 배당표에 의하여 실시된 배당에서 제외된 일반채권자가 부당이득반환청구권을 가지는지 여부(적극)
[2] 배당이의의 소의 당사자가 아닌 배당요구채권자가 배당이의의 소의 판결에 기한 경정배당표에 의하여 배당을 받은 다른 채권자를 상대로 부당이득반환청구를 할 수 있는지 여부(적극)

[판례 50] 구상금등 (대법원 2007. 2. 22. 선고 2006다21538 판결)

【판시사항】

[1] 확정된 배당표에 의하여 실시된 배당에서 배당을 받지 못한 일반채권자에게 부당이득반환청구권이 있는지 여부(적극)
[2] 배당이의소송에서 승소확정판결에 기하여 배당을 받은 채권자가 패소확정판결을 받은 자 아닌 다른 배당요구채권자가 받을 몫까지도 배당받은 결과가 되는 경우, 그 다른 배당요구채권자가 위 배당받은 채권자를 상대로 부당이득반환청구를 할 수 있는지 여부(적극)

[판례 51] 대여금 (대법원 2007. 4. 12. 선고 2005다1407 판결)

【판시사항】

[1] 압류된 금전채권에 대한 전부명령이 제3채무자에게 송달될 때에 피압류채권이 존재하지 않는 경우, 전부명령의 효력(무효)
[2] 채권자가 사해행위의 취소와 함께 수익자나 전득자로부터 책임재산의 회복을 명하는 사해행위취소의 판결을 받은 경우, 그 취소의 효과

[판례 52] 파산배당금교부청구권 (대법원 2006. 8. 24. 선고 2004다23110 판결)

【판시사항】

[1] 처분금지가처분의 효력범위
[2] 채권양도인의 채권자가 양수인을 상대로 사해행위취소로 인한 원상회복청구권을 피보전권리로 하여 양도채권에 대한 처분금지가처분을 발령받은 경우, 양수인이 양도인에게 임의로 또는 다른 채권자가 제기한 사해행위취소소송에서의 청구인낙에 따라 양도채권을 반환한 것이 위 가처분의 처분금지효력에 저촉되는지 여부(소극)
[3] 채권자가 사해행위의 취소와 함께 수익자 또는 전득자로부터 책임재산의 회복을 구하는 사해행위취소의 소를 제기한 경우, 그 취소의 효과

[판례 53] 배당이의 (대법원 2001. 5. 29. 선고 99다9011 판결)

【판시사항】

[1] 사해행위취소의 효력이 미치는 범위
[2] 사해행위 취소의 효력이 제3자에게 미치지 않는다고 한 사례

【판결요지】

[1] 사해행위취소의 효력은 상대적이기 때문에 소송당사자인 채권자와 수익자 또는 전득자 사이에만 발생할 뿐 소송의 상대방 아닌 제3자에게는 아무런 효력을 미치지 아니한다.
[2] 채무자인 사용자 소유의 부동산이 제3자에게 양도된 후 위 부동산에 관하여 개시된 경매절차에서 위 부동산이 사용자의 책임재산이 아니

라는 이유로 배당을 받지 못한 임금채권자가 제3자를 상대로 사해행위취소소송을 제기하고 제3자가 이를 인락하였다 하더라도 그 취소의 효력은 위 임금채권자와 수익자인 제3자 사이에만 발생할 뿐 사해행위 이전에 이미 위 부동산에 대하여 근저당권을 가지고 있던 자에게는 미치지 아니하며, 위 부동산이 소급하여 채무자의 책임재산으로 회복되는 것도 아니므로 임금채권자는 우선변제권을 내세워 위 근저당권자에게 경매절차에서 배당받은 금원의 반환을 구할 수 없다고 한 사례.

[판례 54] 사해행위에 기한 가등기가 전득자에게 이전되어 본등기가 된 경우, 수익자에 대한 사해행위 취소 및 가액배상청구의 가부

- 대법원 2015. 5. 21. 선고 2012다952 전원합의체 판결 -

Ⅰ. 사안의 개요

1. 사실관계

가. 원고는 甲 주식회사(이하 '甲회사'라고 한다)와 체결한 신용보증약정에 따라 2005. 2. 25. 甲회사의 대출금채무를 대위변제한 자로서, 위 신용보증약정에 따른 甲 회사의 채무를 연대보증한 乙에 대하여 구상금채권을 가지고 있었다.

나. 2006. 9. 13. 乙 소유인 이 사건 각 부동산에 관하여 2006. 8. 31.자 매매예약(이하 '이 사건 매매예약'이라고 한다)을 원인으로 피고 1 및 丙 주식회사 (이하 '丙회사'라고 한다) 명의의 소유권이전청구권가등기가 마쳐졌다. 이어서 이 사건 각 부동산에 관하여 구분건물의 수분양자 등 앞으로 매매 또는 계약양도를 원인으로 한 가등기 이전의 부기등기가 마쳐졌다가 그 각 가등기에 기한 본등기가 마쳐졌다.

다. 원고는 乙이 채무초과 상태에서 이 사건 각 부동산에 관하여 피고 1 및 丙 회사와 체결한 이 사건 매매예약은 채권자를 해하는 사해행위라고 주장하면서, 乙에 대한 잔여 채권액을 한도로 이 사건 매매예약을 취소하고 가액배상을 구하는 이 사건 소를 제기하였다.

Ⅱ. 판결의 요지

1. 원심판결의 요지

원심은, 가등기가 원인무효인 경우 가등기의 말소등기청구는 가등기권리의 양수인만을 상대로 하면 족하고 양도인은 그 피고적격이 없다는 법리에 비추어 보면, 사해행위에 기하여 가등기가 마쳐졌고, 그 후 가등기 이전의 부기등기가 마쳐진 후 그 가등기에 기한 본등기가 마쳐진 사건에서 가등기말소등기청구의 상대방이 될 수 없고 본등기 명의인도 아닌 양도인이 가액배상의무를 부담한다고 볼 수 없다고 한 대법원 2005. 3. 24. 선고 2004다70079 판결을 전제로, 가등기말소등기청구의 상대방이 될 수 없고 본등기 명의인도 아닌 피고 1 및 丙 회사는 원고에 대하여 가액배상의무를 부담하지 않는다고 판단하여, 원고의 사해행위취소 및 가액배상청구를 기각하였다.

[판례 55] 사해행위취소 (대법원 2010. 4. 29. 선고 2009다104564 판결)

【판시사항】

[1] 사해행위취소에 따른 원상회복으로서 가액배상에 의하는 경우 배상액 산정의 기준 시기(=사실심 변론종결시)
[2] 채무자의 제3자에 대한 담보제공행위가 객관적으로 사해행위에 해당하는 경우 수익자의 악의가 추정되는지 여부(적극)
[3] 채무자가 신규자금의 융통 없이 단지 기존채무의 이행을 유예받기

위하여 채권자 1인에게 담보를 제공한 경우, 다른 채권자들에 대한 관계에서 사해행위에 해당하는지 여부(원칙적 적극)

【판결요지】

[1] 사해행위의 취소에 따른 원상회복은 원칙적으로 그 목적물 자체의 반환에 의하여야 할 것이나, 그것이 불가능하거나 현저히 곤란한 경우에는 예외적으로 가액배상에 의하여야 하고, 가액배상액을 산정함에 있어 그 가액은 수익자가 전득자로부터 실제로 수수한 대가와는 상관없이 사실심 변론종결시를 기준으로 객관적으로 평가하여야 한다.

[2] 채무자의 제3자에 대한 담보제공행위가 객관적으로 사해행위에 해당하는 경우 수익자의 악의는 추정되는 것이므로 수익자가 그 법률행위 당시 선의였다는 입증을 하지 못하는 한 채권자는 그 법률행위를 취소하고 그에 따른 원상회복을 청구할 수 있다.

[3] 이미 채무초과 상태에 빠진 채무자에게 있어서 채권자의 강제집행 내지 가압류 등 채권회수를 위한 집행보전조치로 발생하는 사업추진상의 어려움은 그러한 조치를 행하는 채권자의 채권액이나 변제기의 도래 여부에 관계없이 동일하게 발생할 수 있는 사정이다. 또한 특정 채권자가 당시로서 채무자에 대하여 위와 같은 채권회수조치에 적극성을 보였다는 사정만으로 채권자들 사이에서 우선적 담보제공의 필요성에 관한 차별적 평가를 하기는 어렵다. 나아가 채무자가 사업활동에서 실제로 활용할 수 있는 신규자금의 유입과 기존채무의 이행기의 연장 내지 채권회수조치의 유예는 사업의 갱생이나 계속적 추진을 위하여 가지는 경제적 의미가 동일하다고 볼 수 없다. 따라서 비록 채무자가 사업의 갱생이나 계속 추진의 의도였다 하더라도 신규자금의 융통 없이 단지 기존채무의 이행을 유예받기 위하여 자신의 채권자 중 한 사람에게 담보를 제공하는 행위는 다른 특별한 사정이 없는 한 다른 채권자들에 대한 관계에서는 사해행위에 해당한다고 보아야 한다.

제2장 실무사례

[판례 56] 사해행위취소 (대법원 2014. 12. 11. 선고 2011다49783 판결)

【판시사항】

[1] 특정 채권자에 대한 담보제공행위가 사해행위에 해당하기 위한 요건 및 특정 채권자에게 부동산을 담보로 제공한 행위가 사해행위가 되기 위하여 그 담보물이 채무자 소유의 유일한 부동산이어야 하는지 여부(소극)

[2] 사해행위가 채권자에 의하여 취소되기 전에 이미 수익자 또는 전득자가 배당금을 지급받은 경우, 채권자가 수익자 또는 전득자를 상대로 배당으로 수령한 금전의 지급을 가액배상의 방법으로 청구할 수 있는지 여부(적극)

[3] 사해행위취소의 소를 수익자나 전득자 중 일부만을 상대로 하거나 공동피고로 하여 제기할 수 있는지 여부(적극) 및 사해행위취소소송에 있어서 수익자 또는 전득자의 악의에 관한 증명책임의 소재

4. 가등기 원인행위의 사해행위성과 원상회복 방법

[판례 57] 가등기말소등 (대법원 1975. 2. 10. 선고 74다334 판결)

【판시사항】

통모에 의한 가등기가 채권자취소권의 대상이 되는지 여부

【판결요지】

소유권이전등기 청구권을 보전키 위한 가등기는 그 자체만으로는 물권취득의 효력을 발생하지 않지만 후일 본등기를 하는 경우엔 가등기시에 소급하여 소유권변동의 효력이 발생하기 때문에 채권자로 하여금 완전한 변제를 받을 수 없게 하는 결과를 초래하게 되므로 채권자를 해하는 것이다.

[판례 58] 사해행위취소등 (대법원 2001. 6. 12. 선고 99다20612 판결)

【판시사항】

[1] 소유권이전등기청구권보전을 위한 가등기가 사해행위로서 이루어진 경우 원상회복의 방법

[2] 저당권이 설정되어 있는 부동산에 관하여 사해행위가 이루어진 후 그 저당권설정등기가 말소된 경우, 사해행위인 계약 전부의 취소와 부동산 자체의 반환을 구하는 청구취지 속에 계약의 일부취소와 가액배상을 구하는 취지도 포함된 것으로 보아 청구취지의 변경없이 바로 가액배상을 명할 수 있는지 여부(적극)

【판결요지】

[1] 소유권이전등기청구권보전을 위한 가등기가 사해행위로서 이루어진 경우 그 매매예약을 취소하고 원상회복으로서 가등기를 말소하면 족한 것이고, 가등기 후에 저당권이 말소되었다거나 그 피담보채무가 일부 변제된 점 또는 그 가등기가 사실상 담보가등기라는 점 등은 그와 같은 원상회복의 방법에 아무런 영향을 주지 않는다.

[2] 저당권이 설정되어 있는 부동산이 사해행위로 이전된 경우에 그 사해행위는 부동산의 가액에서 저당권의 피담보채권액을 공제한 잔액의 범위 내에서만 성립한다고 보아야 하므로, 사해행위 후 변제 등에 의하여 저당권설정등기가 말소된 경우 그 부동산의 가액에서 저당권의 피담보채무액을 공제한 잔액의 한도에서 사해행위를 취소하고 그 가액의 배상을 구할 수 있을 뿐이고, 특별한 사정이 없는 한 변제자가 누구인지에 따라 그 방법을 달리한다고 볼 수는 없는 것이며, 사해행위인 계약 전부의 취소와 부동산 자체의 반환을 구하는 청구취지 속에는 위와 같이 일부취소를 하여야 할 경우 그 일부취소와 가액배상을 구하는 취지도 포함되어 있다고 볼 수 있으므로 청구취지의 변경이 없더라도 바로 가액반환을 명할 수 있다.

[판례 59] 사해행위취소 (대법원 2003. 7. 11. 선고 2003다19435 판결)

【판시사항】

[1] 채권자취소권 행사에 있어서 제척기간의 기산점인 채권자가 '취소원인을 안 날'의 의미

[2] 수익자가 채무자 소유의 부동산에 관하여 설정된 선순위 담보가등기의 피담보채무를 대위변제한 후 그 부동산에 관하여 매매예약에 기한 소유권이전등기청구권 보전을 위한 가등기를 경료한 경우, 사해행위의 성립과 그 범위

[3] 사해행위인 매매예약에 기해 소유권이전등기청구권 보전의 가등기가 경료된 후 증여세의 법정기일이 위 가등기보다 앞서는 압류등기가 경료된 경우, 압류등기가 매매예약의 사해행위 성립에 영향을 미치는지 여부(소극)

[4] 소유권이전등기청구권보전을 위한 가등기가 사해행위에 해당하는 경우 원상회복 방법

【판결요지】

[1] 채권자취소권 행사에 있어서 제척기간의 기산점인 채권자가 '취소원인을 안 날'이라 함은 채권자가 채권자취소권의 요건을 안 날, 즉 채무자가 채권자를 해함을 알면서 사해행위를 하였다는 사실을 알게 된 날을 의미한다고 할 것이므로, 단순히 채무자가 재산의 처분행위를 하였다는 사실을 아는 것만으로는 부족하고, 그 법률행위가 채권자를 해하는 행위라는 것 즉, 그에 의하여 채권의 공동담보에 부족이 생기거나 이미 부족상태에 있는 공동담보가 한층 더 부족하게 되어 채권을 완전하게 만족시킬 수 없게 되었으며 나아가 채무자에게 사해의 의사가 있었다는 사실까지 알 것을 요한다.

[2] 사해행위가 성립되려면 채무자가 어떤 법률행위를 함으로써 채무자의 공동담보, 즉 그의 적극재산에서 소극재산을 공제한 금액이 그 법률행위 이전보다 부족하게 되어야 하는 것이므로 수익자가 채무

초과상태에 있는 채무자의 부동산에 관하여 설정된 선순위 담보가등기의 피담보채무를 변제하여 그 가등기를 말소하는 대신 동일한 금액을 피담보채무로 하는 새로운 담보가등기를 설정하는 것은 채무자의 공동담보를 부족하게 하는 것이라고 볼 수 없어 사해행위가 성립한다고 할 수 없지만, 선순위 담보가등기를 말소시킨 후 그 부동산에 관하여 매매예약을 하고, 그에 기하여 소유권이전등기청구권 보전의 가등기를 경료한 경우에는 그 부동산의 가액, 즉 시가에서 피담보채무액을 공제한 잔액의 범위 내에서 사해행위가 성립한다.

[3] 납세의무자의 소유가 아닌 재산에 의하여 국세를 징수할 수는 없으므로 국세의 체납처분 등에 의하여 납세의무자의 재산이 압류되기 전에 제3자가 그 소유권을 취득하였다면 그 재산에 대하여는 원칙적으로 국세의 우선징수권이 미치지 아니하므로 과세관청의 압류등기 전 제3자 명의의 소유권이전등기청구권 보전의 가등기가 경료된 이상 과세관청이 채무자에게 부과한 증여세의 법정기일이 위 가등기보다 앞선다고 하여 위 가등기의 원인인 매매예약이 사해행위에 해당하지 아니한다고 할 수 없다.

[4] 소유권이전등기청구권보전을 위한 가등기가 사해행위로서 이루어진 경우 그 매매예약을 취소하고 원상회복으로서 가등기를 말소하면 족한 것이고, 가등기 후에 저당권이 말소되었다거나 그 피담보채무가 일부 변제된 점 또는 그 가등기가 사실상 담보가등기라는 점 등은 그와 같은 원상회복의 방법에 아무런 영향을 주지 않는다.

[판례 60] 사해행위취소 (대법원 2007. 5. 31. 선고 2006다18242 판결)

【판시사항】

[1] 저당권이 설정되어 있는 부동산이 사해행위로 이전된 후 그 저당권설정등기가 말소된 경우, 사해행위취소의 범위와 원상회복의 방법

[2] 저당권이 설정되어 있는 부동산이 사해행위로 이전된 후 그 저당권설정등기가 말소되었음을 이유로 가액배상을 명하는 경우, 그 부동

산 가액에서 수익자의 변제로 말소된 채무자 소유의 다른 부동산에 관한 저당권이나 전세권의 피담보채무액도 공제하여 배상액을 산정할 것인지 여부(소극)

5. 가등기가 전득자에게 이전되어 본등기가 된 경우, 수익자에 대한 사해행위 취소 및 가액배상청구의 가부

[판례 61] 소유권이전등기 (대법원 1998. 11. 19. 선고 98다24105 전원합의체 판결)

【판시사항】

가등기에 의하여 순위 보전의 대상이 되어 있는 물권변동청구권이 양도된 경우, 그 가등기상의 권리의 이전등기를 가등기에 대한 부기등기의 형식으로 경료할 수 있는지 여부(적극)

【판결요지】

가등기는 원래 순위를 확보하는 데에 그 목적이 있으나, 순위 보전의 대상이 되는 물권변동의 청구권은 그 성질상 양도될 수 있는 재산권일 뿐만 아니라 가등기로 인하여 그 권리가 공시되어 결과적으로 공시방법까지 마련된 셈이므로, 이를 양도한 경우에는 양도인과 양수인의 공동신청으로 그 가등기상의 권리의 이전등기를 가등기에 대한 부기등기의 형식으로 경료할 수 있다고 보아야 한다.

[판례 62] 등기공무원처분에대한이의신청기각결정에대한재항고
(대법원 1972. 6. 2. 자 72마399 결정)

대법원 1998.11.19. 선고 98다24105 전원합의체 판결에 의하여 변경

【판시사항】

가등기는 후일 본등기를 한 경우에 그 본등기의 효력을 소급시켜 가등

기를 한 때에 본등기를 한 것과 같은 순위를 확보케 하는 데에 그 목적이 있을 따름이고 가등기에 의하여 어떤 특별한 권리를 취득케 하는 것이라고는 볼 수 없다.

【결정요지】

가등기는 후일 본등기를 한 경우에 그 본등기의 효력을 소급시켜 가등기를 한 때에 본등기를 한 것과 같은 순위를 확보케 하는 데에 그 목적이 있을 따름이고 가등기에 의하여 어떤 특별한 권리를 취득케 하는 것이라고는 볼 수 없다.

제10절 재산분할청구권 보전을 위한 사해행위취소권

1. 피보전채권으로서 재산분할청구권

가. 재산분할청구권

민법 제839조의3에서 재산분할청구권을 보전하기 위하여 이를 침해하는 사해행위를 취소할 수 있다고 규정하고 있다62).

나. 재산분할청구권이 특정물채권인 경우

금전채권 또는 종류채권의 보전을 위해서만 채권자취소권을 행사할 수 있다고 보고 있다. 이와 관련하여 민법 제839조의3이 규정하는 피보전채권으로서 재산분할 청구권이 반드시 금전채권이어야 한다63).

[판례 1] 소유권이전등기말소등 (대법원 1988. 2. 23. 선고 87다카1586 판결)

【판시사항】

특정물에 대한 소유권이전등기청구권의 보전을 위한 채권자취소권의 행사가부 및 채권자취소의 소의 상대방

【판결요지】

채권자취소권(사해행위취소권)은 채권자의 공동담보인 채무자의 책임재산의 감소를 방지하기 위한 것이므로 특정물에 대한 소유권이전등기청구권을 보전하기 위하여는 채권자취소권을 행사할 수 없고 또 채권자취

---

62) 서울가정법원 2012. 10. 18. 선고 2011드합13661 판결, 광주지방법원 2013. 3. 29. 선고 2011르1464 판결, 서울가정법원 2013. 5. 1. 선고 2012드단35456 판결, 전주지방법원 2013. 6. 26. 선고 2012드합228 판결, 서울가정법원 2009. 12. 30. 선고 2009드합5902 판결, 의정부지방법원 2010. 2. 4. 선고 2009드합1588 판결, 서울가정법원 2013. 5. 1. 선고 2011드합11375 판결, 서울가정법원 2013. 5. 1. 선고 2012드합7212 판결, 서울고등법원 2013. 7. 25. 선고 2012르3678 판결
63) 대법원 1999. 4. 27. 선고 98디56690

소의 소에 있어 상대방은 채무자가 아니라 그 수익자나 전득자가 되어야 한다.

[판례 2] 소유권이전등기말소등 (대법원 1995. 2. 10. 선고 94다2534 판결)

【판시사항】

가. 특정물 채권을 보전하기 위하여 채권자취소권을 행사할 수 있는지 여부
나. 취소채권자의 채권은 사해행위 이전에 발생하고 있어야 하는지 여부
다. 2중 매매가 사회질서에 반하는 법률행위로서 무효가 되기 위한 요건

【판결요지】

가. 채권자취소권은 채무자가 채권자를 해함을 알면서 자기의 일반재산을 감소시키는 행위를 한 경우에 그 행위를 취소하여 채무자의 재산을 원상회복시킴으로써 모든 채권자를 위하여 채무자의 책임재산을 보전하는 권리로서, 특정물 채권을 보전하기 위하여 행사하는 것은 허용되지 않는다.
나. 사해행위로 인하여 사해행위 이후에 권리를 취득한 채권자를 해친다고 할 수 없으므로 취소채권자의 채권은 사해행위가 있기 이전에 발생하고 있어야 함은 채권자취소권의 성질상 당연한 요건이다.
다. 2중 매매를 사회질서에 반하는 법률행위로서 무효라고 하기 위하여서는 양수인이 2중 양도 사실을 알았다는 사실만으로서는 부족하고 양도인의 배임행위에 적극 가담하여 그 양도가 이루어져야 한다.

[판례 3] 소유권이전등기 (대법원 2001. 12. 27. 선고 2001다32236 판결)

【판시사항】

특정물에 대한 소유권이전등기청구권을 보전하기 위하여 신탁법 제8조의 사해신탁취소권을 행사할 수 있는지 여부(소극)

【판결요지】

신탁법 제8조 소정의 사해신탁의 취소는 민법상의 채권자취소권과 마찬가지로 책임재산의 보전을 위한 것이므로 피보전채권은 금전채권이어야 하고, 특정물에 대한 소유권이전등기청구권을 보전하기 위하여 행사하는 것은 허용되지 않는다.

민법 제839조의3의 사해행위취소소송의 피보전권리인 재산분할청구권에는 특정물채권도 포함된다[64].

2. 사해행위의 존재

가. 재산권을 목적으로 한 법률행위

재산의 처분행위로 그 재산이 감소되어 채권자의 재산분할청구권을 완전하게 만족시킬 수 없게 되는 것을 의미한다.

[판례 4] 사해행위취소 (대법원 1982. 5. 25. 선고 80다1403 판결)

【판시사항】

가. 통정허위표시의 무효를 대항할 수 없는 제3자의 범위
나. 채권자 취소권의 대상이 되는 사해행위의 의미

【판결요지】

가. 통정허위표시의 무효를 대항할 수 없는 제3자란 허위표시의 당사자 및 포괄승계인 이외의 자로서 허위표시에 의하여 외형상 형성된 법률관계를 토대로 새로운 법률원인으로써 이해관계를 갖게 된 자를 말한다. 따라서, 소외인 (A)가 부동산의 매수자금을 피고로부터 차용하고 담보조로 가등기를 경료하기로 약정한 후 채권자들의 강제

---

[64] 서울가정법원 2010. 8. 20. 선고 2010르1105 판결, 인천지방법원 2011. 9. 29. 선고 2009드합652 판결, 서울고등법원 2012. 5. 9. 선고 2011르3022 판결(항소심)

집행을 우려하여 소외인 (B)에게 가장양도한 후 피고 앞으로 가등기를 경료케 한경우에 있어서 피고는 형식상은 가장 양수인으로부터 가등기를 경료받은 것으로 되어 있으나 실질적인 새로운 법률원인에 의한 것이 아니므로 통정허위 표시에서의 제3자로 볼 수 없다.

나. 채권자 취소권의 대상이 되는 사해행위는 채무자의 총재산에 감소를 초래함으로써 채권자를 해하는 채무자의 재산적 법률행위를 말하므로 채무자의 총재산에 감소를 초래하지 않는 경우에는 사해행위라 할 수 없다.

[판례 5] 사해행위취소 (대법원 2000. 3. 10. 선고 99다55069 판결)

【판시사항】

부동산실권리자명의등기에관한법률 제4조 제2항 본문이 적용되어 명의수탁자인 채무자 명의의 소유권이전등기가 무효인 경우, 채무자가 이에 터잡아 제3자와 근저당권설정계약을 체결하고 근저당권설정등기를 경료해 준 것이 사해행위에 해당하는지 여부(소극)

【판결요지】

부동산에 관하여 부동산실권리자명의등기에관한법률 제4조 제2항 본문이 적용되어 명의수탁자인 채무자 명의의 소유권이전등기가 무효인 경우에는 그 부동산은 채무자의 소유가 아니기 때문에 이를 채무자의 일반 채권자들의 공동담보에 공하여지는 책임재산이라고 볼 수 없고, 채무자가 위 부동산에 관하여 제3자와 근저당권설정계약을 체결하고 나아가 그에게 근저당권설정등기를 마쳐주었다 하더라도 그로써 채무자의 책임재산에 감소를 초래한 것이라고 할 수 없으므로 이를 들어 채무자의 일반 채권자들을 해하는 사해행위라고 할 수 없고, 채무자에게 사해의 의사가 있다고 볼 수도 없다.

458   제2장 실무사례

나. 상대방 배우자의 무자력의 발생

(1) 무자력의 판단 및 기준시점

사해행위로서 취소되기 위해서는 상대방 배우자의 처분행위로 인하여 소극재산이 적극재산보다 많아지는 무자력 상태가 발생하거나 그 무자력의 정도가 심화되어야 한다65).
무자력의 요건은 사해행위 당시는 물론 사해행위취소소송의 변론종결시도 갖추고 있어야 한다66).

3. 채무자 또는 수익자의 악의

가. 채무자의 악의

재산분할청구권을 피보전채권으로 하여 상대방 배우자의 재산처분행위를 취소하기 위해서는 그 상대방 배우자가 다른 배우자의 재산분할청구권 행사를 해하는 사실을 인식했어야 한다.

나. 수익자 또는 전득자의 악의

수익자 또는 전득자가 부부 중 일방 배우자와의 법률행위 당시 또는 전득 당시에 다른 배우자의 재산분할청구권을 해함을 알지 못한 때에는 사해행위 취소권을 행사하지 못한다67).

[판례 6] 소유권이전등기말소등 (대법원 1988. 4. 25. 선고 87다카1380 판결)

【판시사항】

---

65) 서울고등법원 2012. 5. 9. 선고 2011르3022 판결(상고기각으로 확정), 서울가정법원 2012. 11. 29. 선고 2010드합10795, 10801 판결(항소중), 제주지방법원 2012. 12. 11. 선고 2012드합256 판결(확정).
66) 서울고등법원 2012. 5. 9. 선고 2011르3022 판결(상고기각으로 확정).
67) 부산가정법원 2012. 11. 22. 선고 2012드합1347 판결 (항소중).

채무자의 양도행위가 사해행위에 해당하는 경우 수익자의 악의 추정 여부(적극)

【판결요지】

채무자의 제3자에 대한 재산양도행위가 채권자취소권의 대상이 되는 사해행위에 해당하는 경우 수익자의 악의는 추정되는 것이므로 수익자가 그 법률행위당시 선의이었다는 입증을 다하지 못하는 한 채권자는 그 양도행위를 취소하고 원상회복을 청구할 수 있다.

[판례 7] 구상금등 (대법원 2006. 4. 14. 선고 2006다5710 판결)

【판시사항】

[1] 채무초과 상태의 채무자가 자신의 유일한 재산을 채권자들 중 1인에게 채권담보로 제공하는 것이 사해행위에 해당하는지 여부(적극)
[2] 채무자의 제3자에 대한 담보제공행위가 사해행위에 해당하는 경우, 수익자의 악의의 추정 여부
[3] 채무자의 제3자에 대한 담보제공 등의 재산처분행위가 사해행위에 해당하는 경우, 그 사해행위 당시 수익자가 선의였음을 인정하기 위한 요건
[4] 근저당권설정계약이 사해행위에 해당함을 이유로 한 사해행위취소소송에서, 수익자인 근저당권자가 근저당권설정계약 당시 선의였다고 판단한 원심판결을 채증법칙 위반 등을 이유로 파기한 사례

【판결요지】

[1] 이미 채무초과상태에 빠져 있는 채무자가 그의 유일한 재산인 부동산을 채권자들 중 1인에게 채권담보로 제공하는 행위는 다른 특별한 사정이 없는 한 다른 채권자들에 대한 관계에서 채권자취소권의 대상이 되는 사해행위가 된다.
[2] 채무자의 제3자에 대한 담보제공행위가 객관적으로 사해행위에 해당하는 경우 수익자의 악의는 추정되는 것이므로 수익자가 그 법률행

위 당시 선의였다는 입증을 하지 못하는 한 채권자는 그 법률행위를 취소하고 그에 따른 원상회복을 청구할 수 있다.
[3] 채무자의 제3자에 대한 담보제공 등의 재산처분행위가 사해행위에 해당할 경우에, 그 사해행위 당시 수익자가 선의였음을 인정함에 있어서는 객관적이고도 납득할 만한 증거자료 등이 뒷받침되어야 할 것이고, 채무자의 일방적인 진술이나 제3자의 추측에 불과한 진술 등에만 터잡아 그 사해행위 당시 수익자가 선의였다고 선뜻 단정하여서는 안 된다.
[4] 근저당권설정계약이 사해행위에 해당함을 이유로 한 사해행위취소소송에서, 수익자인 근저당권자가 근저당권설정계약 당시 선의였다고 판단한 원심판결을 채증법칙 위반 등을 이유로 파기한 사례.

[판례 8] 근저당권말소 (대법원 2001. 5. 8. 선고 2000다50015 판결)

【판시사항】

자금난으로 사업을 계속 추진하기 어려운 상황에 처한 채무자가 자금을 융통하여 사업을 계속 추진하는 것이 채무 변제력을 갖게 되는 최선의 방법이라고 생각하고 자금을 융통하기 위하여 부득이 부동산을 특정 채권자에게 담보로 제공하고 그로부터 신규자금을 추가로 융통받은 경우 채무자의 담보권 설정행위가 사해행위에 해당하는지 여부(소극)

【판결요지】

채무초과상태에 있는 채무자가 그 소유의 부동산을 채권자 중의 어느 한 사람에게 채권담보로 제공하는 행위는 특별한 사정이 없는 한 다른 채권자들에 대한 관계에서 사해행위에 해당한다고 할 것이나, 자금난으로 사업을 계속 추진하기 어려운 상황에 처한 채무자가 자금을 융통하여 사업을 계속 추진하는 것이 채무 변제력을 갖게 되는 최선의 방법이라고 생각하고 자금을 융통하기 위하여 부득이 부동산을 특정 채권자에게 담보로 제공하고 그로부터 신규자금을 추가로 융통받았다면 특별한 사정이 없는 한 채무자의 담보권 설정행위는 사해행위에 해당하지 않는 다고 할 것이다.

4. 재판상 행사

가. 일반적 기준

민법 제839조의3에 의한 사해행위취소권도 민법 제406조 제1항의 준용에 의하여 채권자인 부부 중 일방 배우자의 이름으로 행사하여야 한다.

[판례 9] 이혼및재산분할 (대법원 1994. 10. 28. 선고 94므246,94므253 판결)

【판시사항】

가. 이혼소송의 계속중 당사자 일방이 사망하면 소송이 종료되는지 여부
나. '가'항의 경우 이혼소송과 병합된 재산분할청구도 종료되는지 여부

【판결요지】

가. 재판상의 이혼청구권은 부부의 일신전속의 권리이므로 이혼소송 계속중 배우자의 일방이 사망한 때에는 상속인이 그 절차를 수계할 수 없음은 물론이고, 또 그러한 경우에 검사가 이를 수계할 수 있는 특별한 규정도 없으므로 이혼소송은 종료된다.
나. 이혼소송과 재산분할청구가 병합된 경우, 배우자 일방이 사망하면 이혼의 성립을 전제로 하여 이혼소송에 부대한 재산분할청구 역시 이를 유지할 이익이 상실되어 이혼소송의 종료와 동시에 종료된다.

나. 사해행위취소권의 행사기간

(1) 부부 일방은 민법 제839조의3 제2항이 준용하는 민법 제406조 제2항에 정해진 "채권자가 취소원인을 안 날로부터 1년, 법률

행위가 있는 날로부터 5년"의 기간 내에 사해행위취소의 소를 제기하야 한다68).

[판례 10] 대여금등 (대법원 2012. 1. 12. 선고 2011다82384 판결)

【판시사항】

[1] 채권자취소권 행사에서 제척기간의 기산점인 채권자가 '취소원인을 안 날'의 의미 및 채권자가 채무자의 재산상태를 조사한 결과 채무자 소유 부동산 가액이 자신의 채권 총액에 미치지 못함을 이미 파악하고 있었던 상태에서 채무자 재산을 가압류하던 중 일부 부동산에 제3자 명의의 근저당권설정등기가 마쳐진 사실을 확인한 경우, 채권자가 가압류 무렵 채무자가 채권자를 해함을 알면서 사해행위를 한 사실을 알았다고 보아야 하는지 여부(적극)

[2] 채권자인 갑 은행이 채무자인 을 주식회사가 소유한 모든 부동산에 관하여 가압류등기를 경료하면서 신청서 등에 '채권자가 알아본 바에 의하면 채무자는 타에도 많은 채무를 부담하고 있으므로 가압류 부동산이라도 시급히 가압류하여 두지 않으면 나중에 승소판결을 받더라도 집행이 불능될 우려가 있다'는 취지의 기재 등을 하였는데, 위 가압류등기 시점에 가압류부동산에는 20여 일 전 마쳐진 병 명의의 근저당권설정등기 등이 이미 마쳐져 있었던 사안에서, 갑 은행은 가압류 무렵 을 회사의 사해행위와 사해의사를 알게 되었다고 보아야 한다고 한 사례

【판결요지】

[1] 채권자취소권 행사에서 제척기간의 기산점인 채권자가 '취소원인을 안 날'은 채권자가 채권자취소권의 요건을 안 날, 즉 채무자가 채권자를 해함을 알면서 사해행위를 하였다는 사실을 알게 된 날을 의

---

68) 대전고등법원 2013. 5. 9. 선고 2012르170 판결, 서울가정법원 2013. 5. 1. 선고 2012드합7212 판결(항소중)

미하므로, 단순히 채무자가 재산의 처분행위를 하였다는 사실을 아는 것만으로는 부족하고, 그 법률행위가 채권자를 해하는 행위라는 것 즉, 그에 의하여 채권의 공동담보에 부족이 생기거나 이미 부족상태에 있는 공동담보가 한층 더 부족하게 되어 채권을 완전하게 만족시킬 수 없게 되었으며 나아가 채무자에게 사해의 의사가 있었다는 사실까지 알 것을 요한다고 할 것이나, 그렇다고 하여 채권자가 수익자나 전득자의 악의까지 알아야 하는 것은 아니다. 또 채권자가 채무자의 재산상태를 조사한 결과 자신의 채권 총액과 비교하여 채무자 소유 부동산 가액이 그에 미치지 못하는 것을 이미 파악하고 있었던 상태에서 채무자의 재산에 대하여 가압류를 하는 과정에서 그 중 일부 부동산에 관하여 제3자 명의의 근저당권설정등기가 마쳐진 사실을 확인하였다면, 다른 특별한 사정이 없는 한 채권자는 가압류 무렵에는 채무자가 채권자를 해함을 알면서 사해행위를 한 사실을 알았다고 봄이 타당하다.

[2] 채권자인 갑 은행이 채무자인 을 주식회사가 소유한 모든 부동산에 관하여 가압류등기를 경료하면서 그 신청서 등에 '채권자가 알아본 바에 의하면 채무자는 타에도 많은 채무를 부담하고 있으므로 가압류부동산이라도 시급히 가압류하여 두지 않으면 나중에 승소판결을 받더라도 집행이 불능될 우려가 있다'는 취지의 기재 등을 하였는데, 위 가압류등기 시점에 가압류부동산에는 20여 일 전 마쳐진 병 명의의 근저당권설정등기를 비롯하여 제3자 명의의 근저당권설정등기 등이 이미 마쳐져 있었던 사안에서, 신용사업을 주된 목적으로 하는 갑 은행으로서는 을 회사에 대한 재산상태를 조사한 결과 위 가압류부동산이 을 회사의 유일한 재산이라는 것과 그 부동산에 제3자 명의로 마쳐진 근저당권의 피담보채무를 확인함으로써 가압류부동산의 공동담보로서 순자산 가치가 자신의 채권액에 미달됨을 능히 알 수 있었다고 보아야 하고, 가압류 과정에 병 명의의 근저당권설정등기가 마쳐진 사실도 알게 되었다고 보아야 하므로, 다른 특별한 사정이 없는 한 갑 은행은 가압류 무렵 병 명의의 근저당권설정등기

가 마쳐짐으로써 이미 부족상태에 있는 공동담보가 한층 더 부족하게 되어 채권을 완전하게 만족시킬 수 없게 되었다는 사정을 인식할 수 있게 되었고, 또한 을 회사의 사해의사도 마찬가지로 알게 되었다고 보아야 하므로 갑 은행이 제기한 사해행위취소의 소는 제척기간을 도과한 것으로 부적법함에도, 이와 달리 제척기간 도과의 항변을 배척한 원심판결에는 법리오해의 위법이 있다고 한 사례.

특히 민법상의 재산분할청구권이 이혼한 날로부터 2년 내에 당사자 일방이 다른 일방에 대하여 재산분할을 청구하여 당사자 사이에 협의가 이루어지거나 가정법원이 정한 경우에 비로소 그 범위 및 내용이 확정된다[69].

(2) 부부 일방은 이혼일로부터 2년 내에 재산분할을 청구할 수 있고(민법 제839조의2 제3항), 재산분할에 관한 협의가 성립되지 않으면 법원에 재산분할을 청구하여 오랜 시간 동안 재산분할에 관한 재판을 받는다.

다. 가정법원의 관할

민법 제896조의3에 의하여 재산분할청구권이 보전을 위한 사해행위 취소 및 그 원상회복을 구하는 소의 제기는 가정법원에 하여야 한다.

---

[69] 서울가정법원 2009. 9. 3. 선고 2009드합2415 판결(항소심에서 소취하됨), 전주지방법원 군산지원 2011. 11. 17. 선고 2011드합71 판결

제 3 장

사해행위관련사건

• 관련 서식

제3장   사해행위관련사건

◆ 서 설

　사해행위란 채무자의 악의의 재산감소행위를 말하는 것으로 채권자는 채권자 취소권을 행사하여 채무자의 이 같은 사해행위를 방지할 수 있다. 한편, 사해행위 취소권은 채권자를 해함을 알면서 행한 채무자의 법률행위(사해행위)를 취소하고 채무자의 재산을 회복하는 것을 목적으로 하는 채권자의 권리를 말한다. 채권자취소권은 소송법상의 권리가 아니라 실체법상의 권리이다. 또 이 권리는 파산법상 부인권과 그 목적에서 동일하다. 이 제도는 채권자대위권과 함께 채무자의 책임재산의 보전을 위한 것이다. 다만, 대위권과는 채권의 공동담보의 보전이라는 목적에서는 동일한, 채권자대위권은 행사되더라도 채무자나 제3자에게는 본래 있어야 할 상태를 만들어 내는데 지나지 않으므로 그 미치는 영향은 크지 않다. 그러나 채권자취소권의 행사는 채권자와 제3자 사이에 본래 있어서는 안되는 상태를 만들어 내는 것이 되어 채무자 및 제3자에게 미치는 영향이 대단히 크다는 점에서 차이가 있다. 따라서 그 성립요건에 관해서는 공동담보 보전의 필요성, 채무자 및 제3자의 이해관계를 비교·형량하여 엄격하게 정해야 한다.

　채권자취소권의 기능은 채무자가 채권의 공동담보가 부족함을 알면서도 자기의 재산을 함부로 감소케 하는 행위를 한 때에는 채권자는 그러한 재산감소행위의 효력을 부인하고 일탈한 재산을 다시 찾아 채권의 공동담보를 보전·유지하는 것이다. 또 채권자취소권은 소송법상의 권리가 아니고 실체법상의 권리행사의 방법에 지나지 않으며, 채권의 효력으로서 채권자에게 인정된 권리이므로 채권이 양도되면 그에 따라 채권자취소권도 이전된다. 그리고 채권자취소권의 발생요건으로서 우선 채무자가 채권자를 해하는 법률행위(사해행위)를 하였을 것과, 다음에 채무자 및 수익자 또는 전득자가 사해의 사실을 알고 있었을 것(악의)이 필요하다.(법률출판사 신법률학사전 629면)

[표서식] 사해행위취소 쟁점정리

사해행위쟁점정리

1. **소송목적의 값**
   - 사해행위취소의 소에 있어서는 취소되는 법률행위의 목적의 가액을 한도로 한 원고의 채권액을 소송목적의 값으로 한다(인지규칙 12조 9항).
   - 채무자에 대한 금전의 지급을 구하는 이행청구(예컨대, 대여금 또는 구상금청구)와 수익자에 대한 법률행위 취소 및 원상회복청구를 주관적으로 병합하여 제기하는 경우이다. 수익자에 대한 청구의 소송목적의 값은 산입하지 않으나, 그 소송목적의 값이 채무자에 대한 청구의 소송목적의 값 보다 다액인 경우에는 이를 소송목적의 값으로 한다(인지규칙 21조).

2. **원고의 채권액**
   - 원고가 대여금 채권자인 경우
     피보전채권은 {① 피보전채권 원금 + ②이자 + ③지연손해금}으로 구성되는데, 이자와 지연손해금은 부대청구이므로 소송목적의 값에 산입하지 않는다(민소 27조 2항).
   - 원고가 구상금 채권자인 경우
     피보전채권은 {① 대위변제금 + ②채권보전비용 + ③위약금+이자 + ④지연손해금}으로 구성되는데, 이자와 지연손해금은 부대청구이므로 소송목적의 값에 산입하지 않지만, 채권보전비용과 위약금은 모두 부대청구가 아니므로 소송목적의 값에 산입한다(재민 2003-1).

3. **법률행위 목적의 가액**
   - 취소되는 법률행위란 사해행위에 해당하는 권리이전행위 또는 권리설정행위를 의미하고, '법률행위 목적의 가액'이라 함은 이전행위 또는 설정행위에 의해 이전 또는 설정된 권리의 가액을 의미한다. 권리의 가액은 민사소송등인지규칙 10조, 11조에 의하여 산정한다.

- 소송목적의 값은 '원고의 채권액(피보전채권의 원금)'과 '취소되는 법률행위 목적의 가액' 중 적은 쪽으로 한다.
- 부동산 매매계약인 경우
  법률행위의 목적은 부동산 소유권이전행위이므로 부동산 소유권의 가액이 '취소되는 법률행위의 목적의 가액'이 된다. 부동산 소유권의 가액은 그 물건가액으로 한다(인지규칙 10조 1항).
- 근저당권설정계약인 경우
  법률행위의 목적은 근저당권설정행위이므로 근저당권의 가액이 '취소되는 법률행위의 목적의 가액'이고, 근저당권의 가액은 목적물건 가액을 한도로 한 채권최고액이다(인지규칙 10조 5항).

4. 원상회복청구의 가액
- 현행법상 불산입법칙이 적용되는 것은 부대청구와 수단청구인데, 부대청구에 대해 "그 값은 소송목적의 값에 넣지 아니한다"라고 규정하고(민소 27조 2항) 수단청구에 대해 "그 가액은 소가에 산입하지 아니한다"라고 규정하고 있다(인지규칙 21조 본문).

5. 병합청구
- 법률행위 취소청구(예컨대, 증여계약의 취소·매매계약의 취소·근저당권설정계약의 취소 등)와 그 취소에 따른 원상회복청구(예컨대, 소유권이전등기말소·저당권설정등기말소 등)를 병합하여 제기하는 경우, 양 청구의 경제적 이익이 동일하거나 중복되는 경우에 해당하므로 흡수법칙을 적용하여 다액인 쪽을 소송목적의 값으로 한다(인지규칙 20조).

[서식 1] **사해행위취소등 청구의 소**(매매계약 취소)

소 장

원 고   김재운
　　　　서울시 종로구 ○○동 ○○번지
　　　　소송대리인 변호사 ○○○
　　　　○○시 관악구 ○○동 ○○번지

피 고   1. 최 ○ ○
　　　　　 ○○시 성북구 ○○동 ○○번지
　　　　2. 유 ○ ○
　　　　　 ○○시 관악구 ○○동 ○○ APT ○○호
　　　　3. 주식회사 ○○제약
　　　　　 서울시 종로구 ○○동 312-2
　　　　　 대표이사 김 ○ ○

사해행위취소등 청구의 소

청 구 취 지

1. 원고에게,
　피고 최○○은 금 400,000,000원 및 이에 대한 2003. 2. 22.부터 이 사건 소장 송달일까지는 연 6%의, 그 다음날부터 완제일까지는 연 12%의 각 비율에 의한 금원을, 피고 유○○은 위 피고와 연대하여 위 금원 중 200,000,000원 및 이에 대한 2003. 5. 22.부터 이 사건 소장송달일까지는 연 5%의, 그 다음날부터 완제일까지는 연 12%의 각 비율에 의한 금원을 각 지급하라.

2. 피고 최○○과 피고 주식회사 ○○제약 사이에 서울시 종로구 관철동 312-20 대 457평방미터 및 동지상 벽돌조 슬라브즙 1동 건평 51평에 관하여 2003. 2. 25.에 체결한 매매계약은 금 320,000,000원의 한도내에서 이를 취소한다.

3. 피고 주식회사 ○○제약은 원고에게 금 320,000,000(및 이에 대한 이 사건 소장 송달 다음날부터 이 사건 변론종결일까지 연 5%의 비율에 의한 금원)을 지급하라.

4. 소송비용은 피고들의 부담으로 한다.

5. 위 제 1항, 제 3항은 가집행할 수 있다.
   라는 판결을 구합니다.

청 구 원 인

1. 원고는 피고 최○○ 발행의 액면 각 금 200,000,000원, 지급기일 각 2003. 2. 21., 지급장소 모두 주식회사 조흥은행 서초지점으로 된 약속어음 2매의 최종 소지인으로서 위 지급기일에 각 지급을 위한 제시를 하였으나 모두 지급이 거절되었는데 피고 유○○은 위 최○○의 장인으로서 위 약속어음이 지급 거절된 후 위 어음금 400,000,000원 중 금 200,000,000원에 대하여 2003. 5. 21.까지 변제하기로 연대보증을 하였습니다.

2. 원고는 피고 최○○, 같은 유○○이 위 약속어음금 및 연대보증 채무를 이행하지 아니하므로 위 피고들의 자력정도를 알아보았던 바, 피고 최○○은 부도가 난 2003. 2. 21. 당시 그의 채무는 원고의 위 채무외에 ① 소외 ○○은행에 금 300,000,000 ② 소외 신용보증기금에 금 200,000,000원 ③ 피고 ○○회사 ○○제약에 금

144,000,000원 등 합계 금 644,000,000원이고, 이에 반하여 위 피고의 재산으로는 위 피고가 현재 주거하고 있는 서울시 종로구 관철동 312-2 대 457평방미터 및 동지상 벽돌조 슬라브즙 주택 1동 건평 51평 시가 금 620,000,000원(토지 평가액 금 400,000,000원 + 건물평가액 금 220,000,000원 : 이하 이 사건 부동산이라 부른다) 상당의 부동산이 있을 뿐이어서 채무초과의 상태에 있었고 피고 유○○은 서울시 관악구 봉천동 ○○ APT ○○호를 소유하고 있을 뿐 그 이외의 재산은 없었으며 한편 위 서울은행의 채무금 300,000,000원은 이 사건 부동산상에 채권최고액 금 400,000,000으로 된 근저당권에 의하여 담보되어 있었는데 피고 최○○은 부도 직후인 2003. 2. 25. 피고 주식회사 ○○제약과의 사이에 위 피고가 위 ①, ②, ③의 채무와 연대보증채무를 인수하는 대신 이 사건 부동산을 넘겨받기로 하는 매매계약을 체결하고, 그 다음날인 같은 달 25. 위 일자 매매를 원인으로 위 피고회사 명의로 소유권이전등기를 경료해 버렸습니다.

3. 채무자의 재산이 채무의 전부를 변제하기에 부족한 경우에 채무자가 그의 유일한 재산인 부동산을 어느 특정 채권자에게 대물변제 등으로 소유권이전등기를 경료하였다면 그 채권자는 다른 채권자에 우선하여 채권의 만족을 얻는 반면, 그 범위 내에서 공동담보가 감소됨에 따라 다른 채권자는 종전보다 더 불리한 지위에 놓이게 되므로 이는 곧 다른 채권자의 이익을 해하는 것이라고 보아야 하고, 따라서 이미 채무초과의 상태에 빠져있는 채무자가 그의 유일한 재산인 부동산을 채권자들 가운데 어느 한사람에게 대물변제로 제공하는 행위는 다른 특별한 사정이 없는 한 다른 채권자들에 대한 관계에서 사해행위가 된다할 것이므로 피고 최○○과 같은 주식회사 ○○제약 사이의 이 사건 부동산에 관한 위 매매계약은 채권자인 원고를 해하는 사해행위로서 취소되어야 하며 따라서 위

피고회사는 원고(또는 피고 최○○)에게 이 사건 부동산에 관하여 경료 된 위 소유권이전등기의 말소등기절차를 이행하여야 할 의무가 있다할 것이나 이 사건 부동산에는 위 사해행위가 이루어지기 전에 앞서 본바와 같이 이미 채권자 ○○은행 명의로 근저당권이 설정되었다가 피고 (주)○○제약 명의로 소유권이전등기가 경료 된 후 변제에 의하여 그 근저당권설정등기가 말소되었으므로 원고는 이 사건 부동산에 관한 위 소유권이전등기의 말소등기 절차의 이행을 구하는 대신 이 사건 부동산 가액인 금 620,000,000원에서 근저당권의 피담보 채권액인 금 300,000,000원을 공제한 잔액 금 320,000,000원의 한도 내에서 위 매매계약을 취소하고 위 가액의 배상을 구하는 바입니다.

4. 따라서 원고에게, 피고 최○○은 위 약속어음금 400,000,000원 및 이에 대한 2003. 2. 22.부터 이 사건 소장 송달일까지는 어음법 소정의 연 6%의, 그 다음날부터 완제일까지는 이자제한법 소정의 연 12%의 각 비율에 의한 금원을, 피고 유○○을 피고 최○○과 연대하여 위 금원 중 금 200,000,000원 및 이에 대한 2003. 5. 22.부터 이 사건 소장 송달일까지는 민법소정의 연 5%의, 그 다음날부터 완제일까지는 이자제한법 소정의 연 12%의 각 비율에 의한 금원을 지급하여야 할 것이며, 나아가 피고 최○○과 피고 주식회사 ○○제약사이의 이 사건 부동산에 관한 2003. 2. 25. 매매계약은 금 160,000,000원의 한도 내에서 취소되어야 하고, 피고 (주)○○제약은 금 160,000,000원(및 이에 대한 이 사건 소장 송달 다음날부터 이 사건 변론 종결일까지 민법 소정의 연 5%의 비율에 의한 금원)을 지급하여야 할 의무가 있다 하겠으므로 원고는 이의 이행을 각 구하기 위하여 이 사건 청구에 이르렀습니다.

입 증 방 법

1. 갑제 1 호증의 1, 2   각 약속어음
1. 갑제 2 호증의 1, 2   각 등기부등본
1. 갑제 3 호증   시가감정서

첨 부 서 류

1. 위 각 입증서류 사본   각 1통
1. 회사 법인등기부등본   1통
1. 위임장   1통
1. 소장 부본   3통

20○○. ○. ○.

위 원고 소송대리인
변호사 ○ ○ ○ ㊞

○○지방법원 귀중

㊞ 1. 사해행위취소소송의 소송목적의 값 (원고의 채권액) 민소인지규칙 12조의9, 제2조 제3항
사해행위등 청구소송의 소가 : 예) 개별공시지가 : 8,000만원
800,000,000 × 100분의50 = 400,000,000 원고의 채권액 300,000,000만원 취소소가느 3,000만원이다.
2. 소유권이전등기말소청구소송 : 등기종류에 따른 가액 2분의1
예) 개별공시지가 8000만원의 경우
토지유권의 가액 800,000,000×100분의50 = 40,000,000
소유권이전등기 말소청구소송의 소가는 토지소유권가액
400,000,000의 2분의1 = 200,000,000원이다.
3. 송달료납부는 민사 제1심단독 또는 합의사건의 송달료는 당사자 수 × 4,800 × 15회분이다.

[서식 2] 사행행위등취소청구의 소장(채무초과, 부동산매매)

소 장

원   고 ○○○
         ○○시 ○○구 ○○동 ○
         소송대리인 변호사 ○○○
         ○○시 ○○구 ○○동 ○
피   고 1. ○○○
            ○○시 ○○구 ○○동 ○
피   고 2. ○○○
            ○○시 ○○구 ○○동 ○
피   고 3. 주식회사 ○○제약
            ○○시 ○○구 ○○동 ○
            대표이사 ○○○

사해행위등 취소 청구의 소

청 구 취 지

1. 원고에게, 피고 ○○○은 금 ○○○원 및 이에 대한 20○○. ○. ○.부터 이 사건 소장송달일까지는 연 6%의, 그 다음날부터 완제일까지는 연 12%의 각 비율에 의한 금원을, 피고 ○○○은 위 피고와 연대하여 위 금원중 ○○○원 및 이에 대한 20○○. ○. ○.부터 이 사건 소장송달일까지는 연 5%의, 그 다음날부터 완제일까지는 연 12%의 각 비율에 의한 금원을 각 지급하라.
2. 피고 ○○○과 피고 주식회사 ○○제약 사이에 ○○시 ○○구 ○○동 100의 1 대 245평방미터 및 동 지상 벽돌조 슬래브즙 1동 건평 48평에 관하여 20○○. ○. ○.에 체결한 매매계약은 금 ○○○원의 한도내에서 이를 취소한다.

3. 피고 주식회사 ○○제약은 원고에게 금 ○○○원(및 이에 대한 이 사건 소장 송달 다음날부터 이 사건 변론종결일까지는 연 5%의, 그 다음날부터 완제일까지는 연 12%의 각 비율에 의한 금원)을 지급하라.
4. 소송비용은 피고들의 부담으로 한다.
5. 위 제1항, 제3항은 가집행할 수 있다.
라는 판결을 구합니다.

청 구 원 인

1. 원고는 피고 ○○○ 발행의 액면 각 금 ○○○원, 지급기일 각 20○○. ○. ○., 지급장소 모두 주식회사 ○○은행 ○○지점으로 된 약속어음 2매의 최종소지인으로서 위 지급기일에 각 지급을 위한 제시를 하였으나 모두 지급이 거절되었는데 피고 ○○○은 위 ○○○의 장인으로서 위 약속어음이 지급거절된 후 위 어음금 ○○○원 중 금 ○○○원에 대하여 20○○. ○. ○.까지 변제하기로 연대보증을 하였습니다.

2. 원고는 피고 ○○○, 같은 ○○○이 위 약속어음금 및 연대보증채무를 이행하지 아니하므로 위 피고들의 자력정도를 알아 보았던바, 피고 ○○○은 부도가 난 20○○. ○. ○. 당시 그의 채무는 원고의 위 채무 외에 ① 소외 ○○은행에 금 ○○○원, ② 소외 ○○보증기금에 금 ○○○원, ③ 피고 주식회사 ○○제약에 금 ○○○원 등 합계 금 ○○○원이고, 이에 반하여 위 피고의 재산으로는 위 피고가 현재 거주하고 있는 ○○시 ○○구 ○○동 100의 1 대 245m2 및 동 지상 벽돌조 슬래브즙 주택 1동 건평 48평 시가 금 ○○○원(토지지평가액 금 ○○○원 + 건물평가액 금 ○○○원, 이하 이 사건 부동산이라 부른다) 상당의 부동산이 있을 뿐이어서 채무초과의 상태에 있었고, 피고 ○○○은 ○○시 ○○구 ○○동 ○○아파트 5동 502호를 소유하고

있을뿐 그 이외의 재산은 없었으며 한편 위 ○○은행의 채무금 ○○○원은 이 사건 부동산상에 채권최고액 금 ○○○원으로 된 근저당권에 의하여 담보되어 있었는데 피고 ○○○ 금 ○○○원으로 된 근저당권에 의하여 담보되어 있었는데 피고 ○○○은 부도 직후인 20○○. ○. ○. 피고 주식회사 ○○제약과의 사이에 위 피고가 위 ①, ②, ③ 의 채무와 연대보증채무를 인수하는 대신 이 사건 부동산을 넘겨 받기로 하는 매매계약을 체결하고, 그 다음날인 같은달 ○. 위 일자 매매를 원인으로 위 피고 회사 명의로 소유권이전등기를 경료해 버렸습니다.

3. 채무자의 재산이 채무의 전부를 변제하기에 부족한 경우에 채무자가 그의 유일한 재산인 부동산을 어느 특정 채권자에게 대물변제 등으로 소유권이전등기를 경료하였다면 그 채권자는 다른 채권자에 우선하여 채권의 만족을 얻는 반면 그 범위내에서 공동담보가 감소됨에 따라 다른 채권자는 종전보다 더 불리한 지위에 놓이게 되므로 이는 곧 다른 채권자의 이익을 해하는 것이라고 보아야 하고, 따라서 이미 채무초과의 상태에 빠져있는 채무자가 그의 유일한 재산인 부동산을 채권자들 가운데 어느 한 사람에게 대물변제로 제공하는 행위는 다른 특별한 사정이 없는 한 다른 채권자들에 대한 관계에서 사해행위가 된다 할 것이므로 피고 ○○○과 같은 주식회사 ○○제약 사이의 이 사건 부동산에 관한 위 매매계약은 채권자인 원고를 해하는 사해행위로서 취소되어야 하며 따라서 위 피고회사는 원고(또는 피고 ○○○)에게 이 사건 부동산에 관하여 경료된 위 소유권이전등기의 말소등기절차를 이행하여야 할 의무가 있다 할 것이나 이사건 부동산에는 위 사해행위가 이루어지기 전에 앞서 본 바와 같이 이미 채권자 ○○은행 명의로 근저당권이 설정되었다가 피고 (주)○○제약 명의로 소유권이전등기가 경료된 후 변제에 의하여 그 근저당권설정등기가 말소되었으므로 원고는 이 사건 부동산에 관한 위 소유권이전등기의 말소등기절차의 이행을 구하는 대신

이 사건 부동산 가액인 금 ○○○원에서 근저당권의 피담보채권액인 금 ○○○원을 공제한 잔액 금 ○○○원의 한도내에서 위 매매계약을 취소하고 위 가액의 배상을 구하는 바입니다.

4. 따라서 원고에게, 피고 ○○○은 위 약속어음금 ○○○원 및 이에 대한 2○○○. ○. ○.부터 이 사건 소장 송달일까지는 어음법소정의금원을, 피고 ○○○은 피고 ○○○과 연대하여 위 금원중 금 ○○○원 이에 대한 2○○○. ○. ○.부터 이 사건 소장 송달일까지는 민법 소정의 연 5%의, 그 다음날부터 완제일까지는 연 12%의 각비율에 의한 금원을 지급하여야 할 것이며, 나아가 피고 ○○○과 피고 주식회사 ○○제약 사이의 이 사건 부동산에 관한 20○○. ○. ○. 매매계약은 금 ○○○원의 한도내에서 취소되어야 하고, 피고 (주) ○○제약은 금 ○○○원(및 이에 대한 이 사건 소장송달 다음날부터 이 사건 변론 종결일까지는 민법 소정의 연 5%의, 그 다음날부터 완제일까지는 소송촉진등에관한특례법 소정의 연 12%의 각 비율에 의한 금원)을 지급하여야 할 의무가 있다 하겠으므로 원고는 이의 이행을 각 구하기 위하여 이 사건 청구에 이르렀습니다.

입 증 방 법

1. 갑제1호증의 1, 2   각 약속어음
1. 갑제2호증의 1, 2   각 등기부등본
1. 갑제3호증   시가감정서

그 밖에 것은 나중에 변론할 때 제출하겠습니다.

첨 부 서 류

1. 위 각 입증서류 사본   각 1통
1. 회사 법인등기부등본   1통
1. 위임장   1통
1. 소장부본   3통

20○○. ○. ○.

위 원고 소송대리인
변호사　○　○　○　㊞

○○지방법원　귀중

[주] 1. 대물변제의 사해행위성
   (1) 학설은 대체적으로 적정한 가격으로 한 대물변제는 변제와 다름없이 사해행위가 되지 않는다고 보고, 다만 특정채권자와 통모하여 하는 대물변제 또는 대물변제받는 채권자의 채권액을 초과하는 가치를 가지는 부동산 등으로 한 대물변제는 사해행위가 될 수 있다고 본다.
   (2) 판 례
   대물변제가 상당한 가격으로 된 때에는 사해행위가 되지 않는다고 판시한 오래된 판례가 있으나(대판 1962. 11. 15., 62다635) 최근에 들어서는 대체적으로 ① 이미 채무초과상태에 빠져 있는 채무자가 그의 유일한 부동산을 일부 채권자에게 대물변제하는 것은 다른 특별한 사정이 없는 한 사해행위에 해당하고(대판 1998. 5. 12., 97다57320), ② 특히 채권자 중 한 사람과 통모하여 그 채권자만 우선적으로 채권의 만족을 얻도록 할 의도로 그 소유 부동산을 그 채권자에게 처분하면 그 처분가격이 상당한 가격인지 불문하고 사해행위가 된다고 보고 있다(대판 1990. 11. 23., 90다카27298, 1994. 6. 14., 94다2961, 1995. 6. 30., 94다14582, 1996. 5. 14., 95다50875).

2. 사해행위 취소의 범위
   원칙적으로 ① 채무자의 사해행위로 인하여 "감소한 공동담보의 범위내"에서 ② 취소 채권자의 "피보전 채권액의 범위내"에서만 인정된다.

   가. 공동담보의 범위
   채무자가 저당부동산을 대물변제, 매매 등 처분한 것이 사해행위에 해당하는 경우, 그 부동산의 가액으로부터 저당권자에게 우선적으로 변제되어야 할 피담보채권액을 공제한 잔액만 일반채권자를 위한 공동담보에 해당한다(위 판례 1996. 5. 14., 95다50875).

나. 취소의 범위와 취소채권자의 피보전채권액과의 관련성
　　(1) 채권자는 원칙적으로 자기의 채권액을 초과하여 취소권을 행사할 수 없다. 채권액의 계산시기에 관하여, 다수설은 사해행위 당시의 채권액을 한도로 하며 그 이후의 지연손해금은 가산할 것이 아니라고 하나(곽윤직, 신정판 채권총론 280면 등), 기본채권이 사해행위가 있기 전에 성립하고 있는 이상 사해행위가 있은 후에 발생한 지연손해금을 원본채권의 당연한 확장으로서 법정과실에 유사한 성질을 가지므로 채권액에 가산하여야 한다고 본다(일본 최고재 평성 8. 2. 8. 판결).
　　다만, 어느 시점까지의 지연손해금을 가산할 것인가에 관하여 최근 일본 판례(위 최고재 평성 8. 2. 8. 판결)는 사실심 변론종결시까지의 지연손해금을 피보전채권액에 가산하여야 한다고 판시한다.
　　(2) 다수의 다른 채권자가 있는 경우
　　다수의 다른 채권자가 있는 경우에도 취소채권자는 그의 채권액을 초과하여 취소권을 행사할 수 없음이 원칙이다.
　　그러나 사해행위취소는 모든 채권자의 이익을 위하여 효력이 생기고 취소채권자에게 우선변제권이 인정되지 않으므로 취소에 의하여 반환된 목적재산에 대하여 강제집행을 하는 경우 다른 채권자가 배당요구하는 것을 고려하지 않으면 안된다.

3. 원상회복방법
　가. 원물반환의 원칙
　　(1) 통설, 판례는 원칙적으로 원물반환이고 그것이 불가능하거나 현저하게 곤란한 경우에 한하여 가액 배상을 청구할 수 있을 뿐이라고 한다(통설, 판례는 원물반환이 가능한 때에는 가액배상을 청구할 수 없다고 본다).
　　(2) 위 가액 배상에 관하여 대판 1998. 5. 15., 97다58316에서 "채권자의 사해행위취소 및 원상회복청구가 인정되면 수익자 또는 전득자는 원상회복으로서 사해행위의 목적물을 채무자에게 반환할 의무를 지게 되고, 원물반환이 불가능하거나 현저히 곤란한 경우에는 원상회복의무의 이행으로서 사해행위 목적물의 가액 상당을 배상하여야 하는바, 원래 채권자와 아무런 채권·채무관계가 없었던 수익자가 채권자취소에 의하여 원상회복의무를 부담하는 것은 형평의 견지에서 법이 특별히 인정한 것이므로 그 가액새 상의 의무는 목적물의 반환이 불가능하거나 현저히 곤란한 경우라 함은 원물반환이 단순히 절대적, 물리적으로 불능

인 경우가 아니라 사회생활상의 경험법칙 또는 거래상의 관념에 비추어 채권자가 수익자는 전득자로부터 이행의 실현을 기대할 수 없는 경우를 말하고, 사해행위의 목적물이 수익자로부터 전득자로 이전되어 그 등기까지 경료되었다면 후일 채권자가 전득자를 상대로 소송을 통하여 구제받을 수 있는지 여부에 관계없이 수익자가 전득자로부터 목적물의 소유권을 회복하여 이를 다시 채권자에게 이전하여 줄 수 있는 특별한 사정이 없는 한 그로써 채권자에 대한 목적물의 원상회복의무는 법률상 이행불능의 상태에 있다고 봄이 상당하다"고 판시하고 있다.

(3) 사해행위 목적물이 부동산인 경우 채무자 앞으로 그 등기명의를 회복시키면 책임재산의 반환이라는 채권자취소권의 목적을 달성하게 될 것이므로 종래의 통설, 판례는 그 등기명의의 회복방법으로서 수익자나 전득자 명의의 등기를 말소하는 방법을 취하여 왔다.

그러나 말소등기의 방법에 따를 경우에 생길 수 있는 여러 문제점을 g해결함과 동시에 당사자 및 이해관계인의 이익조화를 위하여 진정명의회복을 위한 이전등기청구권이론(대판 1990. 11. 27., 89다카12398 전원합의체 판결 ; 대판 1990 .12. 31., 88다카 20026, 1990. 12. 21., 88다카26482)을 원용하여 말소등기에 의한 원상회복청구 이외에 직접 수익자 또는 전득자로부터 채무자 앞으로 곧바로 이전등기를 하는 원상회복방법을 허용함이 타당하다는 유력한 견해가 주장되고 있고 타당하다고 본다.

나. 원상회복방법의 선택
  (1) 소송상 공격, 방어방법에 의한 청구권행사의 가부
    민법 제406조 제1항은 "…그 취소 및 원상회복을 법원에 청구할 수 있다"고 규정하고 있으므로 사행행위의 취소는 반드시 소를 제기하는 방법으로 청구할 수 있을 뿐이고 소송상의 공격 또는 방어방법으로 주장할 수 없다(대판 1993. 1. 26., 92다11008 등 다수, 일본 최고재 소화 39. 6. 12.). (다만 우리나라 민사소송법학자들은 이와 달리 채권자취소권은 사해행위 효력의 취소보다는 재산의 원상회복에 그 목적이 있으며 이탈된 재산의 원상회복이라는 법적 효과를 실현하기 위한 소이기 때문에 이행의 소에 그 중점이 있으며 채권자 취소권과 동일한 성격을 지닌 파산법상의 부인권을 항변으로써 주장할 수 있는 것과의 균형상 청구취지에 사해행위의 취소를 구하지 아니하여도 무방하며 수익자 또는 전득자만을 피고로 하여 원상회복을 구하면서 그 선결문제로서(즉 소송상 공격 또는 방어방법으로서) 사해행위의 취소를 주장할 수 있다고 본다.

한편, 채권자가 직접 원고가 되어 사해행위취소의 소를 제기하는 경우는 별다른 문제가 없지만, 제3자이의소송이나 어음금청구소송 등에서의 원고(당해 부동산 소유자나 어음소지인)를 상대로 하여 채권자가 그 부동산이나 어음의 양도행위가 사해행위에 해당한다고 주장하면서 그 행위의 취소를 구하는 반소 혹은 별소를 제기한 경우(예컨대 어떤 채권자 갑이 채무자 을이 점유하고 있는 동산을 압류하자 다른 채권자 병이 을로부터 그 동산을 이미 양도담보받아 그 동산의 소유권은 자신에게 있다고 주장하면서 갑을 상대로 제3자이의 소를 제기하였고(양도담보권자도 제3자이의 소송을 제기할 수 있다는 대판 1971. 3. 23., 71다225) 이에 대하여 갑이 을, 병 사이의 양도담보계약이 사해행위에 해당한다고 주장하면서 반소나 별소로서 이의 취소를 구하는 경우)에 그 소송의 결과가 제3자이의소송이나 어음금청구소송에 어떠한 영향을 미치는가 하는 점이 문제이다.

(2) 사해행위취소청구와 원상회복청구의 분리행사 가부

우리 민법 제406조는 일본의 경우와 달리 취소 및 원상회복청구를 채권자취소권의 내용으로 규정하고 있으므로 채권자는 수익자(또는 전득자)를 상대로 사해행위(취소의 대상이 되는 사해행위는 채무자와 수익자 사이의 법률행위가 취소의 대상이 되는 것이 아님을 유의하여야 한다)의 취소를 구함과 동시에 원상회복청구소송도 함께 제기함이 보통이다.

4. 저당(근저당)부동산의 양도가 사해행위인 경우 그 취소의 범위와 원상회복 방법 사해행위 이후에도 저당권이 존속하는 경우에는 사해행위 전부를 취소할 것이고(엄밀하게 말하면 사해행위 전부를 취소하더라도 이는 원물반환을 실현하는 하나의 방편에 불과하고 그 취소의 범위는 어디까지나 부동산 가격에서 우선변제권이 있는 저당권의 피담보채권액을 공제한 잔액 부분에 한정된다고 볼 수 있을 것이다), 사해행위 이후에 저당권이 소멸한 경우에는 부동산의 가액에서 저당권 피담보채권액을 공제한 잔액의 한도 내에서의 가액배상을 청구할 수 있을 뿐이라 한다(대판 1996. 10. 29., 96다23207).

[서식 3] **사해행위취소청구의 소장**(가장매매)

소 장

원   고 ○ ○ ○
　　　　　○○시 ○○구 ○○동 ○
피   고 1. ○ ○ ○
　　　　　○○시 ○○구 ○○동 ○
피   고 2. ○ ○ ○
　　　　　○○시 ○○구 ○○동 ○

사해행위취소 청구의 소

청 구 취 지

1. 피고1과 피고2 사이에 20○○. ○. ○. 체결한 별지목록기재 부동산의 매매계약을 취소한다.
2. 피고2는 원고에 대하여 별지목록기재 부동산에 관하여 ○○지방법원 ○○등기소 20○○. ○. ○. 접수 제123호로 매매를 원인으로 한 소유권이전등기의 말소등기절차를 이행하고 피고1은 원고에게 금 ○○○○원 및 이에 대한 20○○. ○. ○.부터 완제일까지 연 12%의 비율에 의한 금원을 지급하라.
3. 소송비용은 피고들의 부담으로 한다.
라는 판결 및 가집행선고를 구합니다.

청 구 원 인

1. 원고는 20○○. ○. ○. 피고1에게 변제기 20○○. ○. ○. 이자 월 ○%로 하여 금 ○○○○원을 대여하였습니다.
2. 한편, 피고1은 별지목록기재 부동산외에는 특별한 재산이 없음에도 불구하고 20○○. ○. ○. 시가 금 ○○○○원에 해당하는 위 부동산을 구입할만한 재력이 전혀 없는 피고1의 4촌 동생인 피고2에게 매도한양 가장하여 피고2 명의로 소유권이전등기를

경료하여 주었습니다.
3. 피고2는 위 매매를 가장한 소유권이전등기는 채권자인 원고를 해함을 알고 한 행위로 사해행위에 해당한다 할 것이며 이에 원고는 청구취지와 같은 판결을 구하고자 이 사건 소를 제기합니다.

입 증 방 법

1. 갑제1호증   차용증
1. 갑제1호증   등기부등본
1. 기타 변론시 수시 제출하겠습니다.

첨 부 서 류

1. 위 입증서류   각 1통
1. 소장부본   2통
1. 납부서   1통

20○○. ○. ○.

위 원 고   ○ ○ ○ ㊞

○○지방법원   귀중

[주] 1. 본 사안은 피고1이 원고에게 금원을 차용한 후 피고의 유일한 재산인 부동산을 그의 4촌동생인 피고2 앞으로 매매를 가장하여 소유권이전등기를 경료하여 줌으로써 원고는 피고1에게 대여한 금원의 회수가 불가능하여짐에 따라 원고는 위 피고들의 사해행위에 터잡아 가장매매로 인한 소유권이전등기말소등기절차의 이행과 금원의 지급을 청구한 것이다.
2. 사해행위란 그 입증방법이 모호하여 이를 밝히기란 쉬운일이 아니다. 그러나 원고는 사해행위의 당사자가 4촌 형제지간이므로 이를 입증하기란 인척이 아닌 자보다는 쉽다고 할 수 있겠다.
3. 원고는 청구원인으로 피고2가 피고1의 4촌동생이란 점과 피고2에게는 동 부동산을 구입할 재력 등이 없다는 사실에 주안점을 두고 이를 주장하여야 할 것이다.

[서식 4] **사해행위취소청구의 소장**(수표금청구채권의 양도)

소 장

원 고 ○○○
　　　　○○시 ○○구 ○○동 ○
피 고 1. ○○○
　　　　○○시 ○○구 ○○동 ○
피 고 2. ○○○
　　　　○○시 ○○구 ○○동 ○
제3채무자 ○○○
　　　　○○시 ○○구 ○○동 ○

사해행위취소 청구의 소

청 구 취 지

1. 피고1과 피고2 사이의 20○○. ○. ○. 체결한 별지목록기재 수표금청구 채권양도계약을 취소한다.
2. 제3채무자 ○○○은 피고2에 대하여 별지목록기재 수표금의 지급을 정지하라.
3. 피고2는 원고에 대하여 피고1에게 별지목록기재 수표를 인도하고 피고1은 원고에게 금 ○○○○원 및 이에 대한 20○○. ○. ○.부터 완제일까지 연 12%의 비율에 의한 금원을 지급하라.
4. 소송비용은 피고들의 부담으로 한다.
라는 판결 및 가집행선고를 구합니다.

청 구 원 인

1. 피고1은 20○○. ○. ○. 제3채무자 소유 ○○시 ○○구 ○○동 ○번지 대 ○○평방미터 지상에 건평 ○○평방미터의 가옥신축공사를 도급받았습니다. 이에 피고1은 원고와 사이에 20○○. ○. ○. 동 공사에 소요되는 모든 건축자재를 건축공사가 완료되는 20○○. ○. ○.에 지불하기로 약정하고 동 공사에 소요되는 일체의 물품을 별지목록기재와 같이 원고로부터 납품받아 동 공사를 완료하였습니다.
2. 한편, 피고1은 그의 명의로 아무런 재산도 없음에도 불구하고 제3채무자에게 지급받은 공사도급비명목의 별지목록기재 가계수표를 법률적 권원없이 동 공사의 인부인 피고2에게 양도하였습니다.
3. 그러므로 피고들의 위 수표금채권양도 행위는 채권자인 원고를 해함을 알고 한 법률행위로서 사해행위에 해당한다 할 것입니다.
4. 이에 원고는 청구취지와 같은 판결을 구하고자 이 사건 소를 제기합니다.

입 증 방 법

1. 갑제1호증   물품납품계약서
1. 갑제2호증   공사도급계약서
1. 갑제3호증의 1, 2   각 수표사본
1. 기타 변론시 수시 제출하겠습니다.

첨 부 서 류

1. 위 입증서류   각 1통
1. 소장부본   3통
1. 납부서   1통

20○○. ○. ○.

위 원고 ○ ○ ○ ㊞

○○지방법원 귀중

[주] 1. 본 사안은 피고1이 도급받은 건물신축공사를 진행함에 소요되는 건축자재물품을 원고로부터 납품받아 사용한 후 건축주로부터 지급받은 공사비를 원고로부터 외상구입한 물품대금을 변제치 아니하고 이를 피고2에게 양도하였다. 이에 원고는 피고1로부터 동 외상물품대금을 지급받기 위하여 피고1이 아무런 권원없이 피고2에게 양도한 수표금 채권의 양도취소를 구하고 원고에게 물품대금에 상당하는 금원의 지급을 청구하는 것이다.
2. 본건과 같은 경우 사해행위를 입증하기란 상당히 까다로운 부분이다. 먼저 이 사건 수표금지급금지가처분신청을 한 후 피고들을 상대로 사해행위의 입증에 주력하여야 할 것이다.
3. 먼저 원고가 위 수표의 양도가 사해행위에 해당함을 주장하기 위하여는 채무자가 채권자인 원고에 대한 채무를 변제하지 않기 위하여 위 수표를 아무런 권원없는 피고2에게 양도하고 피고2도 이러한 사실을 알고 있었음을 요함으로 이 사실을 중점적으로 밝혀 주장하여야 할 것이다.

[서식 5] 사해행위취소청구의 소장
(장래발생할 채권의 예견에 따라 행한 허위표시에 의한 가장매매)

소 장

원 고 ○ ○ 신용보증기금
　　　　○○시 ○○구 ○○동 ○
　　　　대표이사 ○ ○ ○

피 고 1. 주식회사 ○ ○ 프랜트
　　　　　○○시 ○○구 ○○동 ○
　　　　　대표이사 ○ ○ ○

피 고 2. ○ ○ ○
　　　　　○○시 ○○구 ○○동 ○

피 고 3.
　　　　　○○시 ○○구 ○○동 ○

피 고 4.
　　　　　○○시 ○○구 ○○동 ○

피 고 5. ○ ○ ○
　　　　　○○시 ○○구 ○○동 ○

피 고 6. ○ ○ ○
　　　　　○○시 ○○구 ○○동 ○

사해행위취소 청구의 소

청 구 취 지

1. 원고에게
　가. 피고 주식회사 ○○프랜트, ○○○, ○○○, ○○○는 연대하여 ○○○원 및 위 금원 중 ○○○원에 대하여는 20○○. ○. ○.부터, ○○○원에 대하여는 20○○. ○. ○.부터 각 그 완제일까지 연 17%의 비율에 의한 금원을 지급하고,

나. 피고 ○○○는 피고 주식회사 ○○프랜트와 연대하여 위 가.항의 금액 중 ○○○원 및 위 금원 중 ○○○원에 대하여는 20○○. ○. ○.부터 ○○○원에 대하여는 20○○. ○. ○.부터, 각 20○○. ○. ○.까지 연 6%의, 그 다음날부터 각 그 완제일까지 연 12%의 각 비율에 의한 금원을 지급하고,

다. 피고 ○○환경관리 주식회사는 피고 주식회사 ○○프랜트와 연대하여 위 가.항의 금액 중 ○○○원 및 위 금원 중 ○○○원에 대하여는 20○○. ○. ○.부터, ○○○원에 대하여는 20○○. ○. ○.부터, ○○○원에 대하여는 20○○. ○. ○.부터, 각 20○○. ○. ○.까지 연 6%의, 그 다음날부터 각 그 완제일까지 연 12%의 각 비율에 의한 금원을 지급하라.

2. 피고 ○○○과 피고 ○○○ 사이의 별지 부동산 목록 1 기재 각 부동산에 관한 20○○. ○. ○.의 매매계약을 취소한다.
3. 피고 ○○○은 원고에게 위 부동산에 관하여 ○○지방법원 ○○등기소 20○○. ○. ○. 접수 제1234호로 경료한 소유권이전등기의 말소등기절차를 이행하라.
4. 소송비용은 피고들의 부담으로 한다.

라는 판결 및 가집행선고를 구합니다.

청 구 원 인

1. 피고 ○○프랜트는 20○○. ○. ○. 원고로부터 보증번호 ○○○호, 보증기한 20○○. ○. ○.까지, 보증원금 한도액 ○○○원으로 정한 신용보증을 받아 그 보증하에 그때부터 주식회사 ○○은행과 사이에 어음할인거래를 하여 왔고, 20○○. ○. ○. 원고로부터 보증번호, 보증기한 20○○. ○. ○.까지, 보증원금 한도액 ○○○원으로 정한 신용보증을 받아 그 보증하에 20○○. ○. ○. 위 은행으로부터 기업운전급부금 명목으로 ○○○원을 이율은 연 12%로 정하여 대출받았다.

2. 한편, 피고 ○○프랜트는 원고와 위 각 신용보증에 관한 약정을 하면서 원고가 그 보증채무를 이행한 경우에는 원고에게 대위변제한 금원 및 그에 대하여 금융기관 일반대출금의 연체이율 (20○○. ○. ○.부터 현재까지는 연 17%임)에 의한 지연손해금과 소정의 비용을 함께 지급하기로 하였고, 피고 ○○○과 ○○○, ○○○는 같은 날 원고에게 피고 ○○프랜트의 위 구상채무를 연대보증하였다.

3. 그런데, 피고 ○○프랜트가 20○○. ○. ○. 당좌부도로 주채무자인 위 대출금반환채무 등에 대한 기한의 이익을 상실하는 바람에 원고는 채권자인 위 ○○은행으로부터 그 보증채무의 이행을 청구받고 20○○. ○. ○. 위 ○○은행에 보증번호 ○○○호와 관련한 차용원리금 ○○○원과 보증번호 ○○○호와 관련한 어음거래상의 채무원리금 ○○○○원의 합계 ○○○원을 대위변제하였다.

4. 한편, 원고가 위와 같은 대위변제에 따른 구상채권 중 ○○○원의 구상채권에 대하여는 20○○. ○. ○.에 ○○○원, 20○○. ○. ○.에 ○○○원을 각 변제받았고, ○○○원의 구상채권에 대하여는 같은 해 ○. ○.에 ○○○원, 같은 해 ○. ○.에 ○○○원을 각 이를 변제 받았습니다.

5. 그러므로 원고에 대하여 피고 ○○프랜트는 구상채무자로서, 피고 ○○○ 및 ○○○는 그 연대보증인으로서 연대하여 그 나머지 구상금 ○○○원과 별지 도표 기재와 같은 위 대위변제일로부터 위 각 회수일까지의 확정지연손해금 ○○○○원의 합계 ○○○원 및 위 금원중 ○○○원에 대하여는 20○○. ○. ○.부터, ○○○원에 대하여는 20○○. ○. ○.부터 각 그 완제일까지 연 17%의 비율에 의한 약정지연손해금을 지급할 의무가 있다할 것입니다.

6. 그런데 피고들은 피고 ○○프랜트의 당좌부도 당일인 20○○. ○. ○. 자신의 소유이던 별지 부동산목록1 기재의 부동산들에 관하여 20○○. ○. ○.의 매매를 원인으로 ○○지방법원 ○○등기소 접수 제123호로 피고 ○○○ 명의로의 소유권이전등기를

경료하였습니다. 그 무렵 이 사건 부동산외에 피고 소유명의로 되어 있는 부동산으로는 별지 부동산목록2 기재의 각 부동산이 있었으나, 그 각 부동산은 개별공시지가가 합계 ○○○○원에 불과하여 재산적 가치가 거의 없으며, 위 피고들은 그 밖에 별다른 재산이 없습니다.
7. 원고는 이에 피고들의 위 매매는 통정허위표시에 의한 가장매매로서 채권자인 원고를 해함을 알고 한 행위로 사해행위에 해당한다할 것입니다.
8. 따라서 원고는 청구취지 기재와 같은 판결을 구하고자 이 사건 소를 제기합니다.

입 증 방 법

1. 위 각 증빙서류 기재

첨 부 서 류

1. 위 입증서류   각 1통
1. 소장부본   1통
1. 납부서   1통

20○○. ○. ○.

위 원고 ○ ○ 신용보증기금
대표이사 ○ ○ ○ ㊞

○○지방법원 귀중

[주] 1. 채권자취소권에 있어서 피보전채권인 채권자의 채권은 원칙적으로 사해행위 이전에 성립된 채권임을 요하지만 그것은 사해행위가 채권자를 해하는 채무자의 법률행위라는 해석에서 도출된 것이므로, 채권자의 채권이 문제로 된 채무

자의 법률행위 당시에 아직 성립된 것은 아니라고 하더라도 그 발생의 기초가 된 법률관계가 이미 존재한 때에는 채권자가 그 법률관계를 맺을 때 그 당시의 채무자의 자력을 신용의 기초로 하는 점에서 이미 채권이 발생한 경우와 다를 바 없으니 채무자가 그 법률관계에 기하여 장래 채권이 발생할 것을 예견하고 이를 해하는 법률행위를 하였다면 이러한 법률행위도 민법 제406조 제1항 소정의 '채무자가 채권자를 해함을 알고 한 법률행위'에 해당한다고 할 수 있고, 따라서 주채무자인 회사의 이사로서 주채무자 회사의 ○○신용보증기금에 대한 구상채무를 연대보증한 자가 주채무자 회사의 부도사태를 예견하고 채권자인 ○○신용보증기금에 대한 장래의 수상채무를 면탈하고자 자신의 부동산을 처남과 통모하여 매매를 원인으로 한 소유권이전등기를 경료하였다면 그 매매는 사해행위에 해당한다(대구지법 1995. 8. 29., 95가합9307).

2. 원고는 청구원인으로 피고가 피고를 대위하여 변제한 원고의 구상권채권에 대비하여 피고 소유 부동산을 아무런 권원없는 타인에게 매매를 가장하여 소유권이전등기를 경료한 사실과 아이의 당사자인 소유권이전등기를 경료받은 타인도 위 사실을 알고 이에 응하였다는 사실을 주장하여야 하는데 소유권이전등기를 경료받은 자가 인척인 경우에는 이를 입증하기가 아무런 인척관계가 없는 자보다는 유리하다고 할 수 있으나 이를 입증하기란 그리 쉬운일이 아니다.

그러므로 원고는 매매를 가장한 소유권이전등기의 시점, 매매가액, 중개사의 증언 등 제반자료를 최대한 활용하여 순차적으로 접근 입증함이 좋을 것이다.

[서식 6] 사해행위등취소청구의 소장(채무초과 상태에서의 부동산의 매매)

소 장

원 고 ○○ 협동조합
　　　　○○시 ○○구 ○○동 ○
　　　　대표자 조합장 ○ ○ ○
피 고 ○ ○ ○
　　　　○○시 ○○구 ○○동 ○

사해행위취소 청구의 소

청 구 취 지

1. 피고와 소외 ○○○사이에 별지 목록 제1기재 부동산에 관하여 20○○. ○. ○. 체결한 매매계약을 취소한다.
2. 피고는 소외 ○○○에게 위 목록 제1기재 부동산에 관하여 ○○지방법원 ○○지원 20○○. ○. ○. 접수 제1234호로 경료한 소유권이전등기의 말소등기절차를 이행하라.
3. 소송비용은 피고의 부담으로 한다.
라는 판결 및 가집행선고를 구합니다.

청 구 원 인

1. 소외 ○○○은 20○○. ○. ○. 소외 주식회사 ○○무역이 원고에 대하여 현재 또는 장래 부담하게 될 채무의 담보로 자신 소유의 별지 목록 제2기재 대지 및 주택에 관하여 ○○지방법원 ○○지원 20○○. ○. ○. 접수 제1234호로 채권최고액 금 ○○○원, 채무자 ○○무역, 근저당권자 원고로 된 같은 달 ○.자 근저당권설

정계약을 원인으로 한 근저당권설정등기를 마치고, 소외 ○○○ 은 20○○. ○. ○. 위 대출금 채무의담보로 자기의소유인 ○○시 ○○구 ○○동 대지 및 그 지상 건물에 관하여 채권최고액 금 ○○○원, 채무자 ○○무역, 근저당권자 원고로 된 같은 달 ○.자 근저당권설정계약을 원인으로 한 근저당권설정등기를 마쳤다.

2. 그리고 위 ○○○은 20○○. ○. ○. 원고와 사이에 ○○무역이 원고에 대하여 현재 및 장래에 부담하는 어음대출, 어음할인 등 기타 여신거래에 관한 모든 채무를 금 ○○○원의 범위 내에서 ○○무역과 연대하여 부담하기로 하는 포괄근보증계약을 체결하였다.

3. 그 후 원고는 20○○. ○. ○. ○○무역에게 금 ○○○원을 이자 연 10%, 변제기 20○○. ○. ○.로 정하고, 금 ○○○원을 이자 연 12.5%, 변제기 20○○. ○. ○.로 정하여 합계 금 ○○○원을 대여하면서 이자를 1회라도 연체시에는 기한의 이익을 상실하기로 약정하였는데 ○○무역이 위 차용금 채무 중 금 ○○○원의 차용금 채무에 대하여는 20○○. ○. ○.까지의 이자만을 지급하고 그 이후로는 원금 및 이자를 지급하지 아니하였으며, 위 금 ○○○원의 차용금 채무에 대하여는 20○○. ○. ○.까지의 이자만을 지급하였을 뿐 그 이후로는 이자를 지급하지 아니하였다.

4. 그리하여 원고는 20○○. ○. ○. ○○지방법원 ○○지원 ○○타경 12345호로 ○○무역의 원고에 대한 위 대출금 채무에 관한 담보로 제공된 위 ○○○ 소유의 제2부동산과 위 ○○○ 소유의 ○○시 ○○구 ○○동 소재 대지 및 주택에 대하여 임의경매신청을 함으로써 임의경매절차가 개시되고 그 후 일괄 경락되어 같은 해 ○. ○. 위 법원으로부터 원고의 ○○무역에 대한 원리금 합계 금 ○○○원의 채권 중 금 ○○○원을 배당받아 위 채권의 변제에 충당하였으나 나머지 금 ○○○원을 변제받지 못하고 있다.

5. 한편, 피고는 위 ○○○의 동생으로서 위 경매가 진행 중이던 20○○. ○. ○. 위 ○○○과 사이에 별지 목록 제1기재 부동산에 관하여 매매계약을 체결하였고, 이 사건 부동산에 관하여 ○○지방법원 ○○지원 20○○. ○. ○. 접수 제1234호로 피고 앞으로 소유권이전등기를 경료하였다.

6. 피고와 위 ○○○ 사이에 이 사건 부동산에 관하여 매매계약이 체결된 20○○. ○. ○.경 위 ○○○의 재산으로는 금 ○○○원 상당의 이 사건 부동산과 경매가 진행되고 있던 제2부동산 외에는 별다른 재산이 없었으며, 그 무렵 위 ○○○의 채무는 소외 ○○은행에 대하여 금 ○○○원, 소외 ○○상사 주식회사에 대하여 금 ○○○원, 원고에 대하여 금 ○○○원, 제2부동산을 임차하여 살던 임차인 소외 ○○○, 피고, 소외 ○○○에 대한 임대차보증금반환채무 합계 금 ○○○원 등 합계 ○○○○원에 이르고 있었다.

7. 한편, 이 사건 부동산은 이미 임의경매절차가 진행 중이던 제2부동산을 제외하고는 원고가 위 ○○○에 대한 채무를 변제받기 위하여 집행할 수 있는 유일한 재산이었으며 위 ○○○은 이 사건 부동산의 매도 당시 이미 채무 초과의 상태에 빠져 있었고 위 ○○○ 소유의 제2부동산에 대하여 임의경매절차가 진행 중이었으므로 위 ○○○으로서는 이 사건 부동산의 처분행위는 자신의 일반채권자들을 해할 것이라는 점을 충분히 인식하고 또한 이 사건 부동산의 양수인인 피고도 악의로 이 사건 부동산을 양도받은 것입니다.

　따라서 원고의 채권자취소권의 행사에 따라 사해행위인 위 ○○○과 피고 사이의 위 매매계약은 취소되고, 그 결과 이 사건 부동산에 관한 피고 명의의 위 소유권이전등기는 원인 없는 무효의 등기가 되어 피고는 위 ○○○에게 위 소유권이전등기의 말소등기절차를 이행할 의무가 있다할 것입니다.

8. 그러므로 원고는 청구취지와 같은 판결을 구하고자 이 사건 소를 제기합니다.

입 증 방 법

1. 갑제1호증   등기부등본
1. 기타 변론시 수시 제출하겠습니다.

첨 부 서 류

1. 위 입증서류   1통
1. 소장부본   1통
1. 납부서   1통

20○○. ○. ○.

위 원고 ○ ○ 협동조합
대표자 조합장 ○ ○ ○ ㊞

○○지방법원 귀중

[주] 1. 본 사안은 피고가 대출금등의 채무로 피고소유 일부부동산이 경매되고 이를 제외한 피고의 채무는 피고 소유 부동산등의 시가를 초과하는 채무초과 상태에서 피고는 위 소유부동산을 타에 매도하였다. 이로 인하여 원고는 피고로부터 채권을 행사할 수 없게됨에 위 매매가 사해행위에 해당함을 원인으로 매매계약의 취소 및 소유권이전등기의 말소등기절차의 이행을 구하는 것이다.

2. 원고는 청구원인으로 채권관계의 사실을 특정하여 피고의 제반사정등을 기재하고 피고가 채무초과 상태에서 채권자를 해하기 위하여 그의 유일한 재산을 타에 매도하였다는 사실과 매수인이 이러한 사실을 알고도 이를 매수하였다는 사실을 주장하여 한다.

3. 채무자 외에 다른 보증인이 있다 하더라도 채권자취소권 행사에 아무런 영향이 없으며, 채권자가 채무자의 재산상에 물상담보를 갖고 있는 경우에는 당해 재산으로부터 변제받을 수 있는 한도에서 그 채무를 채무자의 소극재산에서 공제함과 아울러 그 채무를 담보하는 한도에서 그 재산을 채무자의 적극재산으로부터 공제하여야 하지만, 채권자가 제3자의 재산상에 물상담보권을 갖고 있는 경우에는 그 담보와 관계없이 사해행위의 성립 여부를 판단하여야 한다(전주지법 1996. 4. 17., 94나1992).

※ 대법원 1996. 7. 15., 96다20499 참조

[서식 7] 사해행위취소 등 청구의 소(매매계약 취소)

소　장

원　　고　○○○
　　　　　○○시 ○○구 ○○동 ○번지
피　　고　○○○
　　　　　○○시 ○○구 ○○동 ○번지

사해행위취소 등 청구의 소

청 구 취 지

1. 피고와 소외 홍○○ 사이의 20○○. ○. ○. 별지목록 기재의 부동산에 관하여 한 매매계약은 이를 취소한다.
2. 피고는 원고에 대하여 위 부동산에 관하여 ○○지방법원 ○○등기소 20○○. ○. ○. 접수 제123호로써 경료한 동년 ○. ○. 매매에 인한 소유권이전등기의 말소등기를 이행하라.
3. 소송비용은 피고의 부담으로 한다.
라는 판결을 구합니다.

청 구 원 인

1. 원고는 20○○. ○. ○. 피고의 소개로 ○○시 ○○구 ○○동 123의 7 소외 홍○○에게 아래와 같이 금원을 대여하였습니다.
　　가. 대 여 금　○○만원
　　나. 이　　자　연 12%
　　다. 변제기일　20○○. ○. ○.
　　라. 특　　약　위 변제기일에 채무를 이행하지 아니할 때에는 별지목록 기재의 부동산을 처분하여 위 원리금을 충당할 수 있는 권한을 채권자에게 위임한다.

2. 그런데 피고는 위 금전소비대차계약의 입회인으로 서명날인하였고 위 부동산은 위 홍○○의 유일한 재산으로 동 홍○○이 채무를 이행하지 아니할 때에는 그 처분권까지 특약한 바 있는 재산으로 동 재산을 타에 양도한다면 원고의 위 채권확보를 불가능하게 한다는 사실을 알고 있으면서 피고는 위 홍○○과 위 부동산에 대하여 20○○. ○. ○. 매매계약에 의하여 이를 동년 ○. ○. ○○지방법원 ○○등기소 접수 제456호로써 매매를 원인으로 한 소유권 이전등기를 필하여 그 소유권을 취득하고 있습니다.

   따라서 피고는 원고의 위 채권을 면탈할 목적으로 위 부동산을 양수한 악의의 수익자입니다.

3. 그러므로 원고는 위 채권의 보전을 하기 위하여서는 위 부동산의 양도행위 전체를 취소할 필요성이 있고 그로 인하여 취득한 위 소유권이전등기의 말소를 구하고자 본소에 이른 것입니다.

입 증 방 법

1. 금전소비대차계약서
1. 부동산등기부 등본
1. 재산증명서
1. 변론시 수시 제출하겠습니다.

첨 부 서 류

1. 소장 부본   1통
1. 위 입증서류 사본   각 1통

20○○. ○. ○.

원 고 ○ ○ ○ ㊞

○○지방법원 귀중

[주] 1. 관할은 피고 주소지 지방법원이다(법 2조·3조).
2. 본소는 사해행위취소청구와 이전등기말소청구 두 개의 청구를 하나의 소로 제기하는 것이므로, 그 중 하나의 청구에 관할권 있는 법원에 제기할 수 있다(법 25조 1항). 따라서 특별재판적인 관할등기소 소재지 지방법원에 제소할 수도 있다(법 21조)
3. 사해행위초소청구의 소가는 취소되는 법률행위의 목적(본건 부동산)의 가액을 한도로 한 원고의 채권액이고(인지규칙 12조 7호), 원인무효에 인한 소유권이전말소청구의 소가는 목적물가액의 2분의 1인바(인지규칙 13조 4호 나목), 전자는 후자의 수단인 청구에 불가하므로, 전자의 소가는 산입하지 아니한다(인지규칙 21조 본문).
4. 채무자가 채권자를 해함을 알고, 재산권을 목적으로 한 법률행위를 한 때에는, 채권자는 그 추소 및 원상회복을 소로써 법원에 청구할수 있다(민법 406조 1항 본문).
5. 사해행위취소권은 채권자가 취소원인을 안 날부터 1년 또는 법률행위가 있는 날부터 5년을 경과하면 시효에 의하여 행사할 수 없으므로 이러한 사유도 소자에 기술되어야 한다(민법 406조).
6. 청구원인의 기재에는 피고가 소외 채무자와 유효한 법률행위를 한 것으로 기술하여야 하고, 이로 인하여 채권자인 원고가 소외 채무자의 무자력으로 해가 된다는 사실을 명백히 하여야 한다.

[서식 8] **사해행위취소 등 청구의 소**(매매계약 취소)

소 장

원 고 김○○
 대전 유성구 ○○동 ○○번지

 소송대리인 변호사 홍○○
 대전 서구 둔산동 ○○번지

피 고 1. 김○○
 강원도 춘천시 ○○동 ○○번지

 2. 이 상 배
 강원도 횡성군 횡성읍 ○○동 ○○번지

사해행위취소 등 청구의 소

청 구 취 지

1. 가. 피고 김○○와 피고 ○○ 사이의 강원도 철원군 ○○동 ○○번지 임야 7,722㎡에 관한 2015. 6. 14.자 매매계약은 이를 취소한다.
 나. 피고 이○○은 피고 김○○에게 위 부동산에 관한 춘천지방법원 2015. 6. 28. 접수 제 12000호로 마친 소유권이전등기의 말소등기절차를 이행하라.

2. 피고 김○○는 원고에게 금 100,000,000원 및 이에 대한 2014. 9. 2.부터 이소장부본 송달일까지는 연 5%의, 그 다음날부터 완제일까지는 연 12%의 비율에 의한 금원을 지급하라.
3. 소송비용은 피고들의 부담으로 한다.
4. 위 제2.항은 가집행 할 수 있다.
라는 판결을 구합니다.

청 구 원 인

1. 원고는 2014. 3. 17. 강원도 철원군 갈말읍 24-1 임야 63.888m^2의 소유자로 대리인 노○○을 통해 위 토지 중 3,000평을 피고 김○○에게 매도하는 매매계약을 체결하였는데 피고 김○○의 대리인인 그 부친 김○○은 위 토지를 매수하여 ○○병원이나 ○○양로원을 설립할 계획이라고 하였으며 위 계약의 내용은 다음과 같습니다.
   - 매매대금 1억 5천만원
   - 계약금 1,500만원 계약당일 지불
   - 중도금은 건축허가 완료시 2,500만원 지불
   - 잔금은 등기이전시 지불
2. 그런데 피고 김○○의 대리인 김○○은 원고의 대리인 노○○에게 춘천 시청에서 건축허가를 받으려고 하니 원고의 토지사용승낙서로는 안되고 등기이전이 되어야 허가를 낼 수 있다고 하여 우선 등기이전을 해주면 건축허가가 나왔을 때 중도금과 잔금을 지불해 주겠다고 하여 원고는 계약금 1,500만원만 받은 상태에서 2014. 8. 27. 이 사건 토지 강원도 철원군 갈말읍 212-12 임야 7,722m^2를 피고 김○○에게 이전등기를 마쳐 주었으며 이 사건 토지상에 2015. 8월경 건축허가가 나왔습니다.
3. 그 후 노○○은 김○○에게 토지대금 잔금 9,500만원의 지불을 요구해왔고 김○○은 건축허가가 나왔으니 대출을 받아 지불해 주겠다고 해 왔는데 2014년 가을경부터 연락이 두절되어 버렸으며 이후 김○○을 찾기 위해 많은 노력을 기울였으나 찾지 못했습니다.

4. 2017. 3월경 이 사건 토지상에 터파기공사가 진행되고 있어 그때서야 등기부등본을 발급받아 보니 뜻밖에도 2015. 6. 28.에 피고 이○○에게 이전등기가 되어 있어 노○○은 당초 건축허가를 담당했던 설계사무소를 찾아가 이○○의 연락처를 알았고 몇차례 통화 끝에 2016. 4.초경 익산으로 찾아가 이○○를 만났습니다.

5. 김○○이 피고 이○○에게 김○○으로부터 땅값을 받지 못했다고 하자 이○○은 그 내용을 알고 있다고 했고 얼마에 샀느냐는 질문에 그것은 알 것 없고 김○○에게 2,500만원 가까이 지불을 했다고 했습니다.

6. 노○○은 횡성으로 이○○를 3회 방문하여 만났는데 이○○에게 김○○측에 지불하지 않은 땅값을 원고측에서 받아야 한다고 하자 이○○이 첫 번째 3,500만원을 주겠다고 하여 안된다고 했고 두 번째 방문시 이○○이 4,500만원을 제시하여 안된다고 하자 5,500만원까지 주겠다며 더 이상은 안된다고 해서 노○○은 그 돈이라도 빨리 달라고 했습니다.

7. 피고 이○○는 2017. 6. 말경까지는 5,500만원을 지불하겠다고 하다가 우선 3~4천만원을 먼저 주겠다고 하기도 했으며 2016. 7월 이후로는 계속 기다리라는 말을 해왔습니다.

8. 사해행위의 성립

  피고 김○○는 이 사건 부동산 이외의 별다른 재산이 없는 사람으로 원고에게 토지대금 9,500만원의 채무가 있으며, 피고 이○○는 김○○가 토지대금을 지불하지 않은 사실을 알면서, 또한 김○○이 이 사건 부동산을 처분하면 원고 등 채권자가 채권변제를 받기 어려워진다는 점을 잘 알면서 매매계약을 하고 등기를 이전받았으며 그 토지대금도 일부만 지불했는바, 그와 같은 이○○의 매수행위는 원고에 대한 사해행위에 해당하여 취소할 수 있는 것입니다.

9. 따라서 원고는 피고들간의 이 사건 부동산에 관한 매매계약을 취소하고 그 매매계약에 기해 피고 이○○에게 넘어간 이전등기의 말소를 구하며 피고 김○○으로부터 매매대금 잔금 9,500만원 및 그 지급약정일(건축허가일 : 2015. 8월) 이후인 2015. 9. 1.부터 이 사건 소장송달일까지는 민사법정이율에 의한, 그 다음날부터 완제일까지는 소송촉진등에관한특례법에 의한 지연의자의 지급을 구하고자 이 소송에 이르렀습니다.

입 증 방 법

1. 갑 제 1호증 1, 2   각 등기부등본
1. 갑 제 2호증   토지대장등본
1. 갑 제 3호증   매매계약서

첨 부 서 류

1. 위 입증방법   각 1통
1. 공시지가확인원   1통
1. 위임장   1통
1. 납부서

20○○. 6. .

원 고 소송대리인
변 호 사 홍 우 선

춘천지방법원 귀중

[주] 1. 관할은 피고 주소지 지방법원이다(법 2조·3조).
2. 피고가 수인이므로 그중 1인의 주소지를 택해서 제소할 수 있다(법 25조 2항).
3. 본소는 사해행위취소청구와 이전등기말소청구 두 개의 청구를 하나의 소로 제기하는 것이므로, 그 중 하나의 청구에 관할권 있는 법원에 제기할 수 있다(법 25조 1항). 따라서 특별재판적인 관할등기소 소재지 지방법원에 제소할 수도 있다(법 21조)
4. 사해행위취소청구의 소가는 취소되는 법률행위의 목적(본건 부동산)의 가액을 한도로 한 원고의 채권액이고(인지규칙 12조 7호), 원인무효에 인한 소유권이전말소청구의 소가는 목적물가액의 2분의 1인바(인지규칙 13조 1항 4호 나목), 전자는 후자의 수단인 청구에 불가하므로, 전자의 소가는 산입하지 아니한다(인지규칙 21조 본문).
5. 채무자가 채권자를 해함을 알고, 재산권을 목적으로 한 법률행위를 한 때에는, 채권자는 그 취소 및 원상회복을 소로써 법원에 청구할수 있다(민법 406조 1항 본문).
6. 사해행위취소권은 채권자가 취소원인을 안 날부터 1년 또는 법률행위가 있는 날부터 5년을 경과하면 시효에 의하여 행사할 수 없으므로 이러한 사유도 소장에 기술되어야 한다(민법 406조).
7. 청구원인의 기재에는 피고가 소외 채무자와 유효한 법률행위를 한 것으로 기술하여야 하고, 이로 인하여 채권자인 원고가 소외 채무자의 무자력으로 해가 된다는 사실을 명백히 하여야 한다.

별 지

1. 강원도 철원군 갈말읍 212-12
   임야 7,722㎡

[서식 9] 사해행위취소 등 청구의 소(매매계약 취소)

소 장

원　　고　○○ 주식회사
　　　　　서울시 종로구 ○○동 ○○번지
　　　　　대표이사　황 ○ ○

　　　　　원고 소송대리인 변호사　박 ○ ○
　　　　　서울시 종로구 ○○동 ○○번지

피　　고　○○ 주식회사
　　　　　경기도 의정부시 ○○동 ○○번지
　　　　　대표이사 윤 ○ ○

사해행위취소 등 청구의 소

청 구 취 지

1. 피고와 소외 ○○주식회사 사이에 별지목록기재 부동산에 관하여 2017. 5. 14. 체결된 매매계약은 이를 취소한다.
2. 피고는 원고에게 금 300,000,000원 및 이에 대한 이 소장부본 송달일 다음날부터 완제일까지 연 12%의 비율에 의한 금원을 지급하라.
3. 소송비용은 피고의 부담으로 한다.
4. 위 제 2항은 가집행 할 수 있다.
라는 판결을 구합니다.

청 구 원 인

1. 원고는 비누제품, 샴푸, 가루비누 등을 제조·생산하는 회사이고 소외 ○○주식회사 (이하 '소외회사'라고 함)는 원고 등으로부터 원료를 공급받아 세제제품을 생산하는 회사입니다.

2. 소외회사는 원고로부터 수시로 세제원료를 공급받고 매월 1회 그 대금을 계산하여 대금 상당액의 약속어음을 발행해 주었는 바, 소외회사가 구입해간 물품의 대금은 2017. 1월 금 212,211,000원, 2월에 금 121,323,000원, 3월에 금 200,933,000원, 4월에 186,658,000원, 5월에 금 153,342,000원, 6월에 금 242,965,000원, 7월에 금 198,694,000원 등 합계 금 1,316,126,000원 상당이었습니다.

3. 소외회사가 위 2017. 1월분 물품대금 변제를 위해 발행한 약속어음이 지급기길인 2017. 8. 23.자로 처리되었고 이후 소외회사는 원고에 대한 물품대금 외상채무를 변제할 형편이 되지 못한다고 하고 있습니다.

4. 원고가 소외회사의 재산상태를 확인하기 위해 2017. 8. 24. 소외회사의 유일한 재산인 별지목록기재 부동산(공장부지 및 건물)의 등기부등본을 열람해 본 바, 위 부동산은 소외회사의 원고에 대한 채무가 금 535,763,000원에 달한 2017. 6. 10.에 2017. 5. 14.의 매매를 원인으로 하여 이름이 생소한 피고회사에 이전된 상태였으며, 피고회사의 등기부등본을 발급받아 보니 법인주소지가 이 사건 부동산 소재지이고 매매계약일 이라는 2017. 5. 14. 이후인 2017. 5. 17.에 설립한 회사이며 그 대표이사 윤○○은 소외회사의 대표이사 이○○과 평소 친분관계를 가져온 사람이었고, 공장건물은 소외회사가 계속 사용하고 있었습니다.

5. 소외회사는 별지목록기재 부동산 이외에 다른 재산이 없는 상태에서 이를 피고에게로 이전등기 하였는 바, 이는 원고에 대한 채무가 증가함에 따라 강제집행이 있을 것을 예상하고 이를 면하

기 위해 처분행위를 한 것(또는 처분행위를 가장한 것)이며 피고회사는 그 설립시기나 대표이사간의 관계 등에 비추어 소외회사의 부동산 처분행위가 채권자인 원고를 해치는 것임을 알고 이를 이전 등기했다는 악의의 점이 추정됩니다.

6. 가액배상

    가. 따라서 소외회사와 피고사이의 위 매매계약은 취소되어야 할 것이며 그에 따라 피고명의로의 소유권이전등기는 말소되어야 할 것이나, 이건 부동산에는 위 사해행위가 있기 전에 ○○은행에 설정된 2010. 7. 29.의 채권최고액 7,500만원의 1번 근저당권, 2011. 3. 17.의 채권최고액 1억 8,000만원의 2번 근저당권, 2011. 6. 22.의 채권최고액 금 2억 4천만원의 3번 근저당권, 2016. 6. 12.의 채권최고액 금 8천만원의 근저당이 피고 명의로 소유권이전 등기가 마쳐진 뒤 각 말소되어 부동산의 재산가치에 변동이 있었으므로, 원고는 이건 부동산에 관한 소유권이전등기의 말소를 구하는 대신 부동산의 가액에는 위 각 근저당권의 피담보채권액을 공제한 잔액의 한도 내에서 그 가액의 배상을 구하는 것입니다.

    나. 가액 배상금은 위 각 근저당의 채권자에게 조회하여 피감보채권액을 확인하고 확정청구하기로 하고 우선 금 2억원을 청구하며 그에 대한 지연이자는 소송촉진등에관한특례법에 의합니다.

7. 이와 같은 이유로 원고는 위 사해행위의 취소 및 그에 따른 가액배상 등 청구취지와 같은 판결을 구하고자 이건 소에 이르렀습니다.

입 증 방 법

1. 첨부 갑 제1호증의 1 ~ 갑 제 5호증의 2
1. 이 사건 부동산의 시가감정, 근저당피담보채무액에 관한 사실조회 등은 사건번호가 지정되면 신청하겠습니다.

첨 부 서 류

1. 위 입증방법 각 1통
1. 소송위임장 1통
1. 소장부본 1통
1. 송달료납부서 1통

20○○. 9. .

원 고 소송대리인
변 호 사 박 ○ ○

서울중앙지방법원 귀중

[주] 1. 관할은 피고 주소지 지방법원이다(법 2조·3조).
2. 피고가 수인인 경우 그중 1인의 주소지를 택해서 제소할 수 있다(법 25조 2항).
3. 본소는 사해행위취소청구와 이전등기말소청구 두 개의 청구를 하나의 소로 제기하는 것이므로, 그 중 하나의 청구에 관할권 있는 법원에 제기할 수 있다(법 25조 1항). 따라서 특별재판적인 관할등기소 소재지 지방법원에 제소할 수도 있다(법 21조)
4. 사해행위취소청구의 소가는 취소되는 법률행위의 목적(본건 부동산)의 가액을 한도로 한 원고의 채권액이고(인지규칙 12조 7호), 원인무효에 인한 소유권이전말소청구의 소가는 목적물가액의 2분의 1인바(인지규칙 13조 4호 나목), 전자는 후자의 수단인 청구에 불과하므로, 전자의 소가는 산입하지 아니한다(인지규칙 21조 본문).
5. 채무자가 채권자를 해함을 알고, 재산권을 목적으로 한 법률행위를 한 때에는, 채권자는 그 취소 및 원상회복을 소로써 법원에 청구할수 있다(민법 406조 1항 본문).
6. 사해행위취소권은 채권자가 취소원인을 안 날부터 1년 또는 법률행위가 있는 날부터 5년을 경과하면 시효에 의하여 행사할 수 없으므로 이러한 사유도 소자에 기술되어야 한다(민법 406조).
7. 청구원인의 기재에는 피고가 소외 채무자와 유효한 법률행위를 한 것으로 기술하여야 하고, 이로 인하여 채권자인 원고가 소외 채무자의 무자력으로 해가 된다는 사실을 명백히 하여야 한다.

부 동 산 목 록

1. 경기도 의정부시 민락동 210
   공장용지 2165.9㎡

2. 위와 같은 곳
   철골조 샌드위치 판넬지붕 단층공장
   1층 631.76㎡(공장)
   2층 181.56㎡(사무실, 주방, 화장실)

이상

서 증 목 록

번 호	서 증 명	작성자	작성일자	입 증 취 지	비고
갑 제 1호증의 1~3	각 법인등기부등본			원·피고, 소외회사의 법인등기	
갑 제 2호증	우리 미수금	원 고		소외회사에 대한 채권내역	
갑 제 3호증의 1~39	각 세금계산서	원 고		소외회사에 공급한 내역	
갑 제 4호증의 1, 2	각 등기부등본			이사건 토지·건물의 권리관계	
갑 제 5호증의 1, 2	고소장, 접수증	원 고	2017.8.30	소외회사의 대표이사 고소 고소장 접수	

[서식 10] **사해행위취소 등 청구의 소**(매매계약 취소)

소 장

원 고 고 ○ ○(000000-0000000)
　　　　대전 대덕구 ○○동 ○○번지

　　　　소송대리인 변호사 차 ○ ○
　　　　대전 동구 ○○동 ○○번지

피 고 주식회사 ○○○○
　　　　대전 동구 ○○동 ○○번지
　　　　대표이사 성 ○ ○

사해행위취소 등 청구의 소

청 구 취 지

1. 가. 피고와 소외 김○○ 간의 별지목록 1.기재 부동산에 관한 대전지방법원 2016. 2. 8.자 매매예약 및 2017. 4. 30.자 매매계약, 별지목록 2.기재 부동산에 관한 위 법원 2015. 7. 30.자 매매예약, 별지목록 3.기재부동산에 관한 위 법원 2015. 7. 30.자 매매예약, 별지목록 4.기재 부동산에 관한 위 법원 2016. 4. 27.자 매매예약, 별지목록 5.기재 부동산에 관한 위 법원 2015. 7. 30.자 매매예약 및 2017. 4. 30.자 매매계약, 별지목록 6.기재 부동산에 관한 위 법원 2016. 2. 3.자 매매예약을 각 취소한다.

나. 피고는 별지목록 1.기재 부동산에 관한 2016. 2. 12.자 대전지방법원 접수 제1827호 소유권이전등기, 별지 2.기재 부동산에 관한 2015. 8. 4.자 위 법원 접수 제45683호로 마친 소유권이전청구권가등기, 별지목록 3.기재 부동산에 관한 2015. 7. 4.자 위 법원 접수 제45683호로 마친 소유권이전청구권가등기, 별지목록 4.기재 부동산에 관한 2015. 3. 27.자 위 법원 접수 제21515호로 마친 소유권이전청구권가등기, 별지목록 5.기재 부동산에 관한 2015. 8. 4.자 위 법원 접수 제45683호로 마친 소유권이전청구권가등기, 별지목록 5.기재 부동산에 관한 2015. 8. 4.자 위 법원 접수 제45683호로 마친 소유권이전청구권가등기와 2017. 4. 40.자 접수 제18273호 소유권이전등기, 별지목록 6.기재 부동산에 관한 2015. 1. 11.자 위 법원 접수 제2090호로 마친 소유이전청구권가등기의 각 말소등기 절차를 각 이행하라.

2. 소송비용은 피고의 부담으로 한다.

라는 판결을 구합니다.

청 구 원 인

1. 원고는 소외 김○○에게 2010. 12. 8. 금 6,000만원을 변제기로 2011. 4. 8.로 정하고 대여하였는데, 김○○이 이를 변제하지 않아 김○○을 상대로 지급명령을 신청하였으며 그 지급명령(귀원 2016차 25506대여금)은 2016. 10. 3. 확정되었습니다.

지급명령 상 확정된 채권금액은 금 74,874,000원 및 그중 금 6,000만원에 대해서는 송달일(2016. 9. 19.) 익일부터 완제일까지 연 12%의 비율에 의한 지연손해금과 독촉절차비용 5만원이 포함된 금액입니다.

2. 김○○은 주식회사 ○○○○(피고회사)를 설립하여 법인등기상 처인 성○○을 명목상 대표이사 등재하고(김○○ 자신은 이사로 등재했다가 사임 등기를 함) 이를 운영해 왔습니다.

3. 김기현은 구완동 LG아파트 / 201호 / 202호 / 302호 / 401호 / 402호 등 벼리목록 기재 아파트 5세대를 소유하고 있었는데 그 아파트에 대해 피고회사 앞으로 아래와 같이 일부는 소유권이전등기청구권 가등기를 하고 일부는 그 가등기에 기해 본등기까지 마쳤습니다.

	호수	가등기		본등기	
		접수	등기원인	접수	등기원인
1	201호	2016. 2. 12. 제2091호	2016. 2. 8. 매매예약	2017. 4. 30. 제18272호	2017. 4. 30. 매매
2	202호	2015. 8. 4. 제45683호	2015. 7. 30 매매예약		
3	302호	2015. 8. 4. 제45683호	2015. 7. 30 매매예약		
4	401호	2016. 4. 27. 제45683호	2016. 4. 27. 매매예약	2017. 4. 30. 제18273호	2017. 4. 30 매매
5	402호	2016. 2. 11. 제2090호	2016. 2. 3. 매매예약		

4. 원고는 2016. 7. 5. 위 아파트들에 대해 가압류결정을 받고 2016. 11. 16. 지급명령의 채무명의에 기해 강제경매개시결정을 받았으나 위 201호, 402호에 대해서는 앞선 가등기에 기한 본등기가 경료되어 위 가압류와 강제경매개시결정은 직권말소되었으며, 나머지 202호, 302호, 401호에 대해서는 가등기에 기한 본등기가 경료되면 같은 운명에 처하게 되어있습니다.

5. 김○○은 별지목록 기재 아파트 5세대 이외에 다른 부동산이 없고 채무는 원고에 대한 채무 이외에 등기부등본상 나타나는 것만도 압류, 가압류, 근저당채무 등 많은 채무가 있으며, 채무초과 상태에서 원고 등 채권자들의 채권집행을 피하기 위해 김○○ 자신이 운영하는 피고회사 명의로 가등기를 하고 일부는 가등기

에 기한 이전등기까지 마친 것인 바, 그 가등기 및 본등기는 채권자인 원고를 해치는 사해행위에 해당하므로 그 각 등기원인 행위는 취소되어야 하고, 그에 기해 경료된 각 등기는 말소 되어야 합니다.
6. 이에 원고는 청구취지와 같은 판결을 구하기 위해 이건 소에 이른것입니다.

입 증 방 법

1. 갑 제 1호증 1~6   등기부등본
1. 갑 제 2호증   지급명령

첨 부 서 류

1. 위 입증서류   각 1통
2. 법인등기부등본(피고)   1통
3. 토지대장   1통
4. 건축물관리대장   1통
5. 공시지가확인원   1통
6. 소송위임장   1통
7. 송달료납부서   1통

20○○. 5. .

원 고 소송대리인
변 호 사 차 현 규

대전지방법원 귀중

[주] 1. 관할은 피고 주소지 지방법원이다(법 2조·3조).
2. 피고가 수인인 경우 그중 1인의 주소지를 택해서 제소할 수 있다(법 25조 2항).
3. 본소는 사해행위취소청구와 이전등기말소청구 두 개의 청구를 하나의 소로 제기하는 것이므로, 그 중 하나의 청구에 관할권 있는 법원에 제기할 수 있다(법 25조 1항). 따라서 특별재판적인 관할등기소 소재지 지방법원에 제소할 수도 있다(법 21조).
4. 사해행위취소청구의 소가는 취소되는 법률행위의 목적(본건 부동산)의 가액을 한도로 한 원고의 채권액이고(인지규칙 12조 7호), 원인무효에 인한 소유권이전말소청구의 소가는 목적물가액의 2분의 1인바(인지규칙 13조 4호 나목), 전자는 후자의 수단인 청구에 불가하므로, 전자의 소가는 산입하지 아니한다(인지규칙 21조 본문).
5. 채무자가 채권자를 해함을 알고, 재산권을 목적으로 한 법률행위를 한 때에는, 채권자는 그 취소 및 원상회복을 소로써 법원에 청구할수 있다(민법 406조 1항 본문).
6. 사해행위취소권은 채권자가 취소원인을 안 날부터 1년 또는 법률행위가 있는 날부터 5년을 경과하면 시효에 의하여 행사할 수 없으므로 이러한 사유도 소장에 기술되어야 한다(민법 406조).
7. 청구원인의 기재에는 피고가 소외 채무자와 유효한 법률행위를 한 것으로 기술하여야 하고, 이로 인하여 채권자인 원고가 소외 채무자의 무자력으로 해가 된다는 사실을 명백히 하여야 한다.

[서식 11] 사해행위취소 등 청구의 소(근저당설정계약 취소)

소　장

원　　고　○○건설기업 주식회사
　　　　　경기도 수원시 권선구 ○○동 ○○번지
　　　　　대표이사　황 ○ ○

　　　　　소송대리인 변호사　○　　○
　　　　　경기도 수원시 권선구 ○○동 ○○번지

피　　고　서 ○ ○
　　　　　경기도 수원시 장안구 ○○동 ○○번지

사해행위취소 등 청구의 소

청 구 취 지

1. 소외 윤○○과 피고간에 경기도 수원시 팔달구 교동 402 현대아파트 제200동 9층 ○○호에 대한 2016. 4. 15.자 근저당설정계약을 취소한다.
2. 피고는 위 부동산에 관하여 수원지방법원 2016. 4. 15. 접수 제12345호로 마쳐진 근저당설정등기의 말소등기절차를 이행하라
3. 소송비용은 피고의 부담으로 한다.
라는 판결을 구합니다.

청 구 원 인

1. 소외 윤○○과 남편 소외 강○○은 원고회사의 관리이사로 회사 자금의 입·출금과 자금관리업무를 담당했고

소외 윤○○은 2015. 11. 19. 남편이 원고회사의 관리이사로 재직하는동안 직무상 고의 또는 과실로 회사에 손해를 입힐 경우 그 손해를 배상할 것을 보증하는 재정보증(신원보증)을 하였습니다.

2. 위 강○○은 원고회사의 어음용지와 법인인감을 보관하고 있음을 기회로

　가. 2015. 3. 17.경부터 2016. 1. 초순경 사이에 원고회사 명의의 약속어음 20매, 액면합계금 6억 940상당을 위조하고 다른 사람으로부터 어음할인을 받아 할인금(520,000,000원)을 사용하여 원고회사가 그 어음금 채무를 부담하게 함으로써 원고회사에게 위 액면합계금 상당의 손해를 입히고,

　나. 2016. 1. 10.부터 2016. 2. 18.까지 원고회사 명의의 약속어음 4매 액면 합계금 3억원 상당을 위조하고 이를 ○○은행으로부터 할인 받아(할인금 213,986,000원) 사용하여 원고회사가 그 어음금 채무를 부담하게 함으로써 위 액면합계금 상당의 손해를 입혔으며,

　다. 원고회사의 법인카드를 소지하고 있는 것을 기회로 2016. 3. 25. 및 2016. 4. 6. 법인카드로 물건을 각 700만원씩 구입하는 것으로 허위의 매출전표를 작성하고(속칭 '카드깡') 각 550만원씩 대출금 명목으로 지급받음으로써 원고회사가 1,400만원의 채무를 지게하여 동액 상당의 손해를 가하고,

　라. 2016. 7. 3. 원고회사의 자금 7,211만원을 보관하다가 이를 착복하여 횡령하였습니다.

3. 강○○은 위와 같이 원고회사에 대해 총 9억 1,210만원의 피해를 입힌 사실로(밝혀지지 않은 부분이 더 있을 수 있음) 구속기소되었는 바, 소외 윤○○과 강○○의 신원보증인으로서 강○○이 원고회사에 입힌 손해를 배상할 책임이 있습니다.

4. 그런데 소외 윤○○은 자신의 부동산으로는 청구취지기재 아파트 하나밖에 없고 위 신원보증채무금이 아파트의 가격을 훨씬 초과하게 되자 원고회사의 채권집행을 하지 못하게 하여 채권자

를 해할 목적으로 위 아파트에 대해 피고와의 약정으로 수원지방법원 2016. 4. 15. 접수 제12345호 채권최고액 금 2억원의 근저당권설정을 하였습니다.

5. 윤○○ 자신도 피담보채무 없이 자신의 친구 남편인 피고명의로 설정것임을 시인하고 있는 바, 그 근저당권설정계약은 원고에 대해 사해행위로 취소되어야 할 것이며 그 등기는 말소되어야 할 것이므로 원고는 이를 구하기 위해 이건 소에 이르렀습니다.

입 증 방 법

1. 갑 제 1호증　　　　　　법인등기부등본
1. 갑 제 2호증의 1　　　　재정보증서
　　　　　　　　2　　　　인감증명서
　　　　　　　　3　　　　지방세 세목별과세증명서
1. 갑 제 3호증　　　　　　공소장
1. 갑 제 4호증　　　　　　부동산등기부등본
1. 갑 제 5호증　　　　　　녹취서

20○○. 4. .

원 고　소송대리인
변 호 사　정　　　석

수원지방법원　귀중

[주] 1. 관할은 피고 주소지 지방법원이다(법 2조·3조).
2. 피고가 수인인 경우 그중 1인의 주소지를 택해서 제소할 수 있다(법 25조 2항).
3. 본소는 사해행위취소청구와 이전등기말소청구 두 개의 청구를 하나의 소로 제기하는 것이므로, 그 중 하나의 청구에 관할권 있는 법원에 제기할 수 있다(법 25조 1항). 따라서 특별재판적인 관할등기소 소재지 지방법원에 제소할 수도 있다(법 21조)

4. 사해행위취소청구의 소가는 취소되는 법률행위의 목적(본건 부동산)의 가액을 한도로 한 원고의 채권액이고(인지규칙 12조 7호), 원인무효에 인한 소유권이전말소청구의 소가는 목적물가액의 2분의 1인바(인지규칙 13조 4호 나목), 전자는 후자의 수단인 청구에 불가하므로, 전자의 소가는 산입하지 아니한다(인지규칙 21조 본문).

5. 채무자가 채권자를 해함을 알고, 재산권을 목적으로 한 법률행위를 한 때에는, 채권자는 그 취소 및 원상회복을 소로써 법원에 청구할수 있다(민법 406조 1항 본문).

6. 사해행위취소권은 채권자가 취소원인을 안 날부터 1년 또는 법률행위가 있는 날부터 5년을 경과하면 시효에 의하여 행사할 수 없으므로 이러한 사유도 소장에 기술되어야 한다(민법 406조).

7. 청구원인의 기재에는 피고가 소외 채무자와 유효한 법률행위를 한 것으로 기술하여야 하고, 이로 인하여 채권자인 원고가 소외 채무자의 무자력으로 해가 된다는 사실을 명백히 하여야 한다.

[서식 12] 사해행위취소 등 청구의 소(매매계약 취소)

소　장

원　　고　파산자 주식회사 ○○상호신용금고의
　　　　　파산관재인 예금보험공사
　　　　　강원도 강릉시 ○○동 ○○번지

　　　　　대표자 사장 김○○
　　　　　소송대리인 변호사 최○○
　　　　　강원도 강릉시 ○○동 ○○번지

피　　고　공 ○ ○
　　　　　강원도 강릉시 ○○동 ○○번지

사해행위취소 등 청구의 소

청 구 취 지

1. 별지목록 기재 각 토지에 관하여,
　　가. 소외 육○○과 피고 사이에 2014. 8. 8. 체결한 각 매매계약
　　　　을 각 취소한다.
　　나. 피고는 원고에게 강릉지방법원 2014. 8. 13. 접수 제1234호로
　　　　마친 각 소유권이전 등기의 각 말소 등기 절차를 이행하라.
2. 소송비용은 피고의 부담으로 한다.
라는 판결을 구합니다.

청 구 원 인

1. 원고의 소외 우○○에 대한 보증채무금 청구채권(피보전 채권)

   가. 원고의 지위

   파산자 (주)○○상호신용금고는 예탁금, 적금의 수납, 대출 등의 업무를 영위하는 금융기간이었는데 2015. 1. 15. 강릉지방법원으로부터 파산선고를 받고 같은 날 원고 예금보험공사가 그 파산관재인으로 선임되었습니다.

   나. 보증채무금 청구채권의 존재

   ○○상호신용금고는 소외 우○○의 각 연대보증하에 소외 이경언에게 아래와 같이 금원을 각 대여한 바 있습니다【각 변제기는 각 대여일로부터 3년, 이자는 매월 변제키로 하되 그 지급기일 도과시에는 기한의 이익을 상실하여 즉시 변경키로 하고 연체이자율은 연 12%로 정함】.

   ① 2012. 6. 18. 금 2억 8,000만원
   ② 2012. 6. 18. 금 5억 9,000만원
   ③ 2013. 1. 29. 금 9천 5백만원

   그런데, 위 채무자들은 2013. 4. 11. 또는 2013. 3. 8. 또는 2013. 6. 5. 현재 각 연체상태로써 2014. 8. 8.(이 사건 사해행위 시점) 현재 위 채권 원리금 합계액 금 1,089,219,000원(원금 891,000,000원+연체이자 198,219,000원)이었고, 그 뒤 위 ①항 기재채무에 관해서는 2014. 2. 16. 금 7,700만원을 변제하여 원금 채권이 금 172,000,000원, ②항 기재 채무에 관해서는 2016. 12. 19. 금 481,678,000원을 변제하여 원금 채권이 금 210,478,000원이 되었고, ③항 기재 채무는 전혀 변제된 바 없어 최근(2017. 7. 1)기준하여 위 채권 원리금은 합계 금 1,424,679,000원(원금 531,674,000원 + 연체이자 893,005,000원)입니다.

다. 확보된 우선변제권의 내용
  (1) 강원도 강릉시 신석동 산 29-1, 30-1, 30-2, 32-1 등 임야 4필지는 이○○이 각 2/3지분씩 소유하고 있던 토지로서 원고는 이에 관하여 2011. 1. 17. 채무자 이○○, 채권 최고액 금 4억의 1번 근저당권을 경료받아 가지고 있었고,
  (2) 한편 강원도 강릉시 신석동 871-1, 임야 등 19필지는 이○○ 단독소유로서 이에 관하여 원고는 2014. 2. 5. 채무자 이○○, 채권최고액 금 4억원의 1번 근저당권을 경료받은 바 있습니다.
  (3) 원고는 위 (1)항 기재 근저당권에 기하여 위 각 대출을 실행하였고, 그 뒤 위 (2)항 기재 근저당권을 추가로 확보한 바 있습니다. 그런데, 원고는 2015. 6. 11. 위 각 근저당권에 기한 임의 경매개시 결정을 하여 강릉지법 2015타경1234호로 임의 경매 절차 개시되어 2016. 12. 19. 금 404,329,000원을 배당받아 여러 가지 채권보전 비용에 충당하고 나머지 금 391,321,000원으로 위 "나"항 기재와 같이 ②번 대출채권에 충당하였습니다.
    한편, 위 (1)항 기재 임야 4필지에 대한 2/3지분해당 시가액은 410,424,000원(410,424,000×2/3)이고 위 (2)항 기재 토지 19필지의 시가액은 8,965,000원으로써 그 시가액은 합계 금 419,389,000원 입니다.【위 감정평가액은 위 (1), (2) 부동산 23필지에 대한 임의경매 절차 진행을 위해 2015. 6. 24.을 가격시점으로 하여 평가한 것이어서 이 사건 사해행위 시점인 2014. 6. 24.을 가격시점으로 하여 평가한 것이어서 이 사건 사해행위 시점인 2014. 8. 8.과는 약 9개월의 시차가 있으며 2014. 8. 8. I.M.F의 사태에서 벗어난지 얼마 안 되는 시점이여서 2015. 6. 23. 시점 기준한 가격보다 낮을 것이어서 소송진행의 편의를 위해 피고들에게 유리하게 위 가격을 2014. 8. 8. 시점에서의 가격으로 보고 사해행위 해당여부 판단코자 함】.

2. 처분행위

별지목록 기재 각 토지(이 사건 각 토지)는 위 우○○의 소유였다가 동인은 2014. 1. 27. 사망하였고 그 처인 소외 육○○이 단독으로 위 우지원의 재산상의 지위를 상속하여 (자녀가 4명 더 있었으나 이들은 상속 포기하여 처만이 단독 상속함) 원고에 대한 위 보증채무를 포괄 승계하였습니다.

그런데 위 육○○은 이 사건 각 토지에 관하여 2014. 1. 27. 상속을 원인으로 2014. 8. 6. 그 명의로 각 소유권이전 등기 경료한 뒤 2014. 8. 8. 피고와 사이에 매매계약을 체결한 후 이를 원인으로 2014. 8. 13. 피고에게 소유권이전 등기 경료해 주었습니다.

3. 사해행위의 성립

가. 채무자 우○○의 무자력

(1) 2014. 8. 8. (이사건 사해행위 일) 당시 원고의 우○○(육○○)에 대한 원리금 채권은 1,121,180,000원임에 앞서 본 바와 같고, 여기에서 우선 변제권이 확보된 위 부동산의 가액 금 412,211,000원을 공제하면 금708,969,000원이 됩니다.

(2) 그런데 우○○은 이 사건 부동산을 위와 같이 피고에게 매매하고 소유권이전 등기 경료해 줌에 따라 잔여 적극재산으로 시가 금 8,000만원 정도의 신석동 78-1 현대아파트 505호 1채만을 소유하게 되었는데, 동 아파트에 관하여는 이미 채권 최고액 합계 금 7,200만원의 선순위 근저당권이 경료되어 있어 그 재산 가치가 1,000만원을 넘지 않는다고 보여지고 이에 반해 원고의 이 사건 피보전 채권액은 금 781,716,000원에 이르러 위 처분행위로 말미암아 우○○(육○○)은 원고의 채권을 더욱 변제하기에 부족한 상태가 되었다 하겠습니다.

나. 채무자 육○○ 및 피고의 사해의사
　(1) 채무자가 그 소유 부동산을 처분하여 잔여 적극재산으로 채권자에 대한 채권을 더욱 변제하기 부족한 상태로 빠뜨린 경우 채무자의 사해의사는 당연히 추정되는 것이라 하겠습니다(더욱이 채무자 육○○은 위 우○○의 처이고 주채무자 이○○의 장모여서 원고에 대한 채무관계를 잘 알고 있었다 하겠음).
　(2) 한편, 수익자인 피고는 채무자 육○○의 둘째 아들인 우○○(○○일보 근무)과 대학 선후배 사이로 광고업무 관계로 자주만나 잘 아는 사이라는 것이어서 피고가 이 사건 부동산의 소유권을 이전 받게 됨에 따라 위 육○○이 원고에 대한 이 사건 피보전 채권을 더욱 변제할 수 없게 된다는 점을 알고 있었다 할 것이고, 가사 그렇지 않다 하더라도 피고의 악의는 추정된다 하겠습니다.

4. 결어
　이에 원고는 위 육○○에 대한 채권자로서 육○○의 책임 재산을 보전하기 위하여 사해행위에 해당하는 위 각 매매계약의 취소를 구하고, 원상회복으로써 피고 명의의 위 각 소유권이전 등기의 말소를 구합니다.

입 증 방 법

1. 갑 제 1 호증의 1　　　　　　(사해행위 조사결과 통보)
　　　　　　　　　2　　　　　　(조사결과 보고)
　　　　　　　　　3, 4　　　　　(각 면담 조사보고서)
1. 갑 제 2 호증의 1, 2, 3　　　 (각 금전소비대차 약정서)
1. 갑 제 3 호증의 1, 2　　　　　(각 채무계산 내역표)
1. 각 제 4 호증의 1, 2, 3　　　 (각 계좌상태 조회표)
1. 갑 제 5 호증의 1, 2, 3　　　 (각 폐쇄등기부 등본)
　　　　　　　　　4, 5, 6　　　 (각 토지등기부 등본)

1. 갑 제 6 호증의 1   (부동산 임의경매 개시 결정)
                2   (감정평가서)
                3   (배 당 표)
1. 갑 제 7호증   (-등기부 등본)

첨 부 서 류

1. 위 입증방법   각 1 통
1. 법인등기부 등본   1통
1. 위 임 장   1통
1. 납 부 서   1통
1. 소장부본   1통

20○○. 1. .

원 고 소송대리인
변 호 사 최 ○ ○

강릉지방법원 귀중

[주] 1. 관할은 피고 주소지 지방법원이다(법 2조·3조).
    2. 피고가 수인인 경우 그중 1인의 주소지를 택해서 제소할 수 있다(법 25조 2항).
    3. 본소는 사해행위취소청구와 이전등기말소청구 두 개의 청구를 하나의 소로 제기하는 것이므로, 그 중 하나의 청구에 관할권 있는 법원에 제기할 수 있다(법 25조 1항). 따라서 특별재판적인 관할등기소 소재지 지방법원에 제소할 수도 있다(법 21조)
    4. 사해행위취소청구의 소가는 취소되는 법률행위의 목적(본건 부동산)의 가액을 한도로 한 원고의 채권액이고(인지규칙 12조 7호), 원인무효에 인한 소유권이전말소청구의 소가는 목적물가액의 2분의 1인바(인지규칙 13조 4호 나목), 전자는 후자의 수단인 청구에 불가하므로, 전자의 소가는 산입하지 아니한다(인지규칙 21조 본문).

5. 채무자가 채권자를 해함을 알고, 재산권을 목적으로 한 법률행위를 한 때에는, 채권자는 그 취소 및 원상회복을 소로써 법원에 청구할수 있다(민법 406조 1항 본문).
6. 사해행위취소권은 채권자가 취소원인을 안 날부터 1년 또는 법률행위가 있는 날부터 5년을 경과하면 시효에 의하여 행사할 수 없으므로 이러한 사유도 소장에 기술되어야 한다(민법 406조).
7. 청구원인의 기재에는 피고가 소외 채무자와 유효한 법률행위를 한 것으로 기술하여야 하고, 이로 인하여 채권자인 원고가 소외 채무자의 무자력으로 해가 된다는 사실을 명백히 하여야 한다.

[서식 13] **사해행위취소 등 청구의 소**(매매계약 취소)

소 장

원   고   파산자 주식회사 ○○상호신용금고의
            파산관재인 예금보험공사
            대표자 사장 김 ○ ○

            소송대리인 변호사 최○○
            강원도 강릉시 ○○동 ○○번지

피   고   1. 우 ○ ○
               (강원도 강릉시 ○○동 ○○번지)
            2. 김 ○ ○
               (강원도 강릉시 ○○동 ○○번지)
            3. 방 ○ ○
               (강원도 강릉시 ○○동 ○○번지)

사해행위취소 등 청구의 소

청 구 취 지

(주위적으로)
1. 강원도 강릉시 중앙동 503-9, 전 891㎡에 관하여 ① 피고 우○○과 소외 우○○ 사이에 2014. 1. 21. 체결한 매매계약, ② 피고 우○○과 피고 김○○ 사이에 2014. 8. 27. 체결한 매매계약 및 ③ 피고 김○○와 피고 방○○ 사이에 2017. 6. 25. 체결한 매매계약을 각 취소한다.

2. 강원도 강릉시 중앙동 503-9, 전 891㎡에 관하여,
   가. 피고 방○○은 강릉지방법원 2017. 6. 25. 접수 제12345호로 마친 소유권이전 등기의,
   나. 피고 김○○는 위 같은 법원 2014. 9. 2. 접수 제1234호로 마친 소유권이전 등기의,
   다. 피고 우○○은 위 같은 법원 2014. 2. 6. 접수 제123호로 마친 소유권이전 등기의,
   각 말소등기 절차를 이행하라.
3. 소송비용은 피고들의 부담으로 한다.
라는 판결을 구합니다.

(예비적으로)

1. 강원도 강릉시 중앙동 503-9, 전 891㎡에 관하여, ① 피고 우○○과 소외 우○○ 사이에 2014. 1. 21. 체결한 매매계약, ② 피고 우○○과 피고 김○○ 사이에 2014. 8. 27. 체결한 매매계약 및 ③ 피고 김○○와 피고 방○○ 사이에 2017. 6. 25. 체결한 매매계약을 각 취소한다.
2. 피고 우○○, 김○○는 연대하여 원고에게 금 32,000,000원 및 이에 대하여 이 판결 선고일의 다음날부터 완제일까지 연 5%의 비율에 의한 금원을 지급하라.
3. 소송비용은 피고들의 부담으로 한다.
라는 판결을 구합니다.

청 구 원 인

1. 원고의 소외 우○○에 대한 보증채무금 청구채권(피보전 채권)
   가. 원고의 지위
      파산자 (주)○○상호신용금고는 예탁금, 적금의 수납, 대출 등의 업무를 영위하는 금융기간이었는데 2015. 1. 15. 강릉지방법원으로부터 파산선고를 받고 같은 날 원고 예금보험공사가 그 파산관재인으로 선임되었습니다.

나. 보증채무금 청구채권의 존재

○○상호신용금고는 소외 우○○의 각 연대보증하에 소외 이○○에게 아래와 같이 금원을 각 대여한 바 있습니다【각 변제기는 각 대여일로부터 3년, 이자는 매월 변제키로 하되 그 지급기일 도과시에는 기한의 이익을 상실하여 즉시 변경키로 하고 연체이자율은 연 12%로 정함】.

① 2012. 6. 18. 금 2억 8,000만원
② 2012. 6. 18. 금 5억 9,000만원
③ 2013. 1. 29. 금 9천 5백만원

그런데, 위 채무자들은 2013. 4. 11. 또는 2013. 3. 8. 또는 2013. 6. 5. 현재 각 연체상태로써 2014. 1. 21. (우지원과 피고 우민경 사이의 사해행위 시점) 현재 위 채권 원리금 합계액 금 1,110,000,000원(원금 900,000,000원+연체이자 210,000,000원)이었고, 그 뒤 위 ①항 기재채무에 관해서는 2014. 2. 16. 금 7,000만원을 변제하여 원금 채권이 금 170,000,000원, ②항 기재 채무에 관해서는 2016. 12. 19. 금 400,000,000원을 변제하여 원금 채권이 금 190,000,000원이 되었고, ③항 기재 채무는 전혀 변제된 바 없어 최근(2017. 7. 1)기준하여 위 채권 원리금은 합계 금 1,300,000,000원(원금 570,000,000원+연체이자 730,000,000원)입니다.

다. 확보된 우선변제권의 내용

(1) 강원도 강릉시 신석동 산 29-1, 30-1, 30-2, 32-1 등 임야 4필지는 이○○이 각 2/3지분씩 소유하고 있던 토지로서 원고는 이에 관하여 2011. 1. 17. 채무자 이경언, 채권 최고액 금 4억의 1번 근저당권을 경료받아 가지고 있었고,

(2) 한편 강원도 강릉시 신석동 871-1, 임야 등 19필지는 이○○ 단독소유로서 이에 관하여 원고는 2014. 2. 5. 채무자 이○○, 채권최고액 금 4억원의 1번 근저당권을 경료받은 바 있습니다.

(3) 원고는 위 (1)항 기재 근저당권에 기하여 위 각 대출을 실행하였고, 그 뒤 위 (2)항 기재 근저당권을 추가로 확보한 바 있습니다. 그런데, 원고는 2015. 6. 11. 위 각 근저당권에 기한 임의 경매개시 결정을 하여 강릉지법 2015타경1234호로 임의 경매 절차 개시되어 2016. 12. 19. 금 404,329,000원을 배당받아 여러 가지 채권보전 비용에 충당하고 나머지 금 391,321,000원으로 위 "나"항 기재와 같이 ②번 대출채권에 충당하였습니다.

한편, 위 (1)항 기재 임야 4필지에 대한 2/3지분해당 시가액은 410,424,000원(410,424,000×2/3)이고 위 (2)항 기재 토지 19필지의 시가액은 8,965,000원으로써 그 시가액은 합계 금 419,389,000원 입니다.【위 감정평가액은 위 (1), (2) 부동산 23필지에 대한 임의경매 절차 진행을 위해 2015. 6. 24.을 가격시점으로 하여 평가한 것이어서 이 사건 사해행위 시점인 2014. 6. 24.을 가격시점으로 하여 평가한 것이어서 이 사건 사해행위 시점인 2014. 8. 8.과는 약 9개월의 시차가 있으며 2014. 8. 8. I.M.F의 사태에서 벗어난지 얼마 안 되는 시점이여서 2015. 6. 23. 시점 기준한 가격보다 낮을 것이어서 소송진행의 편의를 위해 피고들에게 유리하게 위 가격을 2014. 8. 8. 시점에서의 가격으로 보고 사해행위 해당여부 판단코자 함】.

2. 처분행위

　가. 강원도 강릉시 중앙동 503-9, 전 891㎡(이 사건 부동산)는 채무자 우○○의 소유였는데 우○○은 2015. 1. 21. 이에 관하여 피고 우○○과 사이에 매매계약을 체결한 후 2013. 2. 6. 이를 원인으로 피고 우○○에게 소유권 이전등기 경료해 주었습니다.

　나. 그 후 피고 우○○은 위 부동산에 관하여 피고 김○○와 사이에 2014. 8. 27. 매매계약을 체결하고 이를 원인으로 2014. 9. 2. 피고 길○○에게 소유권이전 등기 경료해 주었습니다.

다. 피고 김○○는 2014. 8. 27. 다시 피고 방○○과 매매계약을 체결하고 이를 원인으로 하여 2014. 9. 2. 소유권이전 등기 경료해 주었습니다.

3. 사해행위의 성립

   가. 채무자 우○○의 무자력

   (1) 2014. 1. 21. (이사건 사해행위 일) 당시 원고의 우지원에 대한 원리금 채권은 1,200,000,000원임에 앞서 본 바와 같고, 여기에서 우선 변제권이 확보된 위 부동산의 가액 금 500,000,000원을 공제하면 금 700,000,000원이 됩니다.

   (2) 그런데, 우○○은 이 사건 부동산을 위와 같이 피고 우민경에게 매매하고 소유권이전 등기 경료해 줌에 따라 잔여 적극재산으로
   ① 강원도 강릉시 중앙동 322-11, ② 강원도 강릉시 지변동 322-11, 전 1,420㎡, ③ 강원도 강릉시 초당동 560 전 3,650㎡를 소유하게 되었으나 위 ①항 집은 시가금 8,000만원 정도로서 이에 관하여는 이미 채권 최고액 합계 금 6,100만원의 선순위 근저당권이 경료되어 있어 그 재산가치가 1,000만원을 넘지 않는다고 보여지고 위 ②, ③ 부동산도 그 시가가 합계금 9,300만원 정도인데 반해 원고의 이 사건 피보전 채권액은 금 700,000,000원에 이르러 위 처분행위로 말미암아 우종관은 원고의 채권을 더욱 변제하기에 부족한 상태가 되었다 하겠습니다.

   나. 채무자 우○○ 및 피고의 사해의사

   (1) 채무자가 그 소유 부동산을 처분하여 잔여 적극재산으로 채권자에 대한 채권을 더욱 변제하기 부족한 상태로 빠뜨린 경우 채무자의 사해의사는 당연히 추정되는 것이라 하겠습니다.

(2) 한편, 수익자인 피고 우○○은 채무자 우○○의 딸이고 주채무자인 이○○의 처여서 피고 우민경은 우○○으로부터 이사건 부동산의 소유권을 이전 받게 됨에 따라 위 우○○이 원고에 대한 이 사건 피보전 채권을 더욱 변제할 수 없게 된다는 점을 알고 있었다 할 것이고,

전득자인 피고 김○○와 방○○은 위 우○○ 및 피고 우○○과 같은 중앙동에서 인접하여 사는 사람들로서 지인들인바, 동 피고들의 악의는 추정된다 하겠습니다.

4. 결어

가. 이에 원고는 위 우○○에 대한 채권자로서 우지원의 책임 재산을 보전하기 위하여 사해행위에 해당하는, 소외 우○○과 피고 우○○ 및 각 피고들간의 위 각 매매계약의 취소를 구하고,

나. 원상회복으로써 주위적으로는, 위 각 피고들 명의의 각 소유권이전 등기의 말소를 구하고, 가사 최종 전득자가 선의로써 동 피고에 대한 말소청구가 허용되지 아니할 경우에는 원물반환에 갈음하여 피고 우○○ 및 김○○에 대하여 연대하여 (이 사건 피보전 채권액 범위내로써) 위 부동산의 가액으로 상당하다고 생각되어지는 금 32,000,000원 및 이에 대한 이 판결 선고일 다음날부터 완제일까지 민법 소정의 연 5%의 비율에 의한 지연손해금의 가액 배상을 구합니다.

입 증 방 법

1. 갑 제 1 호증의 1   (사해행위 조사결과 통보)
              2   (조사보고서)
1. 갑 제 2 호증의 1, 2, 3   (각 금전소비대차 약정서)
1. 갑 제 3 호증의 1, 2   (각 채무계산 내역표)
1. 각 제 4 호증의 1, 2, 3   (각 계좌상태 조회표)
1. 갑 제 5 호증의 1   (폐쇄등기부 등본)
              2   (토지등기부 등본)

1. 갑 제 6 호증의 1		(부동산 임의경매 개시 결정)
           2		(감정평가서)
           3		(배 당 표)
1. 갑 제 7 호증의 1, 2, 3, 4	(각 등기부 등본)
           5, 6, 7		(각 폐쇄등기부 등본)

첨 부 서 류

1. 위 입증방법			각 1 통
1. 법인등기부 등본		1통
1. 위 임 장			1통
1. 납 부 서			1통
1. 소장부본			1통

20○○. 1. .

원 고 소송대리인
변 호 사 최 영 배

강릉지방법원 귀중

[주] 1. 관할은 피고 주소지 지방법원이다(법 2조·3조).
 2. 피고가 수인인 경우 그중 1인의 주소지를 택해서 제소할 수 있다(법 25조 2항).
 3. 본소는 사해행위취소청구와 이전등기말소청구 두 개의 청구를 하나의 소로 제기하는 것이므로, 그 중 하나의 청구에 관할권 있는 법원에 제기할 수 있다(법 25조 1항). 따라서 특별재판적인 관할등기소 소재지 지방법원에 제소할 수도 있다(법 21조)
 4. 사해행위취소청구의 소가는 취소되는 법률행위의 목적(본건 부동산)의 가액을 한도로 한 원고의 채권액이고(인지규칙 12조 7호), 원인무효에 인한 소유권이전말소청구의 소가는 목적물가액의 2분의 1인바(인지규칙 13조 4호 나목), 전자는 후자의 수단인 청구에 불가하므로, 전자의 소가는 산입하지 아니한다(인지규칙 21조 본문).

5. 채무자가 채권자를 해함을 알고, 재산권을 목적으로 한 법률행위를 한 때에는, 채권자는 그 취소 및 원상회복을 소로써 법원에 청구할수 있다(민법 406조 1항 본문).
6. 사해행위취소권은 채권자가 취소원인을 안 날부터 1년 또는 법률행위가 있는 날부터 5년을 경과하면 시효에 의하여 행사할 수 없으므로 이러한 사유도 소장에 기술되어야 한다(민법 406조).
7. 청구원인의 기재에는 피고가 소외 채무자와 유효한 법률행위를 한 것으로 기술하여야 하고, 이로 인하여 채권자인 원고가 소외 채무자의 무자력으로 해가 된다는 사실을 명백히 하여야 한다.

[서식 14] 사해행위취소 등 청구의 소(증여계약 취소)

소 장

원 고 최○○
　　　서울시 강남구 개포1동 341 ○○아파트 ○○동 ○○호

　　　위 원고 소송대리인 변호사 박 ○ ○
　　　서울시 강남구 ○○동 ○○번지

피 고 1. 곽 ○ ○
　　　2. 성 ○ ○
　　　서울시 강남구 ○○동 ○○번지

사해행위취소 등 청구의 소

청 구 취 지

1. 피고 곽○○은 원고에게 금 650,000,000원 및 이에대한 2015. 7. 30.부터 완제일까지 월 2부의 이율에 의한 금원을 지급하고,
2. 가. 피고 곽○○은 피고 성○○ 사이에 별지목록기재 부동산에 관하여 2016. 2. 21. 체결된 증여계약은 이를 취소한다.
   나. 피고 성○○는 위 부동산에 관하여 서울중앙지방법원 2016. 6. 8. 접수12345호로 마친 소유권이전등기의 말소등기절차를 이행하라.
3. 소송비용은 피고들의 부담으로 한다.
4. 제1항은 가집행 할 수 있다.
라는 판결을 구합니다.

청 구 원 인

1. 피고 곽○○의 채무
   가. 원고는 피고 곽○○을 사업상의 관계로 알게되어 거래를 하게 되었는 바, 곽○○은 자신이 한국 ○○에 전자제품을 납품하는데 제품 구입자금으로 돈을 빌려 줄 것을 부탁하여 원고는 2013. 1. 30. 금 9천만원을, 2014. 6. 12. 금 1억 2천만원을, 2015. 4. 22. 금 1억 3천만원을 각 송금하여 대여하였고, 금 5천만원을 2015. 5. 21.까지 수회에 걸쳐 대여하여 합계금 3억 9천만원을 대여하였으며,
   나. 또한 곽○○은 2015. 6초경 원고에게 ○○ 강남점 설계도면이라며 도면을 보여주며 건축공사 일부를 수주하려는데 비용이 3억원정도 필요하다고 하고 이를 대여해 주면 공사를 수주하여 원고에게 재발주하겠다고 하여 원고는 2015. 6. 28. 금 5,200만원 및 금 6천만원을, 2015. 7. 12. 금 4천만원을 각 송금하고, 2015. 7. 30. 금 8천만원을 대여하여 합계 232,200,000원을 대여하였습니다. 원고는 피고 곽○○에 대한 대여금 총합계금은 622,200,000원이며 대여금에 대한 이자는 월 2푼으로 약정했습니다.
   다. 피고 곽○○은 2015. 11. 30. 원고에게 금 922,200,000원의 채무가 있다는 확인하였는 바(갑제1호증), 위 금액은 원고에 대한 채무 5억 5천만원 이외에 원고의 소개로 알게된 소외 조○○에게 변제해야할 금 3억원의 채무도 포함한 금액입니다.

2. 피고들간의 사해행위
   가. 그런데 피고 곽○○은 원고뿐 아니라 다른 사람들로부터도 금전을 차용 또는 편취하고 2016. 4.경 도피하여 잠적하였고 그 뒤 확인해 보니 곽○○은 도피 직전 자신의 유일한 재산인 별지목록기재 부동산을 2016. 3. 29. 남편인 피고 성○○ 앞으로 2016. 2. 21. 증여를 원인으로 하여 소유권 이전등기를 마쳐둔 상태였습니다.

나. 피고 곽○○은 원고 등에게 많은 채무를 부담하고 있는 상태인데 채권자들은 해하기 위해 자신의 유일한 재산인 별지목록 기재 부동산을 피고 성○○에게 이전등기 한 것인 바, 이는 민법 제406조의 사해행위로 취소되어야 할 것이며 그에 따라 피고 성○○ 명의로 마쳐진 소유권이전등기는 말소되어야 할 것입니다.

3. 결론

따라서 원고는 피고 곽○○에 대한 대여금 622,200,000원 및 그에 대한 최종 8,000만원 대여일자 다음날인 2015. 7. 30.부터의 약정지연이자의 지급을 구하고, 피고들 간의 사해행위의 취소 및 그로 인한 원상회복으로서의 소유권이전등기말소등 청구취지와 같은 판결을 구하기 위해 이건 소에 이르렀습니다.

입 증 방 법

1. 갑 제 1호증   채무확인서
1. 갑 제 2호증   등기부등본
1. 갑 제 3호증   호적등본(피고들)
1. 갑 제 4호증의 1, 2   각 토지대장
1. 갑 제 5호증   집합건물대장
1. 갑 제 6호증의 1, 2   각 개별공시지가 확인서
1. 갑 제 7호증의 1   고소장
               2   접수증

첨 부 서 류

1. 위 입증서류   각 1통
1. 소송위임장   1통
1. 납부서   1통

20○○. 7.   .

원 고 소송대리인
변 호 사 박 정 환

서울중앙지방법원 귀중

[주] 1. 관할은 피고 주소지 지방법원이다(법 2조·3조).
 2. 피고가 수인인 경우 그중 1인의 주소지를 택해서 제소할 수 있다(법 25조 2항).
 3. 본소는 사해행위취소청구와 이전등기말소청구 두 개의 청구를 하나의 소로 제기하는 것이므로, 그 중 하나의 청구에 관할권 있는 법원에 제기할 수 있다(법 25조 1항). 따라서 특별재판적인 관할등기소 소재지 지방법원에 제소할 수도 있다(법 21조).
 4. 사해행위취소청구의 소가는 취소되는 법률행위의 목적(본건 부동산)의 가액을 한도로 한 원고의 채권액이고(인지규칙 12조 7호), 원인무효에 인한 소유권이전말소청구의 소가는 목적물가액의 2분의 1인바(인지규칙 13조 4호 나목), 전자는 후자의 수단인 청구에 불가하므로, 전자의 소가는 산입하지 아니한다(인지규칙 21조 본문).
 5. 채무자가 채권자를 해함을 알고, 재산권을 목적으로 한 법률행위를 한 때에는, 채권자는 그 취소 및 원상회복을 소로써 법원에 청구할수 있다(민법 406조 1항 본문).
 6. 사해행위취소권은 채권자가 취소원인을 안 날부터 1년 또는 법률행위가 있는 날부터 5년을 경과하면 시효에 의하여 행사할 수 없으므로 이러한 사유도 소장에 기술되어야 한다(민법 406조).
 7. 청구원인의 기재에는 피고가 소외 채무자와 유효한 법률행위를 한 것으로 기술하여야 하고, 이로 인하여 채권자인 원고가 소외 채무자의 무자력으로 해가 된다는 사실을 명백히 하여야 한다.

부동산의 표시

1동 건물의 표시
　　서울시 강남구 일원동 215-33 일원빌딩

전유부분의 건물의 표시
　　건물의 번호 : 제4층 제 403호
　　건물의 구조 : 철근콘크리트조
　　건물의 면적 : 231.44㎡

대지권의 표시
　　토지의 표시 : 서울시 강남구 일원동 215-33 대 2055.5㎡
　　　　　　　　 서울시 강남구 일원동 215-33 대 190.3㎡
　　대지권의 종류 : 소유권
　　대지권의 비율 : 2133.7분의 170.70

[서식 15] **구상금 등 청구의 소**(근저당설정계약 취소)

소　장

원　　고　○○신용보증기금
　　　　　○○시 ○○구 ○○동 ○○-○○
　　　　　이사장 김 ○ ○

피　　고　1. 주식회사 ○○산업
　　　　　　○○시 ○○군 ○○면 ○○리 645-7번지
　　　　　　대표이사 박 ○ ○

　　　　　2. 박 ○ ○
　　　　　　○○시 ○○구 ○○동 440-11번지

　　　　　3. 윤 ○ ○
　　　　　　○○시 ○○구 ○○동 643 ○○아파트 ○동 ○○○호

　　　　　4. 주식회사 ○○○
　　　　　　○○시 ○○군 ○○면 ○○리 320-3번지
　　　　　　대표이사 윤 ○ ○

　　　　　5. 김 ○ ○
　　　　　　○○시 ○○구 ○○동 643 ○○아파트 ○동 ○○○호

　　　　　6. 윤 ○ ○
　　　　　　○○시 ○○구 ○○동 1-46 ○○아파트 ○동 ○○○호

구상금 등 청구의 소
소송물가액 금234,975,297원

청 구 취 지

1. 피고 1. 주식회사 ○○산업, 같은 2. 박○○, 같은 3. 윤○○, 같은 4. 주식회사 ○○○, 같은 5. 김○○는 연대하여 원고에게 금 234,975,297원 및 위 금원중 금233,823,677원에 대하여 2012. 10. 21.부터 본건 판결선고일까지 연 5%의, 그 다음 날부터 다 갚는 날까지 연 12%의 비율에 의한 금원을 지급하라.
2. 가. 피고 윤○○은 피고 김○○와 사이에 별지 목록기재 부동산에 관하여 2012. 5. 24. 근저당권설정계약을 취소하고,
   나. 피고 윤○○은 피고 김○○에게 별지 목록기재 부동산에 관하여 ○○지방법원 등기과 2012. 5. 25. 접수 제00000호로 마친 근저당권설정등기의 말소등기절차를 이행하라.
3. 피고 윤○○은 피고 김○○에게 ○○지방법원 2012타경 31847 부동산임의경매사건의 배당금에 관하여 채권양도의 의사표시를 하고, 국(같은 법원 세입세출외 현금출납공무원소관)에게 채권양도의 통지를 하라.
4. 소송비용은 피고들의 부담으로 한다.
5. 위 제1항은 가집행할 수 있다.
라는 판결을 구합니다.

청 구 원 인

1. 당사자들의 신분관계

    가. 원고의 신분관계

    원고는 신용보증기금법에 의하여 설립된 정부출연기관으로 담보능력이 미약한 기업의 채무를 보증하여 기업의 자금융통을 원활하게 하기 위하여 설립된 특수법인입니다.

나. 피고들의 신분관계

피고 1. 주식회사 ○○산업은 이 사건 신용보증약정상의 신용보증의뢰인으로서 주채무자이고, 피고 2. 박○○, 같은 3. 윤○○, 같은 주식회사 4. ○○○, 같은 5. 김○○는 피고 1. 주식회사 ○○산업의 연대보증인이고, 피고 6. 윤○○은 별지 목록기재 부동산에 대하여 피고 5. 김○○로부터 근저당권설정등기를 경료받은 사해행위의 수익자입니다.

2. 신용보증에 따른 구상금의 청구

가. 원고의 보증내역

(1) 원고는 피고 1. 주식회사 ○○산업의 보증의뢰에 따라 2012. 1. 28.에 보증번호 12320000, 보증원금 570,000,000원, 보증기한 2017. 1. 28.로 된 신용보증서를 발급해 주어 동 피고 1. 주식회사 ○○산업이 소외 ○○은행 ○○지점으로부터 2012. 1. 28.에 570,000,000원의 일반자금대출(시설)을 받음으로써 부담할 원리금 상환채무에 대한 보증을 하였습니다.

(2) 이때 피고 1. 주식회사 ○○산업은 원고와 신용보증약정에서 원고가 보증채무를 이행한 때에는 그 대위변제 금액 및 그에 대한 이행일로부터 완제일까지의 지연손해금과 구상채권의 집행보전절차와 관련하여 지출한 비용 등을 원고에게 상환키로 하였으며, 피고 2. 박○○, 같은 3. 윤○○, 같은 4. 주식회사 ○○○, 같은 5. 김○○는 피고 1. 주식회사 ○○산업이 위 신용보증계약에 의하여 부담하는 모든 채무는 물론 이에 부대하는 일체의 종속채무에 대하여도 연대하여 채무이행의 책임을 지기로 약정하였습니다.

나. 원고의 대위변제

(1) 피고 1. 주식회사는 플라스틱 과자류 용기를 제조하는 업체로서 2012. 7. 1. 위 ○○은행 ○○지점에서 대출받은 대출금의 이자를 연체하는 신용보증사고를 내어 원고가 2012. 10. 20. 그 보증인으로서 책임상 대출금 228,000,000원 및 이에 대한 2012. 6. 1.부터 2012. 10. 20.까지 142일간 10.75%의 비율에 의한 지연이자 금9,535,397원(= 금 228,000,000원 × 10.75% × $\frac{142}{365}$일) 등 금237,535,397원을 대위변제한 바 있습니다.

그런데, 원고는 ○○은행 ○○지점에 일반자금대출금 대위변제 당일인 2012. 10. 20. 피고 1. 주식회사 ○○산업으로부터 3,711,720원을 회수하여 소외 ○○은행 ○○지점에 대위변제한 금237,535,397원에서 동 금원을 회수처리함으로서, 결국 대위변제금 합계 금237,535,397원중 아직 금 233,823,677원이 미변제로 남아 있습니다.

(2) 그리고 원고와 피고 1. 주식회사 ○○산업의 신용보증약정에 의하면 원고가 그 보증채무를 대위 변제한 때에는 대위변제금액 및 그에 대한 대위 변제일로부터 완제일까지 원고가 정하는 연체이자율에 의한 지연손해금을 지급받기로 되어 있으며 그 율은 2012. 3. 1.부터 연 18%로 정하였습니다.

다. 법적 절차비용

원고가 피고 1. 주식회사 ○○산업과의 신용보증약정 제5조, 제11조 등에 의하면 원고가 피고 1. 주식회사 ○○산업에 대한 권리를 실행 또는 보전하기 위하여 지급한 법적 절차 비용에 대하여도 동 피고가 이를 변제하기로 되어 있는데 원고는

2012. 6. 29.부터 2012. 11. 6.까지 피고 1. 주식회사 ○○산업에 대한 구상채권을 보전하기 위하여 금1,034,480원{= 금844,520원 (2012. 6. 29.) + 금1,034,480원(2012. 11. 6.) - 금844,520원(2012. 10. 20. 회수)}을 지출한 바 있습니다.

마. 손해금

원고는 ○○은행 ○○지점에 일반자금대출금 대위변제 당일인 2012. 10. 20. 피고 1. 주식회사 ○○산업으로 금3,711,720원을 회수하여 소외 ○○은행 ○○지점에 대위변제한 금237,535,397원에서 동 금원을 회수처리함으로서 금117,140원{= 금237,535,397원 × 18% × $\frac{1}{365}$ 일)의 손해금이 발생되었습니다.

따라서, 피고 1. 주식회사 ○○산업, 같은 2. 박○○, 같은 3. 윤○○, 같은 4. 주식회사 ○○○, 같은 5. 김○○는 소외 ○○은행 ○○지점의 대출건으로 부담해야 될 손해금이 금117,140원이 됩니다.

바. 소결

그렇다면, 피고 1. 주식회사 ○○산업, 같은 2. 박○○, 같은 3. 윤○○, 같은 4. 주식회사 ○○○, 같은 5. 김○○는 연대하여 원고에게 금234,975,297원{=금233,823,677원(대위변제금) + 금1,034,480원(법적 절차비용) + 금117,140원(손해금)}중 금233,823,677원 및 이에 대한 2012. 10. 21.부터 본건 판결 선고일까지 연 5%의, 그 다음 날부터 다 갚는 날까지 연 12%의 비율에 의한 지연 손해금을 지급할 의무가 있다 할 것입니다.

3. 사해행위 취소 등의 청구

  가. 피보전권리

   피고 5. 김○○는 이 사건 신용보증약정상 연대보증인으로서 원고에 대한 연대보증채무가 있고, 원고는 위 대출은행에 대하여 신용보증약정서 및 신용보증서에 따라 위 피고 1. 주식회사 ○○산업이 대출을 받고 상환하지 아니한 대출금 금 228,000,000원 및 이에 대한 2012. 6. 1.부터 2012. 10. 20.까지 142일간 10.75%의 비율에 의한 지연이자 금9,535,397원(= 금 228,000,000원 × 10.75% × $\frac{142}{365}$일) 등 합계 금237,535,397원을 대위변제하였으므로 원고는 위 피고 1. 주식회사 ○○산업에 대하여 대위변제금 및 그에 따른 법적 절차비용, 손해금 등의 구상금 채권을 가지고 있습니다.

  나. 사해행위

   (1) 이 사건 부동산 소유자인 피고 5. 김○○는 원고에 대한 연대보증인으로서 지금까지 위 피고 5. 김○○에 대한 재산을 조사해 본 결과 이 사건 부동산 외에는 별다른 재산이 없음에도 불구하고 원고에 대한 채무를 면하기 위하여 피고 3. 윤○○가 경영하는 피고 4. 주식회사 ○○○의 채무에 갈음하여 피고 6. 윤○○에게 이 사건 부동산에 대하여 2012. 5. 24. 채권최고액 20,000,000원으로 하는 근저당권설정계약을 체결하였다면서 ○○지방법원 등기과 2012. 5. 25. 접수 제40108호로 근저당권설정등기를 경료하였습니다.

(2) 피고 5. 김○○는 원고에 대한 연대보증채무자로서 자신의 원고에 대한 채무가 있음에도 불구하고, 다른 채권자인 피고 6. 윤○○에게 피고 4. 주식회사 ○○○가 부담하는 채권 15,000,000원을 갈음하여 피고 1. 주식회사 ○○산업의 부도시점에서 위와 같이 근저당권설정등기를 경료해 주었는 바, 이 당시 피고 3. 윤○○, 같은 4. 주식회사 ○○○, 피고 5. 김○○는 채무포화상태에 놓여 있었으므로 이러한 피고 5. 김○○의 행위는 다른 채권자들보다 피고 6. 윤○○에게 우선적 지위를 확보해 준 것이고, 피고 6. 윤○○도 피고 3. 윤○○, 피고 4. 주식회사 ○○○, 같은 5. 김○○의 사정을 잘 알고 있었다 할 것이므로 결국 피고 5. 김○○, 피고 6. 윤○○의 행위는 사해행위에 해당한다 할 것입니다.

(3) 한편, 이러한 피고들의 행위는 비록 그 행위 당시에는 원고의 대위변제를 통한 구상금 채권이 완전하게 성립되지 않았다 하더라도 그 이전부터 금융기관 대출금 등이 연체된 상태였고, 원고의 위 피고 5. 김○○에 대한 구상금 채권성립의 기초가 되는 법률관계인 신용보증계약관계 및 연대보증관계가 발생되어 있었으며, 피고 1. 주식회사 ○○산업의 부도에 따른 피고 1. 주식회사 ○○산업의 이 사건 대출금에 대한 채무불이행으로 가까운 장래에 위 법률관계에 기하여 고도의 개연성이 있었다 할 것이므로 이 사건 부동산에 대한 근저당권설정계약을 통한 근저당권설정행위는 명백히 원고를 해하게 하는 사해행위라 할 것입니다.

(4) 따라서, 피고 6. 윤○○ 명의의 근저당권설정등기는 무효이므로 그의 말소등기절차도 청구하여야 ○○, 이미 별지 목록기재 부동산에 대해 선순위 근저당권자 소외 ○○은행 신청으로 진행된 ○○지방법원 2012타경 31847 부동산임의경매신청사건에서 2013. 3. 22. 제3자 소외 전○○에게 금원에 낙찰되어 등기말소로서는 원상회복을 할 수 없게 되어 원고는 예외적으로 가액배상에 의한 원상회복청구를 할 수 밖에 없게 되었습니다.

그래서, 별지 목록 부동산이 제3자인 소외 전○○에게 위와 같이 경락되어 2013. 4. 26. 배당기일이 지정되었는 바, 피고 6. 유○○이 위 부동산 임의경매사건에서 받을 배당금 을 피고 5. 김○○에게 양도하고, 제3채무자인 국가에 채권양도 사실을 통보하여야 할 것입니다.

다. 소결

따라서, 피고 6. 윤○○과 피고 5. 김○○의 별지 목록 기재 부동산에 대한 2012. 5. 24. 근저당권설정계약을 취소하고, 피고 6. 윤○○은 피고 5. 김○○에게 별지 목록 기재 부동산에 대하여 ○○지방법원 등기과 2012. 5. 25. 접수 제40108호로 한 근저당권설정등기의 말소등기절차를 이행할 의무가 있다 할 것이므로, 피고 6. 윤○○은 피고 5. 김○○에게 ○○지방법 2012타경 31847 부동산임의경매사건의 배당금에 관하여 채권양도의 의사표시를 하고, 국(같은 법원 세입세출외 현금출납공무원소관)에게 채권양도의 통지를 하여야 할 것입니다.

4. 그러므로 원고는 피고들에게 청구취지 기재와 같은 판결을 받고자 본소에 이른 것입니다.

입 증 방 법

1. 갑제1호증   신용보증서
1. 갑제2호증   신용보증약정서
1. 갑제3호증   신용보증사고통지서
1. 갑제4호증   대위변제증서
1. 갑제5호증   대출보증(구상·특수채권)원장
1. 갑제6호증   신용보증종합관리대장

1. 갑제7호증   손해금율에 따른 업무지도
1. 갑제8호증   등기부등본
1. 갑제9호증   채권조회서
1. 갑제10호증   현금지불증
1. 갑제11호증의 1 내지 2   약속어음
1. 갑제12호증   배당기일소환장

을 각 제출하고, 기타는 필요에 따라 수시로 제출하겠습니다.

첨 부 서 류

1. 위 입증서류   각   1통
1. 법인등기부 등본   3통
1. 납부서   1통

20○○. ○. ○.

위 원고 ○ ○ ○

○○**지방법원 귀중**

[주] 1. 관할은 피고 주소지 지방법원이다(법 2조·3조).
 2. 피고가 수인인 경우 그중 1인의 주소지를 택해서 제소할 수 있다(법 25조 2항).
 3. 본소는 사해행위취소청구와 이전등기말소청구 두 개의 청구를 하나의 소로 제기하는 것이므로, 그 중 하나의 청구에 관할권 있는 법원에 제기할 수 있다(법 25조 1항). 따라서 특별재판적인 관할등기소 소재지 지방법원에 제소할 수도 있다(법 21조)
 4. 사해행위취소청구의 소가는 취소되는 법률행위의 목적(본건 부동산)의 가액을 한도로 한 원고의 채권액이고(인지규칙 12조 7호), 원인무효에 인한 소유권이전말소청구의 소가는 목적물가액의 2분의 1인바(인지규칙 13조 4호 나목), 전자는 후자의 수단인 청구에 불가하므로, 전자의 소가는 산입하지 아니한다(인지규칙 21조 본문).

5. 채무자가 채권자를 해함을 알고, 재산권을 목적으로 한 법률행위를 한 때에는, 채권자는 그 취소 및 원상회복을 소로써 법원에 청구할수 있다(민법 406조 1항 본문).
6. 사해행위취소권은 채권자가 취소원인을 안 날부터 1년 또는 법률행위가 있는 날부터 5년을 경과하면 시효에 의하여 행사할 수 없으므로 이러한 사유도 소장에 기술되어야 한다(민법 406조).
7. 청구원인의 기재에는 피고가 소외 채무자와 유효한 법률행위를 한 것으로 기술하여야 하고, 이로 인하여 채권자인 원고가 소외 채무자의 무자력으로 해가 된다는 사실을 명백히 하여야 한다.

부동산의 표시

1. ○○광역시 ○○ ○○동 643 ○○아파트 제○동 철근콘크리트조 슬래브지붕 12층 아파트

   1층 835.83㎡
   2층 816.99㎡
   3층 816.99㎡
   4층 816.99㎡
   5층 816.99㎡
   6층 816.99㎡
   7층 816.99㎡
   8층 816.99㎡
   9층 816.99㎡
   10층 816.99㎡
   11층 816.99㎡
   12층 816.99㎡
   지하대피소 810.21㎡
   부속건물
   철근콘크리트조슬래브위기와지붕 단층 노인정 91㎡

시멘트벽돌조슬래브지붕 단층 공중변소 16.17㎡
철근콘크리트조슬래브지붕 단층 관리사무소 78.51㎡, 지하기
계실 643.6㎡
철근콘크리트조스레트지붕 단층 가스저장조 20.91㎡

가. [대지권의 목적인 토지의 표시]
　　○○광역시 ○○구 ○○동 643 대 28,291㎡

나. [전유부분의 건물의 표시]
　　제6층 제605호 철근콘크리트조 59.4㎡

다. [대지권의 표시]
　　소유권대지권 28291분의 32.4191

[서식 16] 사해행위 취소 등 청구의 소(증여계약 취소)

소 장

원　　고　　○○화재해상보험 주식회사
　　　　　　○○시 ○○구 ○○동 85
　　　　　　대표이사 구○○

　　　　　　소송대리인 변호사 박 ○ ○
　　　　　　○○시 ○○구 ○○동 96-6

피　　고　　김○○ (000000-0000000)
　　　　　　○○시 ○○군 ○○읍 ○○리 206-1

사해행위 취소 등 청구의 소

　소송물가액 금17,097,140원

청 구 취 지

1. 피고와 소외 정○○ 사이에 별지 목록 기재 부동산에 관하여 2013. 10. 10. 자로 체결한 증여계약을 취소한다.
2. 피고는 소외 정○○에게 별지 목록 기재 부동산에 관하여 ○○지방법원 ○○등기소 2013. 10. 11. 접수 제100000호로 경료된 2013. 10. 10. 증여를 원인으로 한 소유권이전등기의 말소등기절차를 이행하라.
3. 소송비용은 피고의 부담으로 한다.
라는 판결을 구합니다.

청 구 원 인

1. 원고는 아래와 같이 소외 정○○과 송○○에게 구상채권 17,097,140원을 가지고 있습니다.

   가. 원고는 보험업에 종사하는 자로서 소외 김○○과 그의 소유 ○○ 00너 0000호 차량(이하 '피해차량'이라 한다)에 관하여 2012. 5. 16.부터 2013. 5. 16.까지 대인Ⅰ, 대인Ⅱ, 대물, 자손, 무보험차, 차량을 담보로 하는 종합보험계약을 체결한 보험자이고, 소외 송○○과 정○○은 ○○ 0고 0000호 차량(이하 '사고차량'이라 한다)의 운전자와 소유자입니다.

   나. 소외 송○○은 2013. 4. 22. 16:00경 소외 정○○ 소유의 사고차량을 ○○방면에서 ○○방면으로 운전하여 진행하던 중 졸음운전으로 중앙선을 침범하여 반대차선에서 진행해오는 피해차량과 충돌하는 사고를 내어 피해차량의 운전자 소외 김○○으로 하여금 좌 슬개골 골절, 좌 슬하부 열상, 우 슬관설부 염좌, 흉부 좌상 등의 상해로 전치 6주간의 치료를, 탑승자 신○○으로 하여금 좌측 대퇴골부탈구 및 골절, 좌측 비구 골절 등의 상해로 전치 12주간의 치료를 각 요하는 상해를 입게 하였습니다[증거 : 갑제1호증 교통사고사실원, 갑제2호증의 1 진단서, 갑제2호증의 2 후유장애진단서, 갑제3호증의 1 진단서 각 참조].

   다. 원고는 소외 김○○의 보험자로서 소외 신○○에게 19,835,070원, 소외 김○○에게 7,91,200원, 차량 3,0050,000원 등 30,856,270원을 지급한 바 있습니다[증거 : 갑제2호증의 3~4 합의금지급결의서(무보험차), 갑제2호증의 5 대물/차량보험금지급결의서(차량), 갑제2호증의 6 합의서, 갑제3호증의 2 합의금지급결의서(대인), 갑제3호증의 3~4 치료비지급결의서(대인), 갑제3호증의 5 합의금지급결의서(대인), 갑제3호증의 6 합의서, 갑제4호증의 1 견적확인서, 갑제4호증의 2 견적서 각 참조].

라. 원고는 위와 같이 손해배상을 지급한 후 소외 정○○, 송○○을 상대로 하여 손해배상금 30,856,270원 중 소외 정○○, 송○○이 연대하여 책임을 져야 할 손해배상금 17,097,140원의 지급을 구하는 ○○지방법원 2014가소 19586 구상금청구의 소를 제기하여 2015. 3. 29. 발하여진 위 법원의 이행권고결정이 소외 정○○에게 2014. 4. 3. 송달되어 2014. 4. 18. 확정되었고, 소외 송○○은 위 법원의 이행권고결정에 대해 이의를 제기하였으나, 위 법원은 2014. 6. 24. 원고 승소판결이 선고하였고, 위 판결은 그 시경 확정되었습니다[증거 : 갑제5호증의 1 판결문, 갑제5호증의 2 이행권고결정문 각 참조].

2. 그런데, 소외 정○○은 원고가 사전구상을 청구하기도 전에 위 사고로 인한 책임이 자신에게 돌아올 것이라 생각하고, 피고와 이혼소송을 제기하여 진행(-이혼화해권고결정 확정일은 2014. 12. 12.이나, 피고와 정○○은 갑제3호증의 1, 2 주민등록등본에 보듯이 같은 주소지를 가지고 있으므로 결국 피고와 소외 정○○은 이혼을 하였으나, 같은 집에 거주하고 있는 것으로 추측됩니다.-) 중에 2013. 10. 10. 서둘러 그의 처 피고와 공모하여 그의 유일한 책임재산인 이 사건 부동산에 대하여 증여키로 약정하고, 그 약정에 기해 별지 목록기재 부동산에 관하여 ○○지방법원 ○○등기소 2013. 10. 11. 접수 제10000호 증여를 원인으로 한 피고 명의로 각 소유권이전등기를 경료하여 그의 재산을 도피시켰습니다[증거 : 갑제6호증의 1, 2 호적등본, 갑제7호증의 1, 2 주민등록등본, 갑제8호증의 1, 2 등기부 등본, 갑제9호증 토지대장, 갑제10호증 건축물관리대장 각 참조].

3. 이와 같이, 소외 정○○은 이 사건 부동산 외에 달리 아무런 재산도 없고, 자신의 차량을 운전한 소외 송○○이 위 사고로 인한 손해배상금을 지급하지 못할 경우 위 사고차량의 소유자로서

그 책임을 지게 되는 어려운 처지에 놓이게 될 것을 예상하여, 채권자인 원고를 해할 의사로 유일한 책임재산인 이 사건 부동산에 대하여 서둘러 그의 처 피고 명의로 각 소유권이전등기를 경료한 것이고, 피고는 남편인 소외 정○○의 이러한 사정을 잘 알고 있는 자로서 악의의 수익자입니다.

4. 그러므로, 원고는 위 각 소유권이전등기는 사해행위이므로 채권자 취소권을 행사하는 바입니다.

따라서, 위와 같이 경료된 피고 명의의 각 소유권이전등기는 무효이므로 그의 말소등기절차도 아울러 구하기 위하여 본소에 이른 것입니다.

입 증 방 법

1. 갑제1호증　　　　　교통사고사실원
1. 갑제2호증의 1　　　진단서
1. 갑제2호증의 2　　　후유장애진단서
1. 갑제2호증의 3~4　　합의금지급결의서(무보험차)
1. 갑제2호증의 5　　　대물/차량보험금지급결의서(차량)
1. 갑제2호증의 6　　　합의서
1. 갑제3호증의 1　　　진단서
1. 갑제3호증의 2　　　합의금지급결의서(대인)
1. 갑제3호증의 3~4　　치료비지급결의서(대인)
1. 갑제3호증의 5　　　합의금지급결의서 (대인)
1. 갑제3호증의 6　　　합의서
1. 갑제4호증의 1　　　견적확인서
1. 갑제4호증의 2　　　견적서

1. 갑제5호증의 1   판결문
1. 갑제5호증의 2   이행권고결정
1. 갑제6호증의 1 내지 2   호적등본
1. 갑제7호증의 1 내지 2   주민등록등본
1. 갑제8호증의 1 내지 2   등기부 등본
1. 갑제9호증   토지대장
1. 갑제10호증   건축관리대장

을 각 제출하고, 기타는 필요에 따라 수시 제출하겠습니다.

첨 부 서 류

1. 위 입증서류   각 1통
1. 위임장 및 납부서   각 1통
1. 법인등기부 등본   1통
1. 소장 부본   1통

20○○. ○. ○.

위 원고 소송대리인
변호사 박 ○ ○

○○지방법원 귀중

[주] 1. 관할은 피고 주소지 지방법원이다(법 2조·3조).
2. 피고가 수인인 경우 그중 1인의 주소지를 택해서 제소할 수 있다(법 25조 2항).
3. 본소는 사해행위취소청구와 이전등기말소청구 두 개의 청구를 하나의 소로 제기하는 것이므로, 그 중 하나의 청구에 관할권 있는 법원에 제기할 수 있다(법 25조 1항). 따라서 특별재판적인 관할등기소 소재지 지방법원에 제소할 수도 있다(법 21조)
4. 사해행위취소청구의 소가는 취소되는 법률행위의 목적(본건 부동산)의 가액을 한도로 한 원고의 채권액이고(인지규칙 12조 7호), 원인무효에 인한 소유권이전말소청구의 소가는 목적물가액의 2분의 1인바(인지규칙 13조 4호 나목), 전자는 후자의 수단인 청구에 불가하므로, 전자의 소가는 산입하지 아니한다(인지규칙 21조 본문).
5. 채무자가 채권자를 해함을 알고, 재산권을 목적으로 한 법률행위를 한 때에는, 채권자는 그 취소 및 원상회복을 소로써 법원에 청구할수 있다(민법 406조 1항 본문).
6. 사해행위취소권은 채권자가 취소원인을 안 날부터 1년 또는 법률행위가 있는 날부터 5년을 경과하면 시효에 의하여 행사할 수 없으므로 이러한 사유도 소장에 기술되어야 한다(민법 406조).
7. 청구원인의 기재에는 피고가 소외 채무자와 유효한 법률행위를 한 것으로 기술하여야 하고, 이로 인하여 채권자인 원고가 소외 채무자의 무자력으로 해가 된다는 사실을 명백히 하여야 한다.

부동산 목록

1. ○○시 ○○군 ○○읍 ○○리 206-1 대 1418m^2
2. ○○시 ○○군 ○○읍 ○○리 206-1, 206-3 제가동, 나동, 다동호
경량철골조(조립식) 스레트 지붕 단층 사무실, 창고
가동 99.36m^2
조적조 슬래브 지붕 2층 주택, 보일러실
나동 1층 주택 129.42m^2
  2층 주택 76.97m^2
   지층 보일러실 6.8m^2
파이프조 스레트 지붕 단층 근린생활 시설(농기계수리점)

다동 192.0㎡

부속건물

경량철골조 (조립식) 스레트지붕 단층 화장실

라동 4.0㎡

산 출 근 거

1. ○○시 ○○군 ○○읍 ○○리 206-1 대 1418㎡

   금21,270,000원

   = 1418㎡ × 50,000원 × $\frac{30}{100}$

2. ○○시 ○○군 ○○읍 ○○리 206-1, 206-3 제가동, 나동, 다동호

   가. 경량철골조(조립식) 스레트 지붕 단층 사무실, 창고 가동 99.36㎡{지역번호 : 5, 구조번호 : 8(철 파이프), 용도별 : 공장·창고, 분류번호 : 85, 건축년도 : 2007년}

   금2,682,720원

   = 99.36㎡ × 27,000원

   나. 조적조 슬래브 지붕 2층 주택, 보일러실

(1) 나동 1층 주택 129.42㎡{지역번호 : 5, 구조번호 : 2(철근콘크리트조), 용도별 : 주거시설, 분류번호 : 21, 건축년도 : 2008년}

금18,248,220원
= 129.42㎡ × 141,000원

(2) 2층 주택 76.97㎡{지역번호 : 5, 구조번호 : 2(철근콘크리트조), 용도별 : 주거시설, 분류번호 : 21, 건축년도 : 2008년}

금10,852,770원
= 76.97㎡ × 141,000원

(3) 지층 보일러실 6.8㎡{지역번호 : 5, 구조번호 : 2(철근콘크리트조), 용도별 : 사무실·점포, 분류번호 : 25, 건축년도 : 2008년}

금768,400원
= 6.8㎡ × 113,000원

(4) 소 계

금29,869,390원
= (1) + (2) + (3)

다. 파이프조 스레트지붕 단층 근린생활 시설(농기계수리점) 다동 192.0㎡{지역번호 : 5, 구조번호 : 8(철파이프), 용도별 : 사무실·점포, 분류기호 : 83, 건축년도 : 2008년}

금8,640,000원
= 192.0㎡ × 45,000원

라. 부속건물

경량철골조 (조립식) 스레트지붕 단층 화장실 라동 4.0㎡{지

역번호 : 5, 구조번호 : 8(철파이프), 용도별 : 사무실·점포, 분류기호 : 83, 건축년도 : 2008년}

금180,000원
= 4.0㎡ × 45,000원

마. 합 계

금41,372,110원
= 가 + 나 + 다 + 라

3. 총 계

금62,642,110원
= 1 + 2

4. 구상채권 금17,097,140원

5. 첩용인지액

금81,900원
= 금17,097,140원 × $\frac{45}{10,000}$ + 5,000원(백원미만 버림)

납 부 서

사건번호 :
납인성명 : 원고 ○○화재해상보험(주)
납부금액 : 금   원

위 돈을 송달료로 납부합니다.

20○○. ○. ○.

위 원고 소송대리인
변호사 박 ○ ○

○○지방법원 귀중

[서식 17] **사해행위 취소 등 청구의 소**(매매계약 취소)

소 장

원　　고　○○화재해상보험 주식회사
　　　　　○○시 ○○구 ○○동 60
　　　　　대표이사 강 ○ ○

　　　　　소송대리인 변호사 박 ○ ○
　　　　　○○시 ○○구 ○○동 96-6
　　　　　우편번호 : ○○○-○○○

피　　고　1. 이 ○ ○ (○○○○○○-○○○○○○○)
　　　　　　○○도 ○○군 ○○면 ○○리 300 ○○아파트 ○동 ○호
　　　　　　우편번호 : ○○○-○○○

　　　　　2. 도 ○ ○ (○○○○○○-○○○○○○○)
　　　　　　○○시 ○○구 ○○동 328 ○○아파트 ○동 ○호
　　　　　　송달장소 : ○○시 ○○구 ○○동 171-1 공동사업장 1-207
　　　　　　우편번호 : ○○○-○○○

사해행위 취소 등 청구의 소

　소송물가액 금원

청 구 취 지

1. 가. 피고 1. 이○○는 소외 박○○와 사이에 별지 제1목록 기재 부동산에 관하여 2014. 11. 3. 체결한 매매계약을 취소한다.
   나. 피고 1. 이○○는 소외 박○○에게 별지 제1목록 기재 부동산에 관하여 ○○지방법원 등기과 2014. 11. 22. 접수 제89789호로 경료한 소유권이전등기의 말소등기절차를 이행하라.
2. 가. 피고 2. 도○○는 소외 박○○와 사이에 별지 제2목록 기재 자동차에 관하여 2014. 11. 23. 체결한 매매계약을 취소한다.
   나. 피고 2. 도○○는 소외 박○○에게 별지 제2목록 기재 자동차에 관하여 ○○시 차량등록사업소 2014. 11. 23. 접수 제357457호로 경료한 이전등록의 말소등록절차를 이행하라.
3. 소송비용은 피고들의 부담으로 한다.

라는 판결을 구합니다.

청 구 원 인

1. 원고는 소외 박○○의 사용자이고, 소외 박○○는 2007. 12. 1. 원고 회사 ○○지점 예하 ○○영업소장으로 입사하여 2013. 12. 31. ○○영업소장으로 근무하던 중 원고 회사의 구조조정으로 명예퇴직한 자입니다.

   한편, 소외 이○○, 같은 김○○는 2007. 12. 1. 소외 박○○가 원고 회사에 근무하는 동안 원고 회사에 손해를 입힌 경우 이에 대한 모든 책임을 부담하겠다며 그의 신원보증인으로 입보한 바 있습니다.

2. 그런데, 소외 박○○는 원고 회사의 ○○영업소장으로 근무하며 2013. 11. 10. 소외 최○○로부터 돈 35,000,000원, 2013. 11. 10. 소외 최○○로부터 돈 43,000,000원, 2014. 2. 14. 소외 최□□로부

터 돈 70,000,000원, 2014. 10. 15.소외 최△△로부터 80,000,000원 등 합계 돈 228,000,000원의 보험증권 및 보험료 영수증을 위조·교부한 후 각 보험금을 받아 원고 회사에게 입금하지 않고 횡령하고 이의 돈을 변제하지 않고 있습니다.

3. 원고 회사는 뒤늦게 소외 박○○가 보험금 등을 횡령한 사실을 알고 형사고소를 준비하였더니, 소외 박○○는 원고 회사의 이러한 소위를 눈치채고 2014. 11. 3. 피고 1. 이○○에게 별지 제1목록 기재 부동산에 대해 매매계약을 체결하였다면서 2014. 11. 22. 청구취지 기재 1항 나호 기재와 같이 피고 1. 이○○ 명의로 소유권이전등기를 경료하였고, 2014. 11. 23. 피고 2. 도○○에게 별지 제2목록 자동차에 대해 매매계약을 체결하였다면서 같은 날 청구취지 기재 제2항 나호 기재와 같이 피고 2. 도○○ 명의로 이전등록을 하였습니다.

그러나, 소외 박○○는 별지 목록 기재의 부동산과 자동차 외에는 달리 아무런 재산이 없는데다가, 원고 회사가 자신이 보험금 등을 횡령한 사실을 알고 원고 회사가 자신을 형사고소하고 그 돈을 환수할 것이라는 사정을 익히 잘 알고 있어 결국 자신의 불법행위로 인한 책임을 지게 될 것을 예상하고 채권자인 원고 회사를 해할 의사로 유일한 책임재산인 별지 제1목록 기재 부동산과 제2목록 기재 자동차에 대하여 서둘러 원고 회사 예하의 ○○영업소 영업사원인 소외 임○○의 남편인 피고 1. 이○○ 명의로 소유권이전등기를, 그의 동생 소외 박△△의 선배인 피고 2. 도○○의 영업사원인 소외 성○○가 구입하여 피고 2. 도○○ 명의로 이전등록을 각 경료한 것이고, 피고들은 악의의 수익자입니다.

4. 그러므로, 원고는 피고 1. 이○○ 명의의 소유권이전등기, 피고 2. 도○○ 명의의 이전등록은 각 사해행위이므로 채권자 취소권을 행사하는 바 입니다. 따라서, 피고들 명의의 소유권이전등기와 이전등록은 무효이므로 그의 말소등기절차, 이전등록 말소절차도 아울러 구하기 위하여 본소에 이른 것입니다.

입 증 방 법

1. 갑제1호증   경력증명서
1. 갑제2호증   신원보증서
1. 갑제3호증의 1 내지 3   확인서
1. 갑제4호증   보험이행각서
1. 갑제5호증   이행각서
1. 갑제6호증   문답서
1. 갑제7호증의 1   고소장
1. 갑제7호증의 2   접수증
1. 갑제8호증   경력증명서
1. 갑제9호증   호적등본
1. 갑제9호증   등기부 등본
1. 갑제10호증   개별공시지가확인서
1. 갑제11호증   건축물관리대장
1. 갑제12호증   자동차양도증명서
1. 갑제13호증   자동차등록원부
1. 갑제14호증의 1 내지 2 자동차보험 차량기준가액표 표지 및 내용

을 각 제출하고, 기타는 필요에 따라 제출하겠습니다.

첨 부 서 류

1. 위 입증서류   각 1통
1. 법인등기부 등본   1통
1. 위임장 및 납부서   각 1통

20○○. ○. ○.

위 원고 소송대리인
변호사   박 ○ ○

○○지방법원 귀중

[주] 1. 관할은 피고 주소지 지방법원이다(법 2조·3조).
2. 피고가 수인인 경우 그중 1인의 주소지를 택해서 제소할 수 있다(법 25조 2항).
3. 본소는 사해행위취소청구와 이전등기말소청구 두 개의 청구를 하나의 소로 제기하는 것이므로, 그 중 하나의 청구에 관할권 있는 법원에 제기할 수 있다(법 25조 1항). 따라서 특별재판적인 관할등기소 소재지 지방법원에 제소할 수도 있다(법 21조).
4. 사해행위취소청구의 소가는 취소되는 법률행위의 목적(본건 부동산)의 가액을 한도로 한 원고의 채권액이고(인지규칙 12조 7호), 원인무효에 인한 소유권이전말소청구의 소가는 목적물가액의 2분의 1인바(인지규칙 13조 4호 나목), 전자는 후자의 수단인 청구에 불가하므로, 전자의 소가는 산입하지 아니한다(인지규칙 21조 본문).
5. 채무자가 채권자를 해함을 알고, 재산권을 목적으로 한 법률행위를 한 때에는, 채권자는 그 취소 및 원상회복을 소로써 법원에 청구할수 있다(민법 406조 1항 본문).
6. 사해행위취소권은 채권자가 취소원인을 안 날부터 1년 또는 법률행위가 있는 날부터 5년을 경과하면 시효에 의하여 행사할 수 없으므로 이러한 사유도 소장에 기술되어야 한다(민법 406조).
7. 청구원인의 기재에는 피고가 소외 채무자와 유효한 법률행위를 한 것으로 기술하여야 하고, 이로 인하여 채권자인 원고가 소외 채무자의 무자력으로 해가 된다는 사실을 명백히 하여야 한다.

제1목록 부동산의 표시

1. 1동의 건물의 표시

   ○○시 ○○구 ○○동 221-7, 221-15, 221-18 ○○아파트 제105동

1. 전유부분의 건물의 표시

   건물의 번호 : ○○○-○-○○○
   구   조 : 철근콘크리트벽식조
   면   적 : 3층 307호 84.97㎡

1. 대지권의 목적인 토지의 표시

   토지의 표시 : 1. ○○시 ○○구 ○○동 221-7 대 19,405㎡
              2. ○○시 ○○구 ○○동 221-15 대 9,453㎡
              3. ○○시 ○○구 ○○동 221-18 대 968㎡
   대지권의 종류 : 1, 2, 3 소유권대지권
   대지권의 비율 : 29826분의 40.252

제2목록 자동차의 표시

1. 자동차등록번호 : 충북 31더 9590호
1. 차   종 : 승용 자동차
1. 용   도 : 자가용

1. 형식 승인번호 : ○-○○○○○-○○○○-○○○○
1. 차   명 : ○○○○
1. 차 대 번 호 : KPBEA3MC1XP158215
1. 원동기 형식 : 661920
1. 사용 본거지 : ○○시 ○○구 ○○동 171-1 공동사업장 1-207

소송물가액

소송물가액 금35,676,219원
첨용인지액 금165,500원

1. ○○시 ○○구 ○○동 221-7, 221-15, 221-18 ○○아파트 제105동 307호

   가. 전유부분 84.97㎡(지역번호 : 9, 구조 : 1, 용도별 : 주거시설, 분류기호 : 11, 건축연도 : 2011년)
   금15,464,540원
   = 84.97㎡ × 182,000

   나. 공유부분

   (1) 계단 15.963㎡(지역번호 : 9, 구조 : 1, 용도별 : 주거시설, 분류기호 : 11, 건축연도 : 2011년)
   금2,905,266원
   = 15.963㎡ × 182,000
   (2) 지하대피소, 법적 지하주차장 6.6314㎡(지역번호 : 9, 구조 : 1, 용도별 : 공장, 창고, 분류기호 : 15, 건축연도 : 2011년)
   금968,184원
   = 6.6314㎡ × 146,000

(3) 주민공동시설, 문고, 기계실, 전기실, 발전실 0.5397㎡(지역번호 : 9, 구조 : 1, 용도별 : 공장, 창고, 분류기호 : 15, 건축연도 : 2011년)

　　금78,796원

　　= 0.5397㎡ × 146,000

(4) 보육실, 사무실 0.2129㎡(지역번호 : 9, 구조 : 1, 용도별 : 교육시설, 분류기호 : 14, 건축연도 : 2011년)

　　금45,347원

　　= 0.2129㎡ × 213,000

(5) 노인정, 사무실 0.2129㎡(지역번호 : 9, 구조 : 1, 용도별 : 주거시설, 분류기호 : 11, 건축연도 : 2011년)

　　금38,747원

　　= 0,2129㎡ × 182,000

(6) 관리사무소 0.2129㎡(지역번호 : 9, 구조 : 1, 용도별 : 사무실·점포, 분류기호 : 13, 건축연도 : 2011년)

　　금48,541원

　　= 0.2129㎡ × 228,000

(7) 경비실 0.0497㎡(지역번호 : 9, 구조 : 1, 용도별 : 공장, 창고, 분류기호 : 15, 건축연도 : 2011년)

　　금11,331원

　　= 0.0497㎡ × 228,000

(8) 초과지하주차장 17.5236㎡(지역번호 : 9, 구조 : 1, 용도별 : 주거시설, 분류기호 : 11, 건축연도 : 2011년)

　　금2,558,445원

　　= 17.5236㎡ × 146,000

(9) 소　계

　　22,119,197원

　　= (1) + (2) + (3) + (4) + (5) + (6) + (7) + (8)

다. 대지권의 목적인 토지의 표시

   (1) ○○시 ○○구 ○○동 221-7 대 19405㎡
   금2,600,490원
   $= 19405㎡ \times 331,000 \times \frac{40.252}{29826} \times \frac{30}{100}$

   (2) ○○시 ○○구 ○○동 221-15 대 9453㎡
   금1,266,809원
   $= 9453㎡ \times 331,000 \times \frac{40.252}{29826} \times \frac{30}{100}$

   (3) ○○시 ○○구 ○○동 221-18 대 968㎡
   금129,723원
   $= 968㎡ \times 331,000 \times \frac{40.252}{29826} \times \frac{30}{100}$

   (4) 소 계
   금3,997,022원
   = (1) + (2) + (3)

2. ○○ ○○더 ○○호 ○○자동차
   금9,560,000원

3. 합 계
   금35,676,219원
   = 1 + 2

4. 첨용인지액
   금165,500원
   $= 35,676,219원 \times \frac{45}{10,000} + 5,000원$(백원미만 절사)

[서식 18] 사해행위취소등청구의 소(매매계약 취소)

소 장

원　　고　박○○
　　　　　○○시 ○○구 ○○동 ○○맨션 나동 503호

　　　　　소송대리인 변호사　박○○
　　　　　청○○ ○○구 ○○동 96-6번지
　　　　　우편번호 : ○○○-○○○

피　　고　주식회사 ○○(변경전 : □□산업 주식회사)
　　　　　○○시 ○○구 ○○동 12-16번지
　　　　　대표이사　배○○
　　　　　우편번호 : ○○○-○○

사해행위취소등청구의 소

　소송물가액 금140,000,000원

청 구 취 지

1. 피고는 소외 주식회사 △△과 사이에 별지 목록기재 부동산에 관하여 2010. 7. 30. 체결한 매매계약을 취소한다.
2. 피고는 소외 주식회사 △△에게 별지 목록기재 부동산에 관하여 청주지방법원 제천지원 2010. 7. 30. 접수 제18558호로 한 소유권이전청구권가등기 및 같은 지원 2010. 8. 12. 접수 제19735호로 한 소유이전등기의 각 말소등기절차를 이행하라.
3. 소송비용은 피고의 부담으로 한다.
라는 판결을 구합니다.

청 구 원 인

1. 원고는 2009. 1. 10. 소외 주식회사 △△(이하 '소외 회사'라 한다)에게 금140,000,000원을 대여함에 있어 변제기일을 정함없이 이자 매월 말일 금1,800,000원으로 받기로 약정하고, 위 금액을 대여하였습니다.

2. 그런데, 소외 회사는 2009년 I.M.F 국내 외환위기의 끝자락에 놓여 유동성 사업운영자금을 확보하지 못해 2010. 7. 30. 약 30억원의 부도를 내고 도산하였습니다.

3. 그러나, 소외 회사는 별지 목록기재의 부동산 외에는 달리 아무런 재산이 없고, 오히려 원고의 대여금을 지급하여야 하는 어려운 처지에 놓이게 되자 채권자인 원고를 해할 의사로 유일한 책임재산인 별지 목록기재 부동산에 대하여 소외 회사가 자금사정 악화로 부도를 내는 2010. 7. 30. 피고와 매매예약을 맺었다면서 서둘러 피고 명의의 소유권이전청구권가등기를 경료한 것이고, 피고는 악의의 수익자입니다.

4. 그러므로, 원고는 피고 명의의 소유권이전청구권등기는 사해행위이므로 채권자 취소권을 행사하는 바 입니다.

따라서, 피고 명의의 소유권이전청구권가등기 및 이에 터잡아 경료된 본등기는 무효이므로 그의 각 말소등기절차도 아울러 구하기 위하여 본소에 이른 것입니다.

입 증 방 법

1. 갑제1호증   차용증서
1. 갑제2호증의 1 내지 4   구등기부 등본
1. 갑제3호증의 1 내지 4   등기부 등본
1. 갑제4호증의 1 내지 6   토지대장
1. 갑제5호증의 1 내지 6   개별공시지가 확인서

를 각 제출하고, 기타는 필요에 따라 수시 제출하겠습니다.

첨 부 서 류

1. 위 입증서류   각 1통
1. 위임장 및 납부서   각 1통
1. 소장 부본   1통

20○○. ○. ○.

위 원고 소송대리인
변호사 박 ○ ○

○○지방법원 귀중

[주] 1. 관할은 피고 주소지 지방법원이다(법 2조·3조).
　　 2. 본소는 사해행위취소청구와 이전등기말소청구 두 개의 청구를 하나의 소로 제기하는 것이므로, 그 중 하나의 청구에 관할권 있는 법원에 제기할 수 있다(법 25조 1항). 따라서 특별재판적인 관할등기소 소재지 지방법원에 제소할 수도 있다(법 21조)

3. 사해행위초소청구의 소가는 취소되는 법률행위의 목적(본건 부동산)의 가액을 한도로 한 원고의 채권액이고(인지규칙 12조 7호), 원인무효에 인한 소유권이전말소청구의 소가는 목적물가액의 2분의 1인바(인지규칙 13조 4호 나목), 전자는 후자의 수단인 청구에 불가하므로, 전자의 소가는 산입하지 아니한다(인지규칙 21조 본문).
4. 채무자가 채권자를 해함을 알고, 재산권을 목적으로 한 법률행위를 한 때에는, 채권자는 그 취소 및 원상회복을 소로써 법원에 청구할수 있다(민법 406조 1항 본문).
5. 사해행위취소권은 채권자가 취소원인을 안 날부터 1년 또는 법률행위가 있는 날부터 5년을 경과하면 시효에 의하여 행사할 수 없으므로 이러한 사유도 소자에 기술되어야 한다(민법 406조).
6. 청구원인의 기재에는 피고가 소외 채무자와 유효한 법률행위를 한 것으로 기술하여야 하고, 이로 인하여 채권자인 원고가 소외 채무자의 무자력으로 해가 된다는 사실을 명백히 하여야 한다.

부동산의 표시

1. 분할전 토지 : ○○시 ○○동 89-2 전 1,190㎡
   분할후 토지 : ○○시 ○○동 89-2 전 1,062㎡
                ○○시 ○○동 89-11 전 128㎡

2. ○○시 ○○동 89-3 전 4,436㎡

3. 분할전 토지 : ○○시 ○○동 91-2 전 14,265㎡
   분할후 토지 : ○○시 ○○동 91-2 전 13,311㎡
                ○○시 ○○동 91-6 전 954㎡

4. ○○시 ○○동 91-3 대 660㎡

산 출 근 거

1. 분할전 토지 : ○○시○○동 89-2 전 1,190㎡

[분할 후 토지]

    가. ○○시 ○○동 89-2 전 1,062㎡

        금24,691,500원

        = 1,062㎡ × 금46,500원(㎡당 개별 공시지가) × $\frac{50}{100}$

    나. ○○시 ○○동 89-11 전 128㎡

        금787,200원

        = 128㎡ × 금12,300원(㎡당 개별 공시지가) × $\frac{50}{100}$

    다. 소 계

        금25,478,700원

        = 가 + 나

2. ○○시 ○○동 89-3 전 4,436㎡

    금70,976,000원

    = 4,436㎡ × 금32,000원(㎡당 개별 공시지가) × $\frac{50}{100}$

3. 분할전 토지 : ○○시 ○○동 91-2 전 14,265㎡

[분할 후 토지]

가. ○○시 ○○동 91-2 전 13,311㎡

금470,537,190원

= 13,311㎡ × 금70,699원(㎡당 개별 공시지가) × $\frac{50}{100}$

나. ○○시 ○○동 91-6 전 954㎡

금10,494,000원

= 954㎡ × 금22,000원(㎡당 개별 공시지가) × $\frac{50}{100}$

다. 소 계

금481,031,190원

= 가 + 나

4. ○○시 ○○동 91-3 대 660㎡

금24,288,000원

= 660㎡ × 금73,600원(㎡당 개별 공시지가) × $\frac{50}{100}$

5. 합계

금601,773,890원

= 1 + 2 + 3 + 4

6. 원고의 채권액 140,000,000원과 위 토지가액 금601,773,890원이 되는 바, 원고는 민사소송 등 인지규칙 제12조 7호 소정의 규정에 따라 원고의 채권액인 금140,000,000원을 소송물가액으로 정합니다.

7. 첩용인지액

금615,000원

= 금140,000,000원 × $\frac{40}{10,000}$ + 금55,000원

납 부 서

사건번호
납입성명 원 고 박 ○○
납부금액 금   원정

위 금액을 송달료로 납부합니다.

20○○. ○. ○.

위 원고 소송대리인
변호사 박 ○○

○○지방법원 귀중

[서식 19] 사해행위취소청구의 소장

소 장

원 고 안 영 임 (660719-2806317)
    경기도 성남시 수정구 양지동 542

    위 원고 소송대리인 변호사 최 현
    대전 서구 둔산동 1392 봉화빌딩 305호

피 고 1. 오 세 곤
        경기도 성남시 분당구 정자동 168-1 대림아크로텔 비-702
     2. 이 명 자(431204-2450711)
        경기도 성남시 분당구 정자동 168-1 대림아크로텔 비-702

사해행위취소 등 청구의 소

청 구 취 지

1. 가. 피고 오세곤과 소외 김진수 사이의 별지 목록 제1, 제2 기재 각 부동산에 관하여 2017. 4. 15. 체결한 매매계약을 취소한다.
   나. 피고 오세곤은 소외 김진수에게 위 가.항 기재 각 부동산에 관하여 대전지방법원 2017. 4. 26. 접수 제46456호로 경료한 소유권이전등기의 말소등기절차를 이행하라.
2. 가. 피고 이명자는 소외 김진수 사이의 별지 목록 제3, 제4 기재 각 부동산에 관하여 2017. 4. 27. 체결한 매매계약을 취소한다.
   나. 피고 이명자는 소외 김진수에게 위 가.항 기재 각 부동산에 관하여 대전지방법원 조치원등기소 2017. 4. 28. 접수 제7513호로

경료한 소유권이전등기의 말소등기절차를 이행하라.
3. 소송비용은 피고들의 부담으로 한다.
라는 판결을 구합니다.

청 구 원 인

1. 신분관계

원고는 김진수에게 부동산(별지 목록 3, 4)매매계약해지로 인한 계약금 및 위약금으로 금 2억 2,000만원의 청구소송을 제기한 사람이고, 피고 오세곤은 소외 김진수의 사위로 김진수로부터 별지 목록 1, 2기재 부동산의 소유권을 이전 받은 사람이며, 피고 이명자는 김진수의 처로 김진수와 위장이혼을 한 상태에서 김진수로부터 별지 목록 3, 4기재 부동산의 소유권을 이전 받은 사람입니다.

2. 부동산의 매매경위

   가. 원고는 식당운영을 할 생각으로 적당한 부동산을 알아보던 중 2016. 9. 6. 대전에서 '행복 가득한 부동산'이란 상호로 부동산중개사무소를 운영하고 있던 박덕호가 인터넷상의 부동산매물정보를 제공하는 '부동산 써브'에 별지 목록 3, 4번 기재 부동산을 4억 8,300만원에 매물로 내놓은 것을 알고 전화로 문의하자 박덕호는 매매가격이 인터넷상의 매물가격대로 4억 8,300만원이라고 확인해 주었습니다.
   나. 원고는 매물로 나온 위 3, 4번 기재 부동산에 관심이 생겨 박덕호와 약속한 후 2016. 9. 7. 남편(이명신)과 함께 위 부동산을 둘러보았는데, 당시 위 부동산은 향나무를 심어 구분한 현황상의 경계형태가 거의 반듯한 사각형의 모습으로 되어 있고, 그 대지의 공간이 상당히 넓고 그대지에 금붕어가 놀고 있는

연못이 있어 연못주변의 여유공간에 주차장을 만들 수 있고, 그 지상건물을 예식장 및 부속식당으로 사용할 수 있을 것이라고 생각하였고, 박덕호도 위 부동산의 북쪽은 향나무현황 경계이고 동쪽의 경계는 향나무를 경계로 일직선이고 향나무와 일직선으로 있는 아래쪽 폐건물 2채의 벽면이 경계라고 했고, 남쪽 경계는 석축(돌담)을 쌓은 곳이라고 하여 원고가 매수의사를 보이자, 박덕호는 그 날은 위 부동산의 매매가격이 6억원이라고 하여 원고는 어제가격(4억 8,300만원)과 다르냐고 했더니 땅주인이 6억원으로 가격을 올렸다고 하였습니다.

다. 원고는 박덕호의 말에 의문이 생겨 지적도를 보자고 했더니 안 가지고 왔다고 하여 원고는 지적도를 떼어보고 연락하겠다고 한 후 박덕호와 헤어졌습니다.

라. 원고는 그 길로 연기군청에 가서 지적도등본, 토지이용계획확인원, 토지대장, 건축물대장을 발급 받은 후 박덕호를 만나서 "위 토지는 외관상 보이는 모양(사각형)과 달리 지적도상으로는 뾰족하게 생겼고, 그 부분이 대략 300평정도 되는 것 같은데 그 부분은 활용가치가 낮아 땅모양으로 볼 때 4억 8,300만원도 비싸고 땅 모양이 좋지 않아 안 사겠다"라고 하였더니, 박덕호는 "땅모양 좋지 않은 것은 걱정하지 말라. 땅주인이 뾰족한 부분을 네모나게 해서 매매한다고 했다. 땅주인이 이전등기 할 때 토지 전체 모양을 네모나게 해서 등기이전 해 준다면서 가격을 6억원으로 인상했다."면서 땅모양 안 좋은 것은 걱정하지 말라고 하여, 원고는 위 토지의 모양을 사각형으로 해서 매매한다는 것을 매매계약서 상에 명시해 줄 것을 요청하면서 가격절충을 하여 매매대금을 5억 7,500만원으로 정했습니다.

마. 원고는 박덕호의 부동산중개사무소에 가서 위 부동산에 대한 매매계약을 체결하기 전 다시 한번 뾰족한 부분의 토지를 네모나게 해서 이전등기 해 줄 수 있느냐고 묻자, 박덕호는 "걱

정하지 말라. 땅주인이 책임지고 해 준다고 했다. 땅주인이 부동산에 근무하는 박실장(박덕호의 아들)의 은사님인데 선생님이 제자가 하는 부동산에 와서 거짓말하겠느냐."면서 박덕호는 형광펜으로 사격형의 모양을 표시한 이 사건 토지의 지적도를 보여주면서 매도자가 경계측량을 하여 사격형으로 만들어 이전등기 해 준다고 하였습니다.

바. 당시 위 부동산의 소유자였던 김진수도 위 부동산의 경계는 박덕호가 말한 대로라면서 "옆 땅(신안리 244-4) 지주가 먼저 뾰쪽한 토지부분을 사각형으로 조성하고자 했으니 틀림없이 중도금 때까지 해 줄 수 있다."고 했고, 옆에 있던 박덕호도 김진수에게 지적도상에 형광펜으로 사각형으로 그린 것을 보여주면서 "중도금 때까지 사각형으로 조성해주십시오. 매수자가 잔금 때 아무 문제없이 이전등기 할 수 있게 해주십시오."라고 하자, 김진수는 "걱정 말라."고 하여 원고는 김진수, 박덕호를 믿고 매매계약을 체결한 것인바, 당시 김진수는 원고가 위 부동산을 매수한 목적을 알고 있었습니다.

3. 매매계약내역 및 대금지불

가. 원고와 김진수 사이에 2016. 9. 7. 계약한 별지 목록 3, 4번 기재 부동산에 관한 매매계약의 중요요지는 아래와 같습니다.
부동산의 표시 : 충남 연기군 조치원읍 신압리 244-5 대지 2,786㎡
위 지상의 철근콘크리트 건물 1,776.22㎡
매매대금 : 5억 7,500만원
계약금 : 6,000만원(계약일)
중도금 : 1억원(2016. 10. 7.)
잔금 : 4억 1,500만원(2016. 10. 30.-잔금 지불일이 토요일로 되어 있어 원고와 김진수는 그 후 같은 달 29. 변경함)

계약의 해제 : 매수인이 매도인에게 중도금을 지불하기 전까지 매도인은 계약금의 배액을 상환하고, 매수인은 계약금을 포기하고 본 계약을 해제할 수 있다.

특약사항 : 토지거래허가구역임

매수자는 식당운영으로 허가 낼 예정이며 여의치 못할시 근저당설정(약 10억 상당)키로 함.

매도자는 본 토지의 삼각부분을 옆 땅(지번 244-4)지주와 상의 전체모양을 사각형으로 조성키로 한다.

본 토지 내 있는 건물 및 나무 등 모든 지상물 일체 포함함.

단 잔금은 융자금 승계하고 나머지 금액으로 한다.

나. 위 매매계약 당시 김진수는 원고에게 중도금 지불일 까지는 위 토지의 삼각부분을 사각형으로 조성해 주기로 구두약속 했으며, 그에 따라 원고는 김진수에게 당일 계약금 6,000만원을 지불하였습니다.

다. 2016. 9. 19.(일) 원고와 남편 이명신, 김진수는 위 토지의 현장을 같이 가서 김진수로부터 설명을 들었는데 당시에도 김진수는 위 부동산의 경계등에 대해 전과 같이 설명하였습니다.

라. 원고는 박덕호에게 중도금을 지불하기 전에 전화로 삼각형부분을 사각형모양으로 조성되었느냐고 물었더니 "걱정하지 마라. 중도금 때까지 안되면 잔금 때까지는 틀림없이 해 준다."고 하여 2016. 10. 7. 원고는 김진수에게 중도금 1억원을 지불하였음에도 박덕호는 원고에게 위 토지의 삼각부분을 사각형 모양으로 조성하지 않은 채 이전등기를 해 주겠다고 하여 원고는 당초 약정대로 하지 않고 이제 와서 그런 얘기를 하냐면서 최소한 잔금 지불일 까지 위 토지의 삼각부분을 사각형모양으로 조성해서 이전등기 해 주지 않으면 잔금을 치를 수 없다고 하였습니다.

마. 그 후 원고는 위 문제(삼각부분을 사각형모양으로 조성하는 문제)를 확실하게 해 놓기 위해 박덕호에게 수 차례 전화를 하여

잔금일 까지는 약정대로 토지의 삼각형부분을 사각형모양으로 조성해서 이전등기 해 주어야 한다고 말했음에도 박덕호는 그 부분에 대해 명확한 답변을 회피하여 원고는 2016. 10. 25. 박덕호에게 전화하여 토지 조성문제를 물어보았더니 아직까지 하지 못했다고 하여 원고는 박덕호에게 잔금지불일까지 그 문제가 해결되지 않으면 잔금을 지불할 수 없고 계약을 해지할 수밖에 없다고 하였으며, 원고는 후일의 분쟁을 예상해서 위 대화내용을 녹음해 두었던 것입니다.

바. 2016. 10. 29. 원고는 매매잔금(4억 1,500만원)에서 매수인이 승계하기로 한 융자금(2억 3,000만원)을 제외한 나머지 매매잔금(1억 8,500만원)을 준비하여 김진수, 박덕호에게 갔는데 그들은 위 토지의 삼각부분을 사각형모양으로 조성해 놓지 않은 채 잔금의 지불만을 요구하여 원고는 약정대로 삼각부분으로 되어 있는 토지의 모양을 사각형모양으로 조성해 주기 전에는 잔금을 지불할 수 없다고 하였으며, 원고와 김진수 등 사이에 위 문제로 다투던 중 김진수가 법적으로 한다면서 소리를 질러 원고도 위 부동산의 매매계약을 해지한다고 말하고 매매계약해지통보를 한 것입니다.

사. 그 후 김진수는 2016. 11. 18. 원고를 찾아와 특약사항 대로 토지의 삼각형부분을 사각형모양으로 조성해 이전등기 해 주려고 하나 옆 땅 지주가 행방불명으로 찾을 수 없어 사각형모양으로 조성해 줄 수 없고, 자신은 이 사건 토지를 경매로 낙찰 본때부터 현재까지 옆 땅 지주를 한번도 만나지 못했다고 하여, 원고는 처음부터 위 토지의 삼각형부분을 사각형모양으로의 조성이 불가능한 땅인데 두 사람이 공모하여 원고를 기망해 땅을 판 것이니 매매대금을 돌려달라고 하자 김진수는 아무소리도 않고 돌아갔습니다.

아. 김진수, 박덕호는 이 사건 관련 사건에서 마치 원고가 위 부동산을 매수한 후 중도금을 지불한 상태에서 행정수도 위헌 결

정이 나자 위 매매계약을 해지하려고 하는 것처럼 주장하고 있으나, 원고는 김진수가 당초의 약정대로 위 토지의 삼각형부분을 사각형으로 조성해 주면 위 매매계약을 해지할 이유도 없고 해지할 의사도 없습니다.

자. 한편 원고가 김진수, 박덕호의 귀책사유로 위 매매계약을 해지한다는 통보를 보내자 김진수, 박덕호는 자신들의 잘못을 인정하고 위 부동산을 다시 타에 처분하기 위해 인터넷상의 부동산매물정보업체인 '부동산써브'에 매도의뢰를 하였는바, 그 매매가격을 보면 금 4억 6,300만원으로 위 가격은 삼각형부분을 사각형모양으로 조성하지 않은 채 매도할 때의 매매가격과 거의 동일한 가격입니다.

위 부동산매물정보상의 전화번호(휴대폰 및 일반전화번호)는 박덕호 개인의 휴대폰전화번호 및 그가 운영하는 '행복 가득한 부동산 사무소'의 전화번호입니다.

4. 특약사항에 대하여

원고와 김진수 사이에 위 매매계약을 체결하면서 "매도자는 본 토지의 삼각부분을 옆 땅(지번 244-4)지주와 상의 전체 모양을 사각형으로 조성키로 한다."라고 특약사항을 넣은 것은, 원고가 위 부동산을 매수하는 과정에서 지적도상 토지의 모양이 삼각형모양으로 되어 있어 그 상태의 부동산을 그대로 매수할 경우 원고가 위 부동산을 매수하여 예식장 및 식당영업을 하려는 목적에 적당하지 않기 때문에 실제로 현재 이용되고 있는 현황인 사각형모양대로 조성해서 이전등기 받아야만 매수 목적에 적당했기 때문에 그 사실을 특약사항에 넣었던 것이며, 당초 위 부동산의 매매가격이 4억 8,300만원에서 5억 7,500만원으로 높아진 것은 토지의 모양을 삼각형에서 사각형모양으로 조성해 주는 것을 전제로 한 것이며, 한편 위 부동산의 형상이나 사각형으로 만들어 주기로 한 부분의 면적을 볼 때, 위 부동산 매매계약에서 위 특약사항의 내용은 계약의 중요한 사항에 해당하며, 그렇게 때문에 이 사건 매매계약시 위 내용을 특약사항으로 명시한 것입니다.

5. 매매목적물의 위치 및 경계등에 대하여

 가. 김진수는 이 사건의 관련사건에서 위 부동산의 매매목적물의 대부분이 위 부동산의 경계 상에 심어져 있는 향나무의 안쪽에 위치하고 있다고 했으나, 위 토지의 측량감정(건물현황)도에 의하면, 위 사진상의 경계에 심어져 있는 나무의 위치는 1, 2, 3, 4, 1의 각 점을 순차로 연결한 (ㄱ)부분이고, 위 사진상의 연못의 위치는 5, 6, 7, 1의 각 점을 순차로 연결한(ㄴ)부분이며, 원고가 매수하기로 한 건물의 위치는 8, 9, 10, 11, 12, 13, 14, 15, 16, 17, 18, 19, 20, 21, 22, 23, 24, 25, 26, 27, 28, 8의 각점을 순차로 연결한 선내(ㄷ)부분 및 28, 29, 30, 31, 28의 각 점을 순차로 연결한 선내 (ㄹ)부분이고, 이 사건 토지 및 건물의 출입구는 32, 33의 각 점을 순차로 연결한 (ㅁ)부분인바, 위 지적도에 의하면 위 부동산의 진입도로라는 신안리 489-3으로 되어 있고 위 부동산의 목적물 출입구는 위 도로에 접해 출입할 수 있는 것으로 되어 있는데, 실제로는 위 목적물의 출입구는 남의 땅인 신안리 243-6전(田)의 위치에 있는 사실을 알 수 있으며, 일부건물은 신안리 244-14 및 같은 리 244-15대지의 위치에 걸쳐 있는 것을 알 수 있습니다.

 나. 김진수는 위 부동산의 매매계약당시 위 부동산의 경계를 심은 나무 안쪽의 토지가 매매목적물이고 일부의 토지만이 위 나무의 경계를 벗어나 있기 때문에 원고가 위 부동산을 매수 목적대로 사용하는데 아무런 지장이 없고, 또한 옆 땅의 지주와 나무의 경계대로 분할하기로 이미 합의했으니 중도금지불 때까지 사각형으로 만들어 준다면서 걱정하지 말라고 하여, 원고는

그 말을 믿고 위 부동산을 매수한 것인데, 측량감정도와 같이 연못의 일부가 잘려서 경계가 되어 있고, 건물의 측면이 남의 땅에 2m 정도 너비로 경계를 침범하여 건축되어 있어 이를 철거 할 경우 건물 전체를 매수목적대로 사용할 수 없고 건물의 안전도 보장할 수 없는 상태이며, 출입구도 남의 땅에 있어, 각 옆 땅의 지주들이 출입을 통제하거나 건물 철거를 요구하면 그들의 요구에 응할 수밖에 없는 상황에 놓여 있습니다.
이사건의 관련사건에서 김진수의 주장에 의하더라도 김진수는 위 부동산을 경매로 낙찰 받고 경계측량을 했다는 것이므로 위 건물의 측면부분이 남의 땅에 걸쳐 건축되고 있고, 연못의 일부가 잘려서 경계가 되어 있으며, 출입구가 남의 땅에 위치해 있다는 사실을 잘 알고 있었으면서도 원고에게 그런 사실을 전혀 알려주지 않고 위 부동산을 매도한 것입니다.
위와 같은 김진수의 귀책사유만으로도 위 매매계약의 해지사유가 충분하다고 할 것입니다.

6. 매매대금 등의 반환의무 및 이사건 부동산의 처분

가. 앞서 본 바와 같이 원고와 김진수 사이의 위 매매계약은 김진수의 귀책사유와 기망행위 등으로 해지된 것이므로, 매매계약서 제5조에 따라 김진수는 원고로부터 수령한 계약금의 배액(1억 2,000만원) 및 중도금(1억원) 도합 2억 2,000만원을 반환 및 배상할 의무가 있으며 원고는 2016. 1. 17. 귀원 2016가합 453호 손해배상(기)로 위 금액의 청구소송을 제기했습니다.

나. 원고가 김진수 등을 상대로 제기한 위 소송의 재판진행 중 김진수는 이 사건 부동산중 별지 목록 1, 2 기재 부동산에 대하여는 자신의 사위인 피고 오세곤에게 2016. 4. 15. 매매를 원인으로 하여 같은 달 26. 귀원 접수 제46456호로 소유권이전등기를 하였고, 별지 목록 3, 4, 기재 부동산에 대하여는 자신의 처

로 채무관계 등으로 위장이혼을 하고 있던 피고 이명자에게 2016. 4. 27. 매매를 원인으로 하여 같은 달 28. 귀원 조치원등기소 접수 제7513호로 소유권이전등기를 하였으며, 자신의 명의로 있던 대전 중고 부사동 230-17 대 304㎡ 및 그 지상의 2층 주택에 대하여는 소외 정정례에게 2005. 4. 25. 설정계약을 원인으로 하여 같은 달 26. 귀원 남대전등기소 접수 제25081호로 9,000만원의 전세권설정등기를 하였습니다.

7. 김진수의 자산 및 채무, 사해행위

   가. 김진수의 자산으로는 이 사건 부동산 및 위 부사동의 주택이 있는바, 이 사건 부동산 중 별지 목록 1 기재 토지의 시가는 260,598,000원(308.4㎡×845,000원 : ㎡당 개별공시지가) 가량 나가고, 그 지상의 건물인 별지 목록 2 기재 부동산의 시가는 3억원 정도 나가며, 별지 목록 3, 4 기재 부동산의 시가는 3억원 정도 나가며, 별지 목록 3, 4 기재 부동산의 시가는 4억원 정도(김진수는 위 부동산의 인근으로 행정수도의 이전계획이 발표되자 위 부동산을 시가보다 훨씬 비싼 4억 8,300만원에 매물로 내 놓았다가 삼각형부분을 사각형모양으로 만들어 주는 것을 조건으로 원고에게 5억 7,500만원에 매도하는 것으로 계약하였던 것인데, 현재 삼각형부분을 사각형모양으로 만들어 주기 불가능한 상태이고, 이 사건 매매계약이후 행정수도이전의 위헌결정으로 인해 그 가치가 크게 하락하여 현재 위 부동산의 시가는 4억원 정도 밖에되지 않음)밖에 되지 않으며, 중구 부사동의 주택(대지, 건물)시가는 1억 3,000만원정도[위 주택 대지의 공시지가는 96,976,000원(304㎡×319,000원 : ㎡당 개별공시지가)이고 그 지상의 건물은 1972년에 신축한 낡은 건물이라 거의 재산가치가 없음] 밖에 나가지 않고, 김진수가 위 가압류집행취소를 하여 해방공탁으로 공탁한 1억 6,000만원이 있어 원고의 자산은 도합 1,250,598,000원 정도 됩니다.

나. 김진수의 채무로는 등기부상 파악되는 것만으로도 주식회사 조흥은행의 근저당권채무 3억 2,500만원(1억 5,000만원+1억 7,500만원), 김태곤의 전세권채무 4,000만원, 한병철의 전세권채무 1억 4,000만원이 있고(이상 별지 목록 1, 2 기재 부동산), 서면농업협동조합의 근저당권채무 3억 3,000만원이 있고(별지 목록 3, 4 기재 부동산), 대전교원신용협동조합의 근저당권 채무 1억 3,000만원, 정정례의 전세권의 채무 9,000만원이 있고(이상 부사동 대지 및 주택), 별지 목록 1, 2 기재 부동산에 대한 임대차보증금 반환 채무가 금 2억 2,000만원 정도가 되고(임차인 한병철은 위 건물의 2층 전부와 3층의 2분의 1정도를 1억 4,000만원에 임차하였고, 김태곤은 위 건물의 지하전부를 4,000만원에 임차한 것으로 볼 때, 3층의 2분의 1정도의 임차보증금은 4,000만원이 되고 4, 5,층의 임차보증금은 각 9,000만원이 되어 합계 2억 2,000만원 정도가 될 것으로 계산됨), 별지 목록 3, 4 기재 부동산의 임차보증금은 5,000만원 정도가 되며(위 부동산은 김진수가 종교시설로 임대하였음), 원고에 대한 매매대금 등 반환 채권 2억 2,000만원이 되어 도합 1,545,000,000원 가량이 됩니다.

다. 김진수가 사위 및 처인 피고들에게 이 사건 부동산을 처분할 당시인 2017. 4.경 김진수는 앞서 본바와 같이 채무가 자산을 훨씬 초과한 상태에서 이 사건 부동산을 피고들에게 처분하여 소유권이전등기를 한 것인바, 이는 채권자인 원고를 해하는 사해행위에 해당되고 피고들의 악의는 추정되므로, 김진수와 피고들 사이의 이 사건 매매계약은 각 취소되어야 하고, 피고들 명의의 소유권이전등기는 각 말소되어야 합니다.

8. 결론

따라서 피고 오세곤과 김진수 사이의 별지 목록 1, 2 기재 부동산에 관한 매매계약은 취소되어야 하고, 피고 오세곤 명의의 소유권이전등기는 말소되어야 하며, 피고 이명자와 김진수 사이의 별지 목록 3, 4 기재 부동산에 관한 매매계약은 취소되어야 하고, 피고 이명자 명의의 소유권이전등기는 말소되어야 하겠습니다.

입 증 방 법

1. 갑제 1호증의 1~6   각 등기부등본
1. 갑제 2호증의 1~3   각 토지대장
1. 갑제 3호증의 1~3   각 건축물대장
1. 갑제 4호증의   지적도등본
1. 갑제 5호증의   호적등본
1. 갑제 6호증의   매매계약서
1. 갑제 7호증의 1   영수증
                 2   통장내역
                 3~4   각 자기앞수표
1. 갑제 8호증   내용증명
1. 갑제 9호증의   녹취서
1. 갑제 10호증의 1~7   각 통화사실확인내역서
1. 갑제 11호증의 1~6   각 인터넷부동산매물정보
1. 갑제 12호증의 1~2   각 감정서
1. 갑제 13호증의 1~8   각 사진
1. 갑제 14호증   인증진술서
1. 갑제 15호증의 1   확인서
                 2   인감증명서
1. 갑제 16호증의 1   민사제 1심 소송기록표지
                 2   소장
                 3   소변경신청서
                 4~6   각 준비서면
1. 갑제 17호증의 1   민사신청사건기록표지

	2	가압류신청서
	3	결정
	4	가압류결정에 대한 이의신청서
	5	해방공탁에 의한 가압류집행취소
	6	공탁서
	7	결정
	8	가압류이의 취하서
1. 갑제 18호증의	1	민사제 1소심기록표지
	2	소장
	3	준비서면
	4	소취하서

첨 부 서 류

1. 위 입증방법   각 1통
1. 위임장   1통
1. 소장부본   1통
1. 납부서   1통

20○○. 7.   .

원 고 소송대리인
변 호 사 박 정 환

대전지방법원 귀 중

부동산의 표시

1. 대전광역시 서구 만년동 158 대 308.4㎡

2. 위 지상의
    철근콘크리트조 슬래브지붕 근린생활시설 만년청사
    지하 1층 제1종 근린생활시설 178.68㎡
    1층 제1종 근린생활시설 139.28㎡
    2층 제2종 근린생활시설 170.64㎡
    3층 제1종 근린생활시설 170.33㎡
    4층 제1종 근린생활시설 170.33㎡
    5층 제1종 근린생활시설 170.33㎡

3. 충청남도 연기군 조치원읍 신안리 244-5 대 2,786㎡

4. 위 지상의
    철근콘크리트조 슬래브지붕 3층 사무실
    1층 881㎡
    2층 774.22㎡
    3층 121㎡

[서식 20] **사해행위 취소**(특허권·실용신안권 지위)

소 장

사 건 20○○가합○○○○ 사해행위 취소
원 고 김 ○ ○
        서울특별시 강남구 역삼동 12
        (전화·휴대폰·e-mail)
        소송대리인 법무법인 ○ ○
        담당변호사 ○ ○ ○

피 고 ○○ 주식회사
        서울특별시 마포구 동교동 144
        (전화·휴대폰·e-mail)
        소송대리인 법무법인 ○ ○
        담당변호사 ○ ○ ○

청 구 취 지

1. 주위적 청구취지 : 피고와 소외 2(571024-생략) 사이에, 별지 목록 제1, 4, 5 기재 각 특허권 및 실용신안과, 같은 목록 제2 기재 특허권 및 같은 목록 제3 기재 실용신안권의 출원자로서의 지위에 관하여 2009. 7. 7.에 체결한 양도계약을 취소한다. 피고는 소외 2에게, 위 제1 특허권에 관하여 특허청 2009. 12. 22. 접수 제2009-○○○○○○○로 마친 특허권이전등록의 말소등록절차를, 위 제2 특허권에 관하여 원심판결 선고를 원인으로 하는 특허권 명의변경등록절차를, 위 제3 실용신안권에 관하여 원심판결 선고를 원인으로 하는 실용신안권 명의변경등록절차를, 위 제4 실용신안권에 관하여 특허청 2009. 12. 22. 접수 제1997-○○○○○○○로 마친, 위

제5 실용신안권에 관하여 특허청 2009. 12. 22. 접수 제2009-○○○○○○○로 마친 각 실용신안권등록의 말소등록절차를 이행하라.
2. 예비적 청구취지 : 예비적 청구에 따라, 피고는 소외 2(571024-생략)에게, 별지 목록 제1 기재 특허권에 관하여 특허청 2009. 12. 22. 접수 제2009-○○○○○○○로 마친 특허권이전등록의 말소등록절차를, 같은 목록 제2 기재 특허권에 관하여 이 판결 선고를 원인으로 하는 특허권 명의변경등록절차를, 같은 목록 제3 기재 실용신안권에 관하여 이 판결 선고를 원인으로 하는 실용신안권 명의변경등록절차를 각 이행하라.
3. 소송비용은 피고의 부담으로 한다.
라는 판결을 구합니다.

청 구 원 인

1. 기초사실
   가. 소외 1은 2006. 5. 19. 원심공동피고 소외 2 및 사실상 소외 2의 1인 회사인 소외 주식회사 등에 대한 금 322,902,100원의 약속어음채권을 자신의 동서인 원고에게 양도하고 그 양도사실을 소외 2 등에게 통지하였다.
   나. 원고는 소외 2와 소외 주식회사를 상대로 서울지방법원 94가합○○○○로 위 양수채권의 지급을 구하는 소송을 제기하여 2007. 7. 6. '피고들은 연대하여 원고에게 금 322,902,100원 및 이에 대하여 2006. 7. 24.부터 완제일까지 연 12%의 비율에 의한 금원을 지급하라'는 원고 승소판결을 선고받았는데 그때쯤 이 판결은 확정되었다.
   다. 소외 2는 위 확정판결에 기한 강제집행을 면탈할 목적으로 2009. 6. 30. 피고 회사를 설립한 다음 2009. 7. 7. 별지 목록 기재 제1, 4, 5 기재 특허권 및 실용신안권과 당시 특허 또는 실용신안 출원중이던 같은 목록 기재 제2,3 특허권 등에 대한 출원인으로서의 지위를 피고 회사에게 양도하는 내용의 계약서(이하 이 계약서에 의한 계약을 '이 사건 양도계약'이라고 한다)를 허위로 작성한 다음, 이에 터잡아 위 제1 특허권에 관하여는 청구취지 제2항과 같이 피고 회사 명의로 이전등록을 경료하여 주고, 위 제2, 3 특허권 등에 관하여는 2009. 9. 3. 특허청에 출원인 명의변경신고를 하여 그 중 제2 특허권에 관하여는 2009. 9. 3. 특허번호 제○○○○○○○로, 제3 실용신안권에 관하여는 2013. 5. 28. 실용신안권번호 제○○○○○○○로 각 피고 회사 명의로 특허권 등의 등록이 이루어졌다.

2. 원고의 주장

원고는 ① 이 사건 주위적 청구로서 이 사건 양도계약이 사해행위라고 주장하면서 주위적 청구취지와 같이 위 양도계약의 취소와 위 제1, 2, 3 특허권 등에 관한 특허권이전등록의 말소등록절차 등의 이행을 구하고, ② 이 사건 예비적 청구로서 위 양도계약이 무효라고 주장하면서, 소외 2를 대위하여, 위 제1, 2, 3 특허권 등에 관한 이전등록의 말소등록절차 등의 이행을 구한다.

입 증 방 법

1. 갑 제1호증

첨 부 서 류

1. 위 입증서류   1통
2. 법인등기부등본   1통
3. 소장부분   1통

20○○. 10. 1.

원고 소송 대리인
법무법인 ○ ○
담당변호사 ○ ○ ○

○ ○ 지방법원 귀중

[주] 1. 민법 제108조(통정한 허위의 의사표시) ① 상대방과 통정한 허위의 의사표시는 무효로 한다.
② 전항의 의사표시의 무효는 선의의 제삼자에게 대항하지 못한다.
2. 민법 제406조(채권자취소권) ① 채무자가 채권자를 해함을 알고 재산권을 목적으로 한 법률행위를 한 때에는 채권자는 그 취소 및 원상회복을 법원에 청구할 수 있다. 그러나 그 행위로 인하여 이익을 받은 자나 전득한 자가 그 행위 또는 전득당시에 채권자를 해함을 알지 못한 경우에는 그러하지 아니하다.
② 전항의 소는 채권자가 취소원인을 안 날로부터 1년, 법률행위있은 날로부터 5년내에 제기하여야 한다.
3. 민법 제741조(부당이득의 내용) 법률상 원인없이 타인의 재산 또는 노무로 인하여 이익을 얻고 이로 인하여 타인에게 손해를 가한 자는 그 이익을 반환하여야 한다.
4. 실용신안법 제35조(국제실용신안등록출원의 국어 번역문) ① 국제실용신안등록출원을 외국어로 출원한 출원인은 「특허협력조약」 제2조(xi)의 우선일(이하 "우선일"이라 한다)부터 2년 7월(이하 "국내서면제출기간"이라 한다) 이내에 국제출원일에 제출한 명세서, 청구의 범위, 도면(도면 중 설명부분에 한한다) 및 요약서의 국어 번역문을 특허청장에게 제출하여야 한다. 다만, 국제실용신안등록출원을 외국어로 출원한 출원인이 「특허협력조약」 제19조(1)의 규정에 의하여 청구의 범위에 관한 보정을 한 때에는 국제출원일에 제출한 청구의 범위에 대한 국어 번역문을 보정 후의 청구의 범위에 대한 국어 번역문으로 대체하여 제출할 수 있다.
② 국내서면제출기간 이내에 제1항의 규정에 의한 명세서 및 청구의 범위의 국어 번역문의 제출이 없는 경우에는 그 국제실용신안등록출원은 취하된

것으로 본다.

③ 제1항의 규정에 의하여 국어 번역문을 제출한 출원인은 국내서면제출기간 이내에 그 국어 번역문에 갈음하여 새로운 국어 번역문을 제출할 수 있다. 다만, 출원인이 출원심사의 청구를 한 후에는 그러하지 아니하다.

④ 국제출원일에 제출된 국제실용신안등록출원의 명세서나 청구의 범위에 기재된 사항 및 도면 중의 설명부분으로서 국내서면제출기간(그 기간 이내에 출원인이 출원심사의 청구를 한 때에는 그 청구일을 말하며, 이하 "기준일"이라 한다) 이내에 제출된 제1항 또는 제3항의 규정에 의한 국어 번역문(이하 "출원번역문"이라 한다)에 기재되지 아니한 것은 국제출원일에 제출된 국제실용신안등록출원의 명세서 및 청구의 범위에 기재되지 아니한 것으로 보거나 도면 중의 설명이 없었던 것으로 본다.

⑤ 국제실용신안등록출원의 국제출원일의 출원서는 제8조제1항의 규정에 의하여 제출된 출원서로 본다.

⑥ 국제실용신안등록출원의 명세서, 청구의 범위, 도면 및 요약서의 출원번역문(국어로 출원된 국제실용신안등록출원의 경우에는 국제출원일에 제출된 명세서, 청구의 범위, 도면 및 요약서)은 제8조제2항의 규정에 의하여 제출된 명세서·도면 및 요약서로 본다.

⑦ 제41조의 규정에 의하여 준용되는 「특허법」 제204조제1항 및 제2항의 규정은 제1항 단서의 규정에 의하여 보정 후의 청구의 범위의 국어 번역문을 제출하는 경우에는 이를 적용하지 아니한다.

⑧ 제1항 단서의 규정에 의하여 보정 후의 청구의 범위에 대한 국어 번역문만을 제출하는 경우에는 국제출원일에 제출한 청구의 범위는 이를 인정하지 아니한다.

5. 특허법 제37조 (특허를 받을 수 있는 권리의 이전 등) ① 특허를 받을 수 있는 권리는 이전할 수 있다.

② 특허를 받을 수 있는 권리는 질권의 목적으로 할 수 없다.

③ 특허를 받을 수 있는 권리가 공유인 경우에는 각 공유자는 다른 공유자 모두의 동의를 받아야만 그 지분을 양도할 수 있다. [전문개정 2014.6.11.]

6. 제38조(특허를 받을 수 있는 권리의 승계) ① 특허출원 전에 이루어진 특허를 받을 수 있는 권리의 승계는 그 승계인이 특허출원을 하여야 제3자에게 대항할 수 있다.

② 동일한 자로부터 동일한 특허를 받을 수 있는 권리를 승계한 자가 둘 이상인 경우 그 승계한 권리에 대하여 같은 날에 둘 이상의 특허출원이 있으

면 특허출원인 간에 협의하여 정한 자에게만 승계의 효력이 발생한다.
③ 동일한 자로부터 동일한 발명 및 고안에 대한 특허를 받을 수 있는 권리 및 실용신안등록을 받을 수 있는 권리를 승계한 자가 둘 이상인 경우 그 승계한 권리에 대하여 같은 날에 특허출원 및 실용신안등록출원이 있으면 특허출원인 및 실용신안등록출원인 간에 협의하여 정한 자에게만 승계의 효력이 발생한다.
④ 특허출원 후에는 특허를 받을 수 있는 권리의 승계는 상속, 그 밖의 일반승계의 경우를 제외하고는 특허출원인변경신고를 하여야만 그 효력이 발생한다.
⑤ 특허를 받을 수 있는 권리의 상속, 그 밖의 일반승계가 있는 경우에는 승계인은 지체 없이 그 취지를 특허청장에게 신고하여야 한다.
⑥ 동일한 자로부터 동일한 특허를 받을 수 있는 권리를 승계한 자가 둘 이상인 경우 그 승계한 권리에 대하여 같은 날에 둘 이상의 특허출원인변경신고가 있으면 신고를 한 자 간에 협의하여 정한 자에게만 신고의 효력이 발생한다.
⑦ 제2항·제3항 또는 제6항의 경우에는 제36조제6항을 준용한다.
[전문개정 2014.6.11.]

7. 특허법 제87조(특허권의 설정등록 및 등록공고) ① 특허권은 설정등록에 의하여 발생한다.
② 특허청장은 다음 각 호의 어느 하나에 해당하는 경우에는 특허권을 설정하기 위한 등록을 하여야 한다.
   1. 제79조제1항에 따라 특허료를 냈을 때
   2. 제81조제1항에 따라 특허료를 추가로 냈을 때
   3. 제81조의2제2항에 따라 특허료를 보전하였을 때
   4. 제81조의3제1항에 따라 특허료를 내거나 보전하였을 때
   5. 제83조제1항제1호 및 같은 조 제2항에 따라 그 특허료가 면제되었을 때
③ 특허청장은 제2항에 따라 등록한 경우에는 다음 각 호의 사항을 특허공보에 게재하여 등록공고를 하여야 한다. <개정 2016.2.29.>
   1. 특허권자의 성명 및 주소(법인인 경우에는 그 명칭 및 영업소의 소재지를 말한다)
   2. 특허출원번호 및 출원연월일
   3. 발명자의 성명 및 주소
   4. 특허출원서에 첨부된 요약서

5. 특허번호 및 설정등록연월일
6. 등록공고연월일
7. 제63조제1항 각 호 외의 부분 본문에 따라 통지한 거절이유에 선행기술에 관한 정보(선행기술이 적혀 있는 간행물의 명칭과 그 밖에 선행기술에 관한 정보의 소재지를 말한다)가 포함된 경우 그 정보
8. 그 밖에 대통령령으로 정하는 사항

④ 비밀취급이 필요한 특허발명에 대해서는 그 발명의 비밀취급이 해제될 때까지 그 특허의 등록공고를 보류하여야 하며, 그 발명의 비밀취급이 해제된 경우에는 지체 없이 제3항에 따라 등록공고를 하여야 한다.

⑤ 삭제 <2016.2.29.> [전문개정 2014.6.11.]

[서식 21] 상고이유서

상고이유서

20○○가합○○○○ 사해행위취소

원 고(피상고인) 김 ○ ○

피 고(상 고 인) ○○ 주식회사

위 당사자간 위 사건에 관하여 피고 등 소송 대리인의 상고 이유는 다음과 같다.

다 음

원심판결 중 원고의 주장 및 주위적 청구부분에 관한 소외 적법 여부 중 "나"항에 대해서는 양도계약시 소외 2로부터 80만 원 상당의 자동차 및 시가 3,910만원 정도의 특허권(특허번호 제○○○○○○) 이외 별다른 재산이 없다고 하였으나 원고(피상고인)의 대리인이 다시 서울지방법원에 양도명령을 신청하여(96타기○○○○) 위 특허권을 다시금 120,000,000원에 양도를 받았으며,

2011. 8. 27. 소외 1 이름으로 소외 2를 강제집행 면탈죄로 고소하여 유죄판결을 받게 하였으나 그 내용에는(특허권부당이전등록, 집기부품허위양도 등) 특허권 외 몇가지 사항들이 기재되어져 같이 다루어졌으며(수사기록 참조) 특히 1차 조사시에는 강제집행면탈죄는 인정이 되지 않아 재산관계명시(불성실작성이유) 위반죄로 징역 10월에 집행유예 1년을 받았는데 다시 소외 1이 재차 항고하여 서울지방검찰청의 박종순 검사실에서 형편없는 욕설과 이루 말할 수 없는 가혹한 언행의 수사로 강제집행면탈죄가 성립된다고 하여 재차 기소되었

던 것입니다(수사기록과 진정서 참조). 그 안에는 사무집기가 금액이 많다고 하였으며 특허는 일부 출원중이므로 잘 모른다고 하여 집중적으로 사무집기만 중점수사가 있었고 소외 1 보고현장 사무실에 가서 카메라로 사진도 찍어 오라고 했습니다(소외 2의 강제집행면탈죄 항소심 재판내용 참조).

피고는 합법적인 양도명령을 받았는데도 법원에서 인정을 해주지 않고 있는 실정이며 원인사실을 규명해 볼 때 피고인과 소외 1은 같은 동서로서 소외 2의 채무액을 동서 김○○(피상고인)에게 채권 양수·양도를 해주고 고소할 때는 피고가 채권을 포기했기 때문에 자기가 다시(소외 1) 받아서 소외 2를 고소했다고 검찰조사시와(2011. 11. 25.경 서울지방검찰청 조사부 164호) 사해행위 항소심(2014나○○○○)의 증인 신문사항과 같이 대질신문을 할 때도 조사관이 왜 김○○이 고소를 해야지 소외 1이 하느냐고 했더니 동서지간이고 여러 가지 특허·기타 등을 자기가 제일 잘 알고 있고 또한 동서도 알고 해서 의논하여 재차 채권을 포기했다고 했기에 고소를 했다고 하였습니다.

어떻게된 영문인지 채권·채무액이 이리저리 마음대로 왔다갔다하고 (동서지간) 고소도 자기 마음대로 형사법, 민사법에 저촉을 받게 만들어 형사처벌은 물론 민사재판을 받게 했으며 이번만은 재판부에서도 사해행위에 대한 정확한 법리로 판결을 내려 주실 것으로 기대합니다. 즉 인지한 날로부터 1년 이내 소를 제기하도록 되어 있는데도 기간을 초과하여 법을 이리저리 해석한 것으로써(제척기간 경과) 따라서 채무초과 등의 법리해석과 사해행위취소에 관한 예비적 청구에 관한 판단에 대한 해석은 잘못으로 생각합니다.

20○○. 10. 11.

피고 대표이사 ○ ○ ○

○○ **지방법원 귀중**

[서식 22] 추가상고이유서

추가상고이유서

20○○가합○○○○ 사해행위취소

원   고(피상고인) 김 ○ ○

피   고(상 고 인) ○○ 주식회사

 위 당사자간 위 사건에 관하여 피고 등 소송 대리인의 추가상고이유는 다음과 같다.

다   음

 상기사건에 대해서는 2006. 5. 19.자로 소외 1이 김○○에게 소외 주식회사에서 받을 전액의 채권을 양도하여 2007. 7. 6. 서울지방법원에서 양수금 청구소송사건(2006가합○○○○)에 의해 원고 김○○에게 금 322,902,100원을 2006. 7. 24.부터 지급하라는 판결을 받았으며 이에 따라 김○○이 서울지방법원 2008타기○○○○ 특허권 압류명령에 의해 감정가액 금 39,100,000원 보다 많은 금 120,000,000원으로 양도명령을(2004타기○○○○) 2010. 5. 22.로 결정을 받고 확정되었습니다.

 채권자인 김○○이 재산관계명시나 강제집행면탈로 고소를 해야하는데 소외 1이 서울지방검찰청에 2011. 8. 27. 접수번호 4015번으로 소외 2를 고소하여(사건번호 2011형제○○○○) 2011. 9. 2. 1차 고소인 진술서에서도 김○○이 채권을 포기했기 때문에 자기가 고소를 했다 하였으며 이 고소장에서도 2009. 7.에 ○○ 주식회사가 설립되어 영업을 하던 중 사해행위 문제가 된 지적재산권을 정식적으로 양수·양도 받았으나 이것이 적법한 절차가 아니라고 양도했던 소외 2를 재산관계 명시위반 강제집행면탈로 형사 고소를 하여 처벌을 2번이나 받게 만들었습니다.

또 하나 이상한 것은 채권양도는 김○○한테 갔다가 자기가 전부 다시 승계받았다고 하는데 문제된 지적재산권 6건은 2011. 11. 15.로 전부 김○○ 명의로 가처분이 결정되어 등기부등본상에 있습니다. 어떤 영문인지 필요한대로 이리가고 저리가고 왔다가는지 도저히 이해가 가지 않습니다. 김○○이 채권을 다시 소외 1에게 승계했다 하여 서울지방검찰청에 고소는 소외 1 명의로 2011. 8. 27. 하고(고소장), 특허 가처분 신청은 김○○ 명의로, 사해행위취소 소송은 김○○ 이름으로 이점에 대해서는 상식 이하의 행동으로 생각됩니다.

이에 따라 김○○이 96카기○○○○(2008. 11. 21.)로 재산관계명시 결정 법원의 명령을 받아 소외 2가 2009. 2. 28. 재산관계명시 기일에 출석하여 특허권이나 실용신안권의 등록된 것만 신고를 하고 나머지는 출원중이라 신고를 하지 않았다 하여 또한 소외 주식회사에서 10년 이상 사용하던 집기 등 기타 부품들을 은닉하였다하여 형사고소를 당하여 형사처벌을 받았으며 서울지방법원 제3형사부(2012노○○○○ : 원심판결 2012. 2. 11 선고 99고단○○○○ 판결)에서도 증인도 출석했고 모든 사실들이 피고나 원고 모두가 명백하게 인지했습니다.

사해행위란 저희들이 알기로는 인지한 날로 1년 이내에 소송을 제기해야 하는 제척기간이 있기 때문에 불복하고 상고하였습니다.

양도(지적재산권)중을 보고 다른 것은 값어치가 없다고 1건만(2008타기○○○○) 압류명령을 신청하여 그것도 감정가격이 금 39,100,000원이었는데 값어치가 있다고 하여 금 120,000,000에 신청하여 양도를 했습니다(6건 중 1건만 압류명령).

이렇게 되었던 간에 편리한대로 채권이 왔다갔다하고 고소해야 할 사람은 가만히 있고 형사 고소는 2011. 8. 27. 소외 1이 하고 채권을 다시 받았다고 했는데 특허권 등에 가처분해 놓은 것은 2011. 11. 15.로 김○○ 명의로 법적 조치를 취해놓았습니다.

　1심과 2심에서 이런 것은 지적도 해주지 않고 특히 2심에서는 조정화해까지 하라고 하기에 도저히 이해가 가지 않습니다.

　우여곡절이 많았던 강제집행면탈죄(2012고단○○○○/2013노○○○○) 또는 앞에서 말씀드렸던 2012노○○○○ 민사소송법 1심과 2심의 판결내용도 충분히 검토하여 주시기를 믿사오며 소외 1이 고소한 사건번호 2011형제○○○○의 몇 차례 걸쳐 수사기록표를 다시 한번 참고하여 주시기를 간절히 부탁드리겠습니다.

　저희들은 법률적인 상식은 없습니다. 그래서 법률용어도 잘 모르고 어떻게 법리대로 만들어 가야할지 모르는 사람으로서 소송시 공소장이나 수사기록표, 증인심문서, 검찰청조사기록 등 아주 분량이 많습니다.

　애초에 말썽이 되었던 특허권 양도·양수권(2009. 7. 2. 작성) 및 서울지방법원 2008타기○○○○ 특허권 압류명령으로 고소하여 재산관계 명시위반에 대한 형사처벌과 또한 강제 집행면탈(지적재산권에만 적용된 것이 아님) 등으로 처벌을 받았습니다.

　생각하옵건대 채권양도는 김○○에게(전남 목포 거주) 다 해놓고 친척이라는 명분으로 소외 1이 고소를 했으며 모든 법적 절차를 대행해야 했던 것으로 증인 진술에서도 나타났습니다.

　기술을 개발하고 기술로 영업을 하는 사람들로서 새로운 기술이 나날이 upgrade되고 있습니다. 문제가 되었던 지적재산권 보다 더욱 좋은 기술들이 탄생되곤 합니다.

　저희들은 진정 바라옵건대 조그만 법정 상식으로 사해행위란 위반에는 상기사항과 재판과정에서 여러 사항들을 비교해 볼 때 너무 크게 해석한 것 같습니다. 한꺼번에 기소되어 한번 재판을 받아야 할 사건들을 해석차이로 몇 번을 받았습니다.

이 점 충분히 검토하여 주시기를 정말로 진정합니다.

20○○. 10. 11.

피고 대표이사   ○ ○ ○

○○ 지방법원   귀중

제 4 장
사해행위관련예규

제1절 관련 예규
제2절 관련 선례

제4장 사해행위 관련예규

제1절 관련 예규

[예규 1] 가처분의 피보전권리와 본안소송의 소송물인 권리가 다른 경우라도 등기관은 본안소송이 그 가처분에 기한 것이라고 판단할 수 있는지 여부(적극)

가처분의 피보전권리와 본안소송의 소송물인 권리가 다른 경우라도 등기관은 본안소송이 그 가처분에 기한 것이라고 판단할 수 있는지 여부(적극)

갑 소유 부동산에 관하여 을 명의로 증여를 원인으로 하여 소유권이전등기가 경료되고, 병이 사해행위취소를 원인으로 한 소유권이전등기청구권을 피보전권리로 하여 가처분신청을 하고 이에 따른 가처분결정과 등기기입이 있은 후, 병이 을을 상대로 사해행위취소를 원인으로 소유권이전등기의 말소등기를 구하는 소를 제기하여 "갑과 을 사이에 위 증여 계약을 취소하고, 을은 병에게 소유권이전등기의 말소등기절차를 이행한다."는 취지의 조정에 갈음하는 결정이 확정된 경우, 병은 위 조정조서에 기하여 소유권이전 등기의 말소등기를 신청할 수 있으며, 위 소유권이전등기의 말소등기가 가처분에 기한 등기임을 가처분권리자가 제출한 가처분신청서 사본에 의하여 확인된다면 등기관은 위 소유권이전등기의 말소등기를 함과 동시에 당해 가처분 등기이후 경료된 후행 처분금지가처분 및 당해 가처분등기를 부동산등기법 제172조의 규정에 의하여 직권으로 말소하여야 한다.

등기선례 제7-422호 (2002. 9. 17. 등기 3402-515 질의회답)

참조판례 : 대법원 1996. 2. 9. 선고 95다27998 판결 , 대법원 1982. 3. 9. 선고 81다1223판결 , 대법원 1982. 3. 9. 선고 81다카991판결

[예규 2] 가처분의 피보전권리가 사해행위취소로 인한 근저당권말소등기청구권인 경우, 가처분권자의 승낙 등이 없이 근저당권설정계약해지를 원인으로 하여 근저당권말소등기신청을 할 수 있는지 여부(소극)

가처분의 피보전권리가 사해행위취소로 인한 근저당권말소등기청구권인 경우, 가처분권자의 승낙 등이 없이 근저당권설정계약해지를 원인으로 하여 근저당권말소등기신청을 할 수 있는지 여부(소극)

갑 소유의 부동산에 관하여 을 명의의 근저당권이 설정되어 있고, 그 근저당권에 대하여 채권자를 병으로 하고 피보전권리를 사해행위취소로 인한 근저당권말소등기청구권으로 하는 처분금지가처분등기가 경료된 경우, 갑과 을이 근저당권설정계약의 해지를 원인으로 하여 위 근저당권에 대한 말소등기를 신청하기 위해서는 등기신청서에 병의 승낙서 또는 이에 대항할 수 있는 재판의 등본을 첨부하여야 한다.

등기선례6-377 (2001. 9. 7. 등기 3402-628 질의회답)

【참조선례】
본집 제57항

[예규 3] 가처분의 피보전권리가 사해행위취소로 인한 소유권이전등기 말소청구권인 경우, 가처분 대상인 소유권이전등기의 말소청구시 가처분권자의 승낙 필요 여부(변경)

가처분의 피보전권리가 사해행위취소로 인한 소유권이전등기 말소청구권인 경우, 가처분 대상인 소유권이전등기의 말소청구시 가처분권자의 승낙 필요 여부(변경)

갑 명의에서 을 명의로 소유권이전등기가 경료된 후 갑의 채권자 병이 을 명의의 소유권이전등기에 대하여 사해행위로 인한 소유권이전등기 말소청구권을 피보전권리로 하는 처분금지가처분을 하였을 경우, 을 명의의 소유권이전등기에 관하여 병이외의 자가 말소신청을 하는 때에는 병의 승낙서 또는 그에 대항할 수 있는 재판의 등본을 첨부하여야 한다. 그러나 위 승낙서 또는 재판의 등본이 첨부되지 아니한 채 등기가 경료되었다면 등기관이 직권으로 이미 말소된 등기의 말소회복등기를 할 수는 없다.

등기선례 제6-57호 (1999. 12. 16. 등기 3402-1143 질의회답)

주 : 이 선례에 의하여 1999년 등기 3402-363 , 등기 3402-464 질의회답(본집에 수록되지 않음)은 그 내용을 변경함.

[예규 4] 가처분의 피보전권리가 사해행위취소로 인한 근저당권설정등기 말소청구권인 경우, 근저당권 포기를 원인으로 하는 근저당권설정등기 말소등기신청

가처분의 피보전권리가 사해행위취소로 인한 근저당권설정등기 말소청구권인 경우, 근저당권 포기를 원인으로 하는 근저당권설정등기 말소등기신청

갑과 을의 공유인 부동산의 갑의 지분에 대한 근저당권설정등기가 경료되어 있고 그 근저당권에 대하여 사해행위취소로 인한 근저당권설정등기 말소청구권을 피보전권리로 하는 가처분등기가 되어 있는 경우, 근저당권자와 근저당권설정자가 공동신청으로 근저당권 포기를 원인으로 하는 근저당권설정등기 말소신청을 하는 때에는 신청서에 가처분채권자의 승낙서 또는 이에 대항할 수 있는 재판의 등본을 첨부할 필요는 없을 것이다.

등기선례199904-6 (1999. 4. 3. 등기 3402-363 질의회답)

【참조조문】 부동산등기법 제171조
【참조예규】 제882호

※ 주 : 등기선례요지집 6권 57항에 의하여 이 선례의 내용이 변경됨.

[예규 5] 갑 명의의 가등기에 대하여 채권자를 을과 병으로 하고 피보전권리를 가등기의 말소등기청구권으로 하는 가처분등기가 경료된 후 을이 갑을 상대로 한 가등기말소청구소송에서 갑이 청구를 인낙한 경우, 을이 위 인낙조서에 의하여 가등기를 말소하는 방법

갑 명의의 가등기에 대하여 채권자를 을과 병으로 하고 피보전권리를 가등기의 말소등기청구권으로 하는 가처분등기가 경료된 후 을이 갑을 상대로 한 가등기말소청구소송에서 갑이 청구를 인낙한 경우, 을이 위 인낙조서에 의하여 가등기를 말소하는 방법

갑 명의의 소유권이전청구권가등기에 대하여 채권자를 을과 병으로 하고 피보전권리를 사해행위취소를 원인으로 한 가등기의 말소청구권으로 하는 가처분등기가 경료된 후 을이 갑을 상대로 한 가등기말소청구소송에서 갑이 청구를 인낙한 경우, 을이 위 인낙조서에 의하여 단독으로 가등기의 말소등기를 신청하기 위해서는 가등기의 말소에 대하여 등기상 이해관계 있는 제3자인 병의 승낙서나 이에 대항할 수 있는 재판의 등본을 첨부하여야만 하고, 이 경우 위 가처분등기는 등기관이 직권으로 말소하게 된다.

등기선례 7-377 (2003. 12. 10. 부등 3402-680 질의회답)

【참조조문】 부동산등기법 제171조
【참조선례】 등기선례요지집 IV 제624항, 본집 제425항

[예규 6] 국세징수법상의 사해행위취소에 관한 세무서장의 당사자능력(재민 65-5)

국세징수법상의 사해행위취소에 관한 세무서장의 당사자능력(재민 65-5)

제정 1965.12.30 조사 제627호
대:광주고등법원 질의회답(재민 65-5)

문. 국세징수법 제44조(편.주 현 제30조. 이하같다)는 "세무서장은 사해행위의 취소를 요구할 수 있다"고 규정하고 있고 같은법 시행령 제54조(편.주 현 제36조. 이하같다)는 "세무서장이 법 제44조의 규정에 의한 사해행위의 취소를 요구하고자 할 때에는 민법과 민사소송법의 규정에 따라 체납자 또는 재산양수인을 상대로 소송을 제기하여야 한다"고 규정하고 있는 법의는 통상의 민사소송에서는 당사자 능력이 없는 세무서장에게 국세징수법상의 사해행위 취소에 관하여는 특히 당사자의 능력을 준 취지로 볼 것인지의 여부

답. 국세징수법 제44조와 동 시행령 제54조의 법의는 국세징수법상의 사해행위 취소에 관하여는 국가를 당사자로 하되 세무서장이 국가를 대표하여 소송을 할 수 있다는 취지이다.

참 조

【국세징수법】
제30조 [사해행위의 취소] 세무서장은 체납처분을 집행함에 있어서 체납자가 압류를 면하고자 고의로 그 재산을 양도하고 양수인은 그 정을 알고 양수한 때에는 당해 행위의 취소를 요구할 수 있다.

【국세징수법시행령】
제36조 [사해행위의 취소] 법제30조의 규정에 의하여 사해행위의 취소를 요구하고자 할 때에는 체납자 또는 재산양수인을 상대로 소송을 제기하여야 한다.

재판예규제70호

[예규 7] 말소대상인 소유권이전등기에 터 잡아 경료된 가처분등기를 말소하지 않고 그대로 둔 채 소유권이전등기만을 말소한 경우, 등기관이 직권으로 말소회복등기를 하여야 하는지 여부(적극)

> 말소대상인 소유권이전등기에 터 잡아 경료된 가처분등기를 말소하지 않고 그대로 둔 채 소유권이전등기만을 말소한 경우, 등기관이 직권으로 말소회복등기를 하여야 하는지 여부(적극)
>
> 1. 사해행위취소소송에서 소유권이전등기의 말소를 명하는 확정판결을 받았으나 그 말소대상인 소유권이전등기에 터 잡아 경료된 가처분등기가 있는 경우, 그 소유권이전등기의 말소신청과 관련하여 위 가처분등기는 말소할 권리를 목적으로 하는 제3자의 권리에 관한 등기에 해당하므로(부동산등기법 제172조 제2항 참조), 가처분채권자는 그 소유권이전등기의 말소에 관하여 등기상 이해관계 있는 제3자라고 할 것이고, 따라서 그 소유권이전등기의 말소를 신청하기 위해서는 가처분채권자의 승낙서 또는 가처분채권자에게 대항할 수 있는 재판의 등본을 첨부하여야 하는바(같은 법 제171조),
>
> 2. 만약 소유권말소등기의 신청인이 가처분채권자의 승낙서 또는 가처분채권자에게 대항할 수 있는 재판의 등본을 첨부하지 않았음에도 불구하고, 사해행위취소의 효력은 상대적이어서 가처분의 효력은 당연히 소멸되는 것은 아니고 여전히 부동산에 존속한다는 이유로 가처분등기를 말소하지 않고 그대로 둔 채 소유권이전등기만을 말소하라는 취지의 법원의 기재명령에 의하여 가처분등기를 말소하지 않고 그대로 둔 채 소유권이전등기만을 말소하였다면, 그러한 소유권이전등기만의 말소등기는 무효의 등기로서 부동산등기법 제55조 제2호 의 '사건이 등기할 것이 아닌 때'에 해당된다고 할 것이므로, 등기관 은 부동산등기법 제175조 내지 제177조 의 규정에 의하여 말소회복등기의 등기권리자·등기의무자와 등기상 이해관계 있는 제3자에 대하여 등기를 회복한다는 취지를 통지하고, 이의 진술한 자가 없는 때 또는 이의를 각하한 때에는 등기관이 직권으로 말소회복등기를 하여야 한다.

등기선례 제6-458호 (2001. 6. 13. 등기 3402-402 질의회답)

참조판례 : 1996. 8. 20. 선고 94다58988 판결
참조예규 : 제885호
참조선례 : Ⅰ 제94항 , 제95항

[예규 8] 사해행위취소청구권을 피보전권리로 하는 근저당권처분금지가처분등기가 경료된 경우 본안승소판결에 의한 근저당권설정등기의 말소등기와 당해 가처분등기의 직권말소 여부(적극)

사해행위취소청구권을 피보전권리로 하는 근저당권처분금지가처분등기가 경료된 경우 본안승소판결에 의한 근저당권설정등기의 말소등기와 당해 가처분등기의 직권말소 여부(적극)

사해행위취소청구권을 피보전권리로 하는 근저당권처분금지가처분등기가 경료되고, 그 가처분권자가 본안의 승소판결 등에 의하여 근저당권설정등기의 말소등기를 신청하는 때에는, 가처분권자는 그 등기의 말소에 관하여 등기상 이해관계인이지만 동시에 그 말소등기에 관한 등기권리자이므로 당연히 가처분등기말소에 대한 승낙이 있는 것으로 보아, 등기관이 직권으로 그 가처분등기를 말소할 수 있으며, 다만 그 뜻을 가처분 집행법원에 통지하여야 한다.

등기선례 7-425 (2002. 12. 11. 등기 3402-704 질의회답)

【참조예규】등기예규 제882호
【참조선례】등기선례요지집 Ⅲ 제769항

[예규 9] 소유권보존등기말소청구권을 피보전권리로 하는 가처분등기 후 소유권이전등기절차의 이행을 명하는 승소확정판결을 받은 경우 가처분권리자가 가처분 이후에 경료된 등기의 말소를 신청할 수 있는지 여부(적극)

소유권보존등기말소청구권을 피보전권리로 하는 가처분등기 후 소유권이전등기절차의 이행을 명하는 승소확정판결을 받은 경우 가처분권리자가 가처분 이후에 경료된 등기의 말소를 신청할 수 있는지 여부(적극)

보전처분의 피보전권리와 본안의 소송물인 권리는 청구의 기초의 동일성이 인정되는 한 보전의 효력은 본안소송의 권리에 미치는 것이므로, 사해행위취소에 의한 보존등기말소청구권을 피보전권리로 하는 처분금지가처분결정을 받아 가처분등기가 경료된 후 본안소송에서 사해행위취소로 인한 원상회복을 원인으로 한 소유권이전등기절차의 이행을 명하는 확정판결을 받은 경우, 가처분신청서 사본에 의하여 소유권이전등기가 가처분에 기한 등기임이 확인된다면 원고는 소유권이전등기신청과 함께 단독으로 그 가처분등기 이후에 경료된 등기로서 자신에게 대항할 수 없는 등기의 말소를 신청할 수 있고, 만일 소유권이전등기만 하고 자신에게 대항할 수 없는 등기의 말소를 동시에 신청하지 아니하였다면 그 소유권이전등기가 가처분에 기한 소유권이전등기였다는 소명자료를 첨부하여 위 등기의 말소를 신청할 수 있다.

등기선례 200412-8 (2004. 12. 10. 부등 3402-638 질의회답)

【참조판례】 1992. 9. 25. 선고 92다24325 판결, 2001. 3. 13. 선고 99다11328 판결
【참조예규】 등기예규 제882호
【참조선례】 2002. 9. 17. 등기 3402-515 질의회답

[예규 10] 소유권이전등기 이후에 근저당권설정등기가 경료된 경우, 근저당권자는 소유권이전등기의 말소에 관하여 등기상 이해관계 있는 제3자인지 여부 및 소유권이전등기 말소 절차

소유권이전등기 이후에 근저당권설정등기가 경료된 경우, 근저당권자는 소유권이전등기의 말소에 관하여 등기상 이해관계 있는 제3자인지 여부 및 소유권이전등기 말소 절차

1. 사해행위취소소송에서 소유권이전등기의 말소를 명하는 확정판결을 받았으나 그 말소대상인 소유권이전등기에 터 잡아 경료된 근저당권설정등기가 있는 경우, 그 소유권이전등기의 말소신청과 관련하여 위 근저당권설정등기는 말소할 권리를 목적으로 하는 제3자의 권리에 관한 등기에 해당하므로(부동산등기법 제172조 제2항 참조), 위 근저당권자는 그 소유권이전등기의 말소에 관하여 등기상 이해관계 있는 제3자라고 할 것이고, 따라서 그 소유권이전등기의 말소를 신청하기 위해서는 위 근저당권자의 승낙서 또는 근저당권자에게 대항할 수 있는 재판의 등본을 첨부하여야 한다(같은 법 제171조).

2. 그리하여 소유권말소판결의 원고가 근저당권자의 승낙서 또는 근저당권자에게 대항할 수 있는 재판의 등본을 첨부하여 소유권이전등기의 말소를 신청한 경우에 등기관은 그 소유권이전등기를 말소함과 동시에 위 근저당권설정등기를 직권으로 말소하게 되는바(같은 법 제172조 제2항), 위와 같은 경우에 근저당권설정등기는 말소하지 않고 그대로 둔 채 소유권이전등기만 말소할 수는 없다.

등기선례6-65 (2001. 5. 26. 등기 3402-365 질의회답)

【참조판례】 1998. 11. 27. 선고 97다41103 판결, 1996. 8. 20. 선고 94다58988 판결

【참조선례】 제92항, 제93항, 제94항, 제95항, Ⅱ 제430항

[예규 11] 촉탁착오로 인한 예고등기의 말소

촉탁착오로 인한 예고등기의 말소

매매계약 해제를 원인으로 하는 소유권이전등기말소 청구의 소를 제기한 경우에는 예고등기를 할 수 없을 것인 바, 만일 위 경우에 수소법원이 착오로 예고등기를 촉탁하여 등기부상 이미 예고등기가 경료되었다면 이해관계인은 수소법원에 대하여 직권발동을 촉구하는 의미의 예고등기말소신청을 할 수 있을 것이며, 수소법원의 촉탁착오에 인한 예고등기의 말소 촉탁에 의하여서만 그 예고등기는 말소될 수 있다.

등기선례 제4-592호 (1994. 7. 30. 등기 3402-681 질의회답)

참조조문 : 법 제4조 , 제170조의 2
참조선례 : 선례요지 Ⅲ 제745항

제2절 선 례

1. 등기상 이해관계 있는 제3자

  부동산등기법 제59조 및 부동산등기규칙 제46조 제3호는 등기의 말소를 신청하는 경우 그 말소에 관하여 등기상 이해관계 있는 제3자가 있을 때에는 제3자의 승낙 또는 그 제3자에게 대항할 수 있는 재판이 있음을 증명하는 정보를 제공하여야 한다고 규정하고 있다.

2. 등기상 이해관계 있는 제3자에 관한 등기선례

[선례 1] 판결에 의하여 소유권이전등기의 말소 신청을 할 때 말소대상인 소유권이전등기에 터잡은 제3자의 권리에 관한 등기가 있는 경우, 그 제3자의 승낙서 등을 첨부정보로 제공해야 하는지 여부 (적극)

> 제정 2012. 8. 29. [등기선례 제201208-4호, 시행]
>
> 1. 확정판결에 의하여 소유권이전등기의 말소등기를 신청하는 경우에 압류권자 등 그 등기의 말소에 대하여 등기상 이해관계 있는 제3자가 있는 때에는 그 승낙서(인감증명서 첨부) 또는 이에 대항할 수 있는 재판의 등본을 첨부정보로 제공하여야 하고, 그렇지 않을 경우「부동산등기법」제29조 제9호의 각하사유에 해당된다.
> 2. 이해관계 있는 제3자의 승낙서 등이 첨부정보로 제공되면 그 등기는 등기관이 직권말소하고 신청에 따라 소유권이전등기를 말소하게 되며, 승낙서 등이 첨부정보로 제공되지 않으면 소유권이전등기 말소도 할 수 없다.
> 3. 말소대상인 소유권이전등기 이전에 설정된 근저당권에 기한 임의경매개시결정등기가 마쳐진 경우, 신청채권자는 등기상 이해관계인에 해당하므로 그의 승낙서 정보를 첨부하여야 하고, 등기관은 소유권이전등기의 말소에 앞서 경매개시결정등기를 직권으로 말소한 후(근저당권은 말소하지 않음을 주의) 집행법원에 통지하여야 하며, 승낙서가 첨부되지 않으면 소유권이전등기도 말소할 수 없을 것이다.

(2012. 08. 29. 부동산등기과-1649 질의회답)

참조조문 : 부동산등기법 제57조, 부동산등기규칙 제60조 제1항 제7호
참조예규 : 등기예규 제1368호
참조선례 : 부동산등기선례요지집 Ⅱ 제401항, Ⅲ 제286항, Ⅳ 제472항

[선례 2] 말소대상인 소유권이전등기에 터 잡아 경료된 가처분등기를 말소하지 않고 그대로 둔 채 소유권이전등기만을 말소한 경우, 등기관이 직권으로 말소회복등기를 하여야 하는지 여부(적극)

제정 2001. 6. 13. [등기선례 제6-458호, 시행]

1. 사해행위취소소송에서 소유권이전등기의 말소를 명하는 확정판결을 받았으나 그 말소대상인 소유권이전등기에 터 잡아 경료된 가처분등기가 있는 경우, 그 소유권이전등기의 말소신청과 관련하여 위 가처분등기는 말소할 권리를 목적으로 하는 제3자의 권리에 관한 등기에 해당하므로(부동산등기법 제172조 제2항참조), 가처분채권자는 그 소유권이전등기의 말소에 관하여 등기상 이해관계 있는 제3자라고 할 것이고, 따라서 그 소유권이전등기의 말소를 신청하기 위해서는 가처분채권자의 승낙서 또는 가처분채권자에게 대항할 수 있는 재판의 등본을 첨부하여야 하는바(같은 법 제171조),

2. 만약 소유권말소등기의 신청인이 가처분채권자의 승낙서 또는 가처분채권자에게 대항할 수 있는 재판의 등본을 첨부하지 않았음에도 불구하고, 사해행위취소의 효력은 상대적이어서 가처분의 효력은 당연히 소멸되는 것은 아니고 여전히 부동산에 존속한다는 이유로 가처분등기를 말소하지 않고 그대로 둔 채 소유권이전등기만을 말소하라는 취지의 법원의 기재명령에 의하여 가처분등기를 말소하지 않고 그대로 둔 채 소유권이전등기만을 말소하였다면, 그러한 소유권이전등기만의 말소등기는 무효의 등기로서 부동산등기법 제55조 제2호의 '사건이 등기할 것이 아닌 때'에 해당된다고 할 것이므로, 등기관 은 부동산등기법 제175조 내지 제177조의 규정에 의하여 말소회복등기의 등기권리자·등기의무자와 등기상 이해관계 있는 제3자에 대하여 등기를 회복한다는 취지를 통지하고, 이의 진술한 자가 없는 때 또는 이의를 각하한 때에는 등

기관이 직권으로 말소회복등기를 하여야 한다.

(2001. 6. 13. 등기 3402-402 질의회답)

참조판례 : 1996. 8. 20. 선고 94다58988 판결
참조예규 : 제885호
참조선례 : Ⅰ 제94항, 제95항

[선례 3] 소유권이전등기 이후에 근저당권설정등기가 경료된 경우, 근저당권자는 소유권이전등기의 말소에 관하여 등기상 이해관계 있는 제3자인지 여부 및 소유권이전등기 말소 절차

제정 2001. 5. 26. [등기선례 제6-65호, 시행]

1. 사해행위취소소송에서 소유권이전등기의 말소를 명하는 확정판결을 받았으나 그 말소대상인 소유권이전등기에 터 잡아 경료된 근저당권설정등기가 있는 경우, 그 소유권이전등기의 말소신청과 관련하여 위 근저당권설정등기는 말소할 권리를 목적으로 하는 제3자의 권리에 관한 등기에 해당하므로(부동산등기법 제172조 제2항 참조), 위 근저당권자는 그 소유권이전등기의 말소에 관하여 등기상 이해관계 있는 제3자라고 할 것이고, 따라서 그 소유권이전등기의 말소를 신청하기 위해서는 위 근저당권자의 승낙서 또는 근저당권자에게 대항할 수 있는 재판의 등본을 첨부하여야 한다(같은 법 제171조).

2. 그리하여 소유권말소판결의 원고가 근저당권자의 승낙서 또는 근저당권자에게 대항할 수 있는 재판의 등본을 첨부하여 소유권이전등기의 말소를 신청한 경우에 등기관은 그 소유권이전등기를 말소함과 동시에 위 근저당권설정등기를 직권으로 말소하게 되는바(같은 법 제172조 제2항), 위와 같은 경우에 근저당권설정등기는 말소하지 않고 그대로 둔 채 소유권이전등기만 말소할 수는 없다.

(2001. 5. 26. 등기 3402-365 질의회답)

참조판례 : 1998. 11. 27. 선고 97다41103 판결, 1996. 8. 20. 선고 94다58988 판결
참조선례 : Ⅰ 제92항, 제93항, 제94항, 제95항, Ⅱ 제430항

[선례 4] 사해행위취소에 따른 원상회복청구권을 피보전권리로 한 채권처분금지가처분결정이 제3채무자에게 송달된 경우 공탁 방법 등

제정 2010. 10. 26. [공탁선례 제201010-2호, 시행]

1. 제3채무자가 채무자에게 지급할 금전채권에 대하여 갑(甲)의 채권압류 및 전부명령을 송달받은 후 위 전부금채권에 대하여 사해행위취소에 따른 원상회복으로서의 채권양도청구권을 피보전권리로 한 채권처분금지가처분결정을 송달받은 경우 그 가처분권자는 채무자에 대한 채권자의 지위에 있을 뿐 채권이 가처분권자 자신에게 귀속한다고 다투는 경우가 아니므로 제3채무자는 피공탁자를 '전부권자(갑) 또는 가처분권자'로 한 상대적 불확지 변제공탁을 할 수 없다.
2. 위와 같은 상대적 불확지공탁을 할 수 없음에도 공탁이 이루어진 경우에는 착오에 의한 공탁으로 「공탁법」 제9조제2항제2호에 따라 착오를 증명하는 서면을 첨부하여 공탁금을 회수할 수 있을 것이며, 이 사안의 경우는 공탁서 및 첨부서류에 의하여 착오임을 확인할 수 있을 것으로 보이나, 구체적인 공탁사건에서 착오를 증명하는 서면인지 여부는 해당 공탁관이 판단할 사항일 것이다.

(2010. 10. 26. 사법등기심의관 - 2653 질의회답)

참조조문 : 「공탁법」 제9조제2항제2호
참조판례 : 2009. 11. 12. 선고 2007다53785 판결

[선례 5] 가등기에 기한 본등기 경료 후 가등기 말소를 명한 판결로 가등기 및 본등기 말소 가부

제정 1999. 3. 10. [등기선례 제6-449호, 시행]

등기부상 갑 소유의 부동산에 대하여 을이 소유권이전청구권 가등기를 경료한 후 병이 사해행위취소등 청구소송을 제기하여 승소판결을 받아 위 판결이 확정되었으나 위 재판절차 진행중 을이 위 가등기에 기하여 본등기를 경료하였을 경우, 본등기의 말소등기절차를 이행할 것을 명하는 판결이 아닌 위 판결로서는 본등기의 말소등기를 신청할 수 없으며, 본등기가 경료된 이후에는 가등기만의 말소등기를 신청할 수도 없다.

(1999. 3. 10. 등기 3402-247 질의회답)

참조조문 : 법 제169조
참조선례 : Ⅳ 제586항

[선례 6] 채권자대위소송의 판결에 기하여 제3의 채권자가 채무자를 대위하여 등기신청을 할 수 있는지 여부

제정 2007. 4. 12. [등기선례 제200704-2호, 시행]

채권자(A)가 채무자(B)를 대위하여 제3채무자(C)를 상대로 소유권이전등기절차 이행을 청구하는 소송을 제기하여 승소확정판결을 받은 경우, 채무자(B)가 어떠한 사유로 인하였던 간에 위 소송이 제기된 사실을 알았을 때에는 동 판결의 효력은 채무자(B)에게 미치고, 채무자(B)의 다른 채권자(D)는 위 확정판결의 기판력에 의하여 채무자(B)를 대위하여 제3채무자(C)를 상대로 동일한 소송을 제기할 수 없으므로, 채무자(B)가 위 판결에 기한 등기신청을 하지 않을 때에는 제3채권자(D)는 채무자(B)를 대위하여 그 판결의 정본을 첨부하여 소유권이전등기신청을 할 수 있다.

(2007. 4. 12. 부동산등기과-1331 질의회답)

참조조문 : 민사소송법 제162조
참조선례 : 등기선례 Ⅰ 제362항
참조판례 : 93다52808

[예규 1] 부대청구가 있는 금전지급청구소송에 있어서의 소송목적의 값 산정요령

제정 2003.04.07 재판예규 제889호(재민 2003-1)

부대청구가 있는 금전지급청구소송에 있어서의 소송목적의 값 산정요령
(재민 2003-1)

제1조 (목적)

이 예규는 금전지급청구소송에 있어서 민사소송법 제27조 제2항에 의하여 소송목적의 값에 넣지 아니하는 부대청구(소송의 부대목적이 되는 과실·손해배상·위약금 또는 비용의 청구)와 관련하여 소송목적의 값을 산정하는 사무처리요령을 정함을 목적으로 한다.

제2조 (부대청구의 범위)

① 다음 각호의 청구가 금전지급청구소송의 부대목적이 되는 경우에는 부대청구에 해당된다.

1. 이자
2. 약정 지연손해금
3. 법정 지연손해금(민법, 상법, 어음법, 수표법, 소송촉진등에관한특례법 등에서 정한 법정이율을 적용한 청구)
4. 제1호 내지 제3호와 유사한 내용의 금전지급청구

② 다음 각호의 청구는 부대청구에 해당되지 아니한다.

1. 채권의 보전 또는 실행을 위한 법적 절차비용
2. 신용보증기금법 제33조의 규정에 의한 보증료 및 제34조의 규정에 의한 위약금
3. 기술신용보증기금법 제33조의 규정에 의한 보증료 및 제33조의2의 규정에 의한 수수료
4. 시설대여업자(리스회사)와의 약정에 따른 규정손해금
5. 제1호 내지 제4호와 유사한 내용의 금전지급청구

제3조 (소송목적의 값 산정요령)

① 청구취지에서 특정된 금액에 부대청구가 포함되어 있지 아니한 경우에는 그 특정된 금액을 소송목적의 값으로 한다.

② 청구취지에서 특정된 금액에 부대청구가 포함되어 있는 경우에는 위 특정된 금액에서 부대청구에 해당하는 금액을 공제한 나머지 금액을 소송목적의 값으로 한다.

③ 제2조 제1항 각호의 청구가 독립하여 이루어진 경우에는 그 청구금액을 소송목적의 값으로 한다.

제4조 (구체적인 산정례)
제3조의 규정에 의하여 소송목적의 값을 산정하는 구체적인 산정례는 아래와 같다.

[예시 1]
원금이 2000만원, 지연손해금(1999. 1. 1.부터 2002. 12. 31.까지 발생)이 500만원인 경우 청구취지가 다음 중 어느 하나의 방식으로 기재되어 있더라도 소송목적의 값은 모두 2000만원으로 산정함

① 2000만원 및 이에 대한 1999. 1. 1.부터 다 갚을 때까지의 지연손해금

② 2500만원(2000+500) 및 이 중 2000만원에 대한 2003. 1. 1.부터 다 갚을 때까지의 지연손해금

[예시 2]
대위변제금 2000만원, 위약금(신용보증기금법상) 40만원, 채권보전비용 60만원, 지연손해금(2002. 12. 31.까지 발생분)이 500만원인 경우, 청구취지가 다음 중 어느 하나의 방식으로 기재되어 있더라도 소송목적의 값은 모두 2100만원으로 산정함

① 2100만원(2000+40+60) 및 이 중 2000만원에 대한 1999. 1. 1.부터 다 갚을 때까지의 지연손해금

② 2600만원(2000+40+60+500) 및 이 중 2000만원에 대한 2003. 1. 1.부터 다 갚을 때까지의 지연손해금

[예시 3]
원금 잔액 500만원(2000만원 중 1500만원은 2002. 12. 31.변제완료), 이미 변제한 1500만원에 대하여 1999. 1. 1.부터 2002. 12. 31.까지 발생한 지연손해금 300만원, 원금 잔액 500만원에 대하여 1999. 1. 1.부터 2002. 12. 31.까지 발생한 지연손해금이 100만원인 경우, 위 300만원의 지연손해금 청구부분은 부대청구가 아니므로, 청구취지가 다음 중 어느 하나의 방식으로 기재되어 있더라도 소송목적의 값은 모두 800만원으로 산정함

① 800만원 및 이 중 500만원에 대한 1999. 1. 1.부터 다 갚을 때까지의 지연손해금

② 900만원 및 이 중 500만원에 대한 2003. 1. 1.부터 다 갚을 때까지의 지연손해금

부 칙

이 예규는 2003. 4. 11.부터 시행한다.

[예규 2] 사건관리방식에 관한 예규

사건관리방식에 관한 예규(재일 2001-2)

전부개정 2017.02.21 재판예규 제1646호

1. 목적

 이 예규는 충실한 심리를 통하여 재판에 대한 국민의 신뢰를 증진하고, 아울러 효율적인 사건심리가 이루어질 수 있도록 사건관리방식의 기준을 제시함을 목적으로 한다.

2. 적용범위

 가. 민사사건

  이 예규는 민사 제1심(다만, 소액사건은 제외) 및 모든 항소심 사건에 적용한다.

 나. 가사 및 행정사건 등

  이 예규는 그 성질에 반하지 아니하는 한 가사, 행정 및 특허사건에 이를 준용한다.

3. 접수담당 법원사무관등의 소장심사

 가. 접수담당 법원사무관등(다음부터 "접수사무관등"이라 함)은 소장 접수 시, 소송목적의 값 산정과 인지액의 적정 여부, 송달료, 관할 및 필수적 기재사항과 연락처(전화번호·휴대전화번호·팩시밀리번호·전자우편주소 등)의 기재, 기본적 서증 및 그 사본의 첨부 여부에 유의하여 소장을 심사하고, 흠결사항이 있을 때에는 제출자에게 보정을 촉구하여야 한다.

 나. 삭제(2013.01.17.제1420호)

4. 재판부의 업무협의

 가. 재판장, 각급 법원 재판부에 참여하는 법원사무관등(다음부터 "참여사무관등"이라 함)을 비롯한 재판부 구성원은 재판부 구성 초기에 소장 및 답변서의 실질적 심사 범위, 공시송달처분의 기준, 분쟁성 사건에 대한 사건관리 방향 등 업무처리사항에 대해 협의하여야 한다. 이 경우 사전 업무협의서 (전산양식 A2933) 를 활용할 수 있다.

나. 참여사무관등은 가.항에 따라 사전 협의된 기준에 의해 이 예규에서 정하여진 업무를 처리하여야 한다.
다. 재판부에서 참여관과 실무관의 업무는 원칙적으로 별표 1 기재와 같이 구분된다. 다만, 재판부 구성원의 협의로 변경할 수 있다.

4-2. 참여사무관등의 소장 심사와 심사 후 조치 등
 가. 심사의 범위
  참여사무관등은 사건이 배당되는 즉시 접수사무관등이 심사한 사항을 재점검하고, 다음 각 호의 사항을 중심으로 소장을 심사하여야 한다.
  (1) 당사자표시의 적정 여부
  (2) 필수 첨부서류(법인 등기사항증명서, 소송위임장 등 각종 자격증명서류)의 첨부 여부
  (3) 소송목적의 값 산정과 인지액의 적정 여부
  (4) 사물관할, 토지관할, 전속관할의 유무
  (5) 청구취지 중 누락 부분(지연손해금 기산일 또는 별지 등) 유무
  (6) 청구취지와 청구원인의 부합 여부
  (7) 기본적 서증의 첨부 여부
  (8) 소장에 기재된 당사자표시와 전산시스템에 입력된 내용의 일치 여부
  (9) 사건유형별 요건사실 등 기타 협의된 사항
 나. 심사 후 조치
  (1) 관할위반이 분명한 경우 즉시 이송결정 초안을 작성하여 기록과 함께 재판장에게 인계한다.
  (2) 소장에 흠결이 있는 경우 참여사무관등 또는 재판장의 명의로 보정명령을 발하되, 소장각하의 대상이 되지 않는 사항에 대하여는 참여사무관등 명의로 보정권고를 한다.
  (3) 소장의 흠결을 보정할 수 없거나 보정명령을 하였음에도 보정하지 아니하는 경우 즉시 재판장에게 소장각하명령 초안과 함께 기록을 인계한다.
 다. 보정명령 또는 보정권고의 송달 방식
  보정명령 또는 보정권고를 송달하는 때에는 전화나 팩시밀리, 전자우편(e-mail) 등을 적극 활용하고, 이 경우 송달한 보정명령서 또는 보정권고서의 여백에 "2017. ○○. ○○. 전화통지"와 같은 형식으로 간단히 기재함으로써 송달통지서에 갈음할 수 있다. 다만, 소장각하 대상

이 되는 사항에 대한 보정명령은 우편이나 팩시밀리로 송달하여야 하고, 팩시밀리로 송달할 경우에는 팩시밀리로 반송된 영수증을 기록에 편철하는 등으로 송달한 근거를 기록상 분명하게 남겨야 한다.
  라. '적시처리 필요 중요사건'의 신속한 보고
    참여사무관등은 소장의 심사 시에 「적시처리가 필요한 중요사건의 선정 및 배당에 관한 예규」에 따라 선정된 사건이 배당되거나, 소장 심사 시에 '적시처리 필요 중요사건'으로 선정할 필요가 있다고 보이는 사건을 발견한 경우에는 곧바로 재판장에게 보고하여야 한다.
5. 소장부본의 송달
  가. 참여사무관등은 소장의 형식적 기재사항에 관한 보정을 명하는 경우를 제외하고는 사건이 배당되는 즉시 소장부본, 소송절차안내서 (전산양식 A1176) 와 답변서요약표 (전산양식 A1510) 를 피고에게 송달하여야 한다.
  나. 참여사무관등은 송달불능 사건의 경우 참여사무관등의 명의로 주소보정명령을 하여야 한다.
6. 공시송달 사건의 처리
  가. 참여사무관등은 주기적으로 소장부본의 송달상황을 점검하여 공시송달 처분 여부를 결정하여야 한다.
  나. 소장부본을 공시송달하는 사건은 바로 제1회 변론기일을 지정하되, 필요한 경우 그 기일에 변론이 종결될 수 있도록 미리 원고에게 석명준비명령 등을 할 수 있다.
7. 답변서 미제출 사건의 처리
  가. 참여사무관등은 답변서가 민사소송법 제256조 제1항의 제출기간 안에 제출되었는지 여부를 점검하여야 한다.
  나. 참여사무관등은 답변서가 제출기간 안에 제출되지 아니한 사건(피고가 청구의 원인이 된 사실을 모두 자백하는 취지의 답변서를 제출하고 따로 항변을 하지 아니한 사건을 포함한다)에 대하여는 무변론판결 선고에 적합한지 여부를 검토한 후 바로 재판장에게 그 검토결과를 보고하고 기록을 인계하여야 한다.
8. 답변서가 제출된 경우의 조치
  가. 답변서의 심사 범위
    참여사무관등은 다음 각 호의 사항을 중심으로 답변서를 검토하여야 한다.
   (1) 민사소송법과 민사소송규칙에 규정된 기재사항이 있는지 여부(구체적이고 실질적인 답변이 적혀 있는지 여부 포함)
   (2) 관할위반의 항변 유무
   (3) 당사자의 조정의사 유무를 포함하여 조정회부가 상당한지 여부
   (4) 관련 사건에 관한 기재가 있는지 여부
   (5) 기타 협의된 검토사항
  나. 심사 후 조치
   (1) 형식적 답변서만 제출된 경우 참여사무관등은 실질적 답변서의 제출을 촉구하는 보정권고를 한다.
   (2) 참여사무관등은 답변서에 대한 심사를 마치면 바로 답변서를 기록과 함께 재판장에게 인계하고, 사건분류에 대한 의견(이송, 조기조정회부, 변론기일지정 등)을 포함하여 답변서 심사와 관련된 사항을 재판장에게 보고하여야 한다. 이 경우 기록검토 결과보고서 (전산양식 A2934) 를 활용할 수 있다.
   (3) 참여사무관등은 답변서 심사 후 당해 사건에 필수적인 증거신청이 누락된 경우 직접 보정권고를 하거나 석명준비명령 초안을 작성하여 기록과 함께 인계할 수 있다.
9. 재판장의 사건처리방향 결정
  가. 재판장은 기록을 검토한 후 가능한 최단기간 안의 날로 변론기일을 지정한다.
  나. 재판장은 화해적 분쟁해결이 적합하다고 판단되는 사건의 경우 변론기일 지정 전 조정에 회부할 수 있다.
  다. 재판장은 다음과 같은 경우에는 사건을 변론준비절차에 회부할 수 있다. 변론기일을 연 뒤에도 마찬가지이다.
   (1) 쟁점과 주장내용이 복잡하거나 방대한 사건
   (2) 전문적인 분야나 새로운 형태의 법률관계에 관한 사건
   (3) 주장 자체가 불분명하거나 서로 모순되는 사건
   (4) 증거가 많고 복잡하여 입증계획 등을 사전에 협의할 필요가 있는 사건
10. 변론의 준비
  가. 변론준비절차 회부의 방식

(1) 사건을 변론준비절차에 부칠 경우에는 별도의 재판서를 작성할 필요가 없고, 소송기록표지 이면의 변론준비절차란에 회부일자를 적고 재판장이 날인한다.
(2) 변론준비절차 회부명령은 당사자에게 별도로 고지하지 아니하고, 양쪽 당사자에게 '사건을 변론준비절차에 부쳤다'는 문구가 기재된 준비명령 (전산양식 A1501) 등을 송달함으로써 갈음한다.

나. 준비서면의 제출 최고
(1) 변론준비절차에서 원고에게 준비서면을 제출하게 하는 경우, 재판장은 답변서 발송일부터 3주 정도로 기한을 정하여 피고의 주장에 대한 답변 등과 증거방법에 관한 의견을 기재한 준비서면과 필요한 증거방법을 제출하도록 최고하는 내용의 준비명령(전산양식 A1502)을 하거나, 참여사무관등으로 하여금 준비권고(전산양식 A1502-1)를 하도록 한다. 이 때 참여사무관등은 준비명령 또는 준비권고와 함께 소송절차안내서(전산양식 A1176)를 송달하여야 한다.
(2) 참여사무관등은 당사자에게 준비명령 또는 준비권고를 송달할 경우 준비서면요약표 (전산양식 A1521) 를 함께 송달하여야 한다.
(3) 참여사무관등은 정해진 기한 내에 준비서면이 제출되지 아니하면, 바로 기록을 재판장에게 인계하여 사건이 적시에 처리될 수 있도록 하여야 한다.
(4) 참여사무관등은 원고의 준비서면이 제출되면 이를 피고에게 송달한 후(다만, 피고에게 다시 준비서면의 제출을 최고하지는 아니한다), 바로 기록을 정리하여 재판장에게 인계한다.

다. 기록의 검토
재판장은 제1회 변론기일이나 변론준비기일 전에 기록검토를 통해 쟁점을 파악할 수 있도록 노력한다.

11. 변론기일의 운영
가. 기일지정
변론기일은 가능한 한 시간대를 세분하여 시차를 두고 기일을 지정하되, 충분한 변론시간이 확보되어야 한다.
나. 쟁점정리
재판장은 제1회 변론기일에서 기록을 통해 파악한 사안의 개요를 제시하고 당사자로 하여금 이를 보충하게 하는 방법 등으로 쟁점을 정리한다. 추가 쟁점정리가 필요한 경우 적절한 소송지휘를 통해 쟁점정리가 증거조사 전에 완료될 수 있도록 한다.

다. 절차협의

재판장은 원활한 절차 진행을 위하여 필요한 경우 변론기일의 횟수 및 시간, 준비서면의 형식 및 제출기간, 증거의 신청기간 및 조사방법 등에 관한 절차협의를 할 수 있다.

12. 증거의 신청 및 제출

가. 증거 신청 및 제출 기회 부여

(1) 쟁점정리 및 절차협의를 마치면 가급적 그 다음 변론기일까지 모든 증거신청이 완료되도록 한다.

(2) 변론기일에는 쟁점정리 결과를 중심으로 증거 제출 여부를 확인하는 등의 방법으로 당사자들에게 충분한 입증 기회를 부여하여야 한다.

나. 문서송부촉탁, 검증, 감정, 사실조회 등

(1) 참여사무관등은 전형적으로 증거신청이 필요하다고 판단됨에도 불구하고(예 : 인신사고로 인한 손해배상사건에서의 신체감정, 관련 형사기록이 있는 사건에서의 문서송부촉탁 등), 당사자가 필요한 증거신청을 하지 않은 때에는, 입증촉구서 (전산양식 A1550-1, A1551-1, A1552-1) 등을 송부하거나, 전화 또는 팩시밀리로 신청을 촉구하여야 한다.

(2) 문서송부촉탁, 검증, 감정, 사실조회 등에 대한 증거신청서가 접수되면, 참여사무관등은 기록과 함께 그 증거신청서를 바로 재판장에게 인계하여야 한다.

(3) 증거신청에 대한 채부결정은 증거신청서 표지의 적당한 부분에 아래와 같은 고무인을 찍고 재판장이 날인하는 방식으로 할 수 있다.

채	부
결정 20 . . .	
기일 20 . . . :	

(4) 당사자의 참여나 참고자료의 제출이 예상되는 증거방법(예 : 신체

감 정, 측량감정 등)이 채택된 때에는, 참여사무관등은 바로 그 사실을 양쪽 당사자에게 통지하여야 한다. 통지는 전화, 전자우편을 이용하여 고지하거나, 채부의 날인이 된 신청서 표지를 팩시밀리로 송달한 후, 그 사실을 신청서 표면이나 그 밖에 기록의 적당한 곳에 표시하는 방식으로 할 수 있다.
  (5) 참여사무관등은 시행한 증거조사의 결과(예 : 송부문서, 사실조회 회보서, 감정서 등) 제출이 지연되는 경우에는 그 결과 제출을 촉구하여야 하고, 그 결과가 법원에 도착한 경우에는 이를 양쪽 당사자에게 즉시 통지하여야 한다.
  (6) 변론기일 전 증거신청 및 그 채부결정과 실시에 관한 사항은 그 사유가 생길 때마다 바로 증인등목록에 기재하여야 한다.
 다. 증거제출기간의 제한
  (1) 법원은 다음의 각 호의 경우에는 원칙적으로 증거를 신청할 기간을 정하여 고지한다. 다만, 이때에는 입증자료를 준비·제출하는 데 필요한 기간을 충분히 배려하여야 한다.
   1. 증거신청을 위해 기일을 속행하였음에도 다음 기일까지 증거신청을 하지 않은 경우
   2. 증거신청에 관한 절차 협의에 포함되지 않는 증거신청을 희망하는 경우
   3. 그밖에 증거의 적시제출을 위하여 필요한 경우
  (2) 증거제출기한을 정하는 경우 당사자에게 그 기간이 도과하면 증거를 신청할 수 없음을 고지하고 조서에 기재하여야 한다.
13. 변론기일의 증거조사
 가. 증거조사의 집중
  증인신문과 당사자신문을 시작하기 전에 가급적 이들을 제외한 모든 증거자료의 현출이 완료되도록 한다.
 나. 서증의 조사
  (1) 부각된 쟁점 등에 비추어 해당 문서의 성립에 관하여 그 자체로 다툼이 있는 문서, 해당 문서로 증명될 사실의 존부 등이 쟁점이 되는 등 핵심적 증거가치를 가지고 있는 문서(예 : 당사자 사이에 법률행위의 존부나 내용에 관하여 다툼이 있는 경우에 그 법률행위에 관한 처분문서), 그 밖에 사건의 쟁점과 관련된 문서로서 인부가 필

요하다고 판단되는 문서(이하 "필요적 인부 문서"라고 함)에 대하여는 상대방에게 인부의 의견을 진술하게 하여야 한다.
(2) 서증에 관한 증거조사 과정에서 인부를 누락하여 증거조사를 다하지 아니한 흠이 발생하지 아니하도록 석명권 행사 등의 적절한 조치를 통하여 필요적 인부 문서에 해당하는지 여부를 명백히 밝혀야 한다.
(3) 필요적 인부 문서에 해당하지 아니한 것으로 판단되는 문서에 관하여 상대방이 적극적, 명시적으로 인부의 진술을 하지 않는 때에는 인부의 진술을 촉구하지 아니한다.

다. 증인신문 등의 집중
증인 및 당사자에 대한 신문은 당사자의 주장과 증거를 정리한 뒤 원칙적으로 한 기일에 집중하여 실시한다.

라. 증인의 출석확보
(1) 참여사무관등은 증인신문기일의 약 1주일 전에 대리인 또는 본인을 통하거나 증인에게 연락하여 그 증인의 출석 가능 여부를 확인하여야 한다.
(2) 참여사무관등은 증인의 불출석이 예상되는 때에는 재판장에게 바로 보고하여야 한다.

14. 증인조사의 방식
가. 서면에 의한 증언방식의 활용
공시송달사건, 피고가 형식적인 답변서만 제출하고 출석하지 아니하는 사건 등에서는 서면에 의한 증언을 활용한다.

나. 재판장의 쟁점 설명
재판장은 당사자에게 해당 증인에 의하여 입증할 사실을 개별적으로 설명함으로써 증인신문이 쟁점에 집중하여 이루어지도록 한다.

다. 증인신문의 실시
(1) 증인진술서가 제출된 경우 주신문은 핵심쟁점사항에 한정하며, 상대방의 반대신문권을 충분히 보장하는 방향으로 운영하되, 주신문절차에서 증인진술서의 진정성립만 확인하고 주신문을 전면 생략하는 방식은 상당하지 아니하다.
(2) 한 기일에 여러 사람의 증인을 신문하는 때에는 따로따로 증인신문을 하도록 하되, 필요하다고 인정하는 때에는 전부 또는 일부 증인을 재정시킨 상태에서 신문하는 방식도 활용한다.

(3) 증인 상호간 또는 증인과 당사자 사이의 대질신문을 적절히 활용한다.

(4) 신문을 마친 증인도 부득이 한 사정이 없는 한 그 기일이 끝날 때까지 법정 또는 법정 밖에서 대기하도록 하여, 뒤의 증언 또는 당사자신문의 내용과 모순되는 경우에는 재신문 또는 대질 신문이 가능하도록 한다.

(5) 핵심쟁점사항에 관하여는 증인이 스스로 경험한 사실을 자유롭게 진술하게 하되, 핵심쟁점이 아닌 사항의 신문에 과도한 시간을 소비하지 않도록 유의한다.

15. 당사자신문

당사자신문을 적극 활용하며, 사안에 따라서는 증인에 앞서 당사자를 먼저 신문함으로써 쟁점을 보다 명확히 한 후에 증인을 신문하는 방식도 활용한다.

15-2. 제1심 집중

재판장은 제1심에서 청구취지와 청구원인이 분명하게 정리되고, 이와 관련된 증거조사도 완료될 수 있도록 노력하여야 한다.

16. 선고기일의 운영

가. 재판장은 이미 정한 선고기일에 판결 선고를 하지 아니할 경우, 부득이한 사정이 없는 한, 사전에 선고기일을 변경하여야 한다.

나. 재판장은 선고기일을 변경하는 경우, 참여사무관등에게 바로 그 사실을 알리고, 참여사무관등은 즉시 당사자에게 기일변경사실을 통지하여야 한다. 만일 서면으로 통지할 시간적 여유가 없는 때에는 민사소송규칙 제45조에 따라 간이한 방법으로 당사자에게 통지하고 간이송달보고서 (전산양식 A1407) 를 작성하여 기록에 편철하여야 한다.

17. 항소심에서의 심리절차

가. 심리절차의 개요

항소심에서는 항소이유를 기재한 서면 및 이에 대한 답변서에 기재된 내용을 통해 드러난 쟁점에 집중하여 심리를 진행한다.

나. 항소인에 대한 석명준비명령

항소장에 구체적인 항소이유가 기재되어 있지 않은 경우, 참여사무관등은 기록이 접수된 후 지체없이 항소인에게 상세한 항소이유를 기재한 준비서면을 정해진 기한 안에 제출하도록 촉구하는 석명준비명령을 송달한다. 이때 참여사무관등은 석명준비명령과 함께 항소이유 제출서(전산양식 A2935)를 송달하여야 한다.
다. 피항소인에 대한 답변서 제출명령
쟁점 확인을 위해 필요한 경우 피항소인에게 항소이유에 대한 반박을 기재한 답변서를 제출하게 할 수 있다.
라. 기록인계
항소장에 구체적인 항소이유가 기재되어 있거나 항소이유가 기재된 준비서면이 제출되면, 재판장이 달리 정하지 않는 한 참여사무관등은 바로 재판장에게 기록을 인계하여야 한다. 석명준비명령에 정해진 기한 안에 준비서면이 제출되지 아니한 경우에도 같다.

부 칙

1. 시행일
   이 예규는 2001. 3. 1.부터 시행한다.
2. 경과조치
   가. 이 예규는 시행일 이전에 접수되었으나 시행일 현재 기일이 지정되지 아니한 사건에 대해서도 적용한다.
   나. 시행일 현재 기일이 지정되어 있는 사건에 대하여는 사건의 진행 정도에 비추어 그 성질에 반하지 아니하는 한도 내에서 이 예규를 준용한다.

부 칙(2003.09.04 제919호)

이 예규는 2003.10.01.부터 시행한다.

부 칙(2004.08.02 제961호)

1. (시행일) 이 예규는 2004. 8. 2.부터 시행한다.
2. (경과규정) 이 예규 시행이전에 접수된 사건에 대하여도 적용한다.

부 칙(2004.12.06 제991호)

1. 이 예규는 2004. 12. 10.부터 시행한다.
2. "사건의 최초의 기일지정(재일 63-1)" 예규를 폐지한다.

부 칙(2007.05.09 제1136호)

1. (시행일) 이 예규는 2007. 5. 14.부터 시행한다.
2. (경과규정) 이 예규는 시행일 이전에 접수된 사건에 대하여도 적용한다.

부 칙(2009.12.30 제1292호)

① (시행일) 이 예규는 즉시 시행한다.
② (경과규정) 이 예규는 시행일 이전에 접수된 사건에 대하여도 적용한다.

부 칙(2013.01.17 제1420호)

1. (시행일) 이 예규는 2013. 1. 25.부터 시행한다.
2. (경과규정) 이 예규는 시행일 이전에 접수된 사건에 대하여도 적용한다.

부 칙(2014.02.14 제1464호)

1. (시행일) 이 예규는 2014년 3월 24일부터 시행한다.
2. (경과규정) 이 예규는 시행일 이전에 접수된 사건에도 적용한다.

부 칙(2015.05.20 제1528호)

제1조 (시행일) 이 예규는 2015년 7월 1일부터 시행한다.
제2조 (계속사건에 관한 경과조치) 이 예규는 이 예규 시행 당시에 법원에 계속 중인 사건에도 적용한다.

부 칙(2017.02.21 제1646호)

이 예규는 즉시 시행한다.

◆ 민사소송규칙

민사소송규칙

[시행 2021. 11. 18.] [대법원규칙 제3001호, 2021. 10. 29., 일부개정]

제1편 총 칙

제1장 통 칙

제1조 (목적) 이 규칙은 민사소송법(다음부터 "법"이라 한다)이 대법원규칙에 위임한 사항, 그 밖에 민사소송절차에 관하여 필요한 사항을 규정함을 목적으로 한다.

제2조 (법원에 제출하는 서면의 기재사항) ① 당사자 또는 대리인이 법원에 제출하는 서면에는 특별한 규정이 없으면 다음 각호의 사항을 적고 당사자 또는 대리인이 기명날인 또는 서명하여야 한다.
  1. 사건의 표시
  2. 서면을 제출하는 당사자와 대리인의 이름·주소와 연락처(전화번호·팩시밀리번호 또는 전자우편주소 등을 말한다. 다음부터 같다)
  3. 덧붙인 서류의 표시
  4. 작성한 날짜
  5. 법원의 표시
② 당사자 또는 대리인이 제출한 서면에 적은 주소 또는 연락처에 변동사항이 없는 때에는 그 이후에 제출하는 서면에는 주소 또는 연락처를 적지 아니하여도 된다.

제3조 (최고·통지) ① 민사소송절차에서 최고와 통지는 특별한 규정이 없으면 상당하다고 인정되는 방법으로 할 수 있다.
  ② 제1항의 최고나 통지를 한 때에는 법원서기관·법원사무관·법원주

사 또는 법원주사보(다음부터 이 모두를 "법원사무관등"이라 한다)는 그 취지와 최고 또는 통지의 방법을 소송기록에 표시하여야 한다.

③ 이 규칙에 규정된 통지(다만, 법에 규정된 통지를 제외한다)를 받을 사람이 외국에 있거나 있는 곳이 분명하지 아니한 때에는 통지를 하지 아니하여도 된다. 이 경우 법원사무관등은 그 사유를 소송기록에 표시하여야 한다.

④ 당사자, 그 밖의 소송관계인에 대한 통지는 법원사무관등으로 하여금 그 이름으로 하게 할 수 있다.

제4조 (소송서류의 작성방법 등) ① 소송서류는 간결한 문장으로 분명하게 작성하여야 한다.

② 소송서류는 특별한 사정이 없으면 다음 양식에 따라 세워서 적어야 한다. <개정 2016. 8. 1.>

1. 용지는 A4(가로 210㎜×세로 297㎜) 크기로 하고, 위로부터 45㎜, 왼쪽 및 오른쪽으로부터 각각 20㎜, 아래로부터 30㎜(장수 표시 제외)의 여백을 둔다.
2. 글자크기는 12포인트(가로 4.2㎜×세로 4.2㎜) 이상으로 하고, 줄간격은 200% 또는 1.5줄 이상으로 한다.

③ 법원은 제출자의 의견을 들어 변론기일 또는 변론준비기일에서 진술되지 아니하거나 불필요한 소송서류를 돌려주거나 폐기할 수 있다. <신설 2016. 8. 1.>

제5조 (소송서류의 접수와 보정권고) ① 당사자, 그 밖의 소송관계인이 제출하는 소송서류는 정당한 이유 없이 접수를 거부하여서는 아니 된다.

② 소송서류를 접수한 공무원은 소송서류를 제출한 사람이 요청한 때에는 바로 접수증을 교부하여야 한다.

③ 법원사무관등은 접수된 소송서류의 보완을 위하여 필요한 사항을 지적하고 보정을 권고할 수 있다.

제2장 법 원

제6조 (보통재판적) 법 제3조 내지 법 제6조의 규정에 따라 보통재판적을

정할 수 없는 때에는 대법원이 있는 곳을 보통재판적으로 한다.

제7조 (관할지정의 신청 등) ① 법 제28조제1항의 규정에 따라 관계된 법원 또는 당사자가 관할지정을 신청하는 때에는 그 사유를 적은 신청서를 바로 위의 상급법원에 제출하여야 한다.
② 소 제기 후의 사건에 관하여 제1항의 신청을 한 경우, 신청인이 관계된 법원인 때에는 그 법원이 당사자 모두에게, 신청인이 당사자인 때에는 신청을 받은 법원이 소송이 계속된 법원과 상대방에게 그 취지를 통지하여야 한다.

제8조 (관할지정신청에 대한 처리) ① 법 제28조제1항의 규정에 따른 신청을 받은 법원은 그 신청에 정당한 이유가 있다고 인정하는 때에는 관할법원을 지정하는 결정을, 이유가 없다고 인정하는 때에는 신청을 기각하는 결정을 하여야 한다.
② 소 제기 전의 사건에 관하여 제1항의 결정을 한 경우에는 신청인에게, 소 제기 후의 사건에 관하여 제1항의 결정을 한 경우에는 소송이 계속된 법원과 당사자 모두에게 그 결정정본을 송달하여야 한다.
③ 소송이 계속된 법원이 바로 위의 상급법원으로부터 다른 법원을 관할 법원으로 지정하는 결정정본을 송달받은 때에는, 그 법원의 법원사무관등은 바로 그 결정정본과 소송기록을 지정된 법원에 보내야 한다.

제9조 (소송절차의 정지) 소 제기 후의 사건에 관하여 법 제28조제1항의 규정에 따른 관할지정신청이 있는 때에는 그 신청에 대한 결정이 있을 때까지 소송절차를 정지하여야 한다. 다만, 긴급한 필요가 있는 행위를 하는 경우에는 그러하지 아니하다.

제10조 (이송신청의 방식) ① 소송의 이송신청을 하는 때에는 신청의 이유를 밝혀야 한다.
② 이송신청은 기일에 출석하여 하는 경우가 아니면 서면으로 하여야 한다.

제11조 (이송결정에 관한 의견진술) ① 법 제34조제2항·제3항, 법 제35

조 또는 법 제36조제1항의 규정에 따른 신청이 있는 때에는 법원은 결정에 앞서 상대방에게 의견을 진술할 기회를 주어야 한다.

② 법원이 직권으로 법 제34조제2항, 법 제35조 또는 법 제36조의 규정에 따른 이송결정을 하는 때에는 당사자의 의견을 들을 수 있다.

제3장 당사자

제12조 (법인이 아닌 사단 등의 당사자능력을 판단하는 자료의 제출) 법원은 법인이 아닌 사단 또는 재단이 당사자가 되어 있는 때에는 정관·규약, 그 밖에 그 당사자의 당사자능력을 판단하기 위하여 필요한 자료를 제출하게 할 수 있다.

제13조 (법정대리권 소멸 및 선정당사자 선정취소·변경 통지의 신고)
① 법 제63조제1항의 규정에 따라 법정대리권 소멸통지를 한 사람은 그 취지를 법원에 서면으로 신고하여야 한다.
② 법 제63조제2항의 규정에 따라 선정당사자 선정취소와 변경의 통지를 한 사람에게는 제1항의 규정을 준용한다.

제14조 (필수적 공동소송인의 추가신청) 법 제68조제1항의 규정에 따른 필수적 공동소송인의 추가신청은 추가될 당사자의 이름·주소와 추가신청의 이유를 적은 서면으로 하여야 한다.

제15조 (단독사건에서 소송대리의 허가) ① 단독판사가 심리·재판하는 사건으로서 다음 각 호의 어느 하나에 해당하는 사건에서는 변호사가 아닌 사람도 법원의 허가를 받아 소송대리인이 될 수 있다. <개정 2016. 9. 6.>
1. 「민사 및 가사소송의 사물관할에 관한 규칙」 제2조 단서 각 호의 어느 하나에 해당하는 사건
2. 제1호 사건 외의 사건으로서 다음 각 목의 어느 하나에 해당하지 아니하는 사건
   가. 소송목적의 값이 소제기 당시 또는 청구취지 확장(변론의 병합 포함) 당시 1억원을 넘는 소송사건

나. 가목의 사건을 본안으로 하는 신청사건 및 이에 부수하는 신청사건(다만, 가압류·다툼의 대상에 관한 가처분 신청사건 및 이에 부수하는 신청사건은 제외한다)

② 제1항과 법 제88조제1항의 규정에 따라 법원의 허가를 받을 수 있는 사람은 다음 각호 가운데 어느 하나에 해당하여야 한다.
  1. 당사자의 배우자 또는 4촌 안의 친족으로서 당사자와의 생활관계에 비추어 상당하다고 인정되는 경우
  2. 당사자와 고용, 그 밖에 이에 준하는 계약관계를 맺고 그 사건에 관한 통상사무를 처리·보조하는 사람으로서 그 사람이 담당하는 사무와 사건의 내용 등에 비추어 상당하다고 인정되는 경우

③ 제1항과 법 제88조제1항에 규정된 허가신청은 서면으로 하여야 한다.

④ 제1항과 법 제88조제1항의 규정에 따른 허가를 한 후 사건이 제1항제2호 각 목의 어느 하나에 해당하는 사건(다만, 제1항제1호에 해당하는 사건은 제외한다) 또는 민사소송등인지법 제2조제4항에 해당하게 된 때에는 법원은 허가를 취소하고 당사자 본인에게 그 취지를 통지하여야 한다. <개정 2010. 12. 13., 2015. 1. 28., 2016. 9. 6.>

제16조 (법률상 소송대리인의 자격심사 등) ① 법원은 지배인·선장 등 법률상 소송대리인의 자격 또는 권한을 심사할 수 있고 그 심사에 필요한 때에는 그 소송대리인·당사자 본인 또는 참고인을 심문하거나 관련 자료를 제출하게 할 수 있다.

② 법원은 법률상 소송대리인이 그 자격 또는 권한이 없다고 인정하는 때에는 재판상 행위를 금지하고 당사자 본인에게 그 취지를 통지하여야 한다.

제17조 (소송대리권 소멸통지의 신고) 법 제97조에서 준용하는 법 제63조제1항의 규정에 따라 소송대리인 권한의 소멸통지를 한 사람에게는 제13조제1항의 규정을 준용한다.

제17조의2 (기일 외 진술 등의 금지) ① 당사자나 대리인은 기일 외에서 구술, 전화, 휴대전화 문자전송, 그 밖에 이와 유사한 방법으로 사실상 또는 법률상 사항에 대하여 진술하는 등 법령이나 재판장의 지휘에 어

굿나는 절차와 방식으로 소송행위를 하여서는 아니 된다.
② 재판장은 제1항을 어긴 당사자나 대리인에게 주의를 촉구하고 기일에서 그 위반사실을 알릴 수 있다. [본조신설 2016. 9. 6.]

제4장 소송비용

제1절 소송비용의 부담

제18조 (소송비용액의 확정을 구하는 신청의 방식) 법 제110조제1항, 법 제113조제1항 또는 법 제114조제1항의 규정에 따른 신청은 서면으로 하여야 한다.

제19조 (소송비용의 예납의무자) ① 법 제116조제1항의 규정에 따라 법원이 소송비용을 미리 내게 할 수 있는 당사자는 그 소송행위로 이익을 받을 당사자로 하되, 다음 각호의 기준을 따라야 한다. <개정 2020. 6. 26.>
 1. 송달료는 원고(상소심에서는 상소인을 말한다. 다음부터 이 조문 안에서 같다)
 2. 변론의 속기 또는 녹음(듣거나 말하는 데 장애가 있는 사람을 위한 속기, 녹음 및 제37조에 따라 녹음에 준하여 이루어지는 녹화를 제외한다. 다음부터 이 조문 안에서 같다)에 드는 비용은 신청인. 다만, 직권에 의한 속기 또는 녹음의 경우에 그 속기 또는 녹음으로 이익을 받을 당사자가 분명하지 아니한 때에는 원고
 3. 증거조사를 위한 증인·감정인·통역인(듣거나 말하는 데 장애가 있는 사람을 위한 통역인은 제외한다. 다음부터 이 조문 안에서 같다) 등에 대한 여비·일당·숙박료 및 감정인·통역인 등에 대한 보수와 법원 외에서의 증거조사를 위한 법관, 그 밖의 법원공무원의 여비·숙박료는 그 증거조사를 신청한 당사자. 다만, 직권에 의한 증거조사의 경우에 그 증거조사로 이익을 받을 당사자가 분명하지 아니한 때에는 원고
 4. 상소법원에 소송기록을 보내는 비용은 상소인

② 제1항제2호의 속기 또는 녹음, 제1항제3호의 증거조사를 양쪽 당사자가 신청한 경우와 제1항제4호의 상소인이 양쪽 당사자인 경우에는 필요한 비용을 균등하게 나누어 미리 내게 하여야 한다. 다만, 사정에 따라 미리 낼 금액의 비율을 다르게 할 수 있다.

제19조의2 (듣거나 말하는 데 장애가 있는 사람을 위한 비용 등) ① 듣거나 말하는 데 장애가 있는 사람을 위한 속기, 녹음 및 제37조에 따라 녹음에 준하여 이루어지는 녹화에 드는 비용은 국고에서 지급하고, 소송비용에는 산입하지 아니한다.
② 듣거나 말하는 데 장애가 있는 사람을 위한 통역인에게는 「민사소송비용규칙」에서 정하는 바에 따라 여비, 일당 및 숙박료를 지급하고 통역에 관한 특별요금은 법원이 정한 금액을 지급한다. 이에 소요되는 비용은 국고에서 지급하고, 소송비용에는 산입하지 아니한다.
[본조신설 2020. 6. 26.]

제20조 (소송비용 예납 불이행시의 국고대납) 법원은 소송비용을 미리 내야 할 사람이 내지 아니하여(부족액을 추가로 내지 아니하는 경우를 포함한다) 소송절차의 진행 또는 종료 후의 사무처리가 현저히 곤란한 때에는 그 소송비용을 국고에서 대납받아 지출할 수 있다.

제21조 (소송비용의 대납지급 요청) ① 소송비용의 대납지급 요청은 재판장이 법원의 경비출납공무원에게 서면이나 재판사무시스템을 이용한 전자적인 방법으로 하여야 한다. 다만, 서류 송달료의 대납지급 요청은 법원사무관등이 한다. <개정 2009. 12. 3.>
② 제1항의 요청은 소송비용을 지출할 사유가 발생할 때마다 하여야 한다. 다만, 서류의 송달료에 관하여는 필요한 범위 안에서 여러 번 실시할 비용의 일괄 지급을 요청할 수 있다.

제2절 소송비용의 담보

제22조 (지급보증위탁계약) ① 법 제122조의 규정에 따라 지급보증위탁계약을 맺은 문서를 제출하는 방법으로 담보를 제공하려면 미리 법원의

허가를 받아야 한다.

② 제1항의 규정에 따른 지급보증위탁계약은 담보제공명령을 받은 사람이 은행법의 규정에 따른 금융기관이나 보험회사(다음부터 이 모두를 "은행등"이라 한다)와 맺은 것으로서 다음 각호의 요건을 갖춘 것이어야 한다.

1. 은행등이 담보제공명령을 받은 사람을 위하여, 법원이 정한 금액 범위 안에서, 담보에 관계된 소송비용상환청구권에 관한 집행권원 또는 그 소송비용상환청구권의 존재를 확인하는 것으로서 확정판결과 같은 효력이 있는 것에 표시된 금액을 담보권리자에게 지급한다는 것
2. 담보취소의 결정이 확정될 때까지 계약의 효력이 존속된다는 것
3. 계약을 변경 또는 해제할 수 없다는 것
4. 담보권리자가 신청한 때에는 은행등은 지급보증위탁계약을 맺은 사실을 증명하는 서면을 담보권리자에게 교부한다는 것

③ 법 제122조의 규정이 준용되는 다른 절차에는 제1항과 제2항의 규정을 준용한다.

제23조 (담보취소와 담보물변경 신청사건의 관할법원) ① 법 제125조의 규정에 따른 담보취소신청사건과 법 제126조의 규정에 따른 담보물변경 신청사건은 담보제공결정을 한 법원 또는 그 기록을 보관하고 있는 법원이 관할한다.

② 법 제125조 또는 법 제126조의 규정이 준용되는 다른 절차에는 제1항의 규정을 준용한다.

제3절 소송구조

제24조 (구조신청의 방식) ① 법 제128조제1항의 규정에 따른 소송구조신청은 서면으로 하여야 한다.

② 제1항의 신청서에는 신청인 및 그와 같이 사는 가족의 자금능력을 적은 서면을 붙여야 한다.

제25조 (소송비용의 지급 요청) ① 법 제128조제1항의 규정에 따라 구조

결정을 한 사건에 관하여 증거조사나 서류의 송달을 위한 비용, 그 밖에 당사자가 미리 내야 할 소송비용을 지출할 사유가 발생한 때에는 법원사무관등은 서면이나 재판사무시스템을 이용한 전자적인 방법으로 경비출납공무원에게 그 소송비용의 대납지급을 요청하여야 한다. <개정 2009. 12. 3.>

② 제1항의 경우에는 제21조제2항의 규정을 준용한다.

제26조 (변호사보수 등의 지급) ① 법 제129조제2항의 규정에 따른 변호사나 집행관의 보수는 구조결정을 한 법원이 보수를 받을 사람의 신청에 따라 그 심급의 소송절차가 완결된 때 또는 강제집행절차가 종료된 때에 지급한다.

② 제1항과 법 제129조제2항의 규정에 따라 지급할 변호사나 집행관의 보수액은 변호사보수의소송비용산입에관한규칙 또는 집행관수수료규칙을 참조하여 재판장의 감독 하에 법원사무관등이 정한다. <개정 2015. 1. 28.>

③ 제1항의 규정에 따른 신청에는 법 제110조제2항(다만, 등본에 관한 부분을 제외한다)을 준용한다. <개정 2015. 1. 28.>

제27조 (구조의 취소 등) ① 법 제131조의 규정에 따른 재판은 구조결정을 한 대상사건의 절차가 판결의 확정, 그 밖의 사유로 종료된 뒤 5년이 지난 때에는 할 수 없다.

② 소송구조를 받은 사람이 자금능력이 있게 된 때에는 구조결정을 한 법원에 그 사실을 신고하여야 한다. 다만, 제1항의 기간이 지난 때에는 그러하지 아니하다.

제5장 소송절차

제1절 변론

제28조 (변론의 방법) ① 변론은 당사자가 말로 중요한 사실상 또는 법률상 사항에 대하여 진술하거나, 법원이 당사자에게 말로 해당사항을 확인

하는 방식으로 한다.
② 법원은 변론에서 당사자에게 중요한 사실상 또는 법률상 쟁점에 관하여 의견을 진술할 기회를 주어야 한다. [본조신설 2007. 11. 28.]
[종전 제28조는 제28조의2로 이동 <2007. 11. 28.>]

제28조의2 (재판장의 명령 등에 관한 이의신청) ① 법 제138조의 규정에 따른 이의신청은 그 명령 또는 조치가 있은 후 바로 하여야 한다. 다만, 법 제151조 단서에 해당하는 사유가 있는 때에는 그러하지 아니하다.
② 제1항의 이의신청을 하는 때에는 그 이유를 구체적으로 밝혀야 한다.
[제28조에서 이동 <2007. 11. 28.>]

제28조의3 (당사자 본인의 최종진술) ① 당사자 본인은 변론이 종결되기 전에 재판장의 허가를 받아 최종의견을 진술할 수 있다. 다만 변론에서 이미 충분한 의견진술 기회를 가졌거나 그 밖의 특별한 사정이 있는 경우에는 그러하지 아니하다.
② 재판장은 당사자 본인의 수가 너무 많은 경우에는 당사자 본인 중 일부에 대하여 최종의견 진술기회를 제한할 수 있다.
③ 재판장은 필요하다고 인정할 때에는 제1항에 따른 최종의견 진술시간을 제한할 수 있다.
[본조신설 2015. 6. 29.]

제29조 (법원의 석명처분) 법 제140조제1항의 규정에 따른 검증·감정과 조사의 촉탁에는 이 규칙의 증거조사에 관한 규정을 준용한다.

제29조의2 (당사자 본인 등에 대한 출석명령) ① 법원은 필요한 때에는 당사자 본인 또는 그 법정대리인에게 출석하도록 명할 수 있다.
② 법원은 필요한 때에는 소송대리인에게 당사자 본인 또는 그 법정대리인의 출석을 요청할 수 있다.
[본조신설 2007. 11. 28.]

제30조 (석명권의 행사 등에 따른 법원사무관등의 조치) 법 제136조 또는 법 제137조의 규정에 따른 조치나 법 제140조제1항의 규정에 따른

처분이 있는 경우에 재판장 또는 법원은 법원사무관등으로 하여금 그 조치나 처분의 이행여부를 확인하고 그 이행을 촉구하게 할 수 있다.

제30조의2 (진술 보조) ① 법 제143조의2에 따라 법원의 허가를 받아 진술보조인이 될 수 있는 사람은 다음 각 호 중 어느 하나에 해당하고, 듣거나 말하는 데 장애가 없어야 한다.
  1. 당사자의 배우자, 직계친족, 형제자매, 가족, 그 밖에 동거인으로서 당사자와의 생활관계에 비추어 상당하다고 인정되는 경우
  2. 당사자와 고용, 그 밖에 이에 준하는 계약관계 또는 신뢰관계를 맺고 있는 사람으로서 그 사람이 담당하는 사무의 내용 등에 비추어 상당하다고 인정되는 경우
② 제1항과 법 제143조의2제1항에 따른 허가신청은 심급마다 서면으로 하여야 한다.
③ 제1항과 법 제143조의2제1항에 따른 법원의 허가를 받은 진술보조인은 변론기일에 당사자 본인과 동석하여 다음 각 호의 행위를 할 수 있다. 이 때 당사자 본인은 진술보조인의 행위를 즉시 취소하거나 경정할 수 있다.
  1. 당사자 본인의 진술을 법원과 상대방, 그 밖의 소송관계인이 이해할 수 있도록 중개하거나 설명하는 행위
  2. 법원과 상대방, 그 밖의 소송관계인의 진술을 당사자 본인이 이해할 수 있도록 중개하거나 설명하는 행위
④ 법원은 제3항에 따라 진술보조인이 한 중개 또는 설명행위의 정확성을 확인하기 위하여 직접 진술보조인에게 질문할 수 있다.
⑤ 진술보조인이 변론에 출석한 때에는 조서에 그 성명을 기재하고, 제3항에 따라 중개 또는 설명행위를 한 때에는 그 취지를 기재하여야 한다.
⑥ 법원은 법 제143조의2제2항에 따라 허가를 취소한 경우 당사자 본인에게 그 취지를 통지하여야 한다.
[본조신설 2017. 2. 2.]

제31조 (화해 등 조서의 작성방식) 화해 또는 청구의 포기·인낙이 있는 경우에 그 기일의 조서에는 화해 또는 청구의 포기·인낙이 있다는 취지만을 적고, 별도의 용지에 법 제153조에 규정된 사항과 화해조항 또는

청구의 포기·인낙의 취지 및 청구의 취지와 원인을 적은 화해 또는 청구의 포기·인낙의 조서를 따로 작성하여야 한다. 다만, 소액사건심판법 제2조제1항의 소액사건에서는 특히 필요하다고 인정하는 경우 외에는 청구의 원인을 적지 아니한다.

제32조 (조서기재의 생략 등) ① 소송이 판결에 의하지 아니하고 완결된 때에는 재판장의 허가를 받아 증인·당사자 본인 및 감정인의 진술과 검증결과의 기재를 생략할 수 있다.
② 법원사무관등은 제1항의 재판장의 허가가 있는 때에는 바로 그 취지를 당사자에게 통지하여야 한다.
③ 당사자가 제2항의 통지를 받은 날부터 1주 안에 이의를 한 때에는 법원사무관등은 바로 그 증인·당사자 본인 및 감정인의 진술과 검증결과를 적은 조서를 작성하여야 한다.
④ 제1심에서 피고에게 법 제194조 내지 제196조에 따라 송달을 한 사건의 경우, 법원사무관등은 재판장의 허가를 받아 서증 목록에 적을 사항을 생략할 수 있다. 다만, 공시송달 명령 또는 처분이 취소되거나 상소가 제기된 때에는 서증 목록을 작성하여야 한다. <신설 2007. 11. 28., 2015. 6. 29.>

제33조 (변론의 속기와 녹음) ① 법 제159조제1항의 규정에 따른 변론의 속기 또는 녹음의 신청은 변론기일을 열기 전까지 하여야 하며, 비용(듣거나 말하는 데 장애가 있는 사람을 위한 속기 또는 녹음에 필요한 비용은 제외한다)이 필요한 때에는 법원이 정하는 금액을 미리 내야 한다. <개정 2014. 12. 30., 2020. 6. 26.>
② 당사자의 신청이 있음에도 불구하고 속기 또는 녹음을 하지 아니하는 때에는 재판장은 변론기일에 그 취지를 고지하여야 한다.

제34조 (녹음테이프·속기록의 보관 등) ① 법 제159조제1항·제2항의 녹음테이프와 속기록은 소송기록과 함께 보관하여야 한다.
② 당사자나 이해관계를 소명한 제3자는 법원사무관등에게 제1항의 녹음테이프를 재생하여 들려줄 것을 신청할 수 있다.
③ 법 제159조제4항의 규정에 따라 녹음테이프 또는 속기록을 폐기한 때

에는 법원사무관등은 그 취지와 사유를 소송기록에 표시하여야 한다.

제35조 (녹취서의 작성) ① 재판장은 필요하다고 인정하는 때에는 법원사무관등 또는 속기자에게 녹음테이프에 녹음된 내용에 대하여 녹취서를 작성할 것을 명할 수 있다.
② 제1항의 규정에 따라 작성된 녹취서에 관하여는 제34조제1항·제3항과 법 제159조제4항의 규정을 준용한다.

제36조 (조서의 작성 등) ① 법원사무관등이 법 제152조제3항에 따라 조서를 작성하는 때에는 재판장의 허가를 받아 녹음테이프 또는 속기록을 조서의 일부로 삼을 수 있다. 이 경우 녹음테이프와 속기록의 보관 등에 관하여는 제34조제1항·제2항을 준용한다.
② 제1항 전문 및 법 제159조제1항·제2항에 따라 녹음테이프 또는 속기록을 조서의 일부로 삼은 경우라도 재판장은 법원사무관등으로 하여금 당사자, 증인, 그 밖의 소송관계인의 진술 중 중요한 사항을 요약하여 조서의 일부로 기재하게 할 수 있다. <개정 2014. 12. 30.>
③ 제1항 전문 및 법 제159조제1항·제2항에 따라 녹음테이프를 조서의 일부로 삼은 경우 다음 각호 가운데 어느 하나에 해당하면 녹음테이프의 요지를 정리하여 조서를 작성하여야 한다. 다만, 제2항의 조서 기재가 있거나 속기록 또는 제35조에 따른 녹취서가 작성된 경우에는 그러하지 아니하다. <개정 2014. 12. 30.>
1. 상소가 제기된 때
2. 법관이 바뀐 때
④ 제3항 및 법 제159조제3항에 따라 조서를 작성하는 때에는, 재판장의 허가를 받아, 속기록 또는 제35조에 따른 녹취서 가운데 필요한 부분을 그 조서에 인용할 수 있다. <개정 2014. 12. 30.>
⑤ 제3항 및 법 제159조제3항에 따른 조서는 변론 당시의 법원사무관등이 조서를 작성할 수 없는 특별한 사정이 있는 때에는 당해 사건에 관여한 다른 법원사무관등이 작성할 수 있다. <개정 2014. 12. 30.>

[전문개정 2007. 11. 28.]

제37조 (준용규정) ① 녹화테이프, 컴퓨터용 자기디스크·광디스크, 그 밖에 이와 비슷한 방법으로 음성이나 영상을 녹음 또는 녹화하여 재생할 수 있는 매체를 이용하여 변론의 전부나 일부를 녹음 또는 녹화하는 때에는 제33조 내지 제36조 및 법 제159조의 규정을 준용한다.
② 법원·수명법관 또는 수탁판사의 신문 또는 심문과 증거조사에는 제31조 내지 제36조 및 제1항의 규정을 준용한다.

제37조의2 (소송기록의 열람과 증명서의 교부청구) ① 법 제162조제1항에 따라 소송기록의 열람·복사, 재판서·조서의 정본·등본·초본의 교부 또는 소송에 관한 증명서의 교부를 신청할 때에는 신청인의 자격을 적은 서면으로 하여야 한다.
② 법 제162조제2항에 따라 확정된 소송기록의 열람을 신청할 때에는 열람을 신청하는 이유와 열람을 신청하는 범위를 적은 서면으로 하여야 한다.
[본조신설 2007. 11. 28.]

제37조의3 (당해 소송관계인의 범위와 동의) ① 법 제162조제3항에 따른 당해 소송관계인은 소송기록의 열람과 이해관계가 있는 다음 각호의 사람이다.
 1. 당사자 또는 법정대리인
 2. 참가인
 3. 증인
② 법원은 법 제162조제2항에 따른 신청이 있는 때에는 당해 소송관계인에게 그 사실을 통지하여야 한다.
③ 제2항에 따른 통지는 소송기록에 표시된 당해 소송관계인의 최후 주소지에 등기우편으로 발송하는 방법으로 할 수 있다.
④ 제3항에 따라 발송한 때에는 발송한 때에 송달된 것으로 본다.
⑤ 제2항에 따른 통지를 받은 당해 소송관계인은 통지를 받은 날부터 2주 이내에 소송기록의 열람에 관한 동의 여부를 서면으로 밝혀야 한다. 다만, 당해 소송관계인이 위 기간 이내에 동의 여부에 관한 서면을 제출하지 아니한 때에는 소송기록의 열람에 관하여 동의한 것으로 본다.

[본조신설 2007. 11. 28.]

제38조 (열람 등 제한의 신청방식 등) ① 법 제163조제1항의 규정에 따른 결정을 구하는 신청은 소송기록 가운데 비밀이 적혀 있는 부분을 특정하여 서면으로 하여야 한다.
② 법 제163조제1항의 규정에 따른 결정은 소송기록 가운데 비밀이 적혀 있는 부분을 특정하여 하여야 한다.

제2절 전문심리위원 〈신설 2007. 7. 31.〉

제38조의2 (전문심리위원의 지정) 법원은 별도의 대법원규칙에 따라 정해진 전문심리위원후보자 중에서 전문심리위원을 지정하여야 한다.
[본조신설 2007. 7. 31.]

제38조의3 (기일 외의 전문심리위원에 대한 설명 등의 요구와 조치) 재판장이 기일 외에서 전문심리위원에 대하여 설명 또는 의견을 요구한 사항이 소송관계를 분명하게 하는 데 중요한 사항일 때에는 법원사무관등은 양쪽 당사자에게 그 사항을 통지하여야 한다. [본조신설 2007. 7. 31.]

제38조의4 (서면의 사본 송부) 전문심리위원이 설명이나 의견을 기재한 서면을 제출한 경우에는 법원사무관등은 양 쪽 당사자에게 그 사본을 보내야 한다. [본조신설 2007. 7. 31.]

제38조의5 (전문심리위원에 대한 준비지시) ① 재판장은 전문심리위원을 소송절차에 참여시키기 위하여 필요하다고 인정한 때에는 전문심리위원에게 소송목적물의 확인 등 적절한 준비를 지시할 수 있다.
② 재판장이 제1항의 준비를 지시한 때에는 법원사무관등은 양쪽 당사자에게 그 취지를 통지하여야 한다.
[본조신설 2007. 7. 31.]

제38조의6 (증인신문기일에서의 재판장의 조치) 재판장은 전문심리위원의 말이 증인의 증언에 영향을 미치지 않게 하기 위하여 필요하다고 인정할 때에는 직권 또는 당사자의 신청에 따라 증인의 퇴정 등 적절한 조치를 취할 수 있다. [본조신설 2007. 7. 31.]

제38조의7 (조서의 기재) ① 전문심리위원이 소송절차의 기일에 참여한 때에는 조서에 그 성명을 기재하여야 한다.
② 전문심리위원이 재판장, 수명법관 또는 수탁판사의 허가를 받아 소송관계인에게 질문을 한 때에는 조서에 그 취지를 기재하여야 한다.
[본조신설 2007. 7. 31.]

제38조의8 (전문심리위원 참여결정의 취소 신청방식 등) ① 법 제164조의2제1항의 규정에 따른 결정의 취소 신청은 기일에서 하는 경우를 제외하고는 서면으로 하여야 한다.
② 제1항의 신청을 할 때에는 신청 이유를 밝혀야 한다. 다만, 양쪽 당사자가 동시에 신청할 때에는 그러하지 아니하다.
[본조신설 2007. 7. 31.]

제38조의9 (수명법관 등의 권한) 수명법관 또는 수탁판사가 소송절차를 진행하는 경우에는 제38조의5 내지 제38조의7의 규정에 따른 재판장의 직무는 그 수명법관이나 수탁판사가 행한다. [본조신설 2007. 7. 31.]

제38조의10 (비디오 등 중계장치 등에 의한 참여) ① 법원은 전문심리위원이 법정에 직접 출석하기 어려운 특별한 사정이 있는 경우 당사자의 의견을 들어 전문심리위원으로 하여금 비디오 등 중계장치에 의한 중계시설을 통하거나 인터넷 화상장치를 이용하여 설명이나 의견을 진술하거나 소송관계인에게 질문하게 할 수 있다.
② 제1항에 따른 절차와 방법에 관하여는 제73조의3을 준용한다.
[본조신설 2021. 10. 29.]

제3절 기일과 기간 〈개정 2007. 7. 31.〉

제39조 (변론 개정시간의 지정) 재판장은 사건의 변론 개정시간을 구분하여 지정하여야 한다.

제40조 (기일변경신청) 기일변경신청을 하는 때에는 기일변경이 필요한 사유를 밝히고, 그 사유를 소명하는 자료를 붙여야 한다.

제41조 (기일변경의 제한) 재판장등은 법 제165조제2항에 따른 경우 외에는 특별한 사정이 없으면 기일변경을 허가하여서는 아니 된다. [전문개정 2007. 11. 28.]

제42조 (다음 기일의 지정) ① 기일을 변경하거나 변론을 연기 또는 속행하는 때에는 소송절차의 중단 또는 중지, 그 밖에 다른 특별한 사정이 없으면 다음 기일을 바로 지정하여야 한다. 다만, 법 제279조제2항에 따라 변론기일을 연 뒤에 바로 사건을 변론준비절차에 부치는 경우에는 그러하지 아니하다.
② 기일을 변경하는 때에는 바로 당사자에게 그 사실을 알려야 한다.
[전문개정 2007. 11. 28.]

제43조 (변론재개결정과 변론기일지정) 법 제142조에 따라 변론재개결정을 하는 때에는 재판장은 특별한 사정이 없으면 그 결정과 동시에 변론기일을 지정하고 당사자에게 변론을 재개하는 사유를 알려야 한다. [전문개정 2007. 11. 28.]

제44조 (증인 등에 대한 기일변경통지) ① 증인·감정인 등 당사자 외의 사람에 대하여 출석요구를 한 후에 그 기일이 변경된 때에는 바로 그 취지를 출석요구를 받은 사람에게 통지하여야 한다. 다만, 통지할 시간적 여유가 없는 때에는 그러하지 아니하다.
② 증인·감정인 등 당사자 외의 사람에 대하여 출석요구를 한 후에 소의 취하, 그 밖의 사정으로 그 기일을 실시하지 아니하게 된 경우에는 제1항의 규정을 준용한다.

제45조 (기일의 간이통지) ① 법 제167조제2항의 규정에 따른 기일의 간

이 통지는 전화·팩시밀리·보통우편 또는 전자우편으로 하거나, 그 밖에 상당하다고 인정되는 방법으로 할 수 있다.
② 제1항의 규정에 따라 기일을 통지한 때에는 법원사무관등은 그 방법과 날짜를 소송기록에 표시하여야 한다.

제4절 송달 <개정 2007. 7. 31.>

제46조 (전화 등을 이용한 송달방법) ① 변호사인 소송대리인에 대한 송달은 법원사무관등이 전화·팩시밀리·전자우편 또는 휴대전화 문자전송을 이용하여 할 수 있다. <개정 2007. 11. 28.>
② 제1항의 규정에 따른 송달을 한 경우 법원사무관등은 송달받은 변호사로부터 송달을 확인하는 서면을 받아 소송기록에 붙여야 한다.
③ 법원사무관등은 변호사인 소송대리인에 대한 송달을 하는 때에는 제1항에 따른 송달을 우선적으로 고려하여야 한다. <신설 2007. 11. 28.>

제47조 (변호사 사이의 송달) ① 양쪽 당사자가 변호사를 소송대리인으로 선임한 경우 한쪽 당사자의 소송대리인인 변호사가 상대방 소송대리인인 변호사에게 송달될 소송서류의 부본을 교부하거나 팩시밀리 또는 전자우편으로 보내고 그 사실을 법원에 증명한 때에는 송달의 효력이 있다. 다만, 그 소송서류가 당사자 본인에게 교부되어야 할 경우에는 그러하지 아니하다.
② 제1항의 규정에 따른 송달의 증명은 소송서류의 부본을 교부받거나 팩시밀리 또는 전자우편으로 받은 취지와 그 날짜를 적고 송달받은 변호사가 기명날인 또는 서명한 영수증을 제출함으로써 할 수 있다. 다만, 소송서류 원본의 표면 여백에 송달받았다는 취지와 그 날짜를 적고 송달받은 변호사의 날인 또는 서명을 받아 제출하는 때에는 따로 영수증을 제출할 필요가 없다.
③ 제1항의 규정에 따라 소송서류를 송달받은 변호사는 제2항의 규정에 따른 송달의 증명절차에 협력하여야 하며, 제1항에 규정된 방법으로 소송서류를 송달한 변호사는 송달한 서류의 원본을 법원에 바로 제출하여야 한다.

제48조 (부본제출의무 등) ① 송달을 하여야 하는 소송서류를 제출하는 때에는 특별한 규정이 없으면 송달에 필요한 수의 부본을 함께 제출하여야 한다.
② 법원은 필요하다고 인정하는 때에는 소송서류를 제출한 사람에게 그 문서의 전자파일을 전자우편이나 그 밖에 적당한 방법으로 법원에 보내도록 요청할 수 있다.

제49조 (공동대리인에게 할 송달) 법 제180조의 규정에 따라 송달을 하는 경우에 그 공동대리인들이 송달을 받을 대리인 한 사람을 지정하여 신고한 때에는 지정된 대리인에게 송달하여야 한다.

제50조 (송달서류의 교부의무 등) ① 법 제181조와 법 제182조의 규정에 따라 송달을 받은 청사·선박·교도소·구치소 또는 경찰관서(다음부터 이 조문 안에서 이 모두를 "청사등"이라 한다)의 장은 송달을 받을 본인에게 송달된 서류를 바로 교부하여야 한다.
② 제1항의 청사등의 장은 부득이한 사유가 없는 한 송달을 받은 본인이 소송수행에 지장을 받지 아니하도록 조치하여야 한다.
③ 제1항의 청사등의 장은 제2항에 규정된 조치를 취하지 못할 사유가 있는 때에는 그 사유를 적은 서면을 법원에 미리 제출하여야 한다.

제51조 (발송의 방법) 법 제185조제2항과 법 제187조의 규정에 따른 서류의 발송은 등기우편으로 한다.

제52조 (송달함을 이용한 송달절차) ① 송달함의 이용신청은 법원장 또는 지원장에게 서면으로 하여야 한다.
② 송달함을 이용하는 사람은 그 수수료를 미리 내야 한다.
③ 송달함을 이용하는 사람은 송달함에서 서류를 대신 수령할 사람을 서면으로 지정할 수 있다.
④ 송달함을 설치한 법원 또는 지원은 송달함의 관리에 관한 장부를 작성·비치하여야 한다.
⑤ 법원장 또는 지원장은 법원의 시설, 송달업무의 부담 등을 고려하여 송달함을 이용할 사람·이용방법, 그 밖에 필요한 사항을 정할 수 있다.

제53조 (송달통지) 송달한 기관은 송달에 관한 사유를 서면으로 법원에 통지하여야 한다. 다만, 법원이 상당하다고 인정하는 때에는 전자통신매체를 이용한 통지로 서면통지에 갈음할 수 있다.

제54조 (공시송달의 방법) ① 법 제194조제1항, 제3항에 따른 공시송달은 법원사무관등이 송달할 서류를 보관하고, 다음 각 호 가운데 어느 하나의 방법으로 그 사유를 공시함으로써 행한다. <개정 2015. 6. 29.>
   1. 법원게시판 게시
   2. 관보·공보 또는 신문 게재
   3. 전자통신매체를 이용한 공시
② 법원사무관등은 제1항에 규정된 방법으로 송달한 때에는 그 날짜와 방법을 기록에 표시하여야 한다.

제5절 재판 <개정 2007. 7. 31.>

제55조 (종전 변론결과의 진술) 법 제204조제2항에 따른 종전 변론결과의 진술은 당사자가 사실상 또는 법률상 주장, 정리된 쟁점 및 증거조사 결과의 요지 등을 진술하거나, 법원이 당사자에게 해당사항을 확인하는 방식으로 할 수 있다. [본조신설 2007. 11. 28.]
[종전 제55조는 제55조의2로 이동 <2007. 11. 28.>]

제55조의2 (상소에 대한 고지) 판결서의 정본을 송달하는 때에는 법원사무관등은 당사자에게 상소기간과 상소장을 제출할 법원을 고지하여야 한다. [제55조에서 이동 <2007. 11. 28.>]

제56조 (화해 등 조서정본의 송달) 법원사무관등은 화해 또는 청구의 포기·인낙이 있는 날부터 1주 안에 그 조서의 정본을 당사자에게 송달하여야 한다.

제6절 화해권고결정 <개정 2007. 7. 31.>

제57조 (화해권고결정서의 기재사항 등) ① 화해권고결정서에는 청구의

취지와 원인을 적어야 한다. 다만, 소액사건심판법 제2조제1항의 소액사건에서는 특히 필요하다고 인정하는 경우 외에는 청구의 원인을 적지 아니한다.
　② 법 제225조제1항의 결정 내용을 적은 조서의 작성방식에 관하여는 제31조의 규정을 준용한다.

제58조 (당사자에 대한 고지사항) 법 제225조제2항의 규정에 따라 화해권고결정 내용을 적은 조서 또는 결정서의 정본을 송달하는 때에는, 그 조서 또는 결정서의 정본을 송달받은 날부터 2주 안에 이의를 신청하지 아니하면 화해권고결정이 재판상 화해와 같은 효력을 가지게 된다는 취지를 당사자에게 고지하여야 한다.

제59조 (송달불능에 따른 소송복귀 등) ① 법 제185조제2항, 법 제187조 또는 법 제194조 내지 법 제196조의 규정에 따른 송달 외의 방법으로 양쪽 또는 한쪽 당사자에게 법 제225조제2항의 조서 또는 결정서의 정본을 송달할 수 없는 때에는 법원은 직권 또는 당사자의 신청에 따라 화해권고결정을 취소하여야 한다.
　② 제1항의 규정에 따라 화해권고결정이 취소된 경우에 관하여는 법 제232조제1항의 규정을 준용한다.

제7절　소송절차의 중단과 중지 〈개정 2007. 7. 31.〉

제60조 (소송절차 수계신청의 방식) ① 소송절차의 수계신청은 서면으로 하여야 한다.
　② 제1항의 신청서에는 소송절차의 중단사유와 수계할 사람의 자격을 소명하는 자료를 붙여야 한다.

제61조 (소송대리인에 의한 중단사유의 신고) 소송절차의 중단사유가 생긴 때에는 소송대리인은 그 사실을 법원에 서면으로 신고하여야 한다.

제2편 제1심의 소송절차

제1장 소의 제기

제62조 (소장의 기재사항) 소장의 청구원인에는 다음 각호의 사항을 적어야 한다.
  1. 청구를 뒷받침하는 구체적 사실
  2. 피고가 주장할 것이 명백한 방어방법에 대한 구체적인 진술
  3. 입증이 필요한 사실에 대한 증거방법
  [본조신설 2007. 11. 28.] [종전 제62조는 제62조의2로 이동 <2007. 11. 28.>]

제62조의2 (증거보전이 이루어진 경우의 소장 기재사항) 소 제기 전에 증거보전을 위한 증거조사가 이루어진 때에는 소장에 증거조사를 한 법원과 증거보전사건의 사건번호·사건명을 적어야 한다.
  [제62조에서 이동 <2007. 11. 28.>]

제63조 (소장의 첨부서류) ① 피고가 소송능력 없는 사람인 때에는 법정대리인, 법인인 때에는 대표자, 법인이 아닌 사단이나 재단인 때에는 대표자 또는 관리인의 자격을 증명하는 서면을 소장에 붙여야 한다.
  ② 부동산에 관한 사건은 그 부동산의 등기사항증명서, 친족·상속관계 사건은 가족관계기록사항에 관한 증명서, 어음 또는 수표사건은 그 어음 또는 수표의 사본을 소장에 붙여야 한다. 그 외에도 소장에는 증거로 될 문서 가운데 중요한 것의 사본을 붙여야 한다. <개정 2009. 1. 9., 2011. 9. 28.>
  ③ 법 제252조제1항에 규정된 소의 소장에는 변경을 구하는 확정판결의 사본을 붙여야 한다.

제64조 (소장부본의 송달시기) ① 소장의 부본은 특별한 사정이 없으면 바로 피고에게 송달하여야 한다.
  ② 반소와 중간확인의 소의 소장, 필수적 공동소송인의 추가·참가·피

고의 경정·청구의 변경신청서 등 소장에 준하는 서면이 제출된 때에도 제1항의 규정을 준용한다.

제65조 (답변서의 기재사항 등) ① 답변서에는 법 제256조제4항에서 준용하는 법 제274조제1항의 각호 및 제2항에 규정된 사항과 청구의 취지에 대한 답변 외에 다음 각호의 사항을 적어야 한다.
 1. 소장에 기재된 개개의 사실에 대한 인정 여부
 2. 항변과 이를 뒷받침하는 구체적 사실
 3. 제1호 및 제2호에 관한 증거방법
② 답변서에는 제1항제3호에 따른 증거방법 중 입증이 필요한 사실에 관한 중요한 서증의 사본을 첨부하여야 한다.
③ 제1항 및 제2항의 규정에 어긋나는 답변서가 제출된 때에는 재판장은 법원사무관등으로 하여금 방식에 맞는 답변서의 제출을 촉구하게 할 수 있다.
[전문개정 2007. 11. 28.]

제66조 (피고경정신청서의 기재사항) 법 제260조제2항의 규정에 따른 피고의 경정신청서에는 새로 피고가 될 사람의 이름·주소와 경정신청의 이유를 적어야 한다.

제67조 (소취하의 효력을 다투는 절차) ① 소의 취하가 부존재 또는 무효라는 것을 주장하는 당사자는 기일지정신청을 할 수 있다.
② 제1항의 신청이 있는 때에는 법원은 변론을 열어 신청사유에 관하여 심리하여야 한다.
③ 법원이 제2항의 규정에 따라 심리한 결과 신청이 이유 없다고 인정하는 경우에는 판결로 소송의 종료를 선언하여야 하고, 신청이 이유 있다고 인정하는 경우에는 취하 당시의 소송정도에 따라 필요한 절차를 계속하여 진행하고 중간판결 또는 종국판결에 그 판단을 표시하여야 한다.
④ 종국판결이 선고된 후 상소기록을 보내기 전에 이루어진 소의 취하에 관하여 제1항의 신청이 있는 때에는 다음 각호의 절차를 따른다.
 1. 상소의 이익 있는 당사자 모두가 상소를 한 경우(당사자 일부가 상

소하고 나머지 당사자의 상소권이 소멸된 경우를 포함한다)에는 판결법원의 법원사무관등은 소송기록을 상소법원으로 보내야 하고, 상소법원은 제2항과 제3항에 규정된 절차를 취하여야 한다.
2. 제1호의 경우가 아니면 판결법원은 제2항에 규정된 절차를 취한 후 신청이 이유 없다고 인정하는 때에는 판결로 소송의 종료를, 신청이 이유 있다고 인정하는 때에는 판결로 소의 취하가 무효임을 각 선언하여야 한다.
⑤ 제4항제2호 후단의 소취하무효선언판결이 확정된 때에는 판결법원은 종국판결 후에 하였어야 할 절차를 계속하여 진행하여야 하고, 당사자는 종국판결 후에 할 수 있었던 소송행위를 할 수 있다. 이 경우 상소기간은 소취하무효선언판결이 확정된 다음날부터 전체기간이 새로이 진행된다.

제68조 (준용규정) 법 제268조(법 제286조의 규정에 따라 준용되는 경우를 포함한다)의 규정에 따른 취하간주의 효력을 다투는 경우에는 제67조제1항 내지 제3항의 규정을 준용한다.

제2장 변론과 그 준비

제69조 (변론기일의 지정 등) ① 재판장은 답변서가 제출되면 바로 사건을 검토하여 가능한 최단기간 안의 날로 제1회 변론기일을 지정하여야 한다.
② 법원은 변론이 집중되도록 함으로써 변론이 가능한 한 속행되지 않도록 하여야 하고, 당사자는 이에 협력하여야 한다.
③ 법 제258조제1항 단서에 해당하는 경우, 재판장은 사건의 신속한 진행을 위하여 필요한 때에는 사건을 변론준비절차에 부침과 동시에 변론준비기일을 정하고 기간을 정하여 당사자로 하여금 준비서면, 그 밖의 서류를 제출하게 하거나 당사자 사이에 이를 교환하게 하고 주장사실을 증명할 증거를 신청하게 할 수 있다.
[전문개정 2009. 1. 9.]

제69조의2 (당사자의 조사의무) 당사자는 주장과 입증을 충실히 할 수 있

도록 사전에 사실관계와 증거를 상세히 조사하여야 한다.
[제69조에서 이동 <2007. 11. 28.>]

제69조의3 (준비서면의 제출기간) 새로운 공격방어방법을 포함한 준비서면은 변론기일 또는 변론준비기일의 7일 전까지 상대방에게 송달될 수 있도록 적당한 시기에 제출하여야 한다. [본조신설 2007. 11. 28.]

제69조의4 (준비서면의 분량 등) ① 준비서면의 분량은 30쪽을 넘어서는 아니 된다. 다만, 제70조제4항에 따라 그에 관한 합의가 이루어진 경우에는 그러하지 아니하다.
　② 재판장, 수명법관 또는 법 제280조제4항의 판사(이하 "재판장등"이라 한다)는 제1항 본문을 어긴 당사자에게 해당 준비서면을 30쪽 이내로 줄여 제출하도록 명할 수 있다.
　③ 준비서면에는 소장, 답변서 또는 앞서 제출한 준비서면과 중복·유사한 내용을 불필요하게 반복 기재하여서는 아니 된다.
[본조신설 2016. 8. 1.]

제69조의5 (요약준비서면 작성방법) 법 제278조에 따른 요약준비서면을 작성할 때에는 특정 부분을 참조하는 뜻을 적는 방법으로 소장, 답변서 또는 앞서 제출한 준비서면의 전부 또는 일부를 인용하여서는 아니 된다. [본조신설 2016. 8. 1.]

제70조 (변론준비절차의 시행방법) ① 재판장등은 변론준비절차에서 쟁점과 증거의 정리, 그 밖에 효율적이고 신속한 변론진행을 위한 준비가 완료되도록 노력하여야 하며, 당사자는 이에 협력하여야 한다. <개정 2016. 8. 1.>
　② 당사자는 제1항에 규정된 사항에 관하여 상대방과 협의를 할 수 있다. 재판장등은 당사자에게 변론진행의 준비를 위하여 필요한 협의를 하도록 권고할 수 있다.
　③ 재판장등은 변론준비절차에서 효율적이고 신속한 변론진행을 위하여 당사자와 변론의 준비와 진행 및 변론에 필요한 시간에 관한 협의를 할 수 있다. <신설 2007. 11. 28.>

④ 재판장등은 당사자와 준비서면의 제출횟수, 분량, 제출기간 및 양식에 관한 협의를 할 수 있고, 이에 관한 합의가 이루어진 경우 당사자는 그 합의에 따라 준비서면을 제출하여야 한다. <신설 2007. 11. 28.>
⑤ 재판장등은 기일을 열거나 당사자의 의견을 들어 양 쪽 당사자와 음성의 송수신에 의하여 동시에 통화를 하거나 인터넷 화상장치를 이용하여 제3항 및 제4항에 따른 협의를 할 수 있다. <신설 2007. 11. 28., 2020. 6. 1.>
⑥ 삭제 <2021. 10. 29.>

제70조의2 (변론준비기일에서의 주장과 증거의 정리방법) 변론준비기일에서는 당사자가 말로 변론의 준비에 필요한 주장과 증거를 정리하여 진술하거나, 법원이 당사자에게 말로 해당사항을 확인하여 정리하여야 한다. [본조신설 2007. 11. 28.]

제70조의3 (절차이행의 촉구) ① 법 제280조에 따른 변론준비절차를 진행하는 경우 재판장등은 법원사무관등으로 하여금 그 이름으로 준비서면, 증거신청서 및 그 밖의 서류의 제출을 촉구하게 할 수 있다.
② 법원이나 재판장등의 결정, 명령, 촉탁 등에 대한 회신 등 절차이행이 지연되는 경우 재판장등은 법원사무관등으로 하여금 그 이름으로 해당 절차이행을 촉구하게 할 수 있다.
[본조신설 2015. 1. 28.]

제71조 (변론준비기일의 조서) ① 변론준비기일의 조서에는 법 제283조제1항에 규정된 사항 외에 제70조의 규정에 따른 변론준비절차의 시행결과를 적어야 한다.
② 변론준비기일의 조서에는 제31조 내지 제37조제1항의 규정을 준용한다.

제72조 (변론준비절차를 거친 사건의 변론기일지정 등) ① 변론준비절차를 거친 사건의 경우 그 심리에 2일 이상이 소요되는 **때**에는 가능한 한 종결에 이르기까지 매일 변론을 진행하여야 한다. 다만, 특별한 사정이 있는 경우에도 가능한 최단기간 안의 날로 다음 변론기일을 지정하여야 한다.

② 변론준비기일을 거친 사건의 경우 변론기일을 지정하는 때에는 당사자의 의견을 들어야 한다.
③ 제1항의 규정에 따라 지정된 변론기일은 사실과 증거에 관한 조사가 충분하지 아니하다는 이유로 변경할 수 없다.

제72조의2 (변론준비기일 결과의 진술) 변론준비기일 결과의 진술은 당사자가 정리된 쟁점 및 증거조사 결과의 요지 등을 진술하거나, 법원이 당사자에게 해당사항을 확인하는 방식으로 할 수 있다. [본조신설 2007. 11. 28.]

제73조 (준용규정) 변론준비절차에는 제28조의2 내지 제30조의 규정을 준용한다. <개정 2007. 11. 28.>

제73조의2 (비디오 등 중계장치 등에 의한 기일의 신청 및 동의) ① 법 제287조의2제1항 및 제2항에 따른 기일(이하 "영상기일"이라 한다)의 신청은 기일에서 하는 경우를 제외하고는 서면으로 하여야 한다. 이 경우 신청의 대상이 되는 영상기일의 종류와 신청의 이유를 밝혀야 한다.
② 법 제287조의2제1항의 재판장등 또는 같은 조 제2항의 법원(이하 "재판장등 또는 법원"이라 한다)은 영상기일의 신청에 이유가 없다고 인정하거나 비디오 등 중계장치에 의한 중계시설 또는 인터넷 화상장치를 이용하기 곤란한 사정이 있는 때에는 영상기일을 열지 아니할 수 있다.
③ 영상기일의 신청이 있는 경우 재판장등 또는 법원은 지체 없이 영상기일의 실시 여부를 당사자에게 통지하여야 한다. 이 경우 서면으로 통지할 시간적 여유가 없는 때에는 제45조에 따른 간이한 방법으로 통지할 수 있다.
④ 다음 각 호의 어느 하나에 해당하는 경우에는 영상기일을 열지 아니하는 것으로 본다.
 1. 영상기일의 신청 이후 법정에 직접 출석하는 기일을 지정하는 경우
 2. 법정에 직접 출석하는 기일의 개정시간까지 제3항의 통지가 없는 경우
⑤ 당사자는 서면으로 영상기일의 신청을 취하하거나 동의를 철회할 수

있다. 다만, 양 쪽 당사자의 신청 또는 동의에 따라 영상기일이 지정된 이후에는 상대방의 동의를 받아야 한다.
⑥ 재판장등 또는 법원은 한 쪽 당사자로부터 영상기일의 신청 또는 동의가 있는 경우 양 쪽 당사자에 대한 영상기일이 필요하다고 인정하는 때에는 상대방에 대하여 영상기일 동의 여부를 확인할 수 있다.
⑦ 재판장등 또는 법원은 영상기일을 연기 또는 속행하는 때에는 당사자의 동의 여부를 확인하여 다음 기일의 영상기일 실시 여부를 정할 수 있다.
[본조신설 2021. 10. 29.]

제73조의3 (영상기일의 실시) ① 영상기일은 당사자, 그 밖의 소송관계인을 비디오 등 중계장치에 의한 중계시설에 출석하게 하거나 인터넷 화상장치를 이용하여 지정된 인터넷주소에 접속하게 하고, 영상과 음향의 송수신에 의하여 법관, 당사자, 그 밖의 소송관계인이 상대방을 인식할 수 있는 방법으로 한다.
② 제1항의 비디오 등 중계장치에 의한 중계시설은 법원 청사 안에 설치하되, 필요한 경우 법원 청사 밖의 적당한 곳에 설치할 수 있다.
③ 재판장등 또는 법원은 제2항 후단에 따라 비디오 등 중계장치에 의한 중계시설이 설치된 관공서나 그 밖의 공사단체의 장에게 영상기일의 원활한 진행에 필요한 조치를 요구할 수 있다.
④ 영상기일에서 제96조제1항의 문서 등을 제시하는 경우 비디오 등 중계장치에 의한 중계시설, 인터넷 화상장치 또는 「민사소송 등에서의 전자문서 이용 등에 관한 규칙」 제2조제1호에 정한 전자소송시스템을 이용하거나 모사전송, 전자우편, 그 밖에 이에 준하는 방법으로 할 수 있다.
⑤ 인터넷 화상장치를 이용하는 경우 영상기일에 지정된 인터넷 주소에 접속하지 아니한 때에는 불출석한 것으로 본다. 다만, 당사자가 책임질 수 없는 사유로 접속할 수 없었던 때에는 그러하지 아니하다.
⑥ 통신불량, 소음, 문서 등 확인의 불편, 제3자 관여 우려 등의 사유로 영상기일의 실시가 상당하지 아니한 당사자가 있는 경우 재판장등 또는 법원은 영상기일을 연기 또는 속행하면서 그 당사자가 법정에 직접 출석하는 기일을 지정할 수 있다.

⑦ 영상기일에 「법원조직법」 제58조제2항에 따른 명령을 위반하는 행위, 같은 법 제59조에 위반하는 행위, 심리방해행위 또는 재판의 위신을 현저히 훼손하는 행위가 있는 경우 감치 또는 과태료에 처하는 재판에 관하여는 「법정등의질서유지를위한재판에관한규칙」에 따른다.

⑧ 영상기일을 실시한 경우 그 취지를 조서에 적어야 한다.

[본조신설 2021. 10. 29.]

제73조의4 (개정의 장소 및 심리의 공개) ① 영상기일은 법원 청사 내의 적당한 장소에서 열되, 법원장의 허가가 있는 경우 법원 청사 외의 장소에서 열 수 있다.

② 법 제287조의2제2항에 따른 변론기일을 법정에서 열지 아니하는 경우 다음 각 호 중 하나의 방법으로 심리를 공개하여야 한다. 다만, 「법원조직법」 제57조제1항 단서에 의해 비공개 결정을 한 경우에는 그러하지 아니하다.

1. 법정 등 법원 청사 내 공개된 장소에서의 중계
2. 법원행정처장이 정하는 방법에 따른 인터넷 중계

[본조신설 2021. 10. 29.]

제3장 증 거

제1절 총 칙

제74조 (증거신청) 증거를 신청하는 때에는 증거와 증명할 사실의 관계를 구체적으로 밝혀야 한다.

제75조 (증인신문과 당사자신문의 신청) ① 증인신문은 부득이한 사정이 없는 한 일괄하여 신청하여야 한다. 당사자신문을 신청하는 경우에도 마찬가지이다.

② 증인신문을 신청하는 때에는 증인의 이름·주소·연락처·직업, 증인과 당사자의 관계, 증인이 사건에 관여하거나 내용을 알게 된 경위, 증인신문에 필요한 시간 및 증인의 출석을 확보하기 위한 협력방안을

밝혀야 한다. <개정 2007. 11. 28.>

제76조 (감정서 등 부본 제출) 법원이 감정을 명하거나 법 제294조 또는 법 제341조의 규정에 따라 촉탁을 하는 때에는 감정서 또는 회답서 등의 부본을 제출하게 할 수 있다.

제76조의2 (민감정보 등의 처리) ① 법원은 재판업무 수행을 위하여 필요한 범위 내에서 「개인정보 보호법」 제23조의 민감정보, 제24조의 고유식별정보, 제24조의2의 주민등록번호 및 그 밖의 개인정보를 처리할 수 있다. <개정 2014. 8. 6.>
② 법원이 법 제294조 또는 법 제352조에 따라 촉탁을 하는 때에는 필요한 범위 내에서 제1항의 민감정보, 고유식별정보, 주민등록번호 및 그 밖의 개인정보가 포함된 자료의 송부를 요구할 수 있다. <개정 2014. 8. 6.>
③ 법원사무관등은 소송관계인의 특정을 위한 개인정보를 재판사무시스템을 이용한 전자적인 방법으로 관리한다. <신설 2018. 1. 31.>
④ 당사자는 법원사무관등에게 서면으로 제3항의 개인정보에 대한 정정을 신청할 수 있다. 그 신청서에는 정정 사유를 소명하는 자료를 붙여야 한다. <신설 2018. 1. 31.>
⑤ 법원은 재판서가 보존되어 있는 동안 제3항의 개인정보를 보관하여야 한다. <신설 2018. 1. 31.>
[본조신설 2012. 5. 2.]

제77조 (증거조사비용의 예납) ① 법원이 증거조사의 결정을 한 때에는 바로 제19조제1항제3호 또는 같은 조 제2항의 규정에 따라 그 비용을 부담할 당사자에게 필요한 비용을 미리 내게 하여야 한다.
② 증거조사를 신청한 사람은 제1항의 명령이 있기 전에도 필요한 비용을 미리 낼 수 있다.
③ 법원은 당사자가 제1항의 명령에 따른 비용을 내지 아니하는 경우에는 증거조사결정을 취소할 수 있다.

제2절 증인신문

제78조 (직무상 비밀에 관한 증언) ① 법 제304조와 제305조에 규정한 사람 외의 공무원 또는 공무원이었던 사람이 직무상 비밀에 관한 사항에 대하여 증언하게 된 때에는 증언할 사항이 직무상 비밀에 해당하는 사유를 구체적으로 밝혀 법원에 미리 신고하여야 한다.
② 제1항의 신고가 있는 경우 법원은 필요하다고 인정하는 때에는 그 소속관청 또는 감독관청에 대하여 신문할 사항이 직무상 비밀에 해당하는지 여부에 관하여 조회할 수 있다.

제79조 (증인진술서의 제출 등) ① 법원은 효율적인 증인신문을 위하여 필요하다고 인정하는 때에는 증인을 신청한 당사자에게 증인진술서를 제출하게 할 수 있다.
② 증인진술서에는 증언할 내용을 그 시간 순서에 따라 적고, 증인이 서명날인하여야 한다.
③ 증인진술서 제출명령을 받은 당사자는 법원이 정한 기한까지 원본과 함께 상대방의 수에 2(다만, 합의부에서는 상대방의 수에 3)를 더한 만큼의 사본을 제출하여야 한다.
④ 법원사무관등은 증인진술서 사본 1통을 증인신문기일 전에 상대방에게 송달하여야 한다.

제80조 (증인신문사항의 제출 등) ① 증인신문을 신청한 당사자는 법원이 정한 기한까지 상대방의 수에 3(다만, 합의부에서는 상대방의 수에 4)을 더한 통수의 증인신문사항을 적은 서면을 제출하여야 한다. 다만, 제79조의 규정에 따라 증인진술서를 제출하는 경우로서 법원이 증인신문사항을 제출할 필요가 없다고 인정하는 때에는 그러하지 아니하다.
② 법원사무관등은 제1항의 서면 1통을 증인신문기일 전에 상대방에게 송달하여야 한다.
③ 재판장은 제출된 증인신문사항이 개별적이고 구체적이지 아니하거나 제95조제2항 각호의 신문이 포함되어 있는 때에는 증인신문사항의 수정을 명할 수 있다. 다만, 같은 항 제2호 내지 제4호의 신문에 관하여 정당한 사유가 있는 경우에는 그러하지 아니하다.

제81조 (증인 출석요구서의 기재사항 등) ① 증인의 출석요구서에는 법 제309조에 규정된 사항 외에 다음 각호의 사항을 적어야 한다.
   1. 출석하지 아니하는 경우에는 그 사유를 밝혀 신고하여야 한다는 취지
   2. 제1호의 신고를 하지 아니하는 경우에는 정당한 사유 없이 출석하지 아니한 것으로 인정되어 법률상 제재를 받을 수 있다는 취지
  ② 증인에 대한 출석요구서는 출석할 날보다 2일 전에 송달되어야 한다. 다만, 부득이한 사정이 있는 경우에는 그러하지 아니하다.

제82조 (증인의 출석 확보) 증인이 채택된 때에는 증인신청을 한 당사자는 증인이 기일에 출석할 수 있도록 노력하여야 한다.

제83조 (불출석의 신고) 증인이 출석요구를 받고 기일에 출석할 수 없을 경우에는 바로 그 사유를 밝혀 신고하여야 한다.

제84조 (서면에 의한 증언) ① 법 제310조제1항의 규정에 따라 출석·증언에 갈음하여 증언할 사항을 적은 서면을 제출하게 하는 경우 법원은 증인을 신청한 당사자의 상대방에 대하여 그 서면에서 회답을 바라는 사항을 적은 서면을 제출하게 할 수 있다.
  ② 법원이 법 제310조제1항의 규정에 따라 출석·증언에 갈음하여 증언할 사항을 적은 서면을 제출하게 하는 때에는 다음 각호의 사항을 증인에게 고지하여야 한다.
   1. 증인에 대한 신문사항 또는 신문사항의 요지
   2. 법원이 출석요구를 하는 때에는 법정에 출석·증언하여야 한다는 취지
   3. 제출할 기한을 정한 때에는 그 취지
  ③ 증인은 증언할 사항을 적은 서면에 서명날인하여야 한다.

제85조 (증인에 대한 과태료 등) ① 법 제311조제1항의 규정에 따른 과태료와 소송비용 부담의 재판은 수소법원이 관할한다.
  ② 제1항과 법 제311조제1항의 규정에 따른 재판절차에 관하여는 비송사건절차법 제248조와 제250조(다만, 제248조제3항 후문과 검사에 관한 부분을 제외한다)의 규정을 준용한다.

제86조 (증인에 대한 감치) ① 법 제311조제2항 내지 제8항의 규정에 따른 감치재판은 수소법원이 관할한다.
② 감치재판절차는 법원의 감치재판개시결정에 따라 개시된다. 이 경우 감치사유가 발생한 날부터 20일이 지난 때에는 감치재판개시결정을 할 수 없다.
③ 감치재판절차를 개시한 후 감치결정 전에 그 증인이 증언을 하거나 그 밖에 감치에 처하는 것이 상당하지 아니하다고 인정되는 때에는 법원은 불처벌결정을 하여야 한다.
④ 제2항의 감치재판개시결정과 제3항의 불처벌결정에 대하여는 불복할 수 없다.
⑤ 법 제311조제7항의 규정에 따라 증인을 석방한 때에는 재판장은 바로 감치시설의 장에게 그 취지를 서면으로 통보하여야 한다.
⑥ 제1항 내지 제5항 및 법 제311조제2항 내지 제8항의 규정에 따른 감치절차에 관하여는 법정등의질서유지를위한재판에관한규칙 제6조 내지 제8조, 제10조, 제11조, 제13조, 제15조 내지 제19조, 제21조 내지 제23조 및 제25조제1항·제2항(다만, 제13조중 의견서에 관한 부분은 삭제하고, 제19조제2항 중 "3일"은 "1주"로, 제23조 제8항 중 "감치의 집행을 한 날"은 "법 제311조제5항의 규정에 따른 통보를 받은 날"로 고쳐 적용한다)의 규정을 준용한다.

제87조 (증인의 구인) 정당한 사유 없이 출석하지 아니한 증인의 구인에 관하여는 형사소송규칙중 구인에 관한 규정을 준용한다.

제88조 (증인의 동일성 확인) 재판장은 증인으로부터 주민등록증 등 신분증을 제시받거나 그 밖의 적당한 방법으로 증인임이 틀림없음을 확인하여야 한다. [전문개정 2006. 3. 23.]

제89조 (신문의 순서) ① 법 제327조제1항의 규정에 따른 증인의 신문은 다음 각호의 순서를 따른다. 다만, 재판장은 주신문에 앞서 증인으로 하여금 그 사건과의 관계와 쟁점에 관하여 알고 있는 사실을 개략적으로 진술하게 할 수 있다.
  1. 증인신문신청을 한 당사자의 신문(주신문)

2. 상대방의 신문(반대신문)
3. 증인신문신청을 한 당사자의 재신문(재주신문)
② 제1항의 순서에 따른 신문이 끝난 후에는 당사자는 재판장의 허가를 받은 때에만 다시 신문할 수 있다.
③ 재판장은 정리된 쟁점별로 제1항의 순서에 따라 신문하게 할 수 있다. <신설 2007. 11. 28.>

제90조 (주신문을 할 당사자가 출석하지 아니한 경우의 신문) 증인신문을 신청한 당사자가 신문기일에 출석하지 아니한 경우에는 재판장이 그 당사자에 갈음하여 신문을 할 수 있다.

제91조 (주신문) ① 주신문은 증명할 사항과 이에 관련된 사항에 관하여 한다.
② 주신문에서는 유도신문을 하여서는 아니된다. 다만, 다음 각호 가운데 어느 하나에 해당하는 경우에는 그러하지 아니하다.
  1. 증인과 당사자의 관계, 증인의 경력, 교우관계 등 실질적인 신문에 앞서 미리 밝혀둘 필요가 있는 준비적인 사항에 관한 신문의 경우
  2. 증인이 주신문을 하는 사람에 대하여 적의 또는 반감을 보이는 경우
  3. 증인이 종전의 진술과 상반되는 진술을 하는 때에 그 종전 진술에 관한 신문의 경우
  4. 그 밖에 유도신문이 필요한 특별한 사정이 있는 경우
③ 재판장은 제2항 단서의 각호에 해당하지 아니하는 경우의 유도신문은 제지하여야 하고, 유도신문의 방법이 상당하지 아니하다고 인정하는 때에는 제한할 수 있다.

제92조 (반대신문) ① 반대신문은 주신문에 나타난 사항과 이에 관련된 사항에 관하여 한다.
② 반대신문에서 필요한 때에는 유도신문을 할 수 있다.
③ 재판장은 유도신문의 방법이 상당하지 아니하다고 인정하는 때에는 제한할 수 있다.
④ 반대신문의 기회에 주신문에 나타나지 아니한 새로운 사항에 관하여 신문하고자 하는 때에는 재판장의 허가를 받아야 한다.

⑤ 제4항의 신문은 그 사항에 관하여는 주신문으로 본다.

제93조 (재주신문) ① 재주신문은 반대신문에 나타난 사항과 이와 관련된 사항에 관하여 한다.
② 재주신문은 주신문의 예를 따른다.
③ 재주신문에 관하여는 제92조제4항·제5항의 규정을 준용한다.

제94조 (증언의 증명력을 다투기 위하여 필요한 사항의 신문) ① 당사자는 증언의 증명력을 다투기 위하여 필요한 사항에 관한 신문을 할 수 있다.
② 제1항에 규정된 신문은 증인의 경험·기억 또는 표현의 정확성 등 증언의 신빙성에 관련된 사항 및 증인의 이해관계·편견 또는 예단 등 증인의 신용성에 관련된 사항에 관하여 한다.

제95조 (증인신문의 방법) ① 신문은 개별적이고 구체적으로 하여야 한다.
② 재판장은 직권 또는 당사자의 신청에 따라 다음 각호 가운데 어느 하나에 해당하는 신문을 제한할 수 있다. 다만, 제2호 내지 제4호에 규정된 신문에 관하여 정당한 사유가 있는 때에는 그러하지 아니하다.
1. 증인을 모욕하거나 증인의 명예를 해치는 내용의 신문
2. 제91조 내지 제94조의 규정에 어긋나는 신문
3. 의견의 진술을 구하는 신문
4. 증인이 직접 경험하지 아니한 사항에 관하여 진술을 구하는 신문

제95조의2 (비디오 등 중계장치 등에 의한 증인신문) 법 제327조의2에 따른 증인신문의 절차와 방법에 관하여는 제73조의3을 준용한다. [전문개정 2021. 10. 29.]

제96조 (문서 등을 이용한 신문) ① 당사자는 재판장의 허가를 받아 문서·도면·사진·모형·장치, 그 밖의 물건(다음부터 이 조문 안에서 이 모두를 "문서등"이라 한다)을 이용하여 신문할 수 있다.
② 제1항의 경우에 문서등이 증거조사를 하지 아니한 것인 때에는 신문에 앞서 상대방에게 열람할 기회를 주어야 한다. 다만, 상대방의 이의

가 없는 때에는 그러하지 아니하다.

③ 재판장은 조서에 붙이거나 그 밖에 다른 필요가 있다고 인정하는 때에는 당사자에게 문서등의 사본(사본으로 제출할 수 없는 경우에는 그 사진이나 그 밖의 적당한 물건)을 제출할 것을 명할 수 있다.

제97조 (이의신청) ① 증인신문에 관한 재판장의 명령 또는 조치에 대한 이의신청은 그 명령 또는 조치가 있은 후 바로 하여야 하며, 그 이유를 구체적으로 밝혀야 한다.

② 법원은 제1항의 규정에 따른 이의신청에 대하여 바로 결정으로 재판하여야 한다.

제98조 (재정인의 퇴정) 법정 안에 있는 특정인 앞에서는 충분히 진술하기 어려운 현저한 사유가 있는 때에는 재판장은 당사자의 의견을 들어 그 증인이 진술하는 동안 그 사람을 법정에서 나가도록 명할 수 있다.

제99조 (서면에 따른 질문 또는 회답의 낭독) 듣지 못하는 증인에게 서면으로 물은 때 또는 말을 못하는 증인에게 서면으로 답하게 한 때에는 재판장은 법원사무관등으로 하여금 질문 또는 회답을 적은 서면을 낭독하게 할 수 있다.

제100조 (수명법관·수탁판사의 권한) 수명법관 또는 수탁판사가 증인신문을 하는 경우에는 이 절에 규정된 법원과 재판장의 직무를 행한다.

제3절 감정

제100조의2 (감정인 의무의 고지) 법원은 감정인에게 선서를 하게 하기에 앞서 법 제335조의2에 따른 의무를 알려야 한다. [본조신설 2016. 9. 6.]

제101조 (감정사항의 결정 등) ① 감정을 신청하는 때에는 감정을 구하는 사항을 적은 서면을 함께 제출하여야 한다. 다만, 부득이한 사유가 있는 때에는 재판장이 정하는 기한까지 제출하면 된다.

② 제1항의 서면은 상대방에게 송달하여야 한다. 다만, 그 서면의 내용

을 고려하여 법원이 송달할 필요가 없다고 인정하는 때에는 그러하지 아니하다.
③ 상대방은 제1항의 서면에 관하여 의견이 있는 때에는 의견을 적은 서면을 법원에 제출할 수 있다. 이 경우 재판장은 미리 그 제출기한을 정할 수 있다. <개정 2016. 9. 6.>
④ 법원은 제1항의 서면을 토대로 하되, 제3항의 규정에 따라 의견이 제출된 때에는 그 의견을 고려하여 감정사항을 정하여야 한다. 이 경우 법원이 감정사항을 정하기 위하여 필요한 때에는 감정인의 의견을 들을 수 있다.
⑤ 삭제 <2016. 9. 6.>

제101조의2 (감정에 필요한 자료제공 등) ① 법원은 감정에 필요한 자료를 감정인에게 보낼 수 있다.
② 당사자는 감정에 필요한 자료를 법원에 내거나 법원의 허가를 받아 직접 감정인에게 건네줄 수 있다.
③ 감정인은 부득이한 사정이 없으면 제1항, 제2항에 따른 자료가 아닌 자료를 감정의 전제가 되는 사실 인정에 사용할 수 없다.
④ 법원은 감정인에게 감정에 사용한 자료를 제출하게 하거나 그 목록을 보고하게 할 수 있다.
[본조신설 2016. 9. 6.]

제101조의3 (감정의견에 관한 의견진술) ① 법원은 법 제339조제1항, 제2항에 따른 감정인의 의견진술이 있는 경우에 당사자에게 기한을 정하여 그에 관한 의견을 적은 서면을 제출하게 할 수 있다.
② 법원은 법 제339조제1항, 제2항에 따른 감정인의 서면 의견진술이 있는 경우에 그에 관하여 말로 설명할 필요가 있다고 인정하는 때에는 감정인에게 법정에 출석하게 할 수 있다.
③ 제2항의 경우 법원은 당사자에게 기한을 정하여 감정인에게 질문할 사항을 적은 서면을 감정인이 출석할 신문기일 전에 제출하게 할 수 있다.
④ 법원사무관등은 제3항에 따른 서면의 부본을 감정인이 출석할 신문기일 전에 상대방에게 송달하여야 한다.

[본조신설 2016. 9. 6.]

제102조 (기피신청의 방식) ① 감정인에 대한 기피는 그 이유를 밝혀 신청하여야 한다.
② 기피하는 이유와 소명방법은 신청한 날부터 3일 안에 서면으로 제출하여야 한다.

제103조 (감정서의 설명) ① 법 제341조제2항의 규정에 따라 감정서를 설명하게 하는 때에는 당사자를 참여하게 하여야 한다.
② 제1항의 설명의 요지는 조서에 적어야 한다.

제103조의2 삭제 <2021. 10. 29.>

제104조 (증인신문규정의 준용) 감정에는 그 성질에 어긋나지 아니하는 범위 안에서 제2절의 규정을 준용한다.

제4절 서 증

제105조 (문서를 제출하는 방식에 의한 서증신청) ① 문서를 제출하여 서증의 신청을 하는 때에는 문서의 제목·작성자 및 작성일을 밝혀야 한다. 다만, 문서의 기재상 명백한 경우에는 그러하지 아니하다.
② 서증을 제출하는 때에는 상대방의 수에 1을 더한 수의 사본을 함께 제출하여야 한다. 다만, 상당한 이유가 있는 때에는 법원은 기간을 정하여 사본을 제출하게 할 수 있다.
③ 제2항의 사본은 명확한 것이어야 하며 재판장은 사본이 불명확한 때에는 사본을 다시 제출하도록 명할 수 있다.
④ 문서의 일부를 증거로 하는 때에도 문서의 전부를 제출하여야 한다. 다만, 그 사본은 재판장의 허가를 받아 증거로 원용할 부분의 초본만을 제출할 수 있다.
⑤ 법원은 서증에 대한 증거조사가 끝난 후에도 서증 원본을 다시 제출할 것을 명할 수 있다.

제106조 (증거설명서의 제출 등) ① 재판장은 서증의 내용을 이해하기 어렵거나 서증의 수가 방대한 경우 또는 서증의 입증취지가 불명확한 경우에는 당사자에게 서증과 증명할 사실의 관계를 구체적으로 밝힌 설명서를 제출할 것을 명할 수 있다.
② 서증이 국어 아닌 문자 또는 부호로 되어 있는 때에는 그 문서의 번역문을 붙여야 한다. 다만, 문서의 일부를 증거로 하는 때에는 재판장의 허가를 받아 그 부분의 번역문만을 붙일 수 있다.

제107조 (서증 사본의 작성 등) ① 당사자가 제105조제2항의 규정에 따라 서증 사본을 작성하는 때에는 서증 내용의 전부를 복사하여야 한다. 이 경우 재판장이 필요하다고 인정하는 때에는 서증 사본에 원본과 틀림이 없다는 취지를 적고 기명날인 또는 서명하여야 한다.
② 서증 사본에는 다음 각호의 구분에 따른 부호와 서증의 제출순서에 따른 번호를 붙여야 한다.
  1. 원고가 제출하는 것은 "갑"
  2. 피고가 제출하는 것은 "을"
  3. 독립당사자참가인이 제출하는 것은 "병"
③ 재판장은 같은 부호를 사용할 당사자가 여러 사람인 때에는 제2항의 부호 다음에 "가" "나" "다" 등의 가지부호를 붙여서 사용하게 할 수 있다.

제108조 (서증 사본의 제출기간) 법 제147조제1항의 규정에 따라 재판장이 서증신청(문서를 제출하는 방식으로 하는 경우에 한한다)을 할 기간을 정한 때에는 당사자는 그 기간이 끝나기 전에 서증의 사본을 제출하여야 한다.

제109조 (서증에 대한 증거결정) 당사자가 서증을 신청한 경우 다음 각호 가운데 어느 하나에 해당하는 사유가 있는 때에는 법원은 그 서증을 채택하지 아니하거나 채택결정을 취소할 수 있다.
  1. 서증과 증명할 사실 사이에 관련성이 인정되지 아니하는 때
  2. 이미 제출된 증거와 같거나 비슷한 취지의 문서로서 별도의 증거가치가 있음을 당사자가 밝히지 못한 때

3. 국어 아닌 문자 또는 부호로 되어 있는 문서로서 그 번역문을 붙이지 아니하거나 재판장의 번역문 제출명령에 따르지 아니한 때
4. 제106조제1항의 규정에 따른 재판장의 증거설명서 제출명령에 따르지 아니한 때
5. 문서의 작성자 또는 그 작성일이 분명하지 아니한 경우로서 이를 밝히도록 한 재판장의 명령에 따르지 아니한 때

제110조 (문서제출신청의 방식 등) ① 법 제345조의 규정에 따른 문서제출신청은 서면으로 하여야 한다.
② 상대방은 제1항의 신청에 관하여 의견이 있는 때에는 의견을 적은 서면을 법원에 제출할 수 있다.
③ 법 제346조의 규정에 따른 문서목록의 제출신청에 관하여는 제1항과 제2항의 규정을 준용한다.

제111조 (제시·제출된 문서의 보관) ① 법원은 필요하다고 인정하는 때에는 법 제347조제4항 전문의 규정에 따라 제시받은 문서를 일시적으로 맡아 둘 수 있다.
② 제1항의 경우 또는 법 제353조의 규정에 따라 문서를 맡아 두는 경우 문서를 제시하거나 제출한 사람이 요구하는 때에는 법원사무관등은 문서의 보관증을 교부하여야 한다.

제112조 (문서가 있는 장소에서의 서증신청 등) ① 제3자가 가지고 있는 문서를 법 제343조 또는 법 제352조가 규정하는 방법에 따라 서증으로 신청할 수 없거나 신청하기 어려운 사정이 있는 때에는 법원은 그 문서가 있는 장소에서 서증의 신청을 받아 조사할 수 있다.
② 제1항의 경우 신청인은 서증으로 신청한 문서의 사본을 법원에 제출하여야 한다.

제113조 (기록 가운데 일부문서에 대한 송부촉탁) ① 법원·검찰청, 그 밖의 공공기관(다음부터 이 조문 안에서 이 모두를 "법원등"이라 한다)이 보관하고 있는 기록의 불특정한 일부에 대하여도 법 제352조의 규정에 따른 문서송부의 촉탁을 신청할 수 있다.

② 법원이 제1항의 신청을 채택한 때에는 기록을 보관하고 있는 법원등에 대하여 그 기록 가운데 신청인 또는 소송대리인이 지정하는 부분의 인증등본을 보내 줄 것을 촉탁하여야 한다.

③ 제2항의 규정에 따른 촉탁을 받은 법원등은 법 제352조의2제2항에 규정된 사유가 있는 경우가 아니면 문서송부촉탁 신청인 또는 소송대리인에게 그 기록을 열람하게 하여 필요한 부분을 지정할 수 있도록 하여야 한다. <개정 2012. 5. 2.>

제114조 삭제 <2007. 11. 28.>

제115조 (송부촉탁 신청인의 사본제출의무 등) 제113조, 법 제347조제1항 또는 법 제352조의 규정에 따라 법원에 문서가 제출된 때에는 신청인은 그 중 서증으로 제출하고자 하는 문서를 개별적으로 지정하고 그 사본을 법원에 제출하여야 한다. 다만, 제출된 문서가 증거조사를 마친 후 돌려 줄 필요가 없는 것인 때에는 따로 사본을 제출하지 아니하여도 된다.

제116조 (문서의 진정성립을 부인하는 이유의 명시) 문서의 진정성립을 부인하는 때에는 그 이유를 구체적으로 밝혀야 한다.

제5절 검 증

제117조 (검증목적물의 제출) 검증목적물의 제출절차에 관하여는 제107조 제2항·제3항의 규정을 준용한다. 이 경우에는 그 부호 앞에 "검"이라고 표시하여야 한다.

제118조 (검증목적물의 보관 등) 제출된 검증목적물에 관하여는 제105조 제5항과 제111조제2항의 규정을 준용한다.

제6절 당사자신문

제119조 (증인신문 규정의 준용) 당사자 본인이나 당사자를 대리·대표하

는 법정대리인·대표자 또는 관리인의 신문에는 제81조, 제83조 및 제88조 내지 제100조의 규정을 준용한다. 이 경우 제81조제1항제2호 중 "법률상 제재를 받을 수 있다는 취지"는 "법률상 불이익을 받을 수 있다는 취지"로 고쳐 적용한다. <개정 2015. 6. 29.>

제119조의2 (당사자진술서 또는 당사자신문사항의 제출 등) ① 법원은 효율적인 당사자신문을 위하여 필요하다고 인정하는 때에는 당사자신문을 신청한 당사자에게 당사자진술서 또는 당사자신문사항을 제출하게 할 수 있다.
② 제1항에 따른 당사자진술서의 제출 등에 관하여는 제79조제2항부터 제4항까지를, 당사자신문사항의 제출 등에 관하여는 제80조제1항 본문, 제2항 및 제3항을 각 준용한다.
[본조신설 2015. 6. 29.]

제7절 그 밖의 증거

제120조 (자기디스크등에 기억된 문자정보 등에 대한 증거조사) ① 컴퓨터용 자기디스크·광디스크, 그 밖에 이와 비슷한 정보저장매체(다음부터 이 조문 안에서 이 모두를 "자기디스크등"이라 한다)에 기억된 문자정보를 증거자료로 하는 경우에는 읽을 수 있도록 출력한 문서(다음부터 이 조문 안에서 "출력문서"라고 한다)를 제출할 수 있다.
② 자기디스크등에 기억된 문자정보를 증거로 하는 경우에 증거조사를 신청한 당사자는 법원이 명하거나 상대방이 요구한 때에는 자기디스크등에 입력한 사람과 입력한 일시, 출력한 사람과 출력한 일시를 밝혀야 한다.
③ 자기디스크등에 기억된 정보가 도면·사진 등에 관한 것인 때에는 제1항과 제2항의 규정을 준용한다.

제121조 (음성·영상자료 등에 대한 증거조사) ① 녹음·녹화테이프, 컴퓨터용 자기디스크·광디스크, 그 밖에 이와 비슷한 방법으로 음성이나 영상을 녹음 또는 녹화(다음부터 이 조문 안에서 "녹음등"이라 한다)하여 재생할 수 있는 매체(다음부터 이 조문 안에서 "녹음테이프등"이라

한다)에 대한 증거조사를 신청하는 때에는 음성이나 영상이 녹음등이 된 사람, 녹음등을 한 사람 및 녹음등을 한 일시·장소를 밝혀야 한다.
② 녹음테이프등에 대한 증거조사는 녹음테이프등을 재생하여 검증하는 방법으로 한다.
③ 녹음테이프등에 대한 증거조사를 신청한 당사자는 법원이 명하거나 상대방이 요구한 때에는 녹음테이프등의 녹취서, 그 밖에 그 내용을 설명하는 서면을 제출하여야 한다.

제122조 (감정 등 규정의 준용) 도면·사진, 그 밖에 정보를 담기 위하여 만들어진 물건으로서 문서가 아닌 증거의 조사에 관하여는 특별한 규정이 없으면 제3절 내지 제5절의 규정을 준용한다.

제8절 증거보전

제123조 (증거보전절차에서의 증거조사) 증거보전절차에서의 증거조사에 관하여는 이 장의 규정을 적용한다.

제124조 (증거보전의 신청방식 등) ① 증거보전의 신청은 서면으로 하여야 한다.
② 제1항의 신청서에는 증거보전의 사유에 관한 소명자료를 붙여야 한다.

제125조 (증거보전 기록의 송부) ① 증거보전에 관한 기록은 증거조사를 마친 후 2주 안에 본안소송의 기록이 있는 법원에 보내야 한다.
② 증거보전에 따른 증거조사를 마친 후에 본안소송이 제기된 때에는 본안소송이 계속된 법원의 송부요청을 받은 날부터 1주 안에 증거보전에 관한 기록을 보내야 한다.

제3편 상 소

제1장 항 소

제126조 (항소취하를 할 법원) 소송기록이 원심법원에 있는 때에는 항소의 취하는 원심법원에 하여야 한다.

제126조의2 (준비서면 등) ① 항소인은 항소의 취지를 분명하게 하기 위하여 항소장 또는 항소심에서 처음 제출하는 준비서면에 다음 각호의 사항을 적어야 한다. <개정 2016. 8. 1.>
 1. 제1심 판결 중 사실을 잘못 인정한 부분 또는 법리를 잘못 적용한 부분
 2. 항소심에서 새롭게 주장할 사항
 3. 항소심에서 새롭게 신청할 증거와 그 입증취지
 4. 제2호와 제3호에 따른 주장과 증거를 제1심에서 제출하지 못한 이유
② 재판장등은 피항소인에게 상당한 기간을 정하여 제1항제1호에 따른 항소인의 주장에 대한 반박내용을 기재한 준비서면을 제출하게 할 수 있다. <신설 2016. 8. 1.> [본조신설 2007. 11. 28.] [제목개정 2016. 8. 1.]

제127조 (항소기록 송부기간) ① 항소장이 판결 정본의 송달 전에 제출된 경우 항소기록 송부기간은 판결정본이 송달된 날부터 2주로 한다.
② 원심재판장등이 판결정본의 송달 전에 제출된 항소장에 대하여 보정명령을 내린 경우의 항소기록 송부기간은 판결정본의 송달 전에 그 흠이 보정된 때에는 판결정본이 송달된 날부터 2주, 판결정본의 송달 이후에 그 흠이 보정된 때에는 보정된 날부터 1주로 한다. <개정 2015. 6. 29.>

제127조의2 (제1심 변론결과의 진술) 제1심 변론결과의 진술은 당사자가 사실상 또는 법률상 주장, 정리된 쟁점 및 증거조사 결과의 요지 등을 진술하거나, 법원이 당사자에게 해당사항을 확인하는 방식으로 할 수 있다. [본조신설 2007. 11. 28.]

제128조 (제1심 소송절차의 준용) 항소심의 소송절차에 관하여는 그 성질에 어긋나지 아니하는 범위 안에서 제2편의 규정을 준용한다.

제2장 상 고

제129조 (상고이유의 기재방식) ① 판결에 영향을 미친 헌법·법률·명령 또는 규칙(다음부터 이 장 안에서 "법령"이라 한다)의 위반이 있다는 것을 이유로 하는 상고의 경우에 상고이유는 법령과 이에 위반하는 사유를 밝혀야 한다.
② 제1항의 규정에 따라 법령을 밝히는 때에는 그 법령의 조항 또는 내용(성문법 외의 법령에 관하여는 그 취지)을 적어야 한다.
③ 제1항의 규정에 따라 법령에 위반하는 사유를 밝히는 경우에 그 법령이 소송절차에 관한 것인 때에는 그에 위반하는 사실을 적어야 한다.

제130조 (절대적 상고이유의 기재방식) 법 제424조제1항의 어느 사유를 상고이유로 삼는 때에는 상고이유에 그 조항과 이에 해당하는 사실을 밝혀야 한다.

제131조 (판례의 적시) 원심판결이 대법원판례와 상반되는 것을 상고이유로 하는 경우에는 그 판례를 구체적으로 밝혀야 한다.

제132조 (소송기록 접수의 통지방법) 법 제426조의 규정에 따른 소송기록 접수의 통지는 그 사유를 적은 서면을 당사자에게 송달하는 방법으로 한다.

제133조 (상고이유서의 통수) 상고이유서를 제출하는 때에는 상대방의 수에 6을 더한 수의 부본을 붙여야 한다.

제133조의2 (상고이유서 등의 분량) 상고이유서와 답변서는 그 분량을 30쪽 이내로 하여 제출하여야 한다. [본조신설 2016. 8. 1.]

제134조 (참고인의 진술) ① 법 제430조제2항의 규정에 따라 참고인의 진술을 듣는 때에는 당사자를 참여하게 하여야 한다.
② 제1항의 진술의 요지는 조서에 적어야 한다.

제134조의2 (참고인 의견서 제출) ① 국가기관과 지방자치단체는 공익과 관련된 사항에 관하여 대법원에 재판에 관한 의견서를 제출할 수 있고, 대법원은 이들에게 의견서를 제출하게 할 수 있다.
② 대법원은 소송관계를 분명하게 하기 위하여 공공단체 등 그 밖의 참고인에게 의견서를 제출하게 할 수 있다. [본조신설 2015. 1. 28.]

제135조 (항소심절차규정의 준용) 상고와 상고심의 소송절차에는 그 성질에 어긋나지 아니하는 범위 안에서 제1장의 규정을 준용한다.

제136조 (부대상고에 대한 준용) 부대상고에는 제129조 내지 제135조의 규정을 준용한다.

제3장 항 고

제137조 (항소·상고의 절차규정 준용) ① 항고와 그에 관한 절차에는 그 성질에 어긋나지 아니하는 범위 안에서 제1장의 규정을 준용한다.
② 재항고 또는 특별항고와 그에 관한 절차에는 그 성질에 어긋나지 아니하는 범위 안에서 제2장의 규정을 준용한다.

제4편 재 심

제138조 (재심의 소송절차) 재심의 소송절차에는 그 성질에 어긋나지 아니하는 범위 안에서 각 심급의 소송절차에 관한 규정을 준용한다.

제139조 (재심소장의 첨부서류) 재심소장에는 재심의 대상이 되는 판결의 사본을 붙여야 한다.

제140조 (재심소송기록의 처리) ① 재심절차에서 당사자가 제출한 서증의 번호는 재심 전 소송의 서증의 번호에 연속하여 매긴다.
② 재심사건에 대하여 상소가 제기된 때에는 법원사무관등은 상소기록

에 재심 전 소송기록을 붙여 상소법원에 보내야 한다.

제141조 (준재심절차에 대한 준용) 법 제461조의 규정에 따른 재심절차에는 제138조 내지 제140조의 규정을 준용한다.

제5편 공시최고절차

제142조 (공시최고의 공고) ① 공시최고의 공고는 다음 각호 가운데 어느 하나의 방법으로 한다. 이 경우 필요하다고 인정하는 때에는 적당한 방법으로 공고사항의 요지를 공시할 수 있다.
  1. 법원게시판 게시
  2. 관보·공보 또는 신문 게재
  3. 전자통신매체를 이용한 공고
② 법원사무관등은 공고한 날짜와 방법을 기록에 표시하여야 한다.

제143조 (제권판결의 공고) 제권판결의 요지를 공고하는 때에는 제142조의 규정을 준용한다.

제6편 판결의 확정 및 집행정지

제144조 (집행정지신청 등의 방식) 법 제500조제1항 또는 법 제501조의 규정에 따른 집행정지 등의 신청은 서면으로 하여야 한다.

부 칙 <제1761호, 2002.6.28>

제1조 (시행일) 이 규칙은 2002년 7월 1일부터 시행한다.
제2조 (계속사건에 관한 경과조치) 이 규칙은 특별한 규정이 없으면 이 규칙 시행 당시 법원에 계속중인 사건에도 적용한다. 다만, 종전의 규정에 따라 생긴 효력에는 영향을 미치지 아니한다.
제3조 (증인감치에 관한 경과조치) 제86조와 법 제311조의 증인감치에 관한

규정은 법 시행 후 과태료의 재판을 고지받은 증인에 대하여 적용한다.

부 칙 <제2012호, 2006.3.23>

이 규칙은 공포한 날부터 시행한다.

부 칙 <제2094호, 2007.7.31>

제1조 (시행일) 이 규칙은 2007년 8월 14일부터 시행한다.
제2조 (경과조치) 이 규칙은 이 규칙 시행 당시에 법원에 계속 중인 사건에도 적용한다.

부 칙 <제2115호, 2007.11.28>

제1조 (시행일) 이 규칙은 2008년 1월 1일부터 시행한다.
제2조 (계속사건에 관한 경과조치) 이 규칙은 특별한 규정이 없으면 이 규칙 시행 당시 법원에 계속 중인 사건에도 적용한다. 다만, 종전의 규정에 따라 생긴 효력에는 영향을 미치지 아니한다.

부칙 <대법원규칙 제2203호, 2009.1.9.>

제1조 (시행일) 이 규칙은 공포한 날부터 시행한다.
제2조 (계속사건에 관한 경과조치) 이 규칙은 이 규칙 시행 당시 법원에 계속 중인 사건에도 적용한다.

부칙 <대법원규칙 제2259호, 2009.12.3.>

이 규칙은 공포한 날부터 시행한다.

부칙 <대법원규칙 제2311호, 2010.12.13.>

제1조 (시행일) 이 규칙은 2011년 1월 1일부터 시행한다.
제2조 (계속사건에 관한 경과조치) 이 규칙은 이 규칙 시행 당시 법원에 계속 중인 사건에도 적용한다.

부칙 <대법원규칙 제2356호, 2011.9.28.> (부동산등기규칙)

제1조 (시행일) 이 규칙은 2011년 10월 13일부터 시행한다. <단서 생략>
  제2조부터 제4조까지 생략
제5조 (다른 규칙의 개정) ①부터 ⑤까지 생략
  ⑥ 민사소송규칙 일부를 다음과 같이 개정한다.
제63조제2항 중 "등기부등본"을 "등기사항증명서"로 한다.
  ⑦부터 ⑫까지 생략
제6조 생략

부칙 <대법원규칙 제2396호, 2012.5.2.>

제1조 (시행일) 이 규칙은 공포한 날부터 시행한다.
제2조 (계속 사건에 관한 적용례) 이 규칙은 이 규칙 시행 당시 법원에 계속 중인 사건에도 적용한다.

부칙 <대법원규칙 제2545호, 2014.8.6.>

이 규칙은 2014년 8월 7일부터 시행한다.

부칙 <대법원규칙 제2575호, 2014.12.30.>

이 규칙은 2015년 1월 1일부터 시행한다.

부칙 <대법원규칙 제2585호, 2015.1.28.>

제1조 (시행일) 이 규칙은 공포한 날부터 시행한다. 다만, 제15조제1항 및 같은 조 제4항의 개정규정은 2015년 2월 13일부터 시행하고, 제26조제2항, 같은 조 제3항의 개정규정 및 제70조의3의 신설규정은 2015년 7월 1일부터 시행한다.
제2조 (계속사건에 관한 경과조치) 이 규칙은 이 규칙 시행 당시에 법원에 계속 중인 사건에도 적용한다.

부칙 <대법원규칙 제2606호, 2015.6.29.>

제1조 (시행일) 이 규칙은 2015년 7월 1일부터 시행한다.
제2조 (계속사건에 관한 경과조치) 이 규칙은 이 규칙 시행 당시에 법원에

계속 중인 사건에도 적용한다.

부칙 <대법원규칙 제2670호, 2016.8.1.>

제1조 (시행일) 이 규칙은 공포한 날부터 시행한다.
제2조 (계속사건에 관한 경과조치) 이 규칙은 이 규칙 시행 당시에 법원에 계속 중인 사건에도 적용한다. 다만, 종전 규정에 따라 생긴 효력에는 영향을 미치지 아니한다.

부칙 <대법원규칙 제2675호, 2016.9.6.>

제1조 (시행일) 이 규칙은 2016년 9월 30일부터 시행한다. 다만, 제15조제1항 및 제4항의 개정규정은 2016년 10월 1일부터 시행하고, 제17조의2의 개정규정은 공포한 날부터 시행한다.
제2조 (계속사건에 관한 경과조치) 이 규칙은 이 규칙 시행 당시에 법원에 계속 중인 사건에도 적용한다. 다만, 종전의 규정에 따라 생긴 효력에 영향을 미치지 아니한다.

부 칙 <대법원규칙 제2711호, 2017. 2. 2.> 부칙보기

제1조 (시행일) 이 규칙은 2017년 2월 4일부터 시행한다.
제2조 (계속사건에 관한 경과조치) 이 규칙은 이 규칙 시행 당시 법원에 계속 중인 사건에도 적용한다. 다만, 종전 규칙에 따라 생긴 효력에는 영향을 미치지 아니한다.

부 칙 <대법원규칙 제2771호, 2018. 1. 31.>

이 규칙은 공포한 날부터 시행한다.

부 칙 <제2900호, 2020. 6. 1.>

이 규칙은 공포한 날부터 시행한다.

부 칙 <제2905호, 2020. 6. 26.>

이 규칙은 공포한 날부터 시행한다.

부   칙 <제3001호, 2021. 10. 29.>

제1조 (시행일) 이 규칙은 2021년 11월 18일부터 시행한다.

제2조 (계속사건에 관한 경과조치) 이 규칙은 이 규칙 시행 당시 법원에 계속 중인 사건에 대하여도 적용한다.

제3조 (다른 규칙의 개정) 법원보관금취급규칙 일부를 다음과 같이 개정한다.
제13조의2의 제목 "비디오 등 중계장치에 의한 신문절차에서의 특칙"을 "비디오 등 중계장치 등에 의한 신문절차에서의 특칙"으로 하고, 같은 조 제목 외의 부분 중 "비디오 등 중계장치에 의한"을 "비디오 등 중계장치 또는 인터넷 화상장치에 의한"으로 한다.

사항색인

• 사항색인

사항색인

【ㄱ】

가능한 공격방어 방법 ·· 30
가등기 원인행위의 사해행위성과 원상회복 방법 ·················· 448
가등기가 전득자에게 이전되어 본등기가 된 경우,
　　　수익자에 대한 사해행위 취소 및 가액배상청구의 가부 ······· 452
가등기에 기하여 본등기가 경료된 경우, 사해행위 요건의
　　　구비 여부의 판단 기준 시기(= 가등기의 원인된 법률 행위시) ········ 50
가압류의 개별상대적 효력에 의한 제한 ····························· 189
가압류지명채권의 지급 금지 ·· 183
가압류채권자 ·· 200
가압류해제 부동산의 원상회복 방법과 범위 ························ 125
가액 배상의 요건인 '원물 반환이 불가능하거나
　　　현저히 곤란한 경우'의 의미 ··································· 135
가액배상과 임차보증금과의 관계 ····································· 127
가액배상의 방법과 범위 ··· 97
가액배상의 범위 ·· 176
가액배상의 상대방 ·· 402
가액배상의 의미 ·· 398
가액배상판결에 기한 강제집행절차에서 배당에 참가할 수 있는 채권자 ··· 111
가정법원의 관할 ·· 464
각 채권자가 동시 또는 이시에 채권자취소 및 원상회복소송을
　　　제기한 경우 이들 소송이 중복제소에 속하는지 여부(소극) ········· 84
개별 당사자의 기타 권리의무관계 ···································· 200
객관적 범위 ·· 218
객관적 요건(사해행위) ·· 4
경매로 인하여 수익자 배당금 수령 경우 ···························· 134

계약명의신탁(매도인 선의)⇒사해행위 성립 ·· 323
계약이 해지로 소멸된 후 사해행위취소 청구의 가부(원칙적 소극) ············· 385
공동소송 또는 병합심리 중인 소송 ·· 203
공동저당 부동산 중 일부 양도경우 ·· 124
관할위반의 항변 ·· 157
구 민법하에서의 학설·판례 ·· 86
구상금등 ··· 307, 350
구상채권 ··· 10
구체적 사례 ·· 13
권리보호의 이익 ·· 164
근저당권설정행위의 일부만이 사해행위에 해당하는 경우 원상회복방법 ··· 110
근저당권이 설정되어 있는 부동산을 증여한
　　　행위가 사해행위에 해당하는 경우 ·· 111
근저당권자에게 배당하기로 한 배당금에 대하여
　　　그 근저당권설정계약이 사해행위로 취소된 경우 ················ 202
기타 ·· 157
기판력의 문제 ·· 217

【 ㄷ 】

담보권실행이 채권자취소 내지 부인의 대상이 되는지 여부 ················ 253
담보권실행이 채무자회생법 제104조의 집행행위에 해당하는지 여부 ········· 253
담보권의 임의적 실행행위와 부인권 ·· 223
담보범위내 채권자 취소권행사 부정 ·· 16
담보의 제공 ·· 250
답변서 등 검토 ·· 180
당해 채무액이 그 부동산의 가액 및 채권최고액을 초과하는 경우 ·········· 95
대물변제 ·· 246
대물변제 제공행위 ·· 148
대법원의 판단 ·· 160

사항색인 689

대법원의 판단: 상고기각 ·· 325
대법원의 판단: 파기환송 ·· 285
대법원판례에 의하면 사해행위의 취소로 책임재산이 소급적으로 회복 ····· 390
대위변제시 원상회복 방법 ·· 124
대위행사와 제척기간 ·· 163
동일인의 소유인 토지와 건물의 처분행위를
    채권자 취소권에 의하여 취소하는 경우 ······················ 77
등기상 이해관계 있는 제3자 ······································ 138, 616
등기상 이해관계 있는 제3자에 관한 등기선례 ················ 138, 616

【 ㅁ 】

명의수탁자의 배임행위에 적극가담하여
    제3자 명의의 등기가 이루어진 경우 ························ 304
명의신탁 부동산의 처분이 명의신탁자의
    채권자에 대한 관계에서 사해행위가 성립여부 ············· 283
명의신탁약정 및 물권변동의 효력 ······································ 286
명의신탁약정을 사해행위로 취소하는 방안 ··························· 324
명의신탁약정이 유효한 경우⇒사해행위 불성립 ···················· 308
목적물의 공동담보가액 ·· 98
무자력 판정시기 ·· 5
무자력의 판단 및 기준시점 ·· 458
무효의 등기, 사해행위 불성립 사례 ···································· 72

【 ㅂ 】

배당시 가처분 결정에 따라 금액 공탁된 경우 ························ 132
배당액의 산정기준 ·· 220
배당요구종기와 사해행위취소 ··· 411

배당이의소송과 사해행위취소 ·· 415
법률행위의 종류 ·· 113
법적 성질 ··· 86
변제 내지 기존 채무 ·· 235
변제액을 공제 ·· 93
별소로 제기된 소송 ·· 203
본래의 급부에 대신하여 다른 급부를 하였더라도
　　상당한 가격으로 평가되었을 때는 사해행위 부정 ········ 41
본안전 항변 ··· 157, 180
부동산 평가 사해행위 당시 시가 기준 ································ 22
부동산가압류 ··· 200
부동산에 대한 매매계약이 원상회복으로 가액배상을 명하는 경우 ········· 109
부동산의 가액에서 저당권의 피담보채무액을 공제한 잔액의 한도 ········· 94
부동산의 원상회복방법 ··· 98
부인권 행사의 효과 ·· 256
불가분목적물의 사해행위 취소의 범위 ····························· 121

【ㅅ】

사례 및 방법 ··· 168
사안의 개요 ··· 350, 384
사해신탁과 채권자취소권과의 관계 ····································· 21
사해위취소청구소송의 피고적격 — 수행익자, 전득자 ········· 79
사해의사의 의미 ·· 23
사해행위 관련예규 ··· 595
사해행위 기준시기 ··· 22
사해행위 당시 성립하지 않은 채권이 예외적으로 채권자취소권의
　　피보전채권이 되기 위한 요건으로서 "채권성립의 기초가
　　되는 법률관계"의 범위 ··· 48
사해행위 당시 아직 성립되지 아니한 채권이 예외적으로

채권자취소권의 피보전채권이 되기 위한 요건 ·················· 45
사해행위 성부 ·· 24
사해행위 취소 부분 ·· 13
사해행위 취소소송에 있어서 취소 목적 부동산의 등기 명의를
　　수익자로부터 채무자 앞으로 복귀시키고자 하는 경우,
　　수익자를 상대로 채무자 앞으로 직접 소유권이전 등기
　　절차의 이행을 청구할 수 있다. ·· 82
사해행위 취소소송의 효력 ·· 118
사해행위 취소의 범위와 원상회복의 방법 ·································· 86
사해행위 취소청구 ·· 12
사해행위 후 저당권 취득시 가액 배상범위 ······························ 128
사해행위관련사건 ·· 457
사해행위의 개념의 징표 ·· 112
사해행위의 대상 ·· 112
사해행위의 목적물이 동산이고 현물반환이 가능한 경우,
　　채권자가 직접 자기에게 그 목적물의 인도를 청구할 수 있다. ·········· 81
사해행위의 성부 ·· 3
사해행위의 존재 ·· 456
사해행위의 취소와 원상회복을 청구하는 경우 ·························· 13
사해행위의 태양 ·· 178
사해행위취소 ·· 383
사해행위취소 소송에서 취소의 효과가 미치는 범위·
　　전득자의 악의 판단에 의한 수익자의 법률행위 ·············· 350
사해행위취소 청구는 법원에 소 제기하는 방법으로만 할 수 있다. ·········· 80
사해행위취소권 ·· 200
사해행위취소권 행사의 효과 ·· 264
사해행위취소권의 행사기간 ·· 461
사해행위취소등 ·· 283
사해행위취소소송에 있어서 수익자 또는 전득자
　　자신에게 선의라는 사실을 입증할 책임이 있다. ·············· 54

사해행위취소소송을 제기한 다수의 채권자 ·· 203
사해행위취소와 배당이의의 소 ·· 411
사해행위취소와 배당절차의 종료 ·· 428
사해행위취소와 혼합공탁 ·· 168
사해행위취소의 원상회복 방법: 전득자(피고 회사)만을 상대로
　　근저당권설정등기와 가등기를 말소하여야 하는지 여부 ··················· 360
사해행위취소의 효력 ·· 389
사해행위취소의 효력을 받는 채권자의 범위 ·· 428
사해행위취소판결의 효력이 미치는 범위 ·· 364
상고이유 ·· 285
상고이유의 요지 ·· 352
상대방 배우자의 무자력의 발생 ·· 458
상대적 무효설의 "제3자"의 범위 ··· 393
상대적무효와 원상회복의 방법 ·· 89
상속재산분할 협의시 상속포기 경우 ·· 140
상속재산분할협의 상당정도 과소 경우 사해행위취소권 행사 대상 ············ 117
선의 항변 ·· 181
소멸시효의 가산점 ·· 154
소송물과 제척기간 ·· 162
소송의 경과 ·· 351
소송의 중단 및 수계 ·· 381
소송행위 ·· 114
소유권이전 등기청구권 보전을 위한 가등기가
　　사해행위로서 이루어진 경우 원상회복 방법 ·· 52
소유권이전행위가 사해행위에 속하는 경우 수익자가 다른 원인
　　으로 이전등기를 받을 수 있는 경우에도 사해행위인
　　소유권이전행위를 취소하여야 한다. ··· 83
손해배상채권 ·· 9
수익자 또는 전득자에 대하여 회생절차가 개시된 경우 ························· 380
수익자 또는 전득자의 악의 ·· 458

수익자 선의 입증 책임 ··· 34
수익자, 전득자의 선의 항변 ·· 34
수익자, 전득자의 악의 ·· 11
수익자·전득자의 이익 ·· 111
수익자가 채무자에 대한 채권자 중의 1인이었던 경우의 법률관계 ············ 406
수익자에게 배당금이 지급되기 전후의 법률관계 ································ 428
수익자에게 배당표는 확정되었으나 배당금이 지급되지 아니한 경우 ······· 130
수익자의 고유채권자가 수익자가 사해행위로
　　　취득한 근저당권에 배당된 배당금을 가압류한 경우 ················ 410
수익자의 고유채권자가 압류·가압류를 한 경우 ································ 408
수익자의 배당요구 여부 ··· 119
수익자의 상계주장 여부 ··· 120
수익자의 악의에 대한 입증책임 ·· 53
수익자의 악의추정 ··· 11
수익자의 채권에 대하여 금전채권을 집행 공탁한 경우 ····················· 131
수탁자가 신탁부동산을 처분한 경우 ·· 296
신분법상의 행위 ·· 116
신용카드 대금채권의 피보전채권성 부인 ··· 15
신용카드의 체결만으로 채권자취소권의 행사를 위한 '채권성립의
　　　기초가 되는 법률관계'가 있다고 할 수 있는지 여부 ················ 50
신탁부동산 매도 후 대위 변제 경우 ·· 128
실무사례 ··· 173

【ㅇ】

양도담보와 관련하여서는 양도담보권이 설정된 경우 ························ 378
양자 간 명의신탁 ··· 285
양자 간 명의신탁 또는 3자 간 등기명의신탁 ···································· 312
양자 간 명의신탁: '명의신탁자가 법률행위 ······································· 326
양자 간 명의신탁의 법리 ·· 285

연대보증인 있는 경우 동인 기준 사해의사 판단 ·· 25
연대보증인의 부동산 매도 경우 ·· 148
연대보증인의 사해행위성 부정(피보전채권 우선 변제권 담보된 경우) ············· 20
예외적 가액배상의 허용 ·· 93
요건사실 ··· 176
원고의 청구원인 ·· 325
원고의 피보전채권 소멸 항변 ·· 181
원물반환과 가액배상의 관계 ·· 218
원물반환과 잉여금의 귀속문제 ·· 397
원물반환의 원칙 ·· 89
원물반환청구취지에 가액배상 포함해석 ·· 125
원상회복 ··· 256
원상회복 청구가 제척기간 도과한 경우 ·· 154
원상회복의 방법 ·· 267
원심의 판단 ·· 159, 325
원심의 판단: 사해행위취소청구 부분 각하, 원상회복청구 부분 기각 ········· 284
유일 부동산 매각 경우 ·· 149
유일 부동산 매도와 취소원인을 안 날의 의미 ·· 153
유일부동산 매각시 채무자 사해의사 추정 ·· 26
유치권 포기대신, 그 담보를 위해 수급인이 지정하는 자에게
         소유권 이전등기를 하게한 것은 사해행위 아니다. ····················· 58
의무이행지 ··· 167
이 사건 근저당권설정계약이 사해행위로 취소되는지 여부에 따라
    관련 사건(매매계약이 사해행위에 해당하는지가 쟁점)의 결론에
    영향을 미치는지 여부 ·· 389
이중양도된 경우, 특정물 소유권이전등기청구권을
    보전하기 위하여 채권자취소권을 행사할 수 있는지 여부 ····················· 47
이혼에 의한 재산분할과 위자료 ·· 141
일반적 기준 ··· 461

사항색인 695

【 ㅈ 】

자금난으로 사업을 계속 추진하기 어려운 상황에 처한 채무자가
　　자금을 융통하여 사업을 계속 추진하는 것이 채무변제력을
　　갖게 되는 최선의 방법이라고 생각하고 자금을 융통하기 위해서
　　부득이 부동산을 특정 채권자에게 담보로 제공하고 그로부터
　　신규자금을 추가로 융통받은 경우, 채무자의 담보권설정행위가
　　사해행위에 속하지 않는다. ··· 68
장래의 채권 ··· 9
재산권을 목적으로 한 법률행위 ··· 115, 456
재산권의 내용 ·· 115
재산분할청구 상당정도 벗어난 경우 한하여 채권자 취소 대상 ······· 117
재산분할청구권 ·· 454
재산분할청구권 보전을 위한 사해행위취소권 ································ 454
재산분할청구권이 특정물채권인 경우 ··· 454
재판실무 ··· 203
재판상 행사 ·· 461
저당권 등기 말소 후 저당권 설정 계약 취소의 이익여부 ············ 135
저당권 말소의 경우 사해행위 취소의 범위와 방법 ······················· 122
저당권이 설정되어 있는 부동산에 관하여 사해행위가 이루어진 경우 ······· 110
저당권이 설정되어 있는 부동산이 사해행위로 이전된 경우 ········· 77, 92, 109
저당권이 설정되어있는 부동산을 양도한 경우 사해행위의 성립 ················ 386
저당말소된 부동산의 가액산정시기 ··· 125
적용대상과 행사방법 ··· 252
제1심 ··· 351
제1심의 판단: 청구인용 ·· 283
제3자이의·사해행위취소 ··· 149
제3채무자 변경의 원인 ··· 192
제3채무자의 권리 ·· 191
제소기간 ··· 144

제소기간의 가산점 · 153
제척기간 · 30, 144
제척기간 도과 항변 · 180
제척기간 도과 · 158
제척기간 준수 직권조사 · 31
제척기간 준수의 효력 · 33
제척기간 준수의 효력범위 · 33
제척기간 진행시 수익자 또는 전득자의 악의를 알아야 하는지 여부 · 147
제척기간과 채무자의 사해의사가 추정되는 경우 · 147
제척기간의 가산점 · 31
제척기간의 가산점은 채권자 취소권의
　　　객관적·주관적 요건을 안 날로부터 진행 · 150
제척기간의 기산점 · 144
조합체가 합유등기를 하지 아니하고 조합원들 명의로 각 지분에
　　　관하여 공유등기를 한 경우 사해행위 성립여부 · 73
주관적 범위 · 217
주관적 요건(사해의 의사) · 11
주요항변 · 180
중복소송의 경우 · 166
중복제소에 해당하는지 여부 · 203
지명채권이 양도되어 제3자에 대하여 채권자가 양수인을 상대로
　　　그 피양수채권에 대한 처분금지가처분을 발령받은 경우 · 201

【 ㅊ 】

채권가압류 결정의 주문례 · 185
채권가압류 집행 후 제3채무자의 변경 · 192
채권가압류 집행 후 채무자와 제3채무자가 변경된 경우 · 183
채권가압류 집행 후 채무자의 변경 · 187
채권담보 부족은 안 날로부터 가산 · 145

채권본압류로 이전하는 결정의 주문례 ·· 186
채권압류 결정의 주문례 ··· 185
채권자 취소권에 관한 해설 ·· 37
채권자 취소권은 수익자나 전득자 상대 제기 ·· 21
채권자 취소권의 발생 ··· 13
채권자 취소권의 법적성질 ·· 86
채권자 취소권의 요건 ··· 3
채권자 취소권의 인적대상 ·· 20
채권자 취소권의 주관적 요건인 사해의사의 의미 ································ 37
채권자가 수익자를 상대로 그 목적부동산에
　　대한 처분금지가처분을 발령받은 경우 ·· 201
채권자가 전득자를 상대로 사해행위취소소송을 제기한 경우,
　　그 취소의 효과 및 취소대상이 되는 사해행위의 범위 ······················ 55
채권자가 채무자 소유의 부동산에 대한 가압류결정을 받기 하루 전에
　　채무자가 처와 합의이혼하고 유일한 재산인 위 부동산을 처에게
　　위자료 등 명목으로 무상 양도한 경우 채권자에 대한
　　사해행위가 된다. ·· 45
채권자대위소송 ··· 378
채권자대위소송, 주주대표소송 ·· 382
채권자를 해하는 법률행위 ·· 118
채권자를 해하는 법률행위존재(사해행위의 존재) ································· 4
채권자의 사해행위취소 및 원상회복청구 ·· 89
채권자의 피보전채권액 ··· 97
채권자취소권 ··· 3
채권자취소권 행사의 효과 ·· 78
채권자취소권과 부인권 ··· 223
채권자취소권과 부인권의 대상 ·· 252
채권자취소권에 기한 가처분 ·· 201
채권자취소권의 법적 성질 ·· 264
채권자취소권의 요건과 제척기간의 기산점 ·· 144

채권자취소권의 행사방법 ·· 75
채권자취소권의 행사범위 ·· 76
채권자취소를 구하는 가등기의 원인되는 법률행위가 취소채권자의
　　　채권보다 앞서 발생한 경우에는 그 가등기는 채권자취소권의
　　　대상이 될 수 없다 ·· 51
채권자취소소송 ·· 379, 381
채권자취소소송에 있어서 원물반환과 가액배상 ···························· 396
채권자취소소송에서의 소의 이익 ·· 383
채권자취소소송의 중복제기 ·· 111
채무본지에 따른 변제행위가 사해행위가 되는지 여부 ················ 44
채무의 전액에 대하여 채권자에게 우선변제권이 확보된 경우,
　　　연대보증인의 재산처분행위가 사해행위에 속하지 않는다. ················ 62
채무자 또는 수익자의 악의 ·· 458
채무자 변경의 원인 ·· 187
채무자가 양도한 목적물에 담보권이 설정되어 있는 경우 ··········· 78
채무자가 유일한 재산을 매각하여 소비하기 쉬운 금전으로
　　　바꾼 경우라도 사해행위가 성립되지 않은 예외인 경우 ············· 41
채무자가 유일한 재산을 매각하여 소비하기 쉬운 금전으로 바꾸거나
　　　무상으로 이전하여 주는 경우, 사해행위의 성립 여부(적극) 및
　　　사해의사의 추정여부(적극) ··· 40
채무자가 유일한 재산인 부동산을 신탁한 경우, 사해행위에 속한다. ········· 44
채무자가 일부의 채권자와 통모하여 다른 채권자를 해할 의사로 변제
　　　내지 채권양도를 하였는지 여부에 대한 증명책임의 소재(주장자)
　　　및 그 판단기준 ·· 38
채무자가 채무초과 상태에서 채권자 중의 1인과 통모하여 그에게
　　　부동산을 매도하고 매매대금채권을 그 채권자의 채권과
　　　상계한 경우 사해행위 성립여부 ··· 42
채무자가 행한 법률행위 ·· 112
채무자에 대하여 회생절차가 개시된 경우 ······································ 379
채무자에 대한 일반채권자 ·· 111

채무자의 무자력 여부를 판단함에 있어서 부동산이나
　　채권 등이 적극재산으로 산정될 수 있기 위한 요건 ·················· 67
채무자의 무자력 판단에 기초가 되는 부동산의 평가 기준 ············ 65
채무자의 법률행위가 재산권을 목적으로 하는 것일 것 ················ 10
채무자의 변제 사해행위 부정 ·· 27
채무자의 부동산을 매수한 수익자의
　　고유채권자가 가압류에 기해 강제경매를 한 경우 ················ 408
채무자의 부동산을 매수한 수익자의 고유채권자가
　　체납압류를 하였거나 가압류를 한 경우 ·································· 408
채무자의 사해의사 판단요소 ·· 24
채무자의 사해의사 ·· 180
채무자의 사해의사의 유무를 판단함에 있어 사해행위라고 주장되는
　　행위 이후의 채무자의 변제 노력과 채권자의 태도 등을 간접
　　사실로 삼을 수 있는지 여부 ·· 70
채무자의 사해행위 ·· 177
채무자의 악의 ·· 11, 458
채무자의 약속어음발행으로 인해 채무초과상태에 이르거나 이미
　　채무초과상태에 있는 것을 심화시키는 상태가 초래되면
　　사해행위가 성립할 수 있는지 여부(적극) ································ 60
채무자의 자력회복 항변 ·· 34, 182
채무초과 상태 대물변제 경우 ·· 28
채무초과 상태담보 제공행위 ·· 29
채무초과 상태에서 사업의 계속에 필요한 물품을 공급받기 위한
　　방법으로 기존 물품대금채무 및 장래 발생할 물품대금채무를
　　담보하기 위해서 근저당권을 설정하여 준 행위가 사해행위에
　　속하지 않는다고 한 사례 ·· 70
채무초과 상태의 채무자가 유일한 부동산을 특정 채권자에게
　　대물변제로 양도한 것이 사해행위가 되는지 여부 ··················· 43
책임재산보전 ·· 14
청구내용 ·· 351

청구원인 검토 ·· 173, 176
취소대상인 법률행위의 특정 ··· 326
취소범위 ·· 35
취소원인을 안 날 ··· 151
취소원인을 안 날로부터 1년 이내 제기의 의미 ··················· 146
취소원인을 안 날의 의미 ·· 145, 158
취소채권자의 우선만족 허용의 문제 ·· 405

【 ㅌ 】

토지와 건물 가액이 피보전 채권액 초과 경우 ························· 35
통모 매각하여 채권자중 1인 만족 경우 ··································· 25
통설과 판례의 태도 ·· 352
통정허위표시에 따른 법률행위가 채권자취소권의 대상이 된다. ··········· 45
특정 채권자에 대한 담보제공행위가 사해행위에 속하기 위한 요건 ········ 56
특정 채권자의 채무변제를 위한 약속어음
　　　　발행행위의 사해행위에 속하는지 여부 ······················ 57
특정물 채권 보전을 위한 채권자 취소권행사 부정 ··················· 15
특정물을 이중매매한 경우, 사해 행위를 주장할 수 있는지 여부(소극) ········ 48
특정물채권(등기청구권)의 보전을 위한 채권자취소권의 행사 부정 ········· 47

【 ㅍ 】

피담보채권의 범위 ··· 36
피보전채권 ··· 7
피보전채권 범위 ·· 35
피보전채권 성립시기 ·· 14
피보전채권액 산정시기 ··· 36
피보전채권에 연대보증인이 있는 경우 ···································· 20
피보전채권으로서 재산분할청구권 ··· 454

피보전채권의 발생원인 사실 ··· 177
피보전채권의 시효소멸 여부 ··· 34
피보전채권의 추가나 교환 경우 ··· 155
피보전채권이 우선변제권으로 담보되어 있는 경우 ····················· 16

【ㅎ】

하급심의 판단 ·· 283
학설 ·· 114
행사방법 ·· 256
행사요건 ·· 223
행사의 방법 ··· 75
행사주체 ·· 223
행사주체와 행사요건 ·· 223
행사효과 ·· 256
행위의 상당성을 사해행위 판단기준 ······································ 228
현행민법하에서의 학설·판례 ·· 86
혼합공탁방법 ··· 169
회생·파산절차가 종결 ·· 258
회생절차개시 결정 이후 소송제기된 경우 ································ 378
회생절차개시결정 당시 이미 소송이 계속중인 경우 ··················· 381

판례색인

대법원

【 2014 】

2014. 5. 29. 2013다73780 ·················· 381
2014. 9. 4. 2014다36771 ·················· 380
2014. 12. 11. 2011다49783 ·················· 448

【 2013 】

2013. 1. 17. 2011다49523 ·················· 196
2013. 6. 13. 2012다33976 ·················· 382

【 2012 】

2012. 1. 12. 2011다82384 ·················· 462
2012. 2. 23. 2011다88832 ·················· 234

【 2011 】

2011. 2. 10. 2010다90708 ·················· 426
2011. 10. 13. 2011다28045 ·················· 237
2011. 11. 24. 2009다76362 ········ 224, 254

【 2010 】

2010. 2. 25. 2007다28819, 28826 ···· 335
2010. 4. 29. 2009다104564 ·················· 446
2010. 9. 9. 2010다37141 ·················· 379

【 2009 】

2009. 1. 15. 2007다51703 ·················· 290
2009. 3. 12. 2008다29215 ·················· 235
2009. 3. 12. 2008다36022 ·················· 296
2009. 3. 26. 2007다63102 ········ 274, 399
2009. 3. 26. 2008다34828 ·················· 347
2009. 5. 14. 2007다64310 ········ 202, 442
2009. 5. 14. 2007도2168 ·················· 348
2009. 5. 14. 2008다70701 ·················· 228
2009. 5. 28. 2009다4787 ·················· 366
2009. 6. 11. 2007다4004 ········ 267, 328
2009. 6. 11. 2008다7109 ········ 265, 367,
376, 394, 410
2009. 6. 23. 2009다18502 ·················· 428

【 2008 】

2008. 2. 14. 2006다33357 ·················· 248
2008. 2. 14. 2007다69148, 69155 ···· 345
2008. 3. 27. 2007다85157 ········ 201, 385
2008. 4. 24. 2007다84352 ········ 219, 280
2008. 5. 15. 2007다74690 ·················· 345
2008. 6. 12. 2007다37837 ········ 402, 405
2008. 6. 12. 2008다8690, 8706 ········ 204
2008. 9. 25. 2007다74874 ········ 323, 346
2008. 9. 25. 2008다41635 ·················· 315
2008. 11. 13. 2006다1442 ·················· 281

【 2007 】

2007. 2. 9. 2006다39546 ·················· 441
2007. 2. 22. 2006다21538 ·················· 443
2007. 2. 23. 2006다47301 ········ 250, 253
2007. 3. 29. 2006다49130 ·················· 443
2007. 4. 12. 2005다1407 ········ 391, 443
2007. 4. 27. 2005다43753 ·················· 365

2007. 5. 31. 2005다28686 ·········· 239
2007. 5. 31. 2006다18242 ·········· 451
2007. 5. 31. 2007다3391 ··········· 220
2007. 6. 14. 2007다17284 ·········· 344
2007. 6. 14. 2005다5140 ··········· 287
2007. 7. 12. 2007다18218 ·········· 247
2007. 9. 21. 2005다44886 ·········· 198
2007. 10. 11. 2007다45364 ······ 250, 253
2007. 12. 27. 2005다54104 ······ 301, 309
　　　　　　　　　　　　　　　312, 318

【 2006 】

2006. 4. 13. 2005다70090 ·········· 387
2006. 4. 14. 2006다5710 ······ 251, 459
2006. 7. 4. 2004다61280 ·········· 352
2006. 8. 24. 2004다23110 ······ 201, 354
　　　　　　　　　　　　　　　391, 444
2006. 10. 12. 2005다59307 ·········· 260
2006. 10. 13. 2005다73372 ·········· 259
2006. 12. 7. 2004다54978 ·········· 218

【 2005 】

2005. 1. 28. 2002다66922 ······ 324, 339
2005. 3. 25. 2004다10985, 10992 ···· 236
2005. 5. 13. 2003다50771 ·········· 353
2005. 5. 27. 2004다67806 ······ 430, 433
2005. 6. 10. 2002다15412, 15429 ···· 362
2005. 9. 9. 2005다23773 ·········· 200
2005. 11. 10. 2003다271 ··········· 244
2005. 11. 10. 2004다49532 ······ 265, 366,
　　　　　　　　　　　　　　　393, 408
2005. 11. 10. 2004다7873 ··········· 249
2005. 11. 10. 2005다34667, 34674 ····· 304

2005. 12. 22. 2003다55059 ·········· 257

【 2004 】

2004. 1. 27. 2003다6200 ·········· 425,
　　　　　　　　　　　　　　　429, 437
2004. 2. 12. 2003다53497 ·········· 226
2004. 3. 25. 2002다69358 ·········· 337
2004. 3. 26. 2003다65049 ·········· 245
2004. 5. 28. 2003다60822 ·········· 235
2004. 6. 25. 2004다9398 ·········· 436
2004. 7. 9. 2003다38245 ·········· 437
2004. 7. 22. 2002다46058 ·········· 261
2004. 8. 30. 2002다48771 ·········· 305
2004. 8. 30. 2004다21923 ······ 359, 365
2004. 9. 3. 2004다27686 ·········· 235

【 2003 】

2003. 2. 28. 2000다50275 ·········· 223
2003. 7. 11. 2003다19435 ·········· 450
2003. 11. 13. 2003다39989 ·········· 388
2003. 11. 28. 2003다50061 ·········· 276
2003. 12. 11. 2003다47638 ·········· 397

【 2002 】

2002. 1. 25. 2001다11055 ·········· 439
2002. 4. 12. 2000다43352 ·········· 251
2002. 4. 26. 2001다59033 ······ 187, 190
2002. 6. 14. 2000다30622 ·········· 321
2002. 7. 9. 2001다46761 ·········· 228
2002. 7. 9. 99다73159 ············ 227
2002. 7. 26. 2001다73138, 73145 ····· 336
2002. 9. 6. 2002다35157 ·········· 288
2002. 11. 8. 2002다41589 ·········· 326
2002. 12. 26. 2000다21123 ·········· 343

【 2001 】

2001. 2. 9. 2000다41844 ·············· 415
2001. 2. 9. 2000다57139 ········ 396, 398
2001. 2. 27. 2000다44348 ······· 403, 406
　　　　　　　　　　　　　　 417, 431
2001. 3. 13. 99다26948 ················ 438
2001. 5. 8. 2000다50015 ······· 233, 460
2001. 5. 8. 2000다9611 ··············· 423
2001. 5. 29. 99다9011 ·········· 266, 364
　　　　　　　　　　　　 377, 390, 444
2001. 6. 1. 98다17930 ··········· 183, 199
2001. 6. 12. 99다20612 ········· 402, 449
2001. 9. 4. 2000다66416 ············· 401
2001. 10. 9. 2000다42618 ············ 388
2001. 10. 9. 2000다51216 ············ 424
2001. 10. 12. 2000다19373 ··········· 188
2001. 10. 26. 2001다19134 ··········· 233
2001. 12. 11. 2001다64547 ··········· 398
2001. 12. 27. 2001다32236 ··········· 455
2001. 12. 27. 2001다33734 ··········· 400

【 2000 】

2000. 1. 21. 99다3501 ················ 415
2000. 2. 22. 99도5227 ················ 306
2000. 3. 10. 99다55069 ·········· 318, 457
2000. 4. 11. 2000다5640 ············· 362
2000. 4. 11. 99다23888 ··············· 189
2000. 5. 12. 2000다4272 ············· 413
2000. 10. 2. 2000마5221 ············· 191
2000. 12. 22. 2000다39780 ··········· 378

【 1999 】

1999. 1. 26. 98다1027 ················ 286
1999. 4. 27. 98다56690 ··············· 454
1999. 9. 7. 98다41490 ·········· 405, 419
1999. 10. 12. 99도3170 ··············· 306

【 1998 】

1998. 4. 14. 96다47104 ··············· 424
1998. 5. 12. 97다57320 ··············· 249
1998. 5. 15. 97다58316 ·········· 279, 420
1998. 5. 22. 98다3818 ················ 416
1998. 10. 13. 98다12379 ·············· 412
1998. 11. 10. 98다43441 ·············· 368
1998. 11. 19. 98다24105 ·············· 452

【 1997 】

1997. 2. 25. 96다10263 ··············· 411
1997. 9. 9. 97다10864 ··············· 386
1997. 10. 10. 97다8687 ·········· 386, 422,
　　　　　　　　　　　　　　 428, 435
1997. 11. 11. 97다35375 ·············· 186

【 1996 】

1996. 9. 20. 95다1965 ················ 308
1996. 10. 11. 95다3442 ··············· 388
1996. 10. 29. 96다23207 ·············· 246
1996. 12. 20. 95다28304 ·············· 411

【 1995 】

1995. 2. 10. 94다2534 ················ 455
1995. 5. 26. 95다7550 ················ 361
1995. 10. 13. 95다30253 ·············· 264

【 1994 】

1994. 10. 21. 94다17109 ·············· 360
1994. 10. 28. 94므246, 94므253 ······· 461
1994. 11. 22. 94다25728 ·············· 414

【 1993 】

1993. 7. 16. 93다17324 ·············· 193

【 1990 】

1990. 10. 30. 89다카35421 ········ 408, 389
364, 267

【 1989 】

1989. 11. 24. 88다카25038 ············· 191

【 1988 】

1988. 2. 23. 87다카1586 ················ 454
1988. 2. 23. 87다카1989 ········ 267, 396,
390, 389
1988. 3. 8. 87다카2585 ················ 360
1988. 4. 25. 87다카1380 ················ 458

【 1987 】

1987. 3. 10. 86다카1114 ················ 200
1987. 3. 10. 86다카1114 ················ 193

【 1984 】

1984. 11. 24. 84마610 ···················· 360

【 1982 】

1982. 5. 25. 80다1403 ···················· 456
1982. 10. 26. 82다카508 ·················· 184

【 1981 】

1981. 2. 24. 80다1963 ···················· 308

【 1975 】

1975. 2. 10. 74다334 ···················· 448

【 1972 】

1972. 6. 2. 72마399 ······················ 452

서울중앙지방법원

2007. 6. 20. 2006가합43892 ·········· 205
2007. 7. 24. 2006가합52032 ·········· 204

서울고등법원

2006. 12. 6. 2006나33236 ·············· 220
2007. 12. 18. 2007나74951,
2007나80178 ·············· 204
2012. 5. 9. 2011르3022 ········· 456, 458
2013. 7. 25. 2012르3678 ················ 454

서울가정법원

2013. 5. 1. 2012드합7212 ····· 454, 462
2013. 5. 1. 2012드단35456 ············ 454
2013. 5. 1. 2011드합11375 ············ 454
2012. 10. 18. 2011드합13661 ············ 454
2012. 11. 29. 2010드합10795, 10801 458
2010. 8. 20. 2010르1105 ················ 456
2009. 9. 3. 2009드합2415 ·············· 464
2009. 12. 30. 2009드합5902 ············ 454

인천지방법원

2007. 11. 23. 2006나6218 ················ 369

2011. 9. 29. 2009드합652 ·············· 456

의정부지방법원

2010. 2. 4. 2009드합1588 ·············· 454

대전지방법원

2013. 5. 9. 2012르170 ·············· 462

광주지방법원

2013. 3. 29. 2011르1464 ·············· 454

전주지방법원

2013. 6. 26. 2012드합228 ·············· 454

2011. 11. 17. 2011드합71 ·············· 464

부산지방법원

2007. 5. 11. 2006나21361,
    2006나21378 ·············· 204
2008. 8. 28. 2007나18874 ·············· 229

부산가정법원

2012. 11. 22. 2012드합1347 ·············· 458

제주지방법원

2012. 12. 11. 2012드합256 ·············· 458

■ 편저자 약력

公平 法務法人
代表辯護士 鄭 翼 君

- 성균관대학교 법과대학 졸업
- 성균관대학교 법과대학원(박사수료)
- 서울변호사회 당직변호·일요부동산신문 법률편집위원
- 외국인 노동자 상담위원 등
- 국민대 민사법 교수
- 논문 : 채권자 대위권에 관한 고찰, 주식회사의 자본에 관한 연구 등

　　[주요저서]
- 민사소송서식총람(민사소송편)
- 민사집행서식총람(민사집행편)
- 민사집행서식총람(보전처분편)

(사례·서식) 2022년 第八版

사해행위 취소소송의 실무 ① 재판실무자료

판권
소유

- 2007년 1월 15일　初　版　發行
- 2008년 3월 15일　二　版　印刷
- 2010년 10월 20일　三　版　印刷
- 2017년 1월 20일　四　版　印刷
- 2019년 1월 10일　五　版　印刷
- 2019년 5월 15일　六　版　印刷
- 2020년 2월 10일　七　版　印刷
- 2022년 2월 5일　八　版　印刷

著 : 鄭翼君

발행처 : 법률정보센터

등록번호 : 1993. 7. 26. NO.1-1554
주　　소 : 서울특별시 성북구 아리랑로 4가길 14
대표전화 : 02-953-2112
F　A　X : 02-929-5234
www.lawbookcenter.com

ISBN 978-89-6376-486-3　　　　정가 : 30,000원

- 낙장파본은 교환하여 드립니다.
- 무단복제시 법에 의하여 5,000만원의 벌금이나 5년이하의 징역에 처함을 알려드립니다.